REMONTRANCES, OVVERTVRES DE PALAIS, ET ARRESTZ prononcez en Robes Rouges.

PAR

Messire ANDRE' DE NESMOND, *Seigneur de Chezac, Premier President au Parlement de Bourdeaux,*

A POICTIERS,

Par A. MESNIER, Imprimeur ordinaire du Roy, & de l'Vniuersité.

1617

Auec preuilege du Roy,

Hos voluit moriens NEMONDVS *viuere Libros*
Priuatus merito careat NE/MVNDVS *honore,*

A MESSIEVRS DV PARLEMENT de Bourdeaus.

MESSIEVRS,

Vous sçauez que les Andriens grauoient les loix de l'amitié sur des colomnes de marbre, erigées aux cantons & places de leur ville, pour monstrer que les nobles & genereuses amitiez sont affranchies des loix de la mort, & plus durables que le marbre des sepulcres ; ce qui me faict croire, qu'ayans honnoré feu Monsieur le President de Chezac mon pere, de vos affections durant sa vie, vous luy ferez cette faueur aprez sa mort, de les continuer à ses enfans & à ses œuures ; pour ceux là, ils vous ſont acquis par tout droit & deuoir de ſeruice : pour celles cy ie vous les offre, ou pluſtoſt ie vous les rends comme vne choſe entierement à vous; d'autant qu'elles ont eſté faictes, pour la plus part, dans voſtre Palais, honorées de voſtre preſence, & approuuées par vos bons iugemens. Il eſt vray qu'il ne les eſtimoit pas dignes du iour, mais c'eſt ce qui m'a ſerui de motif pour les y mettre, attendu qu'en cela il eſtoit tout ſeul de ſon aduis, contre le voſtre & celluy du public; de façon que ſes meilleurs amis ayant long-temps plaidé pour la poſterité contre luy, il s'eſt enfin veu contrainct de ſe rendre à la raiſon: je vous les donne tres-fidellement tranſcriptes ſur les originaux que vous auez oüy, ſans y adiouſter ou diminuer choſe quelconque, horſmis la maieſté dont il les accompaignoit en prononçant, pour laquelle il ne s'eſt peu trouuer ny Preſſe ny Characteres cõuenables; j'eſpere neantmoins que la patience, ou l'affection que vous porterez à la lecture, releuera ce deffaut, & vous fera croire qu'il n'y a du tout rien à dire : voyre meſmes comme on diſoit iadis que la grandeur du Coloſse de Rhodes ne ſe pût iamais ſi bien congnoiſtre, que lors qu'il fut renuersé par terre, ainſi crois-je, que la ſcience & les merites de feu Monſieur de Chezac mon pere (s'il m'eſt loiſible de dire ſans crainte de vanité, ce qu'on iuge maintenant ſans danger de flatterie) ſeront mieux recognuës aprez ſon decez, que durant ſa vie: & voylà tout le pouuoir que la mort aura ſur ſa memoire, car pour l'affection & les ſeruices qu'il auoit voüées a voſtre treſ-honnorable cõpaignie, ie vous prie en receuoir la continuation, de meſme volonté que ie ſuis.

MESSIEVRS,

Voſtre treſ-humble & obeyſſant ſeruiteur.

FRANÇOIS THEODORE DE NESMOND.

ADVIS NECESSAIRES
Au Lecteur.

MONSIEVR le President de Nesmond n'ayant en ses meubles rien de plus cher que le fruict de ses estudes & ses harangues prononcées en Parlement à diuerses occasions, fit cette faueur à l'vn de ses plus fidelles seruiteurs & amis de les luy recommander en mourant, apres luy auoir commis le soin de son ame le iugeant assuré depositaire de l'vn & de l'autre. I.

C'EST pourquoy il y va de son interest, de vous II.
faire sçauoir, LECTEVR, & recognoistre la fidelité qu'il a porté en affaire de si grande consequence, qui est telle; qu'il n'a premierement supprimé ny esgaré aucune piece importante de l'autheur de celles qui se sont trouuées dans ses papiers apres sa mort: car pour l'Arrest auquel il s'agit de l'insinuation d'vn dō fait entre mary & femme, il ne s'est peu touuer quelque diligence qu'ō y ait sçeu aporter: Pour les briefues harangues faictes par luy à la reception des Conseilliers au Parlemēt de Bordeaux dont on a trouué les minutes escrites de sa main, quoy qu'elles soyēt tres belles & iudicieuses, on a iugé neantmoins plus à propos de ne les inserer parmy ses autres œuures,

d'autant qu'ō a creu auec Pline que le meilleur liure c'est *non qui maximus sed qui limatissimus.*

III. Cevx qui l'ont oüy prononcer iugerōt d'abord à la suytte du discours & au style qui est vn tesmoin sans reproche qu'on n'y a rien adiousté, que les passages par luy marquez à la marge de ses originaux & ce tres rarement, ce qui est singulierement arriué à la Remonstrance *des Portes de Iustice*, laquelle il auoit quasi refaicte à son loysir, & neantmoins, tant qu'il a esté possible ie vous assure qu'on a suiuy le premier autographe ainsi qu'il l'auoit prononcé y adioustant bien peu des passages qu'il auoit cotté de surcroist: pour les autres Remonstrances, les additions qu'on y a sceu faire, prises toutes neantmoins de son creu, estant petites & de peu de consequence, on n'a pas estimé en deuoir tenir compte, car elles consistent en vne liaison ou en vne leigne pour le plus, chose qui a quelquefois esté necessaire pour la suytte du sens.

IV. Il y a trois ou quatre passages Grecs qu'on a troué marquez en l'original d'vn asterisme ou rayez entierement, qui ont neantmoins esté inserez pour l'accomplissement de l'œuure, bien que peut estre il ne les ait pas prononcez de viue voix, d'autant que comme ie luy ay souuent oüy dire, le Grec est bon à entendre & à sçauoir, mais non pas à prononcer, si ce n'est quelque mot fort exprés, & remply de bonne grace.

V. Povr la confrnotation & assurence des passages qu'il porte quelquefois sans le nom des autheurs, il est vray que ie ne me suis point mis en peine de le verifier, tant pource que c'eust esté vn trauail sans fin que pource que ie suis tres asseuré de sa fidelité & diligéce en cet affaire, ayant luy mesmes fait venir tout exprés vn liure du fonds des Allemaignes pour verifier vn passage qu'il auoit trouué cité ailleurs qu'en sa source, & ne s'y osoit appuyer, qu'il ne l'eust verifié.

QVANT aux quatre Remonstrances qu'il ne prononça pas, qu'on a iugé tres dignes d'estre données au public, luy mesme en ayant fait ce iugement, que c'estoient les plus elabourées, quelques hommes d'honneur & entre autres deux Conseilliers de la Cour qui en ont veu les minutes en son estude aprés sa mort, seruiront s'il leur plaist de garant à ma fidelité: Il est vray qu'entre ces quatre, y en ayant deux d'imparfaictes, qui seruoiét de prouision à l'autheur, à ce qu'on peut croire, l'vne des DEGREZ DV PALAIS, & l'autre L'ESPEE DE IVSTICE, on a iugé plus à propos de les garder pour la seconde edition du liure auec l'Arrest imparfaict des MARIAGES CLANDESTINS, en esperance de trouuer le reste dans ses papiers, & vous les donner toutes entieres. VI.

Extraict du Priuilege du Roy.

LOVIS par la grace de Dieu Roy de France & de Nauarre, A nos amez & feaux Conseillers les gens tenans nos Cours de Parlement, Preuost de Paris, Baillifs de Rouen, Seneschaux de Lyon, Toulouze, Bourdeaux, & Poictou. & à tous nos autres Iusticiers & Officiers, qu'il appartiendra, Salut. Anthoine Mesnier nostre IMPRIMEVR ET LIBRAIRE, demeurant en nostre Vniuersité de Poictiers, Nous à faict remonstrer qu'il auroit recouuré la coppie d'vn liure intitulé *Remonstrances, Ouuertures de Palais, & Arrestz prononcez en robbes rouges. Par M. A. de Nesmond, Seigneur de Chezac, premier President au Parlement de Bourdeaux.* Lequel liure ledict suppliant desireroit volontiers imprimer tant de fois, & en tel volume & charactere qu'il aduisera, pour la plus grande cōmodité du public sans qu'autre que luy seul le puisse imprimer, vendre, ne debiter, contrefaire, alterer, ne desguiser l'ordre dudit liure: Et d'autant que nous desirons gratifier ledit Mesnier pour les frais qu'il à fait & luy conuient encor faire pour l'accomplissement & impression dudict œuure, & par mesme moyē le faire resentir du fruict de son labeur, recognoissants qu'il à trauaillé iournellement pour le bien public, Nous pour ces causes & considerations, vous mandons, ordonnons, & enioignons par ces presentes, que vous ayez à permettre, comme de nostre puissance & authorité Royale, nous auons permis & permettons audict Mesnier, qu'il puisse luy seul imprimer, ou faire imprimer, tant de fois qu'il aduisera, ledit liure, durant le temps de six ans entiers & consecutifs, à cōpter du iour & datte que ledit liure sera paracheué d'imprimer, faisants pour cet effect tres-expresses inhibitions & defences à tous Marchants Libraires & Imprimeurs de nostredit Royaume, pays, & terres de nostre puissance & seigneurie, & specialemant à ceux de nos villes de Paris, Lyon, Tolouze, Rouën, Poictiers & toutes autres & mesme aux estrangers qui ordinairement trafficquent & desirent traficquer en nosdits Royaumes & pays, & toutes autres personnes de quelque estat & condition qu'elle soyent, de n'imprimer ledit liure, ne d'en exposer en vente, changer, ne trocquer aux foires, ne en faire apporter ou ameiner d'autres villes en ce Royaume soubs noms interposez, ou auec fauces marques, ne d'en tenir aucun exemplaire, tant en public, qu'en priué d'autre impression, que ceux qu'aura fait imprimer ledit suppliant, sur peine de cinq cēs liures d'amēde moitié à nous, & l'autre moitié audit supplīat, & de tous despēs, dōmages & interests, & cōfiscation des exemplaires qui serōt trouuees, comme plus amplement est porté par les lettres parentes desquelles exemplaires ledit suppliant fournira deux coppie reliez dans nostre Biblioteque des Cordelliers de Paris, deuant que celle exemplaire soyent mise en vente comme il est porté par nos Reglemens. Données à Paris le septiesme iour d'Octobre, l'an de grace mil six cens dixsept.

Signé, RENOVART.

ORAISON FVNEBRE DE FEV MONSIEVR ANDRE DE NESMOND SEIGNEVR DE CHEZAC, premier Preſident au Parlement de Bordeaux faicte & prononcée par FRANÇOIS GARASSVS de la compagnie de IESVS, le VII. de Ianuier M. DC. XVI. en la nef de S. André de Bordeaux.

MEMORIA EIVS IN BENEDIctione Eccleſiaſt. XLV.

MESSIEVRS

Ie confeſſe qu'il m'arriue en l'action de ce iour, tout de meſmes qu'il eſcheut autresfois à S. Gregoire de Nazianze, lors que faiſant les honneurs, & l'oraiſon funebre de S. Baſile ſon grand amy, il ſe trouua en peine des la premiere periode de ſon diſcours, pour ne ſcauoir s'il le deuoit appeller oraiſon Funebre, ou Panegyrique, & par conſequent s'il falloit commencer par les loüanges du mort, ou par les complaintes des viuants. Car quand ie voy ces grandes robbes & manteaux d'eſcarlatte eſtendues ſur ce cercueïl, ie ſuis contraint d'ouurir les yeux & remettre en memoire la belle parolle de Maurice l'Empereur, lequel ſe voyant vn iour chargé du poids de sa pourpre royalle, & affeublé de ses escarlattes, apres auoir consideré les fascheries & la peine qui les accompagnent, les appella grauement, LA ROBBE DE DEVIL DE SON EMPIRE, parolle qui me faict ressouuenir, que vous estes icy assemblés pour rendre les derniers honneurs à la memoire de feu Messire André de Nesmond, seigneur de Chezac, iadis premier President en vostre Cour souueraine : Car voyla sa robbe de deüil estendüe sur son corps, qui luy a seruy l'espace de trante ans, d'ornement de Iustice & de marque d'integrité, changée maintenant en parement funebre, pour nous faire entendre par le vif esclat de sa couleur vermeille, que la fortune de ce monde se brize souuent lors qu'elle esclatte le plus. Mais lors que ie retire ma veuë de dessus ce conuoy funebre & de la clairté de cette Chappelle ardente pour la ietter sur la vie & les vertus du decedé, il m'est aduis que vous n'estes pas tant icy venus, pour desplorer la perte commune de la Prouince, comme pour entendre les vertus & loüanges d'vn des plus grands & signalés personnages de nostre siecle. C'est pourquoy seurant noz affections pour vne heure de la tendresse des larmes, que cette mort demenderoit de nous, permettez moy Messieurs, de nommer ce discours plustost Penegyrique, que Funebre, & de me consoler auec vous, sur cette forte & solide consideration, que la memoire de feu Monsieur de Nesmond est maintenant, & sera à tout iamais plene de benedictions, & que ceux qui l'ont cogneu plus particulierement ne se souuiendront desormais de luy, que la larme à l'œil, la loüange à la bouche, & l'affection au cœur.

Car pour ne perdre mon temps ny en exordes ny en loüanges superflues de ses ancestres, vous sçauez les bonnes qualités de feu Messire François de Nesmond son pere, President en vostre Cour souueraine, vous vous souuenès des bons offices qu'il a rendu en cette Prouince durant plusieurs annees qu'il a exercé cette charge au contentement de tout le monde.

Tout l'Angoumois est grandement obligé à la memoire de Maistre François de Nesmond quand il viuoit Lieutenant general en cette Prouince, & oncle paternel du deffunct, car ses merites, son grand sçauoir & ses longues experiences luy auoient acquis cette reputation que d'estre l'arbitre & iuge commun des affaires d'importance, & capable de gouuerner vne prouince plus grande que celle là: Et quant à feu Monsieur de Nesmond, seigneur de Verac son grand oncle paternel, tous les coings de l'vniuers sçauent & portent graués les tesmoignages de ses grandes & heroïques vertus, car outre son insigne pieté deriuée à son neueu, il fut employé fort honorablement par les Roys de France ses maistres és plus belles ambassades en Turquie, Angleterre, & aux Cantons des Suysses, desquelles il s'acquitta si heureusement, que son nom est à bon droict eternizé dans l'histoire d'Escosse, & puis ayant veu tout l'Orient & vne partie du nouueau monde, mourant à Florence, boucla sa vie par vne heureuse & fort loüable fin, chargeant ses heritiers de fonder vne famille de peres Capucins en sa ville natale d'Angolesme.

Mais posons le cas qu'il ne doiue à ses ancestres autre chose que la vie, apres l'auoir despoüillé de tous les ornemens empruntés, nous trouuerons en sa personne de si grandes & eminentes perfections, qu'elles seruiroient pour faire honneur à tous ses deuanciers, & nous fourniroient vn tres-ample suiet de discours, laissant mesmes les ans de sa premiere enfance, qu'il passa premierement dans Angolesme, soubs François de Bere-seue son precepteur domestique, lequel quittant son païs de Gascongne se fit depuis appeller François de Belleforest, & fut Cosmographe des Roys de France, & apres dans Paris assés rigoureusement

& quasi contre la dignité de sa maison par vne occulte prouidence de Dieu, laquelle, disoit Philon l'Hebrieu, a coustume d'endurcir l'enfance de ceux qu'il dispose à choses hautes en leur aage viril, & ordonne que ceux qui doiuent cueillir les roses des honneurs en leur maturité, passent par les espines en leur ieunesse. Ie commenceray le discours de sa vie des le temps qu'il se pût recognoistre, lors qu'il fut enuoyé à Chaors & à Toloze pour apprendre le droit, lequel il commença soubz François Roaldès grand & celebre Docteur de son temps, qui donnoit vogue pour lors à l'Vniuersité de Quercy, auquel il se sentoit fort particulierement obligé, comme à tous ceux desquels il auoit appris quelque chose de bon, car mesmes depuis deux ou trois ans, ayant oüy que celluy qui luy auoit le premier monstré à cognoistre les lettres estoit encore en vie, aagé de pres de cent ans, peruerty despuis en ses vieux ans, & Surueillant de quelque bourgade d'Angoumois, il eut le soing de luy rementeuoir ce biẽ faict, & le prier par lettres de se recognoistre en la caducité de son aage. A Toloze il commancea à faire paroiste si clairemẽt son bel esprit & la solidité de son bon iugement, qu'il estoit estimé la fleur de cette Accademie, car entr'autres Iules Guersen, qu'on pourroit appeller l'vn des plus grands & capables espris du mõde s'il eust sceu regler & mesnager sa fortune, ne respondoit autre chose à ceux qui luy reprochoient son auidité à l'estude, sinon, qu'il ne se plaisoit en cõpagnie de personne du monde, que de deux de ses compagnons, à sçauoir de Monsieur le Cardinal du Perron, & de Monsieur de Nesmond, lesquels il estimoit & cherissoit egallement alors pour leurs belles parties; & mesmes ayant emporté le prix aux ieux Floraux, par cette belle & fantasque poësie qu'il fit, il ne voulut pas permettre qu'elle sortist au iour, qu'auec la recommandation de leurs vers latins, qui se voyent encores pour monstre de ce que nous auons veu despuis

& admiré en la maturité de ces grands personnages : dauantage pour iouïr plus à souhet de la compagnie de Monsieur de Nesmond, il le pria de le receuoir en son logis afin de s'exciter & animer à l'estude par son excemple, ce qu'il luy acorda pour quelques moys, mais voyant & cognoissant à l'œil que la conuersation de Guersen luy estoit pernicieuse, comme d'vn ieune folastre merueilleusement desbordé, & digne de la fin qu'il a faict depuis, il quitta Toloze pour oüir Iacques Cuias, qui enseignoit le droict en l'Vniuersité de Valence, duquel il remporta beaucoup d'erudition, & vn tesmoignage si aduantageux aux licences qu'il prit publiquement sous luy, qu'il souloit dire depuis en riant, que Cuias ne se trompa iamais qu'en le loüant : Car les lettres qu'il receut escrites de sa main sont pleines de si grands & honorables eloges, qu'ils luy faisoient honte depuis en les lisant, s'y voyant qualifié du tiltre, d'incomparable, du plus sçauant ieune homme de son aage, de la fleur de la ieunesse de son temps, & autres semblables loüanges, de facon qu'il disoit il n'y a pas vn an, que ces parolles eussent esté suffisantes de luy faire dechirer mille fois ses lettres, n'eust esté la recognoissance & l'honneur qu'il portoit à la main de son maistre Cuias.

Despuis il s'exercea, tant au grand Conseil, qu'au Parlemēt, auec vn tel succés qu'il se fit remarquer pour vn homme de reserue en choses de consequence : Monsieur le Cardinal de Lorraine iuge tres-capable touchant les merittes des personnes, l'ayāt oüy & pratiqué deux ou trois fois dans Tours & à Paris, en fit ce iugement. Que ce pourroit estre en son temps vn des grands hommes de France. Mais il ne faut point chercher ailleurs iugement plus entier & penetrant, que celuy du feu Roy Henry le Grand de glorieuse memoire, lequel ayant recogneu tant par raport, que par experience les merites & la valeur de Monsieur de Nesmond, l'employa en de grandes & belles commissions, dont la premiere fut en toute la Prouince de Champagne, pour la purger de l'infection des vsuriers, lesquels ainsi qu'vne touffe de chenilles affamees rauageoient impunément tout le païs : Commission laquelle de soy estant odieuse, il la rendit neantmoins si honorable par sa sage conduitte & integrité, qu'il s'y fit recougnoistre de tout le peuple comme grandement amateur du public, bon seruiteur du Roy, & grand homme de biẽ, car tant s'enfaut qu'il en amandast iamais d'aucune commodité particuliere, qu'au contraire apres auoir faict eschoir dans les coffres du Roy de bonnes & grandes sommes de deniers, du surplus des amandes il employa trente mille liures en bonnes œuures, & voyant particulierement le degast que l'heresie & les guerres passees auoient fait en la ruyne des Eglises, il fit en sorte qu'il n'y a maintenant Eglise ny chappelle en toute la Champaigne rebastie ou accommodée de nouueau, qui ne porte ses armoiries & les marques de sa pietè.

La seconde fut en la Prouince de Roüergue, laquelle se trouuant en combustion par le moyen des troubles passez, & la ville capitalle diuisee en deux factions cruellement acharnees, le feu Roy apres y auoir employé tant l'authorité du Parlement de Toloze, que la sagesse de diuers cõmissaires, & le credit des Seigneurs du païs, voyãt neantmoins que le mal rengregeoit de iour à autre, il y enuoya Monsieur de Nesmond lors second Presidẽt en vostre Cour souueraine, comme l'anchre sacrée & personnage fort capable d'appaiser ces esmotions, car en effect il s'y cõporta si dignemẽt tant pour le contentement du Roy, cõme pour le repos du païs & la satisfaction des deux partis, que la commune voix du peuple estoit, que l'honneur de cette reconciliation luy estoit deüe pour monstrer sa prudence, Il rappella le Clergé, il remit l'Euesque en son siege & en possession de ses droicts, il appaisa les esprits effarouchez de la populace, & fit si bien que le feu Roy luy donna ce tesmoignage d'auoir plus fait luy seul en peu de tẽps que tous ceux qui s'en estoient meslez en plusieurs années.

La troisieme fut lors que sa M. se trouuant en grãde necessitẽ d'argent tãt pour soustenir le siege d'Amiens, que pour sortir de plusieurs incommoditez, ausquelles il alloit de la ruine de son Estat, & ayant enuoyé quasi sans fruict des Cõmissaires par toutes les Prouinces de son Royaume, pour demender secours à sõ peuple sachant la creance & authorité que Monsieur de Chezac auoit en la Guyenne, luy commit cet affaire, duquel il sortit si heureusement qu'en peu de iours il tira grandes sommes de toutes les villes & cõmunautez de ce ressort, lesquelles il parcourut & affectiona grandemẽt par ses remõstrances au seruice du Roy, & lors qu'il fut questiõ de faire voir à sa M. les effects de sa diligence, il donna charge tres-expresse aux porteurs, de prier le Roy de faire distribuer les deniers aux soldats en leur presence, seruice & requeste qui luy furent grandement aggreables, & fut fait ainsi qu'il demenda.

Et quant aux commissions que vous luy auez à diuerses fois donné, vous scaués auec quelle prudence il s'en est acquité, il y en a d'entre vous, qui ont esté tesmoins oculaires, des faueurs que ce grand Roy luy monstroit: & nommément à la derniere fois qu'il fut par vous deputé pour faire à sa M. de tres hũbles remostrãces de vostre part touchant l'Edict de Nãtes, & quelques articles d'iceluy que vostre prudẽce iugea plus à propos pour le bien public, d'estre remõstrés que verifiés, vous scauez auec quelle efficace il fit gouster à ce Prince irrité l'innocẽce de vostre Parlemẽt, l'importance de laffaire, & sa grande eloquẽnce, vous scaués auec quel contẽtement il l'escouta l'espace d'vne heure, ayant vne ou deux fois durant sa harangue, faict signe à quelques Seigneurs qui parloient, quoy que fort bas en vn coing de la galerie, en les appellant par geste pour entendre Monsieur de

Nesmond: vous sçauez que les deputez des autres Parlements qui s'y trouuerent en mesme temps, n'eurent pas tel accueil ny tel contentement de leurs commissions que vous eustes de la vostre, vous sçaués comment ce Prince iudicieux à l'issue de vos Remontrances trouuant vn des grands Seigneurs de ce Royaume, luy dit ces parolles fort remarquables & aduantageuses: Ie suis marry, que vous ne soyez venu vn peu plustost: vous auez perdu la plus belle harangue, que vous oüystes de vostre vie.

Despuis cette derniere commission de l'an mil cinq cens nonente-neuf, le Roy ne laissoit escouler subiet ou occasion quelconque pour luy faire entendre l'estat qu'il faisoit de son seruice & fidelitè: il ne venoit personne de qualitè ny Seigneur de marque de Paris dans Bordeaux qu'il ne les chargeast tres expressement de voir son President de Chezac, & sçachant qu'il se plaisoit particulierement au iardinage, il a souuent menè des Seigneurs de Guyenne aux parterres de Fontainebleau auec cōmission de remarquer tout par le menu, pour le rapporter à Monsieur de Nesmond: & mesmes visitant vn iour ses volieres deuant vn Seigneur de Gascoigne, & ayant sceu par rapport, qu'on auoit faict present à Monsieur de Chezac de quelques oyzeaux de rare plumage, portez du nouueau monde, ie sçay luy dict il, que le President de Chezac en a de plus beaux que ceux là, dont il m'a voulu faire present, mais ie ne veux pas qu'il me les donne, car i'ayme son contentement. Ces particularitez pourroient sembler petites & de peu de consequence, si elles ne sortoient de la bouche & de l'affection d'vn Roy, auquel il n'y auoit rien de petit. Et telles faueurs furent terminées par la recommendation tres-expresse qu'il laissa à la Reyne de se seruir de sa fidelité en bonnes occasions, & que si les longues annees & la vieillesse de feu monsieur d'Affis d'heureuse memoi-

re

venoyent à manquer, elle creut auoir en celluy cy vn seruiteur tres-fidelle & capable de ceste charge, de façon que la Royne sçachant la volontè du Roy, ne voulut iamais condescendre à requisition quelconque qu'on luy sceust faire, voyre de la part de quelques vns des plus grands du Royaume, ny aux offres qu'on luy faisoit de grandes & notables sommes de deniers: & vous sçauez tous comment il se comporta en l'acceptation de ceste charge, auec combien peu d'ambition, & ce qu'il respondoit ordinairement à ceux qui luy en parloient, ou qui le sollicitoient d'en offrir pour le moins quelque chose, si on me dõne cest office, *disoit-il*, ie le prendray pour seruir le public, sinon, ie n'achepte point vne charge qui ne se doit pas vendre: *Tant il estimoit indigne de son courage, d'exposer le premier cet office à la venalité à laquelle il n'auoit estè sujet iusques à maintenant.*

Sur quoy ie vous diray vne particularitè merueilleuse, & bien remarquable, car l'vn de ses meilleurs amis luy remonstrãt il n'y a pas quinze iours, que si on eust peu coniecturer ce malheur, il y a deux mois, lors que le Roy estoit en ceste Prouince, on eust peu remedier à la perte de son estat, & auoir quelque honeste recompense, il respondit d'vn visage riant & d'vn sens bien rassis, Ie vous promets que ie n'y ay iamais pensé, & que si le Roy estoit maintenãt dans Bordeaus, comme il m'a donné liberalement ceste charge, ie la luy resignerois purement & simplement, pour monstrer que i'ay vn grand courage en ma petite fortune: *& se craignant qu'on n'en fit quelque ouuerture il defendit tres expressement à ses amis & domestiques d'en parler ou escrire vn seul mot. Et comme s'il eust senty sa prochaine fin on luy a souuent ouy dire, mesmes despuis deux ans particulierement plus de vingt fois, qu'il n'entreroit plus au Palais* *apres soixante trois ans de sa vie, mais que s'il plaisoit à Dieu luy prolōger ses ans au delà, qu'il desiroit se retirer aux champs auec vn couple de personnes Religieuses, pour y vacquer continuellement à l'estude, & à la meditation des mysteres de l'Incarnation, partie & traicté de Theologie qu'il cherissoit par dessus les autres: mais il a pleu à Dieu le releuer de ceste peine, & luy donner en la maturité de son aage la recompense de ses bonnes œuures, sur lesquelles neantmoins il auoit si peu de fiāce qu'il dit trois ou quatre fois ces parolles peu d'heures deuant sa mort, auec vn ressentiment incroyable:* Mon Dieu ie messle, s'il vous plaist, ce peu de bōnes œuures qu'il vous a pleu m'inspirer de faire, auec les infinis merites de vostre Fils, comme vne goutelette d'eau dans le large sein de l'Ocean, *& puis reprenant ces mots, il disoit de grande affection par plusieurs fois:* VT GVTTAM IN OCEANO.

MAIS toutes ces recommendations que ie viens de dire, quoy qu'elles sortent de grands & signalés personnages, n'eussent iamais rendu bien heureux Monsieur de Nesmond, n'y comblé sa memoire de benedictions si le principal subiet de felicité & benediction ne l'eust accompaigné en sa vie & suiuy iusques à sa mort; Ce sont ses vertus, Messieurs, d'autant plus grandes & remarquables qu'elles estoient en vne personne eminente en iugement, sçauoir & dignité, qui sont les bazes d'Or de la vertu: car vn sçauant pere Grec auoit coustume de dire que les vertus en des personnes basses & viles de condition, quoy qu'elles soient vertus, & par consequent belles & esclatantes d'elles mesmes, sont neantmoins comme des perles dans les coquilles de leurs huystres, mais qu'estant en vn homme de grand esprit & qualité, elles sont en leur vray iour, & comme des perles enchassées dans de l'Or.

QVE si iamais il y a eu personne eminente en vostre vacation, ie vous diray, Messieurs, que feu Monsieur le President de Nesmond pourra seruir d'exemple à la posterité en toute sorte de belles & grandes vertus Chrestiennes: Mais d'autant que les propositions generalles sont souuent eneruées, & dire qu'vn homme auoit toutes les vertus, c'est quasi dire qu'il n'en auoit aucune, ie veux particulariser cette proposition, & reduire le tout à trois principalles vertus, qui l'ont nommément signalé en tout le cours de sa vie, & qui meinent quant & elles la suitte necessaire de toutes les autres perfections & bonnes qualitez.

LA premiere estoit vn grand & merueilleux sentiment des choses de Dieu, auec vne foy du tout Chrestienne, & vne deuotion nompareille à vn homme de ceste qualité, incapable au reste de superstition. Il est certain que les graces que Dieu luy faisoit en cella, seroient quasi incroyables à ceux qui ne sçauroient pas l'estat de son interieur: car qui eust dict qu'vn homme de ce sçauoir & experience ez choses du monde, de telle dignité, & de telles occupations, qui chargent & emportent les plus beaux esprits, eust leu tres-exactement & estudié tous les Casuites qui se peuuent trouuer, François, Italiens, Latins, & Espagnols pour se resoudre à faire vne bonne & entiere confession generalle de toute sa vie, comme il fit autresfois? Qui eust dit qu'vn homme en la fleur de son aage, au milieu de tant d'occasions d'offencer Dieu, eust pris la poste de Paris à Tours pour s'esclarcir à vn sçauant Theologien touchant sa consciēce, & les circonstances de sa confession generalle qui luy laissoient quelque aiguillon dans l'ame? Qui eust dict qu'vn homme tel que luy eust eu si entiere confiance ez suffrages de l'Eglise, qu'il portast iour & nuict vne douzaine de medailles au col de toutes Indulgences & benedictions? Qui eust dit qu'au milieu de tant d'affaires il eust esté si soigneux de son salut, que de procurer, ainsi qu'il a faict, la participation de tous les merites, prieres & deuotions de tous les ordres Religieux par lettres & patentes expresses qu'il gardoit en son cabinet signées des Generaux des ordres? Qui eust dict que les affaires publiques luy eussent laissé le loysir de vaquer à la meditation, comme il faisoit infailliblement tous les iours l'espace de demy heure de genoux deuant l'Image du Sauueur du monde, qu'il auoit & cherissoit grandement peinte sur l'original, qu'on estime auoir esté le naturel, & laquelle il fit porter de son cabinet en sa chambre deslors qu'il se sentit proche de sa fin, affin disoit-il, de mourir iettant les yeux, In authorem & consummatorem fidei. Qui eust dict en somme, qu'aprez sa mort il ne se fust quasi trouué autre chose dans les coffres & layettes de son cabinet, que meubles de deuotion, images benicts, chappellets, Reliquaires, & mesmes vn cilice? O qu'vn homme de bien peut faire & exercer de nobles actions de vertu sans grande parade & ostentation exterieure!

Or cette deuotion se monstroit principallement en deux mysteres qui sont comme les deux grandes bouclies de nostre foy, à sçauoir le mystere de l'Incarnation & le Sainct Sacrement de l'Autel, l'abbregé de tous les autres, pour le premier c'estoit son estude ordinaire, & ie sçay particulierement que despuis cinq ans, nonobstãt les affaires du Palais ausquelles il vacquoit, comme n'ayant autre soing, il a leu trois gros volumes in tertiam parté, composez par le Docteur Soarez duquel il faisoit vne tres-grande estime, & pour les plus sublimes questions de Theologie, comme sont de Trinitate, de Prædestinatione, de Gratiâ, & autres semblables ie puis dire sans flatterie qu'il les sçauoit aussi parfaictement que ceux qui les ont estudiées long-temps dans vne eschole: c'estoient les discours ordinaires de sa table, c'estoit pour cella qu'il se plaisoit à personnes religieuses, & ceux ausquels il faisoit la faueur de se communiquer plus particulierement en conferences & discours peuuent dire que iamais ils ne sortoient de sa compaignie, que plus sçauans & meilleurs qu'ils n'y estoient venus, pour cest effet il achептoit tres-soigneusement tous les liures de Theologie Scholastique qui se peuuent trouuer, & n'y a commentaire sur la Somme de S. Thomas, qu'il n'eust non seulemẽt en sa Bibliotheque, mais encores quasi en sa memoire.

Quant au Sacrement de l'Eucharistie c'estoit la creme de sa deuotion, il en parloit auec passion, il ne se pouuoit rassasier d'en discourir & d'y participer le plus souuent qu'il luy estoit possible, & entre les autres faueurs que Dieu luy auoit faictes, il contoit souuent celle là comme la plus glorieuse de toutes les actions & iournées de sa vie: àsçauoir que lors de l'establissement de la Chambre de l'Edict dans la ville de Nerac, voyant auec indignité que nostre Seigneur & les Sacremens de son Eglise en estoient bannis despuis quarente cinq ou tant d'années, il protesta qu'il mettéroit Iesus-Christ en la possession de ses droicts anciens ou qu'il y perdroit la vie, & là dessus le iour du Corps de Dieu estant venu il sceut si bien mesnager les volontez des Sacramentaires, que nonobstant les difficultez & oppositions de certains esprits mutins, & les crieries de quelques predicans qui taschoient de sousleuer la populace par leurs harangues seditieuses, il fit faire vne procession par la ville aussi celebre qu'il s'en fit iamais, & voyant les conspirations secrettes des habitans qui s'estoient liguez par ensemble à la sollicitation de leurs Ministres, pour ne prester ny estoffes, ny tapisseries, ny chose quelconque qui peust seruir à tendre ou parer les endroits de la ville où la procession se deuoit faire, il y sçeut si bien pouruoir par sa prudence & par la grande quantité d'estoffes qu'il fit venir de la ville d'Agen, que les Caluinistes se trouuerent mocquez auec leur prudence seculiere, leur ayant au reste octroyé ce qu'ils demanderent instamment à leur condamnation, que le lieu de leur Presche ne fut point tapissé, comme ne meritant, leur dit il, de faire honneur à Iesus Christ : despuis ce temps, Monsieur de Nesmond ayant rompu la glace & donné bon ply aux affaires, Messieurs les Presidens Catholiques qui luy ont annuellement succedé en la commission, se sont si loüablement acquitez de leur deuoir, qu'on ne sçauroit rien desirer ou adiouster à leur zele.

Il se ventoit aussi chrestiennement que despuis qu'il est President, à sçauoir despuis vne trentaine d'années, Dieu luy auoit faict la grace de ne perdre aucune Procession du Corps de Dieu dans Bourdeaus, à laquelle il assistoit, ainsi que vous l'auez veu maintesfois, nonobstant les ardentes chaleurs lesquelles il redoutoit sur toutes choses du monde, auec vne deuotion & grauité nompareille, & ne pensés pas que ce fust vne deuotion nouuelle car il y a plus de trente deux ans qu'il donna à sa parroisse de Saincte Marine dans Paris cinq cens escus pour faire vn beau & magnifique poësle au S. Sacrement, & autres reparations necessaires pour l'ornement des autels de ladicte Eglise, ceste affection faisoit qu'il y participoit souuent, car despuis qu'il se confessa generallement à vn habile & sçauãt Theologien de l'Ordre des Minimes au Plessis lez Tours, l'an vingt & neufiesme de son aage; il auoit pris cette loüable coustume, de se confesser & communier toutes les festes de nostre Seigneur, & de nostre Dame, mais despuis, cõme il s'eschauffoit continuellement en l'amour de Dieu, & que le chemin des iustes va croissant iusques à la clarté du midy, il se resolut d'y participer tous les mois, & puis de quinze en quinze iours & nommément despuis deux ou trois ans, il s'y presentoit toutes les semaines auec vne singuliere deuotion & exemple: & c'est cella, Messieurs, qui luy seruoit de consolation, car il disoit souuent que quand la mort viendroit il n'auroit à rendre cõpte que de huict iours pour le plus: C'est pourquoy lors qu'il receut la nouuelle de la mort, il tesmoigna vne telle paix & asseurance qu'elle faisoit estõner celuy qui luy parloit; car ayant appris que tel estoit le iugemẽt des Medecins, apres auoir leué les yeux & les mains vers le ciel! il respondit posément; & d'vn grand courage, Dieu soit loüé, ie recois ceste nouuelle de tres bon cœur, puis qu'il plaist à Dieu m'enuoyer la mort, elle ne sçauroit entrer en maisõ du mõde, où elle soit la mieux receuë, qu'elle entre par où il luy plairra: & puis ayant fait vn fort sage discours sur son an climacterique, auquel il est mort, disant que toutes annèes luy estoient climacteriques, aussi bien qu'à Maximiliã l'Empereur, duquel on rapporte ceste belle parolle, vous m'auez, dit-il, obligé de m'aduertir de ma fin, c'est vn des meilleurs offices, que iamais vous eussiés sceu me faire: car il ne faut point flatter en ce passage, & puis l'ayant prié de l'assister iusques à la mort; Il me reste, dit-il, deux choses à faire; La premiere de disposer de ma conscience, & la seconde de mettre ordre à ma famille, pour celle cy, ie feray mon Testament ceste apres disné en façon que mes enfans n'auront subiet de se quereler, ny les pauures de se pleindre: pour l'estat de sa conscience il desira faire vne cõsultation auec ceux qu'il estimoit estre les meilleurs Theologiẽs de Bourdeaus, à sçauoir s'il estoit expediẽt de faire vne confessiõ generale despuis la siẽne derniere pour suyure leur aduis, cõme il fit auec beaucoup de resignatiõ & humilité. Qui ne s'estõnera de sa pieté, en ce qu'estãt detenu par l'exces de sa maladie à ces festes de Noel ayant vne telle excuse, il n'eut point de repos qu'il ne se fit porter à l'Eglise pour visiter & receuoir son Createur, s'estimant indigne d'estre visité de luy en sa maison, qu'à toute extremité.

La seconde vertu qu'il auoit en particuliere recommendation, estoit celle dont il faisoit profession particuliere, à sçauoir la Iustice, de laquelle ie ne vous diray qu'vn seul mot, puis qu'en l'espace de trente ans, & dauantage, vous auez peu cognoistre son integrité, sa constance, son assiduité au Palais, & tout ce qui peut rendre vn bon juge parfaictement equitable: C'est qu'estant au lict de la mort, aprez auoir receu son Createur fort deuotemẽt, & deuãt que de receuoir le sainct Huyle, lequel il demanda par trois fois & receut auec demonstration de singuliere pieté, il fit appeller Messieurs ses enfans pour leur faire vne belle & paternelle remonstrance, en laquelle il leur recommendoit particulierement la iustice, car se leuant sur son seant du mieux qu'il luy fut possible, & leur addressant sa parolle, il leur dict d'vn graue ton, comme il auoit coustume de parler. *Mes enfans, puis que ie me vois proche de ma fin, ie vous ay appellez pour vous dire deux mots, qu'il a pleu à Dieu me conseiller & me mettre en bouche: receuez les comme la derniere volonté de vostre pere: je vous recommende particulierement quatre choses; La premiere est la Religion Catholique Apostolique & Romaine, & la parfaicte obeissance à ses commandemens, & mourir plustost mille fois que de vous en separer: il n'y a qu'vne Religion au monde, tout le reste ou sont heresies, ou infidelité. La seconde est la fidelité au seruice du Roy, de ne vous engager iamais en party quelconque qui luy puisse estre contraire pour consideration du monde, gardez de vous laisser prendre à promesses, prieres, exemples, ou autres motifs qui vous pourroient estre presentez, il a besoing maintenant*

nant plus que iamais de l'assistance de ses bons seruiteurs, & croyez que la fidelité est vn grand reuenu, car il m'a faict son premier President, non tant pour mes merites que pour recognoissance de ma fidelité : La troisiesme est l'obeissance à vostre mere, & de suyure sa direction en toutes choses, son affection enuers vous & sa prudence ne vous peuuent estre incognuës Et partant en vos affaires appuyez vous sur elle. La quatriesme est d'aymer & poursuyure quelques vertus particulieres qui vous puissent rendre signalez à la posterité : Telles que sont principalement la justice & l'aumosne, l'aumosne & la iustice, la iustice & l'aumosne : Et croyez qu'il n'y a meilleur leuain au monde pour faire croistre les moyens bien acquis, que la vertu de l'aumosne, laquelle presentant de sa douce main, de sa douce main, dict il en redisant cette douce parole par deux fois, vn denier à Dieu dans le ciel, le faict germer & multiplier aux hommes sur la terre: de biens ie vous en laisse trop pour des prodigues, & assez pour de grands aumosniers: & puis ayant adiousté quelques autres bons discours tant à eux, qu'à Madame sa femme, priant Dieu luy donner la constance necessaire à cette separation si amere, il dict: Quant à la benediction que vous attendez de moy, je prie Dieu Madame, de vous la donner: Et pour vous mes enfans, vostre mere & moy vous la dõnons.

Vous auez peu recognoistre l'espace de trente ans, qu'il estoit fort entier en ses aduis, & inflexible aux amitiés, cognoissances, sollicitations & faueurs des grands, il a dict souuent à ses amis, que c'estoit peine perdue de le solliciter au iugement des procez, car disoit il, je n'en feray ne plus ne moings pour les recommendations, si ce n'est que i'examineray le fons de la cause plus rigoureusement pour ne me laisser surprendre, car la justice n'est poinct pupille : il auoit profondement graué en sa *memoire, & souuent en bouche cette parolle des Paralipomenes,* Videte Iudices quid faciatis, non enim hominis exercetis iudicium, sed Dei, *ie me souuiens qu'vn iour vn des grands Seigneurs de France, qui faisoit grand estat de son amitié, l'ayant faict visiter par vn Gentil-homme de sa maison, il luy dict au despart, ie vous prie de dire à vostre maistre que ie suis son seruiteur, mais neantmoins que ie luy fis perdre hier son procés, d'autant qu'il n'auoit pas bonne cause & que ie me fie tant sur sa vertu & bon iugement, que ie m'asseure qu'il n'aura pas moindre opinion de moy, & de mon affection à son seruice. Vne autre fois vn Seigneur de qualité l'ayant prié de se deporter du iugemẽt de quelque procez où il s'estimoit interessé, il luy fit cette sage responce, il y a vingt & sept ans accomplis, que i'exerce ma charge, & ie vous puis asseurer, que vous estes le premier qui m'auez faict cette requeste par laquelle vous monstrez vous deffier de vostre droit on vous fera iustice, n'en doutez poinct.*

POVR *les presens, fust-ce des fruicts ou quelques nouueautés, il n'en receuoit iamais des parties: & de ceux qui pouuoiẽt auoir affaire de luy en iugemẽt, & ie suis tesmoin oculaire, de ce qu'vn iour les habitãs d'vne Ville de ce ressort ayãt vn procez deuant luy, voulurẽt luy faire presẽt d'vn Esturgeõ d'vne merueilleuse & extraordinaire grandeur qui s'estoit pris en leur riuiere, mais il y fit vne tres-grande difficulté & enfin le receuant auec beaucoup de bõnes parolles, il leur dit en les remerciant, que ce present n'empescheroit pas qu'ils ne perdissent leur procez, d'autant qu'ils estoient mal fondés en droit: En somme vous sçauez, Messieurs, qu'on ne peut reprocher à sa memoire que iamais il ait vendu la iustice, ou fait quelque chose pour la faueur.*

L A *troisiesme vertu, qu'il aimoit particulieremẽt, & dont il s'est rẽdu recõmendable à la posterité, c'est la charité enuers les* pauures, & l'aumosne qu'il recommenda aussi particulierem $\bar{e}$t à Messieurs ses enfans. En vn mot il est certain qu'il ne la refusa iamais à aucun pauure qu'il estimast necessiteux, principallement aux aueugles, desquels il auoit vn particulier soin, cōme il se peut voir par le concours ordinaire, & iournalier de tous les aueugles de la Prouince qui se rendoient infailliblement tous les iours à sa porte: & comme vne fois ie luy dis en louant sa charité, que sa porte estoit plus belle estant garnie de pauures auueugles, que si elle eust esté oculée de iaspe, ou de porphyre, il me respondit que despuis qu'il eust leu pour la premiere fois dans Tobie cette parolle, QVALE GAVDIVM MIHI ERIT, il auoit conceu vne si grande compassion des pauures aueugles, qu'il auoit faict vn bon propos de ne refuser iamais l'aumosne à personne atteinct de ceste incommoditè, c'est vn cas merueilleux d'oüir les pleinctes & doleances des pauures à tous les cantons, & ruës de Bordeaus, car en effect ils y ont perdu beaucoup. Or quant à ses aumosnes, il les auoit reglées & ordonneés aussi bien que les reuenu & le trein de sa famille: il en auoit de tous les iours, de toutes les semaines, de tous les moys, & de tous les ans, qu'il faisoit à certaines maisōs religieuses & à l'Hospital, & aux prisons, sans mettre icy en leigne de compte les extraordinaires, qu'il faisoit fort souuent, & en grand nombre: & pour vous tesmoigner combien profondement il auoit cette vertu grauée dans le cœur, ie puis vous asseurer qu'il en parla iusques à la mort, car Dimanche au soir, quelques heures deuant son agonie, se souuenant que c'estoit le iour destiné à l'aumosne des peres Recolects, il appella vn de ses domestiques, pour sçauoir s'il y auoit mis ordre: & si a vouleu faire cognoistre par sa derniere volontè l'estat qu'il faisoit de l'aumosne & de la priere des gens de bien, ayant legué à toutes les maisons Religieuses d'hommes & de femmes qui sont dans Bordeaus, & à quelques Eglises particulieres y compris l'Hospital, & les Chappitres trois cens francs à chascun, le tout montant à plus de dix mil liures : mais tout cela n'est rien en comparaison de la somme qu'il a debourse à diuerses fois pour employer en œuures de pieté, car elle monte iusques à quarente cinq mil escus & dauantage, il a faict bastir trois Eglises auec leurs appartenances, la premiere est celle de Tholoze, merueilleusement belle, la seconde celle de nostre Dame d'Aubezine lez Angolesme, quoy que ce fust sur les amandes des vsures, mais ie scay particulierement par son rapport, qu'il y employa prez de la moytié de ses propres moyens : & la troisiesme, est celle des Peres Capucins au mesme lieu d'Angolesme, à laquelle estant obligé par moitié auec Monsieur de Nesmond Sieur de la Tranchade, par la succession de feu Monsieur de Verac leur oncle, ils ont employé grandes sommes au dela de leur obligation: Ie luy ay souuent ouy dire, que si Dieu ne luy eust point donné d'enfans, il n'eust eu iamais autre heritier que luy mesme, tant il aimoit la vertu de l'aumosne, & scachãt qu'vn Presidẽt de cette Cour, auoit autrefois donné vne bonne partie de ses moyens à l'Hospital de S. André, il disoit souuent qu'il estimoit plus cette action, que toutes les Formules du President Brisson, & les Semestres du President Sainct Iory, combien qu'il auoit cette modestie de parler auec grande reuerence de ces personnages signalez en scauoir, mais il est bien veritable que ce beau bastiment de l'Hospital durera plus que toutes les formules du monde, & qu'il ne faisoit point de tort à la memoire de ces scauans hommes, estimant plus la charité d'vn autre, que toute leur doctrine.

Or ne se contentoit il pas que sa charité fut recognuë dans le destroit d'vne seule Prouince, ains encores il desira l'estendre iusques aux coings de l'Vniuers, car ayant sceu la genereuse resolution du pere Pierre Biard Theologien de nostre compaignie, lequel entreprit vn facheux & dangereux voyage en la nouuelle France, & dans les deserts de Canada, pour le salut de ces pauures Barbares, il resolut de contribuer de ses moyens à vn œuure si charitable, & assigna cent escus par an, tandis que cette mission seroit entretenue, mais ayant faict tenir son argēt par deux diuerses fois, sans auoir receu nouuelles, n'y asseurance quelconque, estant au reste tres-asseuré de l'honneur que le pere Biard luy portoit, & qu'il n'eust manqué de l'en remercier par lettre s'il eust receu ladicte somme, il creust que ce seroit desormais semer dessus le sable, & partant n'ayant pas intention de seruir à la cupidité des pirates, il retrancha cette aumosne pour l'ēployer en autres bonnes œuures: Et le pere Nicolas Trigaud à son retour de la Chine, l'ayant visité & traicté familierement auec luy des mœurs, regions, villes & police de ce grand Royaume, & du progres de la Chrestienté, il auoit resolu d'assister particulierement cette mission, la plus belle & courageuse qui fut iamais entreprise; mais la mort le preuint, & luy donna seulement moyen de faire cognoistre sa bonne volonté aux Chrestiens de ce nouueau monde.

Il auoit encores vne autre sorte d'aumosne, qui n'est pas commune ny vulgaire, & neantmoins est merueilleusement loüable, c'est qu'en l'achapt de ses liures, meubles qu'il cherissoit grandement, en ayant achepté pour plus de vingt cinq mil liures, il prenoit particulierement ceux qu'il sçauoit estre composez contre la Religion Catholique, & contre nostre compaignie, laquelle il honoroit singulierement de son amitié & protection; non pas pour les lire, estant en cela merueilleusemēt reserué, mais pour les abolir s'il eust peu, & pour nous les dōner affin d'y respondre, & maintenir nostre innocence, de façon que nous auons veu d'ordinaire par son moyen tout ce qui a esté *calomnieusement escrit & controuué contre nous: & nommément il achepta au pris de l'or le Mystere d'iniquité, & les exercitations de Casaubon contre Baronius, quoy qu'ils soient liures de neant, pleins de grandes & grossieres ignorances: & comme vn iour vn Ministre de Gascogne voyant qu'il acheptoit continuellement liures semblables sans sçauoir son dessein, fut si mal habile homme & si impudent, que de luy presenter vn certain fatras & rauauderie qu'il auoit employé contre la Sainčte Eglise Catholique, & contre nostre Compaignie, croyant luy faire vn beau presant, il le prit à la verité, mais il le ietta sur l'heure dans le feu en la presence de son autheur, le menaçant, que s'il commetoit iamais vne telle effronterie il le feroit chastier exemplairement.*

VOYLA, *Messieurs, vne partie des vertus de feu Monsieur le President de Chezac, que i'ay rapporté non pas en intention de les deduire toutes, mais seulement pour vous en donner vne monstre, comme par l'eschantillon on iuge de toute la piece, & pour vous faire gouster la perte que vous auez faict en la mort d'vn tel homme. Que s'il est veritable, ainsi que ie le pense, que toutes les vertus, comme sœurs germaines, ne s'abandonnent poinct, il faut croire qu'il en auoit bien d'autres que les trois susnommées :* Car *pour le mespris du monde, qui n'est pas tant vne vertu, comme la quintessence des vertus, il l'auoit si parfaicte, que pour tout ce qu'on appelle monde, horsmis le seruice du Roy, il n'eust faict vn seul pas : des grandeurs, ceremonies, complimens & autres façons du monde il s'en moquoit & en effect & en parolle les appellant souuent, la cadene des esprits : & disoit sagement, parlant de l'exemption que son aage luy auoit acquis en semblables deuoirs mondains ;* CHAS-

CVN SON TOVR; car le monde m'a faict autrefois la loy en ma ieunesse, il est temps desormais que ie la luy fasse, & non pas que ie la reçoiue de luy, & de là venoit ceste grande affection, qu'il portoit aux personnes Religieuses, qui font estat de mespriser le monde, ayant coustume de leur rendre plus d'honneur pour leur vertu qu'aux autres pour leurs grades & dignitez. Son humilité & modestie se lisoit en tout le trein de sa famille, en ses habits & en ceux de Messieurs ses enfans & domestiques, & particulierement en l'opinion qu'il auoit de tous les gens de sçauoir & de vertu, car il ne blasma ou mesprisa iamais aucun liure pour chetif qu'il peust estre, s'il n'y alloit de la Religon, ou de l'Estat, ains au cōtraire il auoit coustume de louër tous les escriuains, ayant souuent ce mot de Pline en bouche, qu'il n'y a si meschant liure, où il ne se trouue vne bonne leigne, n'y si maigre moisson qui ne porte quelque bon espy, & ie me souuiens qu'vn iour vn homme de quelque sçauoir ayant mesprizé vn liure d'vn autheur de ce temps, il luy dict auec beaucoup de grauité: ce n'est pas ainsi qu'il faut dire, ains au contraire, il faut louër ce personnage d'auoir trauaillé pour le public & contribué du sien ce qu'il a peu pour l'aduancement de la posterité. Il y en a plusieurs anciens desquels on faict estat pour leur antiquité qui n'en sçauoient pas tant que celluy que vous blasmez: le temps viendra qu'il sera de requeste n'en doubtez point: & comme il sceust que quelques esprits fantasques & glorieux taschoient d'acquerir de la reputation par le mespris qu'ils faisoient de Iaques Cuias son maistre, il me dict à demy en cholere, des là il faut necessairement presumer & croire que ces gens ont faute de ceruelle: car c'est comme quand les grenoüilles croüassoient contre le SOLEIL. Son humilité *se fit voir aussi en ce particulierement qu'il ne voulut iamais que son corps fut embausmé, suyuant la coustume vsitée ez autres personnes de sa qualité, & le deffendit tres-expressement se voyant proche de sa mort, disant que c'estoit vne particularité reseruée aux Roys, & aux Princes, & qui ne deuoit s'vsurper si facilemẽt, pour l'honneur qu'on doit au sacré corps de nostre Sauueur, qui l'auoit esté par preciput, & pour monstrer que c'estoit vn droit qui luy estoit quasi exclusiuement reserué. Sa modestie parut aussi en ce qu'ayant esté prié par vn de ses fidelles amis de permettre que ses belles Remõstrances & Arrests qu'il auoit faict en l'espace de trente ou tant d'années fussent mis au iour pour le bien du public, il se moquoit de soy mesmes, disant auec Seneque que s'il y auoit quelque chose de bien en ses harangues, l'action y faisoit beaucoup, ayant ce mot d'vn vieux Declamateur souuẽt en bouche pour excuse,* Si reliqua desint, etiam calor dicentis adiuuat, *il est vray qu'il eust bien desiré pouuoir dire ce qu'il auoit estudié pour l'entrée de la Sainct Martin l'an M. DC. XV. touchant* LA ROBBE DE IVSTICE, *& pour l'entrée du Roy au Palais au mesme an le douziesme de Decembre, enquoy il cuidoit auoir mieux rencontré qu'à l'ordinaire, mais puis que la maladie que Dieu luy enuoya & de laquelle il mourut, luy osta le moyen de paroistre, il disoit peu de iours deuant sa mort, qu'il n'en pouuoit auoir de desplaisir, la volonté de Dieu s'estant portée au contraire.*

Sa prudẽce à paru en l'educatiõ de Messieurs ses enfans, voulant particulierement que Mõsieur son aisné, nonobstãt la haste qu'il sembloit auoir de le faire paroistre, estudiast trois ans tous entiers en Philosophie, disant à ceux qui luy congratuloient le bon succez de ses belles & merueilleuses responses, qu'il faisoit plus d'estat de ce qu'il sçauoit en Philosophie, que non pas de ce qu'il ap-

qu'il apprendroit iamais par la routine du droit, car disoit il, la Philosophie luy affermira le iugement, où le droit, s'il n'est bien pris, le rendra chiquaneur.

IE finis en cet endroit à faute de temps, non de subiect, pour vous dire, Messieurs, que ce n'est pas assez que la memoire de feu Monsieur le President de Nesmond, soit pleine de benedictions si nous n'embrassons les exemples qu'il nous a proposez: laissant tout le reste, ie m'arreste sur vn, qui est de la souuenãce de la mort, car il me dit peu de iours deuãt son decez: que de long-tẽps, il se tenoit pour tout instruict qu'il faut mourir, qu'il faut mourir, qu'il faut mourir vn iour, & qu'ez plus clairs & serains iours de sa vie, il auoit eu tousiours ce piqueron dans l'ame: & comme il est impossible, qu'hõme du monde ayant souuent la mort deuant les yeux, puisse grandemẽt offencer Dieu, aussi estoit-il impossible que gardant continuellement cette resolution au cœur, cette souuenance en sa memoire, & cette parolle en bouche, il ne fist vne glorieuse & tres-chrestiẽne fin, car m'ayant recommendé de ne l'abandonner iusques au dernier soufle, c'est vn cas merueilleux de la deuotion, en laquelle il passa le peu de iours & de nuicts qu'il auoit à viure; ce n'estoiẽt que continuelles oraisons iaculatoires, prises maintenant des Pseaumes de Dauid, maintenant des prieres de l'Eglise, qu'il sçauoit quasi toutes par cœur: & comme il eust oüy ceste belle sentence du deuot Sainct Augustin, Amore amoris tui moriar Dòmine, qui amore amoris mei dignatus es mori, *il y prit tel plaisir qu'il la redit en peu de temps plus de vingt fois, l'ayãt en bouche mesmes en dormant, auec celle qu'on attribuë à Sainct Bernard, & qui cõmence* Anima Christi sanctifica me, *m'ayant particulierement recõmendé de l'enseigner à Messieurs ses enfans, tant il y trouua de deuotion, & pource qu'estant en santé il auoit singulierement aymé cette belle prose, composée à ce qu'on pense par le Roy Robert, qui commence* Veni sancte Spiritus, & emitte cœlitus lucis tuæ radium, *il la disoit quasi continuellement par versets, les yeux & les mains dressées vers le ciel; enfin, Messieurs, ce fut une mort digne du progrez de sa vie: Or la conclusion de tout ce que dessus n'est pas qu'il faut mourir, car la mort des meschans, & des bestes mesmes nous l'apprendroit, si nous le revoquions en doute: il est vray, Messieurs, nous roulons en cette vie parmy nos affaires comme les poissons dans les ondes, mais si faut il enfin venir à bord & tomber dans les filets de cette cruelle meurtriere qui nous attend de pied ferme sur l'arene, les autres pescheurs choisissent & ne prenent que les poissons formés, pour les petits ils leur donnent la vie, & le loisir de croistre: ce n'est pas ainsi que faict cette mauvaise mesnagere qui prend à toutes mains, qui charge ses filets tant qu'il luy est possible, de bons & de mauvais, de grands & de petits, de pauvres & de riches, sans espargne & discretion quelcõque: il y faut aller, Messieurs, les richesses ne vous en garentiront pas, car il en avoit en abondance, l'esprit & la doctrine non plus, car il en estoit tout plein: la vertu n'y peut rien, car il en estoit orné suffisamment, le tout est de bien mourir, & de s'y preparer tellement, que nostre memoire soit chargée de benedictions à la posterité, qui dira un iour de nous.*

MEMORIA EIVS IN BENEDICTIONE.

ÆTERNÆ MEMORIÆ INCOMPARABILIS VIRI.

ANDREÆ NESMONDI.

SI malis nostris Fata tangerentur, credo, atrata Themis ad hunc sederet tumulum, in quo iacet ANDREAS NESMONDVS, *& viuit parte sui meliore; Is enim* LECTOR, *ut pauca de multis scias, antiquâ & nobili domo ortus, parentibus debuit quòd splendidè vixit; Deo & sibi, quòd bene. A patre enim ad magnificam honorum bonorúmque spem educatus, cordatus iuuenis hoc in oculis, in ore, in libris scriptum habuit*, FORTVITVM EST NASCI, VIVERE ANXIVM, MORI CERTVM: *hunc ad virtutem stimulum habuit, hoc aduersùs lubricæ & præcipitis adolescentiæ cursum sufflamine vsus, in lasciuientis & pronæ ætatis æstuarium iactus, nec scopulis, nec limo hæsit. Adolescens Iulio Guer-*

sentio prodigiosi ingenij & doctrinæ iuueni, ob illas doctes familiaris cum fructu fuit, vir autem ob prauos hominis mores cum laude parum amicus. Francisco Roaldesio & Jacobo Cuiacio magistris vsus, vtrumque generoso & inuicto amore prosecutus est; ab illo priuatim doctus, ab hoc laudatus publicè, & vocatus meritò FLOSCVLVS IVVENTIORVM, ORNAMENTVM SÆCVLO SVO FVTVRVM, *aliáque quæ amauit vt à Cuiacio dicta, risit vt de se credita; deditque tamen operam, ne plus amori Cuiacius, quàm veritati tribuisse videretur; ad quartum ætatis camptérem progressus, ambitionem, æui æruginem, quam cæteri vitæ ducem & dominam sequuntur, famulam ipse ad iussus facilem & obsequiosam nactus est, paternæ dignitatis & merito & sanguine hæres, pietati quàm iuri suo plus dedit; priuatus aliquandiu viuere maluit, quàm quod suum tam citò esse noluisset, parenti eripere, subinde Ausonianum illud repetens.*

Justa quidem series patri succedere, verùm
Esse simul dominos gratior ordo piis.

Annos natus, XXX. in Senatum venit patre suo, viro bono, melior doctiorque iuxta Saturnij aui votum: Per quinque lustra Gulielmo Daffio Senatûs principi viro maximo sic à latere fuit, vt ampliori loco dignus esset: hoc in diuturno munere indefessam rostris diligentiam, inexhaustam Patribus eruditionem, incorruptum litigantibus animum probauit, ad solum fauorem durus, cæterà molli & amœno congressu fuit. Ad Regem Magnum legatus de graui & pene desperatâ re sic dixit, vt ab offenso principe bona verba, ab irato laudem humanâ maiorẽ ferret. Ab eo deinceps in varias grauesque prouincias missus, conceptam de se opinionem, prudentiâ & integritate cumulauit, vt Rex Magnus functo iam Daffio post lõgam & honorabilem senectam, à Nesmondo locum impleri voluerit, quam ille dignitatem hactenus meritis & prudẽtiæ datam subhastare iam primùm animo suo haud dignũ ratus, virtute & scientiâ emit, quæ certè metella anteferebat cæteris. Primariam iustitiæ sedem sex annos iam senex, non vt stationem quietis aut virtutis honorarium, sed vt arenam industriæ tenuit, doctos amauit vt doctus, Theologiam imprimis mirificè coluit, Religiosos viros suspexit & fouit, vitam honorificè vixit, morbũ senio grauem sine tædio tulit, mortem excepit in-intrepidus. Quam porrò iacturam ætas nostra hoc in viro fecerit, Regina Augusta probauit literis, Senatus absentiâ didicit, prouincia desiderio docuit, posteri ex hoc opere iudicabunt: talem amicum habere rarum & suaue, habuisse, luctuosum.

IACET BVRDEGALÆ, IN ÆDE PP.
Franciscanorum strictioris Obseruantiæ
in auito sacello cum hoc
Epitaphio.

ORANTEM NON PLORANTEM, HOSPES, TE VVLT QVI HEIC IACET. AH ERRAVI: NVNQVAM IACET VIRTVS, SED THRONVM IN TVMVLO FACIT. HOC IN QVIETORIO EST ANDREAS NESMONDVS, QVI VIVVS SENATVM IVSTITIA REXIT, VITAM INNOCENTIA, DOMVM PRVDENTIA. FIDELITATE PRINCIPES, MAGNOS MODESTIA, AMICOS OFFICIIS, HVMANITATE INFIMOS, HOMINES BENEFACTIS, DEVM PIETATE DEMERVIT. MORIENS DOMVM LACRVMIS, AMICOS LVCTV, PRINCIPES DOLORE, MAGNOS DESIDERIO, EXEMPLO DIVITES, CONSTERNATIONE PAVPERES, SENATVM ORBITATE CVMVLAVIT. OBIIT IV. IANVARII, ANNO M. DC. XVI. HORA QVARTA POST MERIDIEM NOCTIS,

OLIVA DASTÆA VX.
& Mœrr. lib. tres P.C.

TABLE DES PRINCIPALES *matieres & obseruations, qui sont en ces Remonstrances : le premier chiffre signifie la Remonstrance, & le second, l'article d'icelle.*

A

ADVOCATS.

ADVOCATS CONSVLTANS.

ã

ADVOCATS PLAIDANS.

ADVOCATS ESCOVTANS.

D

F

Hippocrate

H

I

Q

R

S

appellé

T

V.

Z.

TABLE DES MATIERES PLUS remarquables des Arrests, le premier chiffre monstre l'arrest, le 2. qui se trouue au milieu des autres chiffres, signifie la seconde partie de l'Arrest, & le dernier, l'article.

A

PREMIERE

REMONSTRANCE PRONONCEE EN PARLEMENT A L'OVVERTVRE DE LA S. MARTIN.

LE SERMENT DE IVSTICE.

CEVX qui ont comparé la chaisne de I.
Iuppiter tant renommée dãs Homere, auec l'Ordre de l'vniuers, comme Themistius le Philosophe, Onatus & quelques autres, ont bien veu l'importance & la necessité de l'Ordre & bonne disposition: car ce n'est ny la varieté des choses creées, ny leur particuliere perfection, qui entretient l'oeconomie de ce monde, c'est l'Ordre & bien-seante positure de toutes ses parties, soit qu'on la prene pour la place & naturelle assiette des elemens, selon laquelle

Altum flamma petit, propior locus aëra cepit.
Sederunt medio terra fretúmque loco.

Soit qu'on la prene pour le rapport & conuenence de toutes les parties, lesquelles de pieces si differentes forment la belle face de l'vniuers.

Sed facies quæcúmque tamen, sub origine rerum
Conuenit, & certo digestum est ORDINE *corpus.*

C'est l'Ordre, dit S. Gregoire de Nazianze, qui a rangé toutes choses en leur place par la force d'vne seule parole, c'est l'Ordre qui lie les cieux auec la terre, c'est l'Ordre qui contient ceste grande legion d'astres & de lumieres dans le ciel, cest l'Ordre qui leur assigne leur rang, qui faict que le Soleil s'entretient dans sa carriere

—— cursumque reflectat.
Huc illuc, agiles & seruet in æthere metas
Cùm Luna, & stellæ volitent per inania mundi.

C'est l'Ordre qui congedie & rappelle en son temps les saisons de l'année, *quo per medios tepores hybernis æstiua succedunt*: c'est l'Ordre qui tient la bride du iour & de la nuict comme de deux cheuaux attelez διηπνεύοντα χρόνον, dit Philon l'Hebrieu, c'est l'Ordre qui les retient & qui les pousse en leur rang

Ne tyrocinio peccet, circúmque feratur
Æternâ cum lu : dies.

C'est l'Ordre qui ouure la porte aux vents, qui suspend les nuées, qui retient & enuoye les pluyes: en vn mot τάξεως ἐπικρατούσης, κόσμος, τὸ πᾶν καὶ τὸ κάλλος ἀκίνητον, tant que l'Ordre s'entretient, le monde garde le nom de monde & de beauté, que si au rebours l'Ordre vient à manquer, de là, en l'air les tonerres, en la terre les tremblemens, en la mer les naufrages, és villes les troubles & seditions, aux champs la guerre, aux maisons priuées les discordes, aux corps les maladies, aux ames les pechez, & par tout le desordre

Tantùm elementa queunt permutato ordine solo!

II. ET c'est pour cette raison que toutes choses ont tasché de se gouuerner & entretenir par l'Ordre, &

qu'en tous les lieux, vacations & mestiers de ce monde on y trouuera de l'Ordre, comme l'Oeconome du logis & la regle generalle de toutes choses. En la milice c'est l'Ordre qui gouuerne & la bonne disposition des combatans; c'est pourquoy Onosander ne recommande rien de si exprés aux Capitaines, que le bon Ordre εὐταξίαν, & qu'ils marchét tousiours en Ordre voire mesmes en paix affin de s'y accoustumer en la necessité de la guerre: car sans Ordre, dit-il, εὐπαθέστεροι γίνονται, ils descouurent le flanc, & se rendent plus aisez à estre surpris, car ils s'offensent eux mesmes; voire pour la beauté mesmes il est bon de garder l'Ordre en guerre, *Pulchra vt castrorum acies ordinata.*

En l'agriculture c'est l'Ordre qui fait tout, c'est de l'Ordre que les terres & semences prenent plus de force & de nourriture

Indulge ORDINIBVS, *nec secius omnis in vnguem*
Arboribus positis secto via limite quadret.
Non animum modò vti pascat prospectus inanem
Sed quia non aliter vires dabit omnibus æquas
Terra.

C'est l'Ordre qui fait la beauté des iardinages, qui donne la grace aux vignes & qui les rend agreables à la veuë.

Ipse feram vites, pangamq́; ex ORDINE *colles.*

En l'Architecture c'est l'Ordre qui assaisonne les trauaux, qui embellir les ouurages, qui donne forme aux materiaux. *Architectura constat ordinatione, dispositione, eurhythmiâ, symmetriâ, decore, & distributione, quæ* Οἰκονομία *dicitur*, sans Ordre l'Architecture n'est qu'vn amas de ruines, auec l'Ordre c'est la plus agreable representation de l'vniuers.

La Musique aussi, soit qu'on prene celle que Platon appelle δημώδη μυσικήν, soit qu'on parle de celle que le mesme appelloit Μυσικὴν ἐξεγίαν, elle se gouuerne toute par Ordre, *Musicè enim nosse nihil aliud est, quàm reru Ordinem scire, quē quæq; sit diuinâ ratione sortita, ORDO enim rerum singularum in vnum artifici ratione collatus, concentum quendam melo diuino dulcisonum verissimumq; conficiet.*

En la nauigation, c'est l'Ordre qui gouuerne, qui sert de Pilote & de gouuernail, ce qui fut iadis sagement recogneu par Xenophon, qui propose cette demande. *Cur remiges inuicem minime sibi molesti sunt? an quod sedent Ordine? Ordine remis incumbunt? Ordine ἀναπίπτουσι? Ordine in humeros se tollunt? Ordine se inclinant?* de façon que les Galeriens rendent leur vie douce & leur condition agreable par le moyen de l'Ordre, au contraire la plus plaisante vie du monde, sans Ordre c'est vne vie de galere.

III. VOIRE mesmes iusques aux Enfers, *vbi nullus Ordo, sed sempiternus horror inhabitat*, là mesmes il y a vne certaine maniere d'Ordre, qui rend les peines aucunement supportables si nous croyons les Fables, car le Poëte Latin y a mis *cinq Ordres* diuers de criminels, & en ce parquet qui s'appelle *ferale tribunal*, il y a encores de l'Ordre entre les Iuges, quoy qu'ils soient implacables & fort rigides, ils ne sont pas neaumoins sans Ordre

Tum quoq; dum lites, Stygiâq; negotia soluit
Dura fori, veteresq; reos ex ORDINE quærit.

C'est ainsi que Rhadamāte s'entretiēt à voir par Ordre

les procés des parties, & comm' il y a diuers Ordres de merites pour les bien-heureux en la felicité, aussi y a il plusieurs Ordres & degrez de peines pour les mal-heureux

Nam iuxta Rhadamanthus agens cùm gesta superni
Curriculi, totosq; diu prospexerit actus
Exæquat damnum meritis atq; ORDINE punit.

D'où il ne faudra pas trouuer estrange si dans la maison de Iustice il se void vn si bel Ordre, disposition & intelligence de toutes choses, auec vne subordination des inferieurs aux plus grands, des Aduocats aux Iuges, des Iuges aux Presidens, des Presidens au Chancelier, qui est comme le grand gardien de l'Ordre de Iustice. La ville de Rome en sa grandeur n'eut rien de plus specieux que la diuision en ses trois Ordres,

Cum plebs, & minor ORDO, maximusq;,
Sancto cum duce candidus sederet.

C'est l'Ordre qui a maintenu cette fameuse Republique; & ces deux corps qui ont gouuerné tout le monde à sçauoir la Noblesse & le Senat de Rome, n'ont sceu trouuer tiltre plus honorable pour leur grandeur que celluy d'Ordre, car pour les Cheualiers il ne s'appelloient point d'autre nom.

Præcipuum Patres retinent, & proximum Equester
ORDO *locum, populumq; Equiti, populoq; subire*
Vulgus iners.

Pour le Senat c'estoit son appellation ordinaire *Primus Ordo*, *Sacer Ordo*, *summus Ordo*, *Senatorius Ordo*, *purpuratus Ordo*, dans Cassiodore. *Ordo clarissimus*, *Ordo maior*, *Ordo amplissimus*, dans Capitolin; & simplement

ORDO, dans les vieux monumens pour dire le Senat. O que c'est donc vne belle chose que l'Ordre, disoit vn sçauant Pere Grec, c'est l'œil de l'vniuers, c'est le monde du monde, c'est l'ame de la nature, c'est le pere de la beauté ; c'est le lien des creatures.

IV. OR comme par l'Ordre le monde s'est entretenu iusques à maintenant, il faut voir par quel moyen le mesme Ordre s'est maintenu & gardé dans le monde, & nommément in *Amplissimo Ordine* dans les palais & maisons de Iustice. Car pour l'Ordre de l'vniuers il y a eu quelques Philosophes si hebetez & attachez à leurs petits corps indiuisibles ; qu'ils ont estimé que l'Ordre du monde dependoit de leur confusion, & qu'il s'est entretenu iusques à maintenãt par leur entrechoquement ; *validiorem atomorum complexum perseuerantiæ iugis præstare causam*, dit S. Ambroise : d'autres non guere mieux aduisez ont estimé que l'Ordre s'entretenoit par la necessité mere des Parques, qui l'auoit ainsi resolu & escrit en grosse lettre d'or auec vne plume de fer dans son liure de roche.

Talia seclà suis dixerunt currite fusis
Concordes stabili fatorum numine Parcæ.

Quelques autres ont vn peu mieux Philosophé lors qu'ils en ont rapporté l'origine à la pure volonté de Dieu, qui n'est point suiette à la necessité, comm' il se lit dans S. Augustin touchant l'immortalité des petits Dieux qui se mirent vn iour à pleurer lors qu'ils oüyrent le grand Dieu discourant de la caducité de leur nature, mais qu'ils s'appaiserent, & essuyerent leurs larmes lors qu'ils oüyrent, qu'il auoit resolu par sa franche & liberale volonté de suppléer à ce deffaut, & de les rendre par son vouloir immortels puis qu'ils ne l'estoient par leur nature, ainsi philosophoient ils de l'Ordre perdurable de ce monde, car bien que cet Ordre ne soit point eternel par sa nature ou par la necessité des choses, ils ont creu qu'il l'estoit par la volonté diuine: *Operatus est Deus omnia*, dit S. Augustin; *præstans eis etiam* ORDINEM *non interuallis temporum sed connexione caussarum*, & lors qu'ils s'apperceuoient de quelque desordre en l'oeconomie de l'vniuers, ils en rapportoient l'origine à l'instabilité des causes creées, & disoient quelles faussoient le serment, ainsi que lors que nous voyons quelque tremblement, desordre, ou conuulsion au corps d'vne personne on a coustume de dire qu'il a faussé sa foy & fait vn faux serment.

Aristobulus dans Eusebe semble auoir esté plus subtil & aduisé que tous les autres, car ayant appris que Dieu se reposa le septiesme iour, il donna vne telle exposition à ces paroles, qu'il mit LE REPOS, c'est à dire vn Ordre estably & immuable à ses creatures, *vt in ipso*, disoit-il, *quiescant, hoc est sui momenti* ORDINEM *teneant*, d'autant que comme disoit S. Augustin; *Pax omnium rerum tranquillitas Ordinis*: quand il n'y a rien qui remuë, tout l'Ordre est en repos.

TOVTESFOIS les Pythagoriciens pour venir au V. point de ce discours, rapportoient auec plus de raison la cause de cette suitte enchaisnée & de l'Ordre du monde au SERMENT, comme si Dieu lors de la creation & establissement du monde eust fait vn Serment solennel, de faire garder & obseruer estroictement aux siecles à venir l'Ordre premier qui leur fut baillé en leur creation, & qu'en chascune d'icelles separément, & en toutes ensemble Dieu eust empraint & graué son diuin Serment, ou la cognoissance de sa volonté attestée par iurement, comm' il a esté dit par quelques vns des Peres que Dieu graua au commencement sur l'arene de la mer sa volonté, *& fines qui præteriri non poterunt*, & sur le visage des hommes il escriuit les lettres d'vne majesté cachée & du commandement qu'ils deuoient auoir sur les autres animaux : Or ce iurement de Dieu fut tellement empraint sur le front de toutes les creatures, qu'elles le cogneurent aussi tost & furent obligées à l'estroicte obseruance d'iceluy, & le principal effect de ce diuin Serment, fut le ferme & durable establissement des choses en leur ordre, qui est ce que Isidorus à dit despuis en peu de mots, *Iurare Dei, est illa prouidentia quâ statuit non conuellere statuta.*

VI. Et comm' il n'y a personne si grossier & ignorant, dit S. Gregoire de Nyssé, qui ne sçache lire les lettres de Dieu, qui sont les Estoilles du firmament, aussi il n'y a creature si hebetée qui ne recognoisse ce iurement, qui n'en sente les effects, qui n'en lise l'escriture, & qui n'en entende le commandement; car voila l'Ocean furieux & enragé comm' vne Megere, qui s'en vient sur les confins & limites de la terre auec des flots & tempestes escumeuses pour emporter & gaster tout, mais lisant sur le sable le Serment de Dieu & les traicts de sa volonté il s'appaise, & celuy qui estoit venu comm' vn Lyon se retire comme vn Agneau. Si les Astres & le Soleil ont quelquesfois enuie de se reposer aprés vne si ennuyeuse

nuyeuſe courſe, la lecture de ce Serment leur donne vn coup d'eſperon & courage pour continuer auec allegreſſe

Exercent varias naturæ lege choræas.

Si la terre ennuyée d'vne ſi longue fertilité ſe laſſoit de porter toutes les années & eſpuyſer ſes forces, elle ſe raieunit lors qu'elle entend ces paroles du Serment eternel *germinet terra herbam virentem.* Si les heures, les iours, les moys & les ſiecles ſe vouloient par ennuy arreſter en leur carriere, & prendre haleine, ce iurement leur fait haſter le pas.

Atq; in ſe ſua per veſtigia voluitur annus.

TOVT ainſi que Dieu ayant fait & eſtably le monde de ſa parole il luy donna l'Ordre comme pour ame VII.

——— *totamq; infuſa per artus*

Mens agitat molem, & magno ſe corpore miſcet,

Tout de meſmes nos Roys qui ſont de petits Dieux en terre, raccourſis par l'ombrage de leur mortalité, ont fait comme vn petit monde dans leurs royaumes en l'eſtabliſſement de leurs Cours ſouueraines, leſquelles nous pouuons à bon droit appeller MONDES, eu eſgard au rapport qu'ils ont auec cet vniuers, car ainſi que le monde ſe definit naïfuement par ces paroles, *Publica naturæ domus eſt*, maiſon de la nature à quatre elemens comme autant d'eſtages, & le ciel en faiſant le lambris, ainſi la Cour *publica Iuſtitiæ domus eſt* tout le monde y a droit, chaſcun y eſt reçeu comme dans le monde, & la plus part, quoy que par leur faute, en ſortent à regret comme du monde. Le monde ſouuent ſe prend pour Dieu mesmes, & Dieu aussi pour le monde, comme en ce lieu de l'Astrologue

Mille fluent artes, aut bellum indicere Mundo

C'est à dire Τῇ προνοίᾳ à la prouidence diuine, & Diodorus en sa Bibliotheque entre six façons & significations du mot κόσμος où *Mundus*, nombre celle cy comme l'vne des principalles Κόσμος ἐστὶν ὁ διακοσμήσας τὰ πάντα, *Mundus est qui ipsum gubernat mundum:* Ainsi en terme de Palais LA COVR ET LE ROY se confondent souuent, & les Roys ayans liberallement communiqué leur authorité aux Cours souueraines, le Roy commande la Cour ordonnant.

VIII. COMME donc l'ame du grand monde c'est l'Ordre, ainsi nos Roys ont voulu qu'en ce petit monde des Cours souueraines, l'ame fut leurs ordonnances, ainsi sagement appellées d'autant qu'elles ont tiré & fait sortir le Royaume du Chaos & confusion des contentions, noyses, debats, violences & excés, qui se trouuoient parmy leurs suiets, ayant par vn bon Ordre & deportement raisonnable remis toutes choses en leur place, & par ce moyen estably le repos & la tranquillité en leur estat.

Mais il falloit que ces Ordonnances fussent perdurables & inuiolablement obseruées comme l'Ordre du monde, ce qui se pouuoit faire par d'autres moyens comme par l'establissement de bons & fidelles Magistrats qui fussent les gardiens de ces Ordonnances καὶ ἐργοδιῶκται, qui prissent le soing de les faire inuiolablement & estroittement obseruer, ainsi que font les Chanceliers, Presidens & Iuges des Cours souueraines: mais comme les Pythagoriciens ont estimé que le plus expedient & le plus asseuré moyen pour conseruer l'Ordre du monde estoit le SERMENT du Createur, ainsi le plus fort lien pour garder les Ordonnances estoit le SERMENT de Iustice. Car tout ainsi que Dieu iura, disent les Pythagoriciens, d'entretenir cet Ordre, luy premierement, puis de le faire garder à ses creatures, ainsi sçauons nous que nos Roys iurent au iour de leur Onction Royalle de faire iustice à leurs suiets, & soubs ce Royal Serment est tacitement enueloppé celuy de faire garder l'Ordre & les Ordonnances à leurs mesmes suiets.

C'EST ainsi que iadis les Roys iuroient eux mesmes au Parlement, comme il se void dans Cassiodore du Roy Athalaric, lequel ayant depesché au Senat de Rome des deputés de sa part pour receuoir le Serment de leur fidelité, iura luy mesme le premier, cõme il se void en ces termes, *Sed vt primordia nostra & circa vos benignitatem possitis agnoscere, quia decet curiã vestram beneficijs introire, illustrem Sigismerem Comitem nostrum, vobis cum his qui directi sunt fecimus* SACRAMENTA *præstare, quia inuiolabiliter seruare cupimus, quod publicâ authoritate promittimus.* IX.

Ils ont voulu que les Magistrats fidelles gardiens des Ordonnances fussent accompaignez d'vn autre gardien qui est le SERMENT DE IVSTICE, *qui custodes ipsos custodiat.* C'est le Serment humain, portraict & vestige du diuin Serment, le tuteur de la constance & de la verité, qui ouure l'an Palatin, qui pousse les reuolutions annuelles & desboucle la barriere de nos occupations, desployant les Ordonnances, enquoy il est du tout semblable aux deux signes du zodiaque qui font l'ouuerture de l'an naturel, & laschent la bride au Soleil pour entamer & fournir sa carriere.

X. LE premier est le signe du Belier ou Aries,

Præsul choreæ cœlicæ, princeps gregis.

C'est celuy qui diuisant l'Hyuer d'auec le Printemps, nous r'amene la beauté de l'an Καλοχαίρελον, c'est ainsi que les Grecs appellent le commencement de la saison printaniere; c'est celuy là qui mettant fin aux vacations de l'année, à l'Hyuer rigoureux & engourdy, esueille le sens à toutes les creatures, ouure le sein de la terre, eschauffe ses entrailles *ad satus foetificos quam rustici catulitionem vocant;* c'est celuy qui assigne les termes aux saisons

Noctisq; cernit & Lucis horas pares
Ex mole confusissimâ hunc mundum excitans,
Vnde indidere nomen à CRISI *Dij*
ΚΡΙΟΝ *vocantes, namq; decretorius*
Occasum & ortum scindit æquo examine.

Qui est le vray deuoir & office du SERMENT de Iustice, entent qu'il meut les Procureurs, Aduocats & Iuges à leur deuoir, tel qu'il est prescrit par les Ordonnances, & qu'il adresse leurs actions particulieres à l'egalité de Iustice, conformément à la generalle intention & prouidence de nos Roys, lequel Serment ainsi que la destinée, & comme le signe d'Aries, *singula diuidit & digerit locis, formis ac temporibus distributa, vt hæc temporalis ordinis explicatio in regiæ mentis adunata conspectu* PROVIDENTIA *sit: eadem verò adunatio digesta atq; explicata temporibus* IVSIVRANDVM *vocetur,* dans Boëce.

L'AVTRE signe qui ouure la porte de l'an non pas naturel, mais de celuy des Laboureurs, c'est le signe du Toreau XI.

Candidus auratis aperit cùm cornibus annum
Taurus

C'est la figure du SERMENT de Iustice qui ouure la porte à l'Agriculture du Palais, & nous fait r'entrer en nos trauaux.

——— *formam habet*
Aruum colentis, & iugum ceruicibus
Poscit torosis, & recurui pondere
Gemens aratri sulcat arua prosecans:

Le Serment nous seruira de fer, & de charruë, pour faire vn profond seillon dans nos ames, & nous faire labourer droit en nos charges sans flechir à droite ny à gauche: & il est remarquable que ce signe s'appelle *Candidus* dans le Poëte, car il n'y a rien de si candide & veritable que doit estre le Serment, qui est le tuteur de la verité. Mais il faut aussi obseruer, que les plus anciens Astrologues n'appelloient pas ce signe du nom de Toreau, car dãs la vieille Sphere il se lit, qu'il ne se nommoit pas TAVRVS, mais VRVS

——— *neque hunc antiquitus*
Taurum vocabant; Vrus huic nomen fuit
Quâ Terminorum voce Custos noscitur.

En quoy il nous semble auoir encores plus de rapport auec le Serment de Iustice, lequel est veritablement CVSTOS TERMINORVM, c'est luy qui fait garder le droit, qui entretient l'Ordre de Iustice, qui assigne à chascun ses bornes & limites; suyuant la plus vraye &

naturelle deriuation du mot de Iurement, qui se dit ὅρκος ἐκ τοῦ ὅρος, οἱ γὰρ ὀμνύοντες ὁρίζονται le Serment en langue Grecque se dit du mot de termes & bornes, d'autant que ceux qui iurent se bornent par leur Serment & iurent de garder les bornes de Iustice.

XII. BELLE & saincte institution de commencer les fonctions de Iustice par la religion du Serment, aprés l'auoir euoquée du Ciel pour resider auec nous, par l'inuocation de Dieu, par ceremonies, prieres & sacrifices, de crainte que par nostre lascheté & negligence elle ne s'enfuye de rechef dans les Cieux nous la lions & retenons auec nous (*quanquam nefas sit Deos habere captiuos*) par les liens d'vn religieux Serment, plus estroictement que les Tyriens aux sieges de leurs villes, ne garrotoient les Images de leurs Dieux, de peur qu'ils ne les abandonnassent, & plus à propos que les Atheniens n'attachoient & cramponoient les Images faicts par la main de Dedalus, de peur qu'ils ne prinssent le vol, & mieux que les Lacedemoniens n'enchesnoient le Dieu Mars, cuidás par ce moyen se maintenir tousiours victorieux.

Car comme l'Ordre & le Sermét de Dieu qui le maintient est le lien du Ciel & de la terre, qui les preserue de troubles & confusions, *hic enim Ordo res mutabiles & alioqui temeré fluituras propriâ incommutabilitate coercet*, dit Boëcius : Aussi le Serment humain est le lien & l'affermissement des principalles actions humaines, & des plus serieuses, de façon qu'à l'exemple de la stipulation nous pouuous l'appeller ΠΑΝΔΕΚΤΗ le lien de tous nos offices & deuoirs, le lien de la Foy, & consequemment de la Iustice, *cuius fundamẽtum est fides*:

& si general à tous les peuples, qu'on n'en trouuera iamais ny polissez, ny barbares qui fussent sans Dieu, sans prieres, sans sacrifices & sans Serment. *Nullum enim vinculum ad adstringendam fidem Iureiurando Maiores nostri arctius esse voluerunt.*

Or pour laisser à part tous les autres negoces publics & priuez il suffira de le considerer en la milice, magistratures & iugemens des anciens. Car pour la milice Onosander commande particulierement aux Capitaines, *Educant copias puras & lustratas secundùm ea, quæ vel legibus sacris sancta, vel à vatibus præscripta sunt*, & en particulier par la religion du Sermét instituée de tout temps, & qu'au reste, quant aux Capitaines, *omnem publicæ maculæ aut impietatis conscientiam proijciant.* Et le Serment estoit iadis si naturellement attaché à la profession militaire, que Tertullian le nomme simplement *Sacramentum humanum*, car parlant de la Couronne du Soldat Chrestien, & reuoquant en doubte à sçauoir s'il estoit loisible aux Chrestiés de s'égager aux Sermés des Empereurs Payens apres auoir iuré au Baptesme, il dit ainsi, *credimúsne humanum Sacramentum diuino superinduci licere, & in alium dominum respondere post Christum?* XIII.

Ce iurement militaire auoit vne telle force sur les ames guerrieres des Soldats quoy que d'ailleurs ils n'ayent guere de foy & Religion, que Seneque l'appelle *primum militiæ vinculum*; & n'estoit point tant ignominieux à vn Soldat de quitter la ceinture, que de fausser le iurement *hoc enim illo cingulum religiosius esse putabatur.* La somme de leur Serment contenoit cinq chefs ou articles diuers qui se peuuent aisément r'apporter au iurement des Aduocats & Officiers de Iusti- XIV.

ce. Le premier estoit d'obeïr selon leur pouuoir aux commandemens de l'Empereur ou General d'armée. *Omnia strenuè se facturos quæ iusserit Imperator.* Ainsi que les Officiers de Iustice sont tenus d'obeïr en toutes choses que les Ordonnances & les Roys leur commandent. Le second estoit qu'ils suyuroient les Capitaines en toutes guerres, & telle part qu'ils voudroiét, sans iamais abandonner les enseignes, *conuenturos se iussu Consulum, neque iniussu abituros*, obligation qui est aussi imposée aux Aduocats & Officiers de Iustice, qui se doiuent assembler & trouuer aux heures ordinaires dans le Palais pour y receuoir les commandemens du Prince & vaquer à l'administration de Iustice. Le troisiesme estoit de ne quitter iamais la ceinture ny l'espée, & combattre iusques à la mort pour la patrie, *Nunquam se deserturos militiam pro Republica Romanâ nec formidinis ergò abituros*: Ce que les Aduocats & Officiers de Iustice doiuent aussi iurer, de mourir plustost que plier soubs la Iustice, suyuant la deuise vrayement heroïque d'vn habile Chancelier de France IN IVSTA CAVSSA OCCVMBERE NON SVCCVMBERE. Le quatriesme estoit, de ne sortir iamais de leur rang, & de ne quitter leurs files pour occasion du monde, si ce n'estoit pour refaire leurs armes, *Nunquam se ex ordine recessuros nisi teli sumendi, vel petendi hostis, aut ciuis seruandi caussâ*: Ce que les Aduocats & Officiers du Palais iurent tacitement d'estre assidus & prompts à leur deuoir, & comm'il est porté dans le Sepulcre d'vn vieux Aduocat nommé Ragonius, *qui Forum vt Vestam coluit*, estimer que le Palais est leur propre logis. Le cinquiesme estoit de se comporter fidellement sans exactions,

tromperies,

tromperies & rapines, *In exercitu, decémque millia passuũ prope, furtum non facturos*: particularité qui doit estre singulierement en recommandation à tous ceux qui frequentent le Palais, affin qu'ils n'encourent le blasme de cette parole honteuse, qui fut iadis attachée à la reputation des Aduocats Romains, par laquelle ils estoient marquez, comme *Pecuniarum accipitres*. Surquoy il se raconte vne histoire memorable d'vn fameux Aduocat, lequel ayant long temps plaidé & gaigné par ses trauaux de grãdes & enormes richesses, voulut faire cõme les Sophistes, lesquels faisoiét bastir des maisõs de plaisance du nom de la profession qui les auoit enrichis, tesmoin Heraclides qui fit faire vn Palais appellé Rhetorique, d'autant qu'il auoit gaigné ses moyens enseignant la Rhetorique, ainsi celuy là, dans Eunapius voulut bastir vn Palais, lequel il appelloit IVSTICE, d'autãt qu'ayant plaidé & amassé aux despens de la Iustice ces richesses assez mal acquises, il pensoit luy en deuoir cette recognoissance, mais comme la maison s'acheminoit, la Deesse luy apparut en songe seuere & rigoureuse, l'auisant qu'il dediast plustost ses bastimens à L'INIQVITE', extorsion, iniustice, où à la Deesse Nemesis que non pas à la Iustice, d'autant qu'il s'estoit enrichy aux despens de son Iurement, & qu'elle ne vouloit point auoir de telles offres & des presens soüillez de tyrannie.

LES Soldats iuroient aussi à leurs Empereurs, & estoit ce Serment reputé *tenacißimum Imperij vinculum* dans Valere, & ce d'autant que les Empereurs pour leur monstrer l'exemple de fidelité s'astraignoient XV.

eux mesmes par Iurement à leurs Soldats, ainsi qu'il se void dans Cassiodore du Serment d'Atalharic, lors que iurant il disoit *Iurat uobis per quem iuratis*, d'autant que c'estoit l'ordinaire formule des Soldats de iurer, *per salutem Imperatoris, per Genium Imperatoris, per vitam Imperatoris* dans Tertullian : Pource chasque année le premier iour de l'an, & le iour de l'auenement à la Coronne qu'ils appelloient *Natalem Imperij*, tous les Soldats qui estoient soubs l'Empire Romain, & tous les habitans des Prouinces, aprés les vœux solennels qui se faisoient pour la prosperité de l'Empereur, ils renouueloient aussi le Serment de fidelité à l'Empereur : *Scis tibi vbique iurari, cum ipse iurateris omnibus*, disoit Pline à l'Empereur Traian;

La forme de leur iurement estoit de iurer pour la defense & conseruation de la personne, vie, honneur, & seruice de l'Empereur, à quoy appartiennent les vers de Guntherus au septiesme des gestes de Frederic.

Tunc Proceres, clarique viri, turbæq; minores
Ambitiosa manus studio deuota fideli
SACRAMENTA *dabant cunctas seruanda per vrbes*
Principis Ausonij ius, famam, corpus, honorem
Non se læsuros, & si quis lædere tentet
Vsque vel ad mortem totâ virtute reniti.

XVI. EN mesme façon les Aduocats iurent tous les ans à ce iour d'ouuertures, que nous pouuons appeller *Natalem Iustitiæ*, & la teneur de leur iurement est

Diuæ Iustitiæ ius, famam, corpus, honorem
Non se læsutos.

qui sont quatre choses bien differentes, la premiere est IVS *Iustitiæ*, le droit des parties, qui n'est autre que le droit de la Iustice, qui se sent violée & interessée en l'interest des parties foulées

——— *ô Iuritis honora*

Puris iudicijs dispensans optima iura.

La seconde estoit en ces paroles *Famam Iustitiæ*, que les Aduocats sont obligez de garder entiere, d'autãt plus soigneusement, que la reputation perduë ἀπαλίνστροφος ἐστί, elle s'esgare si bien pour vne fois, qu'elle ne se retreuue iamais plus : la troisiesme est *Corpus Iustitiæ* qu'ils doiuent par leur integrité garder entier, puis qu'elle leur fait cet honneur de se fier en leurs mains & leur dict, sans comparaison toutefois ce que disoit cette vierge miserable (car elle est ainsi nommée dans les Suasoires de Seneque) à ceux qui luy vouloient rauir son honneur, *Seruate integram, qui integram accepistis.* La quatriesme est en ces termes *honorem Iustitiæ*, car il y va de l'honneur de la Iustice d'estre honorablement traitée par les Aduocats qui sont les premiers Iuges, & de n'estre en façon du monde corrompuë par l'eloquence, ou par les mauuais artifices que les Aduocats pourroient porter en leurs charges : car autrement elle pourroit s'en tenir offensée, la mesme Deesse qui s'appelle Iustice lors qu'elle est honorablement traictée, se nomme Nemesis lors qu'elle est offensée.

Ne pœnas Nemesis reposcat à te
Est vehemens Dea ; lædere hanc caueto.

Et comme il n'y a rien de plus seuere que la douceur irritée, aussi n'y a il rien de plus rigoureux que la Iustice en cholere, d'où le sçauant Orphée cognoissant son humeur luy faisoit cette priere.

Ne mentem labefacta, etenim cunctos labefactas
Qui tua non subiere boni iuga, sed magis ipsa
Indomiti horrifico declinant verbere flagri.

XVII. Il est dict nommément que les Soldats par leurs antiques formules iuroient, ainsi qu'il se void quelque part dans Vegece, *subire se disciplinæ militaris iugum*, qui est vne parole entierement militaire, commune toutefois à la Iustice qui porte vn ioug pour asseruir & subiuguer les volontez de ses Officiers & Ministres, doux & facile pour les ames debonnaires, car elle peut dire *Iugum meum suaue est*; mais fort pesant pour ceux qui se rendent difficiles *--haud te lateat mens*
Detrectans rationi IVGVM *cuppedine iniquâ*
Cuncta tueris, cuncta audis, cuncta admoderaris.

C'est ainsi qu'Orphée parle de la Iustice, & puis vn peu plus bas

———infanda volentibu' quæque
Sola IVGVM *imponens iniustis iura ministris*
Iniustorum hostis, Sanatum mitis amica,

XVIII VENONS aux Iuremens des Magistrats & des Iuges antiques, qui se faisoient auec toute sorte de ceremonies *Prima in Principijs, secunda in Capitolijs*, pour vser des termes de Tertullian, que le Iurement se prestoit pour la prosperité du Prince, car lors ils alloiét iurer au Palais de l'Empereur, que ce docte Africquain auec sa hardiesse coustumiere appelle *Principiũ*: pour l'autre Iurement qu'ils faisoient touchant l'obseruance des Loix & Ordonnances Imperialles, il en auoit pris son nom, & de là s'appelloit *Iusiurandum in leges*, Iurement qui estoit si essentiel à toutes charges que Tite-Liue escrit ces mots. *Magistratum plus quin-*

que dies, nisi qui iurasset in leges, non licebat gerere: ce qui seruoit de poids & authorité aux sentences & aduis des Iuges, lors qu'ils sortoient non tant des pieds & de la teste que de la poictrine & conscience, lieu naturel du Iurement, dit sainct Ambroise, *Iurare enim indiciũ est scientiæ, testimoniúmque conscientiæ*, & ne faut point reuoquer en doubte que ce lien du Serment qui tient & fait ioindre toutes les creatures en leur ordre, ne puisse aussi seruir de frein & de bandage aux sentences diuerses & differens aduis de tout vn Parlement, d'autant que, comme dit Symmachus, *non aliud magis authoritatem facit sententijs nostris, quàm quòd omnia iuratus Ordo decernit.*

LE lieu auquel ils iuroient estoit le Puteal de Scribonius Libo, qui faisoit à Rome la chambre criminelle qui s'appelloit aussi à Athenes δικαστήριον ἐν φρέατι, la chambre du puys, ce qui nous remet en memoire la coustume de certains peuples de la Guynée, lesquels lors qu'il est question de iurer iuridiquement, le font auec cette ceremonie, ils se mettent sur la bouche du puys auec vne bascule & contrepoids, pour donner à entendre qu'ils sont pres de subir la peine de precipitation s'ils sont trouuez mensongers en leurs iuremens: Nous sçauons que l'origine de ce mot de PVTEAL est plus obscure & malaisée à trouuer que le fond des puys d'Ægypte, ou la source du Nil, & en effect ce n'est pas nostre intention de nous arrester à accorder les Critiques sur ce fait: seulemẽt nous disons qu'il appert par quelques medailles anciennes, que sur le Puteal de Scribonius Libo il y auoit vn Autel paré de Coronnes & de ci- XIX.

thares, qui monstre que la dedicace en estoit faicte à Mercure ou bien à Apollon Dieux tutelaires de l'eloquence iudiciaire: & sur cet Autel, ou emboucheure de puys les Iuges prestoient le Serment en chasque cause deuãt que d'entrer dans le Palais pour porter leurs iugemens.

XX. AVCVNES de ces Medailles portent ces deux mots pour inscription BONVS EVENTVS, d'autres ce mot seul CONCORDIA, pour monstrer que les Iuges estans de bon accord les procés se terminent par vn bon & heureux euenement, suyuant l'aduis d'Orphée qui disoit que la Iustice estant de bon accord, elle est agreable à tout le monde, douce, ioyeuse, amiable, de bon accés & entretien.

CONCORS, *omnibus æqua, venusta, dicaculá, amica,*
Munia pacis amans, certæ cupidissima vitæ:

despuis, le Puteal de Libon ayant esté ruiné ou destruit par le temps on presuppose qu'au mesme endroit fut basty ce tant celebre Autel de la victoire, ARA VICTORIÆ, pour le restablissement de laquelle aprés que Gratien l'Empereur l'eut demolie, S. Ambroise & Symmachus entrerent en grandes altercations par deuant les Empereurs Valentinian, Theodose, & Arcadius, car sur cet Autel de Victoire on iuroit IN LEGES, aussi bien que sur le Puteal de Libon, ceremonie qui seruit d'vn fort argument à Symmachus pour en procurer le restablissement, lors qu'apostrophant les Empereurs, il disoit, *vbi in Leges vestras & verba* IVRABIMVS? *quâ religione mens falsa terrebitur, ne in testimonijs mentiatur?* puis faisant allusion à ce mot de Cõcorde qui est en la medaille, du

Puteal de Libo, il adiouste, *Illa Ara* CONCORDIAM *tenet omnium*: Il y en a donques qui croyét appuyez sur ces coniectures que l'Autel de Victoire fust le mesme que le Puteal de Libo, où qu'il eust esté basty en sõ mesme lieu & place & à la mesme fin pour seruir à la prestation des Sermens.

SI les Romains estoient Religieux à faire iurer leurs Iuges, les Grecs & les Atheniens mesmement ne l'estoient pas moins, nommément l'Areopage, où les Iuges iuroient de iuger suiuant les Loix, & en causes criminelles prenoient les tablettes & balottes sur l'autel pour opiner en les mettant dedans les cruches sans mot dire, qui estoit iurer tacitement & plus religieusement neantmoins que de parole. XXI.

MAIS les Iuges de nostre France, comm' ils surpassent les Romains & Atheniens, en la verité de leur religion, aussi les surpassent ils de beaucoup en la saincteté & ceremonies du Iurement qu'ils prestét, car pour la façon c'est la plus saincte & ceremonieuse que nous puissions auoir, qui est de iurer *sur la remembrance de Iesus-Christ crucifié*, disent nos vieilles formules, qui est plus que iurer sur le couuercle d'vn puys, ou sur l'Autel de quelque diuinité profane. Outre l'essence & nature du Sermét de n'auoir baillé ny fait bailler directement ou indirectement or ny argent ny chose equipollente pour auoir leurs offices, conformément à la constitution de Theodose & Valentinian, lequel Serment est vsité encores auiourd'huy en quelque Parlement de France, ils font vn second iurement IN LEGES à sçauoir de garder les Ordonnãces, mais non pas en chascune cause, ains XXII.

suyuant l'ancienne Ordonnance du Roy S. Louys, ils font Serment au commancement de leur maistrise tant seulement, lequel vnique Serment ils doiuent garder tant & si longuement qu'ils sont Iuges, sans qu'il leur soit besoin de le renoueller tous les ans, semblables en cela aux palmiers, qui ne renouuellét iamais leurs premieres fueilles: *Palma enim virens semper manet, conseruatione & diuturnitate, non immutatione foliorum, nam quæ primò germinauit folia, ea sine vllâ substitutionis successione conseruat*, dit S. Ambroise; lequel par cette comparaison nous exhorte à conseruer nostre innocence & probité; vray est qu'on doit excepter de cette regle vn Parlement de ce Royaume auquel les Officiers de la Cour renouuellent tous les ans leur Serment à la S. Martin, semblables en cela aux autres arbres que les Grecs appellent ἀειθαλῆ δένδρα, & Pline *æternifolias arbores*; mais nommément aux lauriers & oliuiers, *quæ seruant indumentum suum, sed folia sua sæpè commutant, nec ea quasi æterna, sed quasi succedanea prætendunt suæ arboris pulchritudini, perpetui integritate vestitûs vice muneris obumbrantes.*

XXIII. Mais quoy que d'ordinaire les Iuges ne renouuellét iamais le premier Serment qu'ils ont presté à l'entrée de leurs charges, ils ont tousiours neantmoins qui les admonneste de faire Iustice, car s'ils n'ont continuellement deuant les yeux les sainctes escritures, ainsi que requeroit Iustinian ὡς κάθοπτρον δικαιοσύνης, ainsi qu'elles sont appellées par S. Isidore, comme le miroir de Iustice, ils ont pour le moins tousiours l'Aspic de Bochiris sur la teste, car on dit que ce Roy d'Ægypte estát fort aspre & rigoureux, la Deesse Isis

luy

luy enuoya vn Aspic lequel s'entortillant à l'entour de son col, luy faisoit ombre, affin qu'il iugeast iustement: histoire ou fable qui donna suiet à Albert Baduard Patricien de Venize, de prendre pour ses armes vn Lyon estincelant de cholere & de l'humeur de Bocchiris, auec vn Serpent autour du col à guise de collier, & cette escriture par dessus ΟΥΔΕΝ ΚΑΘΗΚΟΤΕΡΟΝ, ou bien IL N'Y A RIEN DE PLVS BEAV: particularité rapportée par Ioachim Camerarius en la seconde Centurie de ses Emblemes: Les Iuges en France ont sur la teste l'Aspic ou le Serpent d'airain du desert empreint dans le tableau qui leur rementoit sans cesse ces paroles des Paralipomenes, *Videte iudices, quid faciatis, non enim hominis exercetis iudicium sed Dei*, & nous pouuons dire, ou mettre en effect cette deuise en tous les Palais de Frãce NIHIL DECENTIVS, il n'y a rien de plus beau, que de iuger auec force & sagesse.

NOVS passons soubs silence tous les iuremens que les parties iadis estoient tenuës de faire en suite de leurs Iuges, comme celuy duquel il est faicte mention dans Aristides, qui raporte en l'oraison *De falsa legatione*, que c'estoit vne coustume de son temps religieusement obseruée dans Athenes, que quand vn accusé estoit absous il immoloit des victimes & iuroit que les Iuges qui l'auoient absous, auoient vrayement & iustement iugé, & s'il en estoit autrement, il prioit que tout mal-heur aduint à luy & à sa famille, & tout bon-heur à ses Iuges; c'estoit vne formalité faisant à la descharge des Officiers de Iustice, qui ne sçauroient porter trop de ceremonies ou lustrations XXIV.

pour ſe purger entierement du ſoupçon d'iniuſtice & corruptele. Et voila quant au Serment des Iuges.

XXV. POVR le iurement des Aduocats, Procureurs & parties, nous en dirons vn mot, quoy que cette matiere ne ſoit pas ſi biẽ defrichée qu'il n'y reſte encores quelques eſpines de difficultez. Car quant aux Aduocats il n'eſt pas aſſuré qu'ils preſtaſſent le Serment en la Cour de Rome, & eſt aſſez mal-aiſé d'en trouuer des exemples, quoy qu'vn ſçauant homme de noſtre ſiecle ait eſcrit que veritablement ils iuroient *ex lege Ciciâ*, meu ſeulement de ce paſſage d'Horace,

—— ante ſecundam

Roſcius orabat ſibi adeſſes ad Puteal cras.

cõme ſi l'Aduocat euſt deu ſe trouuer *ad Aram Libonis* pour iurer, *Se nihil ob aduocationẽ accepiſſe*, tout ainſi que la partie iuroit *ſe nihil ob aduocationem dediſſe, cauiſſe, promiſiſſe*: Neantmoins bien qu'il ſoit veritable que l'excés ſe gliſſa en cet endroit, comme il faict aiſémẽt en toutes choſes, & que *Aduocatorum licentia Cinciam rogationem peperit*, & que la loy fuſt faicte & inſtituée *contra eos qui pretio cauſſas orauiſſent*: Il ne ſe treuue point toutefois qu'il ſoit faicte mention du Serment des Aduocats au Senatuſconſulte, ains ſeulement du Iurement des parties. Au contraire qu'ils ne iuroiẽt point, il ſe peut tirer de quelques paſſages de l'Orateur Romain, qui s'appelle ſouuent *Iniuratum, Iuratos verò teſtes*: & Quintilian a dict. *In totum iurare, niſi vbi neceſſe eſt graui viro parum conuenit, & à Senecâ dictum eleganter non patronorum hoc eſſe ſed teſtium.* Ce qui ſemble eſtre conforme au dire de S. Iſidore au premier liure de ſes Epiſtres lors qu'il dict qu'il eſt non ſeulement inutile, mais aussi tres-meschant & dangereux d'exiger le Serment d'vn homme en Iustice, d'autant dit-il, que s'il est homme de bien il dira la verité sans iurer, s'il est meschant il mentira aussi bien en iurant que sans iurer.

Il est donc vray semblable que l'origine du Iurement des Aduocats est prise de la constitution de Iustinian, qui a voulu que les Aduocats *Sacris Euangelijs tactis Iuramentum prestent etiam in singulis causis*, confirmée par apres par les Nouuelles nonante sept & cent sept de l'Empereur Leon: quoy qu'en France nous ne l'obseruions pas ainsi : car les Aduocats & Procureurs ne prestent point Serment en toutes les causes qu'ils entreprenent, bien qu'il y ait apparence qu'il se gardoit autrefois, comme il se peut colliger de l'Ordonnance de Philippes le Bel en l'an mil trois cens deux, mais on se contente auiourd'huy du Serment de leur reception, & qu'ils le renouuellent vne fois pour toutes annuellement à la sainct Martin. XXVI.

Or bien que les Aduocats ne iurent pas *se nihil ob aduocationem accepisse*, ils doiuent neantmoins considerer qu'il leur est expedient & honorable d'effacer toutes mauuaises impressions que de lõgue main on pourroit auoir prises contr'eux, & se deliurer des opprobres & conuices desquels de toute ancienneté on les a descriez, quand au lieu de les appeller *Oratores & Patronos*, noms d'honneur & dignité, on les a appellez indifferemment & mal à propos *concinnatores litium, formularios, leguleios, vitilitigatores, sutelosos, harpyas, moratores, Qui caussas morantur adhibiti, impediunt præ-*

termissi, fastidiunt admoniti, obliuiscuntur locupletati, disoit Sidonius, qui est vne cruelle tache aux anciens Aduocats de la Cour de Rome, & de laquelle on se doit garder comme d'vne contagion, Tacite l'appelle FORI TABEM; car de ceux de France & pour nostre regard, *domesticum thesaurum non calumniamur, & propria vineta non cædimus.*

Ceux qui ont escrit iadis de la chasse, disent que lors qu'vn Leurier, ou quelque autre animal à esté mordu & offencé du Sanglier ou par autre moyen maché, sans qu'on recognoisse le lieu de la blessure, l'vnique moyen de descouurir la partie offensée est de le porter au Soleil, car tout soudain les mousches s'yront mettre sur la partie lesée pour en succer la pourriture & en tirer le sang: Et ont appliqué cela aux ministres du Palais de Rome, Procureurs & Aduocats, car s'il y a quelqu'vn qui ait esté mordu de la dent venimeuse du procés, pour voir la blessure, il ne faut que le mettre & porter dans le Palais,

——ad Iustitiæ omnituentis ocellum

Et on verra, disoient-ils, vne nuée de chiquaneurs comme des mousches se ietter dessus pour en tirer le sang & succer la substance: *Eorum si nares afflauerit vspiam rubiginosi aura marsupij, confestim videbis illic & Argi oculos, & manus Briarei, & Sphingarum vngues, & periuria Laomedontis, & Vlyssis argutias, & Sinonis fallacias & fidē Polymnistoris, & pietatem Pygmalionis adhiberi.* Ils se ruent sur ce pauure malade pour le descharner iusques à la carcasse, *vt quomodo vis morborum medentibus, sic fori tabes pecuniam Aduocatis ferat*, dans Tacite rapportant le contenu du plaidoyé de Silius contre Suilius pour l'establissement de la loy Cincia.

SVIVANT cette opinion ils ont grand interest de se purger entierement, & iustifier du blasme qu'on leur impute, ce qu'ils ne peuuent faire plus conuenablement que par la religion du Serment, & protestation de l'entretenement des Ordonnances qui chassent & bānissent du Palais tous desordres semblables: car le iurement a cette vertu & proprieté singuliere, de leuer de l'opiniō d'autruy toutes sinistres presumptions & de purger la mauuaise renommée & bannir le scandale presumptif, iustifiant les personnes innocentes meschantement diffamées, *Nam facilè omnia creduntur ad iusiurandum adactis.* XXVII.

Que s'ils auoient besoin d'aucunes considerations pour fortifier leur Serment, nous leur donnerions volontiers celles de Silius, qui disoit que les anciens Orateurs & Aduocats Romains lors que la ville estoit en son innocence, *famam in posteros, præmia eloquentiæ cogitauerint pulcherrima*; & que c'est vne grande honte de faire seruir la Royne des arts à l'auarice, *bonarum artiū principem sordidis ministerijs fœdari.*

IL nous reste vn mot touchant les circonstances & ceremonies du Serment des Aduocats: où il est remarquable, que les parties estans dispensées de tous ces iuremens ausquels elles estoient iadis obligées par les constitutions des Empereurs comme sont *Iuramentum calumniarū, Iuramentum dilationis, Iuramētum decimæ litis, Iuramentum Aduocationis*, tous ces iuremens sont maintenant comme fondus en vn qui se preste par la bouche de l'Aduocat. Car bien que regulierement on ne iure pas du faict d'aucun, si est-ce que XXVIII nous lisons bien que Flamen dialis auquel il n'estoit pas permis de iurer, si toutefois il estoit esleu Magistrat, *dabat qui pro se iuraret in leges*, & par le droict des fiefs anciens *dantur Sacramentales qui ex alieni animi sententiâ iurent*: Et ce qui approche plus pres de ce propos ayant esté iadis octroyé par le droit François, Neapolitain, & Lombard aux parties interessées, de bailler champion en cas de duel, pour entrer en champ clos, & venir au combat en leur place, tels champions, Vicaires & Procureurs des parties iuroient, *quòd iuxta probabilem credulitatem eorum, credunt dominos pro quibus pugnam intrauerint, veritatem fouere, & non per calumniam nec per astum processisse, & quòd omni studio, partes pro quibus pugnant, adiuuabunt.*

De mesmes est il raporté aux Basiliques que les Aduocats iurent, qu'ils pensent auoir bonne cause, c'est à dire ils pensent que la cause de leurs parties est bône & droicte: bref leur Serment n'est point distingué de celuy de leurs parties; & par cette verité il appert que le iurement n'est pas tellement vne action personnelle qu'elle ne se puisse faire par Vicaire & Procureur.

XXIX. Si les Aduocats doiuent estre soigneux du Serment qu'ils prestent pour leurs parties, beaucoup plus le doiuent ils estre pour leur propre & personnel iurement, & partant ils prendront garde que leur Serment soit deuëment accompaigné de ses trois sœurs ou filles d'honneur pour parler apres Apollonius Tyaneus dans Philostrate; iamais Vranie ne se void peinte dans les anciens tableaux sans les Graces, iamais Saturne sans les trois saisons du passé, du present, & du futur; iamais l'amitié ne se voit sans la fidelité l'honneur & la ioye qui l'accompagnent; & iamais le iurement ne se doit trouuer sans la suyte de ses trois Graces où Dames d'honneur qui le rendent recommandable.

La premiere s'appelle LA DISCRETION, où iugement qui va deuant & empesche qu'on ne iure à la legere, mais auec prudence & maturité

Consilium prudénsque animi sententia iurat
Et nisi iudicij vincula nulla valent.

C'est pour cette consideration que iadis quand les hommes vouloient iurer par Hercules, on les faisoit sortir hors de la maison, & aller dehors à descouuert, qui estoit vn moyen inuenté par vn hôme sage, pour les retenir & empescher de iurer à la volée au raport de Phauorinus, car c'estoit tout exprés pour leur donner, cependant qu'il falloit sortir de la maison, loysir de penser au suiet & à la forme de leur iuremẽt. Les Aduocats ont tout loysir de penser à leur Serment, ils ne se peuuent excuser de precipitation, & inaduertence en ce mesmement qu'ils vont à la Chapelle auparauant que de iurer, se presenter à celuy qui doit receuoir leur iurement, & qu'ils ont tout vn an pour y penser à l'aise.

LA seconde fille d'honneur du Serment c'est la Iustice qui marche à son costé, & du pair auec luy & pour cette raison nous l'appellons LE SERMENT DE IVSTICE. Il faut iurer choses iustes, & rien n'est plus iuste que *iurare in leges*, iurer les Ordonnances qui ne peuuent pas estre iniustes; car iurer cõme les anciens Iuges & Aduocats, *in verba vel acta Impera-* XXX.

torum peut estre iniuste. *Qui enim in verba iurant, non quod dicitur æstimant, sed á quo.* Pour cela Tibere cognoissant le danger de pariure qui pouuoit glisser en telles formules *Intercessit quo minùs in Acta sua iuraretur*, & adiousta en son Oraison, *Exempli caussâ, cauendum ne Senatus in Acta cuiusque obligaret, qui aliquo casu mutari possit*: c'est vne parole sagement prononcée, car il faut que celuy par lequel on iure soit immuable, & pour cela la statue de Iupiter Orchius tutelaire des iuremens estoit quarrée & de bronze sur vne baze immobile : ainsi est il certain qu'on ne iuroit pas *in Acta omnium Imperatorum*, car on laissoit Caius, Tibere, Caligula & autres princes notez d'ignominie, ausquels l'on ne vouloit faire cet honneur de les prendre pour tesmoins & garans de la verité.

Mais de iurer les loix & l'obseruation des Ordonnances est vne chose pleine de Iustice, ioint que tel Serment tend à vne autre bonne fin, outre celles qui ont esté desia touchées, à sçauoir à l'abreuiation des procés, *vt Sacramenti timore contentiosa litigantium instantia compescatur*, qui est la principale fin de tout Serment; lequel à ces fins fut inuenté par Rhadamante, & deferé aux parties pour les sortir promptement hors de Cour, ainsi qu'il se void dans Platon en son Epinomis, *maximum enim remedium expiandarum litium in vsum venit Iuramenti religio.* Le sçauant Hippocrates en son Iurement a inseré vn article tout contraire à celuy là, lors qu'il dit & iure que iamais il ne luy escherra de donner vne potion pour estouffer les enfans dans le ventre de leur mere.

Non ego vel pretio, vel iniqua petentis amici

Adducar

Adducar precibus, cuiquam vt lethale propinem
Pharmacon, vt fœtus genitos animamque latentem
Interimam, & nondum viuentia membra necabo.

Ce que Tertullian appelloit *homicidium nondum nati hominis*: Serment digne d'vn tel personnage, mais les Aduocats en doiuent faire tout au contraire, car ils doiuent prendre & donner le iurement à leurs parties *vt Pharmacum soporiferum*, pour estouffer les procés en leur naissance, & escrazer la teste à ces petites viperes deuant qu'elles soyent escloses pour siffler dans le Palais & enuenimer la maison de Iustice.

La troisiesme compagne du Serment est la verité laquelle estoit aussi donnée pour escorte au Dieu Fidius, gardien & plege du Sermét, ainsi qu'il se void és Medailles antiques: Hippocrates en l'Epistre à Philopœmen la depeint vestue de crespe, & de linges fort deliez, que Varron appeloit *Nebulas lineas*: Achilles Tatius *κάθοπτρον σώματος*, les Iurisconsultes Hebrieux les nomment Sabana, qui sont des habits si deliez qu'on y void au trauers, & seruent comme de miroir au corps, pour monstrer que la verité doit estre tellement vestue, qu'on descouure sa naïfueté au trauers du vestement des paroles & discours dont les Aduocats la reuestent; Philostrate luy faisoit vn habit blanc, pour denoter la candeur des Aduocats, & les autres plus aduisez l'ont depeinte toute nuë XXXI.

——— *Iustitiæ soror*
Incorrupta fides, NVDAQVE *veritas*

Et cette verité ainsi nuë, ou vestue de crespe blanc est en trois façons requise aux Aduocats, premierement pour le passé, secondement pour le present XXXII.

quand ils iurent, & troisiesmement pour le futur aprés qu'ils ont iuré: car pour la premiere, bien que ce ne soit pas la coustume, que les Aduocats & Procureurs iurent à la closture du Parlemẽt d'auoir gardé les Ordonnances, ainsi que les Magistrats Romains iuroient en sortant de charge, *Se nihil contra leges* FECISSE: si est-ce que la force de leur Iurement lors qu'ils iurent de garder les Ordonnances s'estand aussi sur le passé & veu qu'ils iurent tous les ans le mesme, la loy suppose qu'ils ont gardé par le passé ce qu'ils iurent si solennellement & volontiers pour l'aduenir: Cette maniere de Serment pour le passé, estoit fort vsitée parmi les maistres vilageois, ainsi que l'a remarqué M. Cato, disant de ceux qui font la cueillette des oliues, *oleam qui legerint, omnes iuranto ad Dominum, se oleã non surripuisse*: & puis quand ils auoient fait l'huyle, *omnes iuranto se oleum suo dolo malo non surripuisse.*

XXXIII La seconde verité necessaire aux Aduocats, est celle du temps present, qui consiste en la conformité du cœur & de la langue, ou de l'intention auec la parole, *nil promittant nisi vt iure facturi, omnia verba fide & ratione ponderẽt*, qu'ils ayent bonne intention & ferme resolution d'accomplir en temps & lieu ce qu'ils promettent; qu'ils ne s'excusent iamais de n'auoir iuré que du bout de la langue, & qu'ils ne disent point

Linguâ iuraui, mentem iniuratam gero.

Car c'est vne tromperie qui retombe sur les pariures, comme il arriua iadis aux Locriens, ainsi qu'il se void au sixiesme liure de Polyænus par cette histoire aussi plaisente à raconter, comme funeste en son euenement: Car ce peuple infidelle de sa nature ayãt guerre auec les Siciliens les tromperent de la façon: Ils chargerent leurs espaules de testes d'oignons & d'aux, qu'ils mirent soubs leurs robbes, & mirent de la terre de leur pays dans leurs souliers, puis s'en allerent demander trefues aux Siciliens, ou plustost vne bonne & eternelle paix auec ce Iurement frauduleux, Nous garderons l'alliance & amitié, QVANDIV HÆC CAPITA IN HVMERIS FEREMVS, ET QVANDIV HANC TERRAM CALCABIMVS, les Siciliens qui entendoient ces paroles, ainsi qu'elles sonnent, s'accorderent à la paix, mais les traistres dés le landemain ayãt osté ces testes d'oignons de dessus leurs espaules, & cette terre de leurs souliers, firent vn cruel carnage des Siciliens desarmez, iniustice & fausseté que les Dieux punirent exemplairement. Qu'ils considerent donc que cette parole *mentem iniuratam gero*, sortie premierement de la scene d'Euripide, à esté condamnée & reprouuée de tous, nommément de Platon qui l'appelle *parole de moquerie*, & si aucun la pratiquoit en ce lieu, ce que nous ne croyons pas, il feroit vn acte de Basteleur & de moqueur; qui est vn sacrilege inexpiable dit Socrates dans les Sophistes de Platon, se moquer dans les temples des Dieux. Arius n'est quasi point plus abominable par ses meschãcetez & heresie, que par cette tromperie, & faux entendre, par laquelle il se descria non seulement comme meschãt, mais aussi comme moqueur des choses sainctes.

LA troisiesme verité est pour le temps à venir & se doit accomplir en tout le cours de l'an és causes particulieres, & consiste en vne conformité de l'effect auec la promesse: verité que nous pouuons appeller XXXIV

FOY, qui est la sœur germaine de la verité aussi nue qu'elle

Quam spes & albo NVDA FIDES *colit*
Velata panno.

c'est pourquoy és vieilles medailles des Chrestiẽs elle se void tousiours depeinte toute nue, & assise, pour monstrer sa candeur & constance, car ce ne doit pas estre vn Sermẽt volage, sẽblable à ceux desquels il est dit *Abstulerint celeres improba verba Nothi.*

Il est bien vray que la foy a des aisles *ô fides alma, apta pinnis* dans Apulée, mais ce n'est pas tãt pour s'enfuyr & nous abandonner, comme pour voller promptement à l'accomplissement de ses promesses; Et partãt que les Aduocats ne soyent pas du nombre de ceux qui iurent aisement de bouche & sont prodigues en promesses.

Nil metuunt iurare, nihil promittere parcunt.

Mais au reste qui ne tiennent rien de ce qu'ils ont promis

Dicta nihil metuêre, nihil periuria curant.

car telles ceremonies seroiẽt bien inutiles & frustratoires, si outre les promesses, les effets n'en suyuoient & pourrions vsurper ces mots de Lactance, touchant la religion des Payens, *Nihil in eâ nos videre aliud, quàm ritum ad solos digitos pertinentem.* Outre qu'ils attireroient sur eux l'indignation & cholere de Dieu qui est ialoux des iuremens & promesses à luy faictes:

Polyænus raconte au second liure de ses Stratagemes que Tisaphernes ayant faussé son Sermẽt & violé la foy qu'il auoit solennellement donnée à Agesilaus, celuy cy voyant ses soldats estonnez de cette meschãceté les encouragea par ces mots *Gratias habeo Tisapherni de periurio suo, quo nobis deos propitios, sibi verò contrarios reddidit* : parolles dignes d'un tel capitaine, qui eurent leur effect en la victoire qu'il obtint sur Tisaphernes, par la punition de Dieu qui se rendit le vengeur de cette perfidie, car comme disoit sagement Isidore de Damiette ἡ γὰρ ἡμῶν ἀδικία, τῶν ἐναντίων ἐστὶ συμμαχία : *Iniustitia & perfidia nostra inimicorum nostrorum auxilium est.*

QVE les Aduocats donques ayent en singuliere recommandation la verité, nue, franche, descouuerte, puis qu'elle est la sœur germaine de la Iustice, que l'image de la verité soit penduë à leur col, & leur batte sur le cœur, que ce soit leur *Encolpium* comme elle fut iadis des Presidens & Iuges Ægyptiens, & par suyte necessaire qu'elle soit sur leur langue, c'est le moyen de se conseruer en honneur, de bastir vn temple où vn Palais à la verité dans leur bouche, affin qu'on dise d'eux *omnis eorum vis virtusq; in linguâ sita est.* A ce propos Petrus de Palude raconte, que comme quelqu'vn en France becheoit la terre (le lieu ne se dit pas) il trouua vne langue d'homme fresche & vermeille, d'ou espouuanté du miracle il l'interrogea de qui elle auoit esté, elle fit response qu'elle estoit la langue d'vn Iuge Payen iuste & incorruptible, duquel Dieu auoit reserué l'ame en sa langue iusques à ce qu'elle fust baptisée, pour autant qu'il n'auoit iamais prononcé sentence qui ne fust iuste, ou selon la verité, & que iamais elle n'auoit seruy au mensonge; qu'elle fut baptizée & puis reduite en cendres. XXXV.

POVR l'yssue de cette histoire elle ne semblera XXXVI

point estrange aux Theologiens qui tiennent pour resolution tres catholique & veritable que le iugement des ames est par fois differé & suspendu apres la mort iusques à certain temps ordonné de Dieu, & ce pour des considerations secrettes reseruées à sa iuste prouidence. Et quant au faict il n'est pas si nouueau qu'il en doiue estre reieté, veu que nous sçauons par le rapport d'Aristote, que la teste d'vn certain Prestre de Iupiter parla estant separée de son corps pour accuser vn meurtrier nommé Cercidas: Et en Phlegon Trallianus il est faict mention de la teste d'vn monstre qui predit la deffaicte des Ætoliens & ceux de la ville de Locres;

--- & si sacra licet conferre profanis

Dans les actes des Martyrs nous voyons que les testes, langues & bras des saincts personnages font leurs operations naturelles estant desprises & separées de leurs corps: Nous passons aussi soubs silence cette memorable histoire escrite dans Bonfinius, de cette teste qui fut trouuée apres la bataille de Varne ou Nicopolis gaignée contre le Turc soubs l'Empereur Sigismond, car elle fut ouye trois iours apres parmy les ossemens implorer le sainct nom de Iesus & de Marie à haute voix, & declara comme elle estoit la teste d'vn Chrestien qui auoit esté tué en la bataille sans auoir receu le Sacrement de Confession, mais que par vne grace specialle, la Vierge à laquelle il auoit eu en sa vie vne singuliere deuotion, luy auoit impetré de Dieu que son ame fust reseruée en sa teste iusques à ce iour là, & auoit esté priuilegiée de pouuoir parler, affin d'implorer l'aide des Chrestiens assiſtans les requerant de luy faire venir vn homme d'Egliſe auquel il ſe peuſt confeſſer & qui luy impartiſt l'abſolution; ce qu'ayant eſté faict, cette teſte ſe teut pour iamais

----- & ſedibus oſſa quierunt.

REVENANT encores à la langue de noſtre Iuge Payen, il eſt croyable que la meſme grace miraculeuſe qui luy fut donnée pour auoir eſté veritable en ſes iugemés, ne ſeroit point encores deſniée pour vn beſoin & apres le trepas aux Aduocats qui tiennent auſſi rang de Iuges, & à leurs langues quand ils auroient aimé & ſuyui la verité en leurs conſultations, eſcrits & plaidoyez. XXXVII

Idcirco moneo vos ego hæc, qui eſtis boni
Quique ætatem agitis cum pietate & cum FIDE
Retinete; porrò poſt fatum vt lætemini.

Ce que nous pouuons à bon droict dire & auancer des Orateurs Chreſtiens puis que meſmes les Payens ont creu que la force de leur eloquence & la vehemence de leur bien dire leur pourroit octroyer ce meſme priuilege de parler ſans langue, comme Craſſus diſoit iadis plaidant contre Philippus au rapport de l'Orateur Romain; *Non tibi illa ſunt cædenda, ſi Craſſum vis cohercere, hæc tibi* EXCIDENDA LINGVA, QVÆ VEL EVVLSA, *ſpiritu ipſo libidinem tuam libertas mea refutabit:* paroles que ſainct Ambroiſe auoit infailliblement en la memoire, lors que deſcriuant la cruelle mort de ſainct Iean Baptiſte par le commandement d'Herodes, il adiouſte ces mots, *Os illud aureum, cuius ſententiam ferre non poteras, conticeſcit & adhuc timetur;* LINGVA, *quæ ſolet etiam poſt mortem officium ſeruare vi-*

uentis, palpitante licèt motu damnabat incestum.

XXXVIII. TOVT au contraire aussi s'il auenoit que les Aduocats fussent amateurs du mensonge & de calomnie, il est croyable, que leurs langues en patiroient: & de faict Bernardin Buste, qui premierement fut Aduocat, puis Religieux mandiant, fait mention de sept Aduocats morts à Padouë, lesquels aussi-tost apres leur mort furent trouuez sans langues, qui est vn grand signe, qu'ils auoient preuariqué de leur viuãt, & calomnié par leurs langues: voire mesmes si nous croyons les resueries & fantaisies de Lucian, les Aduocats qui ont abusé de leur eloquence doiuent patir particulierement en la langue, & y receuoir l'accessoire de leurs tourmẽs au parquet de Rhadamãte. Les Aduocats en somme seront comme le bon Pere Pambo, lequel ayant oüy prononcer par son maistre ce verset des Pseaumes: *Dixi custodiam vias meas vt non delinquam in* LINGVA *meâ*, ferma le liure & dit qu'il en auoit assez pour toute sa vie: Qu'ils se souuiennẽt des reproches que la langue fait dans Lucian aux Sophistes, que Clement Alexandrin appelloit *Lingosum animal*, & comment elle se plaint des abus qu'on luy faict commettre, tant en tous autres endroits & fonctions de la vie, comme particulierement dans le Temple de Iustice, elle qui est dãs la bouche comme vn Autel dans son Temple.

Humida linguaï circum sudantia Templa;

Et à prononcer des faussetez, elle qui est ἄγγελος ψυχῆς le truchement des pensées

Mentis Sacerdos, veritatis interpres

qu'on l'employe à deduire les passions de certains

chiqua-

chiquaneurs importuns, elle qui eſt

——nobis verborum dædala lingua!

On y prendra garde d'autant plus ſoigneuſemẽt que c'eſt vn outil dangereux & delié que la langue: *Deus bone*, dit Ennodius Eueſque de Pauie, *in quantos ſe vſus diues lingua diſpergit! cùm voluerit ſæuit vt beſtia, currit vt fluuius, fluctuat vt profundum, vt quamçunque fucatis verborũ imaginibus pingit ſpeciẽ, veri adſtipulatione repræsẽtat.*

TOVCHANT les ceremonies, nous en dirons ſeulement vn mot pour en faire mieux conceuoir la reuerence, car il n'a iamais eſté ſaiſon ny peuple qui ne portaſt quelque façon religieuſe & extraordinaire à ſes iuremens pour les rendre plus auguſtes, ainſi à Rome ou bien on montoit au Capitole, ou dans les Temples, ou bien on deſcendoit en pleine rue, ou c'eſtoit deuant l'image du Dieu Fidius, qui portoit vn tonerre preſt à lancer ſur les pariures, & en Olympe le iuremẽt des Athletes ſe faiſoit aux piedz de Iupiter Orchius tutelaire des iuremens, qui eſtoit depeint d'vne forme merueilleuſement horrible, d'autres iuroient ſur la bouche d'vn puys, ou taſchoient d'inuenter diuerſes ceremonies pour ſe rendre le iurement plus eſpouuentable, mais nous pouuons dire ſans danger que la plus belle, religieuſe, & eſpouuantable ceremonie de tous les iuremens du monde eſt celle du SERMENT DE IVSTICE, par laquelle on iure ſur le Tableau de la paſſion, qu'on peut apeller mieux qu'Ariſtote n'appella iadis la mort, *Terribilium terribiliſſimum.* XXXIX.

SERVIVS eſcriuant ſur ce vers de Virgile XL.

Sanguine placaſti Manes & virgine cæsâ

Non verè dit il, *sed vt videbatur*; & en adiouste vne belle raison. *Sciendum est enim in Sacris simulata pro veris accipi, vnde cùm de animalibus quæ difficile inueniuntur, est sacrificandum, de pane vel de cerâ fiunt, vt pro veris accipiantur hinc etiam illud.*

Sparserat & latices simulatos fontis Auerni.

Nã & in Tẽplo Isidis aqua sparsa de NILO *esse dicebatur* d'ou il s'ensuyt que iurer sur le tableau, ou sur la representation de la passion, est estimé aussi religieux & sacré, comme iurer sur la chose representée : Ioint que les Catholiques ne doubtent pas, de ce que dit Euthymius cõtre les Armeniens, que la simple figure de la croix, ores qu'elle soit sans benediction est pretieuse & venerable, pour le rapport qu'elle a à sõ exemplaire: Et Seneque mesmes disoit fort sagemẽt, parlant du Iurement des anciens *per fictiles Deos religiosè iurabatur.*

XLI. Il est rapporté dans l'histoire du nouueau monde par Médez de Pinto qu'en certaine contrée des Isles du Iapon les Prestres & Sacrificateurs des Idoles, quand ils sont appellez en iurement, ils font vn cercle de cendres, & au milieu mettent vn sac plein de cendres & s'agenouillant dessus, iurent les mains esleuées vers le ciel, comme tesmoignans le iour de leur mort denoté par les cendres, qu'ils iurent pour la verité, enquoy nous voyons quelques vestiges de la ceremonie des anciens Grecs & Romains qui iuroient par les cendres des morts

Iliaci CINERES *& flamma extrema meorum*
Testor in occasu vestro.

Ainsi Hecuba dans Seneque, prend à tesmoin *patriæ*

ruentis CINERES, ainsi disoit celuy là dans les controuerses de Seneque le Rheteur voyant son pere en danger de la mort: *Ergo fame morientem videbo, per cuius* CINERES *iuraturus sum?* mais il n'y a cendre si precieuse, ny memoire de mort si espouuātable que la remembrance de la passion, pour vser du mot de nos vieilles formules.

Que s'il arriuoit, dit Mendez de Pinto que les Sacrificateurs se fussent pariurez, on espandoit cette cendre, on la iettoit au vent, on souilloit le lieu du Iurement pour en effacer la memoire & oster le souuenir d'vn si execrable forfaict: Et le sçauant Hippocrate, en son Iurement pour dire fausser sa foy & rompre la religion du Serment, vse d'vne locution fort à propos, lors qu'il dit ξυγχέειν τὸν ὅρκον *confundere*, ou *conturbare iuramentum*: c'est à dire, en faire comme des cendres qu'on iette au vent, quoy que les doctes Interpretes soyent d'aduis qu'il y ait en cette locution ie ne sçay quoy de particulier & que les pariures sont par là comparez aux prodigues & banqueroutiers, lesquels se voyāt endebtez au dessus de leurs moyens, n'ont autre esperance ny remede pour subuenir à leur misere, que de se rendre infames & quiter tout, d'ou c'est qu'on les appelles CONTVRBATORES, gens qui gastent & dissipent tout, esprits broüillons, qui portent le desordre en toutes choses.

FINISSONS par le rapport de quelques particularitez qui doiuent estre entre le SERMENT DE IVSTICE, & le Serment solennel d'Hippocrate qu'il entendoit estre mis au front de ses œuures pour luy XLII

seruir de tesmoin à la posterité, & de retenuë à sa conscience.
Il iuroit en premier lieu par toutes les diuinitez de la Medecine, Apollon, Æsculape, Hygée, Panacée Machaon, Podalirius & les autres, qu'il honoreroit toute sa vie le maistre qu'il auoit eu en medecine, comme ses propres parens, estant obligé à ce deuoir de recognoissance; voicy ses mots suyuant la traduction d'vn habile homme de nostre aage

Qui me hanc instituit puerum præceptor ad artem,
Ille mihi patris instar erit, non segniùs illum
Vsque colam, ac ipsos qui me genuere parentes

Or combien que les ieunes Aduocats ne iurent pas au Serment de leur reception d'honorer les plus anciens & ceux nommement qui les ont instruits, assistez, auancez, presentez, ou introduits en ce lieu, ils doiuent neantmoins sousentendre cette particularité leur estant redeuables comme à leur pere de maistrise; les anciens ont recogneu cette verité quoy que Payens, & n'ont eu Iurement plus religieux, que celuy qu'ils faisoient par les ossemens & la memoire de leurs peres.

Ossa tibi iuro per matris, & ossa parentis.

dans Properce, & dans vn autre *Iura per matris, patrisque tumulum*, la nature mesmes leur enseigne la religiō de ce iurement, & de l'honneur qu'ils doiuent porter à leurs anciens; voire mesmes par l'exemple des plantes & choses inanimées, car on dit qu'en la forest Dodone, les ieunes arbres & les baliueaux qui estoient de la race de ceux qui prophetisoient se flechissoient deuāt les plus anciens arbres de la mesme race, pour tesmoigner l'hōneur qu'ils leur portoient, les vieux Aduocats consultans nous semblent estre ces vieux arbres fatidiques de la forest Dodone, car aussi est-ce en ce Barreau où se rendent des oracles plus certains que ceux de Delphes, & Apollon dans Iuuenal est appellé Iurisconsulte, ou Aduocat consultāt *Iurisque peritus Apollo*, non pourtant pour la raison que porte sur ce passage le vieux interprete disant, *Quòd tam deuia sint Iurisconsultorum responsa quàm Apollinis*, mais d'autant qu'ils font l'office d'Apollon, quand il disoit dans Ennius

Suarum rerum incerti quos ego mea ope ex
Incertis certos compotésque consili
Dimitto vt ne res temerè tractent turbidas.

Les ieunes Aduocats donques, qui sont du mesme bois pour faire vn iour ce Mercure & cet Apollon fatidique doiuent vn grand honneur à leurs anciens lesquels ils honoreront comme leurs peres, affin de receuoir le mesme honneur de la posterité.

SECONDEMENT Hippocrate iuroit d'aimer & cherir tous les medecins comme ses freres, XLIIII.

Nec minus & fratrum instar erunt, quos pectore toto
Certus amem, firmóque mihi quos fœdere iungam
Tum nati illorum, tum qui nascentur ab illis.

Iurement qui doit aussi estre tenu & obserué fort inuiolablemēt entre les Aduocats, qui sont freres d'armes, qui sont membres d'vn mesme corps, citoyens d'vne mesme ville, demeurans soubs mesme toict, & compagnons de mesme fortune: que iamais l'enuie ne se glisse dans ces barreaux, qui sont comme la plus honorable boutique de l'vniuers: Maximus Tyrius a sagemẽt remarqué qu'Hesiode disoit que l'enuie se met &engẽdre seulemẽt entre des mechaniques, Καὶ κεραμεὺς κεραμεῖ, καὶ τέκτονι τέκτων si l'enuie doit estre tolerable en lieu du monde, c'est entre des potiers, massons & charpentiers, d'autant que c'est vn vice fort mechanique, mais entre des Aduocats, professeurs d'eloquence, fils de la Iustice, c'est vn vice qui ne s'y doit iamais trouuer, ce qu'ils apprendrõt aussi par l'exemple de la nature, qui a graué ce iurement, & formé cette ligue d'amitié & fraternité entre les animaux de mesme espece, & vacation, d'ou disoit vn sage Pere, François d'origine quoy que l'Espagne nous semble l'enuier, c'est Orientius Auscitanus Episcopus en ses Aduertissemens.

Ecce pecus pecudem secunda ad pabula ducit;
Ammugit proprio bucula blanda gregi
Murmure respondent, quâ possunt voce loquuntur;
Inq; vicem docilis lambere lingua solet.
Non caret affectu quod fluctibus occulit æquor
Et volucris volucri est, & fera blanda feræ,
Tum si quando venit quocunque ex agmine præda
Fortior inualidos vngue vel ore premens
Seu volucrum res est, seu res est illa ferarum
Vndique collectis tenditur auxiliis.

XLIV. Troisiesmement Hippocrate iuroit qu'il enseigneroit franchemẽt & sans espoir de recompẽse tous ceux qui desireroient apprendre la Medecine

Hunc ego gratuitò & nullâ mercede docendum
Suscipiam:

Iurement que nous pouuons approprier au Serment de la loy Cincia *de præmijs Aduocationum*, que les Aduocats ayent en ſinguliere recommandation cette honneſteté liberalle : & qu'ils ſe ſouuiennent *fidem integram non manere, vbi magnitudo quæſtuum ſpectetur*, diſoit celuy qui plaida pour l'enterinement & reception de la loy Cincia, qu'ils ayent deuant les yeux les preceptes que ceux qui ont traicté des arts & vacations ont donné à leurs apprentifs, car c'eſt vne choſe remarquable que tous les autheurs methodiques pour les arts liberaux & mechaniques, ont particulieremét recommandé, aux ſoldats, laboureurs, Architectes, Medecins, chaſſeurs & autres, voire meſmes aux cuiſiniers, de ne rien faire pour l'auarice, mais tout pour l'honneur, & qu'ils ayent en bouche ſouuent ce mot pour leur ſeruir comme d'eſperon à la gloire.

Laude vehar, vigeatque meum per ſæcula nomen

En quatrieſme lieu Hippocrate iuroit de dõner touſiours les meilleurs remedes & les plus ſaines medecines qu'il iugeroit pour l'entretien de la vie XLV.

Curabo ut victûs ratio quæcúnque ſalubris
Nec producendæ fuerit male congrua vitæ,
Hanc ego præſcribam bonus, & contraria damnem:

Les Aduocats pareillement, tant en leurs conſultations qu'ez eſcritures & plaidoyez ne s'eſpargneront de donner le meilleur cõſeil qu'ils aduiſeront, le plus ſalutaire remede qu'ils ſçauront, & le plus court pour eſtouffer les procez en leur naiſſance, & au contraire Hippocrate iuroit de ne donner iamais ny poiſon, ny breuuage contraire à la ſanté, ce que Tertullian appelloit *Peremptoriam medicinam : à perimendo*, dit l'Interprete, ils ſe garderont de donner ny mauuais conſeil, ny de faire des eſcritures fauſſes ou tromperesſes, qui puissent rauir aux parties, les biens, la reputation ou la vie : Autrement qu'ils sçachent que les Estoilles crieront vangeance contre eux cõme contre des homicides volõtaires disoit le Comique, car les Estoilles d'Arcturus ont pour cet effect leurs departemens & regions, pour voir & marquer les pariures en faict de procez affin d'en faire leur rapport à Iupiter & en demander vangeance

-----nos per gentes alium alia disparat
Hominum qui facta, mores, societatem & fidem,
Qui falsas liteis falsis testimonijs
Petunt, quique in Iure ABIVRANT PERIVRIVM:
Eorum referimus nomina exscripta ad Iouem,
Quotidie ille scit, quis hîc quærat malum.

XLVI. Car la peine des pariures est ineuitable, *periurij pœna duplex, diuina exitium, humana dedecus*: si la peine des censeurs, l'infamie & des-honneur ne nous retient *At sperate Deos*: l'ancienne croyance selon Hesiode estoit que les Furies se promenoient deschaisnées par le monde le cinquiesme de chasque mois pour punir les pariures: mais si c'est vne fable, nous deuons à tout le moins adiouster foy aux paroles du Prophete Zacharie. *Maledictio commorabitur in domo iurantis in nomine meo mendaciter, & commorabitur in medio domûs eius, & consumet eam & ligna eius & lapides eius.* C'est à dire suyuant l'exposition des Rabins que luy & ses enfans qui sont comme les colomnes de sa maison seront esbranlées & ruynées par le faux Serment: & c'est vne peine qui s'estand iusques à la posterité

In prolem dilata ruunt periuria patris.

Ce dont Iuuenal faict foy parlant de Glaucus qui

s'eſtoit meſchantement pariuré;il en fut ruyné luy & tous ſes deſcendens, quoy qu'il ne ſe fuſt pariuré, que de volonté ſeulement.

Extinctus totâ pariter cum prole domoq; eſt
Et quamuis longâ deductis gente propinquis
Has patitur pœnas peccandi ſola voluntas.

Tout ainſi doncques, que le debiteur Indien lors qu'il eſt encerné par ſon creancier d'vne enceinte & cercle de laurier, & qu'il eſt coniuré par le chef du Roy, de ne ſortir de ce cercle qu'il n'ait payé, recognoiſt ſon danger eminent, & qu'il faut s'acquiter de neceſſité *priuſquam ex illâ circunſcriptione excedat*, dit leur formule, ou autrement mourir ſans remiſſion; ainſi deuons nous auoir telle horreur du pariure & tel effroy des punitions ineuitables qui l'accompaignent, que iamais nous ne venions à outrepaſſer & enfreindre ce cercle de laurier, ſymbole du ſacré iurement que nous auons fait. Mais c'eſt aſſez exhorté

------en omnes Latiæ, Daunique nepotum
Conſedere manus, feriant iam fœdera metam

FIN.

SECONDE REMONSTRANCE ET TRES-HUMBLE REQUESTE FAICTE AU ROY L'AN MDXCIX.

Touchant l'Edict de Nantes.

SIRE,

Vostre Cour de Parlemēt de Bordeaux I.
nous a deputez vers vous sur le faict de vostre Edict de Nantes de l'an mil cinq cens quatre vingts dixhuict, lequel elle a verifié pour tous les articles, qui estoient conformes à l'Edict de l'an mil cinq cens soixante dixsept, & quelques vns de plus verifiez derechef par vostre commandement en l'an mil cinq cens quatre vingts seize, & pour les autres elle a iugé de son deuoir d'ordonner que tres-humbles Remonstrances en seroient faictes à V. M. enquoy faisant elle n'a point creu faire chose qui luy fust desagreable, ny contraire à ses bonnes intentions: Car comme Dieu ne faict pas en ce monde tout ce qu'il peut, remettant aux hōmes & à ses principaux ministres de parfaire plusieurs choses, qui concernent mesmes l'accomplissement & la police de l'vniuers pour leur donner en cela par sa douce prouidēce, le moyen de s'exercer à la vertu; Ainsi croyons nous, que vostre Majesté, quoy que par sa haute preuoyance, peut refuser ou modifier plu-

ſieurs propoſitions & articles de l'Edict de Nantes, a mieux aymé s'en remettre en partie à la prudence & ſageſſe de ſes Cours ſouueraines, ne fuſt que pour ſe deſcharger d'autant de l'enuie & de l'importunité des pourſuyuans.

Elle vous ſupplie de croire que le principal motif de ſes tres-humbles Remonſtrances eſt le ſeul honneur de Dieu & la cõſeruation de la Religion Catholique Apoſtolique & Romaine, qu'elle interprete auſſi auoir eſté le vray motif de voſtre Maieſté, en ce qu'elle a differé ſi long temps la reſponſe finalle des cahiers qui luy furent preſentez à Nantes par ceux de la Religion Pretenduë Reformée. Elle ne doubte point que vous n'ayez grandement à cœur l'eſtabliſſement de la Religion Catholique, à l'imitation des Empereurs & Roys vos deuanciers; elle ſçait & croit auec toute l'Europe, que voſtre conuerſion merueilleuſe, eſt le plus grand œuure que Dieu fit iamais en France, deſpuis la reduction de Clouis, laquelle vous a neceſſairement empreint & graué en l'ame vn zele & affection tres-ardente pour auancer, faire fleurir, & fauoriſer la Religion, que vous auez heureuſemẽt embraſſée, à l'exemple des Empereurs Catholiques, qui reduits autrefois au Chriſtianiſme, l'ont grandement amplifiée, tant par l'exemple de leur vie, comme par leurs bonnes & ſainctes loyx, & bien ſouuent par l'effort de leurs armes.

Or quel Prince ou Empereur en eut iamais plus d'occaſion, veu que cette bien-heureuſe conuerſion à l'Egliſe, a principalement rengé & conuerty vos ſuiets à rendre à voſtre Maieſté l'obeïſſance, qui natutellement luy est deuë?

ON faict vn estrãge & merueilleux recit d'vn Hercule Gaulois, autrement surnommé Ognien, lequel on depeignoit auec l'habit & les armes de l'Hercule Thebain, mais en outre sortoient de sa bouche de longues & menuës chaisnettes d'or & d'electre, pendues au bout de sa langue, auec lesquelles il tenoit attachée par les oreilles vne multitude infinie de gens, qui garrotez de chaisnons si fresles & menus, se laissoient neantmoins rauir tres-uolontiers, comme ioyeux de leur captiuité, voulant dire par là les François, que leur Hercule estoit vn personnage tres eloquent, qui par la douce force de son bien dire gaignoit les hommes, les attiroit à sa cordelle, & les sousmettoit à son authorité. II.

SIRE nostre sage & bien-disant Hercule, on peut en ce faict icy vous parangonner à bon droit à ce Prince des Druydes, veu que par vne eloquence saincte & non profane vous auez conquis les affections des François estrangez de vous, car aussi tost que vostre Maiesté sainctement eloquente commança de parler le langage Catholique, le sainct effort de vostre langue rauit le cœur de vos suiets par leurs oreilles, & nous vismes vn grand nombre d'hommes, auparauãt farousches & refractaires, addoucis & charmez par ce beau & diuin langage, & deuenus plus traictables accourir en foule à vos pieds pour y prester obeïssance.

Que pleust à Dieu que cette catholique eloquence eust eu pareil pouuoir pour attirer quant & quant vos autres suiets à l'Eglise, & que ces peuples qui se uentent auec raiſon d'auoir ſuiuy voſtre Maieſté dés ſa ieuneſſe en diuers paſſages perilleux, ne l'euſſent point quitée au chemin du ſalut : pleuſt à Dieu ne vous euſſent ils point enuié l'honneur acquis par Conſtantin en Grece, par Clouis en Frãce; par Eduin en Angleterre, par Kanuthez en Dannemark, par Recaredus en Eſpagne, par Vvéceſlas en Poloigne, & par cent autres Roys & Princes Catholiques, d'auoir apporté à l'Egliſe auec la Royalle offrande de leurs perſonnes, des peuples & Royaumes entiers, ainſi que font les grandes & fameuſes riuieres, qui s'enflent & s'accõpaignent d'infinis ruyſſeaux & fontaines, quãd il eſt queſtion de faire hommage à la mer Oceane. Car certainement c'eſtoit bien l'eſpoir de la France & de toute la Chreſtienté, que voſtre diuine conuerſion ameneroit quant & ſoy vne grande ſuyte de ſes ſuiets, & comm'il eſt plus aiſé que la nature fouruoye & ſe deſbauche en ſon ordre, que les ſuiets ne laiſſent d'enſuyure & imiter leur prince, chaſcun s'eſtoit promis que ce grand & premier mouuement de voſtre royal exemple rauiroit auec ſoy ceux de la Religion pretendüe Reformée dans le gyron de l'Egliſe, comme le mouuemẽt du premier Ciel emporte celluy des corps inferieurs. Mais leur indiſpoſition à eſté ſi grande, que la voix de voſtre conuerſion, qui a biẽ ſceu rappeller à recognoiſſence vn million de vos ſuiets, n'a peu alors auoir aſſez d'efficace en leur endroit pour les reclamer & ramener à la recognoiſſence de la Religion Catholique, & partant ils ont fruſtré V. M. du comble de ſa gloire, & la France de l'accompliſſement de ſes iuſtes deſirs.

Iaçoit qu'il ne faut pas desesperer, qu'à traicte de temps elle ne puisse operer leur salut, & qu'elle ne fasse esclorre en eux de beaux & merueilleux effects, à l'exemple des aspects & grandes conionctions des planettes, qui ne se hastent pas tousiours de produire leurs operations soudainement, ains quelquefois remettent, pour quelques années à manifester l'efficace de leurs vertus & le pouuoir de leurs influances; & alors sans plus, vostre Maiesté sera au sommet de sa gloire, & la France au gyron de son repos.

C'EST donc ce mesme zele de Religiō qui se reco- III.
gnoist en V.M. qui a sollicité vostre Cour de Parlement de Bordeaux d'entrer en tres humbles Remonstrances touchant l'Edict de Nantes, sur le point du plus ample exercice de la Religion Pretendüe Reformée qu'il n'estoit en l'an 1577, de l'admission aux Offices, Chambres My-parties, & quelques autres articles, que nous auons charge de representer à V. M. Car pour l'ampliation de l'exercice, elle est preiudiciable à l'exaltation de l'Eglise Catholique, non seulement en ce que par telles ampliations les plus foibles & simples ames sont exposées au danger euident de leur salut, mais encore d'autant qu'elles sont auātageuses pour la Pretendüe Reformée, ne pouuant des deux bassins d'vne balance l'vn se hausser, que l'autre n'en rabbaisse d'autant: Et mesme qu'au gouuernement de Guyenne & ressort de Bordeaux ceux de la Pretendüe tiennent tans de villes & bōnes places, voyre des l'an 1577, que leur octroyer d'abondāt que nulles d'icelles places ne soit contée pour lieu de bailliage, ainsi qu'il se deuoit faire par les articles

ſecrets de Bergerac, leur accorder encores pour lieux d'exercice, ceux où il a eſté eſtably en l'an 1596 & 97, & permettre qu'aux maiſons des particuliers ſans iuſtice ils puiſſent s'aſsẽbler au lieu de dix, iuſques à trẽte perſonnes, c'eſt les auantager beaucoup: En outre leur octroyer vn ſecond lieu en chaſque bailliage, & accroiſtre les lieux de leurs exercices, quand le nombre des Reformez decroiſt à veüe d'œil, & diminue de iour en iour, il ne ſemble pas eſtre ny beſoing ny expediẽt pour le biẽ de l'Eſtat. Et leur exercice s'eſtẽdant ſi auãt, il eſt à craindre, que peu à peu ils ne feindront pas de le vouloir eſtendre par tout indifferemment, affin d'oſter à l'Egliſe Catholique le grand & honorable tiltre d'vniuerſelle, ou ſe le cõmuniquer & my-partir: tiltre qu'elle prend encores en ce ſens pour n'auoir par le droit diuin, autres termes, que les fins de la terre, au lieu que toutes contraires opiniõs n'ont droit d'eſtre publiées nulle part, que par ſouffrance.

IV. Ioint que le repos de la prouince n'en eſt pas ſi aſſeuré, car comme ainſi ſoit que diuers cultes & exercices de Religion diſpoſent, voire aſſuiettiſſent notoirement vn eſtat aux inconueniens des troubles, & qu'à cette occaſion tous les meilleurs politiques de tous aages, ayent condamné les Roys Ægyptiens, & quelques Empereurs d'auoir de plein gré & ſans neceſſité introduit diuerſes ſectes, ſoubs l'opinion qu'ils auoiẽt conceüe, que par telle partialitez ils tiẽdroient leurs ſuiets en diſcord & comme en bride, les retenãt par ces contrarietez d'attenter ou ſur leur vie, ou ſur leur eſtat, meſchante & malheureuſe prudẽce, neantmoins

moins, qui n'a iamais bien ſuccedé, ny pour l'Eſtat ny pour la Religion, ainſi qu'il ſe peut voir par la ruine des Royaumes, où les Princes ont tenu ces dangereuſes maximes de police, car il appartient à la ſageſſe de Dieu, de ne permettre pas que sō hōneur & le culte de sō nom, entre en cōpromis auec celuy d'vn Prince mortel, ſous pretexte de l'eſtabliſſemēt de sō Eſtat : Et s'il y a riē qui ait mis les floriſſantes prouinces d'Oriēt & le Royaume de la Grece, autrefois ſi Catholique, en voye de perdition, & en proye aux ennemis de Dieu, ce n'a eſté, que le rencontre & l'aſſamblage impoſſible de deux Religions differentes, & cette voye d'accord pretendue : car de vouloir entretenir en vn meſme Eſtat deux Religions ſi differentes, que la Catholique & la Pretendüe Reformée, c'eſt iuſtement, SIRE, vouloir aſſembler le blanc & le noir en vn meſme ſubiet, le feu & l'eau en la nature, l'vnion & la ſection en la chirurgie, la grace & le peché en l'ame : Il en eſt ne plus ne moins que de la pierre philoſophale entre les Alchimiſtes, & de la quadrature du cercle entre les Mathematiciens, plu-ſieurs ſe ſont mis en deuoir & ruynez pour les trouuer, allechez d'vne vaine eſperance de la poſſibilité, & iamais perſonne ne l'a ſçeu faire iuſques à maintenant : Il eſt à croire, que ſi l'aſſemblage de deux differentes Religions ſe pouuoit faire, le bon-heur en auroit eſté gardé à voſtre Majeſté, SIRE, pour l'accompliſſement de ſes victoires, mais il ne ſe peut, car il n'y a point de communication des tenebres auec la lumiere.

Ces choſes preſuppoſées, il eſt euident que d'autant

[illegible]

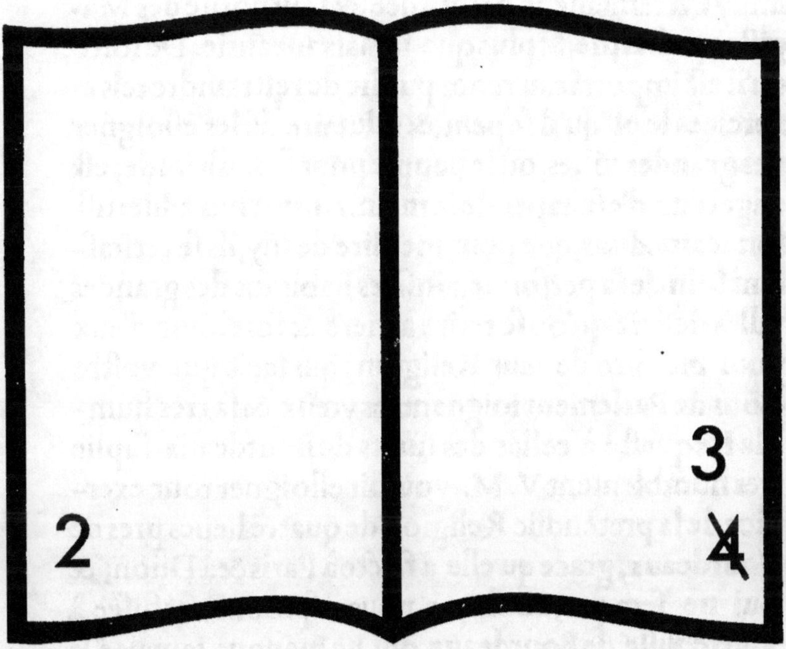

[illegible] la pro[illegible] Religion, de [illegible] quelques [illegible] [illegible], grace qu'elle a [illegible] l'Autel [illegible] [illegible] cette ville de Bourdeaux, qui ne manque iamais de fidelité, & au seruice qu'elle doit à V. M.

[illegible] & l'esperance que nous auons que [illegible] à vos tres-humbles [illegible] [illegible] passera à vn autre [illegible]

luy

plus que tels exercices serõt libremẽt permis en plusieurs & diuers endroits & plus le repos de la Prouince sera suiet à s'alterer, & le peuple qui inopinément, & en plus d'endroits qu'il ne souloit aura les oreilles battues de deux vẽts contraires de la doctrine du sermon & du presche, sera en plus grand danger de s'esmouuoir, ainsi que la tempeste s'esmeut en mer, lors que deux vents contraires, s'y esleuent, chose d'autãt plus mal aisée à reprimer, que la licence est auiourdhuy extremement desbordée, & l'authorité des Magistrats abattüe, & plus que iamais aneantie. De sorte qu'il est importãt au repos public de restraindre tels exercices le pl⁹ qu'il se peut, & salutaire de les esloigner des grandes villes, où le peuple pour sa multitude, est dãgereux d'eschaper de la main. Antiochus aduertissoit les medisãs, que pour mesdire de luy, ils se retirassent loin de sa personne, ainsi les habitans des grandes villes desirẽt qu'on se retire arriere & fort loing d'eux pour mesdire de leur Religion : qui faict que vostre Cour de Parlement ioignant ses vœux & sa tres humble Requeste à celles des Iurats de Bourdeaux suplie tres humblement V. M. vouloir esloigner tout exercice de la pretendüe Religion de quatre lieües pres de Bourdeaux, grace qu'elle a faicte à Paris & à Diion, & qui ne sera pas, ainsi que nous esperons, refusée à vostre ville de Bourdeaux, qui ne manqua iamais à la fidelité, & au seruice qu'elle doit à V.M.

V. L'OPINION & l'esperance que nous auons que vostre bonté fléchira à nos tres-humbles Requestes, nous faict passer à vn autre point : car

Sur le faict des mariages au troisiesme & quatriesme degré qui ne seront recherchés pour l'auenir, ny les successions empeschées des enfans qui en prouiendront, ainsi que porte l'article, vostre Cour de Parlement, SIRE, vous remostre tres humblement, que cet article est cōtraire au vingt & troisiesme de l'Edit, qui porte ces mots, *Que ceux de la Religion Pretendue Reformée seront tenus garder les loix de l'Eglise Catholique Apostolique & Romaine, receües en ce Royaume pour le faict des mariages contractez ou à contracter és degrez de consanguinité & affinité* : Nul Philosophe n'en sçauroit rēdre vne plus belle & pertinente raison politique, que celle qui est rendue en l'Edict de Ianuier 1561, & reïterée en l'article seiziesme de l'Edict de l'an 1576 & 77, à sçauoir pour euiter les debats & procés, qui se pourroient ensuyure à la ruyne de la plus part des bonnes maisons de vostre Royaume & dissolution des liens d'amitié, qui s'acquierent par mariages & alliances entre vos suiets:

Or est il est certain & constant, que par le Concile de Latrā soubs Alexandre deuxiesme, les mariages qui auparauant & par l'ancienne obseruance de l'Eglise estoient prohibez iusques au septiesme degré, & tant que la ligne de consanguinité se pouuoit cognoistre, ont esté restraincts iusques au cinquiesme degré, affin de renoüer en ce degré la consanguinité qui cōmanceoit à se relascher, dequoy les anciens Peres ont eu vn tres-grand & particulier soing. De sorte qu'estant cette loy de l'Eglise receüe en France, la Cour n'a sçeu passer cet article secret pour les mariages à l'auenir seulement, tant pour estre repugnant à l'Edict ia verifié, & aux constitutions canoniques, que pour estre contraire aux bonnes mœurs & police obseruée en ce Royaume; et quoy authorisant l'impunité de tels mariages pour l'auenir, c'estoit inuiter les hommes à mal faire, & les prouoquer à subuertir par conuoitise les limites des bonnes mœurs en faict de mariages, chose beaucoup plus inique & preiudiciable, que d'enfreindre les bornes des champs par auarice. Quoy? ne suffit il point, disoit vn ancien, commettre vne faute signalée, sans l'authoriser encores du sacré nom de Iustice, & la couurir du beau manteau de l'authorité Royalle?

VI. OR la derniere, mais generalle consideration, que vostre Cour de Parlement a eu deuant les yeux, SIRE, c'a esté LA PAIX. La paix present du ciel, chef d'œuure de vostre main, la paix qui comprend le salut du Royaume, le restablissement & conseruation de vostre Estat; A raison d'vn si grand bien tous les ordres de la France, & tous les Parlemens ont vn tres-grand suiet de vous salüer de vœux & acclamations de ioye.

Que Dieu vous sauue Roy tres-Chrestien, tres-Catholique, nouueau Clouis, nouueau Constãtin, plus heureux qu'Auguste, meilleur que Traian, Dieu qui vous a donné du ciel, vous conserue, Dieu vous sauue & la France auec vous: Pere de la patrie, liberateur de la Frãce, conseruateur de la Religion Catholique, Dieu vous conserue: Nous adorons vos victoires & lauriers, vos palmes & oliuiers de paix, les vns vous ombragent le chef, les autres sont pour la commodité de vos suiets, viuez longues années, viuez pour vous, & pour vostre peuple, vostre vie c'est la vie de vos suiets, vostre contentement c'est le bon-heur de vostre Estat.

Ce sont les acclamations que non seulement les Romains faisoient aux Empereurs triomphãs, ains encores les saincts & sacrez Conciles aux Princes Catholiques, lesquelles nous assemblons sur vostre sacré chef, comme autant de fleurons à vostre couronne, autant d'années & de siecles à la vie de vostre Maiesté; autant de tesmoins à la posterité de nostre tres-humble & fidelle seruice.

Or à raison de ce temps heureux de la paix, SIRE, il a semblé à vostre Cour de Parlement, qu'il n'estoit pas expedient d'octroyer à ceux de la Religion Pretendue Reformée en temps de paix, plus qu'ils n'ont eu en temps de guerre, plus que l'Edict de l'an 1577 duquel vn grand Roy s'est bien contenté: Elle n'a sceu comprendre la necessité de l'Estat, necessité, laquelle seule dispense de tolerer vne Religion autre que la Catholique, & luy faire des auantages: car comme vn globe ne peut toucher tout autre corps plenier & esgal qu'en vn seul point, ainsi ne peuuent les regles de Religion conuenir amiablement auec les regles d'Estat, qu'en vn seul point; à sçauoir celuy de la necessité, qui appointe la conscience auec la police, l'Eglise auec l'Estat.

VII. LA crainte d'vne guerre future ne s'est point representée deuant vostre Cour de Parlement; ny de la part de ceux qui ont poursuiuy l'Edict, lesquels n'ont plus vn grand Roy, qui estoit leur cheueu fatal, que la pieté leur a retranché, pour le reioindre au chef de l'Eglise ; ny de la part d'autre quelconque ; Tous les François sont auiourd'huy vos bons & fidelles suiets tous tres obligez à V. M. las & incommodez des guerres passées, ils sõt tous sages & trop aduisez pour songer à nouueaux remuemens & cracher contre le Soleil.

Et puis V.M. peut auoir entendu ce que disoit vn sainct Pere, que si on redoubtoit les hommes iusques là, qu'il falust octroyer à leur desespoir, ce qu'il conuient leur denier par Iustice, ce seroit bien tost faict de la Religion, & du gouuernement de l'Eglise. il ne faudroit que ce desesperer & demander pour la battre en ruyne. Mais ce n'est point à vn Cæsar ny à vn Alexandre, ce n'est point à V.M. qu'il faut faire peur de la guerre, ce n'est point soubs vostre bon & pieux regne, que les François seront saisis de si vaines apprehensions, & terreurs paniques.

Et par ainsi si vostre Cour de Parlement n'a sceu apprehender ou comprẽdre vne necessité ou vn trouble à venir : SIRE, ne les en blasmez pas, mais accusez en s'il vo⁹ plaist vostre magnanimité, vos proüesses, vos grands faicts d'armes, vos victoires insignes, qui portent l'effroy & l'espouuantement par tout : Accusez en vostre grand soin & capacité, vostre sage conduite, vostre longue experience, vostre bonne fortune, la bien-veillance publique ; Bref, SIRE, accusez en vous mesmes, & non vostre Cour de Parlement, car vos suiets ne peuuẽt rien apprehender durant vostre vie, que l'accourcissement d'icelle.

VIII. ET neantmoins, nonobstant cette consideration de la paix ; & hors ces trois ou quatre articles, vostre

Cour de Parlement a arresté la verificatiõ du surplus de l'Edict, quoy que maints articles importans fussent adioustez à celuy de l'an 1577. Car SIRE elle a creu, comm'a faict aussi la Cour de Parlemét de Paris que ces mots nouueaux, qui ont coulé dans le proësme de l'Edict par mesgarde (car vostre Maiesté n'a point coustume d'vser de semblables termes) AFFIN QVE DIEV PVISSE ESTRE ADORÉ ET PRIÉ PAR TOVS VOS BONS SVIETS SINON EN MESME FORME ET RELIGION, AV MOINS D'VNE MESME INTENTION: elle a creu disie, que ces mots là ne se pouuoient passer sans qu'elle y adiouste tres expressement cette clause. SANS APPROBATION TOVTEFOIS DE LA RELIGION PRETENDVE REFORMEE: Ces mots là ont bien leurs couleurs apparentes, qui autrefois sont entrées aux Remonstrances de deux grands personnages Payens, à sçauoir en celle du Philosophe Themistius à l'Empereur Valens, & en celle de Symmachus aux Empereurs Valentinien, Arcadius & Theodoze; mais l'Eglise Catholique faict vn iugement tout diuers, à sçauoir que tout ainsi qu'il n'y a qu'vne seule vraye Eglise, & qu'vne seule vraye Religion au monde, que Dieu aussi ne peut estre adoré ny seruy qu'en cette seule Eglise & Religion, que V. M. & vos Parlemens treuuent estre la Catholique Apostolique & Romaine.

QVANT à la prouision indifferéte de tous offices, IX. SIRE vostre Cour de Parlemét n'ignore pas que ceux de la Religiõ Pretendue n'en soient capables & qu'ils n'y puissent estre receus indifferémment, ores bien que cela soit fort preiudiciable à l'exaltation de l'Eglise Catholique & auantageux pour la Pretendue Reformée, que ce ne soit pas simplement la tolerer, mais l'establir & promouoir auec les personnes; si est-ce qu'en consideration qu'ils sont François, & vos suiets, & membres de l'Estat, & que la necessité des affaires le requiert ainsi, les feu Roys de bonne memoire vos predecesseurs leur ont accordé telles promotions & la participation aux offices par leurs Edicts verifiez en la Cour, mais c'a esté auec cette clause inserée en l'Edict de soixante seize & dixsept, *Comme verrons estre à faire pour le bien de nostre seruice & de nos suiets*, lequel nous vous remonstrons tres-humblement, SIRE, requerans qu'il soit pourueu de personnes Catholiques és charges de vos Procureurs generaux, & de leurs substituts qui ont interest en toute cause de l'Eglise, & qui pourroient entreprendre sur les droits d'icelle, s'ils n'estoient Catholiques & ruyner peu à peu la Religion: Semblablement és charges de Presidens, Lieutenans generaux és sieges des Seneschaux, Presidens és Cours souueraines, & Gouuerneurs de prouinces; Car les Catholiques sont les pierres qu'il conuient mettre en œuure au frontispice, & aux coins du bastiment de cet Estat: Ceux de la Pretendue Reformée se doiuent contenter d'en faire la liaison és lieux & places moins importantes, estant tres à propos de cacher ainsi cette nouueauté & changement aux Officiers qui ne peuuent nuire que par leur seule voix; car aux chefs des compagnies cette nouueauté se descouure plus clairemẽt, & porte plus de dommage que non pas aux membres, plus en ceux qui commandent, qui ſont peu, qu'en ceux qui obeiſſent, leſquels ſont en beaucoup plus grand grand nombre; Il eſt donc tres-vtile & expedient de leuer toute desfiãce à vos ſuiets Catholiques, laquelle ils laiſſeroient aiſement gliſſer en leurs cœurs, s'ils eſtoient gouuernez autrement & feroient peut eſtre iugement, que voſtre Maieſté doubteroit non ſeulement de leur ſuffiſence, mais auſſi de leur fidelité, car il eſt bien-ſeant, que tels viuants portraicts poſez au iour de vos Cours ſouueraines, retiennent naïfuement les principaux traicts de la Religion Catholique, auſſi bien que ceux des autres vertus morales, & les ombrages & raccourſiſſemens de puiſſance & authorité, qui leur eſt communiquée par voſtre Maieſté.

L'eſperence que nous auons que voſtre Maieſté ſe flechira à cette tres-humble requeſte, & vſera enuers le Parlement de Bordeaux de pareille faueur, qu'elle a vſé enuers celuy de Paris, & la crainte d'eſtre longs & ennuyeux fera que ie lairray ce poinct pour paſſer au dernier des CHAMBRES MY-PARTIES.

POINCT & article que nous oſons biẽ dire le plus important de tous, & le plus preiudiciable au bien de voſtre Eſtat, exaltation de la Religion Catholique, & repos de võs ſuiets. X.

Ce n'eſt point auiourd'huy en France de la Religion Pretendue Reformée, comme il eſt des autres Religions és autres Royaumes & Empires, où s'il aduient qu'elles y ſoient permiſes, elles y ſont neantmoins tolerées ſans honneur & ſans force, & comme eſclaues de la Religion ſuyuie & embraſſée par le Prince;

mais en France la Religion Pretendue Reformée fait vn corps & vn party, fortifié de bonnes villes, asseuré de garnisons, authorisé d'exercice, regles & polices publiques, bref honoré des charges & dignitez. Cela donc leur suffit il point? veulent ils partager encores les Cours souueraines & diuiser la iustice? faut il entrelasser parmy les Parlemãs & parmy les doigts naturels de vostre main de Iustice des doigts estrangers auec l'affloiblissement, incõmodité, & difformité notable de vostre main? On sçait ce que disent & escriuent ceux de la Religion Pretendue Reformée, qu'il conuiendroit que tous les Parlemens fussent my-partis, si faudroit il premierement se conter & se trouuer egaux en nombre, mais maintenant que leur party descroist comme la mer en son descendãt, affoibly par l'heureuse conuersion de V. M. & qu'il y a mille Catholiques pour vn Pretendu Reformé dans ce Royaume, il n'y a rien de plus inegal que cette pretendue egalité. On void que ne pouuant si tost paruenir à ce point desiré, par des voyes ordinaires, ils se sont aduisez d'vne creation de Chambres My-parties, comme d'vn abregé de puissance & d'authorité, pour egaler tout d'vn coup celle des Parlemens & en acquerir autãt en vn iour, que vous, SIRE, & les Roys vos deuãciers en auez departy aux Parlemens despuis le temps de leur premiere creation & ancien establissement.

XI. CAR bien que ces Chambres soyent My-parties de nom & de personnes, en effect toutefois la totale authorité demeureroit par deuers ceux de la Religion Pretendue: C'est à ce poinct seul que se pour-

roit

roit verifier le dire de cet ancien, *Que la moitié vaudroit bien le tout*, & n'est point besoin d'en deduire autres raisons: Ces Chambres porteroient pour vn temps le nom de Chambres, mais enfin elles deuiendroiët Parlemens mypartis, la multitude des affaires faisãt d'vne Chambre deux; Mais à la bonne heure, soyent Chambres au Parlemens, il conuiẽdroit auec le temps y verifier vos Edicts & ordonnances: Pourquoy non? puis qu'elles peuuent cognoistre & concerner le general de leur party, & que les affaires des particuliers s'y traittent; Et quand cela ne seroit, l'execution de vos Edicts verifiez aux Cours de Parlement s'eluderoit tousiours pour leur regard, si bon leur semble, au moyen de quelque opposition ou appellation qui se traittera es dictes Chambres.

Ainsi vos commandemens & volontez seront trauersées de nouueau, vos Parlemens où se tient le lict de vostre Iustice, seront degradez d'authorité, leur party appuyé & fortifié non seulement d'hommes & de villes, mais encores du corps de Iustice de ces Chambres ou Parlemens my-partis. Comme il ne faut qu'vn Roy en France, & vn Soleil au monde, il ne faut aussi en ce Royaume qu'vne seule espece de Iustice: S'il apparoist deux Soleils, l'vn est le vray, l'autre n'est qu'vn faux Soleil par vne reuerberation du vray dans les nuées; Telles sont ces Chambres à l'esgard des Parlemens: bref my-partir ainsi vostre Iustice, c'est proprement my-partir vostre Estat; c'est à dire le desoler & ruyner; & si la Religion est en l'Estat, comme la prunelle dans l'œil, comme l'ame dãs le corps, & le sang dans les veines, n'est-ce pas tout à

faict ruyner la Religion?
On dira que vostre Majesté y sçaura bien donner ordre, nous le croyons, & ainsi Dieu nous aime, soit il pour longues années, car que ne pouuez vous auec vos grandes vertus, vos merueilleuses victoires, vos infinis merites, vos inuincibles armes? Mais SIRE, pensez vous point à vostre posterité; posterité que vous deuez à vous mesmes, pour l'asseurance de vostre personne, & pour vn iour suruiure à vostre mort, posterité que vostre bon-heur doit à la France pour l'accomplissemēt de ses desirs & le comble de vostre felicité, pour vuider toutes querelles & disputes d'Estat, pour affermir nostre repos, pour faire passer aux François qui naistront aux siecles à venir les benedictions & felicitez, que vous auez acquises auec les actions de graces immortelles que nous vous deuōs.

XII. PENSEZ donc, SIRE, à vostre legitime successiō, vos Parlemens y pensent, & iugent qu'il n'est point asseuré, qu'elle treuue vostre Iustice & vostre Estat ainsi mi-party, ny expedient de donner de vostre viuāt vn si mauuais ply qui aisément ne se puisse perdre, ou qui aisément se puisse reprendre par aprés: Ces Chambres bigarrées ne peuuent apporter rien de bon à vostre desirable lignée: Elles sont odieuses à tous les Catholiques, autant que la diuersité ou bigarrure de couleurs desplaist à Dieu dans le Prophete Ieremie, ils craignent iustement que la Deesse Eris ou Contētion y logera, non pas la Deesse Astrée ou Iustice, ils apprehendent que ces Iuges my-partis ne soyent des robbes à deux estames auec lesquelles on ne puisse non plus sacrifier à Themis dās le Palais, qu'on n'y pouuoit anciennement sacrifier à Dieu dans les Temples: Ils redoutent de confier leurs causes à ceux de la Religion Pretendue Reformée, qu'ils sçauẽt deuoir estre pour la plus part Iuges nouueaux, non extraicts des Cours souueraines, inexperimẽtez, suspects & qui s'ingerent & briguent d'estre Iuges, bref qui sont aucunement affidez aux Colloques & aux Consistoires, desquels ils doiuent obtenir attestation de leur bonne vie & religion, c'est à dire despendre d'eux.

ET si on dit que ceux de la Religion Pretendue Reformée ont les mesmes apprehensions des Parlemens, la response est aisée; Qu'il y a grand' difference entre les anciens establissemens de ce Royaume, qu'il faut suyure, & telles ambitieuses nouueautez qu'il faut fuir comme pernicieuses: Et d'ailleurs V. M. peut choisir parmy les Parlemens nombre de Iuges non suspects: Et quand ils iugent autremẽt, ils flestrissent honteusement l'honneur de tous les Parlemens de France estimãt qu'on ne sçauroit trouuer ny fournir en chasque Cour souueraine dix ou douze gens de bien, qui puissent rendre Iustice indifferemment à tous, qui sçachent regarder les causes & non pas les personnes ny la Religiõ: SIRE ce n'est pas vous faire honneur que deshonorer vos Parlemens. A quoy il se peut adiouster que l'establissement de ces Chãbres myparties est repugnãt aux traictez cy deuãt faicts & accordez auec les Seigneurs & gẽtilshõmes des prouinces, & auec les habitans de quelques principalles villes de ce ce Royaume, comm'en Guyenne aux traictez d'Agen, Perigueux, Villeneufue, Sarlat, XIII.

Villefranche, Marmande, & autres lieux d'Agenois & Perigord, qui se sont recogneus & reduits soubs l'obeïssance de V. M. à l'occasion de l'Edict de 1577, lequel ne faict mention de Chambre my-partie que pour le Languedoc ; & cette innouation porte sur les biens, sur l'honneur, & sur la vie.

Qui faict que vostre Cour de Parlement craint qu'a l'auenir & soubs le regne de vostre heureuse lignée, le repos public n'en soit alteré, craint que cette Iustice bigarrée ne soit vn arc en ciel qui n'annonce que pluyes & orages sur le tard, que cette Chambre à deux visages, l'vn Catholique, l'autre Reformé ne soit vn Temple de Ianus, qui s'ouure pour la discorde, & qui se ferme pour la paix : Et pource est il expedient que soubs vostre legitime succession toutes semẽces, & marques grossieres de nos diuisions soyẽt effacées, que les François bien que desunis de Religion, viuẽt vnis soubs mesme Roy, soubs mesmes Parlemens & Iustice, & que tous suiets de mescontentement soyẽt ostez de part & d'autre, affin que lors que V. M. logera dans le ciel & iouÿra du repos deu à ses trauaux & royalles occupations, il ne se treuue point de trauerses pour trauailler vostre Estat sur la terre.

Enfin que V. M. se ramantoiue, s'il luy plaist, si la coustume vsitée iadis en vostre Royaume de Nauarre, d'eslire le Cõseil ou Cour de Iustice de pareil nombre, de chascune des parts & factions de Beaumont & de Gramont y a porté du mal ou du bien.

FIN.

MONSIEVR de Nesmond ayant harágué & prononcé ce que dessus; le Roy fit tel estat de son eloquence, & bon iugement qu'il dit souuentesfois despuis qu'il n'auoit iamais oüy mieux dire à sō gré, Messieurs de Sessac & de l'Escure Cōseillers au Parlement de Bordeaux deputez auec luy pour mesme fin, sçauent quel accueil il receut de sa Maiesté, & auec quelle prudence il s'acquitta de sa commission: Neantmoins touchant l'article des Chambres My-parties, pource que le Roy auoit pour d'autres considerations resolu leur establissement, il dict à Monsieur de Nesmond, qu'il se fioit tant sur sa prudence & fidelité, qu'il n'y auoit personne plus capable de luy faire ce seruice, & partant il le deputa pour cet effect, & l'enuoya à Nerac, pour dōner commancement à la Chambre de l'Edict, où il fut continué deux ans, tant par la volonté du Roy, que par le contentement des deux partis, lesquels il entretint en bonne intelligence, & amitié, à quoy la suyuante Remonstrance seruit grandement.

TROISIESME

REMONSTRANCE FAICTE EN LA CHAMBRE DE L'EDICT A L'ESTABLISSEMENT d'icelle en la ville de Nerac l'an M.D.C.

L'AMNESTIE OU L'ASSOVPISSEMENT DES iniures passées.

I L'HISTOIRE Grecque nous enseigne qu'apres que les Atheniés ioints à ceux du pays d'Ionie eurent à la suscitation d'Aristagoras Milesien surpris & bruslé la ville de Sardes capitalle de Lidye, Darius fils d'Hystaspas Roy de Perse en ayant appris la nouuelle en conceut vn tel desplaisir & contrecœur, que prenant son arc en main, attintant dessus vne fleche, l'entoisant & descochant contre le ciel, il dit ainsi. O Dieux donnez moy que ie me vange des Atheniens! puis commanda à l'vn de ses domestiques, que toutes & quantesfois qu'il le verroit seant à table & prenant son repas, il ne faillit de luy ramenteuoir à haute voix, & par trois fois cette parole. SIRE SOVVENEZ VOVS DES ATHENIENS.

Histoire qui nous monstre la verité de ce que disoit vn sçauant Pere Grec que la cholere des hommes cõmũs est vn esclair & cõm'vn feu de chaume, mais que la cholere & indignation des Roys est vn tonnerre ou comm'vn feu Gregois qui ne s'esteint que par leur propre mort : Qui nous enseigne aussi que c'estoit vne bonne & ancienne coustume des Roys de Perse que chasque matin à leur resueil, vn de leurs valets de chambre les admonnestast de leur charge disant hautemẽt, Leuez vous SIRE & donnez ordre aux affaires, pour lesquelles le grand Orosmades vous a estably Roy, mais Darius fut le premier qui peruertit cette coustume, & la transporta à son courroux & maltalant, & de crainte qu'il ne vint à s'addoucir auec le temps, qui est le pere de l'oubly, & enseuelit à la parfin toutes choses, il faisoit r'allumer sa cholere par tels publiques & iournaliers aduertissemens qui l'incitoient à la vangeance.

II. TOVT au contraire de Darius Roy des Perses, nos Roys de France apres auoir veu par longues années non seulement vne ville ou prouince, ains les quatre coins de leurs Royaumes en feu embrasé & attisé malheureusement par leurs propres suiets au grand mespris de leur authorité royalle, à la ruyne & desolation de leur Estat, ont enfin apres maintes experiãces recouru à Dieu & non plus aux armes pour establir en leurs Estats le repos & la trãquillité publique

-----non iam amplius armis
Sed votis precibúsque iubent exposcere pacem.

Ils ont enfin embrassé la misericorde pour la vangeãce, & l'oubly des choses passées au lieu du souuenir, voire mesmes pour empreindre plus auant & grauer au cœur de leurs suiets cette AMNESTIE & oubliãce des choses passées ils ont autrefois ordonné qu'a chaques nouuelles entrées des Cours souueraines, lecture seroit faicte de leurs Edicts de pacification

Cogite concilium, & PACEM laudate sedentes.

Duquel Edict il est notoire que les premiers & principaux articles concernent l'oubliance des maux & outrages passez, affin qu'à iour si solennel, non à la table, mais dãs le Palais de Iustice, non par la voix d'vn domestique, mais par l'organe du Greffier d'vne Cour souueraine il fust proclamé à tous. voire mesmes au Roy & à tous ses suiets, qu'il falloit, non se resouuenir, mais oublier & fouler aux pieds les offenses passées suyuant le vieux mot.

--- Ignari sint ante malorum;

Ce que les Grecs disoient auec leur formule ordinaire de μὴ μνησικακεῖν. Car nos Roys tres-Chrestiens esleuez en la plus belle eschole de l'vniuers, ayant appris que c'est vn droit que Dieu s'est mis en reserue, de se souuenir des iniures & en procurer la vengeance, & comme Princes Chrestiennement enseignez ont cõdamné cette meschãte & abominable parole de l'Historien Romain. *Nec vnquam atrocioribus populi Romani cladibus magis ve iustis indicijs approbatum est non esse curæ Deis securitatem nostram, esse* VLTIONEM: parole meschantement conceüe aussi bien que celle de cet impie qui auoit dict deuant luy.

Fœlix Roma quidem, ciuésque habitura superbos
Si libertatis Superis tam cura placeret
Quàm VINDICTA *placet.*

OR

OR cette inionction & solennelle denonciation III.
d'oubliance, qui est portée au front de l'Edict dernier aussi bien que des precedens, n'est pas auiourd'huy moins salutaire & necessaire qu'elle fut à l'occasion des Edicts precedens, car bien que la memoire de l'homme soit labile & coulante en plusieurs choses, ainsi que les cruches des Danaïdes, & que le cœur de hõme disoit le Philosophe Platon *in Theæteto*, apres Homere soit formé d'vne cire soupple & molle à merueilles, qui reçoit aisément toutes impressions

Accipit in fragili simulacra nitentia cerâ.

Et qui les laisse perdre & escouler auec aussi grande facilité qu'elles sont imprimées; bien que l'oubliance des choses nous soit comme naturelle & ordinaire suyuant le dire du Comique *Mos est obliuisci hominibus*: Si est-ce qu'en faict d'iniures & outrages la cire de nostre cœur s'endurcit par le ressentiment, elles y sont empreintes auec le feu du courroux pour s'affermir & durer longuement, ainsi que le cachet s'empreint & graue plus auant par le moyen du feu sur la cire d'Espagne.

----- *Alta sedent ciuilis vulnera dextræ,*

Et les pertuis de la memoire qui semblent ceux d'vn crible, sont trop petits pour donner passage aux grosses iniures; ils sont comme les troux d'vn filé au trauers desquels les petits poissons se sauuent & les gros y demeurent

Labitur ex animo benefactum, iniuria durat.

Les Espagnols, à ce qu'on dict, vsurpent familierement vn prouerbe qui declare bien cette verité, lors qu'ils disent, que les bien faicts sont de plume, & les offenses sont de plomb, car les plaisirs & bien faicts sont si legers qu'ils nagent à fleur de nostre memoire & le moindre vent les emporte, mais les iniures & outrages, ils s'enfonsent dans nostre souuenir *sicut plumbum in aquis vehementibus*: Columella sçauant Espagnol semble auoir donné suiet & fondement à ce prouerbe lors qu'il dit en peu de termes bien cõceus *Mala altiùs descendunt, bona verò supernatant*: C'est le mal-heur de tous les siecles & celuy là auoit tort de l'attribüer comme vne qualité particuliere à nostre aage lors qu'il disoit

Sur la terre abonde tout mal
L'iniquité gouuerne au monde
L'INIVRE SE GRAVE AV METAL
ET LE BIEN-FAICT S'ESCRIT EN L'ONDE.

Pindare dit en la seconde des Pythies que la vertu d'vn homme de bien est semblable au liege qui s'attache ordinairement aux filets des Pescheurs, qui ne peut iamais aller au fonds de l'eau quelque poids qu'on y adiouste, qu'on fasse ce qu'on voudra, qu'on charge la renommée d'vn homme iuste de toutes les calomnies & outrages du monde, la vertu semble le liege ἀβάπτιστός ἐστι φέλλος ὡς ὑπὲρ ἕρκος ἅλμας, elle est comme le liege qui nage tousiours au dessus des eaux. Or ce qu'il disoit de la vertu on le peut dire des bien-faicts ils nagent tousiours sur la memoire prests à s'en voller si on ne les couure cõtinuellement d'autres plaisirs, & ceux cy d'autres suyuans, comme les tuyles qui se couurent les vnes les autres, *Beneficiũ beneficio tegula est, ne perpluatur gratia*, mais les iniures elles sont comme le plomb qui s'attache au bas des filets,

& s'enfonse de soy mesme, *Offensio altiùs penetrat*, dit Tacite au seiziesme des Annales, & Seneque fort entendu en matiere de bien-faicts, *Beneficia*, dit-il, *citò defluunt*, ce sont des fueilles à demy pourries, qui tōbent au premier souffle du vent, mais quant aux iniures *has tenax memoria custodit*, la memoire n'est pas allors vn cachet de cire, ce sont des tenailles de fer; Le mesme Philosophe a bonne grace lors qu'il appelle les iniures *Introrsus versas* qui s'enueloppent tellement dans les replis de la memoire, qu'elles n'en peuuent sortir qu'a viue force.

De sorte que l'iniure estant vne fois imprimée, l'oubliance ne s'en persuade pas si facilement L'AMNESTIE n'en est pas si facile, quand Epicure mesmes s'en voudroit mesler auec tous ses preceptes, les autres Philosophes s'y opposeroient, & diroient, *Illud quale tandē est mala meminisse non oportere, primùm in nostrâne potestate est quid meminerimus?* Et puis nous auons des aiguillons en l'ame qui nous reueillent si nous sommes assoupis au sentiment de la douleur, *Fodicantibus his rebus quas malas esse opinamur: dissimulatio vel obliuio in nostrâ potestate non est, lacerant, vexant, stimulos admouent, ignes adhibent, respirare non sinunt, & tu obliuisci iubes quod contra naturam est.*

PVIS donc que les preceptes & raisons des Philosophes ne suffisent pas pour nous faire oublier les choses passées, & que tousiours en despit de nostre volōté IV.

--- manet altâ mente repostum
Iudicium Paridis spretáque iniuria formæ

que c'est en nos ames & au fonds de nostre memoire ὀργὴ ἐπιτηροῦσα, ainsi que parle le Comique Grec, vne cholere en reserue qui s'entretient en sa vigueur au fonds de nostre ame, Il estoit besoing d'vn Edict du Roy *qui iubet non disputat, qui affectus nostros Edicto cohercet atque obligat*, d'vn Edict qui commandast absolument d'oublier en consideration du bien public & de la paix, *& beneficij memoriâ priuatã offensionẽ obliterare iuberet*. A quoy l'exemple de nos Roys nous inuite, & nous a de beaucoup seruy, car ces guerres ciuiles qui trauaillent vne Monarchie, quelque pretexte specieux qu'on puisse prendre c'est tousiours le Roy lequel y est le plus offensé & interessé, *Et quia maiorem fortunam maior ira comitatur*, c'est le Roy encores qui en doit cõceuoir plus d'aigreur & d'indignatiõ que tous, mais venant à considerer que telles guerres sont proprement sans ennemis, *bellúmque sine hoste*, & qu'il est miserable d'en sortir victorieux, *Miserum est ciuili vincere bello*: que toutes choses és guerres & seditions du dedans sont pleines de miserables accidens, *Omnia sunt in bellis ciuilibus misera, sed nihil miserius quàm ipsa victoria*, laquelle rend le vainqueur heureux au dommage de son Estat

Siccine componis populos Fortuna furentes
Vt vinci leuius, vincere sit grauius?

que le triomphe de ses suiets & concitoyens est veritablement *falsus triumphus*, mieux que celuy de Caligula, que la force, le bon-heur, la vertu en telles guerres est vne espece de sacrilege & de mal-heur, *Quod fuerat virtus factum est scelus*: & comme disoit celuy là, qui sçauoit mieux que tout autre la nature & le malheur des guerres ciuiles

---- quis nescit in armis

Quàm magnum virtus scelus est ciuilibus?

En somme que si les Roys se deliberoient de prendre vangeance de leurs suiets, bien tost ils n'auroient plus à qui pouuoir commãder. *Quid hodie esset imperium hoc, nisi salubris victoria victos permiscuisset victoribus?* d'autant que les peuples rebelles & desobeïssans deuiennent loyaux & fidelles auec le temps, *populus Romanus fideliores non habuit socios, quàm quos habuerat pertinacissimos hostes*, Nos Roys entrans en telles & semblables considerations, ont trouué bon d'amollir leur cholere, d'adoucir leur courage, de pancher vers la misericorde & bonté, & donnant leurs interests particuliers & generaux, remettre à tous leurs offenses, qui est la plus douce yssue qui se puisse desirer des guerres ciuiles

Sic Fortuna regas semper ciuilia bella,
Vt victor victo non superesse velit.

Ils ont mieux aymé guerir que vanger leurs suiets, ils ont iugé plus digne de leur grandeur de dissimuler que de recognoistre les iniures, suyuant l'aduis de ce Philosophe qui escrit, *Sæpe adeo iniuriam vindicare non expedit, vt ne fateri quidem expediat*, & le sage repart de Caton, lequel ayant esté frappé par mesgarde dãs vn baing par vn personnage, qui voulut sur l'heure luy en faire satisfaction, fit cette notable responſe, *Ego vero* NON MEMINI *me percussum*: surquoy parlant le Philosophe Latin, dit vne aussi belle parole, que celle de Caton, *Maluit*, dit-il, *non agnoscere, quàm ignoscere*. Ainsi nos Roys laissans en leurs Edicts le mot de PARDON, qui presuppose de l'offense, & se raualans presque au pair auec leurs suiets ont debonnairement vsurpé le mot D'OVBLIANCE, & AMNESTIE, oublians aucunement leur grade & dignité pour oublier plus aiſément leurs offenſes, *Gratißimum putauerunt eſſe genus veniæ, neſcire quid quiſque peccaſſet.* Qui ſont deux actes de prudence & magnanimité royalle, de prudence, d'autant que ſouuent OBLIVISCI *qui ſis aliquando expedit*: & de courage, d'autant que *Magnanimo iniuriæ remedium* OBLIVIO *eſt*, & comme diſoit le Philoſophe Latin ſuyuant les axiomes de ſa Philoſophie Stoïcienne, *Proprium eſt magnitudinis veræ non ſe ſentire percuſſum.*

V. IL ſembloit que l'embraſement continuel de nos guerres ciuiles auroit tary les viues & eternelles ſources de leur bõté, mais elles au contraire ont plus hautement reially, & comme le fleuue du Nil, malgré les violantes chaleurs de l'Eſté qui ſemblent ſe renforſer pour boire & ſecher ſes claires eaux auſſi bien que celles des autres fleuues, va neantmoins touſiours croiſſant, iuſques à inonder toute l'Ægypte aux iours les plus chauds & cuyſans de l'Eſté.

------ dare iuſſus iniquo
Temperiem cœlo, medijs æſtatibus exit
Sub torrente plagâ, ne terras diſſipet ignis,
Nilus adeſt mundo, contráque immenſa Leonis
Ora tumet, Cancróque ſuam torrente Sienem
Imploratus adeſt.

Ainſi quand les chaudes fureurs de nos diſſentions ont plus ardemment embraſé ce Royaume, c'eſt lors que Dieu pour ſubuenir au beſoin de l'Eſtat, a plus largement inſpiré la douceur & la bonté au cœur de nos Roys, & leur a faict verſer abondamment les eaux d'oubliance pour appaiser les feux de nos iniures, car Heraclite auoit coustume de dire, *Iniuriam restinguendam vt incendium :* & ce par les froides eaux D'AMNESTIE & oubliance : Et en consequence pour fertiliser la France par le fleuue & inondation d'vne bonne paix, suyuant ce qui est dit dans Isaïe, *Ecce ego declinabo super eam quasi* FLVVIUM *pacem,* & en vn autre endroit, *sicut Fluuius pax tua.*

QVI sera donc celluy des suiets du Roy qui voudra retenir ou vanger ses iniures, puis que le Prince quitte & remet si patiemment les siennes, & qui n'approuuera, ou n'embrassera la paix à ces conditions puis que *Pacem etiam qui vincere possunt, volunt:* & que la plus meschante paix du monde est meilleure que la meilleure guerre: les suiets se conforment & duisent ordinairement aux affections, mouuemens & desirs de leurs princes, ils prenēt leur exemple pour raison, & se laissent emporter à leurs volontez, ne plus ne moins que les Cieux inferieurs & les planetes se laissent doucement rauir au bransle du plus haut ciel & premier mobile, ores qu'il soit du tout cōtraire à l'ordre de leur cours & à leur mouuemēt ordinaire: Telle est la coustume des suiets à l'endroit de leur Prince és choses indifferentes, voire mauuaises tant cette inclinatiō naturelle a de poids & efficace sur les cœurs. à plus forte raison en choses iustes, sainctes & affe-rantes au public, comme peutestre l'oubliance & pardon des iniures passées, & l'assoupissement de toutes les actions & troubles irremediables par autre moyē que par L'AMNESTIE. En cause si iuste & raisonnable ils se doiuent regler à l'exemple de leur Roy. *Vt nō* VI.

tam imperio opus sit quàm exemplo, vt obsequium in Principem & æmulandi amor validiora sint quàm pœna ex legibus.

VII. OVTRE l'exemple du Prince & que les iniures sont communes auec luy, qui est vn puissant motif pour l'oubliãce, elles sont encores communes auec tant de gens, qu'on peut vrayement vsurper pour la consolation d'vn chascun *vsitatũ illud & quod sæpe prodest* NON TIBI HOC SOLI. C'est le plus puissant & le meilleur Anodin, disoit le Patriarche Photius, qui croisse dans les iardins de la nature; car escriuãt à vne dame Religieuse de profession, nommée Eusebia & la consolant sur la mort de sa sœur; pensez, ditil, que ce mal-heur vous est commun auec tout le monde & qu'il en est d'autant plus leger qu'il est egalement diuisé sur les espaules d'vn chascun qui en ressent sa part: Et c'est par cette mesme consideration, qu'vn autre se consoloit dans Ouide,

----- Nec enim fortuna ferenda
Sola tua est, similes aliorum respice casus,
Mitiùs ista feres.

Sophocle disoit que toutes les afflictions, couruées, accidens & mal-heurs qui nous arriuẽt font vn ioug ζυγὸν τοῦ πόνου que la nature attache indifferemmẽt sur le col de tous les hommes & que iamais personne n'endure tout seul; ioint qu'és troubles & seditions passées on a souffert respectiuement de part & d'autre ce que Thales disoit estre suffisant pour faire supporter en patience toutes infortunes: *læso doloris remedium inimici est dolor*: & que ceux qui se sont rendus coulpables de nos maux ne s'en sont pas mieux trouuez *ruinis simillimi, quæ super id quod oppressere, franguntur:*

semblables,

ſemblables aux Dragons qui combattent les Elephãs & ſuccent le ſang & puis creuent apres l'auoir ſuccé, ſemblables auſſi, ſuyuant le vieux Embleme à ceux qui pour ſe vanger de leur difformité donnent vn coup de poing ſur le miroir pour le rompre & s'offenſent les premiers par les pieces du verre qui leur blaiſſent la main, auec ces eſcrit au deſſus LÆDENDO LÆDITVR.

Nous ſçauons que c'eſt vne choſe bien griefue que de voir tant de crimes atroces couuerts ſoubs le voyle d'vne guerre, tant de querelles particulieres aſſoupies par le commandement d'vn Edict; nous ſçauons qu'il eſt faſcheux de s'en taire, mais plus mal aiſé d'en perdre le ſouuenir auec la voix, *Memoriam quoque ipsã cum voce perdidiſſemus ſi tam in noſtrâ eſſet poteſtate* OBLIVISCI *quàm tacere:* Mais il faut conſiderer, que comme la nuict enueloppe tellement le monde d'obſcurité dans le commun cercueil des tenebres, dit Tertullian, qu'on ne ſçauroit recognoiſtre à droit la face ny la couleur des choſes,

——— rebus nox abſtulit atra colorem,

que la guerre ſemblablement embrouille, confond & cache tellement les intentions de ceux qui la ſuyuent & pratiquent, qu'on ne ſçauroit diſtinguer aiſémenr les actes de paſſion & vangeance particuliere d'auec les actes de ſimple hoſtilité.

Et quand il ſeroit poſſible de les ſeparer auec quelque eau de depart, comme il a eſté faict par l'Edict d'aucuns crimes particuliers & notables, encores ne ſeroit il pas vtile d'en faire vne exacte ſeparation ou exception, & ne ſeroit le chemin de paruenir à la paix tant desirée qui ne s'accorde pas volontiers qu'à la charge de l'impunité,& ne veut estre couuerte que du voyle d'oubliance: la multitude, quand il n'y auroit autre motif, le merite,

--- *Quicquid enim à multis peccatur, inultum est.*

Et puis il est raisonable de presumer qu'en vne multititude il y en a la plus part d'innocens, *qui ducuntur, non errant*: Et comme disoit le Philosophe Seneque, *Quisquis priores iter male ingressos sequitur, quidni excusationẽ habeat, cùm publicâ viâ errauerit*? Et pour le regard des chefs, il est force de leur accorder impunité, *Necessaria venia est, vbi totus errauit exercitus.*

VIII. Il faut donc en telles affaires recourir au Medecin, non pas au Iuge, ainsi que disoit Demonax estant blessé, il faut courir non pas à la iuste vẽgeance, mais à l'indolence pour vser des termes de la Philosophie Stoïcienne, *cuius esse dicebat Democritus quod factum est non vlcisci.* Il est force, disoit Iason Prince de Thessalie, bien que sur autre propos, de faire iniustice en petites choses, à qui veut venir à chef de faire iustice és grãdes, & de faire tort en detail qui veut faire droit en gros & en commun, ce qui est conforme à cet enseignement, *Omne magnum exemplum semper habet aliquid ex iniquo, quod aduersùs singulos vtilitate publicâ rependitur.* Tel a esté le iugement de nos Roys qui n'ont pas eu esgard aux considerations des particuliers & n'ont pas appellé à leur cõseil les personnes interessées sur ce fait, leurs opinions seroient suspectes, pour la mesme raison que ceux qui demeurent sur les frontieres des ennemis ne sont iamais admis en la deliberatiõ lors qu'il est question de leur denõcer la guerre:

l'vſance de quelques peuples le portoit ainſi iadis ſelon Ariſtote,& ce pour autant que leurs intereſts particuliers, la veüe de leurs terres & poſſeſſions qui doiuent eſtre le theatre de la guerre les deſtourneroit de donner vn bon & ſalutaire conſeil pour le bien public, qui n'eſt iamais que l'acceſſoire du particulier.

Nos Roys ſe ſont reſeruez le iugement de tels & ſi importans affaires, & ont laiſſé l'honneur de la creãce & obeiſſence à leurs ſuiets: *Principi ſummũ rerũ imperium Dii dederunt, ſubditis obſequii gloria relicta eſt*, dit Tacite, Ce ſont eux qui tirent toutes choſes à leurs aduis, *trahunt conſiliis cuncta, non ſequũtur*, Et neantmoins nous deuons croire que comm'ils ſont en cella par deſſus nous ils ſont auſſi pour nous, pour l'intereſt du public, pour le bien de leur Eſtat, pour le contantement de leurs ſuiets *Principem omnes tam ſupra ſe, quàm pro ſe ſciunt*, dit le Philoſophe Seneque. Nous deuons auſſi croire qu'il ne ſe pouuoit trouuer chemin plus propre & conuenable pour desbroüiller l'Eſtat & le tirer du chaos des confuſions & labirynthe de nos troubles que la ſeule voye de la clemẽce, qui fut auſſi celle qui desbroüilla le vieux chaos

——— Prima chaos clementia ſoluit
Congeriem miſerata rudem, vultúque ſereno
Diſcuſſis tenebris in lucem ſæcula fudit

c'eſt elle qui eſt la vertu des Princes, qui eſt le grand chemin royal duquel ils ſont aduiſez lors qu'il eſt dit *gradere viâ regiâ* l'obeiſſence aux ſuiets & la clemence au Princes & aux Roys diſoit Dion Chryſoſtome.

OR bien que l'oubliance de nos maux & iniures IX.

passées nous porte tous ces biens, si sembleroit il neantmoins que la souuenéce d'iceux ne seroit pas inutile pour nous preseruer & faire craindre de retomber à l'auenir en séblables accidés, car la memoire du passé a souuent mesme puissence sur les esprits & volontez que la crainte du futur, & Lucain descriuãt vn braue & sage capitaine qui sçauoit bien affronter les accidens passez auec ceux de l'auenir, luy donne ces deux beaux eloges, memoratif du passé & craignant pour l'auenir

Præteritique MEMOR *flebat*, METVENSQVE *futuri.*

Car en general il est veritable ce que disoit S. Augustin, que la memoire du passé est vn des grãds remedes de nos maux, *Memoria magnum quoddam adiumentum in huius vitæ negotiosissimis actibus.* C'est vne chose bien remarquable que les anciens & graues autheurs qui ont fait estat de donner des preceptes de bien viure, ou d'exercer quelques vacatiõs honorables ont mis celuy-cy de se souuenir comme le vers intercalaire, & le refrain de leurs autres preceptes, tant ils l'ont estimé necessaire eu esgard à la facilité de l'oubliance,

Illud in his obsignatum quoque rebus habere
Conuenit, & memori mandatum mente tenere

Varron & Columelle recommandent particulierement aux Laboureurs d'auoir souuenance du passé, & d'auoir vn papier en forme d'Ephemerides pour soulager la memoire, & bannir l'oubliance qui est la peste de nostre vie & la cause de nos maux. Virgile aussi se sert souuẽt de ces termes.

His animaduersis terram multò ante MEMENTO

Excoquere.

Martial aussi comme il sçauoit la facilité que nous auons à nous oublier de nous mesmes, auise vn de ses amis auec prieres & supplications.

----sed te mihi crede MEMENTO
Nunc in pelliculâ, Cerdo, tenere tuâ,

sans parler de Dionysius Cato, que quelques vns ont estimé mal à propos deuoir confondre auec nostre Poëte Bordelois, lequel conclud vne partie de ses distiques protreptiques par cette parole MEMENTO: Sainct Iean Chrysostome rendent raison en vne Homelie qu'il fait au peuple d'Antioche pourquoy si souuent il redisoit le mesmes, nommément sur la matiere des iuremens, dict que c'est principallemẽt pour l'oubliance qui se glisse si aisément en nostre vie que nous nous oublions souuent de nostre nom,

Namque etiam quosdam cepere obliuia rerum
Cunctarum, neque se possent cognoscere vt ipsi.

Et vn autre est bien allé plus auant & à dit que par mal-heur nous nous oublions de viure, comme si nous estions des hommes de bronze,

Victuros agimus semper nec viuimus vnquam.

De façon qu'il semble que nous rodons autour de la vie & par oubliance n'entrons iamais dedans *præter propter vitam, non ipsâ sumus* disoit vn Philosophe, & vn autre considerant cet abus intolerable d'aucuns qui s'oublient de viure, & remettẽt au landemain au lieu d'estendre leur memoire sur le passé, dit vne belle parole,

Non est crede mihi sapientis dicere viuam,
Sera nimis vita est crastina, viue hodie.

X. POSSIBLE donc nous seroit il ainsi profitable de ramenteuoir souuent nos tragedies & de considerer nos miseres anciennes au miroir du passé. Aretæus escrit que le mal caduc est si hydeux à voir, que si ceux qui en tombent se pouuoient considerer l'vn l'autre en leur accez & voir en eux mesmes combiẽ & commẽt ils souffrent, qu'ils choysiroient plustost de mourir que d'y recheoir, mais la faculté de la veuë, & la priuation des sens leur oste le moyen de voir la grandeur de leur mal : nous en disons tout le mesme de la misere de nos troubles passez dont la face estoit si hideuse & espouuantable à voir, que ceux qui les ont veus & esprouuez & qui s'en representent viuement le portraict desireroient plustost la mort que la recheute.

Puis en cette resouuenance la comparaison qui se feroit de la paix presente & des guerres passées, feroit dauantage haïr la guerre & plus estroittement cherir la douceur de la paix : *Cogitate vtrum mundi status gratior oculis pulchriorue sit sereno & puro die, an cùm fragoribus crebris omnia quatiuntur, & ignes hinc atque inde micant, non alia facies est quieti moderatique imperij quàm sereni cœli & nitentis:* Outre que cette souuenance seule sans aucun parangon du bien present a ie ne sçay quoy de plaisant & agreable,

----Quod fuit durum pati
Meminisse dulce est.

aussi biẽ que la veüe des cõbats & battailles à ceux qui sont hors du peril, & des naufrages & tẽpestes à ceux qui sont en assurence sur le port, & ne veut on pas nier qu'on n'en puisse recueillir du profit & de l'inſtruction; mais c'eſt auec plus de danger & d'inquietude que le bien qu'on peut en retirer, Car comme au chef du polype il y a biẽ quelque choſe de bon, mais il y a trop plus qui ne vaut rien, la chair en eſt ſuaue & plaiſante au gouſt à qui en mange, mais elle fait ſonger de mauuais ſonges & imprime en la fantaiſie des viſions eſtranges & turbulentes, Auſſi faut il aduoüer qu'il y a plus de mal que de bien en la ſouuenence & repreſentation de nos guerres, *Ego mallem artem obliuiſcendi.* Car s'il a eſté dict en autres choſes *Et hæc olim meminiſſe iuuabit*, ce n'a pas eſté en fait de guerres ciuilles,

Quorum animus meminiſſe horret, luctúque refugit.

IAMAIS la prudence de ce Prince Troyen ne parut plus grande que lors qu'il fit refus de raconter la teneur des guerres & mal-heurs de ſon pays, car c'eſt vn funeſte recit & vne ſouuenance pitoyable XI.

-----refugit loqui

Mens ægra tantis atque inhorreſcit malis,

Que ſi Platon condamnoit & baniſſoit de ſa Republique la muſique Lidyenne & Phrygienne, l'vne pource qu'elle excitoit en l'ame des affections plaintiues & lamantables, l autre pource qu'elle reſueilloit l'inclination des plaiſirs & voluptez, qui ne confeſſera qu'à pareille & plus forte raiſon il ne faille bannir de la penſée tout le reſſouuenir de nos troubles, qui ne peut exciter en l'ame que des affections tragiques, plaintiues, cruelles & ſanglantes, & exciter en nos cœurs l'affection de vangeance: & ce faiſant, rompre de rechef nos cicatrices & faire ouurir nos playes,

Nam vulnus reſerat qui mala publicat

Claudit qui tacitum premit.

Parce que *In ſapientis quoque animo cùm vulnus ſanatum eſt, cicatrix manet*, & vne bleſſure trop ſouuent eſuentée ſe guerit fort malaiſément.

C'eſt pourquoy ſagement ceux d'Agrigente apres qu'ils furent deliurez de la tyrannie de Phalaris firent vne ordonnance que de là en auant il ne ſeroit loyſible à aucun de porter robbes de couleur bleüe, pource que les ſatellites de ce Tyran en auoient porté des hoquetons, & par ce moyen,

-----abolere neſandi

Cuncta viri monumenta iubent

Et auiourd'huy ceux de la Guynée ou Cherſoneſe lors qu'ils ont vn Prince duquel ils ne ſe contantent pas, quand il vient a deceder, ils font enſeuelir auec luy dans vne meſme foſſe tous les vtenſiles, meubles, armes, & autres choſes qui luy ſeruoiẽt durant ſa vie, affin d'en eſtouffer entierement la memoire,

-----habeat ſecum ſeruét que ſepulcro.

Les Atheniens ſemblablement firent raſer de leur Calandrier le ſecond iour d'Aouſt d'autant qu'à tel iour Neptune & Minerue auoient plaidé & conteſté par enſemble de la ſeigneurie du païs d'Athenes duquel different ils vouloient abolir entierement & a iamais la memoire. Et pour pareil accident condamnerent le Poete Phrynicus en vne groſſe amande pource qu'il auoit fait repreſenter ſur l'eſchaffaud vne tragedie en laquelle eſtoit exhibé le ſacagement & la priſe de la ville de Milet faicte ſur les Grecs par les Barbares, & auoit rafraiſchy par là mal à propos la memoire des calamitez publiques. En ſõme en toutes

tes affaires il eſt expedient à qui les veut deſcõſeiller, d'en remarquer les inconueniens & mal-heurs, excepté en fait de ſeditions & guerres ciuilles, eſquelles le plus aſſuré & le meilleur eſt de s'en taire, oſtant de deuãt les yeux & autour des oreilles tout ce qui en peut rappeller & rafraiſchir la memoire, pratiquant par ce moyen le ſage aduertiſſement de Pythagore, qui vouloit qu'apres auoir retiré le pot arriere du feu, on effaceaſt encores les traces & marques qu'il auoit imprimé ſur les cendres, en ſuyte dequoy diſoit vn ancien Philoſophe dans Stobée fort à propos, que pour abolir entierement & profitablement les mal-heurs & calamitez paſſées, le plus aſſeuré moyen eſt d'oſter de deuant les yeux les obiects qui peuuent frapper les ſens & exciter la memoire & de n'en parler iamais, eſtãt vne choſe auſſi commune & ordinaire à la hayne qu'à l'amour de nuire par la ſeule ſouuenance & de bruſler de loing comme les miroirs ardans.

DE ſorte qu'à ce iour & en ce lieu il ne nous adXII. uiendroit pas de faire mention des troubles & calamitez paſſées ſi nous n'y eſtions aucunement obligez & adſtraints par la conſideration de cette ouuerture, & garderions inuiolablement le commandement de ce vieux mot, *ciuilis belli reliquiæ ne effodiontor*, & n'auriõs garde de remuer les cendres pour en tirer les charbõs de ce geneure allumez opiniaſtremẽt, ains taſcheriõs pluſtoſt de ſemer par deſſus les veſtiges des troubles paſſez des cendres d'oubliance pour en aſſoupir la memoire & le nom.

Mais comme en la ville de Memphis en Ægypte il y auoit deux portes de bronze, nommées les portes

D'OVBLIANCE & de DEVIL qu'on tenoit ordinairement fermées hormis le iour qu'on ensceuelissoit Apis, ou Osiris auec telle ceremonie qu'ō prenoit garde en les ouurant de ne faire qu'vn petit bruit sourd, semblablement ce iourd'huy, que par la lecture qui se faict de l'Edict nous sommes chargez de nouueau d'enseuelir le dueil de nos miseres au cercüeil eternel de l'oubliance, il nous sera loysible d'en ouurir les portes & d'en toucher vn mot à petit bruit.

XIII DONQVES passant outre nous disons qu'il ne seroit pas seulement necessaire d'oublier nos maux & calamitez passées, mais qu'il seroit encores besoing d'oublier & deposer l'ambition qui les a causées & entretenües, les ambitieux s'oublient ordinairement de deux choses, de la Iustice & de leur foiblesse: de la Iustice, *Maximè enim adducuntur plerique vt eos Iustitiæ capiat obliuio, cùm in imperiorum, honorum, gloriæue cupiditatē inciderint,* ——*pulchros fasces sæuósque secures*

Conculcare & ludibrio sibi habere videntur:

& de leur propre foiblesse, *Et imbecillitatis obliti ingentia onera suscipiunt, & ad frangendum faciles consurgunt* & mettant leurs esperances sur la ruyne du public esperent bastir leur fortune sur ses masures *honores quos quietâ republicâ desperant, turbulentâ se consequi posse arbitrantur:* Et neantmoins c'est tout au rebours qu'il deuroiēt se ressouuenir de ces deux choses & mettre leur ambition en oubliance, principallement les grands, *nam reliqui contagione insaniunt,* car ce sont eux qui par leur authorité peuuent former des partis qui ameinent vne grande suyte, qui tirent apres eux la lie & la vase du peuple ainsi que le vent Cæcias attire à soy les nuées,

------*procerum motus hæc cuncta ſequuntur,*

Humanum paucis viuit genus.

Ce ſont eux qui donnent le branſle aux volontez des inferieurs, qui ſeruẽt de poids & de cynoſure aux deſſeins de la populace

-----*nos pondera rerum*

Nos momenta ſumus.

QV'ILS ſe ſouuiennent donques de la Iuſtice, & meſmes de la ciuile, qui ſelõ Ariſtote n'eſt autre choſe que le bien public, qu'ils le pourchaſſent & l'embraſſent à bon eſcient & non par feintiſe, qu'ils n'en prenent pas ſimplement le manteau, ruynant cependant par deſſous iceluy bien public, par menées, pratiques, diuiſions, & ſouſleuemens, c'eſt choſe aſſez ordinaire durant les troubles d'vn Eſtat, *bonum publicum ſimulantes pro ſuâ quiſque potentiâ certant*, ainſi qu'il eſt ordinaire de prendre le manteau de liberté pour opprimer la liberté meſme, *vt imperium euertant, libertatem præferunt*, & de s'affubler du mãteau de religion pour pallier l'ambition & impieté, ainſi que fit Philippe Roy de Macedoine ſe couurant du pretexte de la guerre ſacrée pour ruyner ſes voyſins & agrandir ſon Eſtat, *vt non tam ſacrilegij vltor extitiſſe, quàm ſacrilegiorum licentiam quæſiſſe videretur*; autre le pretexte; & autre le deſſein, *ciuilibus armis dicta alia, ſed certatum vtrinque de dominatione eſt.* XIV.

Mais on peut dire de tels & ſemblables pretextes, que c'eſt vn ſac mouillé contre la pluye, & vn voyle de creſpe, car à la fin les intentions ſe voyent, les deſſeins ſe deſcouſent, les ambitions ſortent en euidence, & peut on dire de leurs menées ce que diſoit celuy là dans le Comique,

--- Nec fucis vllum mantellum obuiam est meis
Neque deprecatio perfidijs meis, nec malefactis fuga est
Nec confidentiæ vsquam hospitium est nec diuerticulũ dolis
Operta quæ fuere aperta sunt, patent præstigiæ
Omnis res palam est.

Que tels ambitieux s'il en restoit encores quelques vns dans l'Estat, ce que nous ne croyons pas, se souuiennent aussi de leur impuissance & foiblesse, & que Dieu n'a iamais departy en ce royaume les grandes, signalées, & finales victoires sinon à nos Roys, qui ont tousiours dõné la loy & bien vzé de leur victoire, au moyen de la clemence, *Verecundiam peccandi faciat ipsa clementia regentis*, que les vaincus ne dient pas

-----damnúmque putamus
Armorum, nisi qui vinci potuere, rebellent.

Mais qu'ils acquiessent à ce salutaire enseignement, *Pacem reduci velle, victori expedit, victo necesse est.*

XV. On dit que Neptune a esté plusieurs fois surmonté à Athenes par Minerue, en Argos par Iunon, en Delphes par Apollon, en Ægine par Iupiter, en Naxe par Bacchus, & neantmoins nonobstant ces rebuts & desfaueurs il s'est tousiours monstré doux & gracieux sans iamais tenir son cœur; Et qu'il ne soit vray, il y auoit un Temple dans Athenes qui luy estoit cõmun auec Minerue, auquel mesmes il y auoit vn Autel dedié à L'OVBLIANCE, pour monstrer que Neptune Dieu de grand courage, qui appaise les flots & tempestes de la mer s'est monstré plus merueilleux à assoupir les flots & tourbillons de sa cholere; voire nous lisons en quelques anciennes inscriptions que

Neptune & Minerue nonobstant leurs querelles passées se faisoient adorer en vn mesme Autel, soubs le nom de *Dij Synnaui, Symbomi, Synthroni*, ce qui se traduit en latin *Dij compotentes*, ainsi qu'il se peut voir dãs ceux qui ont recueilly les monumens de l'antiquité: Et dit vn Philosophe qu'en cela Neptune se monstra plus courtois & equitable que Thrasibulus, lequel ne peut pas mesmes oublier son maltalent estãt demeuré vainqueur, où l'autre l'oublia & deposa entieremẽt estãt vaincu, action biẽ plus heroïque & remarquable, & par ainsi que tel exemple soit ensuiuy de ceux qui se croyent interessez en l'assoupissemẽt des querelles passées.

Auec l'ambition il seroit encores expediant d'oublier l'auarice puis que l'vne & l'autre sont les deux elemẽs de nos maux & l'vne & l'autre les anciennes & nouuelles causes de toutes guerres & debats, *Vna eadémque vetus caussa bellandi est, profunda cupido imperij & diuitiarum:* aussi l'vne est la nourrice & l'autre le nourriçon,

Trudit auaritiam, cuius fœdissima mater
Ambitio, quæ vestibulis foribúsque potentum
Excubat, & pretijs commercia poscit honorum.

l'auaritieuse & attrayante friandise du butin, l'impunite du pillage, l'esperence de pescher en eau trouble, de leuer les deniers du Roy, d'imposer par eau & par terre de noueaux subsides & contributions ô que c'est vn dangereux souuenir, & qui peut resueiller aisément le desir des troubles au courage de maintes personnes ! qu'ils l'oublient donques, de peur qu'affriandis aux douceurs de ce lote ils n'oublient mesmes leur patrie, pour appeller & cherir l'estranger, *nimis hospitales aduenarum, obliuione patriæ*, dit Pline des lotophages. Qu'ils se souuiennent que tel desir seroit le fondement de leur ruyne

Materiam struimus magnæ per vota ruinæ.

Arriere donques ces deux pestes, arriere le souuenir de ces fades & pernicieuses douceurs, & les espines des pleintes & querelles qui pourroiēt encores exciter nostre cœur par leurs piqueures.

Soluite mortales animos, curisque leuate
Totque superuacuis animum deplete QVERELIS

XVI. QVE s'ils gardent encores sur le cœur quelque reste de ce souuenir, s'ils sont en mesmes volontez, qu'ils aillent à la bonne-heure descharger leur cholere sur l'estanger, qu'ils ne l'employent pas en seditions & rebellions, mais en iustes guerres, qu'ils aillent replanter & faire prendre les bourgeons de leur vaillance sur les bornes de la Gaule Narbonnoise, ou nous auons auiourdhuy guerre ouuerte, qu'ils aillent faire voir aux Alpes ce qu'ils sçauent faire pour la defense de leur pays, plustost que de faire gouster a leur patrie les fruits amers de leurs passions & ambitieux desseins.

Qui sçait si par quelque prouidēce diuine cette guerre nous a esté suscitée au dehors, pour conseruer la paix du dedās, pource que, disoit Annibal au Senat de Carthage *Nulla magna ciuitas quiescere potest, si foris hostem non habet, domi inuenit*. Il arriue souuent que le loup fait accorder les chiens de la bergerie, & que les citoyens estans en guerre intestine, se sont reünis entre eux pour courre sus à l'estranger qui venoit les enuahir: *Illigari externo bello, par sconsilij pacisque est* : Ce sera autant de repos & de purgation à la France pourueu que les François demeurent en bon accord & intelligence soubs l'obeissance de leur Roy.

Nos pacem petimus Superi; date gentibus iras.

c'est ce qu'on escrit des habitans de Seleucie, *Quoties concordes agunt, spernitur Phartus, vbi dissensere dum sibi quisque contra æmulos subsidium vocant, vocatus in partem contra omnes valescit:* Au contraire dit Vegece, il n'y a si petite nation, & peuple si foible, *qui poßit ab aduersarijs perdeleri, nisi se ipse simultatibus consumpserit.*

REVENONS à la souuenance de nos maux, qui ont esté tels & si grãds qu'ils sembloiẽt estre suffisans de nous oster le sens & la memoire, aussi bien qu'ils firent iadis à Psammeticus Roy d'Ægypte. XVII.

Fine carent lacrimæ nisi cùm stupor obstitit illis
Et similis morti pectora torpor habet.

que peussẽt ils à la miẽne volõté, auoir eu ce pouuoir que de nous amener l'oubliance apres eux! nous fussent ils au lieu de ces maux & maladies qui ont faict autrefois esuanouïr la memoire à ceux qui en furent atteints: car nos mal-heurs ont esté pout le moins aussi grands que cette estrange & violãte contagion qui rauagea iadis toute l'Attique,

---- cùm funera deerant
Mortibus, & lacrymæ, fessus defecerat ignis
Et coaceruatis ardebant corpora membris
Ac tanto quondam populo vix contigit hæres:

Thucidide & Lucrece qui l'ont descrite auec vn style fort pitoyable, ont remarqué que ceux qui en eschapoient perdoiẽt la memoire de toutes choses, & c'est à ce propos qu'il est dit,

Atque etiam quosdam cepere obliuia rerum,
Cunctatum;

Ils se regardoient, dit Thucidide, sans se recognoistre, quoy qu'ils fussent parens, amis & alliez. Pleust à Dieu que la contagion & pestilence de nos troubles passez nous eust porté les mesmes effects, & que la memoire des mal-heurs se fust enseuelie en mesme tombeau d'oubliance, affin que iamais plus à l'auenir,

---- & mundus & ipsa
Ægrotet natura nouum sortita sepulcrum,

Vn coup, vne cheute, vne maladie ameinent souuent de tels inconueniens de memoire, & la vieillesse mesmes qui rencõtre en son chemin l'oubliance, *in quam primò incurrit senectus*: tesmoins tant de sçauãs hommes, qui se sont veus priuez de la memoire de toute leur doctrine, par le rencontre de la vieillesse, comme cet Orbilius de Beneuent sur l'oubliance duquel Bibaculus fit ce vers en se mocquant au rapport de Suetone,

Orbilius vbi nam est literarum OBLIVIO?

tesmoins de nostre siecle Trapezonce, Barbare, Iansenius & quelques autres; & le plus remarquable de tous Iean Suisset surnommé Calculator, lequel ayant en sa ieunesse renuersé toute la Philosophie d'Aristote par l'incroyable viuacité de son bel esprit, relisant sur ses vieux iours ces premieres œuures, & voyant qu'il auoit perdu la memoire & l'intelligence de ses propres trauaux, se mit à pleurer amerement redisant cette parole à sanglots entrecoupez, *Omnia fert ætas, animum quoque.*

O qu'il nous iroit heureusement si le malheur de nos troubles auoit ainsi particulierement fait perdre aux ambitieux, conuoiteux & turbulens la seule memoire de la guerre, de l'ambition & du butin qu'ils ayment tant! *Fœlix vulnus, quasi de industriâ scrutatis sensibus!* Mais puis que nos maux ne sont pas si heureux, que nostre sagesse & la raison appelle à soy l'oubliãce, car les personnes sages, disoit Aristides le Rheteur, tiennent que comme la memoire & l'oubliance sont deux mots cõtraires qu'ils appartiennent aussi à deux choses contraires diametralement, c'est à sçauoir au bien & au mal, que le seul bien se doit recommander à la memoire, & le seul mal effacer par l'oubliance, & tiennent que l'oubliance, ores qu'elle soit vne Deesse sourde & muette & priuée de tous les sens, est neantmoins tres sage & tres venerable Deesse, voire mesmes au iugement d'Orestes lors qu'il fut sorty de sa folie, qui disoit dans Sophocle, que l'oubliance est vne vertueuse Deesse tres desirable à tous les infortunes & mal-heurs: Ce que les anciens nous ont voulu donner à entendre par la description qu'ils ont fait des Enfers, où c'est qu'ils ont mis vn homme tordant des cordes de genest les laissant au reste deuorer à vn Asne qui passe pres de luy : c'est l'oubliance, dit Plutarque, qui deuore & engloutist les miseres des personnes sages, qui ne permettẽt pas que les ennuys nagent sur la surface de leur memoire, ains les font couler & plonger dans l'oubly comme au fonds d'vne vaste mer : & à cet effect mesmes ils ont mis dãs la topographie des Enfers vn fleuue qui s'appelle OVBLIANCE, OU LETHE, comme pour soulagemẽt

XVIII.

aux miseres & calamitez des ames damnées.

XIX. QVE si nostre prudence & raison n'est assez forte pour atteindre iusques là, qu'elle soit confortée par l'obeïssance que nous deuons à l'Edict du Roy, que l'Edict nous serue de frein & de bride auquel il faut ioindre, ainsi que font les cheuaux genereux qui ont appris,

Verbera lenta pati & duris parére lupatis.

que nous soyons comme Bucephale εὐμαθὴς καὶ πειθόμενος, καὶ χαλινῷ παιδευθὴς, obeïssant & soupple à la bride & à la main de son maistre, Xenophon donne cette loüange aux citoyens de Sparthe, qu'ils obeïssent aux Edicts & Arrests de leur republique en courant, & non pas en marchant, τρέχοντες, οὐ μὴ βαδίζοντες ἐπακούειν : Que l'Edict du Roy ait telle force sur nous, qu'il nous fasse courir à l'obeïssance & volonté de nostre Prince. *Si dormis expergiscere, si stas ingredere, si ingrederis curre, si curris aduola*, disoit celuy là à sõ amy Atticus. Que l'Edict du Roy nous soit cõm'vn medicament oublieux *Cereale papauer*, duquel Ceres à ce qu'on dit, prit pour oublier le deüil & tristesse qu'elle auoit conceu du rauissement de sa fille: *lethæum papauer*, froid & oublieux à cause du sommeil qu'il prouoque, qui est, dans Hesiode, cousin germain de l'oubliance, qu'il nous soit ληθεδανὸν φάρμακον dans Lucian, ou bien ληθηκὲς πῶμα dans Hesichius, qui sont des breuuages ordõnez & inuentez par les Medecins Grecs & vsurpez par les Arabes pour induire l'oubliance des choses, & en suyte porter l'allegement des douleurs aux malades.

Ou bien que cet Edict nous soit ce que les eaux naturelles de quelques fleuues sõt à l'endroit des peuples qu'ils arrosent, comme ceux de la ville de Magnesie en Ætolie, ceux de Gortine en l'Isle de Crete, ceux de Tricca en Thessalie, & celuy tant renommé qui serpente vne prouince d'Espagne,

Ille super Grauios lucentes voluit arenas
Infernæ populis referens obliuia Lethes.

Duquel on raconte que les Celtiques & Turdules peuples d'Espagne estans vne fois allez à la guerre de compagnie, soudain qu'ils l'eurẽt trauersé, tõberent en quelque different, sur lequel estant escheuë la mort de leurs Capitaines, ils perdirent tellement le soing & la souuenance de leur retour, qu'ils s'espendirẽt par cette cõtrée & y establirẽt leur demeurãce, & despuis le fleuue acquit le surnom d'oubliance & se nõme le fleuue d'Oubly. Que l'Edict doncques nous soit au lieu de telles eaux, *ita vt mens perdat*, dit S. Hierosme, *quod oculi videre desierint*.

En somme que l'Edict nous soit comme la couppe d'Helene, ou le Nepenthez tant renommé par Homere qui sans cholere & sans douleur induisoit l'oubliance de tous maux, *nobile illud Nepenthes, obliuionem tristitiæ veniámque afferens*, duquel le sçauant Eustathius dit des choses & vertus merueilleuses sur le quatriesme de l'Odyssée, remede que nous comparons d'autant plus volõtiers aux Edicts de nos Roys, que nous voyons que le Nepenthez a esté parangonné sagemẽt à la paix publique par le Poëte Lucilius en quelque part de l'Anthologie. XX.

Car c'est la paix qui nous a esté portée par les Edicts de pacification, remede plus souuerain & delicieux mille fois que le Nepenthe, remede qui assoupit entierement nos maux, & de sa seule halene doit chasser iusques aux confins du mõde toute la souuenance des guerres, dissiper les nuages de seditiõs, & charmer les passions esfarouchées de nos ames, ne plus ne moins que le chant d'Orphée endormit le sentiment des Ombres & charma leurs douleurs,

Pœnarum oblitos demulsit carmine Manes.

C'est celle là qui est comme la rosée aux plantes alterées, comme la serenité aux ondes & aux vents,

Non diuûm pacem votis adit, at prece quæsit
Ventorum pauidas paces animásque secundas.

C'est celle là qui est comme la lumiere, & comme le Soleil au milieu de la nuict,

Et te Sol blandæ seruantem munera pacis,
Deserat abscedens, inueniat rediens.

C'est celle là qui est comme la serenité d'vne ame tormentée qui r'ameine le contentement aux sens affligez, *———neque vlla,*

Res animi pacem delibet tempore in vllo.

Or c'est vn excellent discours du sçauant Theodoret ez fables heretiques, que tout ainsi que la santé est mille fois plus douce aprés vne longue maladie, le calme aprés vne tempeste orageuse, la veuë du païs natal apres vn rude bannissemẽt, la douceur aprés le goust d'vne fascheuse amertume, le retour de l'aurore apres vne triste nuict d'hyuer, & le beau tẽps apres vne saison melancholique, ainsi la paix est mille fois plus douce & plus desirable apres des guerres & seditions ciuilles.

Cet heureux Estat est la vraye couppe d'Helene, &

le vray Nepenthes, qui nous doit suffire à charmer tous nos maux & à ramener l'oubliance de nos miseres.

-----facitque
Ducere sollicitæ iucunda obliuia vitæ.

c'est pourquoy le Patriarche Ioseph se trouuãt apres vn monde de trauerses esleué à vne heureuse & meilleure condition, telle que nous esprouuons par le benefice de la paix disoit cõme par abregé de toutes ses benedictions OBLIVISCI *me fecit Deus omnium laborum meorum*, ainsi que le resueil faict oublier le mal & les inquietudes qu'on a souffert en songeant, & la iouyssance du port fait oublier les flots & les vagues d'vn orage passé. *Miseriæ quoque obliuiscêris, & quasi aquarum quæ præterierint recordaberis:* La paix par cet Edit de pacification comme par vn resueil de nos inquietudes doit faire que nous oubliõs nos troubles passés cõme des resueries d'vn estat frenetique *ægroti veteris somnia*: & par cette reconciliation comme par la iouyssance du port elle fera que nous oublierons les flots, & tourbillons de nos guerres passées & que nous verrons en assurance les agitations cõtinuelles de nos peuples voysins

Suaue mari magno turbantibus æquora ventis
E terrâ magnum alterius spectare dolorem.

DAVANTAGE cette paix nous doit estre d'autãt plus aggreable qu'elle estoit non seulement moins esperée de quelques vns, mais aussi plus desesperée de tous & esloignée de toute probabilité & apparence humaine, de façon qu'elle merite auec aussi bon tiltre d'estre nommée LA PAIX DE DIEV, que cette tresue ou paix generalle qui se fit par toute la XXI.

France en l'an mil quarente & vn, de laquelle on n'a iamais ſçeu trouuer qui en fut le vray autheur, ſinon que la crainte & l'amour de Deiu eurẽt vn tel pouuoir enuers les Roys, les Princes & les autres perſonnes de tous eſtats, & qualitez, qu'ils ſe ſouſmirẽt volontairement à l'obſeruer ſans y eſtre forcez ny ſollicitez, de maniere qu'elle fut, diſent nos Annales, appellée la paix ou la treſue de Dieu TREVGA DOMINI.

L'autheur de la noſtre, nous ne l'ignorons pas, car nous ſçauons premierement que c'eſt le Dieu de paix lequel ayme tãt la paix & l'vniõ des Royaumes & des peuples, qu'il s'eſt faict adorer iadis ſoubs le nom de Dieu pacifique, & lors que le ſçauãt Onosãder dedioit ſes commantaires Σεβαστῇ Εἰρήνῃ AVGVSTÆ PACI, il n'entend pas les preſenter ou conſacrer a d'autre puiſſance qu'à ce Dieu pacifique, qui gouuerne les cœurs des Roys, qui pratique les volontez des ſuiets qui conduit les deſſeins des particuliers & achemine les affaires à la paix.

Apres luy nous ſçauons que c'eſt noſtre Roy qui a calmé tous les flots & les tempeſtes de nos troubles par ſon incomparable valeur & par ſa royalle clemẽce fille aiſnée de la force & magnanimité, laquelle a eſté ſi grande & royalle *Vt neque inimici quidem queri quicquam audeant, niſi de magnitudine illius, quia neque victis quicquam niſi iniuriæ licentiam eripuit.*

C'eſt auſſi luy meſmes qui eſt le cõſeruateur de cette paix lequel non content de nous l'auoir acheptée au prix de ſes trauaux & comme par le rabais de ſa dignité & oubliance de ſes iniures, il l'entretient par ſa prudence, comm'il l'a faicte par ſa force

O faciles dare summa deos, eadémque tueri
Difficiles

dit vn Poëte, mais nous deuons attendre de la misericorde de Dieu, qu'il fera la grace à nostre Roy de nous cõseruer le souuerain bien de la paix qu'il nous a dõnée, & que sa longue vie sera nostre longue paix. *Ille est vinculum pacis per quod Respublica cohaeret, ille spiritus vitalis quem tot millia trahunt, nihil ipsa futura, nisi onus & praeda si mens illa imperij subtrahatur.*
Pour y paruenir il ne s'est pas contenté des armes & de la victoire, il a voulu encores auoir soing de la Iustice

Pace datâ terris animum ad ciuilia vertit
Iura suum, legésque tulit iustissimus author
Vt bene compositis victor ciuilibus armis
Iura togae regeret.

Il s'est voulu monstrer grãd en armes & en loix, bien que d'estre guerrier & amateur de Iustice ensẽble ne se rencontre gueres. *Gladius, iusti dissuasor est,* & c'est volõtiers l'ordinaire d'vn Achille de mespriser les loix, de se fier en sa force, & comme disoit vn vaillãt Prince du siecle passé, d'estimer que sõ Code c'est le pommeau de son espée,

Iura negat sibi nata, nihil non arrogat armis.

mais les affaires d'vn grand Prince tel qu'est le nostre, se diuisent egalement és affaires de la guerre & de la paix, tel qu'Onosãder descriuoit sõ Gouuerneur d'armées, *qui in belli medio Pacem adoraret, & in pace Bellonam.* Il a donc consideré que nos desordres & discords nous auoient entre autres malheurs apporté des desfiances en la distribution de la Iustice, telles qu'il y auoit iadis entre les Grecs, qui se remirent de leurs differents à des Iuges estrangers,& introduisirent en leur païs des iugemēs forains, pour la deffiance qu'ils auoient laissé glisser entre eux,

---- En quò discordia ciues

Perduxit miseros!

ces mesmes deffiances furent iadis entre les Romains & les Gots Ariens, sous l'empire de Thyerri, de sorte que si procés estoit meu entre deux Romains, *Romani audiebant cognitores*, si entre deux Gots, *Comes Gottorum ius dicebat*, si entre vn Goth d'vne part & vn Romain de l'autre, *Ipse Comes Gottorum adhibito sibi Iurisprudente Romano, certamen æquabili ratione distringebat*. Et pour n'aller plus loing, autrefois en la Nauarre la moitié des Iuges souuerains estoit du party de Beaumont, & l'autre moitié du party de Gramont, & encores ne se pouuoient ils accorder de la personne du Presidēt, & vouloient qu'il fust estranger, affin qu'il ne fust ny de party ny d'autre & voila les effects de la desfiance qu'vn Philosophe appelloit iadis le principal membre ou le premier article de l'assurance.

XXII. Et c'est pour ces mesmes considerations que le Roy a estably par Edict des Chambres my-parties, non que les cours souueraines ne soyent les meres de Iustice, non qu'elles ne soyent pleines de bons iuges, & tels qu'on les depeignoit au Parlement de Thebes, qui sçauent bien qu'il ne faut pas discerner la personne en iustice,

Tros Rutulus ve fuat nullo discrimine habebo;

Qui sçauent bien qu'ils sont autant debiteurs de iustice à l'endroit d'vn Payen, d'vn Turc, ou d'un Iuif, si leur si leur cause se presente deuant eux en iugemēt, qu'à l'endroit du plus grand Chrestien & Catholique du mōde: Mais se sōt les deffiances qui nous ont amenez à ce point là, qui sont d'ailleurs tellement considerables en Cours souueraines, qu'elles donnent lieu aux recusations des plus gens de bien, & aux euocations d'vn Parlement à l'autre : croyant sa Majesté qu'en cette egale proportion des Iuges, & en cet egal nombre & cōtrepoids nul ne se pourroit desfier, n'y pouuant auoir autre chose qui emporte & fasse claigner la balance que le surpoids : *Ita vt sua iura vnicuique seruentur, & diuersitate iudicum vna Iustitia complectatur vniuersos.*

C'est pour cela que le Roy a trouué bon d'accorder des Iuges d'entre ses suiets differés en religiō, à ce que desormais les parties suyuātes qui tirent leurs procés au loing pour fatiguer leurs aduersaires, & les criminels qui ne voudroient, cōme disoit Alcibiades, confier leurs procés à leurs peres, n'ayent plus d'excuse d'ester à droit & plaider sur les lieux.

ET d'autant qu'il ne suffisoit pas d'auoir fait l'Edict XXIII. d'oubliance, ains qu'il falloit donner ordre à ce qu'il fust executé, selon que Thrasybulus est loüé dans Probus, *quòd legē obliuionis nō tātùm ferendā curauit, sed etiā vt valeret effecit* : pour cet effect aussi sa Maiesté a troué bō d'establir encores speciallemēt cette Chambre pour l'obseruation de son Edict en la prouince de Guyenne, en ce que priuatiuement à tous autres Iuges il luy a attribué toute cognoissance des infractiōs, inexecutions, & contreuentions faictes à l'Edict.

Ce sera donc icy qu'on fera garder la loy d'oubliance,

ou pour le moins qu'on enseignera à plusieurs personnes de se taire, *quandoquidem non tam facile est obliuisci quàm tacere*, qu'on tirera plusieurs poursuiuans par l'oreille, nō pour leur dire MEMENTO comme anciennement, mais pour leur suggerer cette vieille formule des Atheniens qui disoit ΜΗ ΜΝΗΣΙΚΑΚΕΙΝ, qu'on imposera silence à plusieurs, sur maintes poursuites, qui est la droite voye pour paruenir à l'oubliāce, & qui estoit le vray but de l'Amnestie ancienne, *Ne quis ante actarum rerum accusaretur*, dit Cornelius Nepos, *néue multaretur, quam illi* LEGEM OBLIVIONIS *appellarant : nequa præteritarum rerum mentio fiat, ne cui fraudi secessio sit, ne quis eam ioco, serióue exprobret :* Et pour cette consideration encores & en consequence de ce, cette Chambre sera comme gardienne & depositaire de la concorde publique.

Et pource que du Temple de Iunon l'Aduertissente *Iunonis Monetæ vel Monentis*, qui estoit à Rome, on descendoit par degrez iusques au Temple de Concorde, il ne sera possible pas mal à propos en faisāt fin, de passer & descendre en peu de mots de cette admonition & aduertissement, à la recommandation de la Concorde, à laquelle, disoit Aristides le Rheteur, le Senat & les gens de bien ont coustume d'exhorter fort souuent, & d'imiter en cela, dit-il, les enchanteurs, qui redoublent leurs coniurations cuidant par ce moyen faire valoir leurs charmes.

C'a donques esté l'intention du Roy, lors qu'il a commis à cette Chambre le depost de son Edict, qui n'est autre chose que la concorde de son Estat, de luy recommander par là tres-soigneusemēt la mesme concorde, à l'exéple du Censeur Caius Cassius qui transporta dans le Palais & Senat Romain l'image de la Concorde, & luy dedia le Palais mesmes : & qu'elle fut l'intétion ou motif de Cassius, l'Orateur Romain le declare en ces mots. *Præscribere enim se arbitrabatur, vt sine studijs dissensionis sententiæ dicerentur, si sedem ipsam ac templum publici consilij Concordiæ religione deuinxisset.* Au semblable sa Majesté posant & logeãt en la Chãbre, non l'Image, mais qui est plus, l'Edict de la Concorde de son Estat, & luy dediant le Palais royal, *præscribere Senatui se arbitratur, vt sine studijs dissensionis sẽtentiæ dicantur*: Ce qui arriuera infailliblement & conformement à ses iustes desirs & sainctes intentions puis qu'il en prend le soing & la charge,

Concordent lancis partes, dum pondera nostra
Suscipis, æquasti,

Car aussi tost que la Cõncorde sera logée en ce lieu, elle se communiquera & respãdera d'icy en hors par toutes les prouinces du ressort comme les leignes de leur centre s'en vont en la circonference, comme les cordes d'vn luth se diuisent d'vne mesme source par le cheualet, pour rendre vne bonne & parfaicte harmonie, & comme les esprits animaux, vitaux & raisonnables nous sont departis par tout le corps au moyen du cœur, du foye & du cerueau.

OR cette Concorde qu'on desire tant establir & maintenir en la Prouince n'est autre chose que l'estroite & religieuse obseruance des Edicts de pacification, ausquels tous les ordres de la France se sont enfin accordez, & pource auec grande raison la doit on pourchasser vnanimément & garder la mesme XXIV.

loy qui auoit lieu en toute la Grece au rapport de Xenophon,& ſuyuant laquelle tous les citoyens s'aſſembloient en chaſqueville & conuenoient enſemble par ſerment de garder inuiolablement la cócorde ſuyuant les articles qui en auoient eſté dreſſez, ce qui eſt auſſi porté par nos Edits.Cette obſeruance ſera noſtre concorde tres aſſurée, qui fera reprendre & cóſolider nos playes & les bleſſures des inimitiez paſſées, mieux ſans comparaiſon que l'herbe vulneraire ; elle fera que ſi nous ſommes ioints & vnis en iugemens,nous nagerons à l'aiſe au deſſus des eaux& ne trouuerons peine ny difficulté quelconque, mais s'il arriuoit que nous ne fuſſions pas vnis par enſemble, il nous eſcherroit de retomber au fonds de nos mal-heurs.*Vt lapis Thyrrenus,quamuis grandis, integer innatat : comminutus ſidit* : Elle nous ſera la meſme choſe que l'ame eſt au corps, l'harmonie en la muſique, le temperamét aux elemens, le bitume à ces murailles qui faiſoient la ſeptieſme partie des merueilles du monde,

Nunc ades æterno complectens omnia nexu
O rerum miſtique ſalus CONCORDIA *mundi*
Et ſacer orbis amor!

Car quoy que nous ſoyons d'autre aduis que Themiſtius en l'Oraiſon qu'il addreſſe à l'Empereur Valens, que pour le bien & concorde de l'Eſtat il eſt expedient qu'il y aït diuerſes religiõs & ceremonies, pour mieux entretenir l'egalité & le temperament des volontez,& qu'il ſe ſerue mal à propos de la comparaiſon des legions Romainesqui s'entretenoiét en bonne paix & vnion, quoy qu'elles fuſſent compoſées des Scythes & Romains, quoy que nous ne ſoyons pas de l'opinion de Symmachus lequel plaidant deuant les Empereurs Arcade, Valens & Theodoſe pour l'Autel de la concorde taſcha de monſtrer qu'il eſt profitable en vn Eſtat d'auoir & entretenir deux religions & cultes oppoſez, diſant pour toutes ſes raiſons, *Eadem ſpectamus aſtra, commune cœlum eſt, idem nos mundus inuoluit, quid intereſt quâ quiſque prudentiâ verum requirat?* quoy que nous ſoyons d'aduis contraires, nous eſperons neantmoins que la volonté de noſtre Prince, qui nous doit ſeruir de raiſon, dominera tellement par deſſus les opinions & volontez particulieres, que la concorde n'en ſera iamais intereſſée, & puis que nous voyons, ainſi que diſoit ſagement le Poëte Prudence contre Symmachus, que les diuerſes nations, quoy qu'ennemies, s'entretiennent ſoubs vn meſme ciel

Denique Romanus, Daa, Sarmata, Vãdalus, Hunnus,
Getulus, Garamas, Alamannus, Saxo, Galaulas
Vnâ omnes gradiuntur humo, cœlum omnibus vnum eſt.

Nous eſperons qu'eſtans ſoubs le meſme ciel de ce Palais, conioints en volontés, quoy qu'eſloignés en religions & ceremonies, nous garderons inuiolablement les loys de la concorde.

Nous reſſouuenans meſmes que dás la ſalle du Roy de Babylone, ainſi qu'il eſt rapporté dans la vie de Tyaneus, il y auoit vn ciel d'or & d'azur auquel on voyoit quatre petits oyſeaux qu'ils appelloient *Linguas Deorum*, qui aduiſoient continuellement le Roy de ſe garder de la vengence diuine s'il ne faiſoit Iuſtice, Car en cette chambre, qui eſt le ciel du Palais, nous auons non pas des oyseaux fabuleux, mais nos Ordonnances, qui sont les vrayes *langues des Dieux* qui nous menacent de la vengence diuine si par passion ou interest particulier ou general nous venons à fausser la cõcorde des aduis & iugemens & en suyte à interesser la Iustice.

XXV. POVR finir & pour le respect & obeïssance que nous deuons aux volontez de nostre tres grand & tres inuincible Prince, souuenõs nous de ce que nous pouuons auoir leu en S. Iean Chrysostome, que Seuerianus parlant au peuple de Constãtinople disoit, Que lors que les Peintres despeignoient en leurs tableaux, des Roys ou des freres, ils auoient coustume d'y apposer quant & quant les symboles de l'vnion & concorde qui se doit retrouuer entr'eux, à sçauoir vne dame venerable derierre eux qui les estraignoit de ses deux bras, affin d'vnir les volontez de ceux qui estoient separez de corps. Changeons seulement le portraict de cette Vierge venerable, & figurons en son lieu l'image de nostre tres grand Prince qui de ses deux bras de force & clemence embrassera semblablement deux freres ou deux peuples ses enfans differens de religion, & ce sera le vray portraict de la concorde, qui se doit garder suyuant l'Edict.

FIN.

QVATRIESME

REMONSTRANCE

FAICTE EN LA CHAMBRE DE L'EDICT A L'OVVERTVRE DE LA S. Martin l'an M. DC I.

L'AGRICVLTVRE DV PALAIS.

IL n'y a iamais eu ſaiſon au monde en laquelle la terre ait produit ſes meilleurs fruits de ſon plein gré ſans trauail & culture, & ſe ſont des inuẽtions fabuleuſes ce que les Poëtes ont dict, I.

Ante Iouem nulli ſubigebant arua coloni,

S'ils entendent parler de la naiſſance de Iupiter fils de Cronus qui eſcheut au ſecond aage du monde, lors que, comme dit la Poëteſſe Moeron,

Τὸν μὲν ἄρα τρήρωνες ὑπὸ ζαθέῳ τρέφον ἄντρῳ
Ἀμβροσίην φορέουσαι ἀπ' ὠκεανοῖο ῥοάων.

Ce ſont des fablès & menſonges ce qu'ils ont eſcrit de la fertilité de ce vieux temps,

Ipſa quoque immunis, raſtróque intacta, nec vllis
Saucia vomeribus per ſe dabat omnia tellus.

Il eſt auſſi faux ce qu'ils ont dit touchant l'inuention des charrues & autres outils du labourage, comme il ſe void dans le vieux interprete d'Heſiode, ſoit qu'ils en donnent la gloire à vne femme,

Prima Ceres ferro mortales vertere terram
Instituit

Soit qu'ils la rapportent à Triptoleme, ou à Saturne apres son bannissement; & faux pareillement ce que disoit Dicæarchus dans Varron, *Pastorum vitam, tibiam esse incentiuam, agricolarum verò succentiuam.* Car l'Agriculture nasquit auec le monde & fut introduite parmy les hommes au mesme temps qu'ils furent mis dans le verger de delices à la charge & condition de le garder & cultiuer, *vt operaretur & custodiret illum*, c'est à dire, dict S. Augustin, *vt operaretur agriculturam non labore seruili, sed honestâ animi voluptate: agriculturam non laboriosam, sed delitiosam, vt ea quæ Deus creauerat, humani operis adiutorio lætiùs feraciúsque prouenirēt.* Et s'il y a iamais eu quelque tēps, auquel la terre ait esté vierge, pour parler auec Tertullian, *virgo adhuc terra, nondum opere compressa, nondum sementi subacta*, cette bien-heureuse saison dura fort peu de iours ou fort peu d'heures, & il est trop notoire, qu'auec beaucoup de peines & trauaux,

Sollicitanda fuit tellus puluísque mouendus,

& Dieu l'ordonna ainsi, dit S. Ambroise, pour nous faire entendre nostre condition, *nósque primus parens ad hæreditariæ successionis munus obstringeret;* il voulut, dit le vieux interprete d'Hesiode, que la terre fust arrosée de nos sueurs, & que nous achetassions ses fruits auec l'argent content de nos trauaux,

----pater ipse, colendi
Haud facilem esse viam voluit, primúsque per artem
Mouit agros, curis acuens mortalia corda:

IL n'y eut aussi iamais de saison en laquelle l'esprit de l'homme n'ait eu besoin de culture & discipline pour corriger ses defaux & arracher les vices, qui s'attachent à la terre de nostre cœur auec de si fortes racines, *vt postea rixentur, rumpiq; faciliùs quàm sequi possint*, pour vser des termes de Varron : Il a eu aussi besoin de culture pour faire pousser & germer les semences des vertus qui naturellement y sont encloses, II.

Doctrina sed vim promouet insitam
Rectiq; cultus pectora roborant.

mesmes au temps de ce premier siecle d'or que l'esprit de l'homme fut dòüé de tant de vertus & dons de graces, qu'il y auoit en luy, disent les Rabins, autant de perfections, qu'il y auoit d'especes de plantes au verger de delices; car c'est en cette saison dorée que Isidorus Platonicus recognoissoit dans la Bibliotheque de Photius trois principaux outils pour cultiuer l'esprit de l'homme, le premier il l'appelle ὀξεῖαν καὶ ἀγχίνουν φύσεως δύναμιν, vne force penetrante de l'esprit, le second il le nomme θεῖαν κατοχὴν ἠρέμα διανοίγουσαν τὰ τῆς ψυχῆς ὄμματα, vne particuliere influence de Dieu pour ouurir les yeux de l'ame, & le troisiesme il l'appelle φιλοπονίαν ἄλυτον καὶ οὐκ ἐῶσαν τὴν ψυχὴν ἠρεμεῖν, vn desir de trauailler qui ne se lasse iamais & ne donne point de repos à l'ame : & comme ce n'est pas assez à vn Laboureur d'auoir la charrue, s'il n'a point d'aiguillon, aussi en la culture & labourage de l'esprit, outre ces trois grands & principaux outils, il adiouste vn puissant aiguillon, qu'il appelle ἔρωτα τῶν καλῶν δεινότατον ἰχνευτήν, l'amour & affection de la science qui excite l'esprit à la recherche des bonnes & belles choses: En cette saison mesmes Dieu ne laissoit pas d'ouurer en l'esprit de l'homme, ains le cultiuoit & contregardoit selon S. Augustin qui raporte ces parolles de la Genese *vt operaretur & custodiret illum*, non pas a l'hõme mais à Dieu *vt ipsum hominem operaretur Deus, vt sicut operatur homo terram, vt eam faciat esse fructuosam, sic Deus hominem multò magis operetur vt iustus sit*: Et comme peu de temps apres, l'homme se fust exheredé de sa propre main des dons & graces surnaturelles, ou cõme disoit Isidorus, qu'il se fust arraché les aisles, & creué les yeux, nul ne doute qu'il n'ait falu mettre à bon escient la main au trauail, affin de reparer par la culture, ce que la nature luy desnioit,

Virtutem doctrina paret, naturáue donet.

Car c'est le chemin fourchu du Philosophe Cebes, c'est le *biuiũ* de la vertu, & comme Varron disoit des oliues, que *per biuium in villam redeunt*, ainsi la vertu & science *per biuium in animam redit*, par le trauail & culture au defaut du naturel & partant il a fallu, que les hommes les mieux nez,

Queis meliore lutho finxit præcordia Titan,

fussent comme les Laboureurs des plus rudes & sauuages, affin de reformer leurs meurs & les apprendre à viure par le moyen de la philosophie,

——plurima fœlix,
Paulatim vitia atque errores exuit omnes,
Prima docens verum sapientia,

car tout ainsi que l'agriculture est la discipline du chãp *disciplina ruris*, voire qu'elle est vne espece de sapience & philosophie, *Res rustica sine dubitatione proxima est & quasi consanguinea sapientiæ*, ainsi pouuons nous dire que la Philosophie est vne agriculture, & qu'il n'y a esprit si farouche & sterile qui ne puisse estre amandé,

Si modò culturæ patientem accommodet aurem

& si pouuons assurer que le maistre ou celuy qui trauaille à cultiuer vn esprit, est comm'vn laboureur *æqui boníque colonus* dans Tertullian, & vn autre dit plus expressément *Agricola terram, Philosophus animum excolit:* adioustant dauantage, que la Philosophie est vn parfaict & diuin labourage, & que tout ainsi que le Philosophe Platon recognoist deux sortes de musique l'vne qu'il appelle οὐρανίαν, toute celeste, & l'autre δημώδη μουσικήν vne musique populaire; tout de mesme il y a deux sortes d'agricultures, l'vne populaire, qui est celle de la terre, & l'autre diuine, qui est la Philosophie, *Cultura animi, Philosophia est, quæ extrahit vitia radicitus, & præparat animos ad satus excipiendos.* Et pource lisons nous dans Philon le Iuif que les anciens faisoient comparaison des trois parties de la Philosophie à vn champ clos, bien cultiué & complanté de toute sorte de bons arbres & disoient que la Philosophie naturelle, *quæ est de Naturâ & rebus occultis* estoit semblable aux plantes de ce champ, la Morale, *quæ est de vitâ & moribus*, aux bons fruicts pour la productiõ desquels les arbres mesmes ont esté produicts, ce que sainct Gregoire surnommé le faiseur de miracles, pouuoit auoir puisé de mesmes sources lors qu'il dit au Panegyrique de sõ maistre Origene, que la Philosophie morale φυτεία ἐστὶ τῶν ἀπάντων ἄλλων μαθημάτων, vne forest, ou biẽ vn bois taillis de toutes les autres sciẽces & disciplines: & pour la dialectique, *quæ est de disserendo*, laquelle le sçauant Theodoret definit en ces termes ἀκανθώδης παιδεία, vne ſcience eſpineuſe, apres le Philoſophe Latin qui la cõfina iadis, *inter dumeta Stoïcorum*, Philon le Iuif l'a comparée à la haye ou cloſture de ce champ.

III. QVE ſi la Philoſophie eſt l'agriculture des eſprits, ſon principal membre, qui eſt l'eſtude de la Iuſtice, ſuyuant le Philoſophe Platon, en doit eſtre le premier & le plus noble outil : ce qui fit dire iadis à Conſtantinus Baſſus en la preface des Geoponiques, que l'eſtat de la Iuſtice, n'eſt autre choſe que l'agriculture, diſant que la ville de Conſtantinople eſtoit diuiſée en trois eſtats, à ſçauoir en l'Egliſe, la Nobleſſe, & l'Agriculture, ſoubs laquelle la Iuſtice, ſans luy faire tort, eſtoit compriſe, la Iuſtice donc doit eſtre comme le ſoc ou la charrue de cette Agriculture diuine, qui trãche la terre, & ſuyuant la locution Platonique βαθὺν αὔλακα εἰς τὰς φρένας ποιεῖ, elle fait vn profond ſeillon dãs les ames: La miſericorde ſa ſœur germaine laboure dans le ciel, dit ſainct Pierre Chryſologue, *Miſericordia cœli campos arat, ſulcos ducit in ſupernis :* mais pour la Iuſtice, ſon fonds & ſon exercice eſt icy bas dans les eſprits humains pour en tirer les ronces des procez mal fondez,

Certemus, ſpinas animône ego fortiùs, an tu
Euellas agro.

Car c'eſt en cella qu'il nous faut faire vn eſtude particulier, & c'eſt icy que nous deuons faire vne Academie, ou vne eſcholle d'Agriculture en ce Palais: affin que nous ne donnions ſuiet à des iuſtes complainctes, ſẽblables à celles de Columelle lors qu'il diſoit, *ſola res ruſtica, quæ ſine dubitatione proxima eſt, & quaſi consanguinea sapientiæ, tam discentibus eget, quàm magistris: Adhuc scholas Rhetorum, vel, quod magis mirandum est, contemptissimorum vitiorum Officinas, non solum esse audiui sed & ipse vidi; Agricolationis, neque doctores qui se profiteantur, neque discipulos noui:* Nous n'auons pas, graces à Dieu suiet de craindre, que la Iustice & le Palais, qui est la plus belle escholle du monde vienne à mãquer à faute de maistres, car nous pouuons dire iustement d'elle, ainsi qu'on disoit iadis de la medecine Empirique, *sola hæc ars, in quâ plures magistri, quàm discentes*, mais il faut veiller à ce que les maistres & auditeuts s'acquittent de leur deuoir.

OR comme la terre se cultiue & renouuelle tous IV. les ans, pour s'entretenir mieux en sa vigueur,

----redit agricolis labor actus in orbem:

Tout de mesme ceux qui font profession de cette diuine agriculture doiuent s'esuertuer tous les ans de donner quelque coup de soc & de charrue dans le sol du Palais, car il y croist assez grand nombre de mauuaises herbes, assez d'arbres infertiles, assez de sauuageaux d'imprudence, assez de surgeons d'auarice, assez de pampres d'vne eloquence superfluë, *verborum pampinos, non rationum vuas ferens*, dict sainct Hierosme: Il faut donc aprofondir du soc dans ces racines, & mettre la serpe à ces surgeons inutiles & dommageables, *Nos enim qui in foro & litibus terimur, malitiæ multùm, quamuis nolimus addiscimus.* Car qui n'auroit retranché iusques au vif ces meschantes racines, perdroit en cultiuant son grain & son trauail, *Qui serere ingenuum volet agrum*, dit Boëce, *liberet priùs arua fruticibus, falce rubos, filicémque resecet, vt nouâ fruge grauis Ceres eat.*

D'ailleurs il y a quantité de bons arbres fruitiers, dõt il faut cultiuer le fonds pour bon qu'il soit, *Ager quãuis fertilis, sine culturâ fructuosus esse non potest, nec sine doctrinâ animus.* Il faut dõc essaguer, cultiuer, & sur tout arrouser les ieunes plantes de ce grand verger de Iustice, par les claires & crystallines eaux de quelque bon discours, comme le Plane de Socrates, *quæ mihi videtur non tam ipsâ aquulâ quæ describitur, quàm Platonis oratione creuisse*: car nonobstant que le vigneron de Philostrate enseigne comme quelque grand secret d'Agriculture, que les fleurs ne veulent pas estre arrosées d'autant que τὸ μύρον οὐ δεῖται ὕδατος, l'ongant n'a que faire d'eau, si est-ce neantmoins qu'il ne peut estre veritable en ces belles & ieunes fleurs du Palais, ces ieunes Aduocats qui commancent à pousser, *in spem gentis*, car ils ont besoin de la rosée des bons & solides discours, *arentium animorum cibus, oratio est* dit Boece: & pour les Aduocats plaidans & consultans qui sont comme des arbres anciens δένδρον ἀνεμοτρεφές, des plantes nourries & exercées par le vẽt, comme la lance d'Achilles dans Homere, bien que ce soit vne maxime d'Agriculture, que les vieilles plantes ne veulent point de rosée, au rapport de Demageron au troisiesme de l'Agriculture des Grecs, si est ce que les plantes ia de long temps enracinées dans le sol du Palais, ne receurõt aucun dommage de la rosée de nos discours, ains ie croy qu'elles en sentiront quelque douceur & allegement apres le silence & comme la soif de si longues vacations, comme vne herbe à demy flestrie,

Arida iam pluuio supplicat herba Ioui.

V. LA saison est maintenant fort conuenable à la culture du Palais: c'est presque le mesme temps que celuy de la culture des arbres & de la terre; Seruius escriuant sur ce vers de Virgile,

Illa seges demum votis respondet auari
Agricolæ, bis quæ pluuiam, bis frigora sensit.

dict qu'il y a deux labourages que les maistres appellent *vernalem & autumnalem*, ausquelles respondent nos Ouuertures de la S. Martin, & celles qui se font apres Pasques en aucuns Parlemens de France, mais la saison de la S. Martin y est d'autant plus propre, qu'elle a esté deuancée d'vn repos & d'vne lõgue intermissiõ des vacatiõs autũnales, *quib⁹ alternãtur otia & curæ*, ce qui ne conuient pas moins au Palais qu'à la terre, car il est dit par m'axime d'agriculture, que *Inter remedia agrorum recreandorum præ omnibus intermißio est*, & de nos vacations il a esté dit par vn vieux sçauant Iurisconsulte, *Fori Iustitium litigantium animos suspendat à curis.* Leõti⁹ escrit au liure secõd de l'Agriculture des Grecs que Democrite auoit remarqué, que la saisõ la plus fauorable pour ensemencer & cultiuer la terre estoit lors que la Corõne d'Ariadne se leue dans le ciel, qui est enuiron la my-Nouembre c'est à dire vers la S. Martin; car disoit Democrite chez Leõtius, ce labourage emporte le prix & la Coronne sur tous les autres, d'autãt que lors les entrailles de la terre sont aucunement mieux disposées à la fertilité, qui s'appelle *Corona anni* au Pseaume soixante quatre, *Benedices coronæ anni benignitatis tuæ & Campi tui replebuntur vbertate*, & la terre se sent animée διὰ φυσικήν τινὰ κίνησιν pour cõceuoir & porter auec plus d'allegresse & fecondité, car il y a disoit cet autheur, vne certaine affinité de cet astre auec le gyron de la terre & les semences qu'on couure pour lors ; voyre mesme les Astrologues ont remarqué que la naissance de la Coronne dans le ciel a vne force merueilleuse sur la terre, & sur les esprits pour les rendre amateurs des iardinages, & de l'Agriculture,

----Tollentur ab vndis
Clara Ariadnææ quondam monumenta Coronæ
Et molles tribuent artes.
Ille collet nitidis gemmantem floribus hortum
Pallentes violas & purpureos hyacinthos
Liliáque & Tyrias imitata papauera luces:
Cæruleum folijs viridi quin gramine campum
Conseret, & veris depinget prata figuris.

VI. LA forme aussi qu'on tient ordinairement en cette culture annuelle du Palais, se rapporte singulieremẽt à celle de la terre : C'est premierement d'inuoquer Dieu par prieres, offrandes, sacrifices & sermens solennels; actions qui tendent egalement à implorer la grace de Dieu pour nous assister & secourir en l'administration de Iustice, & tous les plaidoyés des Aduocats doiuent pour cette cause, disoit Aristides le Rheteur, commencer par le nom & l'inuocation des Dieux immortels : le semblable se fait en l'Agriculture de la terre

Imprimis venerare Deos atque annua magna
Sacra refer Cereri:

& Varron met entre les plus grands & importãs preceptes qu'il donne aux laboureurs celluy de prier chasque matin les Dieux, affin de les auoir fauorables en leurs trauaux, *Quoniam Dÿ facientes adiuuant, priùs inuocato nocato eos, non sicut Homerus & Ennius Musas, sed duodecim Deos cõsenteis, illos maxumos Deos, qui maxumè Agricolarũ duces sunt.* Et Phlorentinus escriuant au second de l'Agriculture des Grecs touchant les qualitez requises en vn maistre Laboureur, n'oublie pas d'y mettre celle là, qu'il soit deuot enuers les Dieux, & exhorte ses domestiques à la priere, θεοσεβὴς καὶ πάντας πρὸς εὐσέβειαν παρασκευάζων. Voire d'autant que la chasse est comme la sœur germaine de l'Agriculture, Demetrius Constãtinopolitanus aux liures & preceptes qu'il a touchant l'adresse des oyseaux, commande tres estroictemẽt aux chasseurs & faucõniers de prier Dieu le matin deuant que se mettre au trauail, *Deum inuocato, & propitiũ sibi facito imprimis, & venationis initio preces fundat.* Outre la priere & inuocation on adiouste le sermẽt solẽnel pour la culture du Palais: les Aduocats iurent de ne maintenir cause euidẽment fausse, & de ne mantir sciemment, comme il estoit par expres recommandé aux Laboureurs dans l'Agriculture de Constantinus Bassus, lequel nombrant les qualitez requises à vn maistre Laboureur, dict particulierement, *oportet eum qui villæ curam accepit, veracem esse & à iusiurando abstinentem.* Il faut, dit-il, que celuy qui prẽd le gouuernement d'vne maison champestre, ne mãte iamais & sur tout se garde des faux sermens.

On y adiouste encores les aduertissemens, exhortations & remonstrances publiques, qui font le mesme effect à l'endroit des officiers de Iustice, que faict le soigneux & opportun labourage à l'endroit des arbres & semences: car labourer la terre n'est autre chose que prier & solliciter la terre, à rendre les fruicts en sa saison; *Veteris enim prouerbij meminisse oportet, eum qui arat oliuetum, rogare fructum, qui stercorat, exorare: qui cædit, cogere.* Les esprits des Aduocats veulent estre priez & traictez doucement, si sont les plus fertiles plantes, nommément les oliuiers, au rapport des Grecs au neufiesme de l'Agriculture de Bassus, c'est pourquoy, disēt ils, pour cueillir les oliues, il faut baiser la main & n'y porter iamais ny le fer ny la gaule, mais seulement les prieres & la ciuilité, *Quidam prudētiores in culturâ & messe olearum solâ manu arborem tangunt, nec bacillo, nec ferro curuatas frōdes cædūt*, les plus soigneux y portent doucement la main, la priere, & la courtoisie, & iamais ne se seruent de la gaule.

VII. OR cette derniere façon nous ayant esté delaissée par la succession traditiue de nos maieurs, nous l'addresserons aux Aduocats suyuant la coustume, lesquels nous voyōs naistre des durs bois de ce barreau, ainsi que lon faignoit ancienemēt les hommes estre yssus des bois & des forests, & sur cette opinion on a dit,

——quercus laurique ferebant
Dura puerperia, & populos umbrosa creauit
Fraxinus, & foetâ viridis puer exilit alno.

Car si les exhortations & paroles sont profitables en la culture de la terre, elles le sont beaucoup plus en cette diuine Agriculture, *Sunt verba & voces, quibus hunc lenire laborem possis*; & comme la main & la voix est plus vtile que le baston aux oliues, disent les Grecs, & la parole vaut plus que la gaule ou l'esperon à vn cheual genereux, disent les maistres Escuyers, ainsi les exhortations, discours & remonstrances sont plus efficaces aux esprits biẽ faicts, que tous autres moyẽs. Et pource qu'on distingue ordinairement les Aduocats en trois ordres diuers: des consultans, des plaidans, & des escoutans, nous pourrions leur addresser nos discours soubs la comparaison des trois principaux outils de l'Agriculture, nombrez par Varron *Vocale, semiuocale, & mutum*: *Vocale* c'est l'homme, *semiuocale* c'est le bœuf, *mutum* c'est la charrue: car nous dirions iustement, que *Instrumentum vocale* en l'Agriculture du Palais, c'est l'Aduocat plaidant; *semiuocale* c'est le consultant, qui parle quelque fois estant interrogé comm'vn oracle: *mutum* c'est l'Aduocat escoutát qui doit estre tout oreilles sans langue, cõme le plaidant tout langue sans oreilles.

Mais il sera peut estre plus à propos de nous addresser à eux soubs la cõparaison & soubs l'escorce de diuers arbres fruitiers, d'autant que si le grand & petit monde suyuant Philon est vn arbre non terrestre, & si és sainctes lettre nous sommes tous comparez aux bõs & mauuais arbres; en l'action de ce iour, la comparaison des Aduocats aux arbes, ne sera ny mal prise ny desauantageuse, & puis qu'aux liures des Prophetes selon Hesychius PLANTER DES ARBRES, ne signifie autre chose, qu'instruire & endoctriner les hommes, il nous sera loysible de dire que par le discours de ce iour nous planterons vn verger en ce Barreau,

Qui non Hesperidum cedat, vel Adonidis horto.

ET d'autant que par le moyen de cette distinction des Aduocats, qui est comme la pepiniere du Palais, φυτώριον δίκης, le Barreau est tousiours fourny & VIII.

peuplé par succession des vns aux autres, il sera à propos aussi de choisir entre les arbres, ceux qui portent des fleurs & des fruits en tout temps

Quales perpetuus Phæacum autumnus habebat.

entre lesquels on a fort recommandé l'arbre appellé Persée, que le Roy Perseus transplanta le premier à Memphis, ou, selon Nicandre, à Mycenes, & des branches duquel Alexandre se façonna des corones de victoire en l'honneur de son bizayeul Perseus; Il est vray que cet arbre, *semper folia habet, & poma subnascentibus alijs fertilitate assidua, ei semper subnascente castimo fructu.*

On recommande encores de nostre temps cette espece de Palme tant renommée aux Indes qui porte la noix appellée Coccos, des rameaux de la quelle on peut dire

Qui nunquam vacui prodistis ad æthera rami.

Mais laissant à part cette Palme, qui ne croist qu'en Indie, & pour n'enuier à Alexãdre cette belle Persée, qui ne se trouue qu'en Aegypte, il vaut mieux que nous prenions la pomme Assyrienne, Persienne, ou Medienne; les citroniers & orangers qui n'ont pas receu moins d'hõneur de Cæsar que la Persée d'Alexandre, veu qu'il en porta des corones lors qu'il triompha des Gaules: On void comme en toutes saisons ils sont chargez de fleurs & de fruits, *Et per gradus quosdam sibi poma succedere cùm maturis se acerba substituant, acerborum verò ætatem florentia consequantur, orbem quendam perpetuæ fœcunditatis sibe ministrante naturâ*, Les vnes sont iaune-orangées, les autres iaune-pasles, les autres iaune-vertes, ——— *triplici distincta colore;*

Poma nitent, virides primùm referentia frondes,
Hinc rutilant, fuluóque micant matura metallo,
Flore nouo semper, semper quoque foetibus aucta.

A telles pommes quand elles sont en leur maturité pouuons nous comparer les Aduocats consultans, esquels *est aliquid tanquam in arborum baccis terræque frugibus maturitate tempestiuâ quasi vietum & caducum*: s'ils se veulent mesler de la plaidoyrie, & manier leurs anciennes armes, encores ont ils bonne grace en cet exercice, *gratissima sunt poma cùm fugiunt*. Les roses sont plus agreables sur l'automne, disoit Achilles Tatius, les pommes lors qu'elles sont ridées, & les raisins ayãt senty le froid, *decorus est sermo senis, quietus & remissus, facitque persæpe ipsa sibi audientiam diserti senis compta & mitis oratio;* que si cette action ne leur plaist, & qu'ils desirẽt suyure l'exemple de Domitius Afer, *qui maluit desinere quàm deficere*, ils n'ont pas besoin d'entrer aux regrets de Milo Crotoniates, lequel ia vieux & quassé de trauaux, voyant des Athletes qui luitoient d'vn grand courage dans l'arene, *aspexisse lacertos suos dicitur, illacrymánsque dixisse, At hi quidem iam mortui sunt:* car leur prudence, leur bon sens & iugement; qui les rend recõmandables en cet aage, & non la fermeté des reins ou la clarté de la voix, ne se perdent qu'auec leurs persõnes & se maintiennent en leur vigueur iusques au dernier souspir, ainsi que les citrons enseuelis dans la chaulx ou cachez dãs l'orge ne se pourrissent iamais dict Africanus en ses preceptes d'agriculture. IX.

Tels persõnages n'ont pas besoin d'aide ils sont plus dignes de respect que de culture, & remonstrance, *sicut sacros ex vetustate lucos adoramus, in quibus grandia robo-*

ra iam non tantam habent culturam quantam religionem: Si est-ce que nous ne lairrõs pas de leur dire quelque chose, ores que nous prenions toute cõfiance en leur prud'homie & vertu, *quanquam virtuti confidas, tamen preces & hortamenta miscebis.*

Qu'ils se souuiennent donques de leur charge, preeminence & dignité, & comme disoit celuy là dans Seneque le Rheteur; *Cætera membra mea sunt, manus sunt publicæ*, ils sont maintenant membres de la chose publique, ils sont les mains des citoyens pour garder & maintenir leurs droits, leurs moyens, leurs fortunes, *ita nati sunt vt bona, maláque eorum ad rempublicã pertineant.* Car il ne faut pas estre de l'aduis de ces Messieurs les Socratiques & Academiciens nouueaux, qui veulent enfermer les consultations des Aduocats dans des chetiues & espineuses questions des goutieres & seruitudes champestres, c'est trop les raualer, & comme disoit Appollonius dans Seneque, *sapientiam ad pistrinũ detrudere*, ce qui a donné suiet à vn fort habile & sçauant Aduocat du Parlemẽt de Paris, de faire vne belle Apologie pour ceux de sa robbe, que la malice & l'enuie vouloit abaisser & ternir soubs pretexte des miserables & inutiles questions qui se traictent souuent, tant en leurs consultations particulieres, qu'en leurs Plaidoyez, & dans le Palais, car il a monstré que c'estoit le propre des Aduocats de traicter des plus grands & importãs affaires des Royaumes, & ce qu'on appelle les affaires d'Estat, c'est proprement le ressort & le fonds de leurs consultations, cõme il se void par le cours de l'histoire, & puis qu'vn Aduocat n'est autre chose, que *perpetuus priuato in limine* PRÆTOR, ie suis d'opinion, que c'est l'office d'vn bon & ancien Aduocat, ----*scire id quod quæq; habeat res*

Scire homini rectum, quid nam vtile, quid sit honestum,
Quæ bona, quæ mala, quid sit inutile, turpe, inhonestũ,
Hostẽ esse atque inimicum hominum, morúmq; malorũ
Contra defensorem hominum morúmque malorum. X.

LES citrons sont particulierement recommandez par la suauité de leur odeur en la maturité,

-----*animas & olentia Medi*
Ora fouent illo & senibus medicantur anhelis,

Dioscoride l'apelle εὐώδες μῆλον μετὰ βάρυς, *suaueolẽs cũ grauitate*, qui est vne particularité reseruée aux Aduocats consultans, qui iouyssent en la grauité de leur aage de la suauité de leur bonne renommée. *Odoris fragrantiâ, plusquam iucundi longéque sensibiles.*

Les citrõs en leur maturité ne laissent pas d'auoir vne agreable verdure, que le Poëte latin appelloit an sa langue,

——*tristes succos tardumq; saporem*
Felicis mali

qui est vne piquãte douceur & amertume, fort agreable, que le sçauant Orphée appellereroit γλυκυπικρότητα, qualité que les vieus Aduocats consultans gardent entiere, nonobstant la maturité de leur aage, car si par fois ils veulent à l'exemple du vieillard Entellus, remanier les armes de leur ieunesse, & entrer en lice d'eloquence, ils font voir par l'agilité de leur sens, & le poids de leurs paroles, que

----*cruda deo viridisque senecta.* XI.

LES citrons son encores doüez de cette particuliere vertu qu'ils chassent le venin, *malum Medicum ini-*

micum venenis, dit Solin, & deuant luy il auoit esté dit,

——quo non præsentius vllum
Auxilium venit, ac membris agit atra venena:

de quoy il se void de rares exemples dans Athenée de quelques criminels condamnez à mourir, par la morsure des viperes, qui furent preseruez du venin pour auoir mãgé des citrõs vn peu deuãt que d'estre exposez aux serpens. Les Aduocats consultans doiuent par leur sage conseil seruir d'antidote à cette pestilente & contagieuse gangrene de chiquaneries, & procez mal fondez qui est vn vray venin, *fori tabes* dans Tacite, *litium porrigo & scabies*, dans vn habile Iurisconsulte du siecle passé. Et dit on encores que les citrons par leur acrimonie chassent & font mourir les teignes, mouscherons, & autres insectes pernicieux, comme il a esté remarqué par Diophanes & Dioscoride: proprieté que les Aduocats consultans doiuent auoir, & estouffer par leurs sages aduis les teignes des querelles, & vn nombre infiny de chetiues formalitez, qui se glissent dans le Palais, & volent à guise de mouscherons importuns aux oreilles des Iuges; & tout ce qu'en matiere de procés & escritures de chiquane Pline appelloit, *literas illiteratissimas*, lesquelles on peut fort à propos cõparer aux teignes qui mangent les vieux liures sans rien apprendre, disoit Symphosius dans ses gryphes parlãt de la teigne,

Littera me pauit, nec quid sit littera noui,
In libris vixi; nec sum studiosior inde,
Exedi Musas, nec adhuc tamen ipsa profeci:

Toute cette vermine, comme insectes pernicieux engẽdrez dãs la poussiere du Palais s'esteindra par la prudence

prudence des Aduocats consultans.

EN sõme les citrons en leur maturité ont vne grande entrée en toute sorte de medicamens: Ils dissipent le mauuais air, ils confortent le cœur par leur suauité, ils recreent & desalterent les malades: les Aduocats consultans qui sont vrays medecins de la Iustice malade doiuent auoir les mesme vertus & proprietez enuers leurs parties pour guerir & dissiper par leur prudence cette meschante demangezon de chiquanerie de la quelle ils sont atteins; Epictete enquis par l'Empereur Adrian qui estoient ceux *qui sani ægrotant?* respondit, *ij sunt qui negotia aliena curant*, mais celuy respondroit aussi fort à propos qui diroit, *Ii sunt qui litigant*: ce sont des malades volontaires, qui me ressemblent à ceux de Rauenne, desquels parloit le docte Sidonius disant qu'en cette ville, *rerum omnium lege perversâ, Medici iacent, ægri deambulant*, les Medecins qui sont les Aduocats consultans se tiennent à leur maison, & les malades qui sont les plaideurs, vont & viẽnent, & ne font que roder à guise de phrenetiques: les Aduocats consultans doiuent guerir cette mauuaise humeur, & remettre l'esprit esbranlé de ces gẽs esgarez, *qui spem magis ipsam, quàm spei caussam intuentur*: Ils leur doiuent donner suyuãt le precepte de Solon non pas des preceptes plaisans & agreables, mais iustes & salutaires, *nam in hoc maximum, si æqui iudices sumus, beneficium est, vt non fallamus vanâ spe litigantes.* XII.

L'AGRICVLTVRE & la Medecine sont fort sẽblables en beaucoup de qualitez, mais nommément en deux, qui sont sagement touchées par Cornelius Celsus, la premiere est en ce que l'vne & l'autre, cõme XIII.

les deux plus necessaires mestiers de nostre vie se treuuent partout, suyuant la sagesse du Createur, qui a voulu que tout ce dont on ne peut se passer aisémét, fust commun à toutes les nations, terres & prouinces; la seconde en ce que l'Agriculture est vne espece de Medecine, & la Medecine est vne espece d'Agriculture, & partant ce sçauant Iurisconsulte & Medecin commance ainsi ses œuures, *Vt alimenta sanis corporibus Agricultura, sic sanitatem ægris Medicina promittit*: Et c'est pourquoy le sçauãt Quintilius en ses preceptes d'Agriculture parle des plantes comme des personnes malades en ces termes θεραπεύσομεν τὰς ἰάσεως δεομένας ἐλαίας, *curabimus oleas quæ medicinâ indigent*. Les plaidans sont des plantes malades & mal affectées, qui attendent leur guerison de la sagesse & prud'homie des Aduocats consultans: que si par leurs aduis ils fomentoient le mal, & n'y portoient tels remedes qu'ils doiuent, ils n'auroient pas la qualité des citrons & au lieu d'estre MALVM MEDICVM, qui signifie vn citron les premieres syllabes de ces mots estans longues, ils feroient MALVM MEDICVM, l'office d'vn mauuais Medecin en abbregeant la premiere syllabe, & seroient à bon droit taxez par la pointe de ce bel Epigramme qui est de l'inuention d'vn sçauãt homme de nostre temps, quoy que non peut estre mis au iour par le peu de soin de ses heritiers.

Quidam laborans febre, dum siti graui
Vsque vsque MALVM *postulabat* MEDICVM,
Falsi adsidentes quantitate nominum,
Inscitiam qui nouerant tuam probè
Statim vocant te, vt fiat ægro satis,

At tu iacentem dum breuì enecas, doces

MEDICVM MALVM, *non esse* MALVM MEDICVM.

qui est la plus grande imprecation, & le plus meschât souhait qu'on sçauroit faire à vn homme, de luy desirer vn mauuais Medecin selon Lucillius au second de l'Anthologie car, disoit-il, si vous auez vn ennemy que vous desiriez punir auantageusement, ne luy faites point les imprecations coustumieres d'Isis & d'Amphicrates, mais desirez qu'il ait, ou qu'il tombe entre les mains d'vn mauuais Medecin, & vous verrez qu'il sera parfaictement puny, & vous satisfaict de tout point: Nous en pouuons dire le mesme touchât les maladies du Palais qui sont les procez mal intétez, que qui voudra du mal à quelqu'vn, luy desire hardiment vn mauuais Medecin, c'est à [illegible] vn Aduocat consultant qui n'ait point de conscience si par malheur il s'en trouue quelqu'vn.

VENONS aux Aduocats plaidans, qui sont les citrons meurissans, *poma maturescentia*: ils portent le tiltre d'eloqués, de diserts & de bien disás, quoy que Tacite ait voulu qu'ils ayét renócé à celuy d'eloqués, depuis qu'ils ont pris celuy d'Aduocats, comme s'ils estoient incompatibles, mais en cela nous ne sommes pas de son aduis: Ce beau langage donc duquel les Aduocats plaidans font particuliere profession, est semblable aux citrons meurissans: *Sicut mala aurea in lectis argenteis, qui loquitur in tempore suo*: c'est en cette qualité qu'ils rapportent aux citrons meurissans, qui sont d'vne tres soüefue odeur, *quorum solo pascaris odore* & font vne bonne haleine, *Parthorum proceres incoquũt esculentis halitûs commendandi gratiâ*: Tel est le parler des XIV.

hommes eloquens, ainsi qu'il est rapporté dans l'histoire des Grecs, d'vn docte vieillard qui habitoit pres la mer rouge, que si tost qu'il ouuroit la bouche pour parler, tous les enuirons de sa demeure estoient remplis d'vne tres souefue odeur : mais le langage disert des Aduocats bié-disans embasmera encores mieux les sales d'vne audiance, s'ils prenent resolution de ne respirer que verité & iustice, s'ils n'auancent iamais de faux faicts, s'ils ne defendent que causes iustes & soustenables, & qui meritent l'attention des Iuges, car il n'y a rien de plus doux que l'halene de verité, & on sçait ce que crioient iadis les Atheniens en leurs festes & mysteres, *dulcis veritas, dulcis veritas*, il n'y a rien de plus doux que la verité, quoy qu'il soit dict d'elle, *o[illegible] parit, rem sanè amarissimam*, dit sainct Augustin.

XV. LES citrós meurissans sót verds d'vn costé & iaunes de l'autre, en quoy les Aduocats plaidás leur doiuent rapporter, car du costé qu'ils sont iaunes & murs *accuratam meditatámque orationem afferant* : qu'on y remarque de la maturité & sagesse ; mais du costé qu'ils verdissent: *nouam & recentem curam non sine trepidatione præferant*

Encores peut on parangonner leur parler au suc des citrons; non de ceux qui ont le ius austere & acide,

--*succo ingrato, quémque ora offensa recusent,*

pour raisó de laquelle acidité on ne s'est pas mis à mãger de ces pommes que sur le tard, à quoy quelques Grãmairiens par leur ordinaire subtilité ont voulu rapporter ces parolles de Virgile, TARDVMQVE *saporem* : ains on se contentoit de les serrer dans des coffres, auec les linges & vestemens, comme pommes de grand prix, d'ou on appelloit ces linges & vestemens *vestas citrosas* dans Macrobe; Il faut laisser à part le suc aigre des citrons à demy sauuages : & ceux qui par les defaux de leur nature auroient cette aspreté de langue, qu'ils se souuiennent qu'il n'y a rien qui ne se puisse addoucir par l'estude, qu'ils se souuiennent de Demosthene; & sçachent que pour addoucir des citrons, l'art & l'estude peuuent beaucoup où la nature defaut

——— Ars quoque multa
Vsus & experiens reperit simul hoc quoque, vt ipsa
Mala colore aurum, sed mella sapore referrent

Car nous lisons és descouuertes des Indes, qu'en plusieurs contrées vers l'Orient, le fruit du citronnier a le goust suaue & agreable comme miel,

——— solis ad ortum atque in gangetide terrâ
Sponte suâ dulcem victum ac redolentia ramis
Mella liquat, fluit éque Indis liquor Atticus oris

ce qui seruira pour corriger l'erreur de Pline lors que parlant du citron, il dict vniuersellement, *malum execratum amaritudine.* Semblable donc doit estre le parler des Aduocats aux Citrons orientaux *fauus mellis eloquia dulcia* dit le Sage; il y a long temps qu'ils sont en possession de ce beau tiltre d'honneur *suaueloquenti ore* & comme disoit Palladas dans l'Anthologie, καλῶς εἰπεῖν, ἀττικὸν ἐστὶ μέλι, Il n'y a point d'autre miel que le bien dire, lequel si les Aduocats plaidans taschent d'entretenir dans le Palais, qui se peut iustement appeller MELICHIVM, aussi bien que iadis on appelloit celuy de Constantinople, il n'y aura difficulté qu'ils ne surmontent, aspreté de parties qu'ils n'amolissent, cœur si rude qu'ils ne gaignent par la douceur de leurs paroles: car il n'y a chose si puissante au monde pour mestriser les affections, que la douce parole, ce que Laberius voulut estre graué sur son sepulcre pour tesmoigner à la posterité, qu'il n'auoit iamais sçeu prester ou ceder à chose quelconque qu'à la douceur tyrannique d'vn discours, car voicy son epitaphe qu'il se composa soy mesmes.

Quem nulla ambitio, nulla vnquam largitio
Nullus timor, vis nulla, nulla authoritas
Mouere potuit in iuuentâ de statu.
Ecce in senectâ vt facile labefecit loco
Viri excellentis mente clemente edita
SVBMISSA PLACIDE BLANDILOQVENS ORATIO?

XVI. Il est vray qu'és sainctes lettres, suyuant les doctes expositions des peres Grecs & Latins les feuilles des arbres signifient les parolles des hommes; & il est aussi veritable que les Citrons ont les feuilles pointues & piquantes *aculeatis & pungentibus folijs*: mais si ne faut il pas que les paroles & les discours des Aduocats, soient piquants ny herissez d'iniures & medisances, de peur qu'on ne die d'eux ce qu'on dit iadis à des Sophistes quereleux, *non pugnant, sed rixantur*, qu'on ne leur reproche cette eloquence canine *eo quòd*, dit Isidore, *Caussidici in certaminibus caussarum omissis quæ agunt, veluti canes alterutrum sese lacerant* on sçait les suiets qu'en ont pris d'autrefois les Comiques comme il se void dans Aristophane & dans Plaute, on sçait les risées qui s'en lisent dans Seneque le Rheteur, on sçait les deffenses des loix sur semblables excés on a deuant les yeux les traicts piquans qu'en ont dict. Cassiodore, Symmachus, & les autres.

Et par dessus tous, Dion Chrysostome qui compare l'insolence des Aduocats iniurieux au criaillis des grenouilles, car ils font, disoit il, dans le Palais, comme ces bestes immondes dans vn lac ἐθορύβυν ὥσπερ ἐν τέλματι βάτραχοι ὕδρον ὐκ ὁρῶντες, ils se battent & entremangent de parolles cõme des grenouilles dans vne mare lors quelles n'appercoiuẽt point de serpent au tour d'elles: qu'ils se souuiennẽt pareillement de la punitiõ qui fut donnée au Rheteur Labienus, lequel piquant & iniuriant volontiers les autres Aduocats en ses plaidoyés mordans fut appellé non pas Labienus, mais Rabienus, *quasi rabidus* dict le Rheteur Seneque.

Que les Aduocats plaidans ne prenent pas tant d'esgard aux espines qui sont dans les fueilles des citrõniers, comme à la figure des mesmes fueilles, qui sont semblables à celles du laurier, & ne tombent iamais pour si grand vent qu'il fasse,

Ipsa ingens arbos, faciémque simillima lauro,
Et si non alium latè iactaret odorem
Laurus erat, folia haud vllis labentia ventis,

qu'ils taschent d'auoir de bons & solides discours, des paroles genereuses cõme le laurier, apellé par les Romains au rapport de Quintilius, *Planta generosa*, que leurs plaidoyez ne soyent ny flestris ny caduques, qu'ils ne s'estonnent pour le vent, *folia haud vllis labentia ventis.*

XVII. EN dernier lieu nous pouuons leur attibuer les citrons pour la mesme consideratiõ que les plus doctes d'entre les Grecs, selon Clement Alexandrin ont autrefois dedié les pommes de grenade à Mercure Dieu de l'eloquence, à sçauoir pour la multiplicité des petites cellules & maisonnettes qu'elles ont au dedãs: les citrons en ont plusieurs aussi biẽ que les grenades: Il faut donques que les Aduocats plaidans ayent en leur ame diuers coffrets, cabinets & retranchemens en leur memoire, pour y loger ainsi que dans vne officine d'eloquence les riches merceries de la Iurisprudence, philosophie, cognoissance des langues, de l'histoire, & de l'antiquité, *tanquam lautam supellectilem, quæ sit in oratoris instrumento.*, qu'ils logent là dedans; *vt in Isocratis myrothecio & omnium eius discipulorum arculis*, les graces & perfections des anciens orateurs, que là dedans, ainsi que dans vn riche magasin soit *diuisio Palæmonis, grauitas Gallionis, abundantia Delphidij, Agroecij disciplina, fortitudo Alcimi, Adelphij teneritudo, vigor Magni, dulcedo Victorij, acrimonia Quintiliani., pompa Palladij, & varicosi Arpinatis opulenta loquacitas.*

XVIII. OVTRE cet aduertissement, nous pouuons encores donner ce dernier aduis aux Aduocats plaidans, de ne s'ingerer aux cõsultations deuãt qu'ils en soient requis par la necessité ou la maturité de leur aage & qu'ils soient en cela sẽblables aux citrons *dũ hi præcarpuntur, alij interim maturescunt:* nous ne demandons pas qu'ils soyent comme les fruicts d'hyuer, que Varron appelle *strictiuos fructus* qui ne meurissent que sur la paille aprés auoir esté cüeillis par force, nous desirons qu'ils meurissent sur l'arbre & en l'exercice de leurs charges, se soubsmettant tousiours au iugement & sages aduis des anciens, *plurimum laudis moribus suis applicant,*

plicant, quoties de negotiorum meritis ambigentes, ad peritorum consilia decurrunt. Les anciens peuuent faire beaucoup de choses sans appeller les ieunes: mais les ieunes peu ou point sans consulter & appeller les anciens comme dit Aemilius Probus de Thrasybulus, *multa hic sine Alcibiade gessit, ille nullam rem sine illo.*

RESTE que nous disions quelques poincts aux ieunes Aduocats qui vont heureusement croissans aux pieds des anciens & se formans à leur imitation, XIX.

——— vt parnassia laurus
Parua sub ingenti matris se subiicit aluo.

& comm'il y a vne belle espece de citrons qui croissent aux Isles Canaries & s'appellent *prægnantia citria* d'autant qu'ils en portent de petits au dedans, ainsi les Aduocats plaidans & consultans en portent d'autres petits comme le seminaire qui doit par successiõ de temps remplir les rangs des Aduocats, plaidans & consultans, *nisi enim singulis annis, imò singulis pene mensibus in decedentium locum, iuniorum turba succedat, quamuis copiosus exinanietur exercitus.* Les maistres de l'agriculture descriuant les bastardieres & seminaires des iardins disent vn beau mot au cinquiesme liure de leurs preceptes, *Seminarium locus est in quo plantæ transplantandæ seruntur, & vt loquuntur in Bithyniâ, lautè vt in conuiuio excipiuntur*: C'est en ce Barreau, que ces ieunes citrõniers doiuent estre nourris, entretenus & arrosez par les exemples, adresses, & remonstrances de leurs anciẽs, c'est de là qu'ils doiuent tirer la seue & le bon aliment pour porter vn iour des fruits dignes de leur esprit, du lieu & de l'esperance qu'on a ia conceu d'eux, mais ils se doiuent soigneusement garder de porter en ce lieu sacré en ce sainct seminaire des greffes ou billes bastardes, & steriles, ou trop auancées, *præsideratos surculos*, dit Columelle, nous sçauons que ce maistre Iardinier disoit dãs Nemesianus comme par vanterie,

Ars mea nunc malo pyra temperat, & modò cogit
Insita præcoquibus subrepere Persica prunis.

Mais en cette pepiniere nous ne plantons pas & ne voulons point voir *præcoques plantas.*

Qu'ils viennent donc armez & preuenus de cette resolution de croistre à l'exemple & à l'ombre des autres, & pour estre antez sur la mesme tige des ordonnances & coustumes du Palais, affin de porter mesme fruit que leurs deuãciers, & qu'vn iour, ainsi que nous esperons,

Dulcis adoptatis curuetur fructibus arbos:

Autrement ce seroit vn grand desplaisir au maistre du verger de voir que par la faute des ieunes plantes, le Palais vint à se mescognoistre,

Miretúrque nouas frondes & non sua poma:

C'est vn grand mal-heur lors que le iardin s'abastardit par la trop grande fertilité du terroir, & feracité des plantes, ou comme disoit vn sage Romain dans Tacite, lors que *crescente populo perit Respublica.*

XX. OR des ieunes Aduocats escoutãs il y en peut auoir deux sortes, les vns sortis des estudes des loix, viennẽt bien icy pour y fleurir, mais si la premiere année ils ne se treuuent capables des formes du Palais, & s'ils ne voyent en eux mesmes ces petits & dorez bourgeons d'esperãce que Dydimus appelloit προοφθαλμίδας, ou s'ils ne sont soudainement employez, ils perdent courage ou plustost, ils se perdent eux mesmes en la premiere fleur, *Poma & fruges nescio quod auræ latentis vitium in flore præcipitat.* Ils ressemblent proprement à vne sorte de fleurs, qui se voyent aux citronniers pour seruir de nombre & de beauté, & son tousiours steriles, car d'icelles il ne sort iamais aucune pomme de citron à raison dequoy Theophraste l'appelle ἄγονον ἄνθος, & ces fleurs là tombent aisément & promptement; l'autre sorte de fleurs qui viennent à fruit, Theophraste l'appelle γόνιμον ἄνθος, & de celle là il est dit, *flos apprima tenax.*

Ces premieres fleurs qui ne viennent iamais à maturité, ains seruent seulement de nombre & comme de populace, *populus albicantium florum*, marquent quelques ieunes Aduocats qui viennent icy pour remplir seulement le barreau, pour dire, *Nos numerus sumus*, qui empruntent le tiltre d'Aduocat, *ne nihil agant*, ce sont des fleurs, semblables à celles desquelles parloit Tertullian au poëme de Sodome, lesquelles

---- lætas

Autumni conantur opes

mais voila tout, c'est vn effort sans effect, *sunt rudimenta florum, non veri flores..*

Les autres fleurs qui sont bonnes & fecondes ressemblent les autres ieunes Aduocats, qui ne viennent pas au barreau pour en sortir, ains ils s'y habituent & establissent en sorte qu'ils portent de bons fruits en leur saison; ceux là nous les pouuons nommer aprés le Poëte Latin, *flores apprima tenaces.* Or ils doiuent remarquer que ces bonnes fleurs outre leur fermeté sont fort tardiues & se maintiennent longuement en leur estat; qu'à cet exemple donc ils prenent bien garde de ne se precipiter à la plaidoyrie soudain apres leur reception, qu'ils mettẽt leur voix en exil & se prescriuent le silence pour certain temps, qu'ils imitent en cela les arbres fruitiers, qui gardent vne regle de silẽce tandis qu'ils s'entretiennent de leur seue & s'appellent, *silentes arbores*, en terme d'agriculture, car Columella parlant des vignes dit ainsi, *silentibus vineis*, ce qu'il expose par apres, *antequam gemment, per diuorsium veris atque hyemis*. Les ieunes Aduocats en doiuent faire le mesme, amasser des forces dans le repos de leur silence, *ne cruda studia statim in forum deferant*.

XXI. IADIS à Rome ceux qu'on presentoit au Barreau ne s'ingeroient pas de plaider au mesme temps, & s'il se lit de Cotta qu'il accusa Carbo le mesme iour de sõ entrée au Palais; c'est vn exemple qui n'a point de pareil en toute l'antiquité: *Qui studia forensia auspicabãtur, nefas putabant brachium extra togam exerere* dit Seneque le Rheteur, geste qu'il n'appartenoit de faire qu'aux Aduocats plaidans,

Impugnant sua dicta viri, qui brachia nudis
Ostendunt exerta humeris.

& ce apres l'année de l'apprantissage ou du silence, ainsi qu'il se void par les tesmoignages expres de Tertullian, & d'Asconius sur quelques lieux de Ciceron. Or bien que nous ne voulions limiter ainsi precisément le terme aux Aduocats, pource qu'à la verité cella despent de leurs forces, qu'ils doiuent balancer & mesurer iustement

——— *quid valeant humeri, quid ferre recusent.*

si vaut il mieux encores retarder que s'auancer trop.

Il faut laisser croistre, enfler & groissir raisonnablement la pomme du citron deuant qu'elle soit propre à seruir sur la table, *fructum studiorum haut veridem, sed dulcem promi decet.* Autrement voyci les inconueniens qui s'en ensuyuent, disoit vn sage Romain, la hardiesse deuant l'aage le fondement de l'impudence, le mespris de sa charge, & cõme il se void dans le poëte Næuius, vn sage Cõseillier d'Estat estãt interrogé d'ou venoit le desordre de la chose publique, *respondisse fertur hæc imprimis, prouenie bant oratores noui, stulti adolescentuli, temeritas est videlicet florentis ætatis, prudentia senectutis.*

Qu'ils maintiennent donc le silence pour tel temps qu'ils iugeront eux mesmes leur estre conuenable, & iusques à ce qu'ils soient dressez & nourris aux formes du Barreau, *sit pro facundiâ silentium.* Ce leur sera vn docte silence, aussi bien qu'on disoit du silence de Pythagore,

——post docta silentia lustri:

Car ils apprendront & s'instruiront en escoutãt, ainsi que fait le ieune rossignol que les Grecs appellent *βραδύγλωσσον tardilinguem*; Car il s'exerce à garder vn docte silẽce *meditantur aliæ iuniores, versúsque quos imitentur accipiunt, audit discipula intentione magnâ, & reddit, vicibúsque reticet.* Car s'il en faut croire le Sophiste Libanius on ne sçauroit choisir vn meilleur maistre au mõde que le silence, ny vne plus parfaicte escholle que le Barreau; *in quo nemo impunè stultè aliquid aut contrariè dicit, quo minùs & iudex respuat, & aduersarius exprobret, ipsi denique Aduocati aspernentur*, Qu'ils ayent deuant les yeux l'aduertissement salutaire & necessaire à tous bons laboureurs qu'Helene donnoit à Paris,

Sed nimium properas, & adhuc tua meßis in herbâ eſt,

Mais en ſe contenant de plaider qu'ils ſe contiennẽt encores mieux de caqueter, à ce qu'on ne leur dic iuſtement auec ſainct Hieroſme, *Iuxta vetus elogium cùm loqui neſciant, tacere non poſſunt*, & qu'auec ce double ſilence ils honorent la Iuſtice, *cultus enim Iuſtitiæ ſilentium eſt.*

Ils porteront auec leur ſilence vn grand courage dãs le Barreau, & en cela taſcheront d'imiter les citrons, qui n'ont point de certains termes pour leur croiſſãce; car lors qu'ils sõt petits, dit Phlorẽtinus en ſes preceptes d'Agriculture, ſi on les enferme dãs vn vaſe de verre, ou de quelque autre matiere qui n'offenſe l'arbre, pourueu qu'on y laiſſe des eſuãtouſes ou pertuis pour prendre l'air, ils croiſtront tant que le vaſe ſera capable ἔοικε γὰρ πρὸς τὸ ἀγγεῖον ἁμιλλᾶσθ, il ſemble, dit-il, combattre auec la grandeur du vaſe pour le rẽplir & croiſtre autant que luy : Que les ieunes Aduocats lors qu'ils viennent au Barreau, ſe propoſent de le remplir & croiſtre en ſcience, vertu, renommée & deſir de bien faire tant qu'ils trouueront ſuiet, car *ignaui pectoris eſt nolle vltra tendere* : le Palais eſt vn ample vaiſſeau, les eſuantouſes & le moyen de reſpirer ou prendre l'air ſera leurs eſtudes & les bons exemples qu'ils receuront de leurs anciens, & par ce moyen ils croiſtront,

Vt decus Heſperidum & Medarum gloria Citrè
Siluarum:

XXII. ENCORES vn mot pour eux : Il n'y a dit Diophanes, ſorte de fruict ſi delicat que le citron qui redoute plus le froid en son enfance & qui craigne dauãtage les vents, car tãdisqu'ils sont petits la moindre gellée les estragle, le moindre souffle de vẽt les secouë *& spem foecunditatis eximit*: que les ieunes Aduocats se gardent singulierement de la froideur en leurs estudes, que le Poëte Latin appelle sagement *sceleratum frigus*; la nonchalence aux autres est vne tache, mais à eux & en leur aage c'est vn crime ; qu'ils se tiennent à l'abry des vents, & particulierement de celuy que S. Augustin appelle *typhum vanitatis*, vent de midy dangereux aux ieunes citrons *dæmonium meridianum*: S'ils se tiennẽt à couuert de ce vent dangereux, & de cette froidure pernicieuse, ils seront comme les petits citrons *sequaces & obtemperantes fructus*; Car Africanus remarque en ses preceptes d'agriculture, que le citron tandis qu'il est petit, & capable d'accroissement εἰδωλόμορφός ἐστι καρπός, il est aussi capable de toutes figures, on en peut faire des visages d hommes, des testes d'animaux, & tout ce que les peintres ou graueurs sçauroient desirer d'vne cire molle: Ainsi les ieunes Aduocats croistront & se perfectionneront en toute sorte de bonnes qualitez & prendront les figures qu'on a recommandé ez vieux orateurs & historiens,

Quâ Crispus breuitate placet, quo pondere Varro,
Quo genio Plautus, quo fulmine Quintilianus,
Quâ pompâ Tacitus.

CE sont les remonstrances que nous auions à faire aux trois ordres d'Aduocats en particulier; en general nous adioustrons seulement deux ou trois mots : le premier est, que pour faire fleurir & meurir ces fruits de Medie, il est besoin de les arrouser souuent; l'eau XXIII.

est de vray necessaire en toute agriculture, *Ideo precabantur veteres lympham & bonum euentum*, pource que sãs l'assistance des eaues, *terræ frustratio est, non cultura*. Mais sur tous les arbres, les citronniers & orangers se plaisent d'estre moüillez & arrousez à toutes heures, ὕδατι ἀφθόνῳ ἀρδεύεσθαι δεῖ τὰς κιτρίας, il ne faut iamais espargner l'eau n'y l'arrosemẽt aux citronniers,

---quoties æstúsque & solis iniquum
Feruorem metues, rapidi aut fera sidera cancri
Aut glaciem quoties, inimicæ & tempora brumæ,
Verge iterum latices, iterum fluuialia mersa
Stagna super, sic ipse æstus, sic frigora vinces.

Ainsi doiuent les Aduocats s'arrouser continuellement eux mesmes des claires & crystallines eaues, puisées *ex intimis sapientiæ fontibus, ex quibus dicendi facultas fluit*, de la fontaine inespuisable des bonnes lettres, *literis fons perfectæ eloquentiæ continetur*, eloquẽce laquelle ils doiuent puiser en ces fontaines là auec vne longue, profonde, & assiduelle meditation de tout ce qui appartient au deuoir de leurs charges, car ce que dit Vegece, *omnes artes in meditatione consistere*, cela est principalement notoire en l'eloquence: c'est vne trõperie de croire que les vrayes sources de l'eloquẽce sont les preceptes ennuyeux de tãt de Rhetoriciẽs, *facultate enim & meditatione omnis eloquẽtia cõtinetur*. & partãt cõme on s'estonnoit iadis à Rome de ce que Lucius Piso estoit paruenu en peu de temps au rang des plus fameux & celebres Aduocats, on laissa de s'en esmerueiller lors qu'on sçeut que *nullum tempus illi vnquam vacabat à commentatione domesticâ*.

XXIV. LE second est, que les Aduocats en general, soubs pretexte

pretexte de diligence, n'embrassent plus d'affaires, qu'ils n'en peuuent mener loüablemēt à chef, il vaut mieux faire bien vn plaidé, qu'vne centaine de mauuais, car cette fecondité ne vaut riē, il vaut mieux dōner vn bon conseil meurement, que soubs voyle d'acquerir la reputation d'vn homme expeditif, gaster plusieurs affaires & n'en accommoder aucune; Il vaut mieux prendre vne pomme ou deux & s'en assurer, que non pas en cueillir trop & estre en danger de verser tout. Que les Aduocats se souuiennent en cette Agriculture du Palais, du precepte que donnoient tresſagement les Carthaginois, d'embrasser peu de terre, & la faire soigneusement, *acutissimam gentem Poenos dixisse cōuenit, imbecilliorem agrum, quàm agricolam esse debere, quoniam cùm sit colluctandum cum eo, si fundus prævaleat, allidi dominum*: si le laboureur doit luiter auec la terre, & l'Aduocat auec les affaires, il faut tellement mesurer ses forces, que iamais ny l'Aduocat ny le laboureur, ne se treuue dessoubs: & il est certain au reste, selon l'aduis de Columelle, qu'vn petit clos bien faict, portera tousiours plus de fruict, qu'vne grande estandue de terres mal faictes: *Nec dubium*, dit-il, *quin minus reddat laxus ager non rectè cultus, quàm angustus eximiè: huc pertinet præclara nostri Poëtæ sententia,*

----laudato ingentia rura,

Exiguum colito:

dont nous auons deux merueilleux exemples; de Furius dās Pline liure dixhuictiesme chapitre cinquiesme, & de Paridius dans Columelle liure quatriesme chapitre troisiesme, lequel n'ayant qu'vne vigne, & l'ayant diuisée en trois parts pour en faire le dot de ses deux filles, tiroit neantmoins autant de fruict de la troisiesme partie, que deuāt il tiroit de toute la piece; *quo, quid conijcitur, nisi meliùs postea cultam esse tertiam fundi partem, quàm antea vniuersam?*

XXV. Le troisiesme point est, que les Aduocats ne s'amusent pas trop à la belle couleur dorée qui reluit en ces pommes de Medie à raison de la quelle elles sont appellées pommes d'or, que cette couleur donques ne leur esblouïsse pas les yeux de l'ame & ne les emporte hors des bornes de leur deuoir; Democrite en perdit la veüe, Tantalus la vie, Atalante le prix de sa course, pour s'estre trop curieusement & auarement amusée à ramasser les pommes d'or qu'Hippomenes laissoit choir apres soy *Obstupuit Virgo, nitidíque cupidine pomi*
Declinat cursus, aurúmque volubile tollit:
Que la cupidité de l'or ne destourne pas aussi les Aduocats du chemin de leur course, & ne les rēde pas farousches & sauuages apres vne chose qui n'est rien que *intus metallum, foris pretium*: Car c'est vne grande sagesse du Poëte latin, lors que parlant des pommes d'or il les appelle, *siluestri ex arbore lecta*, non que les citronniers soyent estimez arbres sauuages ou incultes, mais d'autant que la conuoitise de l'or est vn sauuageau, qui ne rend que fruits amers & pleins d'austerité. Qu'ils ne viennent pas au Barreau pour y faire vne moisson dorée, mais seulement pour y acquerir honneur & reputation, suyuant l'exemple de Gracchus qui disoit en plaidant, *peto non pecuniam, sed bonam existimationem, atque bonorum*, autrement ils perdroient le nom d'orateurs, & n'auroient que le nom de manœuures, suyuant le dire de Mnesarchus, *qui, quos oratores*

vocamus, nihil esse dicebat, nisi operarios linguâ celeri & exercitatâ: C'est la difference que met aussi Philon Iuif entre l'Agriculteur, & le manœuure; d'autát que l'Agriculteur est versé, sçauant, & entendu en l'agriculture, le manœuure l'ignore ordinairement, & ne regarde que le gain, il ne luy en chaut de bien ou mal trauailler, pourueu qu'il gaigne, tout au rebours en est il de l'Agriculteur, lequel est descrit entre autres qualitez par Phlorentinus en ses maximes & preceptes du labourage μὴ αἰχροκερδὴς, esloigné de toute conuoitise, & ennemy de l'vsure & du gain.

Que les Aduocats donques soyent semblables aux vrais Agriculteurs & non pas aux manœuures, *sint oratores non operarij*, qu'ils ayment les pommes de Medie pour les autres proprietez, non pas pour la riche couleur, ou le nom d'or qu'elles portent.

POVR faire fin, il ne faut pas tellement approprier & donner toutes ces pommes d'or aux Aduocats, qu'on n'en fasse reserue de quelques vnes pour les mettre en meilleures mains, car si les Lacedemoniens ont autrefois dedié les pômes des Hespérides à leurs Dieux, ausquels ils en faisoient des chapeaux & guirlandes: si à la celebration du premier iour de la feste des Tabernacles Dieu ordonna à Moyse, que le peuple prist en main des fruits de l'arbre de beauté, ou du tres-bel arbre, *fructus arboris pulcherrimæ*, que Iosephe interprete des fruits de l'arbre de Persée, lequel selon Theophraste est le mesme que l'arbre de Medie, ou le citronnier, si doncques ces fruits là sont dignes des Dieux, ils ne seront pas indignes de nos Roys, XXVI.

Partant qu'on mette à ce grand Prince des pommes

Hesperides en main, car entãt qu'elles sont pommes, elles sont marques de victoire, *malum quod tenebat aureum, veluti victoriæ calculum puellæ tradidit*, dit Apulée, car aux vainqueurs, dit Plutarque, on leur iettoit des pommes, d'ou est venu le prouerbe FRAPPER DE POMMES que les Grecs disent μηλοβολεῖν.

Malo me Galatæa petit, &c.

non pourtant que nous soyons d'accord auec aucuns des Grammairiens, qui biaisent l'exposition de ce prouerbe & le referent πρὸς τὰ ἀφροδίσια, car frapper aucun de pommes suyuant l'origine de ce prouerbe, ne signifie autre chose, que luy deferer la victoire, & le proclamer vainqueur, d'autant qu'és ieux Pythiens, les coronnes n'estoient iadis que des pommes prises au temple d'Apollon, ou seules, ou entrelassées auec des branches de laurier.

Et c'est de là que les anciens Empereurs qui affectoiét le glorieux tiltre de vainqueurs du monde, ce sont faict peindre portans vne pomme en la main droite, que les vns ont appellé *pilam*, les autres *globum*, & ceux qui ont voulu parler plus proprement l'ont appellée *pomum imperij*, les Arabes en leurs Monomoeries & figures hyeroglyphiques, traduites par le commentateur de Manile, *in secundo Decano* la nomment *Pomum Imperiale*, lors qu'en la sixiesme figure ils mettent, *Rex coronatus dextrâ Pomum Imperiale, sinistrâ Sceptrum tenens*, & ailleurs ils la nomment, *Pilam mundi*, lors qu'ils disent *in Geminis: Rex Pomum siue Pilam mundi dextrâ gerens: Natus imperium obtinebit*. Le premier qui s'en seruit fut l'Empereur Auguste Cæsar, *qui* PILAM *in signa constituisse fertur, propter nationes sibi cuncto orbe subiectas, vt*

MALIS, *figuram orbis ostenderet:* Constantin quelques siecles apres, comme il estoit religieux, y fit adiouster la croix, POMO *seu globo superaddidit crucem*, dans Nicephore.

Et quel Prince plus iustement que le nostre se peut vendiquer le glorieux & celebre tiltre de vainqueur? à luy pouuons nous à bon droit dedier *la Victoire aux aisles arrachées*, portant en sa main droicte vne pomme d'or, telle qu'on l'adoroit iadis dans Athenes: A luy pouuons nous donner cette *pomme fatale & mysterieuse*, que le Turc apprehende par dessus tous les malheurs du monde, & ne signifie autre chose, dit Chalcõdyle, que l'Empire François, lequel dãs les vieux Ænigmes touchant la destruction de Constantinople, est descrit ordinairement soubs le voyle d'vne *pomme rouge*, qu'ils disent estre fatale à leur Estat.

Nous luy pouuons encores donner les pommes d'or & les Citrons, qu'on mettoit iadis dans les mains d'Hercules, ainsi qu'il se void dans ses vieilles statues en tesmoignage & recognoissance de ses trauaux, car nos maieurs qui sçauoiẽt n'y auoir riẽ de si doux que la victoire apres le trauail, suyuant ce qu'en disoit Pompée,

Carius est quoties magnò sibi constat honestum,

luy mirent des pommes d'or en la main droitte, & la massue en la gauche, l'vn marque des trauaux, & l'autre de la victoire.

Or ce seroit vne mescognoissance trop grande de desnier ces pommes d'or à nostre Prince genereux, l'Hercule de nostre France, apres tãt de trauaux aussi grands & plus veritables que ceux de l Hercule Thebain, car c'est luy

——— qui ferre queat quoscúnque laborē
Nesciat irasci; cupiat nihil, & potiores
Herculis ærumnas credat, sæuósque labores,
Et Venere, & cœnis, & plumâ Sardanapali.

XXVII. Si ces trois pommes d'or sōt biē seantes en la main de nostre Prince, pour tesmoignage de ses vertus & victoires, il nous semble qu'vne dicelles sera bien seante encores en la main de nostre Princesse, veu qués anciennes medailles la pomme de Medie est signe d'vne heureuse fecondité *orbem quendam fœcunditatis perpetuæ sibi ministrāte naturâ*, en cette consideration la pomme d'or a esté dediée à Venus Vranie, qui preside à la generation & fecondité du monde, *satúsque viuificos de cœlo influit*, & partant fut appellée & adorée soubs le nom de COELESTIS par les Carthaginois

——— per te quoniam genus omne animantum
Concipitur, visítque exortum lumina solis.

Et c'est pour cette consideration qu'au reuers des anciennes medailles de quelques Imperatrices, en tesmoignage & resiouyssāce de leur fecōdité & nouuelle lignée, on voyoit cette Deesse representée tenant vne pomme en main, auec cette inscription VENVS FOELIX.

Qu'il soit donc pris en bonne part, si on dedie vne pomme d'or à cette heroïque Princesse, l'Vranie de nostre siecle, pour marquer sa fecondité trois fois heureuse, par laquelle elle a bienheuré la France d'vn Dauphin en l'an premier du nouueau siecle no⁹ donnant la plus belle pomme d'or qui fut iamais dās le iardin des Nymphes Hesperides: Que puissiés vous grande & sage heroïne comme le citronnier des Hesperides donner à tous les Royaumes de l'Europe de belles pommes d'or, & faire que la posterité vous honore autant pour vostre heureuse & Royalle fecondité, que les siecles passez ont honoré le citronnier planté par les mains de Persée.

Et pour vous ieune Prince entre les mains duquel XXVIII
nous mettons comme on fit iadis entre les mains d'Hercule gisant en son berseau μῆλατε χρύσεα καλὰ de belles pommes d'or: croissez arrozé des faueurs du ciel, & des benedictions de la terre, croissez à l'ombre de ce grand Prince vostre pere, croissez comme vne pomme d'or, ou plustost comme celuy qui doit vn iour en vray Conquerant de la terre porter en sa main le monde comme vne pôme coronnée. Croissez petit Herculin, comme celuy qui doit vn iour amener en la France vn beau iardin des Hesperides, & par ses victoires rauager leur bel arbre doré,

——— spoliabitur auro
Arbor, & hunc prædo titulum Ioue natus habebit.

C'est l'esperance que nous auons conceu de vous, c'est la promesse que nous en font les vieilles Propheties, & le vœu que nous en faisons: *Vt voto finiatur oratio, publicâ voce eum obtestemur, custodiat, seruet atque protegat hunc statum, hanc pacem, hunc principem, eique functo longissimâ statione mortali, destinet successores quàm serissimos, quorum ceruices tam fortiter sustinendo imperio sufficiant quàm huius suffecisse sensimus.*

FIN.

Comme Monsieur de Nesmond estoit singulierement amoureux du iardinage, & bien versé en tout ce qui en despend, il eut aussi nommément vn fort heureux rencontre en cette Remonstrance & aux rapports qu'il y fit des fruicts & plantes aux Officiers de Iustice. Le feu Roy, ayant sçeu l'offre qu'il luy auoit faict de cette belle pomme d'Orãge, l'eut fort pour agreable, & luy en fit tesmoigner le ressentiment: Or au mesme lieu de Nerac, où cette Remonstrance fut prononcée, il y a dans les iardins du Chasteau de fort beaux Cyprés, qu'on tient assurément auoir esté plantez par la main du Roy mesmes, ce qu'ils semblent tesmoigner en leur beauté nompareille, vt fas sit credere gaudente terrâ vomere laureato, & triumphali aratore, siue ille eádem curâ semina tractabat, quâ bella, eadémque diligentiâ arua disponebat, quâ castra, siue honestis manibus omnia lætiùs proueniunt, quoniam & curiosiùs fiunt, *quelqu'vn des amis de Monsieur de Chezac, prenant occasion de ce rencontre, des* CYPRES *plantez par la main du Roy, & des* CITRONS *ou* ORANGES *plantez par son estude & arrousez de son bien dire, luy presenta les vers suyuans, qui se sont trouuez dans ses papiers, & m'ont semblé dignes de viure en suyte de cette docte & agreable Remonstrance.*

A MONSIEVR DE CHEZAC

Sur les Citrons & Oranges par luy presentez au Roy, aux ouuertures de la Chambre de l'Edict à Nerac, l'an M. D.C.I. & sur les Cyprés plantez au mesme lieu par la main du feu Roy.

STANCES.

C'Est dôc à tort qu'on m'a fait croire
Que nostre France n'eust la gloire
De voir iaunir ses beaux vergers,
Aussi bien qu'on void en Espagne
Au printemps la riche campagne
Du fin or de ses Orangers.

Veu qu'icy CHEZAC, tu nous monstre
Par l'heureux & docte rencontre
De tõ beau discours plus qu'humain
Qu'il n'est sorte de fruicts au monde
Dont la France ne soit feconde,
Si quelqu'vn y porte la main.

Partant si l'Espagnol se vante

Que ce fatal fruit d'Atalante
Pour marque de fertilité,
Ne vient que ſur les bords du Tage
C'eſt ſe donner trop d'auantage
Aux deſpens de la verité.

Car il verra que la Garonne
Luy rauit enfin la coronne,
Et ces beaux Citrons iaune-vers
Abbreuuez de ton eloquence
Luy diront aſſez que la France
Eſt la créme de l'vniuers.

Autrefois, dit-on, noſtre Prince
Retiré dans cette prouince,
En auoit fait vn Paradis,
Grand iardinier & grand Monarque,
D'ou nous reſte encore la marque
Aux Cyprés qu'il planta iadis.

Ces beaux arbres quoy que funebres
Amis de mort & des tenebres
Sont bien plus gaillards mille fois,
Que ny la palme, ny le cedre,
Ny le platan, qui dans le Phedre
Boit & mange tout à la fois.

Il ſe void en leur cheuelure
Et en leur gazouïllant murmure
Qu'ils croiſſent ſans nul contredit,
Et que non-obſtant les tempeſtes

Ils touchent le ciel de leurs testes,
Puis qu'ils sont plantés par Edit.

Et seulement en leur feuïllage
Il se lit qu'il n'est que dommage,
De ce qu'ils sont arbres de mort,
Puis qu'il faut qu'vn iour ils ternissent
Et sifflant sans doute ils gemissent
Que ce grand Prince leur fit tort.

Car s'ils estoient tournés en Palme,
Ils auroient le tein bien plus calme
Et seruiroient à tout le moins
De beaux pennaches à sa gloire,
Et à son immortelle histoire
De guirlandes & de tesmoins.

Où le Cyprés arbre funeste
En tous ses biens n'a rien de reste
Pour le seruir, ny rien de beau,
Qu'vne branchette vermolue,
Et vne feuille crespelue
Pour ioncher en fin son tombeau.

Mais las à quoy songe ma Muse!
Il est certain qu'elle s'abuze
Et ces arbres n'ont merité
Que nous leur faisions telle iniure
Accusant ainsi la nature
D'imprudence ou temerité.

Et si iadis la destinée
A la douceur plus enclinée
Eust à ces Cyprés donné l'heur
De choisir vn ordre pour naistre,
Ils n'eussent iamais voulu estre
D'autre race que de la leur.

Non pour les graces pretendues
Qui portent iusque dans les nues
Ce beau grand tige nompareil;
Ny aussi pour leurs grands merites
D'ou les Grecs les nõment CHARITES
Et l'arbre sacré du soleil.

Bassus au liure XI. remarque que les Atheniẽs apellent les cyprés, *Charites gigniparas, arbores solis, &c.*

Mais pource qu'vn grãd Roy de France
Sans rien ternir de sa puissance,
Voyant ces arbres si iolis
Vn temps viendra qu'il les cultiue
Comme Minerue son oliue
Ou bien Iunon sa fleur de Lis.

Icy, CHEZAC, preste l'oreille
Ce n'est pas sans grande merueille
Que sagement, & tout exprés
Tu mets L'ORANGE en mesme terre
Où lon dit iadis, qu'en esquerre
Ce grand Roy planta ses CYPREZ.

Il ne peut pas manquer de prendre
En mesme terroir, & de rendre
Force fruit, veu qu'on le nourrit

Du fin cryſtal de l'eau ſacrée
Qui coule du fleuue d'Aſtrée,
Et qu'vn air ſi propre luy rit.

En Eſpagne on dit vn prouerbe
Touchant cet arbre, ſi ſuperbe
Qu'on luy faict emporter le pris
Sur toutes plantes odoreuſes,
Et ſur les branches amoureuſes
Du ſacré myrte de Cypris

Car voyant la durté de l'arbre,
On dit que ſon bois eſt de marbre,
Que ſes fleurs ſont d'argent caillé,
Ses veines ſont de fer de mine,
Ses feuilles d'eſtoffe fort fine
Et ſon fruit eſt d'or eſmaillé.

Pour moy ie confeſſe, qu'vn Ange
N'euſt ſceu loüer mieux vn Orange,
Mais certes la comparaiſon
Pourroit eſtre encores mieux faicte,
Si l'autheur eut eſté Prophete
Y adiouſtant vne raiſon:

Car eſtant abbreuué de l'onde
D'vne doctrine ſi profonde
Et nourry du miel de Pithon:
Au lieu de pommes verte-pales
Donnons luy des fines opales,
Des rubis au lieu de boutons

Pour cette liqueur douce-amere;
Du doux Nectar la goute mere,
Duquel tu nous ſers d'eſchançon:
Et pour ſon eſcorce galeuſe,
Vne peau richement perleuſe
Le tout, CHEZAC, de ta façon.

FIN.

CINQVIESME

REMONSTRANCE

FAICTE EN LA CHAMBRE DE L'EDICT A L'OVVERTVRE DE LA S. Martin l'an MDCVI.

LES PORTES DE IVSTICE.

C'EST auiourd'huy que s'ouurent au Palais les portes de la Iustice auec beaucoup meilleur dessein, plus heureux & desirable succés que ne s'ouuroient iadis à Rome les portes de la guerre: Le Poëte Latin descriuant au septiesme de l'Æneide cette solennelle ouuerture du Temple de Ianus, & des portes de la guerre dit ainsi, I.

Sunt geminæ Belli portæ, sic nomine dicunt,
Religione sacræ, & sæui formidine Martis:
Centum ærei claudunt vectes, æternáque ferri
Robora, nec custos absistit limine Ianus.
Has, vbi certa sedet patribus sententia pugnæ,
Ipse Quirinali trabeâ, cinctúque Gabino
Insignis reserat stridentia limina Consul.

Voila en peu de mots les formes & ceremonies qui se gardoient iadis pour ouurir & desboucler les portes de la Iustice guerriere, ou de la guerre iuste, car comme ainsi soit que la Iustice se puisse considerer doublement & distinguer en deux, l'vne armée, & l'autre desarmée, il est certain que iamais l'ouuerture ne s'en est faicte qu'auec de grandes & belles celebritez en toutes les nations qui les ont ou cogneuës ou adorées. La iustice armée c'est la guerre iuste & denoncée iustement, dit Lactance au sixiesme de ses Institutions, en quoy les Romains se sont monstrez plus religieux obseruateurs que peuple de l'vniuers, pour n'ouurir mal à propos les portes de la guerre, & ne lascher la bride à cette furie sans vne grãde consideration ; c'est pourquoy ils pratiquoyent maintes grãdes & remarquables solennitez deuant que d'ouurir le Temple de la guerre non seulemẽt sur les lieux & limites de leurs pretendus ennemis, mais encore en la ville mesmes de Rome deuant que d'en venir aux mains & à l'ouuerture de la guerre.

Ce n'est pas nostre dessein que de faire en ce lieu sacré vn denombrement ennuyeux de toutes ces façons & ceremonies paganesques & guerrieres, quoy qu'on y puisse voir quelques marques & vestiges de ressemblance auec les ceremonies & celebritez de nos ouuertures annuelles. En ce premierement que comme la guerre estoit vne espece de Iustice, aussi la Iustice est vne espece de guerre, le Poëte Panegyriste loüant les vertus d'vn grand & sage Empereur n'oublie pas d'y mettre celle là,

——sub quo licet exercere togatæ
Munera MILITIÆ

& vn autre plus clairement parlant du Palais & des nobles concertations qu'on y void tous les iours, les appelle

appelle MITIA BELLA,

——*licet sine sanguinis haustu*

MITIA *legitimo sub Iudice* BELLA *mouere.*

car la Iustice en ses peintures tant vieilles que modernes, ne porte pas seulement les balances en la main gauche, mais encores vne espée traicte en la droite, pour auoir par là force ce qu'on denie à la raison. En second lieu les celebritez de la guerre iuste, & de nostre Iustice conuiennent en l'ouuerture qui se fait de l'vne & de l'autre à certains iours propres & dediez. Mais comme la Iustice est beaucoup plus recommandable que la guerre, aussi l'ouuerture de Iustice & les portes du Palais sont beaucoup plus solennelles que l'ouuerture de la guerre, & les portes de Mars.

IL est doncques auiourd'huy le iour auquel la loüable coustume de nos maieurs nous assemble en ce lieu pour appendre vne coronne & guirlande de parolles choisies sur la PORTE DE IVSTICE. Il est vray que le docte Tertullian semble nous interdire cette celebrité comme vne superstition paganesque, disant au liure de la coronne. *Christianus nec* IANVAM *suam laureis in amabit, si norit quantos Deos ostijs diabolus affinxerit*; mais il est vray que cette coronne que nous y mettrons, ce laurier que nous y attacherons, ces rubās sacrez que nous y entortillerons, ne seront autres que les discours & Remonstrances sorties de nostre bouche, pour seruir de festons, & panonceaux à l'ornement de cette PORTE sacrée, *sicut vitta coccinea labia tua* nos propos & harangues ne seront que des rubans incarnats *lemnisci ad illaqueandos postes.* II.

Il est vray que sainct Augustin & Arnobe son maistre

reiettent par dessus toutes les diuinitez folastres & payennes celles que la superstition auoit mal à propos attaché à la garde des Portes, tant publiques que priuées, & Tertullian comme il estoit d'vne humeur plus ardante les bânit auec espece de conuices, & les appelle par risée *Ianitrices potestates*, disant contre les Gnostiques & Carpocratiens, *Quas mihi potestates Ianitrices affirmas iuxta Romanam superstitionem, Cardum quendã Forculum & Limentinum?* & ailleurs il leur assigne leurs propres offices & denominatiõs en ces termes, *Ianum à Ianuâ, Limentinum à limine, Forculũ à foribus, Cardũ à Cardinibus.* Mais il est certain, laissant à part toutes ces abominations, folies & prodigalitez qui se faisoient à Rome durant les festes qu'on appelloit *Liminália*, que Dieu à voulu & recherché de tout temps vne particuliere reuerence aux entrées, ouuertures & Portes de toutes choses grandes & solennelles, ce qu'il a luy mesmes voulu monstrer & consacrer par exemples, car deslors qu'il ouurit par sa toute puissance la Porte de ce monde aux creatures pour sortir des cachots de leur neant, ——*mundoq; repagula soluit,* comme parle Sedulius, deslors qu'il desboucla la barriere & lascha le verroüil aux destinées, on vit aussi tost les elemens fournis, le monde peuplé, les creatures se ranger & venir en la maison de ce grand vniuers *quà data porta*, Il n'appartenoit qu'à luy seul de toucher les ressorts & mouuoir les gonds de cette grande & pesante porte : c'est celle là que S. Gregoire & Margunius appellent en leurs vers πύλας δικλίδας portes à deux battãs & à deux clefs, de la puissance & de la volonté diuine, desquelles l'vne n'ouure iamais sans l'autre & sont inseparablement attachées par vne chaisne plus forte & mieux soudée que celle d'Homere.

Deslors vn chacun commança de se retirer, & comme pour euiter les incõmoditez de l'air, dit Vitruue, on inuenta la façon de bastir,

Imbribus arcendis firmantur pendula tecta,

Aussi on trouua deslors l'inuention des Portes aux logis, cabanes, & retraites pour l'asseurance des demeurans, & c'est vne folie de croire qu'il n'y eut point de portes au monde que du temps de Ianus ou Ninus Roy des Assyriens, qui fut à ce qu'on dit, le premier qui inuẽta les portes, car ceux qui sont allez par leurs coniectures au de là du deluge, & ont porté leurs curieuses recherches iusques sur l'enfance du monde, sont d'aduis que mesmes il y auoit au Paradis terrestre vne façon de Porte à berceaux & vn ouurage d'excellente verdure, auec des murailles, creneaux & palissades fort espaisses & herissées pour empescher l'abord, c'est l'opinion d'aucuns Rabins, & nommément de Simon Bercepha, de maniere que ce n'est pas sans fondement que Tertullian parlant au liure, ou bien au fragment *de Paradiso*, de l'espée de feu que Dieu mit és auenües de ce lieu pour en garder l'entrée, il l'apelle *Paradisi* IANITRICEM en ces mots; *Nullis Rhomphæa Paradisi Ianitrix cedit, nisi qui in Christo decesserint.*

Sainct Epiphane & Glycas en la premiere partie de ses Annalles sont en cette opinion, laquelle ils pourroiét auoir puysée des traditions Rabinesques, que Dieu iettant le premier hōme de Paradis terrestre, le mit tout ioignant de cette Porte, les deux battans ouuetts,

Vt inuitaretur ad pœnitentiam, dit S. Epiphane, *ex aspectu Paradisi, quem per peccatum amiserat*, & l'autre adiouste dauantage que *iuxta Portam Paradisi omnem vitam plorando exegit*. Cette Porte estoit la vraye PORTE DE IVSTICE, car il estoit raisonnable qu'ayãt esté chassé iustement du paradis, il pleurast & recogneust sa faute faisant penitence & satisfaction sur le lieu mesme de son forfait.

III QVE si nous vouliõs suyure les erres & nous arrester aux songes des Cabballistes, nous dirions que peut estre despuis cet arrest definitif de banissemant, prononcé sur le seuil de cette Porte imaginaire, c'a esté vne occasion à toutes les nations du monde qui ont recogneu la Iustice, d'en faire l'exercice sur les portes & d'attacher cette Deesse aux portes les plus renommées de l'vniuers, ainsi que iadis les Portiers des maisons priuées estoient enchaisnez & attachez aux Portes qui leur estoient mises en garde, cõme les sçauans hommes ont obserué sur ce vers de Tibulle

At mihi seruandam credas, non sæua recuso
Verbera, detrecto non ego vincla pedum,

Car c'est vne chose bien remarquable qu'en tous les endroits du monde, où les anciens par honneur & reuerence des lieux ont posé des Portes imaginaires, ils y ont aussi par consequent mis vne sorte de Iustice & estably comme vn Parquet à diuerses chambres & Iurisdictions.

IV. VOYLA que dans le Ciel Pindare ne s'est pas contenté d'y mettre vn paué d'or, mais aussi il y a mis & basty de grandes & belles Portes d'or richemét estoffées de perles & de gros cloux de diamans; Inuentiõ qu'on n'oseroit estimer fabuleuse apres les sacrées parolles de S. Iean en son Apocalypse, où descriuant le Ciel comme vne grande & belle cité, il luy donne douze grandes Portes basties à quartiers d'esmeraudes & diamans *Et duodecim* PORTÆ, *duodecim margaritæ sunt per singulas* PORTÆ *erant ex singulis margaritis.* Il est vray que la plus part des anciens Poëtes n'ont recogneu qu'vne seule Porte dans le Ciel, de laquelle il est escrit dans le Poëte Latin,

> PORTA *tonat cœli, & scopulis illisa reclamant*
> *Æquora.*

sur laquelle aussi tost ils ont posé la Deesse Astrée, qui n'est autre que la Iustice pour en estre la Portiere, ainsi qu'il se void dans les vieux commãtaires d'Aratus; & si Homere a pris la hardiesse le premier d'y mettre plusieurs Portes, & les heures pour portieres, ainsi que souuent il a fait & nommément en son Iliade huictiesme,

> *Αυτόμαται δε πύλαι μύκον ὐρανὸς ἃς ἔχον ὧραι*
> *Ταῖς ἐπιτέτραπται μέγας ὐρανὸς, Ουλιμπός τε.*
> *Sponte suá portæ cœli apertæ sunt quas tenebant Horæ*
> *Quibus commißum est magnum cœlum & Olympus.*

Ce changemét di[...]e de la Nymphe Astrée ou Cassiopée aux heures ou saisons ne peut interesser la commune opinion, car Germanicus & Hesiode deuant luy ont dit que les heures sont filles de la iustice ou de la Deesse Astrée, & partant la iustice pose les heures sur la porte du ciel comme ses Conseillieres; & les Astrologues Chaldeans ont passé plus auant, car sur le seuil de cette Porte du ciel tant renommée ils ont estably vne Cour souueraine, de Presidens, Conseilliers, Huyssiers & autres Officiers de iustice, car ce que les Grecs ont appellé δώδεκα ζώδια, les douze animaux du grand cercle du mõde, par lesquels le Soleil comme le Chancelier fait sa visite pour rendre iustice, ils les ont nommez les Dieux Consultans ou Conseilliers, & ceux qui sont appellez par les Grecs πλανώμενοι ou πλανηταὶ, ils les ont apellé les petits Dieux portans la baguette, c'est à dire les Huissiers ou Greffiers de ce grand Parlement, l'Astrologue Latin a deduit ce rapport encores plus clairement, lors que par des vers dignes d'eternelle memoire, il a biẽ osé comparer les Estoilles aux Senateurs Romains, & faire dãs le ciel vne cour souueraine lors qu'il dit en finissant son œuure,

Tunc conferta licet cœli fulgentia templa
Cernere seminibus densis, totísque micare
FLORIBVS, *ut siccæ curuum per littus arenæ.*
Vtque per ingentem populus describitur vrbem
Præcipuúmque PATRES *retinent, & proximum equester*
Ordo locum, populúmque Equiti, populóque subire
Vulgus iners videas etiam sine nomine turbam.
Sic etiam magno quædam respóndere mundo
Hæc natura facit quæ cæli condidit orbem
Sunt STELLÆ PROCERVM *similes, sunt proxima primis*
Sidera súntque gradus atque omnia iuncta priori.

Il a comparé les Estoilles aux fleurs, ainsi que Columelle compare les fleurs aux Estoilles & les nomme *terrestria sidera flores*, ainsi que S. Chrysostome compare le ciel à vne prerie, & les Estoilles à l'esmail de diuerses fleurs, *Mẽte mihi percurre inferius pratum, superius pratũ, pratũ enim in cælo siderũ est, varij flores, inferiùs Rosæ, superiùs*

Iris & stellæ &cequi s'ensuit. Mais ce rapport luy ayant semblé trop bas comme aussi celuy qu'il a fait en passant des Estoilles du ciel au sablon de la mer & aux fueilles des arbres, il viét à vne cōparaison plus releuée, & les parangōne aux Conseilliers & Senateurs de Rome le premier Parlemét de l'vniuers. S. Ieā qui met douze portes dās le ciel, n'a pas aussi māqué d'y mettre douze iuges & Conseilliers, ce sont les douze Apostres qui doiuent estre les douze Conseilliers & assesseurs, au iour des grandes assises *in decretorio & censorio die*. Que si on aymoit mieux auec quelques Interpretes exposer ces douze pierres precieuses qu'il met sur les douze portes du ciel, de douze Estoilles principalles, le parangon n'en seroit pas nouueau ny mal pris des Estoilles aux diamans, & des diamans aux Estoilles; car celuy qui iadis descriuit Dieu le souuerain Iuge du monde, lors qu'il vient en son siege pour iuger, l'orna du Soleïl comme d'vne grosse escarboucle, des Estoiles, comme de perles, & de la Lune comme d'vn crystal de roche, lors qu'il dit par ces beaux vers,

Procedit ergo splendidâ indutus togâ
Vt MARGARITAS *clara gestans* SYDERA.
At pectori adiunctum vnicum lychnitem habet.

luy donnant particulierement διαυγεῖς μαργαρίτας ἀστέρας. Voila quāt à la Porte du ciel & à la resséblance d'vn siege de Iustice que les Poetes, & les Astrologues y ont estably à l'occasion de cette porte d'or bastie premierement par Pindare, & puis enrichie par les belles inuentions des siecles suyuans, descendons de là & venons à considerer ce bas monde.

Il est vray que la naissance des choses & la mort V

ou corruption sont appellées par les meilleurs escriuains : LES PORTES DE LA VIE, ou bien LES PORTES DE LA MORT : C'est cela que Seneque vouloit dire lors que parlant à la Stoïcienne il auança cette proposition, Qu'il n'y auoit qu'vne Porte pour entrer en ce monde, & qu'il y en a plusieurs pour en sortir ; car quant à la naissance, Lucrece l'appella, *Vitaï* LIMINA, & non pas *lumina*, ainsi que quelques vns ont corrõpu mal à propos, quoy qu'en quelques endroits il se puisse tolerer, comme lors qu'il est dit,

Luce serenanti vitaï LVMINA *linquit*,

mais en d'autres endroits il ne se peut supporter aucunement, cõme lors qu'il est dit au liure troisiesme

Tum cùm gignimur, & vitæ cùm LIMEN *inîmus*.

Et c'est cella mesme que vouloit dire Georgius Chartularius au liure *de Vanitate vitæ* lors qu'il l'appelle πολυχιδῆ βίον λόξην ἔχοντα τὴν δυσέκβατον πύλην la vie vagabonde & variante qui a la Porte fort difficile à trouuer & à ouurir ; ce que disoit aussi Seneque que nous serions heureux si la Porte de la vie estoit aussi facile à ouurir que la Porte de la mort. C'est pour cella que Bacchus fut appellé iadis Διθύραμβος, c'est à dire le Dieu A DEVX PORTES à cause de ses deux naissances dit l'autheur du grand Etymologique, ἀπὸ τοῦ δύο θύρας βαίνειν, à cause qu'il entra en ce mõde par deux Portes, la premiere fut le ventre de sa mere, & la seconde, la cuisse de Iuppiter selon les fables: La mort est aussi vne grãde Porte pour entrer & sortir: *Qui exaltas me de Portis mortis* dit le Prophete Royal, & le Poëte iudicieux au second de l'Aenëide fait ainsi parler son pieux Prince

Si

Si nihil ex tantâ Superis placet vrbe relinqui
Et sedet hoc animo perituræque addere Troiæ
Téque tuosque iuuat, patet isti IANVA LETHO:

& Arnobius apres luy vsurpant ces mesmes parolles dit au second *omnis enim paßio*, LETHI *atque interitûs* IANVA *est*, & s'accordant au dire de Seneque par lequel il est dit qu'il y a plusieurs Portes pour sortir de la vie, il adiouste, *Rursus verò si animæ Lethi adeunt* IANVAS locutions qu'ils ont l'vn & l'autre emprunté de Lucrece, lors qu'il dit

Nam quæcunque priùs de parti corpora cesse
Constitues, hæc rebus erit pars IANVA LETHI

& de là souuent dans les Poetes & Philosophes il se void LIMEN *mortis*, LIMEN *exitij*, & autres semblables mots qui monstrent en cella l'opinion des anciés prise des Epicuriens.

OR à ces deux grandes portes du monde les Philosophes ont ordinairement posé la Iustice pour gardienne & portiere du mõde affin que personne n'entrast & ne sortist que par la PORTE DE IVSTICE, il est bien vray qu'on ne nous doit pas de Iustice l'entrée ou la sortie de la vie, VI.

Viuere nec nostrum, nec longum viuere nostrum,

mais s'il faut y entrer ou desloger, Dieu veut que ce soit par Iustice : car qui nous laisseroit faire, disoit Silius Bassus, dãs Seneque, chacun se bastiroit vne porte à sa fantaisie pour entrer en cette vie, *Si poßēt homines sibi sortē facere nascēdi, nemo esset humilis, nemo egēs, vnusquisq; felicem domum inuaderet: sed quandiu non sumus, natura nos regit, & in quencúmque vult casum, nos mittit, hinc sumus æstimandi cùm sumus nostri.* C'est pour cella que les Platoniciens nouueaux, ont posé aux portes de la naissance des gardiens & comme des espions de cette Iustice pour veoir à quel tiltre vn chacun entre dãs l'éclos du monde qui est la grãde maisõ de la Nature, *publica Naturæ domus est* : Maximus Tyrius en fait vn excellent discours en la defense de la vie pratique ou negotieuse, car dit-il, si quelqu'vn auoit le pouuoir de mettre & ordonner des gardes aux portes de cette vie, ils se garderoit bien d'y laisser entrer personne, qu'auec le mot du guet de Iustice, pour estre vtile & profitable en la republique, car la iustice veut que les faineans en soyent bãnis, comme des guespes & frelons d'entre les mousches à miel, voila ce qu'en dit à peu pres ce Philosophe, par ou il se void que la iustice est la portiere de ce monde, & que la naissance d'vn chacun est la vraye Porte de Iustice, par ou il se peut voir que le Poëte Panegyriste s'est abusé grandement lors qu'il donne iniustement cet honneur à la Clemence & la fait sans autorité la portiere de ce monde,

Principio magni CVSTOS *Clementia* MVNDI,
Quæ Iouis incoluit Zonam, quæ maxima natu
Cœlicolûm.

aussi peu en doiuẽt estre croyables Hesiode & Phurnutus, lors qu'ils disent que ce fut la Deesse Eris, c'est à dire le procés, qui sortit la premiere de la confusion des choses pour s'asseoir sur la porte du monde; car ce fut la Iustice, qui voulut estre la portiere de l'vniuers, & comme la sage femme pour receuoir ceux qui viẽdroient en cette vie par la porte de la naissance.

VII. PASSANT encores plus outre, nous trouuerons qu'au lieu destiné pour les supplices des meschans, que Platon appelle l'esgoust du mõde δεξαμενὴν τῆς οἰκουμένης, la sentine de ce grand monde, S. Gregoire en ses vers Iambiques la nomme la prison de l'vniuers

Φρουρεῖ δὲ πᾶσαν ὡς ἐν εἱρκτῇ τὴν φύσιν.

In carcere omne continet rerum genus.

Nous trouuons qu'en ce lieu encores il y a vne Porte de Iustice, car pour les portes des Enfers, c'est vne chose si commune & triuiale que les Poëtes en sont pleins, & le sixiesme de l'Æneide nous en fait foy suffisãment, qui ne les nomme iamais sans adioint & epithete, car tantost il les appelle, *Sacras*, puis *Pallentes*, *Horrisonas*, ou quelques autres mots effroyables. Il est à remarquer que les anciens, en tous les lieux effroyables, & tels que Varron appelloit *Fera loca*, comme estoit la vallée d'Auerne en Italie, mettoient en ces endroits des portes & descentes pour aller aux Enfers, ainsi Stasimus dans le Comique voulãt destourner le vieillard Philton de l'achapt d'vn champ mal-heureux, ose bien luy dire, que la Porte des Enfers est en cette terre là, d'ou donnant des indices il dit,

Primùm omnium olim terra cùm proscinditur
In quinto quoque sulco moriuntur boues,
Acheruntis OSTIVM *in nostro est agro*
Tum vinum priúsquam coactum est, pendet putridum.

opinion que Lucrece renuoye en se moquant comme vne fausseté trop grossiere, disant au sixiesme,

IANVA *ne his* ORCI *potius regionibus esse*
Credatur posita, hinc animas Acheruntis in oras
Ducere fortè Deos Maneis infernè reamur.

Ce n'estoit pas assez de mettre des portes aux Enfers, VIII.
il falloit encores que la iustice en eust la garde, de fa-

çon, qu'ils ont estably la bas vne chambre criminelle à trois Presidens, comme il se void dans le Minos de Platon, dans l'histoire de Lucian & les autres, ils ont mis labas les procés, la chiquanerie, la pratique & toutes les routines & formules des Palais,

--- lites, Stygiique negotia soluit
Dura fori, veteresque reos ex ordine quærit.

c'est là où tous les faicts & actions humaines sont examinées seuerement, & plaidées de part & d'autre c'est là que les arrests sont si precis & definitifs qu'il n'y a nulle sorte d'interuentiõ, appel, remise, ou cõtumaces: c'est là où la iustice est, telle qu'elle fut iadis descrite par Zenon σκυθρωπὸς παρθένος seuere & rigide à outrance: en vn mot c'est là plustost la prison que la Porte de iustice. Bien qu'il se soit trouué des Escriuains, qui ont passé plus auant & ont mis dix portes aux Enfers, cõme il se void dãs le treiziesme liure de Silius Italicus, auquel il se va perdant dans les ruynes des idées Platoniciennes; & ce que Platon auoit dict, qu'il y auoit aux Enfers certains cercles ou diuisions κύκλους βαθυτέρους, ainsi qu'il les appelle, il en a faict dix portes selon l'ordre qui s'ensuit. La premiere est pour les Capitaines, la seconde pour les Legislateurs, la troisiesme pour les villageois, la quatriesme pour les chantres & Poetes, la cinquiesme pour ceux qui meurent sur la mer, la sixiesme pour les grands & remarquables criminels, la septiesme pour les femmes, la huictiesme pour les enfans, la neufiesme pour les gens de bien, & la dixiesme pour ceux qui doiuent apres mille ans reuenir en cette vie suyuant les songes de Pythagore.

NOVS auons suffisamment démonstré qu'en tous IX.
les lieux les plus renommez de l'vniuers il y auoit quelque porte de iustice, ou pour le moins quelques masures & ruynes de cette verité, mais il n'a pas esté monstré comment & auec quelle celebrité l'ouuerture s'en faisoit: Car comme ainsi soit que ces Portes desquelles nous auons iusques icy parlé ne fussent ny tousiours ouuertes, ny aussi continuellemét fermées, il estoit raisõnable qu'on gardast quelque ceremonie à l'ouuerture d'icelles, ce qu'on a fort estroitement obserué, pour rendre plus auguste l'exercice & les fonctions de iustice.

Car quant à la Porte du ciel qui auoit esté fermée à doubles barres & à triple ressort despuis l'exil & proscription des premiers hommes, iusques à l'aage sixiesme du monde, il falloit que l'ouuerture tant desirée de cette Porte à l'an sacré de ce grand iubilé se fist auec toute sorte de celebritez & ceremonies; & c'est pourquoy Iesus-Christ, qui est appellé par sainct Gregoire de Neocesarée *le Printemps de iustice*, ἔαρ δικαιοσύνης que Proclus Cyzicenus nomme *Amussim iustitiæ*, la regle & l'equerre de iustice & sainct Paul, *Nostre iustice* purement & simplement, c'est luy qui a ouuert & desbouclé le premier cette Porte, c'est luy qui a peu dire plus iustemét que personne du monde,

Mî soli Cœli maxima Porta patet.

Et comme l'ouuerture s'en est faicte par Iustice, luy l'ayãt gaignée au pris de son sang aprés auoir satisfaict *ex rigore Iustitiæ*, cõme ils parlent en l'Eschole, il estoit raisonnable, que le triomphe s'en fist auec toutes les formalitez de Iustice: Voyla comment S. Augustin descrit la magnificence de cette OVVERTVRE en l'vn de ses sermons. *Plaudunt agmina, tubæ sonant, lætis se miscentia blanda modulamina choris funduntur: Ecce confestim splendidus ille* SENATVS *cælestis ex regnis soluitur, namque in imis poli, læta carminibus regia ampla Dei reseratur, vndique siderei repagula cœli atque astriferi orbis arcana solutâ penitus cõpage patescunt, recessit in geminam arcem diuisus aër & lati ardua cœli latera concisis marginibus dependerunt: fit vnus sine cœlo dies & claris titubat fulgoribus æther.* Car il ne faut point doubter, qu'à ce iour de triomphe, le monde ne se treuuast grandement estonné, & que l'esclat de cette ouuerture ne fist de grandes conuulsions au ciel & en la terre

Quid? quasi non timeant magni cùm vulnera cœli
Aspiciant, feriatque oculos iniuria mundi
An coëat mundus, duplicisque extrema cauernæ
Conueniant cœlique oras & sidera iungant
Perque ipsos fiat nexus manifesta cicatrix
Fissuram faciens mundi, stipatus & orbis
Aëriam in nebulam clarâ compagine versus.
In cuneos alti cogat fundamina cœli:

les portes aussi de la mort & de l'Enfer, n'estoient ny tousiours fermées, ny continuellement ouuertes, & comme c'est vne fiction qui a faict dire au Poëte latin

Noctes atque dies patet atri IANVA *Ditis,*

aussi est-ce vne pure fantaisie qui fit dire, à cet autre qu'elle est perpetuellemét fermée & qu'elle ne s'ouure pour priere ou personne quelconque

Panditur ad nullas IANVA *nigra preces.*

Il n'appartenoit qu'à celuy qui est maistre de la vie & de mort, d'en faire l'Ouuerture, ce triomphe n'estoit pas deu à Hercules de brizer les Portes de la mort & de l'enfer, c'estoit vne action toute diuine gardée à celuy mesme qui deuoit ouurir la grande Porte du ciel, & enfonser par la puissance de la croix les Portes d'airin, & brizer les barres de fer entre les mains des Demons ses ennemis *Contriuit portas æreas, & vectes ferreos confregit.* Le triomphe de cette OVVERTVRE est descrit auec toute magnificence au pseaume vingt & trois, quoy que S. Augustin & S. Hierosme ayment mieux exposer cette description touchant l'ouuerture des Portes du ciel, & appellent la pureté, la foy & la charité *les Portes eternelles* qu'il ouurit au iour de son ascension triomphante.

S. Pierre de Rauenne parlant de l'ouuerture, ou plustost du brizement de Portes fait aux prisons eternelles, introduit toute la nature estonnée, & donnant la voix à cette grande & effroyable gueule des Enfers, luy fait dire ces parolles de complainte & desespoir s'addressant à la Iustice de Dieu, *Ego domine, etsi extremus creaturæ tuæ, etsi tristi seruitio mancipatus, præcepta tamen tua inuiolabili lege seruo, peruigilo ne quis sententiæ vetustum ius nouus temerator immutat, sed apparuit homo qui dicitur Christus, tuum se filium iactans, animas exemptas carne & meæ custodiæ deputatas, ad corpora in quibus scelaratè vixerant, redire compellit; Aut citò subueni, aut si patefecerit semel* IANVAS, *omnes, quos tot seculis seruauimus, nunc amittis.* X.

OR combien que les Ouuertures de Palais puissent auoir quelque proportion & ressemblance auec celle des Portes iusques icy mentionnées, tant eu esgard à la saison, comme aux ceremonies & solennitez gardées de part & d'autre, toutefois il nous est aduis, qu'elles ont plus de rapport à l'ouuerture du Temple de Ianus & des Portes de Mars : laquelle nous auons touché sur le commancement de nostre discours, tãt pource que les formules de cette Ouuerture s'accordent merueilleusement bien à celles de nostre Palais, comme aussi pource que la cause en est du tout semblable, & la personne qui la fait : ce qu'il faut exposer vn peu plus clairement.

Car pour les formalitez & les mots qui se prononçoient iuridiquement à l'Ouuerture des Portes de Mars, c'estoit de denoncer la guerre à ceux qui refusoient d'acquiescer aux sommations des legats & ambassades,

Hic mos antiquo in Latio, quem maxima rerum
Roma colit.

Et nous en L'OVVERTVRE du Palais n'auons autre dessein que de faire & denoncer la guerre à tous les vsurpateurs iniustes du biẽ d'autruy qui aux particuers aduis & semonces qui leur ont esté faits par les appariteurs de Iustice, n'auroient tenu cõte de restablir les choses mal prises, ny de faire raison à ceux qu'ils auoient interessez.

Et comme ceux ausquels les legats appellez *Feciales* auoient vne fois denoncé la guerre s'appelloient HOSTES, non plus *confœderati vel sacri*, aussi ceux ausquels on à donné iour pour comparoistre à la Cour, & plaider son droit s'appelloiẽt HOSTES en vieux terme de Palais, comme les hommes sçauans ont obserué sur ces mots des douze tables *Aut status dies cum Hoste*, & deux ieunes hommes sestans rencontrez dans le Comique s'interrogẽt de leurs affaires & voyages, &

particulie-

particulierement.

Si status, condictus cum hoste intercidit dies.

si'l a eu adiournement personnel pour comparoistre & se representer en droit.

Le propre mot du Heraut en sa sommation estoit *d'Appeller*, terme qui a demeuré iusques à maintenant en matiere de duels. *Ipse* VOCAT *pugnas*, dans Virgile, & le propre mot du Palais est aussi *d'Appeller*, ou citer, *In ius voco*: & comme on disoit par les formes de milice *denoncer la guerre*, aussi dit on, *denoncer vn procez*, tout ainsi que Iustinian mesmes le tesmoigne, disant *Condictiones appellantur actiones in personam* CONDICERE *enim*, dit-il, *priscâ linguâ* DENVNCIARE *est*.

Secondement celuy qui faisoit cette tant celebre Ouuerture des Portes de Mars estoit le Consul en son vestement de parade;

Ipse Quirinali trabeâ, cinctûque Gabino
Insignis reserat stridentia limina Consul.

Seruius sur ce mot *insignis*, remarque que c'estoit le propre du premier Consul, qui estoit aussi le Iuge ordinaire, suyuant le mot des douze tables *Consules, iudices appellantor*. Et ceux qui font ce iourd'huy l'Ouuerture de la Porte de Iustice sont les Presidens & Conseilliers reuestus à l'antique façon royalle de leurs robbes & longs manteaux d'escarlate, parez de leurs mortiers & chapperons, augustes ornemens d'honneur,

---Illôque habitu quo iungitur Aulæ
Curia, qui socios Proceres cum Principe nectit.

C'EST donques auiourd'huy, que le peuple desireux d'auoir & obtenir le droit, & les doctes auditeurs XI.

rangez à ce double clos du Barreau pour ouyr quelque bonne remonstrãce & exhortation à leur deuoir nous disent *aperite mihi Portas Iustitiæ*, c'est auiourdhuy que nous r'entrõs en l'exercice de nos charges, & comme aux ieux olympiques leuons la barriere pour entrer derechef en l'arene: affin doncques que le tout succede plus heureusement,

——— stemus adorantes in limine primo
IVSTITIAM *imprimis Diuósque in vota vocemus.*

Et remarquons en premier lieu qu'anciennement en Iudée ils auoient coustume de rendre le droit & tenir la Cour à la Porte de leurs villes, qui de la s'appelloit PORTE DE IVSTICE, ou Porte de Iugement, ainsi le tient S. Hierosme en ses Commentaires sur le Prophete Amos, & sur Zacharie, S. Augustin, S. Gregoire, Philippus Presbyter en ses commentaires sur le Prophete Iob & les autres, ce qui d'ailleurs se peut comprendre du sixiesme du Deuteronome, où il est escrit *Et magistratus constitues in omnibus Portis tuis*, & au xxi. *ducent ad Seniores ciuitatis, & ad Portam* Iudicij, & aux Prouerbes xxxi. *Nobilis in Portâ vir eius, quando sederit cũ Senatoribus terræ.* De façon que pour exhorter les Iuges à faire bonne Iustice, les Prophetes vsent souuent de cette locution *Constituite in Portâ* Iudicium, & ailleurs *Ne conteras egenum in portâ*, quoy que nous sçachiõs qu'ẽ ce passage & autres semblables, il y ait quelques imaginations Rabinesques & Cabbalistiques indignes de ce lieu.

Conformément à ce mot & à cette coustume de Iudée; encores auiourd'huy en Turquie on dit *la Iustice de* LA PORTE, non pas pour tant, que cette Iustice ſe tienne aux Portes de la ville, mais aux Portes du Palais du grãd Seigneur quatre fois la ſemaine au Serrail s'il eſt à Conſtantinople, & s'il eſt en guerre, c'eſt ſoubs vn pauillon ioignant le ſien. Voyre meſmes d'autres fois en noſtre France, quoy que nous n'ignorions pas qu'ez vieux temps la iuſtice s'exerceoit ſur vn charriot aſſez ſimplement, à laquelle couſtume ſe peuuent rapporter ces vers du Poete Eſpagnol,

Nec te barbara contumelioſi,
Calcatum rota conterat Bubulci.

ſi eſt-ce neantmoins qu'il eſt ſouuent faicte mention de la iuſtice de la porte, & des plaids de la Porte, dont parle le ſieur de Ioinuille en la vie du Roy S. Louys, ainſi apellez pource qu'il ſe faiſoit iuſtice pres la perſõne des Roys & à la porte de leurs Palais, qui deſpuis ont ſainctement & religieuſement dedié non ſeulement les Portes de leurs Palais, mais auſſi les Palais tous entiers, à l'exercice de la iuſtice.

Suidas auſſi à ce propos eſcrit ſur le mot de Pythagore, que non ſeulement le lieu, mais encores le conſeil ou aſſemblée des Amphyctions s'appeloit de ce nom de Porte. ΠΥΛΑΙ καὶ ΠΥΛΑΙΑ, à cauſe, qu'il ſe tenoit non pas au lieu où Pylades fut le premier iugé, ainſi que d'aucuns ont voulu l'expoſer, mais pource qu'il s'exerceoit au bas, au deſtroit, aux Portes des montaignes qui paſſent de la Theſſalie en la Phocide. Et de là il ſe void que toutes les nations du monde ont exercé & rendu la iuſtice ſur les Portes, il ne reſte que les Romains, qui ſemblent l'auoir fait autrefois ſur le commancement de leur Empire, & meſmes il s'en void encores quelque teſmoignage és conſultations des Aduocats qui se faisoient sur le seuil de la porte, *in vestibulis & Prothyris*, & à cela se peut commodément rapporter le dire du Poete Manilius lors que descriuant la naissance d'vn Aduocat consultant, il dit,

Vt licitum sciet, & vetitum quæ pœna sequatur,
Perpetuus populi PRIVATO IN LIMINE *Prætor.*

XII. IL est raisonnable d'ouurir à ce iour la Porte de iustice, d'autãt qu'elle auoit esté fermée il y a deux mois & dauantage par les Vacances ordinaires, que nous appellons la closture du Palais. Durant ce relasche qui est necessaire à toutes choses, les Aduocats ausquels nous desirons addresser vn mot d'Aduis, se seront retirez & relaschez à la façon de ces anciens plaidans & consultans du Palais Romain, *euolarunt è uinculis*, affin de reuenir plus frais & courageux à leur docte trauail. Il est certain qu'il y faut trefue en toutes choses: *Omniũ rerum sunt interualla*, dit le Panegyrique, *ad Constãtinum, cessat terra noualibus, dicuntur interdum flumina resistere & ipse dies noctibus acquiescit.* Les hommes ne sont point de marbre les esprits se lassent en leur course, *Nihil est in opere naturæ quod non exemplo dierum noctiúmque aliquas vices feriarum velit*: Pourtant Plutarque au liure *de liberorum educatione*, aprées auoir discouru comme toute la vie de l'hõme est diuisée en trauail, & en repos, & que nature nous a dõnné non seulement le veiller, mais aussi le dormir, non seulement la guerre, mais aussi la paix, non seulement l'orage, mais aussi le calme, non seulement la pluye, mais aussi le beau temps, il adiouste encores, que pour cette consideration ont esté institués non seulemẽt les iours ouurables, mais aussi les festes;

les iours fastes & plaidoyables, & les nefastes & feriés. Onosander, Vegece & Polybe donnent aussi leurs vacatiõs & relasches à la milice, car outre les feries de l'hyuer, qu'ils appellent *hyberna*, ou *hyemalia*, *hyemis tempore omnium bellorum terra marique sit quies*, ils ont aussi introduit les vacances d'esté qu'ils appellent *Æstiua* & la nauigation, quoy que fort aspre à la curée, a sçeu moderer l'auarice des marchans parles vacations de l'hiuer, *quo tempore mare clausum dicitur*, dit Vegetius, Ainsi la police du Palais doit pareillement auoir des feries, pendant lesquelles relasche soit octroyé de plaids & de procés,

Lite vacent aures, insanáque longiùs absint
Iurgia.

Mais ce relasche, qui s'octroye par la closture du Palais, doit estre pris tant seulement, *vt excitetur otij vigor*, dit Seneque le Rheteur, *& omnis tristitia quæ continuatione pertinacis studij adducitur, feriarum hilaritate discutiatur*, c'est affin qu'ils retournent au trauail auec plus de courage: & ces vacatiõs mesmes ne leur sont pas octroyées pour rien faire, car il y a bien difference comme disoit Attilius *inter otiosum esse & nihil agere*: Il n'y a rien de plus doux au monde que le repos de l'estude, rien de plus ennuyeux que ne rien faire, il n'y a riẽ de plus ennuyeux que ne rien faire, il n'y a rien de plus agreable que d'estre

——studijs florentem nobilis oti.

POVR dire donques vn mot aux trois rangs d'Aduocats qui bordent le barreau, nous trouuons par le discours & suiuãt les regles des architectes anciés, qu'il y a trois sortes de Portes, ausquelles tout le reste se XIII.

peut commodément rapporter : la premiere fait & contient les grandes portes des villes, qui s'appellent proprement PORTÆ. La seconde tient les portes des Temples & Palais, qui s'appellent en vray terme d'architecture, OSTIA, comme il se void dans Vitruue liure quatriesme chapitre six, & la troisiesme sorte fait les portes ordinaires des maisons priuées & particulieres qui se nomment IANVÆ, *quæ sunt priuatarum ædium*, dit le commantateur de Vitruue. Nous nous addresserons premierement aux Aduocats consultās & dirons qu'ils sont en ce Palais, ce que doiuent estre les grandes & celebres portes des villes : car s'il nous est loysible de philosopher à la Platonicienne, & dire que toutes les vertus sont autant de belles & grandes villes, certainement la Iustice sera la ville capitalle des vertus, comme au cōtraire l'iniustice est la principalle ville au royaume des meschancetez, *die ac nocte circundabit eam super muros eius iniquitas, & labor in medio eius, &* INIVSTITIA, *& non defecit de platæis eius vsura & dolus* : Voyla les habitans de cette miserable cité d'iniustice, l'iniquité, l'vsure, la tromperie, le dol, la chiquanerie, comme au rebours les citoyens de la ville de Iustice, sont l'innocence, l'equité, la raison, l'eloquence, le bon conseil, & les grandes portes de cette ville sont les Aduocats consultans.

l'Architecture ancienne portoit par le deu de ses regles vn tel honneur aux Portes des cités, qu'il estoit defendu par leurs loix de faire les Portes des temples, ou des maisons priuées en arcade, honneur gardé seulement aux Portes des villes. *Portas vrbium fuisse arcuatas, quæ extant veterum monumenta argumento sunt, priua-*

tarum ædium arcuatam ianuam, aut etiam ſacrarum oſtium nunquam reperias. Ce ſont les parolles de Philander ſur le ſixieſme chapitre du quatrieſme liure de Vitruue. Ces voutes & Arcades ſe faiſoient pour deux raiſons en ces Portes publiques, la premiere pour ſupporter plus aiſément le faix du baſtiment d'ou c'eſt que les Architectes les appelent *Arcus obnitentes*, Vitruue *Anteridas*, ou bien *eriſmas*, l'ayant deriué du Grec qui les apelle ἐρίσματα, ou bien ἕρματα, c'eſt à dire *fulcimenta* car bien qu'il ſemble que ce ſoient les voutes & arcades qui sõt portées, ce sõt elles neantmoins qui ſupportẽt le faix par leurs naiſſances, que les Architectes apellẽt *proiectiones & Incumbas*, & de là le poëte Manile parlant de l'arc en ciel, com'il eſtoit homme fort ſçauãt, ſe ſert fort à propos des termes de l'Architecture

——— ſuos arcus per nubila circinat Iris
Et ſuperincumbit ſignato in culmine limes
Candidus:

Ce ſont auſſi les Aduocats Conſultãs qui ſupportent le faix & l'Architecture du Palais, ce ſont leurs conſeils & aduis qui ſouſtiennent le baſtiment de Iuſtice, car ils ſont les premiers Iuges, les naiſſances & proiections qui ſupportent le tout: le Prophete Iob parlant des hommes de bien & de bon ſens, il les compare aux arcades & voutes qui ſouſtiennẽt le monde, *Sub quo curuantur qui portant orbem*: Les maiſtres diſent qu'il n'y a rien de ſi fort qu'vne voute, pourueu qu'elle ne ſe deſmente point, & que *non ſint friabiles lapides*, que les pierres ne ſe briſent pas aiſément & ne s'en aillent en pouſſiere, auſſi eſt il veritable qu'il n'y a choſe ſi forte au monde, que pluſieurs bons aduis & conſeils aſſem-

blés pourueu que les iugemẽs tiennent bon, Pourueu que la voute de leurs consultations ne soit point bastie de ces pierres que les maistres appellent *pierres gelisses* ou friables que la passion, que l'interest, que la discorde ne s'y fourre point, pour reduire en poussiere, ou ruyner l'accord de leurs sages deliberations. En second lieu ces Arcades se faisoient ez Portes des villes à cause des triomphes & entrées victorieuses des Empereurs d'autant que cette figure est plus capable pour receuoir tout l'attirail d'vn triomphe, & si a ie ne sçay quoy de ressamblence auec les triomphes, & victoires plus que toutes autres figures ; & de là nous auons les termes propres *Ouare* pour triompher, *Aurum ouatum* à cause de la figure de l'Arcade qui est faite en demy œuf: car il le faut confesser, s'il y a des triomphes en la Cour c'est pour eux, ce sont eux, qui sont appellez *Dictatores sine fascibus* ce sont eux lesquels estouffant les procez mal conceus, ou donnant de bons & sages aduis aux parties sont autant honorez pour leur conseil, que les Empereurs pour leurs triomphes, *& sunt perpetui prætores priuato in limine.*
Les portes des villes en toutes les nations estoient iadis particulierement honorées & pour cet affect on mettoit en leurs voutes & niches les images des Dieux tutelaires ainsi qu'il se peut recõnoistre par le discours de Nicephore, qui remarque qu'en quelques citez telles images & statues des Dieux Payens furent renuersées & demolies pour y loger l'image de Iesus-Christ, le vray tutelaire de nos villes & maisons: Et les Aduocats consultans comme les grandes Portes de Themistopolis sont aussi particulieremẽt honorez,

non

non ſeulement pour leur aage, comme les Portes meritoient de l'honneur, meſmes à cauſe des vieux quartiers de pierre, & colomnes antiques qui les rendent ſacrées, mais auſſi & beaucoup dauantage à cauſe de l'Image de Iuſtice noſtre Deeſſe tutelaire qu'ils doiuent porter grauée ſur le front.

Mais le principal motif de l'honneur qu'on portoit aux Portes des citez, eſtoit la citadelle & les temples ioignans qu'on y dreſſoit pour la ſepulture des Heros, ainſi qu'il ſe peut voir és ſepulcres de Laomedon & d'Hector & de pluſieurs autres Princes decedez en leur deuoir pour la defenſe de la ville, car alors on leur dreſſoit vn temple ſur les Portes, pour ſeruir de memoire à la poſterité: Et ce qui rend ſingulierement honorable les Aduocats conſultans c'eſt le temple de doctrine & de bõne cõſcience qu'ils ont erigé en leur poitrine & en leur teſte: car pour celuy de la cõſcience & integrité c'eſt vn vray temple d'honneur

---- via quà munita fidẽi.

Proxima fert humanũ in pectus, TEMPLAQVE MENTIS, & pour la doctrine, erudition & longue experience des choſes qu'ils ont acquiſes les vns l'appellent *Arcem ſapientiæ*, ou bien *ἀκρόπολιν σοφίας*, la citadelle de ſageſſe, les autres *Templa doctrinæ.*

Sed nil dulcius eſt, bene quàm munita tenere
Edita doctrinâ ſapientum TEMPLA *ſerena.*

Il y auoit iadis par toutes les villes vne Porte deſtinée à paſſer les corps morts & à mener les cadaures en terre, laquelle pour cet effect eſtoit eſtimée & appellée *la Porte profane*, ainſi qu'il eſt remarquè dans Plutarque, à Rome pour vn temps ce fut la Porte Capene, à

Troie la Porte mal-heureuse *Porta Scæa siue seua* dont il est parlé par le Poëte latin au second de l'Aeneide

—— hîc Iuno Scæas sæuissima Portas
Prima tenet sociúmque furens à nauibus agmen
Ferro accincta vocat.

& à Athenes c'estoit *Porta Charonia*, ainsi appellée d'autant qu'on portoit par là les morts en la barque de Charon suyuant les fables, & c'estoit aussi celle par laquelle on menoit les criminels au supplice. Que les Aduocats consultans se gardent bien de se rendre séblables à ces Portes funestes & profanes, ce qui pourroit arriuer, si par leurs mauuais aduis ils menoient leurs parties en terre, leur donnãt vn conseil mortifere.

XIV. Novs venons aux Aduocats plaidans qui sont cõme les Portes des Temples & Palais, en quoy nous ferons ainsi que disoit le Panegyrique de Theodose, *quod facere magnas vrbes ingressi solemus, vt primùm* SACRAS AEDES, *& dicata Numini summo delubra visamus, tum fora atque gymnasia, & pro suis extenta porticibus ambulacra.* La premiere chose qu'on requiert iustement d'eux c'est la pieté enuers Dieu; vertu si cõiointe auec leur profession, que sans celle là, tous les ornemens leurs seroient computez pour vices: Et c'est vn cas bien remarquable que tous ceux qui ont donné des aduis & preceptes à tous les mestiers du monde, ont mis la pieté la premiere de toutes. Varrõ parlãt aux laboureurs, Vegece aux soldats, Onosander aux Capitaines, Demetrius aux chasseurs, Hippocrate aux Medecins, Vitruue aux Architectes, leur recommendent particulierement qu'ils soient pieux & craignans Dieu: &

quant à nous, nous auons estimé estre vne partie de nostre deuoir de recommāder la pieté aux Aduocats. Qu'ils se souuiennent qu'ils sont les portes des Temples, & auec quelle deuotion les anciens se prosternoient deuant elles: car pour obmettre les superstitions Payennes & Gentilesques & la deuotion de celuy qui disoit,

Non ego si merui, dubitem procumbere Templis
Et dare sacratis OSCVLA *liminibus.*

Nous ne parlōs que de la deuotion & pieté des Chrestiens, auec laquelle ils souloient *limina ipsa conuerrere osculis*, pour vser des termes d'Arnobius. Arator en son histoire Apostolique en descrit vne partie lors qu'il dit,

——totâ concurritur vrbe
Qui primus noua tecta petat, quiue oscula figat
Postibus, & tactâ sacretur parte cylindri.

Et pour monstrer leur tendre deuotion, non contens des baisers, ils lecheoient la serrure auec la langue, & le bas de la porte tous veautrez dans la poussiere, ainsi que remarque Fortunatus au quatriesme de la vie de sainct Martin,

——limina lambe
Fusus humi supplex.

Qu'ils se souuiennent que de leur langue & de leurs beaux discours ils doiuent faire vn Temple, dont la bouche soit la porte, & que tout ainsi que d'vn Temple sacré il ne sort que toute pureté, vertu & religion, qu'aussi de leur bouche il ne doit sortir ny fausseté ny mensonge ny iniustice, & que iamais ils ne doiuent faire seruir leur eloquence à l'iniquité,

——*ſed ſuauiter omnia tractent*
Humida linguaï circùm ſudantia TEMPLA.

les Grecs encheriſſent encores par deſſus cette conception, car ils diſent que la bouche n'eſt pas tant ſeulement vn Temple, mais qu'elle eſt encores vn ciel, οὐρανὸς τοῦ σόματος; qu'ils ſoyent ſoigneux de la verité, & qu'on ne leur puiſſe iuſtement reprocher, *Nihil eſt niſi fabula cœlum:* & que ſi par fois il eſt beſoin pour la dignité de l'action, ou pour la grauité de la cauſe, que PORTA *tonet cœli,* que ce ne ſoyent ny quarreaux de meſdiſance, ny greſles d'iniures, mais vne belle & douce roſée de paroles.

XII. MAIS iamais les anciens prophanes auec leurs baiſers deuotieux n'ont ſi particulierement honoré les Portes des Temples, que fit l'Empereur Conſtantin le grand, lequel fut enſeuely par ſon fils, bien informé de ſes pieuſes volontez, non pas prez des autels des Apoſtres, comme s'eſtimant peu digne d'approcher d'vn ſi riche threſor, mais ſur le ſeuil de la Porte, ainſi que l'a remarqué S. Iean Chryſoſtome ſur la ſeconde aux Corinthiens chapitre douzieſme homelie vingt & ſeptieſme. *Conſtantinum magnum filius ita demum ingenti honore ſe affecturum exiſtimauit, ſi eum in piſcatoris* VESTIBVLO *conderet; quódque Imperatoribus ſunt in aulis* IANITORES, *hoc in ſepulcro Piſcatoribus ſunt Imperatores.* Non que nous deſirions eſleuer la dignité des Aduocats au deſſus de leur profeſſion & merite par telles cõparaiſons qui pourroient sẽbler mal ſeantes, mais il eſt euident qu'ils ſe ſont trouuez des Aduocats plaidans de ſi grande authorité, reputation, merite & excellence, que les Seigneurs & Princes de marque n'ont pas estimé rabaisser leur grandeur, pour les aller voir en leurs logis, recommander leurs affaires, battre à leur porte, & les estimer comme personnes sacrées. La raison de cet honneur qu'on leur porte c'est leur doctrine & vertu, car ils doiuent auoir ces deux belles qualitez *tanquam antepagmenta*, pour vsurper les termes de Vitruue, ce doiuent estre deux belles colomnes entorses & canelées pour supporter le frontispice, & la façade de leur bastiment.

Themistius surnommé le bien disant escrit en la premiere oraison qu'il fait à Gratian l'Empereur, que toutes & quantes fois qu'il s'approcheoit de la sacrée porte de son Palais il sentoit en son ame vne clarté nompareille, & vne subtilité merueilleuse en tous ses sens, mon cœur & ma poitrine s'ouure, disoit-il, & se rend claire comme crystal de roche, & les yeux de ma pensée se rendent beaucoup plus penetrans qu'ils n'estoient auparauant: Et les Aduocats ne doiuent iamais s'approcher de la Porte de Iustice, & du seuil du Palais, pour plaider aucune cause, qu'ils ne taschent d'esclarcir & espurer leurs sens & intentions, qu'ils ne taschent iamais d'obscurcir ou embroüiller le nœud de la question, par desguisemens ou palliations superflues: Il y auoit iadis vne certaine façon de Portes, qu'ils apelloient *Fenestratas valuas*, & des fenestrés aussi qu'ils apelloient *Fenestras valuatas*: qu'ẽ leurs portes il y ait tousiours du iour & des fenestres par où les Iuges puissent descouurir la verité par ses rayõs naturels lesquels ils ne doiuent iamais suffoquer ny esteindre par mauuais artifice: il ne doiuẽt auoir ny trõperies, ny paroles à diuers sens ou ententes, ny fausses portes en leurs discours, & bien que le Satyrique escriuant à l'vn de ses amis luy conseille de ttomper ses parties par la porte de derriere,

---rebus omissis
Atria seruantem postico falle clientem:

Ils doiuent neantmoins auoir la verité & la sincerité en telle recõmandation, que iamais il ne leur aduiẽne d'esquiuer par quelque fausse porte ou guischet derobé pour abuser leur parties, & offencer la Iustice ; C'estoit vne loy de police dans la ville de Sparte par laquelle il n'estoit permis à homme du monde d'auoir de portes au derriere de sa maison, pour plusieurs accidens qui pourroient suruenir mal à propos & que souuent nous voyons arriuer sans remede ; les Aduocats doiuent en leurs plaidez obseruer inuiolablement cette loy qu'ils n'ayent ny arriere boutique ny fausse porte pour faire esquiuer la verité du Palais, ou faire entrer l'iniquité au Temple de Iustice.

XVI. PALLADAS dit au premier liure de l'Anthologie, que la plus part des hommes sont ou glorieux ou faineans, & ferment impudemment la *Porte à la raison*, mais qu'vn homme de iugement ne cacha iamais la verité & tient la Porte de son cœur tellement ouuerte, que la prudence luy sert de Portiere.

Vous ferez en sorte, dit-il, que la Porte de vostre ame soit entierement ouuerte, auec prudence, affin que vous ne soyez estimé, ny estourdy ny impudent: Il parle suyuant la façon ordinaire des Grecs, lesquels pour dire ou signifier vne personne qui n'a ny consideration, ny honte, ny discours l'appellent ἄθυρον, ou bien ἀθύρωτον homme sans porte, façon de parler qui estoit vsitée parmy les Hebrieux, ainsi qu'il se void dans les liures sacrez, qui nomment souuent la prudence, *ostium circunstantiæ*, ou bien *custodiam oris*, c'est celle là qui doit seruir de Portiere & de serrure aux Aduocats, & qui doit conterooller leurs paroles lors qu'il faut ouurir la porte de la bouche pour donner carriere à leurs graues discours,

Ire foras vbi cœperunt primordia vocis
Scilicet expletis quoque Ianua raditur oris.

Ce n'est pas sans raison que le commantateur de Lucrece à remarqué sur ce vers ce petit mot. *Mira dictio*, dit-il, *Ianua raditur oris*, pour monstrer le soing que les Aduocats doiuent auoir à polir & trauailler leurs discours, qu'ils ne viennent iamais en ce lieu sans auoir profondemēt medité leurs harangues, qu'ils n'auancent vn seul mot qui ne soit *ebur Pisæo pollice rasum:* que iamais ils ne sçauancent pour plaider qu'ils ne puissēt dire de leur cause,

Pars noua maior erit, sed limâ rasa recenti:

Non pourtāt qu'ils doiuēt y apporter vne si ennuyeuse & songearde diligence, qu'ils se rendent ridicules à la façon de celuy qui est repris dans la Satyre,

-----qui crimina rasis
Librat in antithetis.

nolo nimis diligentes, disoit Possidonius, car l'excés de diligence est vne espece de paresse & nonchalance criminelle: Il nous semble que ce leur est assez si par leur estude & diligence ils peuuent emporter du barreau, *Boni & DISERTI Patroni nomen*, car cōbien que Tacite renuoye cet eloge comme le premier & plus certain tesmoignage d'vne eloquence abastardie, *cùm potiùs diserti quàm eloquentes esse maluerunt*, si est-ce que ce sera ce nous semble vn assez grand comble d'honneur s'ils peuuẽt atteindre le tiltre & le bel eloge que Martial donna iadis à la Porte de Pline le ieune, lors que recommandant à sa muse de l'aller salüer en son estude, il luy donne cet aduertissement.

Sed ne tempore non tuo disertam
Pulses ebria Ianuam videto.

XVII. ENCOR vn mot pour les Aduocats plaidans; l'vn des plus grands honneurs & plus remarquables ceremonies qu'on gardoit iadis aux portes des Temples & Palais, ce fut de peindre, grauer, ou escrire par dessus de belles & plaisantes histoires : ainsi Virgile apres auoir basty vn beau Temple à la memoire de Cæsar au troisiesme de ses Georgiques, n'oublie pas de grauer;

In foribus pugnam ex auro solidóque Elephanto.

Ainsi Mulciber dans Ouide ayant basty vn Temple ou Palais au Soleil, graue sur les portes l'vne & l'autre mer, auec toutes les isles, riuages & destours, ainsi Dedalus ayãt acheué le labirynthe n'oublie pas de peindre *in foribus lethum Androgeo* : & sur les portes du Temple que les Gaditains firent à Hercules, il ne fut pas oublié d'y mettre,

In foribus labor Alcidæ, lernæa recisis
Anguibus Hydra iacet.

Et si sainct Cyprian a doctement obserué que cette coustume se gardoit mesmes ez Temples sacrez de la Iudée, *in cauis ædibus* comme dit le Prophete Aggée, c'est à dire dans vn champ enfonsé, qui estoit sur la porte d'ou les figures estoient en relief, *Domos cauas nominat*, dit sainct Cyprian, *quarum antepagmenta siue po-*

stes

stes portarum ferro sculpti opificum solertiâ circumcirca emblematis mirâ varietate & artificio elaboratis exornantur.
Et cette façon mesmes se gardoit anciennement és lieux destinez à rendre la iustice, & sur les portes des Palais, comme il se peut voir par quelques tesmoignages de Pausanias, & suyuant cette coustume sur la porte de la grand chambre du premier Parlement de France, il y a vne figure d'vn Lyon non pas fier & orgueilleux, mais portant la teste & le fleau de sa queuë humblement baissées, pour signifier que la violance, *quæ non aliter leoni peculiaris est, quàm vulpeculæ fraus*, se réd à la iustice & plie soubs les loix: Ainsi que iadis sur la porte du Temple de Iunõ qui estoit en la ville d'Elis, il se voyoit la figure d'vne Megere cruellement hideuse, & d'vne vierge parfaictement belle, qui tenoit cette vieille Gorgone à la gorge de la main gauche & la battoit de verges auec la main droite, pour monstrer que la iustice vient à bout de l'iniustice & de la violance.
Les Aduocats suyuant cette religieuse coustume, taschcerõt de grauer & embellir les portes de leur Téple ou du téple de Iustice *omni cælaturâ virtutis*, mais en façõ que le dedãs ne desmẽte point l'ornemẽt de la porte à la façon des Temples des Ægyptiens, vrayes images & pourtraits de l'hypocrisie, dit Clemẽt Alexandrin au troisiesme du Pedagogue, *Apud Ægyptios*, dit-il, *Templa eorúmque portæ & limina lucique magnificè instructi sunt*, mais au dedans & soubs les rideaux il n'y a rien que des chats, & des serpens, crocodiles & bestes farousches: ce n'est pas assez que les portes des Aduocats soyẽt peintes, ornées, & enrichies de toute sorte d'or-

nemens, d'eloquence, doctrine, varieté, ce n'est pas assés que leurs discours soient florides, & leurs harangues bien faictes & qu'on leur püisse dire

Tibi ianuæ frequentes, tibi limina tepida
Tibi floridis corollis redimita domus,

il faut que l'autel de la conscience responde à la Porte du Temple & que les vertus interieures accompaignent les ornemens du dehors. Iadis, cõme il se void dans les Inscriptions de l'Europe, les mieux sensez faisoient grauer sur leurs tombeaux deux Portes à double battãt, auec telle differẽce, que ceux qui n'auoient pas bõne opiniõ de l'immortalité de l'ame, faisoient peindre ou grauer sur leur sepulcre des Portes closes auec ce mot. VIXI ET VLTRA VITAM NIL CREDIDI. Mais ceux qui iugeoient plus raisonnablement, ne croyans pas que l'ame fust mortelle, y faisoient grauer des Portes ouuertes auec ce mot, ou quelque autre semblable PARS MELIOR SVPEREST.

Les Aduocats, comme Chrestiens ont vne bonne & saine opinion de l'immortalité de leur ame, cette seule consideration, au rapport de S. Gregoire de Nysse à sçauoir que nous auons vne ame immortele, & qui doit estre iugée, estant suffisante de tenir vn homme raisonnable en son deuoir aura beaucoup de poids & d'authorité sur eux pour les ẽcourager à leurs charges, que les Portes soient ouuertes, que la Iustice auec son œil penetrant voye iusques au fonds de leurs desseins & intentions: Lors que les PORTES DE IVSTICE sont fermées, l'impunité regne, la licence gaste tout, les crimes sont desbordez,

Iura silent, mutæque iacent sine vindice leges

Aspicitur toto purpura nulla foro

lors que les Portes de Iustice sont fermées *ferale per vrbem Iustitium est*, mais quand elles sont ouuertes, & qu'on void l'esclat de cette pourpre, que les Aduocats donnent la chasse à la violence & à l'iniquité

——— sub Iure togáque

Pacificas sæuus metuit Catilina secures.

DISONS vn mot pour les Aduocats Escoutans designés cy dessus par les Portes des maisons priuées & particulieres. Le premier monument du liure des Inscriptions antiques appellé *Inscriptiones sacrosanctæ vetustatis*, est celuy qui se treuue AD PORTAS GADIRIDAS. C'est à dire aux Colomne d'Hercules, que Pindare appelle dans Strabon πύλας Γαδειρίδας les Portes des Gades. Vn certain Heliodorus ayant dóné iusques à ce destroit qui fait le bout du monde & les Portes de la Nature, se bastit luy mesme cet epitaphe en mourant. HELIODORVS INSANVS CARTHAGINENSIS AD EXTREMVM ORRIS SARCOPHAGO TESTAMENTO ME HIC IVSSI CONDIER VT VIDEREM SI QVISPIAM ME VNQVAM INSANIOR AD ME VISENDVM AD HAEC LOCA PENETRAVERIT. S'il nous est loysible de parangonner ces Colomnes ou Portes d'Hercule, aux PORTES DE IVSTICE & cet insensé Carthaginois aux sages Aduocats Cousultans, qui ont basty le monument de leur gloire dás ce Barreau, disons que tout ainsi que la curiosité de cet Epitaphe à tiré plusieurs personnes faineans iusques aux Gades sans beaucoup de louange; la gloire & l'immortalité des vieux Aduocats decedés dans ce lit d'hõneur à tiré tout plein de ieunes XVIII.

esprits bien faicts & cupides de la gloire, à ces Portes de Iustice, pour iouyr des mesmes honneurs, pour marcher sur leurs pas, & peupler à la posterité le Temple de Iustice

Ipsæ regem paruósque Quirites
Sufficiunt, aulásque & cerea regna refingunt

Ce sont eux qui doiuent entretenir *cereum eloquentiæ templum* dans Philostrate : Ce sont eux, qui sont les premieres Portes en la maison de Iustice, διαθύρα καὶ προπύλαια. Les aduant-portes des maisons. L'historien Mendes de Pinto raconte en ses relations de l'Inde Orientalle, qu'en tous les Temples des Idoles il auoit remarqué trois portes differentes deuant que d'arriuer à l'enclos & enceinte du chœur. La premiere de bois, la seconde de fer, & la troisiesme de brõze: disons qu'au Palais de Iustice il y a trois portes bien differentes, les deux plus importãtes, qui soustiennent le faix & les trauaux sont les Aduocats plaidans & consultans gens de trauail *ferreis visceribus homines*, portes & murailles de brõze; la troisiesme porte qui n'est pas encores faicte au trauail, *opere intestino*, delicate, & qu'on ne met pas encor à l'air & à la poussiere, sont les Aduocats escoutans ausquels nous donnons seulement deux ou trois mots d'aduis.

Qu'ils se souuiennent que les portes des maisons iadis, quoy que particulieres & priuées, estoient singulierement honorées par dessus les autres membres de la maison, elles estoient corõnées, ionchées de fleurs, tapissées, allumées à certains iours, voire mesmes chez les Chrestiens par vn certain reflux de superstition & idolatrie paganesque. *Plures iam inuenies Ethnicorum fores sine lucernis & laureis, quàm Christianorum* dit Tertullian au liure de l'idolatrie, ils doiuent auoir soing de s'enrichir & orner de coronnes, lumieres & fleurs, de vertus, doctrine, & erudition.

Les portes des maisons sont faictes pour ouurir & fermer en leurs tẽps, & si par nonchalãce il arriue qu'on les laisse continuellement fermées, ou tousiours ouuertes, les gons s'enrouillent, la serrure se desbauche, le bois se iarse, & l'vsage de la porte se perd: Que si les ieunes Aduocats viennent en ce lieu pour s'y tenir continuellement fermés, & pour chercher vn honneste manteau à leur oisiueté, s'appellans Aduocats, *ne gratis vixisse videantur*, c'est vne porte qui perd son nom & son vsage,

-----tua si bona nescis
Seruare, frustra clauis inest foribus.

Qu'ils s'exercent en leur particulier, qu'ils remarquẽt le train du Palais, qu'ils apprenent le style, qu'ils s'estudient à bien ouurir & entamer vn discours, à poursuyure vne question iudicieusement, à fermer & rembarrer quelques oppositions, *opponãt sibi & soluant*; qu'ils considerent à l'exemple des plus vieux commẽt il faut resoudre, respondre, decider vn fait,

Et quibus è portis occurri cuique decebit.

LE Patriarche Photi⁹ portãt sõ iugemẽt des escrits de Theodorus d'Antioche, dit qu'il estoit fort ignorant τῶν θύραθεν μαθημάτων, tãt, dit-il, des sciences qui sont à nos portes, que de la science Ecclesiastique; en quel endroit ces deux mots θύραθεν μαθήματα, portent auec soy de l'ambiguité, car ou ils signifient la science seculiere, qui est comme la portiere de la XX.

ſcience ſacrée, ou ils ſe prenẽt pour les premiers principes des ſciences qui ſont comme les portes & premieres auenues de la doctrine, de quelque façon toutefois qu'ils ſe puiſſent prendre, les ieunes Aduocats eſcoutans doiuent eſtre fort ſoigneux d'apprendre τὰ θύραθεν μαθήματα, les ſciences qui ſont à nos portes & qui ſeruent d'embelliſſement aux portes de iuſtice comme de feſtons, coronnes & guirlandes aux portes des maiſons.

Ils doiuent neantmoins tandis qu'ils vaqueront au pourchas des ſciences ſacrées & ſeculieres dignes & conuenables à leur profeſſion, s'entretenir ſingulierement en la modeſtie, bien ſeante à leur aage & condition.

——metuant faſtus, liménque ſuperbum

le bel eſprit & les rares qualitez que Nature leur peut auoir liberalement departy iointes au peu d'experiẽce qu'ils ont en cet aage, pourroient leur engendrer quelques bõnes opinions d'eux meſmes, & leur enfler le courage, c'eſt vne douce erreur qui s'engendre cõme vn ver dans la corruption de la nature, c'eſt ainſi que le coq, animal fort preſomptueux, dit vn ſage eſcriuain de l'antiquité, quand il paſſe ſoubs vn portal pour grand & haut qu'il ſoit, il baiſſe touſiours le col, croyant follement, que s'il le touchoit ſeulemẽt auec le bout de la creſte, il reduiroit tout en fumée & en pouſſiere; c'eſt vne vanité & folle opiniõ : & ſi par fois le courage les pouſſoit à paroiſtre deuant le temps, qu'ils ſe ſouuiennẽt de ces paroles de Tertullian, *dictũ eſt luceant opera veſtra, non, luceant tabernæ & Ianuæ noſtræ.* Il eſt eſcrit dans le Prophete Sophonie, *Erit vox cla-*

moris à portâ piſcium, & vlulatus à ſecundâ, où l'intepretation du Targum tourne *& vlulatus ab auibus*: & ſur ce paſſage les plus ſçauans Rabins entre leſquels ſont Aben Ezra, Kimhi & quelques autres remarquét, qu'il y auoit deux principalles Portes en Hieruſalem, dont l'vne s'appeloit la Porte des oyſeaux, & l'autre la Porte des poiſſons: non pas, ainſi que quelques vns ont voulu dire d'autant que le marché des oyſeaux & des poiſſons s'eſtalloient ioignant ces Portes, ou bien pource que la vollaille entroit par la Porte des oyſeaux, & la marée par la Porte des poiſſons, mais pource que l'vne eſtoit au plus haut de la ville appellée pour cette conſideration la Porte des oyſeaux, & l'autre en la plus baſſe region de la cité qu'on nomma pour ce fait la Porte des poiſſons, ainſi que nous ſçauons que Pline le ieune appella deux de ſes meſtairies aſſiſes ſur le lac Larius, l'vne du nom de Tragœdie, & l autre du nom de Comedie *Altera impoſita ſaxis more Baiano lacum proſpicit, altera lacum tangit; Itaque illam Tragœdiam, hanc appellare ſoleo Comœdiam: illam quòd quaſi cothurnis, hanc quòd quaſi ſocculis ſuſtinetur.*

Or ces deux Portes de Hieruſalem nous ſemblent repreſenter parfaictement l'eſtat des Aduocats conſultans, plaidans & eſcoutans; car pour ceux cy qui doiuent garder le ſilence, deſigné par le poiſſon ils doiuent eſtre comme la Porte des poiſſons *in imis ſubſellis Aduocationum*; tandis que les plaidans & conſultans comme les Portes des oyſeaux ſont plus releuez par leurs merites & le priuilege de leur aage, tandis que ceux cy *vt luſciniæ atticizant* par leur douce eloquence, ou bien, *vt Mineruæ volucres deliberant*, par leurs ſages consultations ceux là doiuent estre ἰχθύων ἀφωνότεροι, muets comme des poissons.

XXI. FINISSONS par les mots de Tacite au dialogue *de claris oratoribus*, que les Aduocats doiuent estre pour repousser l'insolence des meschans, comme les portes sont faictes pour empescher la violance & l'iniustice. *Quod si aliqua ciuitas inueniretur, in quá nemo peccaret, superuacuus esset inter innocentes orator, sicut inter sanos medicus.* Car il est certain que les portes n'estans pour autre seruice que pour s'opposer à l'inondation des malheurs & accidés qui pourroient suruenir, s'il n'y auoit point d'iniquité ou violance parmy les hommes, les particuliers n'auroient besoin de portes à leurs maisons, les Temples & les villes s'en passeroient auec plus de contentement & d'asseurance qu'il n'y a auec toutes les portes & serrures du monde: surquoy il se lit vne histoire bien remarquable dans les relations de Ieã de Barros au dixiesme liure de l'Asie des habitans de la prouince de Sefala, ou Sofala, en Æthiopie sur la coste de l'Ocean, au della du cap, que quelques vns prenent pour Ophir, tant renommé par ses minieres d'or, c'est que ces gens là n'vsent d'aucunes portes en leurs maisons & si n'est permis d'en auoir, que par vn particulier priuilege du Roy de Cephala, lequel il n'octroye sinon par grand honneur aux grãds personnages de son Royaume pour autãt, disent-ils, qu'on n'a besoin de portes aux maisons, où la iustice est bien & exactement gardée, ainsi qu'elle est en cette prouince d'Æthiopie, de laquelle sans doute il est faicte mention dãs les Eclogues de Stobée Sermon cent quarante cinq, *ex Nicolao Philosopho*, qui dit, *Ædes*

Æthiopum

IANVIS *carent, & cùm multa paßim in vijs iaceant, nemo furatur*: particularité qui nous fait croire volontiers que ce n'estoit pas le Royaume d'Ophir, d'autant que les lieux où il y a de l'or ne sont point en asseurance, s'il n'y a cent portes de bronze & autant de serrures de fer.

Puis doncques que les Aduocats doiuent seruir de portes au Palais de Iustice, qu'ils taschent de s'opposer à la violence, de fermer l'entrée aux tromperies, & comme les portes qui se faisoient iadis sur les plus celebres ports de la mer, seruoient pour brizer les flots & rompre les ondes, ainsi qu'il se void dans Dionysius au liure de *Situ orbis* lors qu'il parle du port de Marseille appellé iadis le port à cent portes: Que ce Palais soit aussi à cent portes d'airain, aussi bien que la ville de Rome, dont nous auons cet eloge de Ρώμης ἑκατονταπύλοιο, dans vne vieille inscription trouuée puis peu de temps, & illustrée par les doctes commantaires d'vn habile homme de nostre aage, non qu'il y eut cent portes en la ville de Rome, mais c'est vne façon de parler assez commune, comme lors qu'il est dit qu'au Temple d'Apollon, il y auoit cent grandes portes par lesquelles se rendoient les oracles

Ostia iámque domûs patuere ingentia centum.

Le Palais de Iustice auquel tous les iours se rendent des oracles plus certains que ceux de Delphes, est vn Palais à cent portes, mais que ce soient des Portes de Iustice, *vt ingreßi in eas confiteamur domino*, non pas, comme dict S. Gregoire de Nazianze, *portæ Iniquitatis, portæ maledicētiæ, portæ furoris*: Car cest vn abus qui se pourroit glisser dans le Palais *vt portis Iustitiæ nobis occlusis*, dit

Cc

Elias Cretensis, *maledicentiæ, ac mutuæ aduersus nos ipsos audaciæ portas aperiamus, non vt fraternam charitatem decet, sed contentiosé ac peruicaciter disputantes, nec aliud quicquam vacantes, quàm vt nos ipsos mutuo conuitijs appetamus, mutuáque in nos ipsos temeritate efferamur.* Qui sont de tres meschantes portes & semblables à celles que le Comique appelle *stridulas & latrantes portas*, des portes qui grondent & murmurent, semblables à celles des enfers qui s'appellent dans le Poëte Latin *horrisono stridẽtes cardine.* Car c'est vn bruit fort importun & fascheux aux oreilles de la Cour, d'ouïr que les portes de iustice s'entrechoquent par iniures, se heurtent par contradictions & parolles peu decentes, *sicut ostium vertitur in cardine suo.*

Nous esperons qu'apres cette ouuerture des PORTES DE IVSTICE, *postquam publica serietas rebus actitandis* IANVAM, *campumque patefecit*, apres le repos des vendenges & le relasche des vacatiõs coustumieres chascun reuiendra plus fort & courageux à son deuoir.

Vos quoque flammabit tacitè repetita parumper
Desidia, in solidósque noui exultabitis actus.

Et que voyant les affaires qui suruiennent comme les flots contre les portes de nos maisons, nous ne plierõs pas soubs le faix, comme les portes mal ceintrées, *cum portæ pandant gementes sub onere*, dit Vitruue, & n'aurons subiet de nous pleindre, comme celuy là dans Ouide qu'auiourdhuy s'est ouuerte dans le Palais de Iustice.

——artis tristissima Ianua nostræ.

Ains au contraire nous ressouuenans de la gloire & immortalité preparée à ceux qui font & rendent la iustice,

De PORTIS *alacres exibimus*:

nous irons auec resolution de nous acquitter dignement de nos charges, la iustice nous en sçaura gré, le Palais en retentira d'allegresse, les portes en seront coronnées, & nous voyons que desia

——impulsi nequeunt obsistere postes,

Claustráque compressæ transfumat anhelitus iræ.

Socrates & Nicephore escriuent, que iadis la ville d'Antioche se trouuant esbranlée d'vn grand & vniuersel tremblement de terre, l'Empereur Iustinian s'aduisa de faire mettre & escrire sur les portes de la ville & des Eglises ces paroles en grosse lettre CHRISTVS NOBISCVM; MANETE. Iesus-Christ est auec nous, ne bougez, & que tout aussi tost, le tremblemẽt de terre s'appaisa; d'ou, en recognoissance d'vne si grande faueur diuine, il fit changer de nom à la ville, & pour Antioche, il voulut que desormais elle s'appellast THEOPOLIS, ville de Dieu. Ainsi esperõs nous, que mettant le sainct nom de Dieu sur les portes du Palais, tous les abus, excés, mauuaises intelligences & tout ce qui peut troubler ce lieu sacré, s'appaisera, comme tremblemens de terre, & que la Cour sera vne vraye Theopolis, & qu'au bout de nostre glorieuse & triomphante carriere, *Erit Dominus exercituum corona gloriæ & sertum exultationis residuo populi sui: Et spiritus iudicij sedenti super iudicium & fortitudo reuertentibus de bello* AD PORTAM.

FIN.

EN suytte de cette harangue s'est trouuée dans les papiers de l'autheur vne Poësie latine, qui luy auoit esté donnée par quelqu'vn de ses amis, sur le suiet des vacances du Palais & la closture de la Porte de iustice, *elle a semblé digne d'estre inserée auec quelques autres en leur place, parmy ces doctes & excellens discours, de peur que negligées par leurs autheurs elles ne se perdent par succession de temps.*

AMPLISSIMO VIRO ANDREÆ Nesmondo in Senatu Aquitanico præsidi.

IVSTITIVM FORI *seu* VINDEMIALES INDVCIÆ.

SI vacat ex solitis NESMONDE *laboribus horam*
Demere, & ad nostras animis aduertere nugas
Iam fac vt alterno succedant otia motu
Nec te importuni rūpant tā longa Senatûs
Seria, & æterno perplexæ tempore liteis.
Consule Naturam, nihil est quo tu minus olli
Dedere te dominámque sequi (licèt omnia solus
Percipias, sísque ipse tibi lex æqua) recuses
Illa diem noctémque suas diuisit in horas:

Ius æquale dedit regnantibus : vna quieti,
Vna laboriferis eadem stat linea curis.
Et non plura vident vasti per compita cœli
Solis equi biiuges, quàm tardæ bucula lunæ.
Ergo superuacuis de sensibus excute curas
Dum populi tabulata silēt, dum curia liteis
Nescit, & in Rostris suspendit aranea casses.
Vsque adeo miserine sumus? lex omnibus vna
Figitur, vt cunctas restinguant otia curas,
Et cùm nox operit terras, inuoluit in vno
Et genus humanum & studiū mortale sepulcro:
Nos tamen è nostris extundere mentibus horā
Et liquidæ dubitamus adhuc momenta quietis,
Adueniens nisi forte premit nos longa senectæ
Sarcina, & inuitæ cumulamur munere pacis?
Ecce pater Neptunus aquas & grādia claudit
Aequora, tēpestas tumidis dormitat in vndis.
Aeolus inclausis tenet horrida flabra cauernis,
Portus ab insultu ratium vacat, omnia cessant
Et glaucę celebrāt Hyberna sub æquore Nymphæ
Naufragijs ne saxa fremant, ne mortibus vnda
Fœteat æternis, vel sordeat vnda cruore,
Nos indefessâ per chartea naue volamus
Aequora remigio pennarum, & pulsa per altum
Currit arundo premens, geminúmque volātis acumē
(Rostra vocant alii) pice nigrior vnda saginat:
Remigiis nox nulla vacat, dum pectus honestâ
Ambitione tumens, portum scrutatur in imo
Nec cessat, nec tangit humum, nec radit arenam,
Prolixum pelagi sectatur, & omnia pandit
Lintea, dùm portu famæ se condat in alto,

Quod superest, vulgata loquar, tu magne senatum
CLAVDIS, & obstructi ferrato cardine POSTES
IVSTITIVM patiuntur, habent iam candida pacem
Lilia, & ingratæ non tundunt Rostra querelæ.
Mustea iam Themis est grauidis vindemia labris
Bacchus habet rerum arbitrium, vineta Senatum
Eiiciunt, mutántque vices; cùm dolia feruent
Causidicis tunc lingua tepet, tunc concio friget
Litibus, & longo reparat se curia somno.
At nobis longas morosa scientia liteis
Excitat, & surdos quia contra est noxia libros
Aeternùm miseri rixamur, & vnica plures
Liticulas lis sępe creat, scabiosa mouebit
Syllaba tot pugnas, quot creditur Ilium & ingens
Gloria Dardanidum gremio fouisse querelas.
Ni varios belli euentus memorare molestum est,
Inducias etiamne capit Bellona, neque vllum
Tempus erit Musis quo figere castra, vel omnes
Ablegare procul valeant de pectore curas?
Certè ego vos Musæ si pergitis, & tua Phoebe
Arma manu pono ante aram, si nulla quieti
Pars erit & liquido conceditur hora sopori:
Contemplator idem rigido cùm sole decembri
Omnis defluuio foliorum silua laborat
Conniuent tacito molles sub cortice plantæ
Distribuit Natura cibum radicibus imis,
Arboream tenet alta quies per frigora gentem
Nec se trudendis nux floribus alba fatigat
Neu grauiter flexi pandant sub pondere rami
Sed dormitat iners populus, tellúsque benignos
Pandit amica sinus, donec sub vere tepenti

Omnis sollicitis se fructibus induit arbor.
Nos verò in studio miserum genus, alta per anni
Frigora cùm glacies penetrabilis intus adussit
Germina, & arboreas constipat dura medullas
Edere tunc etiam gemmas, tunc horrea fructu
Cogimur implere, atque illo sub sidere meßis
Nostra fit, & docto spumat vindemia musto,
Carminibus tunc pulchra seges, facundia fundo
Pullulat, & magno se trudit epistola censu.
Vt flores ver dulce parit, Ceres aurea fruges,
Canities patris Autumni iam mitia poma
Porrigit, ingenij sic fructibus omnis abundat
Annus, & aßiduo nobis gemit area farre.
Præterea quid vulgus iners clausúmque tabernis,
Quid turbam populi quæ fixa sedilibus imis
Noctes atque dies indelassata laborat
Prosequar? vtque hærent claudi sutoris ad instar
Ligello tenuique casæ domiporta virorum
Natio, quæ ventrem manibus tenet, & sua regna
Sustinet in dextrâ? nihil est audere relictum
Tempore ne placido, vitáque fruamur inerti
Ecce tamen genus hoc hominum non semper auaris
Lucrandi stimulis obtemperat, & sua nouit
Otia sepositis interdum carpere curis.
Pérque dies sudos in gramine dormit opaco,
Dùm nos intereà vigiles in pectore curas
Nutrimus miseri, rigidóque satellite peior
Gloria sollicitos in sensibus excitat ignes
Huc adeò NESMONDE *feras quo maxime polles*
Ingenium, fractóque tibi quia pulchra senectus
Ingruit, & quod habes in tædia liquitur æuum

Incipe prateritos moderari poſſe labores
Atque tui memor eſto: dedit tibi Gallia partes
Quas ſeruare tuum eſt, te viuere longiùs ipſo
Neſtore non ſolùm te tangit, id omnibus vnum
Et votum & decus eſt, res in te publica partem
Non minimam putat eſſe ſui, quantúmque labori
Iam tribuis, tantùm Reſpublica credit ab illo
Accepiſſe mali, quia te conſumis, & olli
Subtrahis, interea dum res eſt plena pericli.

FIN.

SIXIESME REMONSTRANCE FAICTE EN PARLEMENT A L'OVVERTVRE DE LA S. MARTIN, l'an MDCX.

LES VOYES OV LES ADRESSES DE IVSTICE.

C'ESTOIT vne couſtume entre les Romains, lors qu'ils eſtoient ſur leur partement pour aller en païs eſtranges & loingtains, de ſacrifier au Dieu Hercules appellé Sancus Sanctus Fidius, affin de les guider, & fortuner en leur voyage, & ce ſacrifice qui ſe faiſoit *proficiſcendi gratiâ*, s'apelloit *Sacrificiũ propter Viã*, ce qu'aucũs ont voulu confondre auec le ſacrifice appellé *Prætermen* ou *Prætermine*, quand ils ſortoient de leurs termes pour faire de nouuelles peuplades & colonies: Ils inuoquoient auſſi pour meſme fin les Deeſſes Adeonam & Abeonam, que S. Auguſtin appelle pour ce ſuiet, *Deas Iterducas*. I.

Aucuns veulent encores que tout ainſi que les meſmes Romains auoiẽt couſtume de feſtoyer leurs amis reuenans de voyage, *quibus dabant aduentitiam, vel aduen-*

toriam cœnam, qu'ils fissent le semblable lors qu'ils s'acheminoient eux mesmes en quelque part ; appuyez sur ce vers de Plaute, *Ego sorori meæ cœnam hodie volo dare viaticam:* ce que d'autres reprenans de plus haut, disēt auoir esté pratiqué aux premiers aages du monde , & fondent leur coniecture sur le passage de la Genese, auquel Laban se pleint de Iacob qui luy auroit celé sō partement, *cur ignorante me fugere voluisti, nec indicare mihi vt prosequerer te cum gaudio, & canticis, & tympanis, & citharâ*, pource que tels cantiques & resiouyssances estoient ordinairement accompagnées de festins.

II. Or ce iour, que nous pouuons hardiment appeller l'heureuse iournée, ou le iour anniuersaire de nostre partement auquel,

——*iter in gremio pacis solenne paramus*,

comme nous n'auons pas manqué de sacrifier DEO SANCO SANCTOQVE au Saint des Saints, pour fauoriser & bien-heurer nostre partemēt, aussi d'abondant à esté introduit par vne loüable coustume de nos maieurs, de faire à cette docte assēblée voyagente non pas vn festin de viandes, mais de quelque vtile & agreable discours, auquel disoit Afranius, *iucunditatis plus insit, quàm commercatis exquisitè eduliis.* Car ce sont les vrais banquets, disoit Philon le Iuïf, suyuant le parler ordinaire des Platoniciens ses deuanciers, qui prenoient ordinairement le mot de banqueter pour discourir, & le mot de festin ou de Sympose pour l'agreable entretien de personnes sçauantes, ainsi qu'il se peut voir dans le Sympose de Platon ; & Dion Chrysostome disoit que haráguer vne graue assemblée est plus doux mille fois que banqueter, & ainsi voyons nous dans Athenée, que ces beaux & graues discours sont appellez Dipnosophistes, c'est à dire le banquet des sages & sçauans.

Suyuãt laquelle coustume nous tascherons de banqueter les oreilles de cette belle & honorable assemblée le moins mal qu'il nous sera possible,

Non meus scruposam victus commeat Viam.

Car à ce iour qui est, comme disoit le sçauant Apollinaire, le vray iour natal de nostre nauigatiõ, & la premiere desmarche de nostre voyage nous vous ferons à l'honneur de la celebrité vn festin de paroles, nous ferons l'office de celuy qui s'appelloit en terme de marine *Pausarius*, non pas comme il se faisoit au batteau des Argonautes, *per citharam, sed per assam vocem ore prolatam*, tel qu'estoit le tant renommé Epoeus

——qui requiémque modúmque
Voce dabat nautis animorum hortator Epoeus.

Ou bien si vous aimez mieux, sur l'heure de nostre depart nous vous donnerõs vn PROEME, c'est a dire vn AVANT-CHEMIN, *Græci enim* dit Quintilian, *οἶμον viam appellant, sic & quod ante ingressum rei ponitur, certè προοίμιον est*, Et par ce moyen ceux qui escoutent pourront estre allegez quelque peu du trauail qui accompaigne ordinairement la premiere iournée & le depart,

Et poterunt Iter dulci sermone leuare.

Donques pour aller en ces chemins auec methode & prendre garde aux fourches & fouruoyemens, nous imiterons les fossoyeurs des mines & ceux qui cherchent l'or, lesquels au rapport d'Agatharchides és fragmens de Photius ayant trouué le cap de la vene, ne s'esgarēt iamais, ains ayans attaché à leur front des lāpes & lumieres, τὰς λευκαυγούσας φλέβας διαζητοῦσι se tiennent continuellement sur leurs voyes, & ne s'atachās pas temerairemēt à toutes les fibres ou filets, suyuent le grand chemin & le bras de la mine, Ainsi les Musiciens ayans choisi vne fugue au commancement de leur motet, se trauaillent de la suyure iusques au bout, selon les regles de leur art; ainsi les veneurs ayant commancé à battre, ou faire leuer la beste de sō fort, ne prenent pas volontiers le change, ains s'opiniastrent sur les foyes, & marques de leur chasse. Ainsi nous batterons iusques au bout les chemins que nous auons enfilez sur le propos & suiet annuel des Edits & Ordonnances royaux entant qu'elles sont les sentiers & chemins que nous deuōs tenir en l'exercice de nos charges, les directions de nostre Palais, & la conduite de ceux qui voyagent en ce barreau.

III. COMME en toutes choses materielles & corporelles nous remarquons des voyes & chemins naturels, qui reglent & adressent leurs mouuemens, semblablemēt en tous arts, sciences & fonctions recognoissons nous des sentiers & chemins pour y paruenir & en faciliter la cognoissance, lesquels chemins s'appellent preceptes & exemples, *longum iter per præcepta, breue per exempla.* Qu'il ne soit vray és choses corporelles, les cieux & les astres font leurs mouuemens & fournissent leurs courses, mais c'est par certaines voyes & passages que la nat. re leur a tracé dont leurs cercles & contours sont marquez & limitez.

Sublimes aperitque vias ———

lesquels chemins nous sont enseignez par le moyen

de l'Astrologie qu'on depeignoit iadis auec vn liure en main, portant le doigt sur les sentiers & chemins des Estoiles, *gestat in manu librum, in quo præmetata Diuûm Itinera, & cursus siderei, cum ipsis polorum cardinibus prænotati ex metallis diuersicoloribus apparent.* Ainsi le Soleil a sō chemin & sa carriere marquée dās sa lice, laquelle pour estre, suyuant la dignité d'vn si noble voyageur, tapissée & figurée de diuers animaux, *quasi belluatis tapetijs*, s'appelle zodiaque, les autres la nomment *conuexum cliuum*; aucuns *fasciam cœli*, l'escharpe du ciel, d'autres *baltheum mundi*, le baudrier du monde, aucuns *coronam astrorum*, ou *choræam stellarum*, mais en vn mot ce n'est rien que le chemin, que le grand voyer du monde a marqué au Soleil,

——solisque vias lunæque meatus.

Les Philosophes Pythagoriciens tenoient bien que les ames descendoient du ciel dans nos corps,

In cœlúmque redire animas, cœlóque venire.

mais quant & quant ils leur assignoient vne certaine voye dans le ciel, par laquelle elles faisoient leur descente, à sçauoir aux cōfins du zodiaque entre le signe du cancre & celuy du lyon à l'endroit où la couppe, & la nauire se rencontrent,

——quæ magnis mundum tenet acta procellis
Seruando dea facta Deos.

Et les Epicuriens apres eux ont aussi mis dās nos ames certains conduits, qu'ils ont appellé les voyes & chemins de l'intelligence, c'est à dire les sentiers par lesquels les especes des choses intelligibles s'insinuent dans nos ames,

Reliquias tamen esse Vias in mente patentis

Qua possint eadem rerum simulacra venire.

Quant aux autres feux & constellations ils leur ont aussi assigné diuers chemins, & ont tellement frayé le ciel auec leur baguette astrologique, ou plustost auec leurs imaginations chimeriques, qu'on peut dire hardiment,

Iam nusquam natura latet, calcauimus omnem
Et capto potimur mundo.

Car ils ne se sont pas contentez de diuiser les cieux en cinq grands & vastes chemins qu'ils ont appellez Zones ou ceintures, mais ils les ont voulu croiser d'autres petits sentiers & addresses,

Has inter mediámque, duæ mortalibus ægris
Munere concessæ Diuûm, & Via secta per ambas.

Et pour faciliter nostre paresse, & nous faire aller en Paradis doucement ils ont inuenté la haut vn chemin qu'ils ont appellé *le chemin de lait,*

--Cæruleo candens nitet orbita mundo
Ceu missura diem subito, cœlúmque recludens.
Inter diuisas æquabilis est Via partes.

qui arriua, dit-on, par la folie d'vn ieune homme,

Dum puer in cœlo ludit, currúque superbus
Luxuriat, mundo cupit & maiora parente.
Monstratas liquisse Vias, &c.

chose neantmoins tres fabuleuse, non seulemẽt quãt au recit de leurs inuentions, mais aussi principallemẽt quant à leurs pretentions, s'ils ont voulu par ce chemin de laict nous faire entendre que le chemin du ciel est paué de roses & de lis, car nous en sçauons le contraire par le tesmoignage de la verité mesmes, & les anciens Philosophes l'ont recogneu au rapport de

Theodoret en la premiere *de Græcanicis affectionibus*, quand ils ont appellé le chemin du ciel χαλκόδετον ὁδὸν vn chemin paué de bronze & d'autres l'appellent espineux.

Et voyla quant aux voyes & sentiers qu'ils ont mis dans les cieux, de façon qu'il n'y a point plus de chemins veritables pour entrer dans le ciel, que de fabuleux & chimeriques pour seruir d'adresse & entretien aux Astrologues, il est vray que ceux là sont plus tenables & asseurez, & si ne sont pas mensongers ny errans, *vniuersæ Viæ domini veritas*, ou les autres sont si fabuleux, que les Astrologiens mesmes en ont honte, IV.

Quorum carminibus nihil est nisi fabula cœlum
Terráque composuit cœlum quæ pendet ab illo.

L'air aussi qui semble estre vne plaine vuide, & aucunement incapable de chemins, d'ou Pindare l'appelle ἔρημον, comme le grand desert de l'vniuers, si est-ce qu'en diuers quartiers & estendues de sa region la nature a ouuert certains passages cachez & secrets, au trauers desquels les vents souspirent, les nuées se promenent, les esclairs & tonnerres sont portez, & les autres meteores prenent leurs cours, *posuit Deus pluuijs legem, & Viam procellis sonantibus: dedit Viam sonantis tonitrûs, & nunquid nosti Semitas nubium?* auquel sens il a esté dit par le Poete Latin,

Verùm vbi tempestas & cœli mobilis humor
Mutauere Vias.

& des foudres volans,

—— liquidis in nubibus arsit arundo
Signauitque Viam flammis.

Qui est vne façon de parler si ordinaire, qu'elle s'est

changée comme en formule & terme religieux, lors qu'on dit,

—— *puras fulminis isse Vias.*

De façon qu'il ne se faut point estõner si les oyseaux, qui sont les hostes naturels de ces vastes regions, sçauent les chemins & les traces lors qu'il conuient desloger, pour chercher noueaux pays au changement des saisons, comme il se void tous les ans à diuerses colonies de ces oyseaux qu'on appelle pour cette raison *Passales aues* : & nous ne deuons trouuer estrange ce qui est narré des oyseaux de l'Isle de Taprobane, cõme estant vne chose fort conuenable & coniointe auec la prouidence diuine.

Les grues mesmes qui portẽt au reste le symbole & la figure de peu d'entendement sont en cecy l'exemple de sagesse & de bonne conduite : car en leurs voyages elles ont καὶ φύλακας καὶ οὐραγοὺς καὶ προόδους, des gardes de leurs corps, des arrieres gardes & des fourriers, qui vont deuant asseurer les chemins & marquer les logis : elles sont instruites par la nature, de choisir la plus vieille d'entre elles, pour disposer les rangs, pour ordõner à chacune sa place, pour assigner le iour du depart, pour en donner le signal, dit Tzetzes en ses Chiliades, laquelle apres auoir fait dignemẽt sa charge & mis toutes choses en ordre, tombe toute roide morte sur le point du depart.

Omnium senior earum quæ illic sunt,
Circuncurrens vndique & exercitum lustrans
Statim procedens iacet mortua, quam cùm sepelierint
Reliquæ ad Ægyptum pergunt volatu.

V. QVANT aux campagnes liquides de la mer, & des caux

eaux, elles ont aussi leurs chemins, les vns frayez par la nature, comme sont les flux & reflux de l'ocean,

Námque scit indociles currere lympha Vias,

les autres inuẽtez par l'esprit humain & par le desespoir, *Inuium hominibus mare tritum fecit audacia*, car c'est elle qui a tellement subiugué, frayé & captiué les ondes de la mer, que les routes & chemins en sont aussi recognus & battus comme les ormieres des grands chemins de la terre,

Iam patet attritus solitarum limes aquarum
Non aliter, multâ quam Via pressa rotâ.

C'est ce qui fit dire iadis au vieux Poete Pacuvius que les mariniers *sunt durateì equites*, des cheualiers de bois: c'est pourquoy le sçauant Cassiodore à dit que les rameurs, qui tirent à l'auiron *manibus ambulant in liquenti itinere*, & c'est ce que vouloit dire ce vieux Poete ænimagtique lors qu'il escrit ainsi vn nauire,

Longa feror velox formosæ filia siluæ
Curro Vias multas vestigia nulla relinquens.

Il y a encores vne troisiesme sorte de chemins & de routes sur les eaux, qui sont les mouuemens violens causez par les vens & tourbillons, qui aleignent sur le dos de la mer, diuerses routes & chemins incogneus,

Quùm dabit aura VIAM, *præbebis carbasa ventis*
Vt tibi det faciles vtilis aura VIAS.

Voyre mesmes iusques aux fonds de la mer, & dans les gouffres de l'ocean il y a des chemins cachez & incognus, *cætera cæca Via est*: Les poissons marins en leurs annuelles assemblées, & pelerinages solennels qu'ils font d'vne mer à l'autre, nous en font vne digne foy: car qui leur a enseigné de changer tous les ans en esté

Ee

de la mer ſeptentrionale vers le pont Euxin affin de trouuer les eaux douces,&pour eſclorre leurs œufs en plus grande aſſeurance? Ie laiſſe volõtiers ce qu'en dit Ariſtote, Oppian, Pline, Ammian Marcellin,& S. Baſile pour les anciẽs, & de noſtre tẽps Geſnerus, Olaus, Aldrouandus, Belonius, Camerarius & les autres, mais ie ne puis, que ie ne m'eſtonne auec S. Ambroiſe, *Quis piſcibus hæc annunciat loca, præcepta, tempora? quis tribuit diſpoſitionem Viarum? qui metatores Itinera diſponunt? qui duces Iter deſignant?* ſi ce n'eſt celuy qu'il appelle *magnum Thalaſſometram*, le grand geometre des eaux & harpẽteur de l'Ocean, qui a commandé aux poiſſons, *vt perambulent Semitas maris.*

VI. VOILA cõment ce ſçauant Thalaſſometre a voulu qu'en tous les endroits de l'vniuers il y eut des chemins qui abboutiſſent à la cognoiſſance de leur autheur à celle fin que les voyageurs de ce monde n'euſſent aucune excuſe pour dire, VIAM *domini ignorauimus*. Mais auſſi la Nature, que Zenon definiſſoit par ces parolles *Eſſe ignem artificioſum, ad gignendum progrediẽtem* VIA elle a voulu qu'en tous les arts, & ſciences il y eut des chemins, qui menent à la cognoiſſance de la verité

Pluribus inque modis verum natura locauit
Deduxitque VIAS, *voluitque per omnia quæri*

En la Theologie qui eſt la maiſtreſſe des ſciences, & diuiſe tout le monde *in* VIAM *&* PATRIAM, les grands chemins, ſont les reuelations de la foy, ſont les commendemens de Dieu, ſont les Prophetes & Apoſtres, qui ſe terminent tous au quarrefour, *ad* VIAM *quæ Chriſtus eſt.* Dit S. Auguſtin: ſans ces addresses nous auons beau chercher VIAM *ciuitatis habitaculi*, nous ne la trouuerons iamais, nous auons beau nous prendre aux creatures qui sont comme les petites monioyes du monde & les interroger *quo* VIA *ducit in vrbem*? si nous ne sommes sur les voyes, que la foy nous enseigne, nous perdons nostre temps, dit S. Hierosme, escriuant sur le Pseaume cent & six, *Multi fuerunt qui promitterent Viam, quæ ducit ad ciuitatem, promisit Socrates, promisit Plato, promisit Aristoteles, sed* VIAM *ciuitatis habitaculi non inuenerunt, doctrina illorum magis faciebat famem veritatis quàm saturitatem*: & S. Bernard en rēd vne pertinente raison, lors qu'il dit, *Quia Gigantes Philosophi exultauerunt non ad currendam* VIAM *tuam, sed ad quærendam gloriam suam.*

En Philosophie les communes notions, intelligences, & anticipatiōs, pour vzer du terme des Stoïciens, sont comme sentiers, & chemins, *quibus ad animum grassatur Philosophia*, & pour parler auec les Academiciens dans Ciceron, *latiores quædam ad rationem inueniandam* VIÆ: Les Axiomes & maximes sont les voyes de la Philosophie, suyuant le dire d'Origene escriuant sur ces mots de S. Mathieu *Ite ad exitus viarum*, & S. Augustin apres luy, VIÆ *istæ intelliguntur esse dogmata Gentium.*

Et comme ainsi soit, qu'ils fussent le plus souuent cōtraires en leurs dogmes, d'ou procedoient diuerses sectes, ces sectes aussi, & pour ainsi parler apres Tertullian, ces diuerses factions & heresies des Philosophes estoient des diuerses voyes qui introduisoient les hommes à la Philosophie & vertu, de laquelle ils faisoient profession, c'est ainsi que Lucian les appelle la VOYE de Platon, la VOYE d'Epicure, la VOYE de

Zenon, & Varron *in Sequiulysse* parlant de la derniere, à sçauoir de la secte de Zenon qui mettoit la derniere fin en la seule vertu, en parle en cette sorte.

Vnã VIAM *Zenona mœnisse duce virtute hanc esse nobilẽ:*
Alteram Carneadem desabulasse, bona corporis secutum.

Ce qui à donné suiect à celluy qui estoit en esmoy touchant la forme de vie qu'il deuoit prendre, de dire

Quod vitæ sectabor ITER?

Le Philosophe Boëce, considerant les trois parties de la Philosophie à bien ozé nommer tout cella *Philosophiæ* TRIVIVM: & puis aprés il a dit *Triuialem Philosophiam*, eu esgard à ses trois parties, la Logique, la Morale, & la Metaphysique : mais principalement est il veritable que les anciens autheurs ont donné ce mot de Chemin à la Morale, qui est la loy & l'art de nostre vie, *& vitæ monstrata Via est*, dit Horace, vn autre l'appelle *Viam morum, longæque examina vitæ*. Quoy que Lucrece l'attribue indifferemment à toutes les parties de Philosophie, lors qu'il dit,

Despicere vnde queant alios, paßimque videre
Errare atque Viam palantes quærere vitæ.

VII. TOVCHANT l'eloquence & la poësie elles sont toutes pleines de sentiers & de voyes, & celuy là sans doute eut grand tort qui s'auança de dire,

Auia Pieridum peragro loca, nullius ante
Trita solo.

Car il n'y a chemin si batu que ces deux là, tout le mõde s'en mesle, & comme disoit le sçauant Astrologue Latin,

Omnis ad accessus Heliconis Semita trita est,
Et iam confusi manant de fontibus amnes.

C'est pourquoy tels chemins estant si battus & gastez par le grand & general abord de tout le monde, ie n'arresteray nostre discours là dessus, & viendray aux chemins qui nous touchent de plus prés qui sont ceux de la Iustice du Palais.

Et diray premierement que si iadis la ville d'Alexandrie fut iustement appellée ἑκατονθόδος la ville à cent chemins, comme Thebes ἑκατοντάπυλος, la ville à cent portes, La Iustice certainement & le Palais, auec toutes ses formules, coustumes, routines & ordonnāces est veritablement ἑκατονθόδος, battue & frayé de cent diuers chemins. La loy de la vie & la voye de la vie est quasi vne mesme chose, car la loy est proprement vne voye, & pource aucuns ont pensé que les premieres loix escrites, qui furent iamais publiées au monde, furent tres à propos promulgées au desert, *inter rigidas rupas, infecundæque pudenda naturæ deserta*, affin de faire entendre par la nature de ce lieu, l'estat de nostre vie, & que, comme on ne void aux deserts aucun sentier ny vestige humain, rien que roches & sablons steriles,

Saxa, nec vlla pati faciles vestigia terras,

aussi n'y auoit il pour lors aucune loy ou chemin de bien faire entre les hommes, les voyes de la raison primitiue & naturelle estans comblées, ou rompues *omnis caro corruperat Viam suam*, il falloit applanir & redresser tout cela par le cilindre de la loy.

La Iustice, royne des vertus, emperiere du monde, & princesse des republiques dit Philon, à fait cet office en la vie humaine, & comme iadis le soing de dresser les chemins & voyes publiques estoit estimé de si grā- VIII.

de consequence, que l'Empereur Auguste le voulut adiouster à ses triomphes & tiltres d'honneur au rapport de Dion, ainsi la Iustice n'a pas creu pouuoir s'agrandir que par le soin de remettre & dresser les chemins du Palais, d'autant que c'est le grand Phare du monde, lequel s'il n'est en euidence & les chemins qui qui y conduisent, nets & asseurez, nostre vie ne sera qu'vn brigandage ou vn naufrage.

Il se void par vne vieille inscription, quel honneur l'Empereur Auguste a creu rappòrter de cette estude & du soing de dresser les chemins, lors qu'il fit escrire en marbre ces parolles. ORBE MARI TERRAQVE PACATO, TEMPLO IANI CLAVSO, REP. POPVLI ROMANI OPTIMIS LEGIBVS SANCTISQ. INSTITVTIS REFORMATA, VIAM SVPERIORVM CONSVLVM TEMPORE INCHOATAM MVLTIS LOCIS INTERMISSAM PRO DIGNITATE IMPERII LATIOREM LONGIOREMQ. GADES VSQVE PROMOVIT, esquelles paroles Auguste oze bien assembler & ioindre la reformation des mœurs & l'establissemét des bonnes loys, auec la reparation des voyes publiques, par luy procurées.

Il se void aussi quel trophée la Iustice de nos Roys a pensé rapporter par le receuïl de tant & si diuerses Ordonnances, qui sont comme les grands chemins battus & frayés dans les Barreaux de Fráce, & desquelles nous auons non pas vne Inscription seulement, mais des liures entiers, pour nous seruir d'addresses, nous ayant estably comme grand voyer de Iustice, vn Chancelier

——*Qui legum custos est iustitiæque*
Principis officio leges & iura gubernans

&cõme iadis sur les chemins & quarrefours on voyoit dãs Corrippus le Dieu Mercure, nõmé Euodien, posé sur des piles ou gyrons de pierres q'uils appelloient ἑρμακας ainsi que sçauent les hommes sçauans; tout de mesmes nos Roys, nous ont institué des Mercuriales, pour nous seruir de monioyes, d'adresses, & comme d'amas de pierres, en nostre voyage & dõt nous deuons faire nostre profit, affin que nous ne soyons blasmez par la sentence du sage qui dit *Sicut qui mittit lapidem in aceruum Mercurij, ita qui tribuit insipienti disciplinam* ou bien *honorem*.

OVTRE ce Mercure Euodius, ou Enodius les anciens auoiẽt encores quelques Dieux tutelaires & ordinaires pour la garde des chemins, qu'ils appelloiẽt *Lares Compitales* ou *viales*: Tertulian suyuant son ordinaire style les appelle *Compitipotentes*, ou bien *Compitalipotentes*, qui se mettoient de deux en deux és plus celebres & grandes rues IX.

——geminósque pares qui Compita seruant.

Et comme ceux là estoient apres Mercure, *dij Semitales & Præsides viarum*, ainsi les Presidens me semblent apres le Chancelier estre comme les Dieux tutelaires pour soigner & procurer la garde & l'embompoint de nos voyes publiques qui sont les ordonnances. Ceux là comme nous venons de dire s'appelloient *Præsides* ou *Præstites*,

Quòd præstent oculis omnia tuta suis.

Et ce sont les Presidens des parlemens, qui doiuent particulieremẽt auoir l'œil à la garde & obseruation des ordonnances, non pas pour prononcer, comme le Preteur Romain vne formule absurde & de nul vsage, *vtrisque superstitibus istam Viam dico, inite Viam, redite Viam*, mais pour faire à leur rang des Remonstrances à tels iours solennels, & les ouuertures de nos voyes, *vt Dea Panda vel Pantica*, dans Arnobe, *cui Viam pandere atque aperire permissum est*, & pour addresser les sětiers que les Ministres du Palais doiuent tenir durant le voyage annuel qu'ils font vers le Temple de Iustice.

Il y auoit à Rome vne colomne dorée qu'ils appelloient *Miliarium aureum*, laquelle Auguste estant grād Voyer fit dresser & la posa *in capite fori Romani*: il est remarquable ce qu'en escrit Plutarque, que toutes les voyes de l'Italie se rendoient & aboutissoient à cette colomne; Nostre ordonnance est vne colomne d'or qui par la volonté du Roy se pose annuellement au Palais: colomne d'or, qui soustient le bastiment du Palais de Iustice, à laquelle toutes les bonnes loix, toutes les bonnes & saintes constitutions des Roys, peuples & Legislateurs estrangers, abboutissent & se rendent, comme les leignes à leur centre.

Ciceron disoit des douze tables, *fremant omnes licèt, dicam quod sentio, Bibliothecas meherculè omnium Philosophorum vnus mihi videtur duodecim tabularum libellus, si quis legum fontes & capita videat, & autoritatis pondere, & vtilitatis vbertate superare*. Cela se peut dire à bon droit des Ordonnances, & qu'à ceux qui voudront soigneusemēt peser tout ce qui est escrit dans icelles, ainsi que disois vn sage homme de nostre temps, on ne pourra leur remonstrer chose quelconque, elles remarquēt suffisemment tout ce qui concerne les charges, & fonctions de ceux de nostre professiō, tout y est compris en peu de mots; Et cette colomne d'or qui la pourroit

assez

assez loüer ? quelle colomne luy esleuerons nous? *Quantam statuam faciet populus*, disoit Ennius à Scipion, *quantam columnam, quæ res tuas loquatur?*

IL est escrit dans l'histoire Romaine, que les Empereurs lors qu'ils estoient sur le point d'entreprendre quelque expedition d'importance, ils proposoient vn Edit qui s'appelloit ITINERAIRE, deux ou trois mois deuant leur depart, par lequel ils faisoient entendre aux soldats le iour du rendésuous; quelle deuoit estre la premiere traicte, *deinde per ordinem mansiones, deinde statiua, deinde vbi annona esset accipienda*, Et que ce fust vne coustume generale des Empereus & chefs d'armées, on le peut colliger de S. Ambroise, au sermõ cinquiesme sur le pseaume cent & dixhuit, *Miles*, dit-il, *qui ingreditur iter, viandi ordinem non ipse disponit sibi, nec pro suo arbitrio viam carpit, nec voluntaria captat compendia, ne recedat à signis, sed Itinerarium ab Imperatore accipit & custodit illud.* X.

Et de cette coustume *ne aliunde exempla petantur*, nous en auõs vn domestique en ce liure de l'Empereur Antonin, qui s'appelle *Itinerarium Antonini*, fait & entrepris en cette ville de Bordeaux, ainsi qu'il se peut voir par le tiltre du liure, qui peut seruir tant à la declaration de plusieurs autres belles & remarquables antiquitez, comme à la preuue de ce que nous auons dit, touchãt cette ancienne coustume: car vn Empereur & chef d'armée, dit Vegetius, *Itinera omnium regionum, quibus bellum geritur, plenissimè debet habere perspecta, ita vt locorum interualla, non solùm passuum numero, sed etiam viarum qualitate perdiscat, compendia, diuerticula, montes, flumina, ad fidem descripta consideret, vsque eò vt solertiores duces Itineraria prouinciarum in quibus necessitas geritur, non tantùm adnotata, sed etiam picta habuisse ferantur:* Le sçauant Onosander en dit presque le mesme en son Strategique, & Brutus entre ses autres belles & bonnes qualitez n'en auoit quasi point de plus recommandable que la science des lieux, la veuë & la remarque qu'il auoit fait des chemins, pour conduire asseuremẽt ses armées & sçauoir prendre l'auantage du camp: ce qui n'arriuoit d'autre part, que pour auoir vsé de cette diligence militaire, *non solùm consilio mentis, verùm etiam aspectu oculorum Viam elegerat*, qui est vne grande prudence en vn Capitaine. Et de là nous auons les tables Geographiques dont l'uzage est tres ancien, non pourtant en la façon que Anaximander auditeur de Thales en fit voir iadis à la Grece, ainsi qu'il est rapporté par Strabon, ny aussi comme Theophraste ordonna par son testament de pendre vne Mappemõde dans vne gallerie basse ioignant l'escholle de la Philosophie; car telles tables ne representoiẽt pas les chemins, d'vn lieu à l'autre, ains seulement marquoient les lieux principaux, & villes capitalles des prouinces, ainsi que nous voyons en nos tableaux cosmographiques d'Ortellius, Mercator & les autres; qui furent veus a Rome premierement, ainsi que disent aucuns par l'estude de Virgile, lequel ayant à descrire vne partie de l'Asie & de l'Europe à cause des guerres de Troye, qui auoit esté *Europæ atque Asiæ commune sepulcrum*, voulut en auoit vne plainiere cognoissance par la veüe, ainsi que remarque le vieux autheur de sa vie

Sed loca quæ vulgi memorantur tradita famâ
Æquoris & terræ statuit percurrere Vates

Certiùs vt libris OCVLO DICTANTE *notaret*

& par ce moyen se peut il verifier ce qui est escrit par Pline que du temps d'Auguste Cæsar & M. Agrippa on vid premierement a Rome vne table Cosmographique, d'ou Properce parloit cõme en se pleignant

Cogor & è Tabulâ pictos cognoscere mundos.

Ce ne fut dõc pas en cette maniere que les Empereurs firent ou desseignerent premieremẽt leurs ITINERAIRES, mais ce fut en la façon que nous voyons en celuy de M. Antonin, qui a tout seul surmonté le temps, pour nous seruir comme de patron & exemple de la diligence des anciens guerriers.

Ainsi pouuons nous dire qu'en l'exercice du Palais & administratiõ de la Iustice, qui est vne espece de milice, *forum militare & iurgiosum*, nous faisons auiourd'huy l'office des Empereurs monstrans le contenu de nos Ordonnances, comme nostre vray ITINERAIRE: Nous faisons l'office du Preteur Romain, mõstrant la Mappemonde de nostre voyage, nous faisons l'office que faisoit le bon Genie en la table de Cebes, qui monstroit auec le doigt les chemins & les destours, & mauuais pas de cette vie; car à cet effect il nous est enioint par l'authorité de nos Roys & aux principaux officiers de Iustice d'estre pourueus des Ordonnances, de les auoir en leur estude, de les lire souuent, & les tenir quasi tousiours entre les mains, ainsi Metius Pomposianus portoit tousiours sur soy vne mappemonde, au rapport de Suetone, ayant esté aduerty par les Astrologues & deuins, que sa naissance le disposoit à l'Empire de Rome; ainsi les ieunes hommes Romains, portoient dans leur sein le liure des douze tables & les apprenoient mot à mot, comme les officiers de Iustice deuroient faire les Ordonnances, *vt carmen neceßarium.* ainsi Alexãdre n'alloit iamais sans l'Iliade d'Homere, qu'il appelloit son VIATIQVE; ainsi Brutus prenoit pour son Viatique le Phædon de Platon, ainsi vn autre les Epistres de Brutus au rapport de Phrynicus, ainsi Alphonse n'estoit iamais sans les cõmantaires de Cæsar, qui luy seruoient de guide, ainsi le plus grand & recommandable Prince de tous les aages S. Louys Roy de France n'entreprenoit aucun voyage qu'il n'eust auec soy les sacrez liures de la Bible, lesquels le sçauant Clement Alexandrin appelloit en son pedagogue ἐφόδιον τῆς σωτηρίας, le Viatique de salut, sans mettre au nombre de ces exemples remarquables celuy d'Ælius Verus qui choisit pour son Viatique les amours d'Ouide & celuy de Stringalus grand Duc de Lituanie, qui ne fit iamais vn pas qu'auec le liure d'Apicius *de Re Coquinariâ :* ausquels on pourroit à bon droit addresser le rencõtre du Comique & dire,

VIATICATI *hercle admodum æstiuè sumus.*

XI. OR pource que l'obseruation des Ordonnances nos grands chemins battus est particulierement recommandée aux Aduocats qui vont & viennent cõtinuellement sur ces voyes, & que nous deuons particulierement nous addresser à eux en nos Remonstrãces, nous le ferons suyuant nostre piste soubs la comparaison commancée des chemins; & dirons que tout ainsi que Varron à recogneu trois especes principales de chemins, la premiere se nomme VIA, qui est pour les cheuaux, voitures, & charrois, la seconde ITER, qui est pour les gens de pied : & la troisiesme SEMITA qui est pour addresser ou accoursir les chemins tant des cheuaux que des gens de pied; & de cette triple diuision nous sçauons que Diane la Deesse des chemins s'est faicte iadis adorer soubs le nom de TRIVIA: tout de mesme auons nous trois sortes d'Aduocats qui se viennent loger au double clos de ce barreau qui sont comme les trois chemins diuers de la Iustice, & les trois voyes du Palais: les premiers sont les Aduocats consultans, que nous cõparerons à la premiere espece de chemin qui s'appelle VIA, *quasi* VEHA, dit Varron, *Rustici nunc quoque Viam appellant propter vecturam, & vellam non villam, quò vehunt & vnde vehunt.* Ce sont les Aduocats consultans, qui sont les grands chemins battus de la Iustice; Rapport que nous ferõs d'autant plus volontiers que nous voyons que Galiẽ à bien osé faire cette comparaison d'Hippocrates & de soy mesmes aux grands chemins publics au neufiesme liure de sa Methode, comparant Hippocrates & sa doctrine à quelques vieux & anciens chemins, qui en quelques endroits sont pleins de boües, de pierres, de buissons, & autres incommoditez, & en quelques endroits sont fort rabboteux, & fascheux à monter, & en d'autres, fort perilleux à descendre: ou qui sõt en certains endroits infestez de bestes farouches, ou trop lõgs à passer à raison des riuieres qui les trauersent ou des eaux qui les inondẽt & pour son regard, Galen se compare soy mesmes & sa doctrine aux voyes d'Italie que l'Empereur Traian auoit fait reparer de nouueau, les faisãt repurger, nettoyer de hayes & buyssons, pauant de pierres les lieux humides & boüeux, bastissant des ponts sur les fleuues, comblãt les vallées & fondrieres, couppant les trop longs & ennuyeux chemins & en dressant de nouueaux és lieux plus commodes pour les passans.

Galien dit tout cela sur ce rapport, lequel luy ayant semblé bon pour les grands & doctes Medecins ne doit pas estre estimé mauuais estant rapporté aux bons & anciens Aduocats qui sont venus à ce point que d'estre estimez & mis au nombre des consultans,

Hic labor extremus, longarum hæc meta VIARVM.

Donques les Aduocats consultans soient de grands & beaux chemins semblables à celuy de Galien, & non pas à ces vieux chemins rompus & boüeux d'Hippocrate ; qu'ils soient semblables aux grands chemins d'Italie & de Carthage, non pas à ceux de Pelusium ville d'Afrique, aupres de laquelle les chemins estoient si pasteux & souillés de fange qu'ils en donnerét le nom à cette ville, Car pour les Carthagineois *qui primi dicuntur lapidibus* VIAS *strauisse* & pour les Romains, *qui eas per omnem pene orbem disposuerunt propter rectitudinem itinerum & ne plebs esset otiosa* dit Isidore, ces deux peuples se monstrerent fort soigneux à pauer les chemins de belles pierres de taille, *vnde strata dicta, quasi vulgi pedibus detrita*

Strataque iam vulgi pedibus detrita VIARVM

Et c'est pour cella que Festus les appelloit *delapidatas* VIAS & Columelle *pauitum solum*. Capitolinus & Charlemaigne en ses Capitulaires *litiostrota*. Voyre mesmes la magnificence d'aucuns Empereurs s'est estendue iusque à dresser des colomnes de marbre, & des images ou statues tout au long de tels chemins *Breuibus columnis altrinsecus positis & sigillis per pedes mille,* dit Capitolinus parlant des œuures publics de Gordian troisiesme. Et c'est pour cette consideration que les seigneurs de Rome choysissoient leurs sepulcres & dressoient leurs monumens en ces grands chemins despuis que la curiosité eut enseigné de les orner & embellir de la façon, au lieu que deuant chascun se faisoit enseuelir dans ses grands iardinages; & de là nous auons tant de vieux monumens, sepulcres, vrnes & tableaux trouuez soubs les ruines des voyes publiques, nommément de celle qui tiroit à Nomentum, & de l'autre dressée & pauée par Appius Claudius, si belle qu'elle fut appellée la Royne des voyes d'Italie

Appia longarum teritur Regina VIARVM.

Le conseil & bon aduis des Aduocats consultans est vn grand chemin royal par lequel vn chascun passe & repasse en toutes affaires, publiques & priuées, car s'il est question d'achepter, de vendre, de donner, de plaider, de tester, de se marier, & choses semblables, tout despend de leur responce comme d'vn Oracle,

Ex adyto tanquam cordis responsa loquuntur
Sanctiùs, & multò certâ ratione, magis, quàm
Pythia quæ tripode ex Phœbi lauróque profatur.

Ils sont consultez sur toutes choses, cõme les grands chemins frayez & battus de tout le monde, car chascun y a droit

Omnia in his, & ab his sunt omnia, siue negoti
Siue oti quicquam est, & turbæ, siue quietis,

Ces grands chemins estoient pauez de bonnes & fortes pierres; & les sages aduis donnez par les Aduocats consultans doiuent estre solides comme ces pierres, car quoy que leur conseil pourroit se comparer iustement aux pierres pretieuses, si est il neantmoins plus à propos parangonné à ces pierres vulgaires, des pauez comme il se void par la vision du Prophete Zacharie, auquel fut representée vne pierre quarrée semblable à celle d'vn paué, sur laquelle il y auoit sept yeux, symboles des bons conseils *super lapidem vnum septem oculi sunt, qui discurrunt in vniuersam terram*: car par l'œil de leur prudence ils vont par tous les affaires du monde pour y donner ordre & porter secours *sunt lapides adiutorij*, desquels parle S. Hierosme en l'Epistre des quarante deux mansions, ils respondent à tous ceux qui frappent leurs oreilles, & demandent cõseil, *vt Megaris saxum ad ictum pulsus cuiuscunque fidicinat.* Ces pierres estoient fortes & dures *è silice* dit Procope, ce qui ne conuient pas mal aux aduis des Aduocats consultans qui doiuent estre solides,

Et solidum quodcunque crepet, nec inania subtus
Indicet admotus, digitis pellentibus ictus.

Qu'ils se souuiennent que les images de Mercure & de Minerue les Dieux tutelaires du Palais ne se faisoient iamais de cire ny d'argille, comme celles de Dedale mais qu'il estoit cõmandé par exprés de les cõstruire de pierre forte & solide, pour monstrer aux officiers de Iustice, & aux Aduocats consultans, que leurs aduis & consultations, ne doiuent pas estre superficieres, incertaines, muables & fugitiues comme les statues de Dedale, mais fermes & solides comme les images de Mercure & de Minerue.

Ces pierres, outre leur fermeté estoient quarrées, & quarrées estoient les bazes sur lesquelles on portoit l'image de Themis, voire chez les Arcadiens, dit Pausanias,

ſanias, les ſtatues de tous les Dieux ſe faiſoient quarrées, car cette figure, qui eſt la plus parfaite entre les figures à droite leigne ſignifie la quadrature & l'equité de la Iuſtice, remarquée auſſi par le quaternaire, qui retient touſiours vne iuſte proportion & ſtabilité immuable, de là vient que les gens de bien ſans vice & mauuaiſe tache, tels que principalement doiuent eſtre les conſultans, ſont appellez metaphoriquement, *Tetragones* ou *quarrez* par Simonidés & Ariſtote, & biẽ que tels perſonnages Tetragones ſoyent malaiſez à rencontrer ſelon le diſcours qu'en fait Sopater dans Stobée, ce neantmoins plus loüables ſerõt ils ſe trouuans tels en ce premier barreau,

Quicquid quæritur, optimum videtur.

Ces pierres de paué eſtoient encores polies, & non pas raboteuſes, ainſi que nous voyons en nos chemins pauez: Et on a touſiours deſiré que tels perſonnages, qui ont blanchy ſur l'experience des choſes, fuſſent auſſi polis, *non vt in rudi ædificio firmus ſanè paries & duraturus ſed non ſatis expolitus*, dit l'autheur du Dialogue *de cauſis corruptæ eloquentiæ*, parlant de l'eloquence du Palais: car on attend iuſtement de leur aage toute la poliſſure qu'vn grand & parfait eſtude leur doit auoir donné, *ſicut locupletem & lautum Patrem familias non eo volumus tantùm tecto tegi, quod imbrem ac ventum arceat, ſed etiam quod viſum & oculos delectet.*

Ces pierres auſſi eſtoient merueilleuſement biẽ iointes par enſemble, de façon que marchant par deſſus il n'y auoit aucun danger de choppement ou de gliſſade; & de là Tibulle loüe fort Meſſala d'autant qu'il auoit procuré la poliſſure & l'vniſſement des chemins

—— hic aptâ iungitur arte silex
Te canet Agricola ê magnâ cùm venerit Vrbe
Serus, inoffensum rettulleritque pedem.

Elles estoient iointes sans aucun ciment ny ferrumination, dit Procope, de façon que neuf cens ans apres que le chemin d'Appius eut esté battu, frayé, & raclé continuellement par les charretes & cheuaux il sembloit encores qu'il fust tout d'vne seule piece: nõobstant le trauail de tãt de siecles, les pierres n'auoient rien perdu de leur aleignement ne s'estoient desmenties ny rompues, & n'auoient rien perdu de leur polissure.

Tels doiuent estre les conseils, les exemples & la vie des premiers iuges du Barreau,

Ne quid hiet, ne quid protuberet, Angulus æquis
Partibus vt coeat, ne quid deliret amussis.

Ils doiuent ioindre & incorporer maintes belles parties auec leur experience, erudition & doctrine, cõme il se lit en l'Inscription & tombeau d'vn ancien Aduocat, nommé Ragonius, en ces mots FIDEM IVNXIT INGENIO PRVDENTIÆ MISCVIT LIBERTATEM ITA VT NEMO DE EIVS INDVSTRIA, NISI IS CONTRA QVEM SVSCEPERAT, FORMIDARET. Nous lisons que Caïus Gracchus faisant pauer & accoustrer les grands chemins d'Italie y fit bastir de grands greniers pour y faire prouision & munition de bleds, ce qui a longuement duré, & s'en trouuoit de traite en traite, & de logis en logis auec toutes autres choses necessaires aux voyageurs pour sustenter leur vie, *magno enim paratu instruebantur mansiones*, dit le docte Symmachus. Ainsi les Aduocats consultans, qui sont desia pourueus par l'aage & par l'assiduité de leurs estudes, doiuent faire, *quasi quædam sapientiæ & eruditionis horrea & conditoria doctrinæ*, pour vser des termes de Marcianus Capella, car se sont eux qui doiuent seruir aux plaidans & escoutans non seulement de guides pour leur monstrer les addresses du chemin, mais aussi de greniers & prouisions pour la necessité de leurs voyages.

MAIS tout ce que nous auons dit de la magnificence des grands chemins pauez de l'Italie, ne peut estre parangonné à la grandeur & magnificence royalle des voyes publiques des Royaumes du nouueau monde, car en la Chine on en voit qui durent sept mille lieües d'Italie, qu'on ne sçauroit parcourir en moins de sept ou huict mois, toutes pauées de bonne pierre, pourueües de bons logis, & de retraictes commodes aux passans, & qui sont de peu de distance, à la façon de ces logis ou garites qui furent iadis bastis par quelques Empereurs d'Orient sur les voyes publiques, & s'appelloient φελκτορίαι, ainsi qu'il se void dans les nouuelles constitutions & dans les historiens de Constantinople, de maniere que le chemin d'Appius comparé à ceux de la Chine, perdra le tiltre d'hõneur que luy donnoit Horace lors qu'il l'appelloit le Roy des Chemins. XII.

La commodité des chemins du Perou est encores plus esmerueillable, vray est qu'il n'y en a que deux fort admirables, l'vne qui trauerse les mõtaignes & l'autre qui va par les plenes, tirant de Quito à Cusco & encores par de là: car pour celle cy de la plene elle s'en va tout droit sans rencontre d'aucune colline ny mõtaigne, & sans abboutir à aucun lac, estang ou riuiere, elle contient enuiron cent lieües à conter trois mille d'Italie pour chasque lieüe, elle est reuestue de muraille des deux costez, & tient vingt & cinq pieds de largeur, au milieu sont de petits fossez de claires eaux coulantes & viues, bordez de plantes & arbres tousiours verds, le reste de chasque costé iusques à la muraille, paué de bonne pierre.

Celle qui est en la montaigne, est de pareille lõgueur & largeur, entaillée par dedans les rochers, & aux endroits ou il y auoit des valõs ou fondrieres, le tout esgalé & mis au niueau, ouurage certainement qui passe les Pyramides d'Ægypte & les chemins pauez des Romains : Et ce qui sert au propos commancé n'est pas moins remarquable, c'est qu'au long de ces longues & plaisantes voyes, de iournée en iournée, sont erigez de beaux & grands Palais qu'ils appellent Tãbos, où logent ordinairement les armées des Roys du Perou, pourueus de tous viures, armes, vestemens, & autres prouisions necessaires, de façon que quarante mille hommes y arriués à l'impourueu, y pourroient estre armez, vestus, nourris & hebergez en bien peu de temps.

Ce sera vne trop grande necessité que nous imposerons aux Aduocats consultans, si nous disons que tel doit estre leur ameublement, *Et lauta suppelex quæ sit in oratoris instrumento, qui tanquam in aciem omnibus armis instructus, sic in forum omnibus artibus armatus exierit*, dans Tacite. Les Aduocats consultans, outre l'heureuse conduite en leurs affaires propres, qui fait qu'on ne leur puisse pas reprocher ce qu'Ennius reprochoit aux diseurs d'aduanture,

Qui sibi non sapiunt, alteri monstrant VIAM.

Outre la longue experience, doiuent de plus auoir chez eux de grands fonds, magazins & amas de toute sorte de sciences, cognoissance de la Iurisprudence, Philosophie, Theologie, Medecine, Mathematiques, de l'histoire, de l'antiquité, des polices & gouuernemens des estats, & en somme *omnem omnium artium varietatem*, tout ce qui appartient à la notice de toutes choses diuines & humaines, affin de fournir promptement de bon & loyal conseil à tous allans & venans à personnes infinies qui viennet frapper leurs oreilles, pour consulter sur toute sorte de matieres, & affaires, les renuoyant contans & satisfaits.

Pline parlant d'vn tel Aduocat que nous venons de descrire, comme Ciceron son Orateur, Platon son Philosophe, & Dion son Monarque, c'est à sçauoir en idée & imagination plustost qu'en verité, dit ces paroles: *Quàm peritus ille priuati iuris & publici? quantùm rerum, quantùm exemplorum? quantùm antiquitatis tenet? nihil est quod discere velis, quod ille docere non possit. Mihi certè quoties aliquid abditum quæro, ille thesaurus est.*

NOVS auons dit encores vne chose bien remarquable des voyes publiques, vsitée autant en la Grece qu'en Italie, à sçauoir qu'au long des grands chemins estoient esleuez les sepulcres & monumens des Seigneurs Romains, qui les bordoient de part & d'autre, ainsi que ceux du Perou sont bordez d'arbres appellez Moli, *In aggeribus enim* VIARVM *Religiones & sepulcra erant*, dit Porphyrio sur Horace, & dans Iuuenal clairement, XIII.

Quorum Flaminiâ tegitur cinis, atque Latinâ,

& dans Prudence?

——*Dis Manibus illic*

Marmora secta lego, quæcunque Latina vetustos

Custodit cineres, densísque Salaria bustis.

Et de là viennẽt ces mots qu'on lit si souuent és vieux monumens & sepulcres. ASTA VIATOR. CAVE VIATOR, & autres aduertissemens aux voyageurs, qui monstrent que les tombeaux, se faisoient ordinairement sur les voyes publiques, quoy que Properce s'esloigne fort de ce desir, quand il dit,

DI faciant, mea ne terræ locet ossa frequenti

Quà facit adducto tramite vulgus ITER.

S'il faut que nous appliquions cette particularité aux Aduocats consultans, nous leur dirons qu'ils taschent d'enseuelir les Procés dans leurs bons & sages aduis *tanquam in aggeribus viarum.* Ils ne sçauroient dresser vn plus riche monument à leur gloire, ny eriger vn colosse plus remarquable à leur recommandation, qu'en dressant l'epithape des procés *rongepeuples* dans le cerceuil *rongechair* pour parler apres le Prince de nos Poëtes. Ce faisant ils ne feront rien de nouueau & qui n'ait esté fait ou pratiqué iadis: car il s'est treuué dãs vn grãd chemin pres de Bologne vn Monument enigmatique, que d'aucuns des Critiques & sçauans hommes de nostre aage ont appliqué à l'Alchymie, & d'autres au Procés ou à la Chiquanerie taschant de treuuer quelque bon sens dans les masures de ces paroles plenes de contradiction ÆLIA. LÆLIA. CRISPIS. NEC. VIR. NEC. MVLIER. NEC. ANDROGYNA. NEC. PVELLA. NEC. IVVENIS. NEC. ANVS. NEC. MERETRIX.

NEC. PVDICA. SED. OMNIA. SVBLATA. NEC FAME, NEC. FERRO. NEC. VENENO. SED. OMNIBVS. NEC. COELO. NEC. AQVIS. NEC TERRIS. SED. VBIQVE. IACET. Car ils disent que c'est le procés ou la Chiquanerie, qui n'est ny homme ny femme, ny Androgyne, ny fille, ny vieille, ny prostituée, ny chaste, mais que c'est vn ramas de toutes ces belles qualités, que c'est vn demon raccoursy de toutes les imperfections du monde que c'est vn Prothée changeant à tous momens: qu'on doit poursuiure & exterminer non pas auec le fer ny auec le feu ny auec le poison, mais par toute sorte de cruautez possibles, qui git non pas dans le ciel, ny dans la terre ny dans les eaux mais qu'elle volle & triomphe par tout qu'il faut à quelque prix que ce soit le mettre à mort, & luy bastir son Epitaphe en ces termes

Hoc est sepulcrum intus cadauer non habens
Hoc est cadauer, sepulcrum extra non habens
Sed cadauer idem est & sepulcrum sibi.

Car ia à Dieu ne plaise que nous ayons si mauuaise opinion des Aduocats consultans, de leur prud'homie & vertu, que nous entendions ce fait des sepulcres & monumens, au contraire, de ce que nous auons dit, ia à Dieu ne plaise que par la malice inueterée qui pourroit estre en quelques vns, nous pensions qu'ils voulussent faire dans leurs mauuais cõseils le sepulcre de leurs parties pour y enseuelir leurs moyens, leur repos, leurs fortunes & familles: Il pourra souuent escheoir qu'vne partie viendra les cõsulter auec vne tres meschante volonté de leur part & mauuaise opinion de l'Aduocat le croyant semblable à celuy dont il est parlé dans Lucilius, & croira

Vni se atque eidem studio omnes dededer & arti
Verba dare, ut cauté possint pugnare dolosé.

Il arriuera souuent qu'vn chiquaneur miserable viendra parler à eux comme à des Dieux de tromperie disant

—— *da Lauerna*,
Da mihi fallere, da.

ou bien —————————————— *da*
Impia me rationis inire elementa VLAMQVE
Indogredi sceleris.

Donnez moy conseil pour frauder la coustume, pour eluder l'Ordonnance, pour faire vn contract feint & simulé, pour respondre en sorte sur faicts & articles pertinens, qu'on ne tire la verité de ma bouche & autres semblables points. Arriere telles parties plenes de dol & de malice, arriere ces chiquaneurs, ces teignes de Palais,

Qui puteal multâ cauti vibice flagellant.

Et pour les consultans c'est leur deuoir de ne seruir point dinstrument à telles passions desreglées d'vne partie, ains leur seruir plustost de pere que d'Auocat à l'exemple de Ragonius duquel nous auons parlé cy-deuant, duquel il est escrit par maniere de bel eloge *Inter omnes qui ad eum animo litigantis intrassent, parentem se magis plerúmque quàm iudicem præbuit.* On peut paternellement & auec peu de paroles moderer les passiōs de la plus part des parties,

—— *ut mores ingeniúmque*
Vel faciles vel difficiles contentio nacta est.

Vne seule remonstrance faite sagement & en homme

de

de bien peut auoir le mesme pouuoir sur vn plaideur miserable, s'il sçait tant soit peu se reposer sur la pierre fondamentale du bon conseil de son Aduocat, qu'auoit autrefois la pierre Leucate sur Iupiter, lequel se trouuant affolé de passion amoureuse pour Iunon ne trouuoit meilleur remede pour en guerir que de s'asseoir sur la pierre de Leucate, car la demangeaison des plaideurs & cette frenesie chiquaneresse est vne passion aussi vehemente & folle que l'amour.

Que si au cõtraire l'Aduocat vient à reblandir & flatter la passion des parties, *Quid aliud est quàm erranti* VIAM *nõ monstrare quod execrationibus publicis sancitum est?* car il n'importe pas de la façon par laquelle vne partie se fouruoye, si c'est par malice, passion, ou ignorance,

——veluti siluis vbi passim
Palantes error certo de tramite pellit
Ille sinistrorsum, hic dextrorsum abit, vnus vtrinque
Error, sed varijs illudit partibus.

Ainsi c'est tousiours se fouruoyer : & conniuer aux parties en ce fouruoyement c'est les trahir & les perdre, *Viscus merus vestra est blanditia* : De façon qu'on pourra dire par apres d'vne partie ruynée par le mauuais conseil d'vn Aduocat consultant ce que le Comique disoit de celuy là, *Miserum sua blanditia intulit in pauperiem, priuauit bonis.* Et c'est en vn mot seruir de Sirenes à ceux qui se iettent à la trauerse de la nauigatiõ du Palais, c'est leur porter comme disoit le Poete Espagnol vne douce mort & vn cruel contentement,

Blandásque mortes, gaudiúmque crudele.

Et les pauures plaideurs le cognoissent bien enfin, & s'escrient, mais trop tard, que le conseil flateur de tels consultans a esté semblable aux vaines predictions des augures, *Qui aureis verbis diuitant alienas, suas vt auro locupletent domos.*

Car à la verité l'auarice est l'architecte qui conuie & semond les mauuais Aduocats de bastir des procés ou des tombeaux aux miserables parties: c'est l'auarice qui du commancement a fait consulter aux mauuais Aduocats cette consultation de Libo qui demande, *An habiturus foret opes, qui* VIAM *Appiam Brundusium vsque pecuniâ operiret.* Car pour se couurir d'argent, ils viennent à consulter & applaudir à la malice ou passion des plaideurs, les mettent & entretiennent en procés, prenent la conduite & direction de leurs affaires, les embroüillent si auant pour se rendre necessaires à les deuider, qu'on n'en peut iamais venir à la fin non plus que du Sorite ou cauillation des Stoïciẽs. Et c'est proprement la bouë & la fange qui sallit ces belles & plaisantes voyes, pauées, vnies & esquarrees ausquelles nous auons parangõné les Aduocats consultans. S. Iean Chrysostome en diuers endroits préd ainsi la bouë pour l'auarice & les compare ensemble: & sainct Augustin parlant en ses confessions du gain & profit, principalement lors qu'il n'est pas selon la iustice, luy donne cette epithete & l'appelle *Lutheum Lucrum.* Que ceux dõc qui ont le pied dans cette boüe d'auarice, tachent des'en retirer au plustost,

Inque lutho fixum poßint transcendere nummum.

Qu'ils tachent de netteyer & purger le grand chemin de leurs sages conseils de cette fange gluante de cupidité & d'auarice, ce qui s'appelle dans Tertulian *depalare*, ou bien *depaludare Viam* : Car pour ceux qui auroient exposé leurs aduis à la venalité, & comme les prodigues de Rome, ainsi que disoit Pline, souïllé les perles de leurs estudes dãs la boüe de l'auarice, nous ne leur disons mot ne croyant pas qu'il y ait personne en cette compaignie

In triuijs fixum qui se demittat ob assem

VENONS aux Aduocats plaidans. Socrate souloit dire que la Nature auoit deux voyes pour amener les hommes à l'obeïssance, la force & la persuasion. Cebes disoit que tout le monde estoit vn grand carrefour diuisé en deux chemins, l'vn de la volupté & l'autre de la vertu, & de là le *Biuium* d'Hercules & la lettre de Pythagore; Publius Syrus en ses Mimes escrit que les plus grands chemins du monde sont le profit & le plaisir; Vn autre disoit que le monde ne cognoist que deux chemins, celuy de l'experience & celuy de l'esprit ou industrie, En vn mot les plus braues escriuains n'ont recogneu que deux chemins differens en ce grãd vniuers, mais il me semble que Socrates à mieux Philosophé que les autres y mettant la force & la persuasion, c'est pourquoy marchant sur ses pas nous dirons laissant toutes les autres voyes, que ce dernier chemin de la persuasion appartient proprement aux Aduocats plaidans & pour ne sortir du grand chemin que nous auons cõmencé d'enfiler, il est vray que toutes les voyes de Rome n'estoiẽt pas pauées de pierres quarrées, ains le plus souuent couuertes de sablon ou de menus cailloux qu'ils appeloient *Glaream*. XIV.

Namque opibus congesta tuis hic glarea dura
Sternitur.

Non seulement en Italie, mais aussi par tout ailleurs

& en nostre Guyéne mommément, ainsi qu'il se void ans d'Ausone parlant du grand chemin de Blaye

Aut iter actarum quà glarea trita viarum
Fert militarem ad Blauiam.

Or telles voyes couuertes d'arene & menu grauois, ou mesmes quád au lieu de grauier, elles seroiét couuertes de chapple de pierre blanche, que Pline appelloit, *Arenam de lapide abrasam*, ou de poudre de vermillon, ou de chrysocole, ou de limailles d'or, tout cela est proprement *scholasticus puluis*, & ce que Ciceron appelloit, *Eruditum puluerem*, le docte Sablon de la lice de leurs exercices, soit de Rhetorique, ou de Philosophie, *Quicquid enim in eloquentiâ effecisset Cicero, id se non Rhetorum sed Academiæ spatijs consecutum dicebat:* La lice des Aduocats plaidans c'est le Palais, disoit Epictete, leur meditation en cette carriere doit estre comme celle de la corneille,

Quæ sola in siccâ secum meditatur arenâ,

Quand ils choisissent & trient les riches mots qui sōt en vsage, quand ils les assemblent & lient de façon que leur elocution n'est ny basse ny enflée, ains de bonne couleur & habitude, alors, disoit Brutus, VIA, & *arte dicunt*, & s'ils entremeslent de graues sentences, de rares passages, authoritez & exemples, qu'ils facét en sorte que *non sit arena sine calce.*

Si quelquesfois ils taschent de porter des ornemens à leurs causes & d'embellir & ouurager par leur beau langage la robbe de iustice, bien que de soy elle soit assez riche & esclatante, neantmoins ils auront non seulement excuse, mais aussi de la grace en ce faisant; car c'est vne chose fascheuse aux Iuges, de marcher tousiours par vn mesme chemin poudreux & ne boire iamais rien par les oreilles que la poussiere des formules & quelque pratique routinée mille fois: *Peruulgatis iam omnibus, cùm vix in cortinâ quisquam assistat, qui elementis studiorum etsi non instructus, at certè imbutus sit, nouis & exquisitis eloquentiæ* ITINERIBVS *opus est, per quæ Orator fastidium aurium effugiat.* Cassius Seuerus fut le premier, qui ouurit à Rome cette nouuelle route dans le Palais, & comme tous ses deuanciers suyuoiēt le trac du grand chemin battu, il eut le courage de chercher de nouuelles terres, & deffricha ou fraya si heureusement vn sentier plus fleurissant, & plenier, qu'il en fut publiquement loüé, *Eum primum affirmant flexisse ab illâ vetere atque dicendi* VIA *directâ, non infirmitate ingenij neque inscitiâ literarum, sed iudicio atque intellectu.* De maniere que leur carriere ne semblera pas vne voye publique, & ne sera pas λεωφόρος, le grand chemin battu que Pythagore commandoit à ses disciples de fuyr, mais ce sera vne allée tres agreable, ionchée de verdure, & tapissée de fleurs:

——quicquid calcauerit, hoc rosa fiet,

ils ne mettront le pied que sur des roses, ils ne diront paroles qui ne soyent autant de belles fleurs, periodes qui ne soyēt de beaux bouquets, plaidez, qui ne soyēt de riches couronnes & guirlandes: ou bien s'il en faut faire comparaison à quelque voye Romaine, ce sera à la voye Herculeane,

Quâ iacet Herculeis Semita littoribus,

laquelle Ciceron plaidant contre Rullus, tesmoigne auoir esté tres plaisante & delicieuse, & par ainsi les Aduocats plaidans seront en la protection d'Hercules non seulement pour la force & puissance de leur diction qui triomphe de tout, mais aussi particulierement pour la tendresse & mignardise de leurs belles & fleurissantes paroles ausquelles aussi presidoit Hercules suyuant la vieille inscription de Cremone, ΗΡΑΚΛΗ ΤΩ ΜΟΥΣΑΓΕΤΗ ΚΑΙ ΑΝΘΟΦΟΡΩ, A Hercule prince des Muses & porte fleurs.

En outre il est remarquable que les espaces des voyes Romaines estoient distinguées de mille en mille pas par de petites colomnes de pierre que Graccus erigea le premier; l'origine en estoit venuë des Grecs qui appelloient ces marques σημεῖα, ou bien στύλας, & de là dans Strabo il se lit στυλωμένη ὁδὸς, *Via columnata*: Boetius quelque part les appelle, *Cursorios lapides, quibus itinera discriminentur*, & en vne ancienne inscription ils s'appellent MILIARES LAPIDES, & l'escriture engrauée en ces pierres addressoit le chemin, tesmoin ce que nous lisons en la preface d'vn gros liure de Canons, *Quisnam hominum erit qui sibi manendum existimet in itinere, cùm viderit milliaria lapidea literis plena viam docere?* Et de là nous sçauõs que telles pierres s'appelloient, *literati lapides*, qui particulierement marquoient le nõbre des lieues qu'on auoit cheminé, & qui restoient à faire, ce qui allegeoit grandement le trauail des voyageurs comme dit Rutilius en son Itineraire.

Interualla VIÆ *fessis præstare videtur*
Qui notat inscriptus millia multa LAPIS

A ces pierres & colomnes milliaires Quintiliã compare les diuisions & partitions que les Aduocats font en leurs plaidoyers qui esgayẽt & raffraischissent l'esprit des auditeurs, ainsi que les pierres milliaires refont le courage des voyageurs *Partitio reficit audientem, nō aliter quàm facientibus iter multùm detrahunt fatigationis notata inscriptis lapidibus spatia.*

Mais en ces voyes, lices & carrieres honorables il sera bon aux Aduocats de se proposer comme les coureurs aux ieux de prix, à sçauoir vne fin: Ils couroiēt nuds, ils couroient de haut en bas, ils couroient d'Orient en Occident, pour representer qu'il faut courir à la mort d'vn pas hastif & par toutes voyes; que toutes choses de l'orient de leur naissance vont à l'occident de la mort apres laquelle il ne demeure plus en ce siecle aucun reste de nostre humanité, la mort nous met à nud, ils couroient droit de leigne en leigne, *recto spatio, quòd inter vitam & mortem parùm sit discriminis,* c'est ce qu'en dit Isidore.

Ez voyes de l'eloquence il est bon aussi de se presenter vne fin Via *eunti aliquid extremum est, error immensus*, dit Senecque: & la consideration de la mort, auquel temps *Circulus in puluerem soluitur*, est bien suffisante pour nous faire marcher droit, *respice celeritatem rapidissimi temporis, cogita breuitatem huius spatij per quod citatissimi currimus, poterimus purgare mentem, adnitamur modò nec vlla res magis prodeat, quàm cogitatio mortalitatis.*

Et quand bien on ne voudroit passer ny penetrer si auant que cette derniere fin qui est de comprendre vifuement

Quid sumus, aut quidnam victuri gignimur, ordo
Quis datus, aut metæ quàm mollis flexus:

Au moins doiuent ils comprendre quelle est la fin de leur profession

Est aliquid quò tendis, & in quod dirigis arcum.

Ils doiuent dresser à ce but toutes les fleches de leurs intentions,

——huc mittat, & omnes

Dirigat huc sensus.

Car ayant remarqué cette fin là, on peut dire. *Inuenta vitæ* VIA *est*, *consummatióque omnium officiorum*. Vn ancien Philosophe fort sçauant, disoit dans Stobée, qu'il estimoit la condition de ceux-là malheureuse, *qui bibunt vt bibant*: qui ne se proposent autre fin en beuuãt que le plaisir de boire, nous en pourrions auec Seneque dire quasi le mesme, qu'il n'y a condition au monde si mal-heureuse que de ceux *qui eunt vt eant*, qui marchent & voyagent pour marcher seulement; car comme disoit Varron en ses sentences recueïllies par Vincentius *in speculo historiæ*

Viatores non eunt vt eant, sic vita non sui
Caussa fit, sed vt eâ præclarum aliquid fiat.

Ainsi les Aduocats plaidans ne se doiuent pas proposer pour but & terme de leur voyage, de marcher seulement en la lice du Palais, & de rouler en cette carriere, mais de bien faire en marchant, de profiter en voyageant, comme ceux qui sont conceus soubs le signe du Belier dit l'Astrologue Latin, qui ne sont iamais en repos,

Sed iuuat ignotas semper transire per vrbes,
Scrutarique nouum pelagus, totius & esse
Orbis in hospitio.

Leur fin n'est pas d'acquerir vne vaine loüange, pour auoir bien parlé & entretenu les oreilles de la Cour, *mellifluentibus verbis & oratione delinificâ*,

Sed

Sed recti finem, extremúmque hoc esse recuso
Euge tuum & bellè.

Ce n'est pas de se proposer vn gain vil & mercenaire, bien qu'il puisse ensuyure honestement, *nam sicut in aruo quod segeti procissum est, aliqui flores internascuntur, non tamen huic herbulæ, quamuis delectet oculos tantùm operis insumptum est, aliud fuit serenti propositum, illud superuenit.* Tout le mesme en est-il du gain, *non est merces nec caussa virtutis, sed accessio.*

Leur fin & leur profession est d'empescher par l'eloquence, que le faux & l'iniuste n'emporte par dessus; de subuenir à la Iustice & à la verité opprimée, & non pas à leurs parties quand elles ont tort: *subuenire vero, nō reo*, dit S. Cyprian.

S'il est doncques ainsi les Aduocats n'vseront point de mauuais artifices pour dōner gain de cause à leurs parties, & desmantiront ce mot de Symmachus, qui dit, *In hoc forensi puluere rara est cognatio facundi oris & boni pectoris*: Ils s'entrecommuniqueront, & n'aissayeront point à se surprendre l'vn l'autre de mauuaise foy: *qui in stadio currit, eniti & contendere debet quàm maximè possit, vt vincat, supplantare eum quicum certat, aut manu depellere nullo modo debet* Et iadis c'estoit vne loy receüe entre les coureurs, qu'on faisoit publier à son de trompe en ces termes FRAVS CVRSIBVS OMNIS ABESTO.

Ils ne tascherōt pas d'obscurcir vn affaire, pour euiter qu'il soit vuidé sur le champ, ains ils tascheront d'y apporter de la clarté, ainsi que faisoit Appollon aux voyes & chemins qu'il illuminoit, & en estoit appellé Agyieus, & disoit-on au contraire au raport de Phurnutus,

Sol ceciditque vmbratæ omnes sunt vndique agyiæ.

Les Grecs ne se seruoient pas au commancemenr de l'image de Mercure pour l'addresse des chemins, mais de celle d'Apollon, laquelle ils plantoient ou erigeoient au milieu des voyes publiques, asseurez qu'il n'y auoit plus grande commodité aux uoyageurs que la clarté du Soleil, car c'est le iour qui est destiné pour les voyages, & bien que Virgile en l'Epitaphe de ce fameux brigãd aduise les Pelerins de marcher la nuict en asseurance,

NOCTE *diéque tuum carpe viator* ITER.

Si est-ce neantmoins, que la nuict est faicte plustost pour se reposer que pour voyager, & la LUNE peut estre pour cette raison fut adoree iadis soubs ce tiltre LVNA INVIA. Les Aduocats plaidans doiuent au milieu de leurs voyes eriger l'image d'Apollõ, ou du Soleil, & se souuenir qu'il n'y a vertu en l'eloquence plus recommandable que la clarté, dit le Sophiste Longin. Ils n'emouueront point la poussiere en la voye pour la ietter aux yeux des Iuges,

Non impulsa leui turbetur glarea vento.

Ce que l'Orateur Romain se vente d'auoir fait quelquefois : le grauois ou l'arene dont leur voye & la carriere du Palais est ouuerte, n'est pas vn sablon mouuant, se doit estre vn grauois semblable à celuy de Puzzol lequel s'affermit & endurcit aux vagues de la mer, ausquelles on l'oppose pour les brizer,

Nãmque dicarcheæ translatus puluis arenæ,
Intrans solidatur aquis.

Que leur eloquence s'oppose ainsi aux flots de l'iniustice, qu'elle bride les vagues de l'auarice, qu'elle brise les tourbillons passionnez des inimitiez & discordes entre leurs parties : Qu'ils ayment la voye de la verité qui n'est point poudreuse, c'est le chemin sacré VIA SACRA, à laquelle le Poëte Espagnol enuoyoit ses œuures,

Ite SACRA : iam non puluerulenta VIA est.

C'est le chemin qui n'a ny espines ny cailloux, car il n'y a rien de plus doux que la verité, rien de plus esgal que son chemin γλυκὺς ἡ συνήθεια ; car bien que le mensonge semble auoir quelque douceur fade à celuy qui le pronõce & en plastre ses discours, il se trouue enfin que c'est vn chemin plein de grauois & de poussiere, *Suauis est homini panis mendacij*, dit le Sage, *sed postea os eius opplebitur calculo.* Et les œuures des mensongers seront enfin dissipées par le temps comme la poussiere par le vent *Germen eorum ascendet sicut puluis*. Sur tout ils seront aduertis de se garder des deux meschans chemins de perdition, par lesquels la Sybille Delphique disoit que tous les hommes marchent inconsiderement iusques à ce qu'ils se voyent ou plongez dans la boüe, ou serrés dans les espines, ou rendus sur les bord du precipice : ce sont

Τύφῳ καὶ μανίῃ δὲ βαδίζετε, καὶ τρίβον ὀρθὴν
Εὐθεῖαν προλιπόντες ἀπήλθετε, καὶ δι᾽ ἀκανθῶν.

Vous marchez dit la Sybille, *par le chemin de l'orgueil & de la folie & laissant le chemin droit, vous vous rendez dans les buissons & au desespoir des roches aigues pauures hommes mortels, qui tournoyez dans les tenebres de ce monde* : Or quoy que ces deux grands chemins se puissent trouuer en toutes les conditions des hommes, si est ce neantmoins que si on n'y prend garde ils prenent aisément l'estorse dãs le Palais, le premier, qui est de la vanité par la facilité des Aduocats plaidans, qui se lairroient peut estre trãsporter plus aisément que de raisõ par cette douce Sirene de la gloire, car il n'y a rien au monde tant exposé au vent de superbe, *Typho vanitatis*, pour vser des termes de S. Augustin, que l'eloquence; car ce qu'on disoit iadis que le Chameleon animal changeant se nourrissoit de vent, il se doit entendre suyuãt aucuns Mythologiques, de l'eloquence, aussi changeante que le Chameleon, laquelle sur toutes choses du monde se nourrit & enfle du vent de la gloire & vanité. Et quant au chemin de la folie il addresse au Palais par l'importunité des chiquaneurs, car c'est vne pure folie, ou plustost vne manie qui saisit certains esprits de contradiction & discordes, ausquels on peut dõner pour deuise ce mot du Poëte mieux qu'il ne fut iadis appliqué aux ames des Heros QVISQVE SVOS PATIMVR MANES. Les Aduocats plaidans se garderont donc de ces deux chemins comme de deux pestes *Est* VIA *quæ videtur homini iusta, nouissima autem eius deducunt ad mortem.*

XV. NOVS dirõs encores ce mot d'aduis par bien-seance, qu'ils ne doiuent en plaidant extrauaguer mal à propos hors le point de leur cause, autrement on dira d'eux: *Bene currunt, sed extra* VIAM: ou bien on leur dira ce mot de S. Hierosme. *Cur tu omissis, super quibus pugna est de scammate & loco certaminis egrediens, in peregrinis & longé alienis disputationibus immoraris*: Et puis blasmant grandement ces personnes; *Quæstionum*, dit-il, *lineis excidisti, more quorundam loquacium potius quàm facundorum, qui cùm disputare nesciant, tamen litigare non desinunt.* Tout n'est pas à parler continuellement, mais à parler bien à propos, comme le tout ne consiste pas à marcher ou à courir ; mais à courir vers le but & dans la lice ; *aliud enim est errare, aliud incedere*, c'est autre chose que de marcher, & autre chose que de s'esgarer, qu'ils se souuiennent du vieux broccard de ce sauteur esgaré : *saltauit bene, sed non in stadio*, sauter hors de la lice, est plustost signe d'intemperance & de folie que de force, *nemo enim saltat nisi ebrius.*

Sur tout & au mesme effect qu'ils prenent garde de se courroucer ou aigrir en plaidant l'vn contre l'autre, ce qui leur feroit perdre le chemin non seulement de la modestie, mais aussi du discours, du suiet & de la raison, *iracundia fert extra causam*, dit Seneque le Philosophe, & pource il escrit, *Pyrrhum maximum præceptorem certaminis gymnici, solitum his quos exercebat, præcipere ne irascerentur.*

Οὐδὲν γὰρ οὕτως, ὡς ἀθυμίας νέφος
Χειμῶνα γεννᾷ, καὶ νοημάτων ζάλην
Καὶ συσκιάζει τοῦ λόγου τὸν ἥλιον,
Καὶ νύκτα ποιεῖ γνοσλικῆς ἀβλεψίας
Καὶ τοῦ λογισμοῦ συνθολεῖ τοὺς ἀστέρας.

Voyla les effects de la cholere, *car elle, comme vn gros & espais nuage engendre en l'ame des tempestes, & tourbillons, elle couure & derrobe le Soleil de la raison, & mene la nuict de l'ignorance faisant cacher les Estoiles du discours*, belles & sages paroles d'vn grand & sçauant Pere Grec.

QVANT aux Aduocats escoutans nous leur dirõs peu de mots, *longum iter per præcepta, breue per exempla*, Ils sont ieunes & par consequant d'autant plus capables de bons & sages aduis, car il y a cette difference entre les chemins & les esprits des hommes, disoit XVI.

Elias Cretensis escriuant sur la premiere oraison de S. Gregoire de Nazianze: *Non ut in Via & anima res habet similiter, Viam quippe non rudem & asperam, sed multorum pedibus tritam calcare expedit, Animã autem sat ius est eam pingere, quam nondum sermo prauus insculpsit, & in quâ nullæ vitiis literæ cõsignatæ sũt:* Marchez volõtiers sur les vieux chemins, mais instruisez volõtiers les ames en leur ieunesse. Qu'ils se patrõnent & formẽt au modelle, nõ pas de plusieurs, d'autant que comme disoit le docte Varron, *Nusquam deueniet, qui quotquot videt, sequitur calles,* mais de quelques vns des plus excellens Aduocats du barreau, qu'ils ne desesperent point de pouuoir paruenir à ce haut point d'honneur qu'ils ont atteint, & qu'ils n'espargnent nullement leur trauail, *Ita est quidem, non facile est venire illò, vbi ipsa est sapientia, spissum est iter, apisci non possis sine magnâ miseriâ.* Il est vray que Luciã aux preceptes qu'il dõne aux harangueurs, met deux chemins en auant soubs le voyle de la corne d'Amalthée ou d'abõdance, car l'vn, dit il, est raboteux, penible, long, espineux & paué de cailloux tres aigus, ionché d'espines, & tapissé de chardons, l'autre n'est rien que fleurs, delices & plaisirs, au bout duquel est le Palais de l'eloquence, mais il faut croire que ce second chemin est imaginaire, proposé par moquerie, à l'exemple de celuy là qui disoit dans les Dialogues de Ciceron, parlant de l'estude fascheux de l'eloquence & se couchant à mesmes dans vn pré mollet, *ô si hoc esset studere.* Nõ qu'on ne pense pas que la vertu & l'eloquẽce soit si prodigue de soy mesmes, elle feroit tort aux beaux esprits, & si se feroit tort à soy mesmes se prostituãt aux nõchalans à si peu de fraiz & de trauail.

Qu'ils facent prouision d'vn bon Viatique auant que se mettre en chemin semblable à celuy d'Aristippus le Philosophe, lequel estant au rapport de Vitruue, ietté par le flot dans l'Isle de Rhodes, comme il y eut posé le siege & l'establissement de ses fortunes, enseignant la Philosophie aux Insulaires, escriuit à ses amis & parans, *Eiusmodi possessiones & VIATICA liberis oportere parari, quæ etiam è naufragio vnà possent enatare*: Qu'ils ne se hastét point & ne s'auancent trop à la plaiderie,

—— nec per compendia montis

Præcipitanda VIA est.

Car ce faisant ils allongeroient plustost leur chemin, au lieu de l'accourcir, *quod euenit in labirynthio properantibus, ipsa illos velocitas implicaret.*

Ce pendant qu'ils s'exercent souuent à par eux, *In occulto VIAM suam exerceant* dit Seneque, qu'ils aprenent le chemin du Palais & de la Iustice, non pas de la chiquanerie, & du dol, & qu'ils se souuiennent du bel eloge qu'ont r'apporté S. Gregoire de Nazianze & S. Basile, que durant leurs estudes qu'ils firét à Athenes, ville pour lors tres florissante, ils ne sçeurent iamais que deux chemins ou deux rues de la ville, l'vne qui menoit de leur logis à l'Eglise, & l'autre qui conduisoit à l'eschole, *O dulce otium! honestumque Musæum, ac pene omni negotio pulchrius! ô mare ô littus, verum secretúmque Musæum, quàm multa inuenitis, quàm multa dictatis! Strepitũ, iuuenes, relinquite, vósque studio & otio tradite, satius est enim, vt Attilius noster dicebat, otiosum esse quàm nihil agere*

S. Iean Chrysostome remarque, que ceux qui deuoient entrer au parc ou lice des excercices, remplissoient premierement d'arene plusieurs sacs & les met-

toient sur leurs espaules, pour s'exercer & accoustumer au trauail, ou bien la ruoient & iettoient a grādes palées dit Festus sur le mot *Rutrum*: *Rutrum tenentes arenam ruebant exercitationis gratiâ*, & ne cōparoissoient sur les rangs, qu'ils n'eussent au prealable demeuré dix mois apprentifs, ainsi qu'escrit Pausanias, & qu'ils ne se fussent exercez l'espace de trante iours en la ville d'Elis au parauant l'ouuerture des ieux publics:
Que les Aduocats escoutās se moulēt sur cette idée, & lors qu'ils auront accomply le temps requis pour leur apprentissage, & qu'ils voudrōt entrer en la voye de la plaidoyrie, on les accompaignera de ces heureuses acclamations qui se faisoient iadis aux voyageurs par cry solennel INGREDERE FOELICITER & non pas comme il se lit dans Turpilius de cette mal-heureuse imprecation qu'on faisoit à ceux qui entreprenoient quelque voyage contre le gré de leurs amys. *Age age egredere, atque vtinam istud perpetuum Itiner sit tibi*; car nous ne desirons pas les ietter dans la plaidoyrie comme *In Viam irreducem, aut in Iter tenebricosum* nous desirons que ce soit à leur honneur, au proffit des parties & au cōtentement de la Cour: Et partant qu'ils s'esuertuent à bien faire, & s'encouragent eux mesmes auec cette parole *Grandis tibi restat* VIA.

XVII. POVR faire fin nous exhortons en general tous les Aduocats de suyure de bon cœur la voye des Ordonnances dressées par nos Roys & par leurs Cours souueraines

——Iter positum sibi quisque sequatur
Perque suos tendat gressus; mihi debeat artem.

Allans par ces voyes là ils s'escarteront des mauuaises voyes

voyes,des voyes obscures & tenebreuses descrites cy deuant par la Sibylle,voyes tortues,rabboteuses,glissantes, voyes d'iniustice,voyes de mensonges, voyes de main gauche,voyes de mort

Hinc VIA *Tartarei quæ fert Acherontis ad vndas.*

Lesquelles vn iour ils se repentiroient ameremẽt d'auoir suyuies, & diroient *Ambulauimus* VIAS *difficiles, lassati sumus in* VIA *iniquitatis:* que si par mal-heur aucuns s'y estoient desuoyez *redeant in* VIAM

Nam sera nunquam est ad bonos mores VIA

Mais suyuant les Ordonnances ils s'auoyent par le Chemin royal, par la bonne & seure voye, par la voye de verité, de sagesse, de Iustice, voye de lumiere & de plaisir *Nec pretio, nec gratiâ, nec periculo, nec simultate à* VIA *rectâ oportet nos deduci*, voye de main droite

———Quæ Samios diduxit littera ramos

Surgentem recto monstrauit limite callem.

Voye de vertu & de bon-heur

Hinc VIA *virtutis dextrum petit ardua callem*

de laquelle Hesiode fut le premier autheur, & Prodicus despuis l'a poursuyuie plus amplement: Et marchans par ces uoyes ils ne faudront iamais de paruenir enfin guidez par la uertu au comble de tout bon-heur

Virtus recludens immeritis mori
Cœlum, negatâ tentat iter VIA.
Cœtúsque vulgares, & vdam
Spernit humum fugiente pennâ.

& arriuerõt infailliblement apres auoir suyui la voye de Iustice, en cette belle & luysante voye que les Astrologues ont estably dans le ciel pour les grands iusticiers

Hàc ITER *est Superis ad magni tecta Tonantis*
Regalémque domum:

C'est en ce beau chemin blanchy de laict ou de lys, que les grãds personnages de l'antiquité ont esté trãsportez par la faueur des fables & inuentions Astrologiques: c'est en ce beau chemin que se sont logez ces grands hommes

——— quibus omnis in ipso
Census erat, iustúsque Solon, fortisque Lycurgus
Aetheriúsque Platon, & qui fabricauerat illum.

C'est là que les grands Orateurs, aprés auoir suyui & parcouru le chemin du Palais & la voye de Iustice se sont rangez pour nous seruir d'estoiles fauorables, c'est là que Ciceron pour auoir en braue & sçauant Aduocat consultant & plaidant soustenu le droit des oppressés est adoré par la posterité,

——— Et censu Tullius oris
Emeritus cœlum:

Mais c'est assés, ie comprens que vous estes tous bien animez de vous auoyer à ce diuin & celeste chemin par les voyes des Ordõnances, que vous tiendrez soigneusement en l'exercice de vos charges & i'oze dire que volontiers vous me feriez tous cette courageuse responsetirée des vers du Poëte Lyrique

——— Ibimus ibimus
Vt cunque præcedes, supremum
Carpere ITER *comites parati.*

Greffier lizes les Ordonnances.

FIN.

SEPTIESME

REMONSTRANCE FAICTE EN PARLEMENT A L'OUVERTURE DE LA S. MARTIN, l'an MDCXI.

LE SOLEIL OU LA LUMIERE DE IUSTICE.

CEUX d'entre les anciens Escriuains, qui ont fait la comparaison de la Iustice & de la lumiere, du Soleil & du souuerain Magistrat, ont bien sceu remarquer la nature, les puissances, vertus, & proprietez, les effects, rapports, & conuenances de ces deux choses, les plus aimables & necessaires qui soyent au monde. C'est la comparaison que nous deduirons ce iourd'huy, *ad Iustitiæ affectum pectoribus inoculandum*: Car, dit Libanius le Sophiste, s'il est beau de rendre Iustice, il est beau de la loüer aussi. Chose qu'ō ne sçauroit mieux faire qu'en la parangonnant à la plus belle & agreable qualité du monde, qui est la lumiere. Doncques toutes les deux ont tiré leur origine du ciel : car la iustice a Iupiter pour son pere, selon quelques vns d'entre les Poetes, qui ont voulu que la iustice fust fille de I.

Iupiter & de la Deesse Themis,

——*siue est genitor tibi summus*
Iuppiter, è Themide in terras delapsa parente,

ou selon quelques autres vn certain Astræus qu'ils ont feint auoir esté pere de toutes les estoilles, fut aussi le pere de iustice, surnommée Astréee:

Seu patris Astræi clarum es genus, aurea cuius
Sidera sunt proles, & qui pro munere morum
Inculpabilium, nomen dedit omnibus Astris.

Mais aussi pour parler auec les saintes lettres, la lumiere, fut la fille aisnée de Dieu, laquelle ayant roüé & vogué l'espace de trois iours entiers à l'entour du monde, fut enclose, selon saînct Basile & Damascene, & renfermée le quatriesme iour dedans le corps du Soleil, qui fut basty & creé pour luy seruir de chariot à la conduire & pourmener par le monde, d'ou les anciens ont appellé le Soleil LVCIS AVRIGAM.

Ainsi la iustice, si elle est prise pour vne Deesse, elle est sans doute la prémiere de toutes, n'en desplaise à l'Eros & à l'Eris du Poëte Hesiode en sa Theogonie, *Prima Deûm* FAS, *quæ Themis est Græcis*: dict nostre Poëte Bourdelois; & dans Orphée elle est appellée *Antiquissima Diuûm*: si on la prend pour vne vertu particuliere, elle se trouuera comparée à l'endroit de l'ame comme la lumiere à l'endroit du Soleil; car comme quelques vns ont estimé que la lumiere eust esté faicte deuant le Soleil, & puis confinée dãs son globe comme dans son corps & element naturel, ainsi quelques vns ont estimé que la iustice a esté creée deuant l'ame, & puis mise & enchassée dans icelle: en laquelle opinion ont esté Platon, Origene & Lactance, opiniõ toutefois tres fausse & erronée, comme remarquent les Theologiens de ce siecle, car en mesme temps que Dieu inspira & souffla l'ame raisonnable & intelligible auec toutes ses facultez & puissances dedans le corps ia formé de terre, il inspira aussi quant & quant vne certaine vertu de iustice en l'ame que despuis nous auons appellée Originelle

Non secus ac lumen quod cæco obducitur antro.

OR cette iustice n'estoit pas seulemẽt vne certaine obligation naturelle qui est en Dieu en tãt que Createur de toutes choses, par laquelle il est obligé & tenu de pouruoir à toutes les creatures dés dons, qualitez, & perfections iustes & conuenables à leur nature, dit sainct Anselme, & à raison de laquelle, Proclus Cyzicenus appelle Dieu le Createur *Amußim iustitiæ*, & par laquelle il dõnne au Lion la force, la vistesse aux Lieures & animaux timides, le courage à l'Aigle, & à l'hõme la curiosité de sçauoir, disoit Maximus Tyrius, mais cette iustice originelle estoit vn don supernaturel de vertu, accomply de toutes bonnes habitudes au moyen desquelles l'homme estoit rendu parfait selõ toutes ses forces & facultez pour exercer & operer dignement, aisement & auec plaisir toutes les actions conuenables à sa nature, qui rectifioit & perfectionnoit l'appetit sensitif en ses puissances, l'irascible & cõcupiscible par les habitudes de la force & de la tẽperance qu'il cõtenoit en degré heroïque & tres parfait. Don de iustice qui accomplissoit l'intellect speculatif d'vne encyclopedie de toutes sciences, & l'intellect practique d'vne prudence tres exquise pour agir, & mettre en execution tout ce qu'il conuenoit II.

faire à l'homme, soit en public, soit en priué & qui le rendoit maistre parfait en tous arts, que nous appellons liberaux.

Sur tout cette vertu de iustice & rectitude surnaturelle perfectionnoit deux habitudes en la volonté, l'vne de Religion enuers Dieu, l'autre de droicture, equité, & iustice enuers le prochain : De sorte que cette iustice auroit pour adiointe vne subordination indefaillante du corps sous l'ame, de l'appetit soubs la raison, & de la raison sous Dieu, & causeroit vne parfaicte consonance des parties inferieures de l'ame auec les superieures, & des superieures auec Dieu.

O fœlix animal summi cui dextra Tonantis
Est pater! ô fœlix nimium qui ducis olympo
Et genus & formam : si te non noxia terræ
Decipiant vitia : & non blandus subruat error
Numen eris.

Disoit sainct Hilaire escriuãt sur la Genese, soit celuy de Poictiers, ou plus probablement celuy qui fut lõg temps aprés Euesque d'Arles. Heureux veritablemẽt eust esté l'homme, s'il eust oüy les Remonstrances de ce President que Dieu luy auoit mis en son ame, cõme dans vne Cour souueraine, disoit Philon le Iuif, heureux s'il eust presté l'oreille au dictamen de la iustice originelle, heureux s'il eust suiuy la leçon que Dieu luy donnoit dans le Poëte Prudence en son Hamartigenie.

Sed moneo iniustum fugias iustúmque sequaris,
LVX *comes est* IVSTI, *comes est mors horrida iniquis.*

III. MAIS ce bienheureux, immortel, & diuin estat ne dura pas longuement, ains seulement quelque peu d'heures, ou bien peu de iournées, la desobeissance & l'appetit desordonné de mĩger d'vng fruict deffendu s'empara soudain du courage de nos premiers parens,& pour vzurper les.mots du Poëte François Imitateur de Platon in Phædro

Le cheual noir qui la Royne conduit
Suyuant le tracq ou la chair la seduit
Erra si fort d'vne vaine trauerse
Quil aduint lors quand le blanc ne contraint
Sa bouche folle, & ses pas ne refraint
Dessoubs le ioug, que la Iustice verse,

le cheual noir de l'apetit prenãt aux dẽts le frein doré de la iustice originelle entraina le cheual blanc de la raison & rua l'homme à ce precipice.

Fertur equis Auriga, nec audit currus habenas

Ce fut donques alors

Postquam primus homo vetito se pascere ligno
Non timuit

Que cette Iustice originelle se perdit pour iamais, & pour nos premiers parens & pour leur posterité, & ce que les Poëtes ont dit de la Iustice, qu'apres le fabuleux siecle doré, & le regne de Saturne elle abandonna les terres & se retira dans les cieux, se peut bien mieux & plus veritablemẽt dire de ce court aage d'innocence qu'en iceluy *Terras Astreæ reliquit* ou bien cõme dit Germanicus,

Deseruit properé terras Iustissima virgo
Et cœli sortita locum, quá proximus illi
Tardus in occasum sequitur sua plaustra Bootes.

Aucuns autheurs escriuent que le Soleil compatit à cette deplorable perte & retraicte de la Iustice originelle, & que deslors il perdit de son costé les six parts de sa splendeur originaire, *ô nos durâ sorte creatos, seu perdidimus solem miseri, siue expulimus*: Et c'est cette perte qu'il doit retrouuer au dernier iour, disent quelques sçauãs Cabalistes, lors, que sur la fin du monde, pour recõpenser ses griefs & dommages anciens, il reluira sept fois plus qu'il ne fait auiourd'huy; & comme le iour de la Resurection de Nostre-Sauueur, si nous voulõs croire Chrysologue Euesque de Rauenne, il se leua des la minuict pour recompenser les trois heures que les tenebres auoient gaigné sur luy le iour du grand Vendredy, affin, que tout se fist par Iustice; *Nam sol, qui præter horam, vt domino compateretur abscesserat claritate, cùm resurgeret dominus ante tempus occurit, & qui, vt suo cõmoreretur authori, ipsam meridianam mortificauerat claritatem, vt cũ authore suo consurgeret, euictis tenebris antelucanis erupit*: opinion cõfirmée encores par quelques autres, quoy que non gueres probable.

IV. CEST E Iustice surnaturelle ainsi perdue, il ne resta plus à l'homme que la Iustice deüe à sa nature & cõdition. Car comme apres que le Soleil est obscurcy soubs l'horison, il reste encores pour nous esclairer le crepuscule du soir, & la clarté des Estoiles, ainsi esteint que fut ce grand flambeau surnaturel de Iustice, resterẽt encores quelques estincelles, & sur tout la lampe de la loy & iustice naturelle demeura viue dedans les cœurs des hommes.

L'homme s'estant despouïllè par sa faute de cette iustice surnaturelle demeura cõme disent les Scholastiques *in puris naturalibus*, hors la difference qui est *inter nudum & spoliatum*, de ses dons naturels il n'en fut point

point despouïllé par son offence, ains nonobstát cette perte il se trouua reuestu de la iustice naturelle. Qui est vne notice generale, voire encores particuliere du bien & du mal, du iuste & de l'iniuste: de la vertu, & du vice, parce que dans la terre de laquelle l'homme fut pestri & moulé fut plantée en mesme temps, dit S. Iean Chrysostome la sciéce & cognoissance des choses qu'il conuient faire & qu'il ne conuient pas faire

Iudice non opus est, doctor non quæritur vllus,
De nobis scimus quæ bona, quæ mala sint.

Ces principes generaux y furent empraints, qu'il faut embrasser le bien, qu'il faut fuir tout mal, qu'il se faut conseruer soimesmes, a ces fins repousser la force par la force, qu'il faut aymer Dieu sur toutes choses, & viure selõ raison: Et entre autres la nature graua dás le cœur de l'homme ces deux regles, l'vne affirmatiue, Fais à autruy ce que tu voudrois estre fait à toymesme, l'autre negatiue, ne fais à autruy ce que tu ne voudrois estre fait à toymesmes *Manu formatoris nostri in ipsis cordibus veritas scripsit. Quod tibi fieri non uis non facias alteri: hoc antequam lex daretur ignorare nemo permissus est* dit S. Augustin. C'est cette belle sentence que l'Empereur Alexandre Seuere auoit apprise ou des Iuifs, ou des Chrestiens, & qu'il auoit ordinairement en la bouche, & quand il faisoit chastier quelqu'vn il commandoit au crieur public de dire à haute voix, *Quod tibi non vis fieri alteri ne feceris, quam sententiam vsque adeò dilexit vt in palatio & in operibus publicis perscribi iuberet*. Cette sentence est le sommaire de toute iustice : *fere in hoc iustitiæ summa consistit*, dit Lactance, *vt non facias alteri quidquid ab altero pati nolis*. Il ne faut point tant de discours ny tant de loix ny tant de doctrine dit S. Chrysostome, nostre volonté soit nostre loy chascun soit iuge & legislateur de sa vie.

V. Telles propositions sont propositions generalles de la nature que Sainct Augustin appelle *regulas quasdã & Lumina virtutum, legis naturalis reliquias*, ailleurs *extrema lineamenta*, ou bien *initia sapientiæ & intellectûs.* Le mesme S. Chrysostome les appelle, la loy naturelle, la loy de la conscience : S. Basile, vne conception & force naturelle de iuger du bien & du mal sans qu'on ait besoing d'estre enseigné. S. Cyrille, racines d'intelligence, semences de iustice, sapience & pieté, *innata semina virtutum* en Ciceron.

Les autres Philosophes les ont apellées κοινὰς ἐννοίας communes notions qui contiennent ce qui est iuste & ce qui est iniuste, honneste & deshonneste, dans Arrianus ἔμφυτος ἔννοια qui nous sert de maistre pour discerner le tort d'auec le droict : c'est cette loy qu'vn Theologien Grec apelle αὐτοδίδακτον νόμον, Aristote κοινὸν νόμον *nata lex non scripta* en Ciceron, & dans Philon, nostre iuge, nostre pedagogue, nostre maistre, nostre medecin, nostre censeur, nostre tout : ce qui est fondé sur ce que dit le Psalmiste, *si verè vtique iustitiam loquimini recta iudicate filij hominum*, qui veut dire suyuant l'interpretation de plusieurs que tous les hommes ont grauées dedans les cœurs des marques & vestiges de iustice qui les rend inexcusables de ne garder pas ce qu'ils ne peuuent ignorer, *cui iniquo*, dit sainct Augustin, *non facile est iustitiam loqui? aut quis de iustitiâ interrogatus quando causam non habet non facile respondeat quid sit iustũ?* il ne se trouue personne si aueugle qui ne voye les rayons & la clarté de iustice & qui ne se sente esbloüy *ad iustitiæ omniuentis ocellum. Multi dicunt quis ostendit nobis bona?* le Psalmiste respond *signatum est super nos lumen vultûs tui domine?* lumiere de iustice dit Cyrille infuse en nos cœurs, vapeurs luisantes de la splendeur ineffable qui dés nostre creation luisent en nos cœurs, *lux quæ illuminat omnem hominem venientem in hunc mundum:* Car cõme la loy de Moyse fut escrite du propre doigt de Dieu dedãs des tables de pierre ou de sapphir, ainsi que tiennent les Rabins: ainsi fut escrite la loy de nature du propre doigt de Dieu dãs le cœur du premier hõme, & dans le cœur de toute sa posterité. *Gentes quæ legem non habent*, c'est à dire la loy escrite de Moyse, *naturaliter quæ legis sunt faciunt: eiusmodi legem non habentes, ipsi sibi sunt lex & ostendunt opus legis scriptum in cordibus suis;* & là dessus, dit sainct Ambroise en quelqu'vne de ses Epistres, *lex quæ in corde scribitur omnes continet nationes, & nullus est qui hanc legem nesciat.*

CAR cette lumiere & iustice naturelle qui cõsiste en ces principes generaux imprimés en l'intellect a deux gardiennes: l'vne est la synterese, qui est comme la cõseruation de toute iustice, hõnesteté, & vertu, habitude naturelle qui donne vn poids, qui inspire vne inclination & proportion de consentir volontairement, & de nous mesmes, & donner approbation à ces premiers principes des choses qu'il conuient faire. Le maistre des sentences l'appelle l'estincelle superieure de la raison, *Scintillam superiorem rationi: distinct. secundâ.* L'autre habitude & faculté de l'ame qui cõserue cette lumiere naturelle, & qui doit en faire son profit, & la ramener en vsage, c'est la conscience qui est vne ope- VI.

ration & notion de l'intellect qui applique la science que nous auons de ces principes generaux à certain faict ou action particuliere qu'il conuient faire ou ne conuient pas faire.

Par exemple les notions vniuerselles de l'intellect entendent & forment cette proposition maieure. *Il faut embrasser tout bien*: puis l'intellect faisant son office, qui est de discourir & raisonner, viēt à tirer cette proposition mineure : *Or est il que c'est bien fait d'aimer ses parens*: adonc c'est l'office de la conscience aidée de la propension grande que la volonté a de suyure le bien, & de fuir le mal, de tirer cette conclusion particuliere qui parfait l'argument. *Doncques i'aimeray mes parens*, puis qu'il est bien fait de les aimer, & qu'il faut suiure tout bien, & par ainsi la conscience qui est, dit sainct Bernard au traicté de la maison interieure, cōme le Soleil de nostre ame, & nostre premiere lumiere, est vn acte de l'intellect procedant de la synderese par lequel les preceptes practiques & vniuersels de la nature sont appliquez par le benefice & discours de la raison, aux actiōs singulieres & particulieres des hōmes, ou bien certain vsage de la science à l'endroit d'vn obiect particulier.

Il est vray que quelquefois la cōscience & la synderese se prenent pour mesme chose cōme en Origene, quād il dit que la con cience est vn pedagogue associé à l'ame : & en S. Basile, quand il l'appelle vn Iudicatoire naturel : & en Damascene quand il l'appelle vne lumiere de nostre intellect, & S. Hierome quand il dit que la flameche de la conscience, *scintillam cōscientiæ quā synterezim græci vocant in Cain non fuisse extinctam*, car en ces passages là, la cõscience se prend pour la syndereze dautant que la conscience tient de la syndereze qui est le iudicatoire naturel, le pouuoir de iuger actuellement : & tient de cete lumiere habituelle de la syndereze, de pouuoir luire actuellement.

OR de ces lumieres naturelles de la conscience & VII.
de la syndereze, que le sçauant Abenezra comparoit au Soleil & à la Lune ont esté allumez les dix flabeaus de iustice que nous appellons le Decalogue, que le mesme Rabin compare aux trois cieux & aux sept planettes qui sont les sources & fontaines de toute la lumiere créee, mesmes les deux derniers commandemens qui ne sont pas si clairs à voir & par lesquels toute cõuoitize du bien & de la femme d'autruy est prohibée & deffendue. Ce que les Philosophes payens qui ne tiroient lumiere que de la nature n'ont pas ignoré quand aucuns d'entre eux ont dit, que le sommaire de iustice cestoit τὸ μὴ ἀλλότριον ἐπιθυμεῖν, & Aristides interrogé que c'estoit que la iustice : respõdit que c'estoit ne conuoiter rien de l'autruy ; ce que le Philosophe Hierax n'appelloit pas le sommaire de iustice, mais εὐτύχημα περὶ τῶν παθῶν ; l'heur & prosperité touchant les passions, d'autant, qu'à bien approfondir leur Philosophie, on verra qu'ils ont creu *mentem esse quæ peccet, quæ indomitæ libidinis fructum cogitatione complectitur : in hac crimen esse, in hac omne delictum,* & comme on lit en Agellius, *furtũ sine vllâ attrectatione fieri posse, solâ mente atque animo vt furtum fiat admittente,*

Nam scelus intra se tacitum qui cogitat vllum,
Facti crimen habet.

Et pour prouuer que ces dix commandemens sont

tirez & allumez de ces deux grands flambeaux de la nature, sainct Chrysostome se sert de cette consideration: c'est que quand Dieu a dit, Tu ne tueras point, ou Tu ne desroberas point, ou Tu ne porteras point faux tesmoignage, Dieu ne rend pas la raison pourquoy: pourautant que chascun de nous en pouuoit trouuer la raison en soy-mesme: & la peut lire au liure de sa conscience *qui est liber signatus*, dit sainct Bernard. Ce n'estoit que nous admonnester de faire ce que la iustice naturelle nous auoit desia prescrit & escrit dãs nos cœurs. Mais quand Dieu a dit, Tu sanctifieras le Sabbat: il en rend soudain double raison d'autant que ce precepte n'estoit pas moral absolument comme les autres, ains aucunement ceremonial, & les raisons que la nature n'auoit imprimées dans nos ames, il estoit besoin qu'elles fussent rẽdues & representées par le Legislateur.

De cette mesme lumiere naturelle aussi aidée du benefice de la sindereze & de la conscience, les anciens legislateurs Grecs, Romains, & autres ont tiré les bõnes loix qu'ils ont données à leurs peuples au moyen desquelles ils ont laissé à leurs citoyens, des villes bien reglées & policées, *nec enim ambigendum est*, dit Prosper Aquitanicus; *hanc sapientiam ad temporalis vitæ vtilitatem, humano generi ex naturæ à Deo conditæ superesse reliquijs*, & sainct Augustin, *Attendite vniuersum orbem terrarum ordinatum in ipsâ humanâ republicâ, diuersis administrationum muneribus: distinctis ordinibus potestatum, ædificatis ciuitatibus, sancitis legibus, formatis moribus, inuentisque artibus: si enim nec ad ipsa terrena ordinanda rationalis animi vigeret ingenium, non vitiata esset, sed extincta natura*, mais nul n'a mieux discouru sur ce point que sainct Chrysostome en la douziesme homelie qu'il fait au peuple d'Antioche.

OR ces lumieres de iustice tant diuine que naturelle, tát des peuples que des villes, ont plusieurs conuenances auec la lumiere du grád flambeau des cieux, & le Roy ou souuerain Magistrat auec le Soleil Roy souuerain & magistrat ordinaire des estoilles, disoit Philon l'Hebrieu, car premierement le Soleil montát le matin & s'espanissant sur l'horison, chasse les tenebres de la nuict, & descouure aux yeux des mortels les riches œuures de Dieu, le ciel & la terre, les herbes & les fleurs, les arbres & les fruits, toute sorte d'animaux & d'oyseaux, les fontaines & riuieres qui demeuroiét enseuelies soubs l'obscurité & prison de la nuict cóme dans vn tombeau, *tumulo viuente sepulta*, proprieté merueilleusement bien descrite par le Poete Prudence lors qu'il dit parlant de la clarté du Soleil, VIII.

Cùm coruscis flatibus aurora cœlum sparserit,
Caligo terræ scinditur percussa solis spiculo,
Rebúsque iam color redit vultu nitenti sydcris.

Ainsi la iustice *est splendor magnus*, dit Ciceron & sainct Ambroise escrit qu'elle venant à resplendir dedans l'ame, elle y fait voir toutes les belles vertus que la nature y a logé, *quas non opinio genuit sed innata vis inseruit, vt religionem, pietatem, gratiam, obseruantiam, veritatem*, & en sa compagnie viennent Eunomie presidente des loix, la paix florissante, la foy, la verité, *iustitiæ soror inconcussa fides nudáque veritas.*

Bref la iustice que sainct Chrysostome appelle l'vniuerselle philosophie de l'ame nous fait voir le chœur de toutes les vertus qu'elle contient & embrasse, desquelles selon Polus Pythagoricié elle est la mere & la nourrice, *vbi enim est iustitia ibi est cõcordia virtutũ cæterarũ.* Elle nous descouure encores les belles loix, reglemẽs & polices de diuerses republiques, & societez des hõmes, societez que le Soleil est dit auoir assemblé à son leuer, & de là auoir esté appellé par les Grecs ἥλιος selon Platon in Cratylo, mais trop mieux la iustice est celle là qui conuoqua la premiere & moyẽna les premieres assemblées des hommes pour les instruire,

Aurea pacati regeret cùm sæcula mundi
Iustitia inuiolata malis,

& Germanicus parlant de la iustice dit;

——— medijs se læta ferebat
Sublimis populis nec dedignata subire
Tecta hominum, & puros sine crimine Diua penates,
Iura dabat cultúque nouo rude vulgus in omnes
Formabat vitæ sinceris artibus vsus.

Certainemẽt il nous semble que Platon auoit tort en cela de croire que ce fust le Soleil qui eust le premier conuoqué & assemblé les hõmes, & Ciceron encores plus que luy qui l'attribue à l'eloquence, & Maximus Tyrius plus qu'eux deux, disant que ce fut la douceur & vertu de la musique, car sans doubte si les hommes vagabons ont esté iamais assemblez soubs mesmes loix, c'a esté par le moyen de la iustice, sans laquelle, dit sainct Augustin, ce grand monde est vn grand chaos, & les grãds Royaumes sont de grands brigandages, & nous est aduis que Claudian a dit plus à propos que tous les autres, parlant de la iustice,

---- Tu prima homines siluestribus antris
Elicis.

En

EN second lieu, douce, aimable, & pleine d'esiouissance est la lumiere naissante au monde, *cùm recentatur commune lumen hominibus voluptásque*, pource Apollon fut appellé Philesien, *quòd lumen eius exoriens amabile amicissimâ veneratione oculorum consalutemus gaudio: Dulce lumen*, dit l'Ecclesiaste, *& delectabile est oculis videre Solem*, de sorte que sainct Chrysostome & Anastasius Sinaïta escriuent que les Anges mesmes au cõmancement du monde considerans la creation & beauté du Soleil, furent rauis de ioye & d'exultation & firent ce que dit Iob, *omnes filij Dei iubilauerunt*, vn certain Philosophe appelle aussi la lumiere, le ris du ciel qui procede de la ioye des esprits bien-heureux. IX.

La iustice, quoy que Chrysippus la depeigne, *neque humilis neque atrocis sed reuerendæ cuiusdam tristitiæ*, tient en cela de la lumiere, elle esiouïst & recrée toutes choses *acquiescite iustitiæ quâ mundus lætatur*, dit vn grand Prince dans Cassiodore, & sainct Cyprian parlant de la iustice l'appelle, *Gaudium hominum.* Vn autre adiouste que *iura publica sunt humanæ vitæ solatia*; Bref Pittacus descrit qu'vne chose iuste estoit vne volupté honneste. Mais sur tout elle esiouït ceux qui la rendent, *occurristi lætanti & facienti iustitiam*, dans Isaïe.

DE plus la lumiere du Soleil n'est pas seulement esclairante: mais chaleureuse & viuifiante, *calido perfundit cuncta vapore*, elle eschauffe, fœconde & fertilise toutes les creatures du monde, & les nourrit, pource le Soleil a esté appellé par les anciens πατρῷος *quia est author progenerandarum omnium rerum*, νομος *quia Sol pascit omnia quæ terra progenerat*: & de là Tibulle appelle, X.

fertiles Titanis horas & Dracontius Poëte Chrestien parlant de la lumiere du Soleil, dit, *lux genitis, factisque calor*.

Ainsi l'abōdance & la fecondité appartient bien à la iustice: en sainct Cyprian elle est dicte *temperies aëris, securitas maris, terræ fœcunditas*, & sainct Ambroise, *in libro de Paradiso*, parlant du fleuue Euphrates, *qui latinè fœcunditas atque abundantia fructuum nuncapatur*, adiouste que ce fleuue là, *præfert quoddam insigne Iustitiæ, quæ omnẽ pascit animam, nulla enim abundantiores virtus videtur habere fructus, quàm Æquitas & Iustitia*. Quand elle regnoit toutes terres portoient toutes choses, le trafic n'estoit point en vsage.

> *Omnia nam cunctis nasci dabat aurea terris*
> IVSTITIA,

A raison dequoy les anciens luy ont mis en main, qui vne branche d'oliues, qui vn espy de bled,

> *Spicum illustre tenens splendenti corpore Virgo*,

& les Astrologues apres Orphée tiennent que le signe de la Vierge est fort propice & fauorable à toutes les semences & plantes.

> *Omnibus Astræa est longè placidissima Virgo,*
> *Seminibus plantisque*,

& que la treziesme estoille de la Vierge qui luit au dessus de son espaule droicte, & se leue deuant les vendanges, *quam nostri Vindemiatorem*, ou comme dit Vitruue, *præuindemiatorem vocitant*, annonce selon Pline, la maturité & l'abondance des vendanges.

XI. DAVANTAGE le Soleil est l'image du bon, selon Platon, & la lumiere fille du bon: & le propre du bon est de s'espandre & communiquer largemẽt: le Soliel couure & reueſtit toutes choſes de ſa lumiere elle s'eſpād au lōg & au large en vn moment par tout l'hemiſphere ſans ſouffrir aucun detrimēt de ſoy meſme, &par ſon exuberāte bonté & largeſſe ſe depart & cōmunique heureuſement & tres-volontiers à tous tāt bōs que mauuais, *Deus florem lucis huius ſuper iuſtos, & iniuſtos æqualiter ſpargit*, dit Tertulian paraphraſant le paſſage de S. Mathieu.

La iuſtice eſt vne vertu ſelon Ariſtote Κοινωνικὴ, qui ſe communique entierement à autruy *iuſtitia foras ſpectat & proiecta tota eſt atque eminet* dit Nonius *in verbo proiectū*, & ſur le mot *explicare*. *Hæc virtus præter cæteras tota ſe ad alienas vtilitates porrigit atque explicat*. Le propre de l'homme iuſte c'eſt,

Non ſibi ſed toti genitum ſe credere mundo
Iuſtitiæ cultor, rigidi ſeruator honeſti
In commune bonum,

Ceſt vn biē par l'aduis des Academiciēs & Peripateticiēs, non de celuy qui l'a fait, mais de ceux qui le reçoiuēt, & les bōs & mauuais s'en reſſentēt & le pratiquēt, *huius tanta vis eſt vt ne illi quidem qui maleficio aut ſcelere paſcuntur, poſſint ſine vllâ particulâ iuſtitiæ viuere*, & ſi eſt dit dans Macrobe fort ſagement ſur le propos de la iuſtice, *ſine quâ non ſolùm Reſpublica, ſed ne exiguus quidem hominum cœtus nec domus parua conſiſtit*, & pource que cette vertu ſe communicque ſi liberalement, qu'elle eſt pour autruy & non pour ſoymeſme, Ariſtote la compare à la lumiere, & à la lumiere du plus bel aſtre qui ſoit au ciel, apres le Soleil, qui eſt l'eſtoille du veſpre ou l'eſtoile matiniere, que Pythagoras obſerua le premier, n'eſtre qu'vne meſme eſtoille appellée Ven⁹,

Splendidior quàm cætera sidera fulget lucifer,

Omnia clara nitent sed clarior omnia supra

Hesperus exercet radios,

pour cella Apulée l'apelle *florem amœnum cœli* & Aristote θαύμαστον merueilleux,& par ainsi si ceste estoille est tres-belle, la iustice est aussi ἀρετὴ καλλίστη en Aristote, & Platon in Gorgiâ, dit que toute chose iuste est belle: & l'Epigramme escrit au Temple de Delos, duquel fait mention le mesme Philosophe commencoit par ces mots καλλιστὸν δικαιότατον *pulcherrimum est quod iustum est.*

XII. En cinquiesme lieu le Soleil à son leuer appelle par sa lumiere les hommes au trauail & à la besongne *referens opera atque labores*: si fait aussi l'estoile du matin

Admonitórque operum cœlo clarissimus alto

Lucifer ortus erat, reuocátque aurora labores,

l'Astrologue latin le dict encores mieux que tous les autres, car il l'attribue au Soleil par le moyen de la lumiere qui donne, dit-il, adiournement personnel à tous les artizans.

Et cum luce refert operum VADIMONIA *terris.*

Et les loix de la Iustice appelent des le matin vn chacũ à la fonction de sa charge & de son deuoir, *vbì est lex ciuitatis semel promulgata, perpetuis obseruationum rationibus fixa: scitis eius Magistratus tribunalia frequentabunt, recuperatores iudicijs præsidebunt; decuriones & quibus est ius dicendæ sententiæ, ad concessum publicum commeabunt*, ce sont les grandes loix du monde, & ce sont nos Ordonnances qui nous donnent adiournement personnel pour nous trouuer à point à l'exercice de nos charges.

XIII. Le Soleil faisant sa course iournaliere est le vray panomphée πάνθ' ἐφορῶν καὶ πάνθ' ἐπακούει tout voyant & tout oyant, c'est l'œil de Iupiter, *Solem, Iouis oculum appellauit antiquitas*, l'œil du monde,.

Omnia qui video, per quem videt omnia tellus,
Mundi oculus,

& le mesme Poëte imitant Homere & Hesiode,

Per iubar hoc, inquit, radijs insigne coruscis
Nate tibi iuro, quod nos auditque vidétque,

Car selon les Poëtes il voit & descouure & rend tesmoignage des actions des hommes,

Sol qui terrarum flammis opera omnia lustras,

& ailleurs, *Esto nunc Sol testis.*

Aussi le Soleil est dit aimer la iustice, & pour cela il est appellé *Nomimos*, l'egal: & en son honneur se chantoit le poëme nommé *Nomos*, la loy, Proclus in Chrestomathia. Il est appellé par quelqu'vn, *Quæstor Iustitiæ, iuris cortumio*, & d'autres tiltres, qui monstrent la conuenance du Soleil auec la iustice.

La iustice est dite aussi auoir vn œil semblable à celuy du Soleil, Apulee ioint ensemble, *Iouis & iustitiæ oculos*: l'œil és lettres hieroglyphiques signifie celuy qui garde iustice. Cet œil de iustice inuocqué par Moyse selon Philon Iuif quand il prit la deffence des bergers de Madian, considere & remarque toutes les actions des hommes, ce qui a fait que les vieux Theologiens des Payens selõ Proclus ont enseigné, que la iustice comme vne grande Royne estoit portée par tout au milieu du throsne du Soleil pour ordonner de toutes choses. Platon en dit presque autant au neufiesme des loyx, & adiouste qu'elle est vengeresse des forfaits. Florus dedãs Plutarque dit, que la iustice n'a pas vn seul œil, mais qu'elle est tout yeux comme Plaute parle d'Argus qu'il estoit *oculus totus*.

Pourtant dit Porphyre, que ceux qui meslent les fraudes & tromperies en leurs paroles & actions, n'estimēt pas se pouuoir cacher des yeux aigus & perçans de iustice, car ou tost ou tard tous crimes seront descouuerts & vãgez par cet œil de iustice & par Nemesis la Grecque, appellée des Latins Vorticordia à laquelle Orphée à fait vn bel hymne,

Etsi fallit enim Diuûm genus, humanúmque
Perpetuò tamen id fore clam, diffidere debet
Quippè vbì se multi per somnia sæpe loquentes
Aut morbo delirantes procraxe ferantur
Et celata diu in medium patrata dedisse.

XIV. Le Soleil se leue pompeux & radieux, suiuy des planettes & des estoilles, pour faire sa course & porter la lumiere au monde,

Sol insigne caput radiorum ardente coronâ
Promit ab æquoreis Tethyos ortus aquis.

Le Roy ressemble au Soleil: Cyrus Roy de Perse fut appellé Soleil pource qu'il estoit Roy. Æsope voyant le Roy d'Egypte Nectenabus reuestu & assis à la royalle, interrogé à qui il le comparoit, respondit qu'il le comparoit au Soleil du Printemps. Les Rois ne pouuant orner leur chef de lumiere l'ont embelli & paré de couronnes rayonnées,

——cui tempora circùm
Aurati bis sex radÿ fulgentia cingunt
Solis aui specimen.

Ils se mettent en leur haut appareil, en pompe & grãd arroy, quand ils tiennent leur lict de iustice.

Hoc Priami gestamen erat, cùm iura vocatis
Ritè daret populis.

Et comme les Roys souuerains n'ont lieu pour paroistre plus honorable, que ce lict de iustice, qui est leur vray iour naturel, ils ont communiqué ce pouuoir à leurs Cours souueraines, qui paroissent vne ou deux fois l'an, comme autant de Soleils, en leur habit de pourpre qui sont les anciens habits de nos Roys, & la vraye couleur du Soleil. Vn Sophiste Grec representant la royauté fille de Iupiter rendant iustice en son throsne descrit vne grande & belle Dame, assise dans vn throsne resplendissant, vestuë de blanc portant vn sceptre en main, qui n'estoit ny d'or ny d'argent, ains d'vne matiere plus precieuse, plus pure, & reluisante, d'vn visage graue & doux tout ensemble: Si que les bons la regardoient asseurément, & les meschans n'osoient leuer les yeux pour la voir: Son maintien estoit constant & asseuré & semblable à soy-mesme, son regard ferme, immuable, & qui ne changeoit point. Le lieu de sa seance estoit plein de silēce & de respect, là se voyoiēt toutes sortes de fruicts, & toute sorte d'animaux qui s'esgayoient autour, là se voyoient de grands monceaux d'or & de fer: Cette Dame ne s'en delectoit pas, ains plustost s'agreoit aux fruicts & aux animaux.

Mais pour monstrer que ce royal appareil estoit pour rendre iustice: à la main droicte de la royauté la iustice estoit assise, Dame de tres rare & tres excellente beauté, en regard doux & perceant, & aupres d'elle estoit Eunomie non gueres moindre en beauté, & de l'autre main se voyoit la belle Paix, au plaisant sousris richement & mignardement vestuë. Au deuant la royauté, & ioignant de son sceptre estoit vn vieillard puissant & magnanime appelle Νόμος, la loy, & s'appelloit aussi λόγος ὀρθὸς, droicte raison, conseillier & assesseur de la royauté sans lequel il n'estoit loisible de rien faire ny de rien penser, & c'est la pompe & l'arroy auec lequel se despart au monde LA LVMIERE ET LA IVSTICE.

XV. DE plus le Soleil est emporté chasque iour en l'espace de vingt & quatre heures, auec les planettes, & les estoilles par l'effort du premier mobile, de l'Orient en Occident à l'entour des terres & par ce mouuement là à chasque pays en l'espace d'vn iour.

Il donne le bon soir, il donne le bon iour, & se trouue à la fin de l'année auoir departy esgalement sa lumiere à tous les hommes du monde. Il y a vne loy eternelle *ratio recta summi boni*, de laquelle est deriué tout ce qui est de iuste & d'equitable entre les hommes *lex vera atque princeps & vltima*, dit Ciceron, *Quâ iustum est vt omnia sint ordinatissima*, dit sainct Augustin : au gouuernement de laquelle toutes choses animées & inanimées en toutes les actions & mouuemens de la nature sont soubmises.

Celle cy comme vn premier mobile, meut le flambeau de la iustice naturelle, allumé en nos ames en donnant l'intelligence de son diuin commandemẽt, & fait que cette iustice naturelle luise egalemẽt à tous les hommes, & soit vne mesme verité à l'endroit de tous, & recognüe esgalemẽt de tous, quant à ces premiers principes là desquels nous auons parlé, car la lumiere de la syntereze qui les conserue, ne s'esteint iamais en l'entendement de l'homme *hanc nec ipsa quidem delet iniquitas*.

Les

Les conclusions particulieres, que la conscience tire de ces principes generaux esclairent bien aussi à tous les hômes *vt in pluribus*: Vray est qu'elle se peut esteindre, deceuoir, & tromper *vt in paucioribus*, le iugement de la raison se trouuant quelquefois tellement offusqué & aueuglé aux particularitez des affaires soit pour l'empeschemẽt de lignorãce, ou des mauuaises mœurs & coustumes qui se rẽcontrent en diuerses nations que la conscience destituée de tel aide & secours ne peut pas tirer de bonnes conclusions aux choses morales, ny bien appliquer les premiers principes & conclure en particulier que cecy est iuste, & cela iniuste.

D'ou sont venues tant de mauuaises coustumes en diuers peuples, tãt de mauuaises doctrines des philosophes mesmes: & tant de mauuaises loix qui ne sont rien moins que loix, *vt quiduis potiùs videantur tulisse, quàm leges*, dit sainct Hierosme contre Iouinian.

LE Soleil va de son propre & naturel mouuement d'Occident en Orient, ainsi que font les autres planetes, & ce mouuement est aucunement opposite & contraire au mouuement iournalier, non pas *simpliciter* mais *secundum quid*, entant qu'il se meut & s'approche vers les parties Orientales ou vers les signes orientaux, *ad exortiuas partes*, pour vser des termes de Pline. Ainsi va t'il de la iustice, & du droict que nous appellons legitime & positif: si à l'exemple d'Aristote & autres Philosophes nous n'en faisons que de deux sortes, le naturel & le positif ou legal. Car le positif & legal sẽble aller quelquefois au rebours de la loy diuine & naturelle, *lex quæ populo regendo scribitur, rectè multa per-* XVI.

mittit quæ per diuinam prouidentiam vindicantur, dit sainct Augustin au premier *de libero arbitrio* chapitre cinquiesme. D'ailleurs ce qui est iuste en vn temps ne l'est pas en l'autre. *Incidunt sæpe tempora cùm ea quæ maximè digna esse videtur iusto homine, cõmutantur fiúntque contraria, quæq; pertinent ad veritatem & ad fidẽ, ea negare interdũ & non seruare sit iustum.* Et le mesme autheur dit ailleurs *sæpenumero fit, vt ea quæ alioquin honesta esse videntur, ratione temporum fiant inhonesta*: Les exemples en sont deduits és offices de Ciceron, & sainct Ambroise, és Ethiques d'Aristote & en Lactance.

Et comme ce mouuement naturel & inegal du Soleil contrariant à celuy du premier mobile, se fait pour le bien vniuersel du monde, de là despend la cause de la generation & corruption de toutes choses, selõ les Philosophes, & Aristote le discourt lib. 2 de gene. & corr. cap. x. de là viẽt l'inegalité des iours & des nuits, de la le departement alternatif de la chaleur du Soleil, quand il s'approche ou recule de nous. De là les belles vicissitudes des quatre saisõs de l'année, qu'aucuns ont appellé les quatre heures de l'an, heures portieres du ciel, filles de Iupiter & de Themis. *Temperiæ Iouis & Iuritis sancta propages.* Semblablement aussi l'vtilité publique à laquelle les Legislateurs ont visé & souuent rapporté leurs loix, fait que le droict positif contrarie par fois aux regles communes de la loy generalle & naturelle à cause des temps & des saisons: car l'vn des fondemens de iustice est celuy cy, *vt communi vtilitati seruiatur, Vtilitas iusti prope mater & æqui*, aussi Aristote apelle ce droict legitime δίκαιον κατὰ τὸ συμφέρον.

Autrement quoy que ce droit là ne soit point naturel, si neantmoins il est bien & deuëment estably il ne luy est point repugnant, ains plustost il doit estre vne explication du droict de nature, ainsi que les Theologiens disent du Decalogue : Et Philon Iuif de la vie des Saincts Patriarches, que leur vie n'estoit autre chose, que des commantaires & des explications de la loy de nature.

OR aux effects de ce double mouuement du Soleil, il ne seroit pas mal-aisé d'obseruer comme le Soleil en la distribution de sa lumiere garde l'egalité de la proportion arithmetique, non seulement en ses declinaisons, ou en, ce que le temps qu il retranche à la nuict, il le donne au iour suyuant, & ce qu'il retrãche du iour, il le redonne à la nuict, mesmes en ce qu'il depart six mois de iour, & six mois de nuict à tous les habitans du monde; aux vns en gros & en blot, comme à ceux qui viuent soubs les poles, les peuples semẽt le matin, & font la moisson sur le soir : & aux où autres en detail & à diuerses parcelles comme à ceux qui viuent soubs l'Æquateur, & soubs les Zones temperées. XVII.

Et pourroit on encores remarquer l'obseruation de la proportion geometrique en la comparaison des plus grands iours en diuers climats, qui soubs l'Æquateur sont de douze heures ou demy iour. Au soixantesixiesme degré, & vingt & troisiesme climat tirant au pole arctique, le plus long iour y est d'vn iour entier, & de ce degré & climat en hors montant plus haut vers le pole, le plus long iour est long de plusieurs iours, qui de deux, qui de trois, qui de quatre iours, & ainsi le Soleil va tousiours croissant par proportion geometrique, iusques à ce long iour de six mois, qui est soubs le pole, & comme il les allonge du costé du Nord, il les accoursit d'autant du costé du Su,

Et quod ab alterutrâ detraxit parte, reponit,
Eius in aduersâ tantò plus parte relatus
Donicum ad id signum cœli peruênit, vbi anni
Nodus, nocturnas exæquat lancibus horas.

Ces proportions se pourroient encores remarquer en la distribution que le Soleil fait de sa chaleur à toutes les choses creées, selon leurs diuerses especes & temperamens naturels: car aux hommes

Creditur occultósque satus, & tempora vitæ
Materno lucenda vtero formare videndo
Et nondum exortæ leges componere vitæ.

Aux animaux *publicam sospitatem creditur Sol animantibus prestare temperie*, dans Macrobe: quant aux herbes & aux fruits *Sol corpora alit, euocat sata, percoquit fructus*: Aux arbres mesmes il donne diuerses croissances

Arboribúsque datum est variis exinde per auras,
Crescendi immissis magnum certamen habenis

Il leur donne de fleurir en diuers temps

——— Florescunt tempore certo
Arbusta, & certo deponunt tempore florem:

Il donne diuerses saueurs, couleurs, & odeurs aux fueilles, aux fleurs, aux fruicts, & quant aux fruicts mesmes il leur apporte diuers temps de maturité, selō leurs especes: qui ne s'estonnera dit S. Iean Crysostome qu'vne seule chaleur de la splendeur du Soleil murisse toutes choses auec tant de differences?

Inde cibum coquere, ac flammæ mollire vapore
Sol docuit : quoniam mitescere multa videbant
Verberibus radiorum atque æstu victa per agros.

Qu'en cette distribution de la chaleur conformemẽt aux temperãmens& aux diuerses especes des choses, le Soleil ne garde ces proportiõs d'egalité arithmetique oũ geometrique ou harmonique & autres plus occultes &cachées il n'y à pas de doute,mais la preuue en seroit plus malaizée qu'en la distribution de la lumiere. Et qui ne sçait aussi pareillement, qu'il n'y à rien de iuste qui ne soit analogue & proportionné,& que la iustice reduit toutes choses à l'egalité par le moyen des proportions de larithmetique en la cõmutatiue,&de la geometrique en la distributiue:proportion diuine selon Platon cogneüe à Dieu seul,fort peu cogneüe des hommes, & qu'elle y entremesle encores l'harmonique laquelle, *ea quæ longißimè distant, præclarè coniungit & constituenda æquitate summos cum infimis pari iure retinet.* Qui se retrouue en trois nombres, quand la proportion des deux extremes est egalle & semblable à la proportion de la difference qui est entre chascun des deux nombres extremes & celuy du milieu.

De sorte que la iustice va tousiours par le milieu *aut per medium rei,aut per medium rationis.* Aussi fait le Soleil:. *Medium non deserit vnquam cœli Phœbus iter.* S'il estoit plus haut tout se geleroit ça bas, s'il estoit plus bas & proche de nous il ardroit tout, il le disoit luy mesmes à Phaëton,

Altiùs egressus cœlestia signa cremabis
Inferiùs terras : medio tutissimus ibis.

Nous remerquerons encores ce poinct: C'est que le Soleil ne fait ses cercles ou arcades roides & droictes, que deux fois l'an lors qu'il passe soubs la ligne equinoctiale, & qu'il entre soubs les signe d'Aries & de Libra ausquels iours il depart egalement sa lumiere à tous, & lors il darde ses rayons à plomb qui sont si chauds que ceux de Meroë & autres peuples habitãs de cette contrée torride souloient s'irriter & dépiter contre luy, voyre detester le Soleil & le guerroyer de leurs fleches, comme il se void dans Herodote. Il en est ainsi du droictpositif ou droict escrit qu'on apelle *ius rectum, ius directum, ius summum*, lequel, dit Seneque, *legis vultum omnibus exhibet, omnibus vnâ eâdemque loquitur voce*, il suit la these & *scribitur generaliter*. Pour cela aucuns l'ont surnommé rigoureux, *nam rigor à rectitudine: ius asperum, durum, scrupulosum, seuerum, vafrum, vafrique inscitia iuris*: il a esté surnommé par le Comique *summa malitia*, par l'orateur *summa iniuria*, par Columelle *summa Crux*, & pour cela il est dit, *noli esse iustus multùm ἀκριβοδίκαιος*.

XIX. MAIS le Soleil aprés auoir fait en ces iours là ses arcades droictes suyt tost apres l'obliquité de l'ecliptique, & decline de la ligne equinoctiale & du Zenit peu à peu & par ce biaisement il agrée & profite à tous les habitans de la terre. Comme Plutarque compare la politique à ces declinaisons que le Soleil fait de l'equinoctial nous pouuõs comparer les declinaisons que fait la iustice, ou le iuge souuerain de la ligne du droict escrit par le moyẽ de l'equité que Diognotus Pythagoricien disoit estre l'vn des assesseurs de la iustice (& la clemence l'autre) c'est l'espiiquie *aequum*

& bonum, qui s'escarte vn peu du sentier du droict escrit : la raison est, *quia ex facto ius oritur*, comme parle Seneque : & les especes du faict sont presques infinies comme leignes possibles & imaginables, & ne peuuent estre comprises toutes dans le cercle des loix : pource le Prince, le iuge, le preteur qui est la viue voix du droict, la loy animée, la loy parlante, doit appeller à soy l'equité pour suppléer, selon Aristote, au defaut du Legislateur & de la loy escrite: car par les considerations prises des personnes, des lieux, du temps, qualité, quantité, causes, formes, & diuerses circonstances du fait, l'equité biaise & relasche de la rigueur du droict & le tempere *temperamentum æquitatis*, l'appellent nos Iuriscousultes, Ciceron *laxamentum legis*, si que le iuge peut adonc sortir franchement de l'ormiere & route estroite du droit pour entrer en la campaigne de l'equité, Ciceron l'appelle ainsi *campum æquitatis*, & s'accommodant au fait, le decider *naturali iustitià naturali ratione, humanitatis ratione.*

Vt semper iustam æqua ferant uestigia vitam.

Partant il est besoin que le souuerain Magistrat ayt deux yeux, l'vn clair-voyant, l'autre vn peu trouble, *vt rigidum temperet arbitrijs.*

LE Soleil s'estant ainsi escarté de l'equateur, par l'espace de 23. degrez & demy, soit du costé du Cancre, soit du costé du Capricorne, ne passe pas outre, ains tourne visage & retourne vers l'equateur: car s'il outrepassoit les tropiques qui luy seruẽt de bornes pour enfermer son chemin, il pourroit extrauaguer de la latitude du Zodiaque, du cercle porte vie, XX.

Cercle l'honneur du ciel, le baudrier orangé,

Chamarré de Rubis, de fil d'argent frangé
Bouclé de bagues d'or, d'vn bandeau qui rayonne
Le ciel biaizement nuict & iour enuironne.

Ce que à parler communemẽt ny les autres planetes, hors Venus, ny les animaux du Zodiaque ne font pas,

------bis sex latescit fascia partes
Quæ cohibet vario labentia sidera cursu.

A tout le moins il forligneroit de l'ecliptique & ne coupperoit pas le Zodiaque par le milieu comme il fait, laissant tousiours à ses costez six degrez francs vers le Septentrion & six vers le midy, & n'iroit pas iustement soubs ces images & signes,

Qui douze sont fichez en la riche ceinture,
Dont l'ouurier immortel estrena la nature.

Signes tant renommez de tout temps que Moyse les a bien voulu representer par les douze pains de proposition du Tabernacle, & par les douze pierres precieuses, qui estoient à l'entour du rational du grand Pontife, comme veut sainct Hierosme ad Fabiolá, ensemble en la disposition du camp des douze tribus d'Israël qui portoient en leurs enseignes le nom & les marques de ces douze signes. Villepande l'obserue ainsi au tome second de ses commantaires.

De mesmes, si biẽ on decline du droict escrit il ne faut pourtant temerairement outrepasser les bornes de l'equité ny par trop epicaïzer, ce seroit à la fin tomber en l'erreur, ou plustost plier sous l'iniustice ce que S. Augustin appelle *Stultitiam*, de ceux qui les ont autrefois tellement outrepassées, qu'ils ont nié qu'il y eust aucun droit de nature: *Nullam esse iustitiam per se ipsam*: qui est autant à dire selon S. Augustin que *nullam*

vsquam

vsquam esse iustitiam. Disant que tout droict estoit positif, qu'il ne consistoit qu'en opinion, estant tel & non autre, qu'il sembloit bon au plus fort, c'a esté l'aduis ou folie d'Archelaus precepteur de Socrate, de Callides le Sophiste en Platon, de Pythagoras mesmes, des Philosophes Pyrrhoniens, & des Epicuriens qui ont tous dit *Nec natura potest iusto secernere iniquum*.
Surquoy discourt Platon in Minoë & Gorgia, au premier & dixiesme des loix, Alexādre Aphrodise au secōd de Animâ, Simplicius en la preface Physicæ acroaseos. Vn Allemand & vn Anglois mal-sentant de la foy ont couru en l'autre extremité desniant qu'il n'y auoit aucun droict positif ainsi qu'il est porté par vn edict de l'Empereur Charles Quint de l'an 1521 raporté par Cochlée.
Il ne fault donc pas tant decliner des balances de l'equité desquelles parle Orphée en son hymne. Il ne les faut pas outrepasser disoit Pythagoras, ains se rāger au dessoubs le plus pres qu'on peut, Iupiter tient des Balances en main: Il fault que le bon Iuge les tienne aussi & où le droict escrit default & ne contient la vraie espece du faict, il doit pezer toutes les circonstances *æquâ lance vnâ, eâdemque lance trutinari debent* dit Iustinian, *Aequâ lance seruari æquitatis suggerit ratio*, dit Modestinus, il ne fault, dit Lucrece, *iuris transcendere fines*.

——Sunt certi denique fines
Quos vltra citráque nequit consistere rectum.

MAIS ces tropiques m'admonnestent aussi de ne passer outre & me disent que, XXI.
Vltima designem fugientis lumina solis

In queis consummat Phœbus lucémque morámque,

Car de poursuiure toutes les proprietez de la lumiere que desduit S. Denis chapitre quatriesme des noms diuins, & quinziesme de la celeste hierarchie, & les adapter à la iustice, il seroit par trop ennuieux.

Il suffit d'auoir esbauché cette comparaison pour enflammer nos cœurs en l'amour de la iustice. Telles cõparaisons qui sont prises & du ciel & des Astres, voire des creatures inferieures, dit S. Augustin, Epistre 119. *Eloquentia quædam est doctrinæ salutaris mouendo affectui accommodata.*

Malaisement s'en pourroit il rencontrer vne plus propre veu qu'en diuers passages de la saincte Escriture la qualité de la lumiere est attribuée aux hõmes iustes, & à leurs bonnes actions, à la loy, doctrine, preceptes, & commandemens de Dieu: & que le fils de Dieu a esté nommé par Malachie SOLEIL DE IVSTICE, & Dieu qui est & qui habite vne lumiere inaccessible est pareillemẽt nommé IVSTICE, en sainct Denis chapitre huictiesme des noms diuins, pource, dit-il, qu'il distribue à chasque chose ce qui luy est conuenable selon son merite & dignité, & qu'il assigne & depart à chascune la proportion, la beauté, le bel ordre, & bonne disposition, & toutes autres distributions selon les bornes & limites qui veritablement sont tres-iustes, & qu'il est l'autheur & la cause que chascun fait le deuoir de sa charge.

Donques que ces cercles tropiques, que Budee traduit *conuersionales*, nous admonnestent de faire nostre conuersion ou tropique vers l'equateur, vers l'equalité ou equité c'est à dire vers la iustice.

CAR Anaxagoras souloit dire qu'il estoit né pour contempler la lumiere dû Soleil, & la veüe du Soleil leuant, rauissoit tellement Socrates, que souuent tout estonné & rauy comme en extaze, il tenoit vn iour entier les yeux fichez contre le Soleil sans point les cligner & sans mouuoir ny pieds ny mains non plus qu'vne statue, iusques à ce que le Soleil vint à poindre derechef, & qu'il l'eust salué. Et deux bien-heureux persõnages, colomnes de pieté du siecle dernier passé, en faisoient bien autant tournant neantmoins leur entendemẽt & consideratiõ, ainsi que Marsilius Ficinus veut que Socrates faisoit, vers le pere de lumiere que le cinquiesme de la sapiẽce appelle *iustitiæ lumen & Solem intelligentiæ*: Sur lesquelles paroles pour dire ce mot en passant S. Bonauanture, Hugues de S. Victor & Holcot ont des applications tropologiques, des Meteores & du Zodiacque. XXII.

Nous pouuons ainsi comtempler le Soleil, *tanquam dedicatum simulacrum diuinæ iustitiæ notis insculptum, per quod naturaliter inuitemur ad amorem iusti & æqui, & dehortemur ab iniquo & iniusto*: & par cette contemplation & reflexion esmouuons nous à ne rechercher que la iustice, nous tous qui sommes *Antistites legum, æqui & boni sacerdotes* imitant les Prestes de certains Indiens que Strobée appelle Pedaliens, qui ne demandoient iamais autre chose à Dieu, que la iustice suyuant le mot escrit sur le sepulchre d'Hipparchus.

Et comme les planetes quand elles viennent à reuoir le Soleil & comme à le salüer de nouueau reprenent soudain nouuelle force & vigueur, que les Arabes appellent *almugee*: Reprenons ce iourd'huy nouuelles forces, puis que nous commenceons à reuoir, & saluer la iustice, & la seruōs de mieux en mieux, si qu'il ne soit iour, qu'elle ne luise en ce Palais, comme il ne passe iour au dire de Pline que le Soleil ne luise en Siracuzes, & en Rhodes, & selon Ammian Marcellin dedans Pharos.

Pour faire fin il y a des oyseaux qui nous annoncent par leur chant la venue du Soleil, & de la lumiere: Le coq particulierement,

Excubitórque diem cantu prædixerat ales:

les corbeaux, qui sont consacrez, au Soleil, à cause qu'ils sont excellemmét noirs, & que la couleur noire selon Porphyre luy est consacrée, *oscines corui voce triplicatâ puniceam Auroræ surgentis facem consalutant*, le rossignol *luscinia quasi lucinia quòd cantu suo significare solet diei surgentis exortum.*

Mais la statue de Memnon fils de l'Aurore, predisoit encores mieux le leuer du Soleil, aucuns escriuent, qu'au Soleil leuant, & quand il commanceoit à reuerberer sur ceste statue, elle rendoit vn bruit & ie ne sçay quel son fort plaisant à oüyr, & comme se resiouissant de la venuë de sa mere: autres escriuent qu'elle rendoit certain retentissement presque semblable à celuy d'vne corde qui vient à se rompre en vne harpe ou lyre

Dimidio magicæ resonant vbi Memnone chordæ.

Mais Philostrate en la vie d'Apollonius, & Eusebe en sa Chronique, disent bien dauantage, à sçauoir, que soudain que les premiers rayons du Soleil venoyent à donner sur son visage, ce qui aduient iournellement, à sa premiere apparoissance cette image

commençoit à parler en voix articulée, intelligible, & dit Eusebe qu'elle continua de parler ainsi iusques à la venüe du Sauueur qui fit defaillir les oracles.
Ainsi pouuons nous bien dire, que nous sommes montez en ce lieu en bonne partie pour vous annoncer de viue voix en paroles de contentement la venüe de la iustice pour luy faire ouurir les Portes, & desboucler la barriere.
Car comme il y a deux Portes au ciel, le leuant & le couchant, par où le Soleil entre & sort de nostre Hemisphere *unâ portâ Sol procedit, aliâ se recipit*, ainsi sçauons nous tous qu'à la closture & ouuerture du Palais, la iustice est coustumiere de sortir & entrer dans les Parlemens par les Portes des Ordonnances. Greffier lisez les Ordonnances.

FIN.

EN suyte de cette Remonstrance s'est trouuée dans les papiers de Monsieur de Nesmond une poësie de la LVMIERE, *imprimée, & presentée à l'autheur pour ses estreines de l'an MDCXI. on a iugé qu'il seroit à propos de la mettre apres ladicte Remonstrance.*

AD AMPLISSIM.

Illustrissimúmque virum, D. Andr. Nesmondum,

Torquatum Equitem, Regium in sanctiori Consistorio Consiliarium, & Aquitanici Senatûs PRINCIPEM.

Ad occasionem laudatæ ab eo Lucis & cum Iustitiâ comparatæ.

ΦΩΣ ΑΓΑΘΟΝ.

LVcem ad te (VIR ILLVSTRISS.) *affero, non eam certè, quam graui eloquio consecrasti; verùm de Noctilucis aliquid: noctibus enim fere compositum puta hoc, quicquid demum luminis est, eóque fortè dignius, quod ad lucem veniat, si cætera pari conatu succedunt. Nescio etenim quî fit, vt fœtus ingenij lucem sæpe mereantur, qui noctibus fiunt. Carmen ambitiosum est, cætera fere contemnit, si te fautorem & probatorem bonum nanciscatur: quod vt speret, multa persuadent. Statueram initio Lumen hoc nostrum, vel nocte silentij premere inter liturarios meos, vel in sextam huius anni diem, quæ* DIES LVMINVM *apud Græcos dicitur, captiuum retinere, ne, si hodie surgeret, Luce tam bonâ,* LVMEN PRÆSIDERANS, *aut Ignis Fatuus esse putaretur. Verùm vicit impatiens amor in te meus, & maluit, vel præcocem lucem afferre, quàm nullam. Quòd si olim, auspicibus Superis, sub tui tutelâ nominis, in lucem veniat, verum quidem lumen obtinebit: cæterùm, si tantùm amas, de tuo satis fauore fulgebit.* VALE.

LVX.

SIT bona Lux, NESMONDE tibi, sit iuncta sorori
Lætitiæ: nam si cum Luce marita voluptas
Exoritur iustis, quantum tibi, maxime, lumen
Iustitiæ moderator, erit? Te Lumine vero
Purpura condecorat, verum te lumen adorat
Purpura, & æterni Lux crederis alma Senatûs.
Lumen amat Themis, & redamat lux aurea Diuam,
Lumen amat Musas, & amant lumen quoque Musæ.
Lumine cinguntur Superi, si quando beatis
Exiliunt cœli de sedibus, imáque visunt
Terrarum spatia, & regno potiuntur auito.
Lumen eos vestit, non purpura; lumine gaudet
Mundus; & obscuram faciem si Phœbus amœnat
Post imbrem & pluuias, inspergit lumine terram.
Lumen amor cœli: Superi sunt, Astráque Lumen;
Et si litterulam mutas de nomine, Numen
Efficies, nihil est etenim quod Numen ad altum
Pressiùs accedat, simili quàm nomine Lumen.
Lumen opus primum, quod de caligine mundi
Exijt, antiquúmque chaos perrupit, ab altis
Emergens tenebris: mundusque iaceret inerti
Conditus horrore, & tumulo viuente sepultus,
Ni lumen tenebras detergeret; ipsáque rerum
Lugeret facies, cæcis ni lumen honorem

Adderet

Adderet, atque boni dias in luminis oras
Participes hausto cœli feruore venirent.
Nullus erit sine luce color; sine lumine, Regum
Purpura marcescit tenebris, & bianil.ina palla
Luget in obscurâ, lumen si tollitur, vmbrâ.
Candor erit tenebræ, si lumen & aurea condit
Tela Deus, roseo qui lumina vibrat ab arcu.
Detur Appellæâ mirabilis arte figura,
Pulchra manu, pretio præstans, formosa colore,
Detur & abruptas rectè depressa sub vmbras;
Turpis erit tamen, in falso si Lumine ponis:
Lumen Apellæas plùs perficit arte tabellas.
Non aliter magni depicta volumina mundi
Facturus, latúmque orbem, cœlíque tabellas,
Antè Deus claro conspersit lumine terras,
Sufficiebat vti telam picturus Apelles
Lumine purpureo, atque rudes candore tabellas.
Primáque vox, quâ sancta Deus quondam ora resoluit,
Non Homo, non Pelagus, non Angelus, altáue cœli
Machina, sed Lux prima fuit, Vox illa futuro
Fundamenta dedit mundo; LVX FIAT, & atræ
Se simul excutiunt tenebræ: lux aurea mundo
Nascitur, & puro vestitur lumine tellus.
Quin etiam ætherei (si mens est vera Platonis)
Contemplare orbes varios, & cœrula mundi;
Quicquid erat rerum, primi dixêre Fauillas
Luminis; vt liquidi fons luminis æthereus Sol
Differit in terram radios: nec lumen ab illo
Damna capit iactu, cæcum sic sparsa per orbem
Semina sunt, auulsa suæ de corpore Lucis.
Lumen inexhaustum Deus est, de cuius auito

Flumine, per tenues manarunt omnia venas.
Et quo quisque procul magis est à flumine viuo
Luminis, in tenebras magis ille reconditur, expers
Ipse sui, nihilique atrâ sub nocte sepultus.
Bina inter reliquas, primo de lumine, rerum
Brachia manarunt, tenuíque fluentia riuo
Accepere decus: Mentes Lux continet vna
Corpore secretas. Primum nam Græcia lumen
Angelicum vocat alma genus. Lux altera, gentem
Continet humanam; dictos de lumine primùm
Esse putant homines, quorum sub fronte serenâ
Gloria prespicuis insculpitur aurea signis.
Mille quid hic pulchræ referam miracula Lucis?
Nullum, lumen habet, nullum lux pura colorem:
Attamen in rebus lux fœnerat vna colorem:
Détque licèt rebus lux aurea posse videri,
Nulla tamen, nisi iuncta ipsis, infixáque rebus
Lux oculum penetrare potest, vel mente videri;
Lumine quid citius? quid lumine purius vno?
Splendor in occasu paret, cùm lumen in ortu
Nascitur? & montes croceum cùm lumen inaurat
Momento valles lumen pertingit ad imas.
Lumen inexhaustam cœli decurrit arenam
Ocyùs emissis stadio feruente quadrigis:
Sit licèt infixum cœlo, sit lumen in altis
Nubibus, ad terram rapidè descendit, & alis
Non eget, vt cœlo tellurem incumbat in imam.
Cúmque solum tetigit, gradibus non indiget vllis,
Vt cœlo se subijciat, vel in ardua tendat,
Euolat, & puncto Lumen disparet in vno.
Lumen in Oceano, fluuijsque liquentibus vndas

Aspergit, nec aquis madefit, nec fonte rigatur.
Fluctibus intactum super æquora Lumen oberrat,
Lumen adit fœdæ liuentia lustra lacunæ;
Contingitque luthum radijs, nec lumine quicquam
Purius: & quamuis respergitur imbribus aër,
Nec pluit in Lumen, nec tangitur imbribus vllis.
Si tonat, in medio tum fluctuat aëre Lumen
Intrepidum, neque fulmineo terretur ab igne.
Si puteo Lumen, vel carcere clauseris atro,
Captiuum nec Lumen erit, nec vincla tenere
Vlla tibi Lumen poterūnt; ni facta papyro
Vincula, vel vitro fuerint: nam talia Lumen
Captiuum retinent, quod nunquam ferrea moles,
Duráue constrictum poterit retinere catena.
Insuper & faustum de Lumine quærimus omen,
Dicimus & rebus Lumen fulgere sinistris,
Cùm spes aduersis rationibus optima surgit.
Græcia sic faustum Lumen dicebat amicis,
Atque salutandi formam quærebat ab vno
Lumine. Nulla salus, Lumen si tollitur, orbi.
Et, si sit magni sententia vera Maronis,
Deformis Polyphemus erat, quia Lumen ademptum,
Et deformis erat Cocyti innabilis vnda
Plutonísque antrum: quia Lumen, & aurea solis
Munera, funestas nunquam fulsêre sub vmbras
Quid memorem quia Lux sit in omnibus vna creatis
Munere quæ formæ laudetur, & vnica fixos
Mirantum abripiat vultus? si blanda tyrannis
Illigat, & fuluo mentes constringit in auro,
Nec te materies, nec te vis dura metalli
Sed lux vna mouet, rutilo quæ ridet in auro.

Non Adamas punctum lapidis, verrucáve ponti,
Sed per fulgureas Lux abripit insita gemmas.
In teneris est rubra rosis, in oloribus alba:
Vna Citheriacæ varians per colla columbæ.
Fluctuat in pauo, venetúmque liquescit in herbis,
Fulgurat in trabeâ, lactescit candida subter
Lilia, sub violâ mœrens, iucunda sub Astris,
Lumen idem rebus, nec Lumine fulget eodem.
Ridet in Aurorâ, medio feruescit in æstu,
Pallet in occasu crepero, sub cerea clausum
Vestimenta tremit, putri sub cortice quercûs
Nocturnisque viret sub vermibus, albet in amne,
Sæuit in Oceano, piceis sub nubibus atrum,
Pòst inter grauidos se præbet aquatius imbres.
Denique magnorum Lux est regina Sophorum.
Hæc Sophiam docet Astrologos, diuináque iura,
Tollimus ad cœlum vultus, & luce magistrâ
Discimus Astrorúmque orbes, Lunæque meatus
Ambiguos, cœlique vias, luménque serenum
Solis, & attoniti sub luce pauescimus illâ.
Sed nimis ô fragiles casus, & inertia nostri
Fundamenta boni, si lumine clauditur vno
Lubrica prosperitas fulget mortalibus ægris,
Tam facilis iactura boni est, quàm cernere promptum.
Claude occulos; perit omne bonum, nox horrida circùm
Te premit, & puncto tegitur Fortuna sub vno.
Quod superest, NESMOMDE, *tibi nos lumen in aulâ*
Arridere omnes conspeximus, & tua circùm
Ilia, purpureo cùm lumine Linea diues
Pluchrior ardebat, Procerúmque rubentius ostrum,
Donec Iustitiam roseo cum Lumine solis

Et cum Iustitiâ roseum componere Lumen
Visus eras : ipsámque tibi de vertice cœli
Iustitiam risisse puto , cùm pulchra vocasti
Lumina formosos COELI RIDENTIS *Amores.*
Lumen Amor cœli , risúsve , volentibus Astris
Surgere, feruorémque suum per compita mundi
Lugentésque procul terrarum exporgere valles.
Non secus ardenti feruet cùm testa camino
Antémicat, creperúmque iacit cum murmure risum,
Vndatim saliunt bullæ, fit paruus in ollâ
Oceanus , tremulis subsultibus vnda susurrat.
Non aliter, Sol axe priùs quàm feruet ab alto,
Irrorat croceo fugientia sidera RISV.
Zodiacum , cœlique vias post luminis haustum
Aspicimus ridere procul , stant omnia risu
Cùm semel ætherei patesacta est luminis aura.
Viue diu, columénque tui, luménque Senatûs,
Et patriæ Lux prima meæ NESMONDE*: nec in te*
Post quam Nestoreæ succumbes sponte senectæ,
Propterea ferat vlla tuum dispendia lumen:
Sed crescat scintilla, tuo de lumine crescat
Maior, & ardorem de lumine clara paterno
Hauriat, ac totum radios dispergat in orbem.

HVICTIESME

REMONSTRANCE FAICTE EN PARLEMENT A L'OVVERTVRE DE LA S. MARTIN, l'an MDCXII.

LE PALMIER DE IVSTICE OV LE TERROIR DE TACAPE.

I. LES lieux plaisans & delectables inuitent volontiers les personnes à les considerer,&à iouyr de la beauté que nature leur a departie soit en y prenant le repos ou le repas, ou y dresſãt des discours & des escrits profitables à la posterité.

Darius fils d'Hitaspis Roy des Perses, passant vn iour par la prouince de Thrace,comme il s'acheminoit à son expedition contre les Scythes, arriua aux trente huict sources du fleuue Thearus, qui partie froides, partie chauldes decouloient d'vne mesme roche ausquelles il prit vn si grand contentement, qu'il voulut seiourner sur les lieux trois iours entiers: qui plus est à son partement il rẽdit tesmoignage par vne inscription qu'il engraua dedãs vne colomne; qu'il fit esleuer: comme luy (Darius Roy des Perses & de tout le continent) le plus beau & le meilleur d'entre les hommes auoit campé, sur les sources & riuages de ce fleuue, qui iettoit la plus belle & la meilleure eaue de tous les fleuues du monde.

Xerxes autre Roy des Perses fils de ce Darius allant à la conqueste de la Grece & passant par le pays de Lydie , rencontra sur son chemin non pas les sources d'vn gros fleuue, mais bien un arbre fort celebre entre les anciens, qui s'appelle Platan ou Plane, qui sébla si beau & si agreable à ses yeux, qu'il fit faire alte à son armée, & se donna loisir de seiourner vn iour entier pour iouyr de la fraischeur & de l'ombrage de cet arbre, & au departir l'estrena de riches estoffes & de bagues & ioyaux de grand prix & commit pour le garder vn de ses gens de guerre du nombre de ceux qu'on appelloit immortels.

Exemple qui pourroit seruir d'excuse à l'Empereur Caius qui se plaisoit tãt à manger à l'ombre d'vn Plane qui estoit à Velitres, *quam cœnam appellabat ille nidum*: ou bién à Licinius Mutianus, lequel du temps qu'il estoit Gouuerneur de Licie remarqua sur le bord d'vne fontaine vn gros platan tout creux au dedans, qui contenoit, en sa concauité feutrée de mousse & tapissée d'autres verdures, enuirõ quatre vingts pieds en rond: & a laissé par escrit ce personnage, comme il auoit souppé luy dixhuictiesme au dedans de ce platan, voire couché reposé & dormy la nuict, *ab omni afflatu securum & se exoptantem imbrium per folia crepitus lætiorem quam marmorum nitore, picturæ varietate, laquearium auro cubuisse in eodem.*

CETTE amœnité des lieux & des eaues & des ar- II.

bres à esté pareillement recherchée par ceux qui ont voulu consacrer à la posterité leurs discours & leurs escrits; tesmoin en sont les ombrages & les allées de l'Academie & du Licée, que Cimo Athenien complãta & embellit de fontaines, & les iardins que le Roy Attalus achepta pour Laides Philosophe Cirenean, ceux de Theophraste, ceux de Democrite & le Platan, soubs lequel Hippocrate le trouua philosophant, qui ne sçait encores le Platan fameux de Socrates, & les eaües qui le baignoient, que le Philosophe trouua si froides quãd il les voulut sonder & y tremper le bout de son pied tout nud: & soubs lequel Socrates prit occasion de disputer du beau, ou de la beauté auec Phædrus. *Platanus qui mihi videtur non tam illâ aquulâ quæ describitur, quàm Platonis oratione creuisse.*

Auquel exemple Ciceron voulut faire aussi soubs vn Platan ses rares discours *de Oratore*, & comme le mesme Platon *cum Clinia & Lacædemonio Megillo, in cupresseto Gnosiorum & spatijs siluestribus Cretæ insistẽs de institutis rerum publicarum ac de optimis legibus disputauit*: Aussi le grãd orateur Romain & Philosophe tout ensemble voulut à son imitation composer son premier liure, *de legibus inter procerissimas populos, in viridi opacáque ripâ*, & le second liure en cette petite isle que fait le ruisseau Fibrenus auparauant que ioindre à la riuiere de Liris. Autrefois il auoit aussi recherché le vieux chesne de Marius & les retraictes solitaires du Tusculan, pour y esclorre ses doctes questions Tusculanes, ne se pouuãt saouler de ces beautez rustiques & naturelles au pris desquelles *magnificas Villas, & pauimenta marmorea, & laqueata tecta contempsit, adeò in ipsis rebus quæ ad quietem animique delectationem*

tionem

tionem quærunter natura ipsa dominatur.

OR si la seule recordation de ce Platan de Socrates ou du Cipressat des Gnosiens esmeut en l'Orateur Romain le desir de philosopher, ou si la seule reminiscence & description imaginaire du Temple Thessalique à peu deliurer de toute lassitude & chagrin d'esprit le Geographe Ortelius *descripsit radio totum qui gentibus orbem*, ainsi qu'il tesmoigne en ses œuures, ou bien si la lecture d'vn passage de Pline où il descrit nostre Ledon ou Arbousier, a donné autrefois subiect à vn fameux Aduocat du Roy despuis President en Cour souueraine de faire vne ouuerture du Palais. III.

Il ne faudra pas trouuer nouueau ny estrange si la fraische lecture d'vn autre passage du mesme autheur nous a semond par la description & consideration d'vn fort rare, agreable, & plaisant lieu de consacrer ce iourd'huy son explication tropologique à l'entrée de cette sainct Martin : & nous a fourny d'argument pour bastir là dessus quelques bons & profitables discours à l'honneur de la iustice.

C'EST au liure dixhuictiesme de l'histoire naturelle, chapitre vingt & deux où parlant d'vne ville d'Afrique appellée TACAPE sise au milieu des sablonnieres qui sont entre Leptis ou Tripoli de Barbarie, & les Syrtes de Barbarie, & traitant du territoire de cette ville qui est grandement & miraculeusement fertile pour auoir les eaües à commandement, il dit ainsi. IV.

PALMÆ ibi prægrandi subditur olea, huic ficus, fico, punica, illi vitis, sub vite seritur frumentum, mox legumina, deinde olus, omnia eodem anno, omniáque alienâ vmbrâ aluntur.

Ce n'est pas tout de voir en ce terroir vn grand Palmier,qui au dessous de luy ait vn oliuier,& vn oliuier, qui dessoubs luy ait vn figuier,& le figuier vn grenadier, & le grenadier vne vigne, & que soubs la vigne on y seme tous les ans du froment, puis en mesme année des legumages, & apres des herbes potageres & autres herbages bons à mãger : mais ce qui est le principal il sourd en ce lieu vne grosse & abondante fontaine,qui arrose cette campaigne de diuers ruisseaux à trois mille pas à l'entour. *In omnem partem fons abundat largus quidèm, sed certis Horarum spatijs dispensatus inter incolas.*

V. QVAND ie considere la beauté de ce lieu complanté d'arbres si beaux & si bons, arrosé d'vne si abondante fontaine, ie ne croy pas qu'on luy doiue parangonner ces lieux delicieux que les anciens appelloiẽt TEMPE soit ceux de Thessalie que baignoit le fleuue Penëus,ou ceux de Sicile dits *Heloria*,ou ceux du Latium *in villâ Tiburtinâ*, ou ceux que descrit Plutarque in Flaminio,prés le fleuue Apsus,ou le Daphné d'Antioche que Dionysius & Priscianus appellẽt aussi *Tempe*, ny le lieu tant celebré par Iulian l'Empereur escriuant à Libanius le Sophiste nomme Batuæ, assis *in Cyrresticâ Syriæ regione inter Berrhoeam & Hierapolim.* Car ces arbres qui embellissoient le terroir de Tacape, n'estoient point des arbres qui ne seruent qu'a l'ombrage,arbres infructueux & mal-heureux,arbres despensiers, comme des Platans qui sont duits & acoustumez à boire du vin, *crescat vt effuso lætior vmbra mero.* Mais c'estoient des arbres les plus beaux & meilleurs de tout le monde,nourriciers du genre humain, rangez l'vn soubs l'autre, l'vn à l'ombre de l'autre d'vn si bon ordre que les Quincunces des vergers de Cyrus ne sont point tant à admirer.

Et ce qui approche de pl⁹ prez nostre propos, apres les auoir attentiuemēt cōsiderez ils me representent l'estat d'vne Republique, nourri entretenu, & arrosé des pures & fertiles eaües de la fontaine de iustice.

Il n'est pas nouueau que par les arbres les hōmes soient signiffiez : Platon & Philon en ont fait de grãdes comparaisons, & quelques vns de nostre tēps des liures tous entiers. Ils ont leurs membres comme les hommes, les racines sont leur bouche, aucuns disent leur ventre & leur esthomac *& hoc præstare radices, quod venter in homine videntur.* VI.

Quod cibus in totas vsque à radicibus imis
Per truncos ac per ramos diffunditur omnes

autres veulent que ce soient leurs pieds *vt his quasi pedibus insistant.* Le corps de l'arbre c'est son troncq *truncū natura superposuit veluti quandam staturam corporis.*

Les rameaux sortant du troncq sont leurs bras *mox ramis diffudit quasi brachijs*, les petites branches, qui sortent de ces rameaux sont cōme les doigts des pieds & des mains *tum caules & pampinos elicuit velut palmæ digitos.*

Les espaules, sōt les parties de l'arbre plus proches du sommet, & le sommet de larbre c'est leur teste ; & leurs fueillages leur cheuelure c'est ainsi a peu pres qu'en la Metamorphoze de l'homme ses membres se changent en ces parties des arbres

Mollia cinguntur tenui præcordia libro
In frondem crines, in ramos brachia crescunt
Pes modò tam velox, pigris radicibus hæsit
Ora cacumen habent.

VII. Les parties interieures se pourroient remarquer aussi: le sāg en l'humeur & suc de l'arbre, ainsi l'Astrologue latin a le premier appellé la seue des arbres SANGVINEM NEMORVM disant,

Et viridis nemori sanguis decedit & herbis

ce que les Grecs disent aussi fort elegamment χλωρὸν αἷμα le sang verd des arbres αἷμα ἐλαίας le sang de l'oliue: les latins l'appellent SAPAM *arborum*, d'où nous l'auons pris quand nous le nommons la seue. La peau en l'escorce, la chair au bois, la poulpe, les muscles, les veines, le cœur, se peuuent retrouuer encor au profond du bois, & aux incisures des fueilles. Qui plus est Anaxagoras & Democrite ont voulu que les plantes fussent capables de plaisir & de douleur, Empedocles & autres, que les arbres fussent des animaux, & les premiers animaux de tous: enquoy ils semblent auoir esté eux mesmes de grands animaux, *& trunci bipedes*, pour parler auec le Satyrique, de sorte qu'anciennement quand des hommes habitans les campagnes voyoiēt sortir d'autres hōmes auec leurs familles des forests & des bois qui les fournissoient de prouisions pour viure, de vestemens & d'habitatiō, ils se persuadoient que les arbres des forests eussent enfanté ces hommes forestiers.

——— Quercus laurique ferebant
Cruda puerperia & populos umbrosa creauit
Fraxinus, & fœtâ viridis puer excidit Alno.

Et l'authorité de ces Philosophes a esté appuyée sur l'experience de quelques arbres qui croissent prés Memphis desquels parle Theophraste & Pline, les fueilles desquels *tactis ab homine ramis cadunt, & postea re-*

nascuntur,& de certains arbustes croissans au Malabar qui se resserrēt quād on les veut toucher, languissent & se flestrissent: & quand on a retiré la main ils s'estendēt & reprenēt leur premiere vigueur & beauté, & dit on qu'vn certain Philosophe du Malabar cōsiderant trop curieusement la nature & les effects de ces arbrisseaux en deuint du tout fol & hors du sens; tel est encores

L'arbre en pudesatan vergoigneux appellé
Qui semble auoir des yeux, vn sens, vne ame atteinte
De despit, de douleur, de vergoigne & de crainte.

CES arbres dōc du terroir de Tacape à bon droict nous representeront des hommes,& des hommes de diuers ordres & differēs estats. Le premier d'iceux qui est la palme nous representera le Prince ou le Roy VIII.

—— ingens
Exijt ad cœlum ramis fœlicibus arbos.

Car les grands hōmes du siecle, dit S. Hierosme, sont comparez en la Saincte Escriture aux grands arbres: Le merueilleux songe du Monarque d'Assyrie en fait foy, *& ecce arbor in medio terræ & altitudo eius nimia, magna arbor & fortis.* Ce grand arbre signifioit ce monarque *folia eius pulcherrima* dit le Prophete, c'estoit la pompe & la gloire de sa Cour, *fructus eius nimius*, c'estoit son espargne, ses daces, imposts & tributs, *esca vniuersorum in eā* c'estoiēt les officiers & sa gēdarmerie qu'il gageoit & entretenoit, voire, c'estoient tous ses subiects, qui soubs la protection de son authorité & benefice de la paix perceuoient les fruits de leurs biens & reuenus *subter eam habitabant animalia terræ & bestiæ: & in ramis eius conuersabantur volucres cœli* c'estoiēt les diuerses sorres de peuples: Qui barbares, remarquez par les bestes, qui plus humains, & mieux policez, entendus par les oiseaux, qui recõnoissoiét l'empire de ce monarque & passoient la vie à l'Abry de sa manutention.

IX. QVE si pour vn grand arbre en general vn Roy est signifié, a plus forte raison le serat il par vn arbre particulier tel que le Palmier lequel estát veu en songe dit Achmetes *in Onirocriticis* est prins pour des Princes ou Princesses de sang royal, & nous lisõs à ce propos dans les Annales de Turquie, que Ertucules pere d'Osman songea que de son nombril sortoit vn grand arbre semblable à vne palme, & du pied de l'arbre vne fontaine qui arrousoit des vignes & des plaisans iardinages; Et il luy fut predit, qu'il luy naistroit vn enfant, & que luy & les Princes ses descendans occuperoient l'Empire de la terre, ce qui fut verifié aux grands Seigneurs de Turquie, & il est plus conuenable qu'vn Palmier denote vn Prince que non pas la vigne de la fille d'Astyages, qui est vn arbrisseau tortu, rampant & mal faict, qualitez contraires aux Princes & aux Roys. Car il excelle & se recommande par dessus les autres arbres tant pour sa hauteur & droicture que pour sa beauté & pour sa force & pour les grandes vtilitez qui en prouiennent, mesmement de ces palmes là *quas regias appellauere ab honore, quoniam regibus tantùm Persicis seruabantur Babilone natæ vno in horto Bagou, hortus ille nunquam nisi dominantis in aula fuit.*
Sa beauté est telle qu'Homere voulant loüer celle de l'Infante Nausicaa s'est contété de la cõparer au trõc & tige d'vn beau palmier, & voulant aussi louanger l'isle des Phæaciens pour sa venusté & amœnité il luy

a suffy de la cõparer à la fueille d'vne palme & de fait

Palma tulit primam aëriâ super arbore palmam.

Et non pas seulement parmy les profanes la beauté des hõmes est recommãdée par le raport & semblãce auec la beauté de la palme, mais aussi souuent dans les Sainctes lettres, comme lors que l'espoux desireux de loüer & faire recognoistre la beauté de son espouse, la compare à la palme: *Statura tua sicut palmæ*: & puis sa belle teste de cheueux ondoyans est aussi parangõnée auec les fueïlles de la palme: *Comæ tuæ sicut elatæ palmarum*. Or cette beauté n'est digne que des Roys suyuant le dire du Poete qu'il nous faut des Princes & Monarques,

πρῶτον μὲν εἶδος ἄξιον τυραννίδος,

& il eschoit ordinairement que les Princes sont particulierement doüés de beauté & grace de corps: ce qui peut arriuer de trois causes toutes differẽtes, ainsi qu'a remarqué Latinus Pacatus dans le Panegyrique, qu'il dit a Theodose. *Siue diuinus ille animus venturus in corpus, dignum priùs metatur hospitium*: & ce suyuant l'opinion de Platon qui pensoit que les ames des Roys eussent ce priuilege d'auoir esté creées dés le cõmancement du monde, & qu'estant en reserue en quelque coing du ciel, elles poussent cõme les bourgeons des arbres à mesure qu'elles remarquent vn corps bien faict & moulé à leur gré, *siue cùm venerit, fingit habitaculum pro habitu suo*: ou bien que c'est l'ame royalle & cet *esprit principal*, que ce Prince deuot demandoit à Dieu, qui orne & embellit luy mesme le corps qu'il choysit, ainsi que Seneque l'a dit de la vertu que *ipsa suum hospitium consecrat*: ou bien en troisiesme lieu que la beauté arriue aux Princes, *Quòd aliud ex alio crescit, & cùm se paria iunxerunt, vtraque maiora sunt,* la beauté de l'ame ayde la beauté du corps, *& quasi affrictu mutuo crescunt*: Tant y a qu'il arriue & non sans raison que les Princes sont ordinairement plus beaux que le reste des hommes, *illud dicam, quod intellexisse hominem & dixisse fas est.* TALEM ESSE DEBERE QVI A GENTIBVS ADORATVR.

L'autre partie de la beauté de la Palme, consiste en sa hauteur, d'ou c'est qu'elle est appellée *Ardua Palma, aëria, in longitudinẽ excrescẽs*, qualité aussi digne d'vn beau Prince, & recommandée parmy les profanes en Achilles, Alexandre, & Cyrus, & parmy les Roys sacrés, en la personne de Saül, qui fut appellé par loüange ÆTHIOPS, c'est à dire *Notabilis*, d'autant que *ab humero & sursum eminebat super omnem populum. Et Æthiopia notabilis regio ab Saüle dicta est, eius enim Dominus fuit*, dit Philippus ancien Interprete de Iob, & partant ce n'est pas sans raison, que dans les vieux Dictionnaires de Philoxenus le mot Grec Καλὸς qui signifie *beau* se traduit en Latin PROCERVS: d'autant que la grandeur du corps mesurée & auec conuenence c'est vne partie de la beauté. Et de là vient sans doute que les Æthiopiens despuis qu'ils eurent Saül pour leur maistre, furent si curieux, au rapport d'Aristote, de la belle taille du corps, lors qu'ils procedoient à l'election de leurs Roys: Et Quintus Curtius aprés luy, dit ces mots, *Plurimis gentibus in corporum maiestate veneratio est, magnorúmque operum non alios capaces putant, quàm quos eximiâ specie donare natura dignata est.* Et touchant la hauteur il est dit particulierement par vn Panegyriste, *Proceritas cor-*

poris, honor capitis, & dignitas oris longè latéque principem ostentant.

SA force & sa resistance est si grande que pour pezans & lourds que soient les fardeaux desquels on charge le bois de la Palme, iamais pourtant il ne ploye soubs le faix & ne courbe en bas, ains plustost se roidit & se voute en sus, *aduersùs pondus resurgit, & sursū nititur recuruatúrque, quoniā ingenium huiusmundi ligni est, vt vrgentibus opprimentibúsque non cedat:* de là vient selon Aristides le Rheteur, qu'aucūs peintres auoiēt anciennemēt depeint la vertu au sommet d'vn tres haut & aspre rocher assize dessus vne Palme & de cette vigoureuse force prouient que la Palme ne change iamais de feuïlles, ains ses premieres sont aussi les dernieres. X.

Tu quoque perpetuos semper gere frondis honores.

A raison de cette grande force la Palme aussi a esté dite vaincqueresse *lentæ victricis præmia Palmæ*, est prise pour Symbole de la victoire & la victoire surnōmée *Dea palmaris*: De sorte que les vainqueurs quelque part & en quelques combats qu'ils eussent gaigné la victoire auoient tousiours droict de porter des rameaux de Palmiers, soit pour les entortiller alētour de leur chef en forme de couronne, ou pour les porter en la main droicte, ou pour en courōner & enguirlander leurs portes

Excolat vt geminas plurima Palma fores:

Et ceux qui alloient en triomphe pour auoir vaincu leurs ennemis auoient droict aussi de porter robbes de pourpre ondées, damassées & figurées de branches de Palmiers.

Or cette force n'est point plus recommandable à la

Palme qu'elle est aux Princes & aux Roys, *Reges enim flecti quàm vinci non minùs turpe existimāt*. Ce sōt ceux desquels il est parlé dans le Prophete Iob, *Qui portant orbē*: qui font flechir tout le monde & ne flechissent point: & iadis les Perses & autres nations en l'electiō de leurs Princes, auoient grand esgard à la force du corps,

Nam facies multùm valuit, viresque vigebant.

XI. PHILON Iüif recommande aussi vne proprieté de la Palme, c'est que sa force vitale ne consiste pas aux racines, comme celle des autres arbres, ains sa vigueur est à la cime de son tronc, & ce que l'on appelle la ceruelle de la Palme, *In cacumine quod cerebrum apellant*. Et quant à ses grandes vtilitez les Babiloniens les chantoient & magnifioient fort hautement, & tenoient que cet arbre leur apportoit trois cent soixante sortes d'vtilitez diuerses presque autant qu'il y a de iours en l'an.

Si que l'arbre du Met qui sert ore en Mexcique
D'aiguille, de filet, d'armes, de bois, de bricque;
D'antidote, de miel, de drap, de parchemin,
De sucre, de parfum, de conserue & de vin.

Ny le Coccos Indien de l'isle de Zebut, quelque ressēblance qu'il ait à la Palme ne portent point tant de commoditez & ne sert à de si bons & diuers vsages que fait le vray & naturel Palmier.

C'est donques sur tout en vn Prince qu'est requerable le bon cerueau ou le bon sens qui gouuerne l'estat *mens regnū bona possidet*, selō le mot de cet Empereur qui disoit *caput imperare, non pedes*: & pour le regard des biens que les Roys apportent à leurs peuples, ils sont grands: car ils n'ont pas esté creez pour nuire, disoit Democrite, ains pour seruir & profiter à leurs peuples, *Soli possunt prodesse potentes*, c'est ce qu'ils ont de commun auec les Dieux,

Hoc totum commune Deis quod vtrinque rogati,
Supplicibus vestris ferre soletis opem

qui en voudra croire Iamblique dedans Stobée. Il conuient apres Dieu rapporter à nos Roys tous les biens & les commoditez du peuple. Doncques les qualitez du Palmier & du Roy ne quadrent pas mal ensemble.

A ce propos & touchant la grande & royalle sagesse qui doit accompagner les Roys, ceux qui ont singulierement traicté de la culture des Palmes, ont remarqué, qu'elles se plaisent fort en terre salée, de façon, qu'il faut, ainsi qu'escrit Leontius au dixiesme de l'agriculture des Grecs, becher au pied des Palmes tous les ans, & y semer quantité de sel, pour les rendre plus fertiles, qui est vne espece de miracle qu'vne chose si infertile que le sel puisse conferer à la fertilité des Palmes, semblable à celuy de la cendre, qui est sterile à outrance & si neantmoins sert d'amandement & de gresse aux terres steriles,

Et cinerem immundum effœtos iactare per agros.

Les Roys doiuent aussi cherir singulierement la sapience designée par le sel, & la demander à Dieu cóme fit ce sage Roy, *Da mihi assistricem sedium tuarum sapientiam*, semblables en cela aux Palmiers qui sont appellez par Ammianus Marcellinus, *Immortales plantæ* à cause de leurs feuilles qui ne fletrissét iamais; car aussi disoit Dion Chrysostome & aprés luy Synesius, & quelques Panegyristes, vn sage Roy deuroit estre immortel, d'où c'est que les Orateurs non tant par flatterie, que par le deu de leur charge demandoient vne vie immortelle a l'Empereur Constantin, & disoient en leurs panegyriques, par forme de prieres qu'ils addressoient à Dieu: *Te oramus vt hunc in omnia sæcula principem serues, parum enim est tantæ virtuti optare quàm longissimum habet vita progressum, fac vt quod optimum humano generi dedisti permaneat æternum, omnesque Constantinus in terris degat ætatis.* C'est le sel de la sapiéce qu'il les rendra immortels, incorruptiles & fertiles comme les Palmes pour le bien de leurs suiets.

XII. PASSANT outre les Palmiers, quoy qu'ils ayment la terre salée, veulent neantmoins le pied prés de l'eau. *Gaudet Palma riguis, totóq; anno bibere,* & Theophraste asfure qu'ils se plaisẽt plᵘˢ des eaües sourçoyantes que des eaües de pluye, & Palladius ordonne *vt circumfodiatur palma quotidie vt irrigatione continuá, æstatis vincat ardores.* Sur ce propos Strabõ escrit des palmiers ou palmieres qui estoient en Hiericho, appellée anciennement la Cité des Palmes, qu'à cent Stades à l'entour d'icelles le lieu estoit baigné de ruisseaux. Il en escrit autant des Palmiers du lieu appellé Possidius en la region Trogloditicque, & les Palmes du terroir de Tacapé sont pareillement arrozées de viues eaües,

Atque habitant vitreum tacitis radicibus amnem.

Tout de mesmes, les Roys & Princes doiuent tremper à bon escient & comme des Isles estre entournez des courans des eaües de Iustice, car cette vertu de iustice est surnommée par excellence, *la vertu royalle,* d'autant, selon Hesiode, que les Roys furent premiement esleus aux fins d'administrer la iustice *fruendæ Iustitiæ causâ apud maiores nostros & in Asiâ & in Europâ bene notati Reges constituti sunt:* elle leur est tellement necessaire que tous les anciens ont escrit & enseigné que Iupiter mesmes ne sçauroit bien commãder sans iustice.

Cela estant on peut bien accommoder à vn tel Roy amateur & zelateur de iustice ces paroles d'vn Prophete, *& erit tanquam lignum quod transplantatur fructiferum super aquas, quod ad humorem mittit radices suas & nõ timebit cùm venerit æstus & erit folium eius viride, & in tempore siccitatis non erit sollicitum ne aliquando desinat facere fructum.* Tandis qu'il fera deüement administrer la iustice, la iustice sera l'appuy de ses villes & citez, ἔρμα πόλεων l'appelle Platon, *ius & æquitas vincula ciuitatum: iustitiâ firmabitur solium, iustitiâ magna Imperia retinentur.* Ostez cet estançon de iustice, les villes & citez, les Royaumes & Empires s'esbranleront & tomberont en ruyne, Ferdinand Empereur auoit vne deuise qui le tesmoigne bien, FIAT IVSTITIA AVT PEREAT MVNDVS: Car en effect, c'est la Iustice qui conserue le monde, dit sainct Gregoire de Nazianze en l'oraison trente sept: C'est par la Iustice que la mer se cõtient en ses bornes, c'est par la iustice que l'element du feu n'entreprend sur celuy de l'air, & l'air se contante de ses droicts & limites sans faire tort à l'element de l'eau; bref c'est par le dictamen de Iustice que tous ces corps s'assistent mutuellement,

Frigida non calidis desunt, non humida siccis,
Spiritus aut solidis, estque hæc discordia concors
Quæ nexus habiles & opus generabile reddit.

XIII. SI cet arbre de la royauté est mis à sec, & que les eaües de iustice ne l'humectent plus: l'arbre se desseche & se meurt, *euelluntur rami*, dit le Prophete, c'est à sçauoir les grands du royaume, les Officiers, & Magistrats se separans du Roy, *Excutiuntur folia*, sa glosse dechet: *Dispergitur fructus*, les finances se dissipent, *fugiunt bestiæ quæ subter eam sunt: Et volucres de ramis eius*, tous les subiects d'vn Roy se reuoltent & les Princes ses alliez le quittent, bref c'est ce que dit le sage, *regnum de Gente ad gentem transfertur propter* INIVSTITIAS. Donques les Princes sur tous doiuent trẽper dedãs les viues sources des eaux de iustice, d'autant que c'est elle qui nourrit les coronnes, qui fait fleurir les Sceptres & sans laquelle tout se perd: Philippus ancien interpreté de Iob exposant ces parolles du chapitre huictiesme *nũquid viuere potest scirp⁹ absq; humore, aut crescet carectũ sine aquá* dit qu'il se doit entẽdre des Roys & des Royaumes: *Hoc est dicere sicut scirpus sine aquâ viuere non potest, ita tu sine fomento & HVMORE IVSTITIÆ nequaquam permanere in pristinâ felicitate potuisti*: belles & remarquables paroles pour la vertu des eaux de iustice.

XIV. LA Palme encores les conuie à ce faire, d'autant qu'elle denote la iustice & l'egalité en deux ou trois poincts: l'vn qu'elle est baillée egalement à toutes sortes de vainqueurs, & quoy qu'ez ieux sacrez les vns ayent pour le prix vne certaine couronne, & les autres vne autre, neantmoins tous en commun ont le rameau de la Palme, l'autre est que l'egalité se remarque és fueilles de la Palme par dessus les autres feuilles des arbres; car elles sourdent & croissent tousiours egalement vis à vis l'vne de l'autre, & semblent qu'elles combatent & estriuent à l'enui l'vne de l'autre. En dernier lieu au contrepoix de ses fueilles sont les fruicts qu'elle porte.

D'ailleurs le bois de la Palme qui dure & se conserue longuement sans se gaster, qui est ferme & roide, & ne flechist point, ses fueilles qui iamais ne tombent, se rapporent aux bonnes qualités des gens de iustice, qui doiuēt estre fermes, constans, roides, immuables, & incorruptibles. De là vient que les iustes sont cōparez à la Palme: Eucherius *ex æqualitate Palmarũ designãtur iusti*, & le Psalmiste, *Iustus sicut Palma florebit*, soit pource que la Palme demeure longuement en fleur, mesme cette espece de Palme, *cui semper pomum inest subnascente alio*, ou soit que le Prophete regarde à la lōgue vie du Palmier: *Sicut Palma multiplicabo dies*, quoy que Tertulian biaise ce passage & le veille entendre du Phœnix appellé autrement l'oyseau de la Palme, lors qu'il traduit en cette sorte, *Ego autem sicut Phœnix multiplicabo Dies*. Et Palladius, *cui placet curas agere sæculorum de Palmis cogitet conserendis*.

L'AVTRE arbre qui est planté au terroir de Tacape aprés le Palmier, c'est L'OLIVIER par lequel nous pouuons entendre la religion ou les gens d'Eglise. S. Ambroise sur ces mots de S. Luc *cũ appropinquasset Iesus hyerosolimis*, & Eusebe liure six de la demōst. Euang. enseignent que l'Eglise est signifiée par la montaigne des Oliues: l'Oliuier en S. Paul & autres a signifié l'Eglise & Synagogue ancienne, par ces mots du Psalme, *Ego autem tanquam Oliua fructifera speraui in misericordiâ Dei in æternum*: Aucuns entendent celuy qui s'est entierement voüé à Dieu & à l'Eglise, *ramis insignis Oliuæ* XV.

ſacra ferens: Car les Preſtres des Payens auoient accouſtumé de ſe couronner de rameaux d'oliuiers, quand ils ſacrifioient à leurs Dieux,

Hinc gemini vates ſanctam canentis oliuæ
Fronte comam, niueis ornati tempora vittis.

Et appartient l'Oliuier aux gens de Religion, pource qu'ils interpoſent iournellement enuers Dieu pour eux & pour nous leurs deuotes prieres & ſupplicatiõs, denotées par l'Oliuier, *& ſupplicis arbor Oliuæ: ramúſque precantis oliuæ: velamenta ſupplicum*, dit vn autre, *oleæ vt Græcis mos eſt, porrigentes.*

Et comme l'huyle, dit-on, eſpandu & verſé dans la mer appaiſe l'ire des flots, & calme la mer tempeſteuſe, *oleo mare tranquillatur*, ainſi par les prieres que telles perſonnes eſpandent à Dieu, ils appaiſent ſon courroux, obtiennent ſa miſericorde, pardon à nos fautes, & paix à nos conſciences, trois choſes; miſericorde, pardon & paix que l'oliue & ſon fruict ſignifient: l'huyle dit ſainct Hilaire, *fructum miſericordiæ cœleſtis ſignificat*, l'Oliuier pardon: *Velati ramis oleæ veniámque rogantes*, & par conſequent la paix, *pignora pacis, prætendens dextrâ ramum canentis oliuæ.* Pource la colombe apres le deluge & le courroux de Dieu paſſé, apporta en ſigne de paix vne branche d'Oliuier, & non d'vn autre arbre, *Paciferæ roſtro ramum pretendit oliuæ.*

Voire meſmes ſi nous ſuyuons en cela l'opinion des Grecs, ce fut l'Oliuier qui parut le premier de tous les arbres aprés cette grande & generalle inondation du monde, pour teſmoigner aux hommes que tout auſſi toſt aprés le deluge, la terre ſe decouurit premierement en l'Afrique, ce qui eſt neantmoins fabuleux &

contre

contre la verité des Eſcritures ſainctes, & qu'auſſi toſt Neptune & Minerue s'en emparerent: comme d'vne terre trouuée, & que le procés porté deuant Iupiter, il fut ordonné que celuy d'entr'eux qui feroit le plus beau preſent à l'Attique, emporteroit la terre conteſtée; & que Neptune λιμέσιν καὶ νεωρίοις αὐτὴν ἐκόσμει, l'enrichit de nauires & d'vn celebre port; mais que Minerue ἐλαίαν ἐν τῇ ἀκροπόλει ἀνέδωκεν, planta vn Oliuier dans le iardin ou la baſſe cour de la citadelle, & ſortit ſur le port couronnée de reinſſeaux d'Oliuier chargez de ſes fruicts, qui furent iugez ſi beaux & profitables par le commun conſentement de tout le peuple, que la victoire & la terre luy furent adiugées: Neptune ſe retira tout honteux, & de là on prit la couſtume de couronner de houſiers ou branches d'oliues ceux qui auoient ſurmonté leurs aduerſaires en champ clos: de là s'enſuyuit la paix generale en tout le pays, & tout plein de commoditez à la choſe publique, nommément en ce qu'ils s'aduiſerẽt d'vne belle & remarquable proprieté de l'Oliuier, en ce qu'eſtãt mis ſur la teſte en forme de guirlande, & le nõ de Minerue eſcrit dãs ces feuilles, il guarit des douleurs de la micraine & reſioüit le cerueau; & c'eſt meſmes pour cela qu'on en fit des couronnes aux victorieux, tant par honneur, que par commodité & pour le ſoulagement de leur teſte intereſſée au bruit & tintamarre des combats: Proprietez que nous pourrions attribuer de point en point aux perſonnes religieuſes & à la religion, ſi elles n'eſtoient aucunement fabuleuſes, & meſlées parmy la vanité des inuentions de la Grece, quoy que nous pouuons dire auec toute verité que comme l'Oliuier emporta le prix par dessus la nauigation, ainsi la condition & les commoditez qu'on retire des Ecclesiastiques & de la Religion, doit estre preferée à tous les arts & vacatiõs du mõde.

XVI. En quelques monnoyes des Empereurs on trouue des branches d'Oliuiers emprainctes auec ces mots FVNDATORI PACIS, ou bien PAX ÆTERNA, & le Poëte Chrestien & ancien Amœnus parlant du lieu de l'Ascension de Iesus-Christ, dit ces mots,

Montis Oliuiferi Christus de vertice sursum
Ad Patrem rediјt signans vestigia PACIS.

En mesme sens le Poëte Arator,

——*Cælum petiturus, Oliuæ*
Progreditur lustrare nemus, quo germine sacro
Luminis & PACIS *locus est.*

Particularité qui s'accorde fort bien aux Officiers de l'Eglise & de la Religion, qui doiuent auoir pour deuise ce mot imperial PAX ÆTERNA, pource Achmetés remarque en ses Onirocritiques qu'vn Sacrificateur ou vn Prestre estant veu en songe, denote la paix à celluy qui le void, d'autant qu'ils prient continuellement pour la tranquillité publique & disent tous les iours en leurs oraisons coustumieres, *Fiat pax in virtute tuâ.* Voire mesmes, ainsi qu'il se remarque dans les Canons de l'Eglise Greque, la salutation ordinaire des Euesques estoit ce seul mot ΕΙΡΗΝΗ, LA PAIX: car disoit vn vieux interprete de quelque Poëte Grec εἰώθασιν Ἐπίσκοποι λέγειν μιμούμενοι τὸ Σωτῆρος Εἰρήνη ὑμῖν. Les Euesques en saluant ont coustume de dire à l'imitation du Sauueur LA PAIX SOIT AVEC VOVS.

XVII. ET se rapporte bien encor à la sainɛteté de vie des

gens de Religion, ce que Cõstantinus Cæsar escrit de l'Oliuier & celibat, qu'il aime d'estre cultiué par les mains de personnes qui soyent chastes, & qui atestent par leur serment qu'ils sont nez en loyal & legitime mariage, moyennant cella, l'Oliuier ne mãque point de charger quantité de fruits aux années ensuyuãtes. Et sur cette opinion ceux de la ville d'Asarbe en Cilicie ne commetoient autres personnes pour soigner, planter, & cultiuer leurs Oliuiers que des ieunes garçõs vierges: afin d'auoir annuellemẽt vn plus grãd r'aport d'Oliues *ferũt*, dit-il, *in Azarbo Ciliciæ castos & integros pueros oleã curare, ideo fertiliores apud illos esse oleas*, c'est au liure neufiesme de ses preceptes de l'Agriculture,

Adiovstons que de tout temps l'Oliuier à esté employé à des saincts vsages, comme au Temple de Hierusalem à boiser l'entrée du Temple à fabriquer les Cherubins de l'oracle, & les soliueaux de l'entrée d'iceluy, ensemble ses petites portes. Aussi y auoit il deux Oliuiers l'vn à la droicte, & l'autre à la gauche du chandelier, & les simulacres des Dieux des Payens estoient coustumierement formez de bois d'Oliuier. Ioint que son huyle a tousiours seruy pour l'entretiẽ des lampes & lumieres des Eglises, & aux mysteres de nos Sacremens. XVIII.

Il a esté iugé necessaire aux onctions des Catechumenes, à la cõfection du chresme, aux consecrations des Eglises, Autels & Calices, aux Sacremẽs du Baptesme, Confirmation, Ordre, & Extreme-Onction, aux consecrations des Euesques, Roys, & Empereurs, & autres sacrez vsages. *Profanis enim vsibus pollui laurum & Oleam fas non est*, dit Pline, voire mesme selon Artemidore en ses Onirocritiques, on ne portoit pas iadis des branches de Cyprés aux funerailles & mortuaires, mais seulement des rameaux d'Oliuier, pour marque de la paix qu'ils auoient obtenu par la mort, & pour monstrer les qualitez sainctes & sacrées de cet arbre, qui ne sert qu'aux choses religieuses.

XIX. Or cette plante sacrée de l'Oliuier nonobstant le grand rapport qu'elle a, auec la Religion & toutes choses sainctes, veut neãtmoins estre plantée & arrosée des viues & sourçoyantes eaux de la Iustice: Theophraste obserue particulierement de l'Oliuier, que nonobstant l'affection qu'il a à la secheresse, il desire neantmoins estre arrousé abondamment & sans enuie aussi bien que la Palme. Et quant aux Oliuiers de Tacapé ils estoient arrosez des eaües de la fontaine, & comme autrefois il fust né fortuitement vn Oliuier en la forteresse de la ville d'Athenes qu'on appelloit Acropolis, ou qu'il y eust esté planté par Minerue, ainsi que nous auons dit cy deuãt, tout en mesme temps aussi & tout aupres de l'Oliuier il y vint à sourdre vne belle & grande fontaine, & cet Oliuier franc ou sauuage qui seruoit à couronner les vainqueurs des ieux olympicques, Hercules ne le print il pas sur les sombres & ombreuses sources du fleuue Ister au recit de Pindare? & Philostrate fait mention des Oleastres qui croissent aux riuages du fleuue Alpheus.

Au Pseaume premier ou il est escrit, *Et erit tanquam lignum, quod plantatum est secus decursus aquarum*: Si bien aucuns par le mot *lignum* entendent le Palmier, assez d'autres neantmoins entendent l'Oliuier qui florist &

fructifie mieux au décours des caïes. Qui plus est Pline escrit qu'en certains endroits de la mer rouge il y croist des forests non seulement de lauriers, mais d'oliuiers qui portent fruits, & Ctesias en Photius dit que la mer rouge couure des oliuiers au montant, & au descendant les descouure.

Semblablement doncques il est raisonnable que les personnes religieuses aimēt les caïes de la Iustice, *Sacerdotes tui induantur iustitiam*, affin de donner à Dieu & aux hommes ce que Perse requiert aux Pontifes,

> *Compositum* IVS *fásque animi, sanctósque recessus*
> *Mentis, & incoctum generoso pectus honesto.*

Car aussi la Religion & la saincteté ce sont especes de iustice, selon Platon, Ciceron & autres Philosophes, *prima iustitia est in Deum, secunda in patriam, tertia in parentes quarta in omnes*, & Platon *in Protagorâ*, dit que la iustice est saincte & que la saincteté est iuste, voire que la iustice & la saincteté sont mesme chose ou sont tellement semblables que quelle est la iustice, telle est la saincteté, & quelle est la saincteté telle est la iustice, l'oliuier mesmes les enseigne de garder & aymer la iustice, d'autant qu'il obserue tellemēt l'egalité entre ses brāches & rameaux, que s'il en aperçoit l'vn d'entr'eux qui soit plus guay, & mieux nourry que les autres, dit Columelle, il n'a point de repos, qu'ils ne soyent reduits à l'egalité requise, ou autrement il se meurt de desplaisir & seiche sur son pied. *Nōnunquam in oleâ vnus ramus cæteris aliquantò lætior est; quem nisi recideris tota arbor contristabitur.*

XX. CE seroit vne honte & confusion à telles personnes dit sainct Iean Chrysostome s'ils n'estoient plus iustes que ceux pour lesquels ils prient, & sainct Hierosme, *vehementer Ecclesiam Dei destruit meliores esse laïcos quam clericos*. Aussi pour les tenir meilleurs que nous ne sommes pas, nous leur cõparons & presentõs l'Oliuier *cuius ramus cum alicui offertur indicat eum esse meliorem* dit Seruius sur Virgile, de raisõ que Minerue ayãt produit l'Oliuier vainquit Neptune qui n'auoit produit qu'vn cheual ou vn nauire *quia munus melius obtulisset hominib*⁹. Que si telles personnes ne trempoient es eaues de iustice, si leur iustice ne donnoit pas *Deo obedientiam, sibi sanctimoniam* : s'ils n'haissoiēt l'iniustice autant que l'Oliuier hait le chesne : tout iroit en desordre *causæ sunt ruinæ populi sacerdotes mali*, dit S. Gregoire, ce que Saluian Euesque de Marseille confirme par l'exemple de la deuastation des Gaules, aduenue par le fait des Gots soubs leur Roy Ataulphe: laquelle Saluian impute aux mauuaises mœurs des Ecclesiastiques de ce temps là, pires que celles des Gots ce qu'il n'est pas besoing de poursuyure plus auant veu que graces à Dieu nous ne sommes point auiourd'huy en ces termes & que la saincteté & bõne vie reluist beaucoup en nos Ecclesiastiques, & sõt ces belles qualitez fort eminẽtes en ceux qui tiẽnent les lieux & places eminẽtes.

XXI. DONQVES passant outre nous adiousterons que cet Oliuier de Tacapé estoit plãté soubs le Palmier, pour monstrer que la vraye Religion qui est la Catholique Apostolique Romaine doit estre maintenue & protegée par les Empereurs, Roys & Princes de la terre, la Religion doit estre soubs leur protection: cõme l'Oliuier en Sophocle est soubs la protection de Iupiter. Les Constantins, les Theodoses, les Clouis, Charlemaigne & S. Louys & autres grãds Princes ont protegé aimé & chery la Religion Catholique autant ou plus que Minerue & les Atheniens ont aimé l'Oliuier: & ont fait de leur tẽps que l'Oliuier de la Religion est deuenu autãt large & spatieux, que celuy que Xerxes vit en sõge qui de ses rameaux ombrageoit toute la terre. La Palme d'autre costé doit auoir prés de soy l'Oliuier c'est à dire que la puissance royale doit estre assistée de la Relig. Cathol. l'vne sans l'autre ne profitent pas, *vt enim Castoris & Pollucis faces, si solitariæ appareant, dictũ est ostentũ, sin Geminæ salutare. Ita non oportet potentiã esse seiunctã à religione, alioquin pistilentẽ.* Ils doiuẽt auoir vn soin particulier de maintenir les Ecclesiastiques en leurs droits, priuileges, & sainctes ceremonies, & les traicter tout de mesme façõ que l'Oliuier veut estre traicté des Laboureurs, c'est vn arbre delicat, chagrain, renchery en ses façõs, δύσκολον δενδρον, mais aussi il est merueilleusemẽt fertile & profitable, il ne veut estre ny foulé, ny rõpu, ny couppé, ny battu de gaules, mais il veut qu'on touche son fruit & ses feuilles auec hõneur & retenuë, d'ou vn grand Seigneur Italien pour monstrer sõ genereux courage, qui fait tout pour l'hõneur & amitié, & riẽ pour la force, prit vn Oliuier pour sa deuise auec ce mot NEC CÆDI NEC VELLI, ainsi les Eglises & la Religiõ ne veut estre foulée, battue, ny greuée & beau coup moins abbatuë.

VENONS au troisiesme arbre plãté au terroir de Tacapé aprés l Oliuier: *Suámq; pulla ficus ornet arborem.* C'est le figuier par lequel nous entendons le menu peuple, Sainct Augustin sur Sainct Luc *de verbis Domini*, dit que, *Arbor ficulnea genus humanum est, Triennio fructum non tulit, sed folia: Triennium enim tria sunt tempora, vnum ante legem, alterum sub lege, tertium sub gratiâ*: Autres XXII.

disent que le figuier qui fut maudit par le Sauueur: Comme si c'eust esté l'ancien arbre de science du biē & du mal, representoit le peuple Iudaïque, duquel aduis est S. Irenée. Nous lisons aussi que le figuier plāté par Nauius Augur *in comitio ad puteal libonis* representoit le peuple Romain & sa liberté *& quandiu ea viueret libertatem pop. Romani incolumen mansuram: ideóque ex eo tempore coli & subseri capta est.* Assés à propos doncques dirōs nous que la multitude du peuple est signifiée par le figuier qui reserre soubs la tendre peau de ses figues vne infinité de graines que Pline appelle *frumenta.* Par la mesme raison que les Ægyptiens attribuoient le Pauot & le nombre de ces mesmes graines à la lune, dedans laquelle ils croioient habiter vne infinité d'ames De sorte que le Pauot estoit le Symbole d'vne cité populeuse: Comparaison que nous pouuons vsurper sans reproche puis que nous voyons souuentefois de semblables locutions dans les bons autheurs comme *populus florum* dans nostre Poëte Bourdelois, *populus frugum* dans Adhelmus, *plebs Astrorum* dans Apulée, *populus scelerum* dās Apollinaris & autres semblables.

XXIII. D'AILLEVRS le menu peuple est vil & comtemptible exposé aux iniures & vexations de plusieurs, & l'arbre du figuier a esté peu prisé

Olim truncus eram ficulnus inutile lignum:

d'ou sont venus les Prouerbes de mespris *cousteau de figue, secours de figue, hommes de figue, entendemēt de figue,* & semblables & si le fruict du figuier est subiect à estre pincé & becqueté par les oiseaux, *fici gratæ sunt auibus quæ plantare recusent.* Didymus appellé le figuier τρυφε-

ἐρὸυ

ἐὸν δένδρον arbre delicat,& exposé a tous vens, τάχιστα ὑπὸ κρυστάλλων καὶ ἀνέμων ῥήγνυται Pline le conte *inter arbores molles.*

Ce neantmoins le peuple ; mesmes ceux qui exercent l'agriculture sont les peres nourriciers des autres & la figue quelque contemptible que soit le figuier, est le symbole de l'alimēt & nourriture des hōmes & pource les Cireneans auoient dedié le figuier à Saturne *quem fructuū repertorem æstimabant*, & luy sacrifioiēt couronnez de rameaux de figuier quoy que d'autres pour mesme raison ayent rapporté l'inuention des figues à Cerés Deesse des fruits, qui la premiere donna des billes de figuier à Phitalus son hoste, disent les histoires, desguisées en fables, à la Greque : Ainsi le peuple, quoy qu'il soit exposé à toutes iniures, foulures & incommoditez, c'est neātmoins nostre pere nourricier; & comme les figues surmontent souuent par leur patience les iniures des saisons, ainsi qu'il se void en ces figues que Philostrate enuoya iadis à l'vn de ses amis, anec ce mot de lettre, *Mitto ad te hybernas ficus, mirare in illis, vel quòd iam sint, vel quòd adhuc sint : Vale.* Le peuple surmonte tout de mesme par sa patience & dissimulation, les incommoditez & mesaises de sa vie pour accommoder & faciliter la nostre.

EN effect, le figuier selon Athenée, fut le premier arbre auquel les premiers hommes se prindrent pour en manger du fruict & ne rencontrerent pas mal : car la figue est vn fruit fort sauoureux, XXIV.

Ipsa merum secum portat, & ipsa salem,

Et pource que la figue donna cōduite, entrée & commancement à vne seconde sorte de vie plus douce &

agreable que la premiere durant laquelle les hommes ne viuoient que de glād de chesne, ou de faian. Pource les Atheniens appelloient la figue *hegeteriam* ἡγητηρίαν ou selon Eustatius ἡδητορίαν, c'est à dire leur guide ou leur conductrice.

Pythagore souloit dire à l'vn de ses disciples, *Age præclarè, magnificè promittens nihil*, qu'il valoit mieux donner sans promettre, que promettre sans donner; ce qu'il monstroit par l'exemple du figuier & du saule, car le figuier donne sans promettre, & fructifie sans fleurir, & le saule fleurit sans porter de fruit & promet sans donner: d'ou quelques vns du siecle passé, au rapport de Camerarius ont bien voulu prendre cette deuise d'vn figuier chargé de fruits auec cette parole MITTE, NON PROMITTE. La vraye image & deuise du menu peuple, qui donne sans promettre, qui n'a rien de la vie que le trauail, le plaisir s'en va aux autres; il ne sent que les espines, & les Seigneurs en retirent les fleurs: *Heu! quàm paucis humanum viuit genus!*

¶ Il n'est pas question d'entrer plus auant en la loüange du figuier & des figues, neātmoins ce propos memorable ne doit pas estre oublié, c'est que des figues fraisches venant de Carthage presentées par Catō au Senat Romain donnerent subiect à la ruyne de Carthage, & que des figues seches du pays d'Attique & seruies en Perse à la table du grand Roy Xerxes aduencerent la ruyne de la Grece & de la ville d'Athenes, comme il eschoit souuent, que le peuple est cause de sa ruyne & de son mal-heur ou par faineantise, ou par sa trop grande multitude, comme disoit sagement quelqu'vn dans Tacite, *Crescente populo perit Respublica.*

OR ces figuiers de Tacapé estoient arrosez des eaües de cette large fontaine, de mesmes que ceux de Laconie & de Megare aimoient aussi d'estre arrosez & moyenant ce ils portoient deux fois l'an dit Theophraste, XXV.

Tunc præcox biferâ descendit ab arbore ficus.

Quãd Apollõ enuoya le corbeau à la fontaine querir de l'eaue il rencontra au pied de cette fontaine de beaux figuiers lesquels y estoient creuz : Il se percha sur les branches & attendit à porter de l'eaue iusques à ce que les figues fussent meures & qu'il en eust mangé son saoul, de sorte qu'Apollon le punit de sa paresse & de sa friandise.

Au semblable le peuple doit estre plongé bien auant és eaües de la iustice à l'exemple du bois du figuier d'Ægypte qui ne nage point sur l'eaüe comme les autres bois, ains coule promptement à fond : car si le peuple n'est à bon escient contenu soubs la crainte des loix & des magistrats, le vét & l'eaüe ne sont pas si muables *nihil faciliùs quàm in quemlibet affectum mutare populum* : vn historien Romain le qualifie *ingenio mobili, seditiosum, discordiosum, cupidum nouarum rerum, quieti & otio aduersum, audaciâ turbidum, nisi vim metuat.* Et vn autre disoit parlant de la populace *terret ni terreatur.*

Les secessions, seditions, soubsleuemens des peuples, changemens de Monarchie & Aristocratie en Anarchie & Democratie en font foy, dont il n'est pas besoin ramenteuoir les exemples.

Nous adiousterons toutefois ce mot : Que ce figuier au terroir de Tacapé estoit planté fort à propos soubs l'oliuier, le figuier & l'oliuier s'antent fort bien tous deux en approche selon Columelle, mais là le figuier est soubs l'oliuier pour monstrer que le peuple est volontiers subiect à la Religion, & soubsmis aux gens d'Eglise, *Nos prauum & debile vulgus, sectamur penitus Superos*, & vn autre a dict, *Nulla res multitudinem efficaciùs regit, quàm religio, alioquin impotens, sæua, mutabilis vbi religione capta est, melius Vatibus quàm Ducibus suis paret.* Et comme en Iudée les figuiers ne portoient pas leurs fruits à maturité s'ils n'estoiét gratez ou escorchez & puis frottez d'huile, ainsi le peuple ne se gouuerne pas sagement en ses actions s'il n'est refrené par la crainte de la iustice qui le chastie, & ramene par la douceur de la Religion qui le flechist.

XXVI. VENONS au grenadier arbre familier à l'Afrique d'ou il se nomme *Pœnicum* ou *Punicum* & au terroir de Grenade en Espagne d'ou vient son nom François: les fables portent qu'il est né du sang d'Agdestis & que Cerés ne pût pas ramener Proserpine des Enfers, pour ce que Proserpine à son arriuée aux champs Elisiens, rompit son ieusne & mangea trois grains de grenade ce qui fut descouuert par Ascalaphus,

Rapta TRIBVS *dixit soluit ieiunia granis,*
Punica quæ lento cortice grana tegunt:

Autres aussi feneans que les premiers disent qu'elle rompit son ieusne, d'autant qu'elle en mangea sept grains,

——— quoniam ieiunia virgo
Soluerat, & cultis dum simplex errat in hortis
Puniceum curuâ decerpsit ab arbore pomum
Sumptáque pallenti SEPTEM *de cortice grana*

Presserat ore suo.

Cet arbre estoit anciennement consacré à la Deesse Iunon, en la cité de Mycenes & en Negrepont, *in templo Heræo* se voyoit la statuë de Iunon qui portoit en vne main vne pomme de grenade, & vn sceptre en l'autre, chose si mysterieuse quant à la grenade que Pausanias escrit qu'il n'est pas licite de l'expliquer.

AVCVNS par cette pomme de grenade ont entendu l'vnion de diuerses prouinces ralliées ensemble. XXVII.
Sainct Ambroise au troisiesme de l'Exameron entend par ce beau fruict l'vnion de l'Eglise : Sainct Gregoire de Nysse sur ce mot des Cantiques, *Sicut fragmen mali punici genæ tuæ*, entend la pudicité & la vergoigne, Beda, le Martyre, Sainct Cyrille sur ces paroles de Zacharie, *Planctus Adadremmon in campo Mageddon*, qui veulent dire le grenadier coupé dans vn champ, adiouste que par la pomme de grenade sont entendus les grands personnages d'vn Estat : & Achmetes in Oneirocriticis, dict qu'en matiere de songe ῥοιὰ ἐυγενῆ ἄνδρα σημαίνει : *Malum punicum significat virum nobilem.* Approchans de cette interpretatiõ de S. Cyrille nous pouuons dire que par la pomme de grenade il faut entendre la noblesse, la gendarmerie ou milice de l'Estat *in pace decus, in bello præsidiũ.* Qui par la force de leurs armes portent & maintiennent la couronne royalle qui apparoist sur le haut de la seule pomme de grenade, *Nam militaris virtus præstat cæteris virtutibus, omnia nostra studia & hæc forensis laus & industria latent in tutelâ & præsidio bellicæ virtutis, Omnia denique quæ sunt in Imperio & statu ciuitatis ab his defendi & firmari putantur, qui militari virtute antecellant.* Aussi auoit on acoustumé de

ietter aux vainqueurs quand ils passoient des pommes de grenade par honneur, & cuidant les bien remunerer : Achmetes aussi adiouste que la pomme de grenade signifie en matiere de songes σκληρογνώμονα ἄνδρα διὰ τὸ ἀκανθῶδες : elle se prend pour de bons soldats rudes & inaccessibles, denotez par les espines du grenadier.

XXVIII Le grand nombre de grains qui sont au dedans la pomme sont les gens de guerre en bon nombre, *nil neque firmius, neque fœlicius, neque laudabilius est republicâ in quâ abundant milites* la couleur de ce fruict, rouge en sõ escorce, rouge en sa fleur, rouge en ses grains, soit que cette rougeur vienne du sang d'Agdestis ou de celuy de Meneces ou d'Eteoclés selõ Pausanias & Philostrate denote le sang que les guerriers versẽt pour la conseruation de l'Estat quand la cotte d'armes qui est *flãmeo calore* de couleur de grenade est éleuée en signe de bataille : *se suáque iactant quacúnque desiderauerit imperantis salus*, & s'il faut adiouster foy aux resueries d'Artemidore, les grenades veuës en songe signifient des blessures qu'on doit auoir à cause de leur couleur.

L'ordre & la belle disposition des grains rangés en leurs petites cellules au dedans cette pomme signifie la discipline militaire : *sine quâ aliæ artes esse non possunt: quæ acriter retenta Principatum terrarum Imperio Romano peperit*. C'est pour cela que Georgius Chartularius descriuant la grenade, vse des termes de la milice Greque pour monstrer que l'œconomie de l'vne est fort semblable à l'autre & appelle ses grains *de petits charbons flamboyans*, lors qu'il dit en ces vers

Quis malogranati cutem bene diuidens

Noscénsque carbonum igneorum ipsum ordinem
Vt singulísque cellulis serie sitis
Sepes secátque & separat censinia?

MAIS tout ainsi qu'au terroir de Tacapé, le pied du grenadier estoit arrosé d'eaüe, aussi faut il que la milice aime les caües de iustice d'autant plus que les grenadiers marquent legalité de la iustice en ce que toutes les grenades d'vn mesme arbre ont autant de grains l'vne comme l'autre, non moins la petite que la grosse, non plus la grosse que la petite, comme il a esté obserué par les autheurs Grecs de l'Agriculture dans le liure de Constantinus Bassus & nommément par Aphricanus au liure dixiesme. XXIX.

En outre, *fortitudo quæ per bella tuetur patriam, vel defendit infirmos, vel à latronibus socios, plena iustitia est.* Que cette iustice donc soit iustement executée, que les guerriers aiment la iustice comme le grenadier aime le myrthe & que ce faisant ils gardent le precepte de S. Iean Baptiste, lequel l'Empereur Alexandre Seuere faisoit obseruer quand il chastioit & tançoit aigrement ceux qui prenoiẽt quelque chose au champ d'autruy: *Velles ne hoc in agro tuo fieri quod facis in alieno?* disoit il: Et l'Emreur Aureliã quãd il escriuoit à ses Capitaines, *Milites contine, nemo pullum alienum rapiat, ouem nemo contingat, vuã nemo auferat.*

EN outre que les grãds de l'Estat par trop d'audace & d'ambition, *quod commune est nobilitatis malum* ne brassent point des esmotions & soubsleuemẽs soubs de beaux & faux pretextes. L'escorce de la grenade est fort belle, mais bien souuent elle cache par dessoubs des grains gastés & pourris, XXX.

Sed videt hoc omnis domus: Et vicinia tota
Introrsum turpem speciosum peste decorâ.

Ou pour le moins s'ils ont couué quelque malheureuse entreprise, qu'ils se gardent de la faire esclorre & que l'escorce ne vienne tellement à se fendre que leurs mauuais desseins καὶ ἔνυγροι ἄνθρακες, ces charbons contagieux & ces flambeaux de sedition ne sortent au dehors pour embraser l'Estat; autrement ils contraindront le Souuerain de se seruir de mesmes remedes que ceux qui veulent empescher de fendre l'escorce de la grenade περιέμβαλε εἰς τὸ βόθρον κόχλακας, de mettre des pierres à feu à la racine des arbres, de poursuyure les racines à feu & a sang & coupper le mal en sa source.

Quoy qu'il vaille mieux s'abstenir de force & rigueur en leur endroit & y proceder par industrie & clemẽce, puis que sainct Basile remarque que l'industrie & la douceur peut beaucoup pour appriuoiser & adoucir vn grenadier aigre & sauuage, ou bien au pis aller il seroit plus expedient d'vser du remede de Theophraste, qui obserue le plus court & facile moyẽ pour rẽger vn grenadier qui seroit trop gaillard, sçauoir est de luy soustraire la nouriture & l'amaigrir par l'arene, car le diuertissement des faueurs, pensiõs & priuileges, qui sont la nourriture ordinaire de la noblesse peut beaucoup pour les renger à leur deuoir, biẽ que nous n'aurions que faire de craindre de ce costé là, & tout ce que nous voyons parfois arriuer aux Estats,

Non fierent si virtutis vena vlla paternæ
Viueret in nobis.

XXXI. MAIS il vaut mieux laisser la Grenade & passer à la vigne

vigne qui estoit plantée soubs le grenadier au terroir de Tacapé, la vigne est censée entre les arbres selon nos Iurisconsultes; elle fut mise au nombre des trois qui entrerent en l'essection & nomination des arbres en l'Apologue de Ionathan.

Le premier arbre qui fut esleu fust l'oliuier à cause de son suc gras & onctueux, *Pingues nascuntur oliuæ*, qui allegua pour son excuse, *Numquid possum deserere pinguedinem meam quâ vtuntur Dij & homines?*

Au refus de l'oliuier le figuier fut esleu à cause de la douceur de son fruict,

Dulciferæ ficus lactantes corpore toto,

& rendit cette raison pour excuse, *Numquid possum deserere dulcedinem meam fructúsque suauissimos?*

Au refus de l'oliuier & du figuier la vigne fut esleuë quoy que Iosephe ait changé l'ordre donnant la premiere election à la vigne, la secõde au figuier, la troisiesme à l'oliuier: Comment qu'il en soit la vigne tõba en l'essection à cause de la ioye que le vin donne au cœur, *Vinum lætificat cor hominis, adsis lætitiæ Bacchus dator.* Aussi disoit la vigne pour excuse, *Quomodo deserere possum vinum meum, quod lætificat Deos & homines.*

PVIS donc suyuant cet apologue de Ionathan que XXXII. le vin est le symbole de la ioye & de la liesse, *Exultatio animi & corporis vinum*, & comme disoit Varro, *Vino nihil iucundius quisquam bibit, hoc continet coagulum conuiuij, hoc hilaritatis dulce seminarium, hoc ægretudinem ad medendam inuenerunt*, nous disons que la vigne au terroir de Tacapé signifie en vne Republique les ieux, plaisirs, festiuitez, spectacles, esbatemens, & resiouyssances publiques qui sõt faictes & representées au peuple aux despens du public, *Vulgo enim sicut pueris omne ludicrum in pretio est : Vulgus est cupiens voluptatum & si trahat eò princeps, lætum* : Ce qui se fait aussi par raison d'Estat pour eneruer leur courage & les occuper aux passetemps affin d'empescher les esprits remuans & seditieux de songer à la ruyne de l'Estat, *Vt bello faciles quieti & otio per voluptates acquiescant. Apud imperitos humanitas vocatur cùm pars seruitutis sit.*

XXXIII Tels estoient en Grece les ieux Olympiques Istmiques, Pithiens, Nemeans, & nombre d'autres és villes particulieres de la Grece, tels estoiét à Rome les ieux qu'ils nommoient Oscos, Latinos, Græcos, Bacchanales, Circenses, Cõpitalios & les autres; tels ont esté en nostre France iadis les Tournois, cõbats, carrozels, representations, moralitez & choses semblables loüablement instituées & pour tres bonnes fins.

Durant la Republicque Romaine c'estoiét les Ediles qui les procuroient & auoient soubs eux des officiers nommez *Munerarij, Voluptarij, Exhibitores*, comme il se void en nos Iurisconsultes, & durant les Empereurs c'estoit celuy qu'on appelloit TRIBVNVS VOLVPTATVM, duquel nous auons la formule dans Cassiodore, liu. 7. où il est conclud, comme par maniere d'Edict, que *Administranda est sub quadam disciplinâ exhibitio voluptatum*, & neantmoins l'Empereur refrene tellement cette licence, qu'il desire que ces ieux seruent à l'hõnesteté, *Honestas imperet inhonestis*, & les recommande tellement au Tribun des voluptez ou menus plaisirs, *Vt magnâ cum laude dicatur*, VIRTVTIBVS STVDVIT, QVI VOLVPTATIBVS MISCEBATVR.

COMME donc il faut boire le vin sobrement & marier Bachus auec les Nymphes, ce que fit Achelous le premier, tesmoin ce vers, XXXIV

Poculáque inuentis Acheloïa miscuit vuis,

Quia nil perniciosius, si modus absit, quàm vinum, Aussi faut il tenir moyen en ces resiouyssances & festiuitez publiques. Quant aux fromens & aux legúmes, & toutes sortes d'herbages bons à mettre au pot qui croissent successiuement soubs la vigne, & deux fois l'an, nous nous contéterons de dire ce mot: que par iceux on peut entendre l'abondance de toutes prouisions necessaires pour viure & nourrir vn grand peuple *Annonam*, que le peuple ne souhaitte pas moins que les ieux & passetemps publics,

——duas tantùm res anxius optat

Panem & Circenses

de qui les Princes & les magistrats doiuent auoir soing, *omnes qui rempublicam gubernant, consulere debent vt earum rerum copia sit quæ sunt necessariæ.*

VOILA comment pour nous recueillir au terroir de Tacapé, tous les bons arbres, herbages, & bleds estoient arrrosez des eaues de la fontaine; Voyla cõment aussi tous les estats & tous les ordres d'vne Republicque doiuent estre establis & maintenus par iustice & par equité que nous auons comparé aux eaux d'vne fontaine & non sans raison. XXXV.

Car laissant à part que l'eau AQVA *dicta est quasi ÆQVA quòd superficies eius æqualis sit*, l'eaue d'ailleurs signifie la doctrine, *concrescat vt pluuia doctrina mea, fluat vt ros eloquiũ meum*, & sainct Hierosme prend les eaues pour les paroles diuines & enseignemens Euangeliques comme fait aussi Origene, Theodoret & sainct Basile parlant de ce mot *haurietis aquas in gaudio de fontibus Saluatoris*, à quoy semble viser ce qui est escrit, qu'au mesme lieu que fut tenuë la seance de ce grand Concile premier de Nice, il y sourdist vne fontaine apres que tous les Euesques furent retirez comme il estoit arriué deuant au lieu auquel Cicerō auoit coustume de faire ses estu des en son Academie, car en cette place incontinēt aprés sa mort boüillonnerent des fontaines d'eaux medecinales & salutaires pour les yeux, surquoy son affranchy Laurea Tullius fit vn bel Epigramme, que Pline iugea digne de faire viure à tout iamais, luy donnant lieu tres honorable au trente & vniesme de son histoire, & conclud fort elegamment en ces termes,

Nimirum locus ipse sui Ciceronis honori
Hoc dedit, hac Fontes cùm patefecit ope
Vt quoniam totum legitur sine fine per orbem
Sint plures, oculis quæ medeantur aquæ.

Les Ægyptiens aussi donnoient à entendre leur mysterieuse doctrine par la peinture d'vn ciel rosoyant & pluuieux.

XXXVI LES Poëtes sur tout ont attribué leur science & leurs diuins enthousiasmes aux eaues de certains fleuues & fontaines ou de Permesse, Ilisse, Telmesse, ou de Cephise, Castalie & Pegaze en beuāt desquelles eaues ils se promettoient de venir sçauans Poëtes, *Vatum Pierijs ora rigantur aquis*

Nec fonte labra prolui caballino.

Horace exaltant la poësie de Pindare la compare à l'eaue d'vn torrent,

Monte decurrens velut amnis, imbres

Quem super notas aluere ripas
Feruet immensúsque ruit profundo
Pindarus ore.

Il est vray neantmoins que les autres sciences n'ont point si grand & naturel rapport auec l'eaue, comme l'eloquence & l'estude de bien dire, car pour laisser ce qui semble plus commun; que les grands orateurs d'Athenes & de Rome ont esté comparez aux torrés & riuieres, pour ne dire mot de cette locution si ordinaire, *flumen orationis, vbertas dicendi*, & ce que dit Quintilian, que quelques vns ont appellé les especes & characteres d'eloquence, *grandem alueum, modicum, exilem* & qu'on reprocheoit à ceux qui disoient mal, *ariditatē dictionis;* que leur eloquence estoit à sec cōme les ruisseaux durant la canicule: Nous lisons d'vn orateur ou Sopiste Athenien qu'on apella Ποταμῶντα, c'est à dire *Fluuiosum* ondoyant à guise d'vn torrent desbordé. L'eaue est vne, & si neantmoins il n'y a rien de si merueilleux en sa diuersité, *Quæ in diuersas plerúmque se mutat species, aut inter arenas flaua, aut inter cautes spumea, aut inter nemora viridantior, aut inter florulenta discolor, aut inter lilia fulgentior, aut inter roseta rutilantior, aut in gramine liquidior, aut in palude turbidior, aut in fonte perspicacior, aut in mari obscurior* dit sainct Ambroise. Et quant à l'eloquence n'en est il pas tout de mesmes? n'en voyons nous pas to⁹les iours des effects en ce barreau, elle n'est qu'vne, c'est vne langue qui parle, mais qui se varie tellement, qu'il n'y a point eau dans tous les gouffres de l'Ocean qui soit si changeante & variable: *Deus bone! in quantos se vsus diues lingua dispergit! cùm voluerit, sæuit vt bestia, currit* VT FLVVIVS, *fluctuat vt profundum,* dit Ennodius Ticinẽsis. Ne sçauõs nous pas les grãdes varietez de l'eloquence, & les particulieres recommandatiõs des anciẽs orateurs, *Adstrictior Caluus, numerosior Asinius, splendidior Cæsar, amatior Cœlius, grauior Brutus, plenior Tullius.* Outre les grandes & tres-expresses comparaisons qu'on pourroit faire entre les eaux & l'eloquence.

XXXVII. MAIS l'eaue est encore prise pour les vertus, *Aquæ eius fideles sunt & perennes*, dit Isaïe, faisant difference entre les vrayes vertus & les vertus feintes & simulées des hypocrites qui manquent & tarissent aisément.

Philon Iuif allegorisant sur les quatre fleuues celebres qui sortoient du Paradis terrestre le Nil, le Tigre, le Gange & l'Euphrate, les prend pour les quatre vertus de prudence, force, temperance & iustice, & par l'Euphrate il entend la iustice. Il est dit en l'Eclesiastique, *Ego sapientia profudi flumina, ego quasi trames aquæ immensæ de fluuio. Ego quasi fluuius Dorix* ou *fluuij dorix* (reseruoir du fleuue) par cette sapience peut estre entendue la iustice comme en cet autre, *Aquâ sapientiæ salutaris potabis eos.* L'eau de sapience en cet endroit veut dire l'eau de iustice: car au precedent verset premier il est dit, *Qui continens est iustitiæ apprehendet eam.* Mais apertement l'eau est rapportée à la iustice en ce passage d'Amos *reuelabitur quasi aqua iudicium & iustitia quasi torrens fortis.*

XXXVIII. ET ne sont ce pas des eaües & des fontaines de iustice que les eaux & les fontaines qui coulent, decouurent & chastient les crimes commis? cõme les eaux du Rhin, sur lesquelles les Allemans exposoient leurs enfans nouueaux-nez sur vn bouclier, pour estre engloutis dans les ondes s'ils estoient bastards, & sauuez s'ils estoient legitimes,

Et quos nascentes explorat gurgite Rhenus.

D'ou c'est que le Poëte Grec l'appelloit bien à propos ζηλήμονα Ρῆνον, le fleuue ialoux, ou seruant à la ialousie des parens qui prenoient iustice du forfait incogneu en balanceant les enfans sur le canal de ce fleuue, car c'est ainsi qu'il est dit Τέκνα ταλαντεύουσι, ils balancent leur enfans par le contrepoids de leurs targes ou boucliers.

Et les eaües de certaines fontaines qui estoiét en Sardaigne qui aueugloient les larrons? *coarguendis valent furibus, nam quisquis sacramento captum negat, lumina aquis obtrectat, vbi periurium non est cernitur clarius, si perfidia abnuit detegitur facinus cæcitate, & captus oculis admissum facinus tenebris fatetur*, ces eaües là dit Rhemmus Palæmo,

——— pandunt damnántque nefando
Periuros furto, quos tacto lumine cæcant.

Tant d'autres eaux & fontaines encores qui descouurent le pariure & le descouurant & le vengeant, c'est venger les crimes commis sur lesquels on s'est pariuré: Entre autres ce qu'on appelle en Sicile Crater Palicorum, la fontaine Acadine aux admirables d'Aristote, & la fontaine Styx en Arcadie *quæ periuria Diuûm arguit*,

Quæque piat Diuûm periuria noctlicolor Stix

Dit nostre Bordelois en ses monosyllabes. Plus les eaux

de ialousie pratiquées entre les Iuifs qui esprouuoiēt & faisoient mourir les femmes adulteres? ausquelles estoient aucunement semblables les eaues du fleuue Diana en Sicile qui ne se pouuoient mesler auec le vin si elles n'auoient esté puisées par vne femme chaste & pudique. Les eaues d'idolatrie dōt parle sainct Hierosme sur le premier des Roys, celuy qui estoit coulpable d'idolatrie experimētoit quand il en auoit beu que ses leures se colloient si serré l'vne contre l'autre qu'il n'estoit possible de les desprendre ny separer & entre-ouurir,& par là l'idolatre estoit conuaincu & mis à mort.

XXXIX QVE dirons nous des espreuues & purgations faictes par les eaues chaudes receües par les loix & anciennes coustumes des Lombards,Saxons, Frisons, & habitans du riuage du Rhin?Ne peut on pas iustemēt les appeller des EAVX DE IVSTICE, puis qu'elles seruoient pour descouurir & punir les crimes & meschācetez cachées dont nous auons les formules,prieres,& ceremonies dans les Epistres d'Iuo Carnutēsis, & dans les Capitulaires de Charlemagne. On iettoit vn petit anneau fort leger dedans vn vaisseau plein d'eaue bouïllāte, sur laquelle auoient esté faictes certaines prieres,exorcismes & imprecations par main de Prestre,celuy qui estoit accusé de meurtre,adultere,larcin ou autre crime, mettoit la main dans l'eaue chaude,cherchoit & en tiroit hors cet anneau:Que si sa main n'estoit offencée ny bruslée, son innocence estoit declarée & manifestée à tous, au contraire si sa main brusloit,le crime estoit tenu pour aueré.

Autres espreuues & purgations se faisoient par les eaues

eaues froides, l'accusé mettoit la main ou dans vne fontaine, ou dans vn vaisseau plein d'eau froide & en tiroit vn petit caillou: Si la main brusloit dans l'eaue, l'accusé estoit censé coulpable, & si elle ny brusloit point il estoit tenu pour innocent.

Autres espreuues & purgations se faisoient encores par le plongement des accusez dedans les eaues: S'ils y entroient & enfonceoient aisément, & puis ressortoient à fleur d'eau on les tenoit pour innocens: si au contraire les eaues deuenoient de nature semblable à celles du lac Asphaltite, *in quo nihil mergi potest*, & que l'accusé ne pust penetrer ny enfoncer dedans l'eaue on le tenoit pour conuaincu du crime à luy mis sus.

Or bien que ces espreuues par les eaues chauldes & froides ne soyent plus en vsage, les souuerains Pontifes ayant là dessus interposé leur authorité, si est-ce que le consentement de tant de peuples qui par si lõgues années ont recherché la iustice & les iugemens de leurs causes & differens dedans les eaues, nous seruira d'excuse ou de garent, si par les eaues des fontaines nous entendons la iustice.

LACTANCE aussi ayant bien consideré le naturel de la Iustice & quel rapport elle peut auoir auec les eaux a parlé ainsi, disant que la Iustice estoit vne fontaine, *aut ipsa est summa virtus aut* FONS *est ipse virtutis*, & dit en outre que les Philosophes Payens l'ont ignorée; *caput ipsum &* FONTEM *iustitiæ non tenebant*. Et dãs cette mere fontaine de Iustice il fait découler deux autres sources ou fontaines comme ses filles, *quæ ab ipsa diuelli separarique non possunt, nec ab ipso* FONTE *secerni*, qui sont la pieté & l'equité, *Pietas & æquitas*, dit-il, *quasi* VENÆ XI.

ſunt eius fontis, & his duobus fontibus conſtat tota iuſtitia, ſed caput eius & origo in illo primo eſt, in ſecundo vis omnis & ratio, & apres il conclud, *duobus igitur illis iuſtitiæ fontibus immutatis omnis virtus & omnis veritas tollitur & ipſa iuſtitia remigrat in cœlum.*

Et encores particulierement voyons nous de grandes conuenances des eaux auec la iuſtice, en ce que l'vne eſt auſſi neceſſaire que l'autre: car pour l'vſage & neceſſité des eaux, Vitruue au liure huictieſme, qui eſt *de Aquarum inuentionibus*, l'eſtime ſi neceſſaire qu'elle ſeule fait & compoſe toutes choſes ſuyuant ce vers d'Homere,

Ωκεανόντε θεῶν γενέτην,

& ce qu'en diſoit Pindare, que l'eau eſt vne tres-bonne & neceſſaire choſe pour l'entretien du monde; or pour la iuſtice, voila ce qu'en dit ſainct Chryſtome en la ſixieſme *Ad populum. Si iudicialia ſuſtuleris Tribunalia, omnem vitæ noſtræ ordinem ſuſtuliſti*: Les eaux quoy qu'elles ſoyent d'vne ſimple eſſence ſe rendent douces & ameres ſuyuãt la qualité des lieux & des choſes qu'elles touchent; *Amarior fit in abſcinthio, in vino vehementior, auſterior in allio, in veneno grauior, in melle dulcior*: Et la iuſtice tantoſt elle eſt douce, puis amere, rigoureuſe, ſouple, eſtroitte, amiable, ſuyuant la qualité des crimes & des perſonnes auſquelles elle traicte: les eaux ſont roynes & maiſtreſſes de toutes choſes, *hoc elementum cæteris imperat*, auſſi fait la iuſtice à toutes les autres vertus, auſſi eſt-ce pour cela que les anciẽs peintres luy donnoiẽt la coronne ou le diademe, que les autres ont appellé le voyle de iuſtice, *Terram deuorant aquæ, flammam necant, ſcandunt in ſublime, & cœlum quoque ſibi vendicant, ac nubium obtentu vitalem spiritum strangulant*: Et ces effects merueilleux se remarquent tous en la iustice, qui estouffe la guerre, qui assoupit les procés, qui regente par tout,

Cuncta tueris, cuncta audis, cuncta admoderaris:

In te stant mortalia iura po'issima Dia.

Novs pourrions poursuyure ce point plus au long & faire quelques rapports de la proprieté des eaux à celle de la iustice, comme aussi discourir des amours ou inimitiez des arbres entre eux, *omnisque vicissim fœlix arbor amat.* Et de leurs bonnes & mauuaises ombres, sur le propos de ces cinq sortes d'arbres qui sont plantez en Tacapé, l'vn pres de l'autre, & dessoubs l'autre & viuent soubs l'ombre l'vn de l'autre & en faire autres rapports & comparaisons aux effects de la iustice. XLI.

Nous pourrions encores donner & appliquer les palmes à ce docte & fameux barreau, donnant aux Aduocats le palmier de sçauoir, erudition & doctrine, puis qu'elles sont dediées à Apollon & que les Muses se couronnent de leurs branches à ce que dit Phornutus, & que les palmes ne sont pas seulement données aux bons escriuains & aux bons Poetes *in medio omnibus palmam esse positam, artem qui tractant musicam*, & disoit celuy là, *libris est data palma meis*, & Virgile

Primus Idumæas referam tibi Mantua palmas.

Mais aussi elles sont deües aux doctes Aduocats, *docto oratori palma danda est*, dit Ciceron: & vn autre a nōmé, *Palmarem eloquentiam*, c'est à dire *regiam* d'autant, suyuant Platon, que l'eloquence ξυνδιακυβερνᾷ τὰς ἐν πόλεσι πράξεις, gouuerne egallement & par moitié les Republiques auec la Royauté & Philippe Roy de

Macedoine disoit qu'il eust donné volontiers la ville d'Amphipolis aux Atheniens pour l'eloquence de Demosthene, au rapport de Dion Chrysostome, voire d'autres ont encores passé plus auant, lors qu'ils ont appellé l'eloquence diuine, & attribué quelque diuinité au bien-dire; *Ipsa eloquentia*, dit Tacite, *cuius numen & cœlestis vis multa omnibus sæculis exempla dedit ad quantam vsque fortunam homines, ingenij viribus peruenerint.*

XLII. Novs pourrions encores leur donner & appliquer l'oliuier pource que Mercure leur patron en porte vn rameau en sa main. Pource qu'il est consacré à Minerue, mesmes pour vne raison que touche Martianus Capella parlant à Minerue en ces deux vers,

Hinc iam vermicomæ frondent tibi munera oliuæ
Artes cura vigil, quòd per te discat oliuo,

d'ou nous sçauons le mot & repart ordinaire de Demosthene, *plus olei quàm vini*, & pource que les vrais nourrissons de la Philosophie, dont nous faisons tous profession, souloint estre couronez de branches d'oliuier ainsi qu'atteste Lucian, & que l'oliuier aussi est la couronne de sagesse dans Plutarque *in Themistocle*, Et pource que les fleurons & nettes couleurs de leur eloquéce sōt apellées du nō des vaisseaux à tenir l'huile *Lecythi dictionis*, dās Pline le ieune & aussi dans Cicerō: & Tacite attribue aux orateurs & Aduocats de son temps deux mots qui sont propres de l'oliuier & de l'huyle, car comme la feuille de l'oliuier est appellée pallissante, *folium glaucé-pallentis oliuæ*, & l'huile s'appelle *Lubricum oleum* glissant & doux coulant, ainsi ces deux mots sont propres du Palais, *Ego*, dit vn Aduocat, *lubricum forum, famámque pallentem experiar? non me*

fremitus salutantium nec anhelans libertas excitat.
Nous pourrions encores leur donner & appliquer le figuier qui est aussi dedié à Mercure Dieu tutelaire de l'eloquence, & auquel les Ægyptiens sacrifioient en mangeant des figues & disant *douce est la verité*: Donner & appliquer aussi le grenadier, les pommes duquel les plus doctes d'entre les Grecs selon Clement Alexandrin ont autrefois dedié au mesme Mercure, & pourrions en rendre les raisons & les applications, & suiure ainsi la vigne & tout le surplus qui croist en ce bon terroir de Tacapé, mais nous sommes contrains de trancher court, puis que le temps nous y semond.

DONQVES faisõs fin par le Palmier & la fontaine de ce bon terroir de Iustice, par le Palmier de nostre Roy, semblable en cecy à l'arbre de la Lote, lequel chasque iour recherche sur le vespre le fond des eaux du fleuue Euphrates, ou à celuy de la Casse qui enfonce tousiours ses racines bas en terre iusques à ce qu'elles ayent rencontré vne veine d'eaue, car ainsi ce Palmier Royal a tousiours son pied arrosé de sept ou huit fontaines de Iustice, qui sont ses Parlemens sean sà ses pieds quand il tient son lict de Iustice, fontaines de Cadés que Philon Iuif interprete *fontaines de iugement*, qui iugent toutes causes & tranchent tous les differens des personnes & affaires, fontaines des Parlemẽs qui n'accueillent point leurs eaues d'vn air espaissi & espraint aux concauitez de la terre dont l'eau se fait iouxte l'opinion d'Aristote, ou des eaues de la mer qui parcourent les veines de la terre selon l'Ecclesiaste, mais bien de la cime & du cerueau de nostre Palmier royal, car ce sõt de vrayes eaux fontanieres πηγαίαι & XLIII.

ῥυταὶ, coulantes & sourçoyantes, non pas, *στάσιμαι καὶ συλλογιαίαι*, croupissantes & endormies.

XLIV. On raconte qu'en l'vne des Isles fortunées, qui se nomme l'Isle du fer il n'y a fleuue, ny puys, fontaine, ny lac, & si il n'y pleut iamais, mais pour toutes eaües il y croist vn arbre qui tous les iours deuant le Soleil leuant par vne grace speciale du ciel dégoute de son tronc, de ses rameaux, & de ses feuilles vne si grande quantité d'eaux qu'elle suffist à tout le peuple & à tous les animaux de cette Isle.

Ainsi du chef de nostre Palmier Royal tombent & dégoutét des eaües de Iustice qui sót les ordõnances, nostre vray droict François, nostre principale Iustice, que seulle nous iurons garder & obseruer, dont se remplissent les fontaines des Parlemens & par ce moyen deuiennent fontaines d'eau Royale, qui estoit le nom d'vne fontaine qui naissoit soubs vn chasteau siz *in Acroceraunijs*, appellé Chimæra ou Chimærium, *sub eo aquæ Regiæ fons*.

Et puis de ces fontaines s'arrozent & s'abreuuét tous les peuples de toutes les iurisdictions de la France chascune en son ressort, de sorte que ces fontaines pour la grande vtilité de leurs eaües se peuuent encores bien appeller du nom d'vn certain fleuue de l'Indie que Ctesias recite s'appeller en langage du pays ΥΠΑΡΧΟΣ qui veut autant à dire que portant tous biens.

Que les eaües de ces fontaines ne soient pas seulement bonnes, saines & profitables, qu'elles soient encores odorantes comme si elles se remplissoient de l'eaue de la fontaine Cabura en Mesopotamie *qui*

vnus in toto orbe traditur fons aquæ iucundè olentis.
A ces fins que les deux bouts de l'arc en ciel se puissét courber sur la cime de nostre Palmier Royal qui est, dit on, signe de toute felicité & bon-heur lors qu'il arriue sur les Palmes *tunc enim emittit illum suum halitum diuinum ex Sole conceptum, cui comparari suauitas nulla possit.* Et quand cet arc en ciel se courbe aussi sur quelque arbrisseau *tradunt eandem quæ sit aspalatho suauitatem odoris existere, sed in aspalatho inenarrabilem quãdam,* le semblable est-il des grands arbres, larc en ciel tombant dessus, les parfume d'vne odeur semblable à celle des arbres d'vne certaine mõtaigne d'Æthiopie, *mons opacus siluâ distillantibus arboribus odore miráque suauitate.*
C'est l'odeur de la belle reputation & renommée de nostre Palmier Royal qui embaume desia son tige & ses feuilles, & embaumera pareillement les eaues qui de son chef decouleront dedans ces fontaines qui seront s'il plaist à Dieu en telle odeur & reputation de legalité & droicture à l'endroict des subiects du Roy voire à l'endroit des Princes & Roys estrangers qu'ils ne douteront point d'auoir recours comme autrefois à leur bonne iustice tant experimentée.

OR comme il y a des fleuues & fontaines qui ne coulent pas tousiours *interquiescunt* ils s'arrestent & reprenét en certain temps par vne constance qui leur est naturelle cõme la fontaine de Iupiter en Dodone *fons qui meridie semper deficit quâ causâ ἀναπαυόμενον vocãt,* les autres dit Senecque cessent de fluer six heures du iour & six heures apres elles reprenent leur cours *quidam fontes senis horis pleni senisque siccescunt,* autres cessent pour vn iour de la semaine comme autrefos le fleuue XLV.

Sabatien en Iudée: Autre fontaine en Portugal prés Villeneufue court par l'espace de six mois despuis le premier iour de May, iusques au premier Nouẽbre, & les autres six mois elle repose: & d'autres reposent en differentes façons: Ainsi nos fontaines de iustice suyuant le cours de celles du terroir de Tacapé ne coulẽt pas tousiours, SED CERTIS HORARVM SPATIIS DISPENSANTVR INTER INCOLAS, Elles se reposent en Automne pres de deux mois entiers pendant lesquels le Palais est calme, *halcedonia sunt circa forum* le barreau est en silence, *vt in halesinâ regione compertus fons qui quiescat semper tranquillúsque sit cum apud eum siletur.*

Mais en ce mois & à ce iour cy les canaux des fontaines de Iustice se destouppent, & leurs eaues s'enflent sentant venir la voix des entrées & des celebres plaidoiries des Aduocats: *Magnum miraculum fluenta labentia sic ad humanos sermones vel stare vel crescere, vt eis credas audiendi studium minimè defuisse*, comme cette mesme fontaine d'halesine, *Qui, si insonant tibiæ, fons exultabundus ad cantum eleuatur & quasi miretur dulcedinem vocum, vltra margines intumescit.*

Or les premieres eaues, que vont maintenant ietter ces fontaines c'est l'eaue royale des Ordonnances. Greffier lisez les Ordonnances.

FIN.

VN des aſsiſtans ayant trouué cette piece merueilleuſe, plene d'erudition, doctrine, eloquence & iugement comme toutes les autres, s'en entretint ſi auāt auec Mr de Sainct Martin Docteur és droits & Aduocat en Parlemēt, l'vn des plus habiles hommes & meilleur iuge de ſemblables pieces qu'on puiſſe deſirer, que la nuit ſuyuante il ne ſongea autre choſe, & ayant commencé de verſifier en dormant ſur ce ſuiet, acheua & cultiua ſon ſonge à ſon reueil, & l'enuoya au ſieur Sainct Martin; lequel en fit preſent à l'autheur, propter gratiā nouitatis: *de façon que cette poëſie s'eſtant rencontrée parmy ſes papiers elle a ſemblé digne de ne ſe perdre pas, tant à cauſe du ſuiet, que de ſa naïfueté: car ſi cette Elegie s'eſt faicte en dormant ainſi qu'il ſe preſume, on peut dire à ſon autheur,*

Sic vtinam totis valeas dormire diebus.
Talia ſi tibi ſunt ſomnia; cur vigilas?

VERVM SOMNIVM Ad C.V. Ioannem Sammartinum I.V.D.& Antecessorem Burdigalensem.

VERVM ad te Somnium (V.C.) si quod verum est somnium, mitto, cum Elegiola incultâ, extemporaneâ, miserâ, & quod semel dixisse sufficiet, somnolentâ. Verum appello, quia factum, imò condita pene inter dormiendum carmina, ità mihi oscitantia & supina visa sunt. Impetus est, non ambitiosus ille certè, (quis enim dormiendo magnum aliquid & supra se cogitet, qui de se ne cogitat quidē?) verùm fortè temerarius, viro enim erudito, vigilanti & bono somnia sua obtrudere, cuius tandem insolentiæ & temeritatis est? Sed recordare Poëticam, morbi genus esse, ne furorem appellem post Platonem, atque ideo id apud te cogita, Poëtas cùm ardentiùs incalescunt, aut in fermento, aut in furore esse, &

Ægroti veteris meditari somnia,

atque eam ob rem deprecationi locus apud te sit, quòd fatemur. Caterùm lege, ride, proba, si non à formâ & cultu, certè ab argumento, & occasione, nouâ, recenti & bonâ, locum Plinii adieci, qui ANDREÆ NESMONDO, *viro magno vestra curia Principi feliciter orandi, & mihi ineptè somniandi ansam prabuit, Vale & subitum opus amplectere,* ——ὡς ἐχ ὀλοήμερον ἔργον.

PLINIVS LIBRO XVIII. CAP. XXII.

Ciuitas Africa in medijs arenis, petentibus Syrtes Leptímque magnam, vocatur Tacapè, felici super omne miraculum riguo solo, ternis fere millibus passuum in omnem partem fons abundat, largus quidem sed certis horarum spatijs dispensatur inter incolas, Palma ibi pragrādi subditur Olea, huic Ficus, Fico Punica, illi Vitis, sub uite seritur Frumentum, mox Legumē, deinde Olus, omnia eodem anno, omniáque aliena vmbrâ aluntur.

VERVM SOMNIVM.

SI licitum memorare tibi quæ nocte profundâ
Astiterint oculis somnia pulchra meis.
SAMMARTINE mihi tecum sedisse videbar
Quà sitit incultis Africa vasta locis.
Non procul à Magnâ se porrigit area Lepti
Sola per incultas area culta plagas.
Hinc ferus in steriles se Bagrada findit arenas,
Hinc tenet infames horrida Syrtis aquas.
Hic se lætus ager sabuleta per auia fundit,
Porgit & insanis messibus apta seges.
Quo, licèt exiguo, fecunda putatur agello
Africa, & ob tantas tota superbit opes.
VRBS est in medio TACAPE de nomine dicta:
Fertilis irriguas terra ministrat aquas.
FONS ibi largifluos dispensat in arua canales
Séque per alternas subiicit vnda vices.
Annosa irriguo fontis sub margine PALMA
Brachia fertilibus pandit onusta comis.
Et bibit assiduos auidis radicibus imbres,
Sugit & ambrosias pinguior inde dapes
Huic veteri palmæ se subdidit arbor OLIVÆ
Et sub eâ glaucis blanda tremit folijs.
Pulchra subest oleæ FICVS, se PVNICA ficu
Obtegit, & fructus miscet vtrique suos
Irreptat Pœnâ fecunda sub arbore VITIS
Et nubit varijs vxor honesta viris.
FAR sub vite serunt, nato sub farre LEGVMEN
Errat, & in mixtis HERBA leguminibus,

Largus in hæc roseas fons ructat ab vbere lymphas
Et tegit vmbrosis ardua Palma comis
HIC *procul irriguos consedimus ante meatus*
Dum placet in fractis cernere murmur aquis,
Nitebamur item magnæ nos vndique Palmæ
Culmina porrectâ scandere pulchra manu
Aut ficu, aut oleâ maturos carpere fructus
Sepe verecundus pressit vtrúmque dolor
Sæpe manus, iam sæpe pedes arreximus ambo,
Sed desiderio nisus inanis erat,
SAMMARTINE *quid hic faceremus? vtríque, fatendũ est*
Debilis ascensu dextra latúsque fuit.
Denique dum Palmæ volumus defringere ramos
Et fugit ad trepidas arbor iniqua manus
Ecce laborantes nos increpat arduus HEROS
Et mouet humanum quâ solet arte caput:
Quid facitis pueri (dixit) mihi debita palma
Nescit & ad vestras cedere Palma manus.
Tum dextram extendens regali murice tectam
Delibat cunctis culmen ab arboribus.
De palmâ cerebrum, laticem canentis oliuæ,
Sponte cadens pomum ficus adulta dedit:
Mox vuam & tenerâ legit arbore punica mala
Multáque de mixtis grana leguminibus.
Purpureósque sinus impleuit fructibus ollis
Et simul excussâ munera veste iacit
Hîc nos adfuimus suspensi corpore fixo
Inter aceruatos optima turba viros.
Et capimus quodcúnque iacit, sed nec tamen inde
Cepit propterea cætera turba minus,
HAC *me ficta tenus noctu lusere volentem*

Somnia; si tamen hæc somnia ficta putas.
Pòst crudo perpulere mihi de corpore somnum
Plausus & attoniti iurgia multa fori,
Qualis ab effusis Consul cùm sæpe fenestris
Sparserat in cupidos æra minuta viros;
It clamor cælo, populi se grandia tollunt
Murmura, & in pleno fluctuat unda foro.
Arduus excussi strepitu cogente soporem
Adsuit & doctis curia densa viris.
Altior apparet media inter Lilia PRÆSES
Et circùm solito more Senatus erat,
Is glebam Tacapæ felicem atque aurea rura
Comparat ordinibus Diua Themista tuis:
Iura SACERDOTVM *sacræ componit oliuæ*
Ficus aceruatos plena notat POPVLOS.
Punica PATRICIOS *designat, publica vitis*
MVNERA, *quæ populo debet amica Themis,*
Omnia quæ iusti defendit PRINCIPIS *umbra*
Vt reliquis pulchram Palma dat alta togam:
Sed quid ego tacitum præteruehar ordine Fontem
Cuius inexhaustis terra rigatur aquis?
Ille dat arboribus vitam, cùm diuite venâ
Fertilis ætherios porrigit unda cibos
Nectareo fons ROSTRA *notat manantia succo*
Qui iugi Themidem nutrit ab eloquio,
Aridus aßiduos quòd si submittere fluxus
Cœperit, & nullas sentiat arbor aquas.
Palma comam viridem, corium rugabit oliua,
In ficu vetulâ tristis abortus erit
Horrida surgentem scabies exsuget aristam
Flebit & in miserâ vite labrusca ferox.

Non aliter ſi Roſtra ſilent, niſi nobile linguæ
Omnia iuſtitiæ munera nectar alit
Debile vectigal cæsâ ſuffragine languet
Et regale dolor ſerpit ad vſque caput,
Nobilitas ieiuna domum, plebs ægra tabernas
Seruat, & incultos occupat horror agros
Vſque adeo ô Superi magnum eſt, ſi Roſtra quieſcunt,
Oráque facundus clauſa patronus habet!
IAM *tu quod ſupereſt, prudentior Artemidoro*
Cuius & Achmeto eſt cultius ingenium
SAMMARTINE *rudes excuſa in carmine Muſas*
Phœbus enim noſtrum dormijt inter opus.

FIN.

NEVFIESME

REMONSTRANCE FAICTE EN PARLEMENT

A L'OVVERTVRE DE LA S. MARTIN, l'an MDCXIII.

LE BANDEAV OV LE DIADEME DE IVSTICE.

I. LE Philosophe Chrysippus en son premier liure de la beauté & de la volupté nous a represẽté le portraict de la Iustice selon que les anciens peintres & Rhetoriciens auoient autrefois coustume de la depeindre, ou de la descrire, *Formâ atque filo virginali, aspectu vehemẽti et formidabili, luminibus oculorũ acribus, neq; humilis, neq; atrocis, sed reuerẽdæ cuiusdã tristitiæ dignitate*, d'où il semble qu'Heliodore l'eust emprunté, lors que parlant de la Iustice, il dit au premier liure de sõ histoire fabuleuse, qu'elle darde ses yeux aigus & penetrans sur les meschãs pour faire la punition de leurs crimes: D'autres nous ont figuré vne femme auec des aisles au dos, vn caducée en la main gauche, des espis de bled ou des rameaux d'oliuier en la droicte ; & telle image a esté tenüe par aucuns pour l'image de la paix, *cui Augustus aram consecrauit*,

uit, mais Hyginus, Auienus, & Germanicus l'ont prise plus à propos pour l'image de la Iustice. En la vile d'Elide & au Temple de Iunon on voyoit d'autrefois le portraict d'vne tres-belle femme, qui de la main gauche tenoit aux gorges vne femme laide & hideuse, & de la droitte la battoit à coups de bastons, & tenoit-on, dit Pausanias, que c'estoit la Iustice, qui malmenoit ainsi l'iniustice ou la violence. Autres pensãt encores mieux representer comme elle estoit iuste vengeresse des forfaicts des humains, *eamque contra improbos & nocentes esse immisericordẽ & inexorabilem*, disẽt qu'elle estoit plene de seuerité & d'equité tout ensẽble, & luy ont mis les balances en la main senestre, & des faisseaux de verges en la droitte auec les hasches liées au bout, puis au lieu des verges & des haches, aucuns plus recens luy ont mis l'espée nüe en la main droitte.

Mais outre & par dessus ces enseignes & symboles de Iustice, les peintres anciens, à ce qu'il nous semble, se sont fort oubliez de n'auoir donné à la Iustice vn Voile, ou bien vn Bandeau pour luy seiller les yeux, ou pour luy couurir tout à fait le visage.

C'est pourquoy, s'il nous est permis de corriger la faute de l'antiquité, nous luy donnerons auiourd'huy vn Bandeau, ou Diademe, qui luy sera aussi seant & conuenable pour exprimer ses fonctions, & son principal office, que pourroient estre les faisseaux, l'espée, ou les balances, les espis ou les rameaux d'oliuier, les aisles & le caducée, ou le pourfil de visage descrit par le Philosophe Chrysippus, ou le geste & cette action formidable que la Iustice faisoit au Temple de Iunõ en Elide : ce sera le present que nous ferons auiourd'huy à la Iustice,& le suiet de cette ouuerture,faisãt tout au contraire des années passées, car au lieu de descouurir & exposer la Iustice pour representer sa beauté à cette graue assemblée, nous luy couurirons le visage d'vn voyle pour la rendre plus venerable,& pour commancer heureusement, *Agedum repetitis laxemus* VELA *turbinibus*, *pandamus* VELA, *& si quando aliàs,toto feramur ingenio.*

II. C'EST le Voyle dont elle s'affeubla apres le siecle d'or escoulé,sur le commancement du siecle d'argẽt, qui s'appelle *degener ætas*, car aux premiers temps elle s'apparoissoit aux peuples, les assembloit, les exhortoit, les faisoit gens de bien, & sans aucune peur des loys leur engrauoit l'equité dãs le cœur, qu'ils obseruoient de bonne & franche volonté, mais comme en ce siecle d'argent l'iniquité & la malice eurent fait leur entrée au mõde,deslors la Iustice ne se laissa plus voir,

Et plus visiblement le iour parmy la rüe
Les hommes ne prescheoit, mais vestãt vne nüe
Heurlant en piteux cris, son visage voyla,
Et bien loing des citéz aux forests s'en vola.

C'est le sens qu'vn ancien Poëte Latin exprima iadis deuant le nostre en ces vers

At postquam argenti creuit deformior ætas
Rariùs inuisit maculatas fraudibus vrbes,
Seráque ab excelsis descendens montibus, ore
VELATO,*tristique genas abscondita* VITTA
Nulliúsque larem,nullos adit illa penates.

Et semble aussi, que la iustice s'estant au siecle de fer

retirée tout à faict dans les cieux, y ait voulu porter son VOYLE, car la teste de la constellation & signe de la Vierge qui n'est autre, que la iustice, est tellemēt voilée, qu'elle ne se peut presque voir ny descouurir, *Caput eius nimiùm obscurum videtur*, pour autant qu'en sa teste n'y a qu'vne seule estoile, encores fort obscure, & de là vient que plusieurs se sont mespris, appellant cette constellation du nom d'ISIS,

Aut Pelusiaci magis es Dea littoris ISIS,

ou du nom de Cerés,

Seu tu Diua Cerés, sic nam tibi flagrat arista,

& d'autres à raison de l'obscurité de son frōt, & comme si elle n'auoit point de teste, l'appellent du nom de Fortune, *Quidam Fortunam dixerunt, eò quòd sine capite Astris infertur*, dit Hyginus, & vn autre qui est en la mesme opinion,

——seu tu pernicibus alis
Nec sāt certa gradum, viduatáque vertice summo
Fluxa polo vertis vestigia, lubrica vt æuum
Sors agat, & subitis obrepat mobile fatum
Temporibus:

Que si quelquefois la Iustice est redescendüe du ciel en terre, pour la resiouyr & esgayer de sa presence,

——lætatur terra reuerso
Numine, quod prisci post sæcula perdidit auri;

c'a tousiours esté en cet habit, & les Poetes qui en ont faict la description, n'ont pas manqué de l'attourner de son BANDEAV, ainsi que faict Claudian, lors qu'il raconte la descente de la Iustice vers Manlius, qui s'estoit retiré des affaires, pour viure à loysir en son logis,

Cùm subitò liquidâ cessantem vidit ab æthrâ

Iustitia, & tanto viduatas Iudice leges,
Continuò frontem limbo VELATA *pudicam*
Deserit autumni portas.

III. Or que ce voyle ou bãdeau appartiẽne à la iustice, il se void par tous les tiltres & raisõs qui ont peu mouuoir les anciens de se seruir de voyle ou les donner à d'autres en tiltre d'honneur:

Le premier peut estre en qualité de Deesse, ou à raison de la diuinité presumée, car comme il se void dans Athenée liure douziesme, il n'y eut iamais peuple n'y nation qui n'ait recogneu la iustice cõme vne Deesse, & il n'y eut onques region, où elle n'eust des autels ou des temples erigez à son honneur, & c'est pour cella qu'Orphée l'appelle *Deã potissimam, Deam victricem, Deã magnam*, d'autant qu'on a doubté quelquefois de la diuinité des autres Deesses, mais de celle de la iustice, iamais personne n'en doubta.

Nous sçauons d'autre part que la diuinité s'est tousiours retirée des yeux des humains mesmes du temps de ce siecle d'or & de perles, lors que les Dieux pratiquoyent plus familierement auec les hommes, & que les hommes habitoient par la faueur de leur innocence ἐγγυτέρω τοῖς θεοῖς, dit Platon qu'ils viuoient auec Dieu plus priuément, si est ce qu'ils ne profanoiẽt & prostituoient tellement leur grãdeur, qu'ils se laissassent voir à pur & à plein aux yeux des hommes, ains tousiours il y auoit quelque voyle ou bandeau entre deux: pour parler chrestiennement, il n'y eut iamais que Moyse, dit S. Hierosme qui parlast auec Dieu sãs voyle ou plus tost à qui Dieu se communiquast sans bandeau: *Moses*, dit il, *reualatâ & apertâ facie cum Deo loquebatur, id est, absque* VELAMINE, *ad populum autem loquens, quia vultum, eius attendere non poterat* VELAMEN *ponebat in facie.* Et encores n'est il pas asseuré parmy les Theologiens si Moyse parloit à Dieu sans voyle, & s'il vid iamais à descouuert l'essence diuine, qui est si cachée de sa nature, qu'il nous est imposible de la voir tãdis que nous sommes voylez du sac de la mortalité: c'est pour cela qu'il s'apelle souuent és Escritures *Deus absconditus*, c'est pour cela que S. Pol dit que nous ne voyons maintenãt qu'au trauers le crespe des Aenigmes; c'est pour cela que Theophilus Antiochenus escriuant *ad Autolycum*, appelle les creatures qui nous font venir en la cognoissance de la diuinité, *voyles & bandeaux*, & vze de ce beau discours: s'il arriuoit dit il, qu'vn homme sage vist en plene mer vn nauire les voyles enflées tenir sa routte & tendre fort heureusement à bord, quoy qu'il ne vist point le Gouuerneur qui est au dedans, neantmoins il ne doubteroit iamais qu'il n'y eust là dedans vn hõme qui gouuernast; ainsi voyant les voyles de ce monde & le grand nauire de l'vniuers qui tient sa routte il y a si longues années, *Nemo est adeo abiecti animi, quin credat, Deum gubernatorem esse omnium, eum licèt oculis carnalibus non assequamur.*

Ainsi les profanes & fabuleuses diuinitez, *quasi purpuratæ simiæ*, pour enchérir sur l'opinion que la populace auoit conceu de leur excellence se cacheoient soubs des voyles, bandeaux, crespes, & nuées: & lors qu'il estoit question de paroistre aux humains elles auoient cinq ou six marques pour se faire recognoistre, la premiere de l'odeur & suauité qui les accompaignoit

Mansit odor, posses scire fuisse Deam.

La seconde des longues & traisnantes robbes qu'ils appelloient *syrmata* dont elles paroissoient affeublées

Sic decet auratâ Bacchum vestigia pallâ
Verrere,

la troisiesme, leurs desmarches & alleures differentes de celles des autres hommes, & telle, comme d'vne personne qui glisseroit les pieds ioints. Mais la principale estoit qu'elles marchoient continuellement voylées, & ne laissoient iamais voir leur visage, ains destournant leur corps & leur face, se laissoient voir seulement par les espaules & parties posterieures. Fiction qu'ils auoient desguisé sur l'original de la verité mal entendue, & fondé sur cette responce, que Dieu faict à Moyse au trentetroisiesme de l'Exode, *cùm transibit gloria mea, ponam te in foramine petræ & protegam dextrâ meâ donec transeam, tollámque manum meam, & videbis* POSTERIORA MEA, *faciem autem meam videre non poteris.* Ce que le Poete Latin à tres bien entendu, lors que descriuant l'apparoissance de Venus, il dit

Dixit, & AVERTENS *roseâ ceruice refulsit,*
Ambrosiæque comæ diuinum vertice odorem
Spirauere, pedes vestis defluxit ad imos,
Et vera incessu patuit Dea.

IV. PAR là les anciens recognoissoient en leurs Dieux vne espece d'inuisibilité ἀορασίαν, & les couuroient comme de tenebres, pour n'estre pas veus, ainsi que les Dieux d'Homere souloient enuelopper de nuages ceux qu'ils vouloient preseruer de danger, comme au septiesme & treziesme de l'Iliade, Pallas couure par deux fois Vlysses, & en Apollonius Iunon couure les Argonautes,

Et multo nebulæ circùm Dea fulsit amictu,

affin qu'ils ne fussent point veus, recogneus, ny touchez,

Cernere ne quis eos, neu quis contingere posset.

Et par ainsi le voile pourroit seruir de nuage à la Iustice, entant que Deesse, pour desrober la veuë de sa diuinité aux yeux des hommes profanes & indignes d'en iouyr, ainsi qu'il se lit du simulacre de Cerés, *quod à viro non modò tangi, sed nec aspici quidem fas fuit.*

ET voyla quãt au premier tiltre, par lequel le BANDEAV est deu à la iustice, le second aussi raisonnable que celuy là pourroit estre d'autant que c'estoit vne ancienne coustume de tendre des voyles au deuant des choses qu'on tenoit les plus sainctes, affin de tesmoigner la veneration & maiesté qui leur estoit deüe; Ainsi on en posoit au deuant des Statues des Dieux, comme il se void dans Apulée *Velis candentibus reductis in diuersum, Deæ venerabilem aspectum apprecamur?* Et au deuant de tout ce qui s'adoroit, cõme deuant les pierres couuertes de mousse; dans Lucrece V.

Nec pietas vlla est velatum sæpe videri
Vertier ad lapidem:

deuant les vieux arbres, & nommément ceux qui estoient en la protection de Iuppiter comme sont les chesnes

——fumificas arbor velata lucernas
Sustinuit

& dans Arnobius apres vn long narré des fables d'Atys & Agdestis il est dit que *inde ortum est sacras velarier & coronarier pinos*: Il y en a qui ont estimé que la nature auoit pour cette consideration posé les nuages en qualité de voyles au deuant du Soleil, qui fut estimé comme vne pierre ardente & sacrée, & de là il est dit dans Ennius, que l'air sert de rideaux & de cortines au Soleil,

Quæque freto caua cæruleo cortina receptat.

Et dans Lucrece *cœli amictus*, dans vn autre *cœli tegmen*: Que si les arbres, les pierres & le Soleil ont merité d'auoir des rideaux & des voyles, la Iustice, qui est le Soleil du monde & l'arbre mysterieux de Daniel, qui nourrit tout l'vniuers par sõ ombre salutaire, & par la douceur de ses fruits, merite sans doute vn aussi beau voyle que le plus bel arbre prophetique, qui fut iamais en la forest Dodone.

VI. CETTE mesme Religion faisoit qu'on tenoit aussi des voyles au deuant des autels, ainsi qu'il se void dãs Iosephe, liure douziesme des antiquitez, & nous en auons encores auiourd'huy des marques és voyles qu'on a coustume d'estendre en nos Eglises au sainct temps de Quaresme, ainsi qu'il a esté obserué par ceux qui ont receuilly la conformité des anciennes & modernes ceremonies Ecclesiastiques, les Payens en tenoient particulierement deuant les autels des Oracles & propheties, & les appelloient *cortinas* ou bien ὁλμὺς,

——totúsque moueri
Mons circùm, & mugire adytis cortina reclusis.

Que s'il y eust iamais Oracle, qui rendist de bonnes & vrayes responses, n'est-ce pas la Iustice, & partant n'est il pas seant à sa maiesté, & raisonnable,

Vt tripodas Cortina tegat?

Des autels on estendit encores cette religieuse couſtume plus auant : car on mit des voyles deuant les portes des monumẽs, & ſepulcres des Sainɛts, comme il ſe void dans Gregoire de Tours, qui diɛt, parlant de ſoymeſme, *Acceſſi iterum quærere ſanitatem ad tumulum; taɛtúſque à dependentibus* VELIS, dont aucuns ont entendu ces vers de Paulinus,

——pulchra tegendis
VELA *ferunt foribus, puro ſplendentia lino*
Siue coloratis textum fucata figuris.

De la Religiõ, on vint par aprés à la maieſté des Princes & des Roys, car au dernier ſiecle de l'Empire on tendoit auſſi des voyles & courtines au deuant des huys & chambres des Empereurs, *maieſtatis oſtentandæ gratiâ* : Tacite en faiɛt mention, & Suetone parlant de Clodius, diɛt qu'vne fois, *inter foribus prætenta* VELA *ſe abdidit, & Lampridius* dit d'Heliogabale, *obieɛtu* VELI *cubicularis, quod in introitu cubiculi erat, ſe texit*, & ceux qui auoient charge de garder ces voyles, s'appelloient VELARII, ainſi qu'il ſe void dans vn vieux monument qui porte ces mots, PRÆPOSITVS VELARIORVM DOMVS AVGVSTÆ. Il eſt veritable neantmoins, que les plus ſages Princes s'en abſtenoient, comme d'vne choſe ſacrée: Lampridius le dit d'Alexandre Empereur, *Salutabatur quaſi vnus de Senatoribus patente velo, Admiſſoribus remotis*, car ceux qui s'appelloient Velarii, comme nous auons monſtré, ſe nommoient auſſi ADMISSORES, ou bien ALLEVANTES, *qui Velum alleuabant*, comme il ſe void auſſi dans les vieux monumens.

SI donc par la ſainɛteté, maieſté, ou reuerence des [illegible] des choſes, ou des per[illegible]es, on ſe ſeruoit de voyles ou de rideaux pour les mettre au deuant, & en oster la veüe, il est bien raison de voyler la Iustice, qui n'est autre chose que la saincteté mesme, suyuant le discours de Platon, ou plustost de Socrates *in Protagorâ*, & de là vient que ceux qui la traictent, ou qui la rendent, sont estimez Saincts par l'antiquité, & sont appellez *Sacerdotes & Antistites Iustitiæ*; d'ou mesmes le Senat Romain, quoy qu'assez corrōpu en ses mœurs, fut neantmoins appellé SAINCT par le Poëte Latin,

Iura, Magistratúsque legunt, SANCTVMQVE *Senatum,*

Quintilian en ses declamations l'appelle aussi *Sanctissimum ordinem*, d'autant dit Ciceron, que *omni vitio carere debent, sunt enim morum lumina*, ou pour le moins ils le doiuent estre par l'obligation de leur charge, d'où vient que Petronius appelloit le Senat *recti, boníque præceptorem* & Symmachus, *partem meliorem humani generis.*

VIII. VOIRE mesmes la coustume de porter des voyles glissa peu à peu iusques aux Officiers de l'Estat, & aux Magistrats, car ils faisoient comme par honneur pendre des voyles és lieux où ils traictoient des affaires concernans leurs charges, lesquels voyles ou rideaux s'appelloient VELA SECRETORVM, d'autant que ces lieux, où se manioient les affaires d'Estat, se nōmoient SECRETA : les Officiers aussi destinez pour rendre la Iustice, quoy qu'ils fussent differens de ceux qui traictoient les affaires d'Estat, voulurēt neantmoins iouïr du mesme priuilege, & firent pour mesme consideration mettre des rideaux au deuant du parquet & auditoire, auquel ils s'assembloient pour rendre Iustice, qui se fermoient & tiroiēt lors que les Iuges entroiēt en deliberation, ainsi qu'il se remarque en l'Epistre septente neuf de S. Basile, & le Cardinal Baronius l'a obserué és actes proconsulaires des Martyrs Claude, Asterius, & Neon. Que si c'estoient neantmoins causes sommaires ou publiques, elles s'expedioient en face de tout le monde, *leuato velo*, dit l'Empereur, Plaute *in Querulo*, dit, *Patente velo*, Corippus, *contracto velo*. Les Origines de la ville de Constantinople par Codinus font mention de certains rideaux ou voyles posez & tendus ἐν τῷ Αὐγουσταίῳ, qui estoit le parquet des Iuges, & ces voyles s'appelloient Ὀθόναι ἐκ βήρων, c'est à dire des voyles de soye, Pollux en son dictionnaire en nomme d'autres qu'il appelle Ὀθόνην πολύχρουν, voyles de diuerses couleurs, ou de couleurs changeantes.

TROISIESMEMENT, le voyle peut bien appartenir à la Iustice à raison de sa virginité, puis qu'entre toutes les constellations du ciel, quoy qu'il y en ait d'autres qu'on a estimé vierges, cõme Andromede, Ariadne, Cassiopée, & Berenicé, toutefois la seule Iustice a gaigné ce priuilege, que d'estre appellée Vierge, ou le signe de la Vierge. Car quoy que l'impudicité ait voulu autrefois se preualoir du voyle, tesmoing ce vers de Martial, IX.

Et meretrix abigit testem, VELOQ; *seráque*

si est-ce, comme dit l'Apostre, que le voyle par vne bien-seance naturelle, conuient aux femmes & aux filles, mais sur tout aux Vierges: *Vera enim & tota & pura virginitas nil timet magis, quàm se ipsam, etiã feminarum oculos pati non vult, alios ipsa oculos habet, confugit ad Velamen capitis, quasi ad galeam, quasi ad clypeum, qui bonum suum pro-*

tegat, ce sont paroles de Tertulliã, & le mesme autheur surnomme le voile, *Armaturam pudoris, Vallum verecundiæ, humilitatis sarcinam.*

Les femmes & les filles à Rome se contentoient anciennement de porter des bandes & rubans en lieu de voyle pour marque d'honneur & chasteté, le Senat leur en bailla la permission, lors qu'il ordonna, *vt fœminis semitâ viri cederent, confessus plus salutis in stolâ quàm in armis fuisse, uetustisque aurium insignibus nouum vittæ discrimen adiecit*, suyuant la coniecture de quelques sçauans personnages, qui ont ainsi remis ce beau passage, & de ces rubans là aucunes ne pouuoient vser sinon celles qui faisoient profession de chasteté dit Seruius sur le septiesme & huictiesme de l'Æneide, exposãt ce vers,

Este procul vittæ tenues, Insigne Pudoris.

Ainsi les Vestales auoient ce droit, & autres persõnes consacrées à quelque Dieu que ce fust: Prudentius

——sedet illa verendis
Vittarum insignis phaleris,

& ailleurs

——cingunt
Tempora tæniolis, & licia crinibus addunt.

De sorte que le Poëte Ouide parlant de la Vestale Ilia qui auoit forfaict à son honneur, dit à propos,

Decidit ante sacros linea vitta focos.

Suyuant le droit de cette ancienne coustume, nous pouuons donner le voyle à la Iustice, que le sçauant Orphée appelloit particulierement & exclusiuement à toutes les autres Deesses ἀειπαρθένον, ce que les Latins ont tourné en leur langue *perennivirginem*, & l'ont attribué à Mineruc Deesse tutelaire des estudes, sœur germaine de la Iustice; c'est à la Iustice aussi qu'on sacrifioit iadis *Mascula libamina* dans Hesiode, c'est à dire *sterilia, & virgines victimas*, suyuãt l'exposition des anciens Interpretes.

LES Prestres & Prestresses des Dieux qui s'apparelloient à sacrifier vsoient aussi de rubans & bandeaux, soit qu'ils fussent liez & entortillez à l'entour de la teste, X.

——cucurrit
Insula per crines, glaucaque innexus oliuæ
Vittarum peruenit honos.

Ou que ces rubans fussent desliez & pendans du long des cheueux suyuant ce vers,

——vittásque resoluit
Sacrati capitis.

Ceux toutefois qui sacrifioient à Venus, comme à la Deesse de toute impudicité, estoient sans voyle & descouuerts, & Venus mesmes, tant s'en faut qu'elle fust voylée, qu'elle estoit depeinte & adorée toute chauue, comme il se void par vne medaille qui porte ces mots VENERI CALVAE, & semble que les Origines de Cõstantinople escrites par Codinus en facẽt quelque mention au passage rapporté par l'Interprete de Phædrus en la fable octante sept du liure cinquiesme. Mais quant aux Vierges Tertullian ne se contente pas de rubans pour marquer leur chasteté, quand il dict, *Mitris & lanis quædam non velant caput, sed circumligant, à fronte quidem protectæ, quà propriè autem caput est, nudæ; aliæ modicè linteolis, credo ne caput premant, nec ad aures vsque demissis, cerebro tenus operiuntur*: Et ne se contente pas encores de la coustume des femmes d'Arabie, lesquelles de tout leur visage, ne monstroient rien qu'vn œil, *vt vno oculo liberatæ contentæ sint dimidiam lucem frui, quàm totam faciem prostituere*, ce que les femmes Espagnolles & Siciliennes practiquent encores auiourd'huy pour la plus part; mais il veut que les limites du voyle s'estendent aussi auant, que la longueur des cheueux, qui sont le voyle naturel des femmes, *quantùm resoluti crines occupare possunt, tanta est velaminis regio, vt ceruices quoque ambiantur.*

XI. Or que pour ce suiet le Bandeau soit non seulement conuenable, mais encores necessaire à la iustice, il paroist ainsi que nous auons dit par les tiltres ordinaires qui luy sont donnez de *Vierge entiere, immaculée*, & autres: Orphée la nomme Vierge cinq & six fois

O bena cura hominum, locuples iustissima VIRGO.

la principalle raison de ces tiltres d'honneur, est l'integrité de la iustice, qui ne se laisse corrompre par faueurs, & comme dit le vieux autheur de la Sphere sur le signe de la Vierge, c'est vne coustume entre les hommes d'appeller VIERGE, tout ce qui s'entretient sans tasche & incorruption

Corruptionis quicquid autem expers manet
Omnes vocare Virginis vitam solent

comme παρθένον βάλσαμον dans Nicandre, *virgo terra* dans Tertullian, *undæ Virgines* dans Adhelmus, *charta Virgo* dans Martial c'est à dire voylée du Bandeau du silence & qui n'est iamais sortie au iour

Secreta quære carmina, & rudes curas
Quas nouit vnus scriniòque signatas
Custodit ipse VIRGINIS *pater* CHARTAE,

ce que nous pourrions plus à propos attribuer à la

iustice,& dire que tous les papiers escritures, conseils, trauaux de la iustice doiuent estre *Virgines chartæ, flamméoque signatæ.*

En quatriesme lieu on pourroit dire, que la iustice se doit couurir le visage pour tesmoigner le deüil qu'elle porte lors qu'elle est contraincte d'oster & arracher par force ce qui est iniustement vsurpé par d'aucuns, pour le donner aux autres affin d'introduire l'equalité, & sur tout lors qu'elle est contraincte de se ranger à la seuerité & à la punitiõ, comme il faut faire necessairement aux iugemens criminels. C'est là dit S. Basile, où ceux qui ont la souueraine authorité au monde, venant à iuger vn homme à la mort, font tirer sur eux les rideaux & les courtines, appellent au conseil les personnes plus experimentées au faict des iugemẽs pour y assister, employent beaucoup de tẽps à considerer meurement la rigeur de la loy d'vne part & d'autre, par la communion de la nature, le prix de la vie, & leurs obligations particulieres, gemissent & deplorent leur condition, & la necessité de iuger, qui leur est imposée, ainsi que faisoit Bias de Pryene, & declarent à tous, que s'ils donnent leur sentence de condamnation, ce n'est pas de gayeté de cœur, ou de maltalent, mais pressez par la loy, & par l'enormité du crime; tout ce que dessus est vn discours de S. Basile en l'Epitre soixante dixneufiesme. Et à ce propos nous lisons vne belle sentence d'vn Empereur, d'autãt plus remarquable, que iamais il ne dit rien de bien que ce seul mot. QVAM VELLEM NESCIRE LITERAS, *cùm de supplicio cuiusdam damnati; vt ex more subscriberet, admoneretur.* Disons qu'on donnoit pour ce subiect le voy- XII.

le ou le Bandeau à la iustice, pour ne uoir le ſang humain eſpandu, comme on doñnoit iadis des voyles aux ſtatues des Dieux, qui eſtoient eſleuées dans le Cirque Romain, affin qu'elles n'euſſent horreur du ſang qui ſe reſpãdoit par les Gladiateurs, ne pouuant à cauſe de leur immobilité deſtourner le viſage, cõme fit le Palladium lors qu'on ſe mit en deuoir de forcer la virginité de Caſſandre. Car en telles executions, *cùm aſcendit Prætor tribunal, inſpiciente prouinciâ, cùm noxiæ poſt terga religantur manus*, ou bien quand on entend ces effroyables paroles *lictor* OBNVBE *caput*, telles executions diſ-ie ſe font *intento ac triſti omnium vultu*, dit Senecque en ſes Controuerſes, les Iuges en tel cas, ne veulent point prononcer ces paroles, *occide*, ou *Morere*, mais ils diſent aux Officiers, *lege age*: *Crudelitatem imperij mitiore verbo ſubducunt*, voyre les Iuges Romains en tels iugemens capitaux, pour denoter qu'ils condamnoiẽt à regret auoient vne couſtume ſolennelle de tourner leurs robbes à l'enuers, ainſi expoſẽt quelques vns ces paroles de Senecque *Peruerſa veſtis induẽda eſt*: Ne plus ne moins que les Roys de Portugal leſquels par l'ancienne couſtume de leur Royaume auoient ſeuls le pouuoir de cõdamner à mort, changeoiẽt d'habit aux iugemẽs criminels, & ſe couuroiẽt d'vne robbe noire & les Iuges d'Aragon qui portent des chapperons de pourpre doublez de veloux noir, quand ſe vient à la ſepmaine ſaincte, ou lors qu'ils sõt aduertis au vray de la mort de leur Roy, ils tournent leur liurée ſans deſſus deſſous, mettant le noir en euidence, & cachant le vermeil de la pourpre. Ce regret de la Iuſtice en ſes triſtes fonctions, ne ſe pourroit

miux

mieux exprimer que par vn visage voylé, à l'exemple du peintre Timantés, en son tableau d'Iphigenie, tãt celebré par les anciens Orateurs, *quâ stante ad aras peiturâ, cum mæstos pinxisset omnes, præcipuè patruum, cùm tristitiæ omnem imaginem consumpsisset, patris ipsius vultum Velauit, quem digne non poterat ostendere.*

Novs pourrions pour vn cinquiesme tiltre donner le Bandeau à la Iustice, pour mesme raison que les Lacedemoniens le donnerent iadis à leur Venus surnõmée Morphus, laquelle on voyoit en la ville de Sparte assise sur vn siege auec des enferges aux pieds & vn habillement de teste qui luy tomboit sur les yeux, XIII.

Illaqueata sedet pedicis, pudibundáque velat
Vultum Venus Spartana flammeo
Vxorem castus pudor, & constantia amoris
Custodia & sui laris decet.

C'est le symbole d'vne honneste & chaste matrone, qui ne veut ny voir ny sçauoir ce qui se fait hors l'enclos de sa maison, comme la Iustice doit estre tellement attentiue aux affaires du Palais, & à ce qui est du bon ordre de sa maison, que la curiosité ne la tente iamais de regarder autre part, c'est pour cette raisõ principallement qu'on donnoit iadis aux femmes le iour de leurs nopces,

Flammea sollicitum præuelatura pudorem:

Et c'est peut estre pour cette raison que nos Maieurs peuuent auoir donné le Flammeum ou le Bandeau à la Iustice.

Mais ce qui est le plus à remarquer en ce voyle, c'est que la Iustice ne le prend pas pour n'estre veuë, mais principallement pour n'y voir pas, contre l'or- XIV.

dinaire des Dames qui ayment mieux voir que d'estre veuës, *mauult femina videre quàm videri quas propterea infelicissimas ait Romana quædam Regina*, dit Tertullian, *quòd adamare magis, quàm adamari possint*. On donne dōc vn voyle à la Iustice pour n'y voir pas, *vt nec oculos amittat suos, nec admittat alienos*, comme disoit le mesme autheur parlant des vierges, & comme entre les Romains & entre les Grecs, ceux qui sacrifioient couuroient leurs testes de leurs habits, coustume que l'historien Victor rapporte à Æneas, lequel sacrifiant sur le bord de la mer, comme il eust apperceu la flotte des Grecs, qui voguoit non loing de là, s'affeubla de ses vestemens, non seulement pour n'estre pas recogneu mais affin de ne prendre garde à cette flotte & n'auoir suiet d'interrompre son sacrifice, ce que le Poëte Latin a sagement obserué en ces vers,

Cùm positis aris iam vota in littore solues
Purpureo velare comas adopertus amictu
Ne qua inter sanctos ignes in honore Deorum
Hostilis facies occurrat, & omnia turbet.

Plutarque rendant raison de cette ceremonie, dit, que le voyle se mettoit priāt ou sacrifiant aux Dieux, tant pour euiter le mauuais rencontre des obiects qui pouuoient frapper les yeux ou les oreilles des sacrifians, comme principallement pour monstrer l'honneur & submission, tout au rebours de ce que nous faisons maintenant, car c'estoit vne ceremonie religieuse & ordinaire de couurir sa teste d'vn voyle lors qu'on parloit à vne personne de qualité, ou qu'on prioit les Dieux. Plaute le tesmoigne *in Amphitruone inuocat Deos immortales ibi vt auxilium ferant manibus puris, capite* VETATO : ceremonie qui se garde encores aujourd'huy parmy les Iapponois, qui se couurent pour saluer vne personne d'honneur, au lieu que nous auõs coustume de nous descouurir; d'où c'est que l'historien Maffée les nomme à cause de leurs humeurs & façons de faire fort estranges, *Antipodas morum.*

OR à ce propos, que la Iustice prend vn voyle pour ne voir point, doit on rapporter ce qu'aucuns anciens autheurs ont escrit du President des Iuges Ægyptiens, les images desquels estoient rangées dans vne grande gallerie d'vn Palais mysterieux & plein de religion en ce qu'il auoit esté basty par les Osimanthues : Ils estoient trente Iuges en nombre, dix de la ville du Soleil, dix de la ville de Thebes, & dix de celle de Memphis, qui choisissoiẽt pour Presidẽt vn d'entre eux ancien d'aage & de parfaicte integrité. Ce President portoit à son col vne chaisne d'or, & au bout d'icelle pendoit vne image composée de diuerses pierres precieuses, qui estoit l'image de la verité, ou bien selon Ælian cette image estoit grauée dans vne seule pierre precieuse, que nous appellons Saphir, & tout à l'entour de ce Presidẽt gisoit vn grãd nombre de liures. A lire ce qu'en escrit Diodore le Sicilien il semble qu'il veille dire, que cet image de la verité portoit les yeux clos, mais Plutarque au liure de Iside, & Osiride, dit que c'estoit le President mesme qui auoit les yeux bandez, & que les images des Iuges n'auoient point de mains, pour nous donner à entendre que la Iustice ne doit estre ny concussionnaire, ny fauorable. XV.

CETTE regle & position, à sçauoir que la iustice XVI.

ne fait par faueur ny plus ny moins, c'est la significa-tion de l'Embleme, c'est la declaration du Symbole du voyle & Bandeau dont nous seillons les yeux à la iustice, voulant dire, qu'elle ne doit pas regarder les personnes, qu'elle doit estre, comme disoit Platon *in Protagorâ* Απροσωπόληπτος, *personæ non acceptatrix*, qu'elle ne doit pas fauorizer aucun par consideration de la qualité & condition de sa personne, car l'œil & le regard c'est le Hyeroglyphique de la faueur & cõme dit le Poëte *Semper iudicio fauor obstitit*; les Sainctes lettres sont plenes de telles admonitions à l'endroit des Iuges: Au Deuteronome, *Non accipies personam: nulla erit distantia personarum*: *Ita paruum audietis vt magnũ nec accipietis cuiusquam personam, quia Dei iudicium est*; Au Leuitique, *Non consideres personam pauperis, nec honores vultum potentis.* Aux Prouerbes, *Accipere personam impij non est bonum, vt declines à veritate iudicij*: *Qui cognoscit faciem in iudicio non bene facit iste*; Et en S. Iean, *nolite iudicare secundum faciem:* Et le Prophete Iob parlant de Dieu, luy donne particulierement cette qualité, comme inseparable de son integrité & iustice, *qui non accipit personas principum, nec cognouit Tyrannum cùm disceptat contra pauperem*: Les discours sur ces passages se peuuent lire dans S. Augustin Epistre vingt & neufiesme & traicté trentiesme sur S. Iean en S. Basile, S. Ambroise S. Bernard, Euthymius & autres qui exposent les paroles alleguées & nommément Isidore, lequel rendát raison en ses Epistres pourquoy Dieu commanda de ne fauoriser le pauure en iugement mais qu'ailleurs il recommande si particulierement la misericorde; c'est, disoit-il, pour couper broche aux procez, & les estouffer en leur source, d'autant que si on fauorisoit le pauure en ses procez on le pourroit rēdre chiquaneur & quereleux. Pour les grāds, la raisō en est toute euidēte, *pronum quippe est genus hominum fauere honoratioribus*, dit S. Ambroise; les femmes de Perse font mal aux yeux, disoit Alexādre le grand, & Tyaneus, quoy que tres meschant, prié de regarder vne personne, qui eust peu par son regard destramper la rigueur de son courage & le flechir au mal, respondit sagemēt, au rapport de Philostrate, ἐγὼ μὲν οὐκ ὀφθαλμιῶ, quand à moy ie n'ay point de mal aux yeux: Et la consideration des personnes faict mal aux yeux de la iustice: C'est donc pour cette consideration qu'on luy bande les yeux, comme iadis ceux qui s'apperceurent que le vin leur faisoit mal à la teste, s'aduiserent de se bāder le front pour destourner l'yuresse & la douleur, suyuant ce qui est-dit,

Et grauidum roseo necte caput strophio

IL y a, dit-on, vn petit oyseau qui ferme les yeux, XVII.
pour ne prendre la iaunisse de ceux qui en sont entachez, & la iustice doit fermer les yeux pour n'attirer sur soy la iaunisse de l'or, ou l'iniustice des parties en les regardant d'vn œil fauorable à raison de leurs qualitez, *persuadet enim & gratia, & authoritas, & dignitas, & postremò aspectus etiam ipse sine voce quò vel recordatio meritorum cuiúsque, vel facies aliqua miserabilis vel formæ pulchritudo dictat sententiam.* Les exemples y sont de Manlius Aquilius, lequel l'Orateur Antonius deffendoit, voyant qu'il s'en alloit perdre sa cause, il deschira la robbe de sa partie, & fit voir les cicatrices des playes qu'il auoit receu en l'estomach pour la deffense & tui-

tion de sa patrie: *Nō Oratoris habuit fiduciā, sed oculis populi Rom. vim attulit.* Sergius Galba accusé eschappa des mains des Iuges par commiseration, pour auoir representé à leurs yeux les persōnes de ses petits enfans, & porté entre ses bras auec larmes vn petit fils de Sulpitius son allié, *eóque facto mitigatâ concione, qui omnium consensu periturus erat, nullum pene triste suffragium habuit, misericordia ergo eam quæstionem non æquitas rexit, quoniam quæ innocentiæ tribui nequierat absolutio, respectui puerorum data est.*

L'histoire grecque nous enseigne, que Cleopatra plaidant au Parlement de Rome pour la successiō du Royaume d'Ægypte contre son frere & voyant que ses Aduocats, ou corrompus par les presens de son frere ou pour leur insuffisance, faisoient tort à sa cause, elle mesme vint en pleine audiance, & plaida si biē deuant Cæsar, *tam speciosè ipsa pro se egit & formæ & eloquētiæ suauitate, vt vultu verbisq; non æquitate superaret*, dās Tzetzes neufiesme Chiliade; histoire deux cens cinquante trois, quoy que ce narré, ne se treuue confirmé par les plus anciens autheurs, non plus qu'vne miliasse d'histoires qu'il a ramassé dans ces Chiliades.

On sçait aussi l'histoire de la courtizane Phryné, deffendue par l'Orateur Hypperides, & comment vn ancien Rheteur en parle, lors qu'il dit; *Phrynem non Hypperidis actione quanquam mirabili, sed conspectu corporis, quod illa spectatissimū alioquin diductâ nudauerat tunicâ, putant periculo liberatam*; Athenée adiouste qu'Euthias son accusateur fut tellement indigné de cette absolution, que iamais plus il ne voulut plaider pour les parties, & le peuple d'Athenes portant impatiemment le ſuccés de ce iugement, ordonna par ſon decret, que deſlors en auant il ne ſeroit loyſible aux Aduocats qui plaideroient pour les accuſez d'eſmouuoir les Iuges à commiſeratiõ, & fit deffenſe, qu'on n'euſt plus à mener les perſonnes accuſées en la preſence des Iuges quand ils ſeroient ſur le point de donner leurs iugemens. Tant peut le regard & la preſence des perſonnes, que pour frapper vn bon coup en iuſtice, il faut baiſſer les yeux contre terre, imitant la lyonne, *cùm enim prò catulis fœta dimicat, oculorum aciem traditur defigere in terram, ne venabula extimeſcat*. Il n'eſt pas à la verité beſoin de creuer les yeux à la iuſtice, pour l'empeſcher de voir, & n'auoir eſgard aux perſonnes, la veuë, la lumiere, & les yeux eſtant ſi fort aimables: Il ſuffit qu'entre les Dieux il s'en treuue trois ou quatre d'aueugles, l'Amour le premier de tous, dit Menãdre dãs Stobée, Plutus le Dieu des richeſſes dãs Ariſtophane, les Deſtinées dans Horace, *cœca Fata*, & la Fortune aueugle maiſtreſſe des choſes humaines dans Heſiode, *cœca etiam exiſtimãta*, dit Pline, Sophocle y adiouſte les Parques ou Furies filles de la nuict, plus aueugles que leur mere, & que les diuinitez cy deſſus nommées; car il eſt certain quant à l'Amour & à la Fortune, qu'ils ne ſont pas tant aueugles de leur nature, que par le vice de ceux qui en abuſent, qui leur creuent les yeux, ou leur couurent le viſage d'vn bandeau de fer ou d'airin, comme ez vieilles Propheteſſes, mais les Parques & furies ſont aueugles de leur nature.

N'AVEVGLONS point d'abondant la iuſtice, laiſſons XVIII. luy entiers ſes beaux yeux deſcrits par Chryſippus, ces beaux yeux inuoquez par Moyſe, dans Philon

Iuif, lors qu'il prit la deffense des bergers de Madian, cõtre certains rustres de pasteurs. Laissons luy entiers ces beaux yeux qu'elle tient ouuerts pour descouurir à plein tous les forfaicts des hommes.

Iustitiæ obtestor polchræ omnituentis ocellum
Ad Ioui' dictatori' sedet quæ illustre tribunal.

On lit bien de Democrite, que pour mieux philosopher, il se rendit aueugle,

Clypeum constituit contra exortum Hyperionis
Oculos effodere vt posset splendore æreo

dit Laberius & c'estoit à son dire, pour mieux philosopher, *quia putabat cogitationes commentationésq; animi sui in comtemplandis naturæ rationibus vegetiores & exactiores fore, si eas videndi illecebris liberasset*: mais cela estoit bon au Royaume des aueugles, & parmy des idiots, à sçauoir-mon si d'estre aueugle pouuoit grandement seruir à philosopher, puis que la lumiere contient en soy de si beaux & grands secrets de la philosophie, desquels il se priuoit en s'aueuglant, n'auoit il pas moyen de mettre vn voyle deuant ses yeux & s'aueugler par vne cecité volontaire, disant comme celuy-là, *pepigi fœdus cum oculis meis*? Car s'il est veritable que la vraye philosophie se soit plustost trouuée dans le desert de la Thebaïde & parmy les Moynes des Tebennes, que non pas dans la ville d'Athenes, comme l'a remarqué Theodoret, qui ne surnomme iamais la philosophie qu'auec cet epithete Μοναχικὴ φιλοσοφία, nous auõs en ce faict de plus beaux exemples parmy eux, que dans l'Academie, car il s'en treuue de bien sages, qui n'ont pas suiuy Democrite en cela, & n'ont pas faict tort ny violence à leurs yeux, pour mieux vaquer à la con-

contemplation, mais ils se sont contentez de se commander vne cecité, ou vn aueuglement volontaire: Tel estoit l'Abbé Syluain, du mont Sinay, qui couuroit sa face de son chapperon, mesmes quand il vouloit arroser la terre de sõ petit iardin, & ne regardoit qu'à ses pieds & enquis pourquoy il faisoit ainsi, de peur, disoit-il, qu'en regardant les arbres, & les cõsiderant, mon esprit ne soit diuerty de la contemplation: Tel encores estoit ce Prestre du desert de Scethé, qui fut en Alexandrie, par le commandement de son Abbé pour salüer l'Euesque du lieu, & asseura à son retour aux Religieux n'auoir veu ny regardé allant & venant homme viuant en face que le seul Euesque, & s'estonnans les autres Religieux comme il estoit possible qu'il n'eust regardé aucun passant par le milieu d'vne si grande & populeuse ville, telle qu'estoit Alexandrie: I'ay extorqué, dit il, cela de mes yeux, & voila, disoit Tertullian, le plus beau voyle du monde, que la modestie: Il n'est donc pas besoin que la iustice soit aueugle, ainsi que la Fortune, les Destinées, Plutus, & quelques autres, ains il est expedient & conuenable, qu'elle soit clair-voyante, pour descouurir les forfaits des humains, mais quand il sera question de les iuger ou d'é faire la punitiõ, qu'elle prene son voyle, qu'elle ne voye goutte dans le Palais, non plus que les Lamies ne voyẽt goutte en leur maison; qu'elle ne regarde & ne considere aucun en iugement, *ne erret in veritate sententiæ, dum intendit in qualitatem personæ.*

Toutes personnes sont égalles aux yeux de la iustice, la proportion geometrique sauuée, ce que les Ægyptiens ont monstré par l'exemple de l'Austruche, dit

Orus Apollo, ou pour le moins par l'exẽple des aisles de cet oyseau, qui ont de tous costez les plumes egalles, & partant ils voulurent qu'vne aisle d'Austruche fut l'enseigne & la representation d'vn bon Iuge, qui fait iustice egallement à tous, & ne regarde pas la personne, mais la cause: Car s'il faloit regarder quelqu'vn & s'il y auoit personne priuilegiée, sans doute ce seroit la personne du pauure en iugement, *In iudicio non misereberis pauperis*, ce que sainct Chrysostome expose en cette façon; *Erga pauperes quidem misericordiâ affici conuenit, verùm non cùm litigat, ne querelis & litibus fauere videaris.* La iustice donques ne doit en iugement & dans le Palais regarder, ou enuisager personne du monde, ce qu'il faut prouuer par la deduction des personnes ausquelles elle pourroit peut estre auoir ou plus d'obligation, ou plus d'inclination pour se laisser gaigner ou flechir par la veüe.

XIX. LA premiere qualité des personnes dont elle doit fuyr la veüe, ce sont LES AMYS: lesquels elle assiste tãt qu'elle peut & iusques à l'autel du sacrifice, elle les cõduit iusques sur le seuil du Palais les voyant en amys, mais depuis qu'elle a frãchy ce pas elle les void en qualité de parties. Artaxerxes, dit Longuemain, Roy des Perses estoit fort importuné d'vne iniuste requeste, par son grand fauory Satisbarzanes, qui gagnoit trente mille escus, pour la faire appointer, le Roy luy dõna trente mil escus & refusa de signer la Requeste, *Car si ie l'accordois*, disoit-il, *ie serois iniuste, & pour trente mil escus ie n'en seray pas plus pauure*: parole digne d'vn grand & sage Prince.

Du temps de Charles le hardy, Duc de Bourgogne vn

ſien grand & intime amy Gouuerneur d'vne ville abuſa perfidement d'vne femme mariée, feignant qu'il ſauueroit la vie à ſon mary accuſé fauſſement de trahiſon, lequel neantmoins il fit mourir, la vefue fit ſa pleinte au Duc, l'accuſé ſe confiant en la grace & faueur de ſon maiſtre, aduoüa le faict, & pour ſatisfaction offrit d'eſpouſer la vefue; le Duc n'empeſcha pas le mariage, mais ny le mariage, ny la faueur dont il l'auoit honoré ne peurent empeſcher que toſt aprés il ne luy fiſt trancher la teſte.

LA ſeconde qualité des perſonnes, que la iuſtice ne doit pas regarder en iugement ſont les Parens. Kanutés Roy de Vandales, Prince tres-iuſte, & quant & quant inuincible aux armes, condamna vn iour quinze voleurs à la mort, ſur le point de l'execution, vn d'entr'eux ſe reclama PARENT du Roy, & demanda la vie; *Et bien*, dit Kanuthés, *puis qu'il eſt mon* PARENT, *qu'on luy dreſſe vn gibet plus haut que celuy de tous les autres:* & le fit mourir en cet eſtat. En iuſtice, le pere meſmes ne regarde pas ſes enfans, Manlius Torquatus, Iunius Brutus, Epaminondas en fourniſſent des exemples, & Mahomet ſecond Empereur des Turcs, qui fit executer à mort ſon propre fils, pour auoir violé la femme d'Achmeth Baſſa. Bazan Roy des Sicambriens n'eſpargna nõ plus la vie à ſon fils coulpable, auſſi faiſoit-il touſiours porter deuant ſoy vne eſpée nuë, au bout de laquelle vn licol eſtoit attaché, pour teſmoignage de ſon inuiolable iuſtice. Et Zaleucus, Prince & Legiſlateur des Locriens, n'euſt pas manqué de faire creuer les deux yeux à ſon fils adultere, ſuyuant la loy qu'il auoit publiée, quoy que tout le peuple interce- XX.

daſt pour luy, s'il ne ſe fuſt aduiſé d'vn expediét merueilleux, ſçauoir eſt d'accorder la iuſtice à l'humanité, en ſe faiſát creuer vn œil, & l'autre à ſon fils coulpable, *æquitatis admirabili temperamento ſe inter miſericordem patrem, & iuſtũ legiſlatorem partitus.*

XXI. VOIRE meſmes la iuſtice ne ſe regarde pas SOY-MESME en iugement, Charondas, Legiſlateur des Thuriens auoit ordonné que celuy qui viendroit aux aſſemblées publiques auec armes, perdroit la vie; il luy aduient vn iour en retournánt des champs, de conuoquer vne aſſemblée de peuple, à la quelle ſans y ſonger, il entra auec des armes; il luy fut reproché qu'il contreuenoit à ſa loy, *Et bien*, dit il, *i'en feray la peine*, & ſoudain il s'enferra de ſon eſpée propre & ſe donna la mort, *cúmque liceret culpam, vel diſſimulare, vel errore defendere, pœnam tamen repræſentare maluit, ne qua fraus iuſtitiæ fieret.* Othon troſieſme Empereur du nom, auoit iniuſtement comdamné & faict mourir vn certain Côte, ſa vefue le prouoqua à l'eſpreuue du fer chaud, & le conuinquit d'iniuſtice, Othon eſtoit ſi iuſte qu'il ne refuſoit pas de mourir, mais ſupplioit la vefue de dilayer la mort quelques iours, de la quelle il obtint par quatre diuerſes fois renouuellemét de delay pour mourir, pendant leſquels il fit ſon accord, & pour ſatisfaction donna entre autres choſes à cette vefue quatre Chaſteaux en Toſcane, leſquels en ſouuenance de la prorogation de ces quatre delays, s'appellent encores auiourd'huy des noms de DIXIESME: HVICTIESME: SEPTIESME, ET SIXIESME.

XXII. PVIS donques que la iuſtice n'eſpargne perſonne en iugement & frappe comme les Andabates, c'eſt à mon aduis auec grande raison que nous luy sillons les yeux d'vn voyle, affin de luy oster la veüe & la consideration des personnes; Si tu veux iuger iustement, disoit Epictete, ne cognois ny le demendeur ny le defendeur, mais seulement le bon droit de la cause: C'est pour cela que l Empereur de Cõstantinople, au rapport de Curopalates en ses Registres des offices, lors qu'il s'assioit en son siege pour iuger les differens de ses suiets, ce qu'il faisoit souuent, couuroit sa teste d'vne calotte qui n'auoit qu'vne oreillette qui luy descendoit iusques au bas luy couurant l'oreille droitte tandis que le demendeur plaidoit sa cause, pour monstrer qu'il gardoit cette oreille entierement pour le deffendeur laquelle il descouuroit lors qu'il commẽcoit à remonstrer son droit, couurant auec cette mesme oreillete l'oreille gauche, pour monstrer qu'il n'auoit non plus d'esgard à l'vne qu'à l'autre des parties, & qu'il n'escouttoit que leurs raisons, comme la iustice ne regarde que le droit.

Ce qu'estoit la calotte à l'Empereur de Constãtinople, cela mesme estoit le Spleniũ aux Aduocats Romains sur le temps des Empereurs; c'estoit vne sorte de Bandeau ou de voyle blanc qu'ils mettoiẽt sur le front en plaidant, s'en couurant alternatiuement les yeux, cõme l'Empereur de Constantinople couuroit les oreilles auec sa calotte: C'est ainsi que les plus sçauans hommes exposent cette coustume, à la faueur du passage de Pline le ieune au sixiesme de ses epistres, où c'est que parlant de Regulus fameux aduocat, il dit ces mots: *oculum modò dextrum, modò sinistrum circumliniebat : dextrum si à petitore, alterum si à possessore esset acturus, quod* CANDIDVM SPLENIVM *in hoc aut illud supercilium transferebat*: Car ce Splenium estoit vn masque de toyle cirée, en vsage iadis parmy les plus douïllets, qui de là s'appelloient *Spleniati*

Cur spleniato sæpe prodeam mento
Albâve pictus sana labra cerussâ
Philæni quæris?

Les Aduocats s'en seruoient non tant par delicatesse, quoy qu'elle se glissa assez impunément dans le Palais lors qu'ils se presentoient pour plaider *in cretatâ tunicâ* vestus de blanc, frisez, & mignons

——pexíque togáque recenti
Et natalitiâ tandem cum sardonyche albi.

Mais ils vsoient de ce voyle ou bandeau ciré par ceremonie & pour donner à cognoistre qu'ils ne regardoient point tant les personnes que l'equité & droit de la cause.

XXIII. IL faut que l'Aduocat en plaidāt ait vn voyle, mais il faut qu'il l'arrache de la face des parties pour les cognoistre, & pour ne craindre ou apprehender leur qualité, richesses, faueurs, qui sont les masques ordinaires du monde: *hominum personata felicitas est*: aucuns les voyās couuerts de ces masques, les craignent trop, *vt pueri, etiam quos âmant, si personatos vident, expauescunt* C'est d'ou se plaignoit le Poëte Espagnol taxāt la laschetté de sō Aduocat Pōticus, qui regardoit tellemēt les personnes & leurs qualitez en plaidant qu'il en auoit frayeur pour leurs grandeurs, richesses & faueurs.

Lis mihi cum Balbo est, tu Balbum offendere non vis
Pontice: cum Licino: hic quoque magnus homo est.
Vexat sæpe meum Patrobas confinis agellum

Contra libertum Cæsaris ire times.

Qu'est-il donques question de faire? il faut suyure le conseil de Seneque *persona demenda est, & reddenda facies sua, cõtemnes illos si despoliaueris*: Il faut leuer le masque; la iustice demasque tout en prenant son voyle; & se bandant les yeux elle dechire le Bandeau des passiõs particulieres: ne considere rien plus que la raison, elle prend la face & le visage de la loy: *vultum legis assumit quæ non videtur irasci his quos non nouit, quos non videt.*

OR CE BANDEAV ne seruira pas tant seulement à la iustice pour ne voir, & considerer les personnes en iugement, mais ce sera la plus belle marque de pouuoir & authorité que nous puissions luy donner; *Quod Antistheni pera, quod Diogeni baculus, quod Imperatoribus Paludamentum, quod Pontificibus galerum, quod Auguribus lituus, hoc suum Iustitiæ* VELVM *est*: Ce voyle sera vrayement son Bandeau royal ou Diademe, car il est tres certain que le Diademe iadis n'estoit autre chose qu'ũ bandeau fait de quelque matiere lente & ployable, comme seroit quelque bande de drap ou de fin lin, voire mesmes celuy d'Isis Ægyptienne estoit vn fin papier *biblinum seu cannabeum velum*. XXIV.

Tesmoin la sage responce de ce Roy, lequel considerant de prés son Diademe dit ces mots, *O nobilem magis quàm felicem pannum! quem si quis penitus cognoscat, ne quidem iacentem tollere velit!* Or la iustice, au dire d'Orphée, est vne grande Royne, & vne Deesse fort puissante, de façon que nous pouuons luy donner le Diademe, lequel aussi d'ailleurs est vne espece d'ornemét des femmes, selon Prudéce, qui en fait le denombrement,

——*flammeolum, strophium, Diadema, monile,* de façon qu'il vous peut, ô Saincte iustice, cõuenir entant que Royne, *quæ moderare animantum cuncta guberna:* entant que Deesse, puis que vous estes *potissima Dia,* entant que Vierge, puis que vous estes *iustissima Virgo semper amans homines.*

Le Diademe autrefois estoit vn serrepoil qui lioit les cheueux par le derriere de la teste

Ego esse quicquam Sceptra, nisi vano putem
Fulgore tectum nomen; & falso comam
VINCLO *decentem?*

Et c'est pourquoy Statius l'appelle bien à propos *Insigne comarum*; puis aprez on lia de ce Bandeau & diademe royal, le sommet de la teste, d'où Lucrece l'appelle *Capitis summi præclarum insigne*, despuis on fit descendre le Bãdeau royal sur les temples, d'où vient que dans le Poëte Seneque il est appellé *Frontis nota regia*; & en Silius parlant de Massinissa, il est dit *cinguntur tẽpora vittâ albenti*; mais à la iustice nous luy ferons descendre son Bandeau royal sur les yeux, car disoit Fauonius le Senateur *nil refert quâ in parte corporis sit Diadema*, ce que dans Ammianus a esté dit en ces mots, *Nil interesse quam partẽ corporis redimiret regiæ maiestatis insigne:* Le Thiare royal des Roys de Perse cacheoit ainsi presque toute la face, dict Zonare.

La couleur du Diademe a bien esté quelquefois iaune, quelquefois pourprée, car Alexandre degenerant aux façons des Perses *purpureum Diadema distinctum albo, capiti circundedit*, mais ordinairement il estoit blanc, *Diademâ candidâ caput stringebat*, & pource Pline parlant du Basilic, qui est tacheté de blanc sur la teste, dit qu'il

est

est *candidâ in capite maculâ, vt quodam Diademate insignis,* & parlant du Roy des mousches à miel, *In fronte macula, quodam Diademate candicans.* Le Diademe ou Bandeau de la iustice sera donques blanc, & elle en sera couuerte, *vt linteo quodam calymmate*, dit Martianus Capella : & blanc estoit le voyle ou vestement de la foy sœur germaine & fondement de toute iustice,

Te Spes & Albo rara Fides colit
Velata panno.

Et blanche estoit cette bandelette, de laquelle les Nomophylaques ou gardiēs des loix de la ville d'Athenes estoient couronnez qui se nommoient simplement τὰ λευκὰ ϗ καθαρά.

Cet ancien, simple & naïf Bandeau de lin pur & blanc fut despuis changé par les Roys & Princes en vne lame & cercle d'or, au dessus de laquelle lame les couronnes furent aprés edifiées, & les lames d'or furent encores elaborées de diuerses sculptures : Les Graces & les Heures estoiēt insculpées en celle de Iunō à Mycenes: En celle de Nemesis des Cerfs & petits portraits de victoire: en la lame de la couronne de cette vierge que Vulcan fabriqua par le commandement de Iupiter toutes especes d'animaux estoient engrauées au dire d'Hesiode en sa Theogonie,

——pecudúmque genus, vitæque volantum
Et quæ marmoreo fert monstra sub æquore Pontus.

MAIS qui plus est, ces lames d'or furent encores enrichies de toute sorte de pierreries ; aux Eumenides de Varron, *coronam ex auro & gemmis fulgentem gerit*, en Virgile, *duplicem auro gemmísque coronam*, en Claudian, XXVII.

Et vario lapidum distinctas igne coronas.

elles estoient tellement enrichies, que quelqu'autre parlant de tels tissus de pierreries, que portoient les Roys, dit

Textaque fortunâ diuitiora suâ.

Nous voulons bien retenir cette simple matiere de fin lin, pour façonner vn Bandeau à la iustice, & quitter l'or & la sculpture à part: Mais les pierreries, nous les voulons retenir pour en estoffer son Bandeau, car aussi sçauons nous que le masque ou *splenium* des Aduocats estoit ainsi figuré & greslé de perles: comme il se void par l'exposition de ce docte vers de Martial,

Et numerosa linunt, stellantem splenia frontem
Ignoras quid sit? splenia tolle, leges.

Car quoy que quelques vns ayent voulu lire *stillantem frontem*, c'est toutesfois sans subiect, car il entend parler des perles, qui estoilloient & grauoient ces bandeaux des Aduocats: Ainsi que nous lisons *constellatos balteos*, c'est à dire, faits en broderie, ainsi Symmachus a dit d'vn beau discours *verborum stellatur auro*: d'autāt qu'il n'y a rien de plus semblable aux estoilles, que les perles, & mesmes dans Martianus Capella, Apulée & quelques autres les estoilles sont appellées *cœli vniones, pyropi, carbones aurei*: Nous grauerons donques sur le Bandeau ou splenium de Iustice, les plus belles perles des vertus, sœurs germaines & compagnes de la iustice.

XXVIII CAR les vertus sont denotées par le Bandeau & par les perles; Quant au Voyle ou Bandeau, qu'il soit la figure des vertus, il ne se void pas si souuent que le contraire, d'autant que par le voyle ordinairemēt les vices & mauuaises inclinations sont entendues, comme il se peut voir és commentaires de Nicetas sur S. Gregoire de Nazianze, lequel appelloit les mauuaises inclinations de nostre nature corrompue, *Velum ab ortu contractum* en l'oraison trente neufiesme; neantmoins nous voyons dans sainct Hierosme, Apollinaris, Symmachus *ingenij virtutísque vela extendere*: c'est le voyle que les Theologiens appellent *stolam primam, vestem candidam*.

Pour les pierres precieuses elles sõt aussi marques des vertus: S. Hierosme *ad Fabiolam* parlant des douze pierres precieuses enchassées au rational du souuerain Pontife, & de celles qui estoient au Diademe du Prince de Tyr dans Ezechiel chapitre vingt & huictiesme, & de celles de sainct Iean en son Apocalypse, dit ainsi: *In horum lapidum nominibus & specie, virtutum vel ordo vel diuersitas indicatur*: Voyre la vertu est plus precieuse & desirable que toutes les perles d'Orient & tous les diamens de Bengala comme il se void par le discours d'vn excellent Philosophe dans Stobée, car les Stoïciens definissoient la vertu τὸ καλὸν, καὶ τὸ αὐταρκες, *pulchrum & sufficiens sibi*: Les pierres precieuses n'ont que la premiere qualité à sçauoir la beauté sans profit: mais la vertu à l'vn & l'autre, & partant

Est virtus gemmis pretiosior omnibus vna.

Or la iustice selon Theognis & Aristote comprend toutes les vertus, c'est l'amas, le receuïl, la fin & la confection de toutes les vertus asséblées en vne: Et principalement disons nous que la iustice est comme l'abregé de toutes les vertus Cardinales, & comme quelques vns ont desiré refondre les quatre Euangiles en vn, & ont fait vn Epitome, qui s'appelle VNVM EX

QVATVOR, comme Zacharias Chrysopolita, ainsi disons nous que la iustice *est vnum ex quatuor*, car elle cõtient la Force, la Prudẽce & la Temperence, que Menedemus Candiot, & Zenon Citricüs disoient estre mesme chose que la iustice, & sans iustice, disoit Lucanus Philosophe dans Stobée, nul ne peut estre fort, prudent, ny temperant; bref la Iustice est la souueraine & la Royne de toutes les vertus, dit le mesme Aristote en ses Ethiques, & en sa Republique il dit, que toutes les vertus accompagnent necessairement la iustice & vont à sa suite.

XXIX, Ce sera donc auec toute raison que le Bandeau de la iustice sera esmaillé & enrichy de toutes sortes de pierreries qui representent les vertus: Et le tissu ou Bandeau, ainsi esmaillé sera plus riche & precieux, que le Diademe duquel Iris fit present, à Iunon; *cui gemmis insitum Diadema pretiosis, nam neque Scithidis vireta, nec Ceranniorum vibrans fulgurãnsque lumen, nec fluctīcolor Hyacinthi credebatur abesse profunditas. Totum illud sertum capitis fulgurantis, Thaumantias obtulisse Reginæ Cœlitum credebatur.* Il sera aussi plus beau & plus precieux, que la courõne de la mesme Iunon, *quæ duodecim flammis ignitorum lapidum fulgurabat.* Les quatre saisons de l'année firent present à Iunõ de ces douze pierres precieuses: A sçauoir le Printemps offrit, *Smaragdum, Scithidem & Iaspidem:* l'Esté offrit *Lichnitem, Astritem, & Ceraunium*: l'Autõne *Hiacynthum, Dendritem, Heliotropium:* & l'Hyuer froidureux presenta *Hydatidem, Adamantem, Crystallum,* selon les diuerses couleurs de ces pierreries, car la couleur de verd-gay appellé *Prasinus* est dediée au Printemps verdoyant: La couleur de roses à l'Esté flamboyant; la couleur blanche à l'Automne pruyneux : Et enfin, la couleur bleuïe *venetus* a l'Hyuer nubileux.

ICY au lieu des quatre saisons, les quatre vertus Cardinales, entre les autres, contribueront des pierreries pour faire le tissu & le Diademe, que la iustice doit porter sur les yeux. XXX.

La Prudence qui a pour aucunes de ses parties integrales, l'intellect, la memoire, la preuoyance & precaution, fournira de sa part le Iacynthe & la Sardoine, qui aiguisent & fortifient l'entendement & l'Amethyste, qui rend l'esprit prompt & subtil, & qui auec la Chrysoprase rendent l'homme vigilant, accort, & assidu à traitter affaires : Et la Galactite de couleur cendrée qui le rend fin & aduisé, & l'Esmeraude qui reueille la memoire.

Fournira encores, aux fins de la preuoyance, la pierre Selenite de couleur blanche & rousse, laquelle lauée d'eau & mise dans la bouche, nous fait preuoir, si les choses pourpensées se doiuent executer ou non : car s'il les faut executer, cette pierre par sa vertu les attache si bien à la memoire, qu'on ne les peut oublier, & au contraire si on les oublie aisément, c'est signe qu'il ne les faut pas faire. Elle fournira aux fins de la precaution l'Heliotrope de couleur verdoyante, qui preserue celuy qui la porte d'estre iamais pippé, ny trompé, ny subiect aux impostures : elle fournira les pierres Aëtites, Orites, & la Turquoyse, qui preseruent de tous mauuais & fortuits euenements.

Et pource que l'hōme prudent est ordinairemēt heureux, la prudēce fournita aussi la Chelidoine, de noire couleur, & la doryatide noire luysante, & la pierre de Vautour, qui toutes ont cette vertu, que de ramener à bonne fin & heureux succez les choses entreprises.

XXXI. La vertu de force ou constance contribuera de sõ costé (pour façonner & garnir le Bandeau de iustice) les pierreries qui font l'homme vaillant & magnanime, & le rendent victorieux, entre lesquelles se peuuēt conter le diament, l'achates indien, amandinus lapis, alectorius, que Milon Crotoniate portoit, & remparé de la vertu de cette pierre a tousiours gaigné la victoire quelque part qu'il ait combatu, Belloculus lapis, qui est blanc & au milieu il a comme vne prunelle noire, & ainsi appellée pour la beauté de cette prunelle καλόγληνος, ou d'autāt que les Syriens l'auoiēt dediée au Dieu Belus: Le Catochites, le Dæmonius meslé de deux couleurs & tirant sur l'iris, le draconites, le garatronicus de couleur rousse entrecouppé de venes orangées: On tient qu'Achilles n'oublioit pas de le porter aux combats, pour en sortir victorieux, & les peuples d'Orient l'enchassent auiourd'huy aux pommeaux de leurs espées pour s'en seruir à la guerre.

XXXII. La temperance, à laquelle il apartient de refrener les passions & les appetits de la partie concupiscible & irascible, & mesmes celle de l'attouchement, fournira, pour garnir le tissu de ce Diademe, les belles pierreries qui maintiennent la pureté, les perles, les saphirs, les esmeraudes, celles qui moderent, & contiennent les viues ardeurs & chaleurs du fol amour, qui sont le Rubi Balay & le Carboucle.

Aux fins de la mansuetude & clemence, elle presentera aussi les pierreries qui seruent pour dompter &

appaiser l'impetuosité du courroux, pour les noises & querelles & introduire la reconciliation. A cet effet elle offrira de rechef le Balai & le Carboucle & la pierre Cornelie, la Chelidoine qui addoucit l'aigreur des Princes & des Roys, l'Hæmatites, & sur tout la pierre Laicteuse, qui oste tout mauuais vouloir de la memoire, & fait que celuy qui la porte, n'a plus souuenance du mal, & sert à l'Amnestie.

LA iustice, que nous exerçons dans les Palais, contribuera encores quelques pierreries de sõ creu, pour ayder à orner le Diademe à sçauoir les pierreries qui rendent faconds & eloquens ceux qui les portent, car l'eloquence n'a esté dõnée de Dieu aux hommes que pour instaler & maintenir la iustice. l'Agathe a cette proprieté de rẽdre eloquẽt, l'Alectorius, le Galactites ou pierre de laict fait vne eloquence fluide, douce & delicate. XXXIII

Elle contribuera encore la Chalcedoine & le Ceraunius ou pierre du foudre, & le mesme Galactites, lesquelles pierres en matieres ciuiles font remporter gain de cause à ceux qui plaident & soubstiennent le bon droict. Pour les matieres criminelles elles fournira aussi les pierres qui font reueler les crimes aux coulpables: La pierre dicte Quirin⁹ qui se trouue au nid de la Huppe a cette vertu, & la pierre d'Aimant & l'Ambre iaune sur les adulteres, & le Saphir sur les larrons. Elle fournira pareillement la pierre surnommée Orfanus de couleur violette, cherie des Roys & des Princes, pource qu'elle maintient les Royalles dignitez, & la iustice fait regner les Roys. Sur tout elle presẽtera le Galachides de couleur blãchastre, lequel mis en la bouche fait discerner au Iuge la verité des diuerses opinions & proferer des iugements equitables.

XXXIV Or pour faire fin à toutes ces pierreries, que les quatre vertus offriront pour les attacher à la garniture de ce Bandeau ou Diademe, *vt intexant sutile vinclum nomine hoc gemmæ strophio illigatæ*, pour vser des mots du Poëte Prudence, elles lancerõt tant de brillemens tant de diapreures, tant d'esclairs, tãt d'estincellemens, tant de feux de diuerses pointes, lustres, & rayons de couleurs meslangées en mille sortes, que les yeux des regardans nen seront pas seulement esblouys *sub immensi nitoris lumine caligantes*, mais qui plus est, par la forte influence des vertus de telles lumieres & clartez, ils eschapperont, s'il plaist à Dieu, des plis & replis, des tours & retours, que la chiquanerie de quelques mauuaises ames, a tracé dans les Palais & maisons de iustice, comme Thesée eschappa du labyrinthe, non pas à l'ayde d'vn filet ainsi qu'on croit ordinairement, mais à l'ayde de la courõne d'Ariadne, car cette Couronne n'estoit point plissée de laurier, de myrthe, ou de feuilles & raisins de lierre, selon qu'elle est empreinte en certaines ancienes monnoyes de la Grece: Elle n'estoit point tissue des cheueux d'Ariadne cõme veut Callimachus & Catulle apres luy & vn vieux Scholiaste, qui l'auoit emprunté d'eux, lors qu'il disoit ces mots *signum amoris eius crines ostendunt*: Elle n'estoit point aussi tissue de fleurs comme veut Manilius

Hoc quoque Nysiacis quod sparsum floribus ardet
Multiplici ambitum redimitur lumine sertum.

Mais ce furent Venus & les Heures, qui estrenerent

Ariadne de cette belle & riche couronne le propre iour de ses nopces celebrées en Candie auec le ieune Bacchus ouurage de Vulcan qui l'estoffa d'or pur & de fines pierreries Indiennes enchassées à l'entour, si qu'vn Poëte parlant de cette couronne translattée au ciel dit *Gemmas transformat in ignes.*
Or Hyginus en son second liure, & d'autres aprez luy adioustent vn point qui fait grandement à ce propos a sçauoir que les anciens auroient estimé, que Theseus embrouillé dans les tenebres du labirynthe, estoit sorty au iour, pour autant qu'en cette obscurité l'esclat des viues & luysantes pierreries de cette couronne d'Ariadne luy auoit esclairé, Germanicus Cæsar le dit aussi : *talis fulgoris fuit, vt Thesea ex labirynthо liberaret.*

Novs esperõs qu'à la clarté de cette reluysante coronne ou Diademe de iustice au iour des vertus, que nous auons nombréescy dessus, les iuges pourront sortir des embrouillemens, cachots & replis de ce labirynthe de chiquaneries & procés mal fondez, lesquels à guise de serpens repliez & entortillez sont quelquefois iettez dans le Palais, par des ames contrefaictes & tortues, pourueu que ce Bãdeau ou Diademe de iustice demeure tousiours entier & ne soit point dechiré par leur faute: car tout ainsi que c'est vn signe euident de naufrage, lors que les voyles ne peuuent resister à la tempeste, *non tibi sunt integra lintea* : de mesmes lors que le voyle de iustice ne peut resister à l'impetuosité des ondes, de querelles, procés & chiquanerie, lors que les Officiers ne se bandent & roidissent pour destourner le coup de la tempeste, XXXV.

Et malus celeri saucius Africo

Antennæque gemunt, ac sine funibus
Vix durare carinæ
Possunt imperiosius
Æquor?

C'est vn grand & infaillible Phenomene de debris & naufrage, comme en toutes choses lors que les voyles & Bandeaux se dechirent par la violence; comme il est dit en la description d'vne horrible tempeste,

---in vtrúmque latus cœli cortina pependit,,

& en l'accomplissement de le passion, l'action la plus violente, excessiue & tyrannique qui fut iamais, les voyles du Temple cederent au temps & à la force, VELVM *Templi scissum est à summo vsque deorsum*: Le Poëte Prudence descriuant aussi vne grande conuulsion & changement arriué au defaut des Oracles, ne laisse pas celuy là, du deschirement des voyles & courtines,

Delphica damnatis patuerunt sortibus antra
Non tripodas CORTINA *tegit*

Donques tandis que le Voyle & Bandeau de la iustice demeurera entier, esclattant & esmaillé des perles des vertus nombrées cy deuant, n'ayons pas peur du naufrage, quelques tourbillons qui se puissent esleuer dans la mer du Palais allons à la bonne heure,

———sit prospera cursu
Quâ vehimur ratis interea, VELISQVE *volemus.*

Greffier lisez les Ordonnances.

FIN.

DIXIESME

REMONSTRANCE FAICTE EN PARLEMENT A L'OUVERTURE DE LA S. MARTIN, l'an MDCXIV.

LES BALANCES DE IUSTICE.

QVAND les Sages de tous les siecles se sont voulu plaindre des excés de leur aage, & ont pretendu monstrer que le temps & les hommes degeneroient de bien en mal, ils ont creu le monstrer assez euidemment s'ils dõnoient à cognoistre les desordres de la iustice, c'est pourquoy les vns ont dit, qu'elle s'en estoit fuye & condamnée elle mesmes à vn banissement volõtaire, pour ne paroistre plus sur la terre : les autres qu'elle estoit mal en ordre & dechirée par les violẽces & iniquitez des hommes, d'autres qu'elle estoit aueuglée par l'esclat de sa grãdeur & la clarté de ses honneurs, il y en a qui ont dit qu'elle estoit comme vefue, comme pupille, où bien, qui pis est, comme Posthume, *Posthuma suo iuri relicta*: mais il nous semble que ceux qui se sont pris à la Balance de iustice pour monstrer I ſon changement & empirence, ont mieux rencontré que les autres: car il y a des ſçauans perſonnages de noſtre aage, qui ont monſtré la dureté de noſtre ſiecle de fer par l'abus des Balãces de iuſtice: les vns ont dit qu'elle ne ſe ſert plus de ſes Balances que pour peſer l'or & l'argent des parties, & les autres qu'elles les a quitées entierement,

Tout abus regne autoriſé
Pour bonne loy paſſe le vice
Sans BALANCES va la iuſtice
Honneur & droit eſt meſpriſé.

II. Ce qui nous faict croire que ce n'eſt pas vne inuentiõ nouuelle de donner ou mettre des Balances entre les mains de la iuſtice: car ceux qui ont voulu de tout temps remarquer les quatre principalles vertus par des ſymboles qui leur fuſſent conuenables, ont donné le ſerpent à la Prudence, les colomnes à la Force, le vaze à la Temperance, mais ils n'ont ſceu trouuer pour la iuſtice de ſymbole plus propre que le ſymbole des BALANCES.

Ce qui peut auoir pris ſõ origine de ce que les Aſtrologues ont anciennement diuiſé en deux le ſigne du Scorpion, conſiderant la grandeur immenſe de ſon corps, qui occupoit dans le ciel vn trop grand eſpace, à raiſon dequoy Aratus lappelle μέγα θηρίον, de ſorte que d'vn ſigne ils en firent d'eux.

Porrigit in ſpatium ſignorum membra duorum
Scorpius

ce que l'autheur du poeme appellé Ceyris fort ſçauãt en Aſtrologie a pareillement confirmé,

Vnum quem duplici ſtellarum ſidere vidi

Scorpius:
car du seul corps du Scorpion ils en ont composé le huictiesme signe, & de ses deux pattes lesquelles ils ont comme retranchées du corps, appellées tantost *Brachia* par Virgile, tantost *Forficulæ* par Pline, ils en ont formé le septiesme, qu'ils ont appellé Χηλάς, ou *Chelas*, c'est à dire les pattes du chancre, *cirri*, *acetabula*, *manus*, & leur ont donné vne clarté particuliere,

Insigni cælum perfundunt lumine CHELÆ
Exin proiectæ claro cum lumine CHELÆ.

L'Astrologue Latin l'a exposé mieux que tous les autres, lors que considerant la prouidence de la nature qui a consolé nos miseres par l'exemple des estoilles qui sont ordinairement toutes boiteuses ou manchottes,

Vt nostros casus soletur mundus in Astris

Il a recogneu que le Scorpion faisoit vne partie de la Balance, & que les courroyes ou cordonnets qui tiennent les bassins de cette constellation ne sont autre chose que les tenailles & cizelets du Scorpion,

Quòd si solerti circunspicis omnia curâ
Fraudata inuenies amissis sidera membris
Scorpius in Librâ consumit Brachia.

Or quant à ces pattes affin que chascune des douze maisons du ciel conuienne à chasque signe, les Latins les ont appellées BILANCES OU LIBRAM, ou d'autres mots equiualens, comme *Trutinam*, Basilius Scholasticus: *hinc Trutinæ species venit*, d'autres *Momentum*, Eustathius, *Momentúmque sequens*: aucuns *Iugum*; Euphorbus, *hinc æquale Iugum*; & ont feint que toutes les estoilles qui entrent en ces deux pattes, ou bras du Scorpion sont figurées en forme de Balance.

Et ces Balances appartiennent tellement à la Vierge Astrée ou Iustice, qui fait en ordre le sixiesme signe du ciel, que deux estoilles qui luysent aux pieds de la vierge sont attribuées à la constellation de la Balance comme si la iustice portoit les Balances à ses pieds & non pas à la main: *Scorpius*, dit Martianus Capella, *tam suum spatium corpore, quàm Chelis occupat Libræ, cuius superiorem partem pedes Virginis occuparunt.*

Partant cette constellation des Balances s'abbatant iusques sur les pieds de la Vierge qui est Astrée ou la iustice, *iusta puella, iustáque Virgo*, ainsi est elle apellée, ce n'est point sans suiet que les Astrologues, les Poëtes & les peintres ont donné les Balances pour enseigne & symbole à la iustice: Balances qui d'ailleurs sont appellées IVSTES,

——— *& iustæ pondera Libræ*

Aussi est-ce la forme & la coustume de iustice de faire ses ordinaires fonctions à l'aide des poids & Balances, enquoy faisant elle imite Dieu de bien prés.

III. QV'IL ne soit vray, Iobius Monachus dans les fragmens de Photius fait cette demande au sixiesme liure de l'Incarnation du Verbe: Pourquoy est-ce, que le Verbe ou le fils, seconde personne de la tres-saincte Trinité est par nous mise au milieu, lors que nous en parlons ou l'inuoquons, & aux extremitez sont mis le Pere & le sainct Esprit? A quoy il respond notablement pour nostre discours, que c'est pour autant que Dieu est surnommé Ζυγὸς δικαιοσύνης BALANCE DE IVSTICE, & ce par quelque sorte de proportion

& raport qu'il a auec nos Balances & dit qu'en la nature diuine cet ordre a esté excogité pour donner à cognoistre que le fils occupant la place du milieu tient vne exacte equalité auec ses deux extremes, luy qui des le commancement a parfaict la creation de toutes choses, comme le premier plat de la Balance, & vers la fin des siecles a moyenné la reparation du gére humain, qui faict comme le second plat de cette Balance.

D'ailleurs que l'exemple des Balances monstre à clair la puissance egalle & pareille de la toute puissante Trinité, veu que nulle des trois personnes ne s'esleue ou abbaisse plus que l'autre, ains sont mises, dit-il, en la Balance, en essence ou gloire parfaictement egale & nullement differente, & se pesent ainsi theologiquement: d'ou vient qu'ez choses creées & engendrées se retreuue cette mesme égalité, & que ce qui est iuste, y est pesé à poids egaux. Et tous ces propos sõt empruntés de Iobius Monachus au lieu que nous auons cité de Photius.

PAR ou il se void que les sainctes lettres quand elles ont parlé de la creation du monde, elles en ont discouru non gueres differemment de Platon, qui a fait pratiquer à Dieu l'Arithmetique, la Geometrie, les nombres & figures en la creation du monde. IV.

Car Platon veut que Dieu establissant les premiers principes des quatre elemens, se soit seruy de deux sortes de triangles, cest à sçauoir du triãgle Isoscele, & du triangle Squalene, & traictant de la fabrique & composition des cieux, & de ce qu'il appelloit l'ame du monde; il fait des meslanges admirables, de la matiere qu'il appelle *Mesme & Indiuisible* & de la matiere qu'il nomme *Autre, muable, & diuisible à cause des corps*, & d'vne troisiesme sorte de matiere, composée des deux precedentes, laquelle il colloque entre l'vne & l'autre. Et Dieu prenant, dit-il, ces trois matieres les tempera en vne seule espece, & de trois en fit vne, puis la departit diuersement, & la partition fut telle, qu'il prit premierement vne partie du tout, plus vne seconde partie double de la premiere, plus vne troisiesme sesquialtere de la seconde & triple de la premiere, plus vne quatriesme double de la seconde, plus vne cinquiesme triple de la troisiesme, plus vne sixiesme octuple de la premiere, plus vne septiesme excedant la premiere de vingt & sept parties: plus remplit les doubles & triples interualles qui se treuuent en ce meslange, d'autres parties composées de la masse totale par autres interualles sesquialteres, sesquitiers, & sesquioctaues; & ce qui s'ensuit dans Platon.

Ce sont de douces & plaisantes resueries de cet esprit merueilleux, qui a donné le bransle à tous les Philosophes Platoniciés qui sont venus aprés pour discourir de Dieu comme d'vn Archimede ou d'vn Euclide en la composition de ce monde, nõméement ces imaginations se voyent dans Philon le Iuif, & dans Plotin qui sont comme les deux arcsboutans de l'academie Platonicienne.

V. MAIS les sainctes lettres parlent plus clairement, & nous enseignent, que Dieu qui est la Balance de iustice suyuant Iobius Monachus, pratiquoit l'vsage des Balances, & les tenoit en main, lors qu'il crea le ciel & la terre, il pesoit les elemens, il pesoit la terre,

Appendit

Appendit Deus fundamenta terræ, Appendit Deus terram super nihilum, ce que ce profane a voulu imiter lors qu'il a dit du globe de la terre *Ponderibus librata suis* : & nostre Bordelois encores plus clairement,

Telluris medio quà pendet in aëre Libra est.

Isaye plus clairement que tous ces deux, *Appendit tribus digitis molem terræ*, il la balance auec ses trois doigts Theologiques, sa puissance, sa iustice, & sa prouidence, & si faut necessairement qu'elle soit ainsi balancée, *inter vtrámque cauernam mundi*, comme parle Lucrece entre les deux hemispheres du monde qui seruent de contrepois & balanciers à la terre,

Quòd nisi librato penderet pondere tellus
Non ageret cursus mundi subeuntibus astris
Phœbus ad occasum, & nunquam remearet ad ortus.

Dequoy il ne faut pourtant s'estonner si nous voyons ainsi la terre balancée, & neantmoins si bien asseurée, car c'est pour cela qu'elle est ainsi solide,

Idcircóque manet stabilis, quia totus ab illâ
Tantundem refugit mundus, fecítque cadendo
Vndique, ne caderet, medium totius & imum est.

En la terre Dieu balanceoit aussi & pesoit les montaignes: les Alpes, les Pyrenées, les Gades, les Andes, & autres montaignes renommées seruoient comme de grains pour faire le surpoids : Il pesoit encores les collines. *Librauit in pondere montes, & colles in staterá.* Dieu pesoit aussi l'element de l'eau, *librat Deus fontes aquarum Aquas appendit in mensurâ*, ce qu'il faisoit auec le poids de sa parole, dit Alcimus Auitus.

Iam pater omnipotens LIBRANTIS *pondere verbi*
Vndique collectis discreuerat arida lymphis.

L'element de l'air il le pezoit encores, *qui fecit ventis pondus*: car par les vents, qui sont vn air esmeu, on entend en ce lieu le total element de l'air selon Vatable, & de l'element du feu s'il y en a d'element, il faut iuger le semblable

——pondus rebus natura locauit
Corporeis, elementa suum regit omnia pondus,
Ponderibúsque suis consuerunt concita ferri.

VI. LES Philosophes ont voulu deuiner par ce poids là, que cette comparaison ou proportion des Elemens entr'eux estoit decuple, non pas d'vn element entier à l'autre element, quoy qu'ils ayent discouru de la place & estendue d'vn chascun & de leur trauers ou diametre. Ils ne les ont pas mis neãtmoins à la Balãce de Dieu pour en sçauoir iustement le poids, mais ils ont enseigné qu'vne phiole plene de terre, pesoit autant que dix phioles de mesme capacité plenes d'eau, & que ces dix phioles plenes d'eau pesoient autant que cent phioles pareilles plenes d'air & que ces cent phioles plenes d'air pesoient autant que mille phioles plenes de feu: par ainsi que la comparaison de l'vn à lautre element estoit decuple, & celle de la terre, au feu estoit comme d'vn à mille. *Sic natura partes suas velut in ponderibus costitutas examinat, ne portionum æqualitate turbatâ, mundus præponderet* dit le Philosophe Seneque en ses Questions naturelles: c'est ainsi que la sagesse eternelle peze, mesure & gouuerne le monde

Membráque naturæ diuersâ condita formâ
Vis animæ diuina regit, sacróque meatu
Conspirat Deus, & tacitâ ratione gubernat
Alter vt alterius vires faciátque ferátque.

Il peza encores les cieux auec la paume de sa main *ponderat cœlos palmo*, dans Isaye: Bon Dieu quelles grandes & fortes balances que celles de cette main diuine qui souspeze le ciel & la terre! & semble qu'il en ait voulu laisser quelques marques dans le ciel aux deux poles Arctique & Antractique esloignez l'vn de l'autre de tout le ciel: ces deux poles sont cõme les deux plats d'vne grande Balance & l'Equateur en est le balancier ou l'arrest

Qui medium æquali distinguit limite mundum.

Si vous passez plus outre ou au deçà, ou au de là l'Equateur le bassin de l'vn pole rehausse sur l'orizõ, & l'autre s'abbaisse, ioint que ce cercle balance & mypartit les iours & les nuits

——— lucem qui circulus æquat & vmbras.

Comme font aussi les deux equinoctiaux

Libra, Ariésque parem reddunt noctémque diémque.

Chacun de ces deux cercles en certains iours rend le monde demy blanc & demy noir

——— medium luci atque vmbris iam diuidit orbem

VII. CAR pourquoy ne metterons nous à la Balance la clarté des iours & l'obscurité des nuicts, puis que S. Iean Crysostome en la neufiesme Homelie au peuple d'Antioche considere le temps comme vne Balance, les iours & les nuicts sont comme les deux bassins *cùm cogitaueris* dit-il, *quomodo totum per annum distribuuntur, & tanquam in* LIBRA ET BILANCE, *totius spatij lõgitudinem diuiserunt eum qui ordinauit, admiraberis: Velut enim sorores quædam paternam hæreditatem partitæ cum charitate multâ, nullo modo inter se calumniantur:* & ce qui s'ensuit.

Mesmes en vn certain Epigramme & dialogisme ancien la nature a bien voulu balancer la noirceur & blancheur de la Pie, sçauoir s'il y auoit plus ou moins de noir que de blanc aux plumes de cet oyseau. *Naturam consulo*, disoit la pie au blanc & au noir qui la vendiquoient chascun à soy : & la nature respond

—— LIBRAM
Dirigo; respondet pondere libra pari.
Nec tua, nec tua sit, dubius color errat in illâ
Qui diuisorem nescit habere suum.

VIII. OR comme Dieu peze le grand monde, il peze aussi le petit monde qui est l'homme, il peze premierement leurs cœurs, affections, volontez & mouuemens: mais le mal-heur est que les hommes ne le cognoissent point, & lestent leurs cœurs comme vne carene creuassée de choses grossieres & pesentes qui les font pancher contre bas, d'ou se plaignoit mesmes vn sage Payen quoy qu'Epicurien d'opinion & de secte: c'est Lucrece au troisiesme liure,

Si possent homines proinde ac sentire videntur
PONDVS *inesse* ANIMO, *quod se grauitate fatiget*
Et quibus id fiat caussis cognoscere, & vnde
Tanta mali tanquam moles in pectore constet
Haud ita vitam agerent.

Achilles Tatius au liure huictiesme de ses histoires fabuleuses recognoist aussi cette verité & monstre par vn excellent discours, que l'ame de l'homme agitée de diuerses passions est comme vne balance dont les deux bassins sõt l'Amour & la Cholere; qui balancent & trauersent vne pauure ame tyrãnizée en toutes les façons du monde, car dit-il, ces deux affectiõs ſont deux balanciers tous ardans θυμὸς καὶ ἔρως δύο λαμπάδες, leſquelles s'eſtant vne fois ſaiſies d'vne ame, elle ſe tourne & conuertit en Balance; τῶν δ' αὐτοῖς ἡ ψυχὴ ΤΡΥΤΑΝΗ, & le feu de la cholere & de l'amour qui eſt en chaſque plat faict comme les poids τὸ δὲ πῦρ ἑκατέρου ταλαντεύεται, on void de grandes batailles & combats à qui emportera la victoire, μάχεται ἄμφω περὶ τῆς ῥοπῆς, l'vn fait le trebuſchet & l'autre cede pour vn temps, bref ces deux paſſiõs ſont comme les diuers grains qu'on met & change de plat en autre pour faire l'egalité du poids.

L'vn de nos Romans nommé Vaudemont, qui viuoit du temps de Charles cinq ſemble auoir leu ces deux paſſages de Lucrece & d'Achilles, tant proprement il les a exprimez en ce vieux quatrain par lequel il compare Dieu à vn marchant qui a les balances en main pour pezer ſes danrées; s'il ne l'a peut eſtre plus probablement emprunté de Platon, lors qu'au dialogue de la ſainctetè, il compare Dieu à vn grand & riche marchant: il dit ainſi en ſa vieille poëſie,

Peſer les cœurs des hommes Dieu s'aduiſe,
En les peſant il cognoiſt leur vouloir
Par ainſi ſçait combien peuuent valoir,
Comm'vn marchant peſant ſa marchandiſe.

Tous ces autheurs peuuent auoir pris cette façon de parler d'vn plus ſage qu'eux, à ſçauoir de Salomon lors qu'il dit en ſes Prouerbes, *Omnis via viri recta ſibi videtur,* PONDERAT *autem* CORDA *Dominus.*

Il peſe auſſi leurs actions, bonnes & mauuaiſes, comme il ſe peut voir par les beaux & ſçauans diſcours de ſainct Gregoire en ſes Morales & de Philippus ſur ce passage de Iob *Vtinam appenderentur peccata mea, quibus iram merui, & calamitas quam patior, in staterâ*: Et pour monstrer qu'il y va exactemẽt, les Septãte & Sanctius Pagninus ont adiousté vne parole de merueilleuse efficace, lors qu'ils ont traduit *Vtinam appendendo appenderetur ira mea*, ou bien *vtinam appendens appenderet iram meam*, c'est à dire la cholere que ie merite pour mes actions. En somme il n'y a rien deuant Dieu qui ne passe dans la Balance, non pas iusques aux plus petits atomes des esprits, des moindres paroles, actions, circonstances, pensées & battemens de cœur, *qui ponderat spiritus est Dominus*: Il n'appartiẽt qu'à Dieu de balancer & pezer les esprits, les Philosophes balancent les argumẽts, *trutinãt momenta rationũ*, les Rhetoriciẽs pesent les paroles, *crimina rasis librat id antithetis*: les grammeriens & les Poëtes pesent les syllabes & leur donnent leur poids *syllabarum pondera metiuntur*, mais pour les esprits, il n'appartient qu'à Dieu de les pezer, *spirituum ponderator est Dominus*.

Et quoy qu'il soit si exacte il peze tout neantmoins en la Balance de Iustice; *Appendat me Deus in* STATERA IVSTITIÆ, *& sciet perfectionem meam* car toutes les autres Balances sont fautiues ou tromperesses, on n'y cognoist pas le prix & la perfection des danrées qu'on y peze, mais la Balance de Iustice est si droite, qu'elle faict recognoistre la perfection, valeur, & merite de ce qui est pezé en icelle.

IX MAIS particulieremẽt est-il dit & declaré par les saincts lettres que Dieu peze dans la Balance de Iustice, la vie & la mort des hommes, l'yssue des combats, la deffaicte ou la victoire des guerres, d'ou nous

auons trois ou quatre memorables & illustres exemples.
Homere au liure huictiesme de l'Iliade parlant de l'euenemẽt d'vne sortie, que les Troyens assiegez firent sur les les Grecs, introduit Iuppiter qui descendu sur le mont Ida, prend en main des Balances dorées, pese les distinées de ces peuples & le succez de ce rencontre dans les deux plats, & fait baisser iusques en terre le iour fatal des Grecs, & monter iusques au ciel le destin & la victoire des Troyens.
Le mesme parlant au vingt & deuxiesme de l'Iliade, du duel fameux d'Achilles & d'Hector feint aussi que Iuppiter sur la fin du combat desplia ces mesmes Balances dorées & mit dedans les destins & la mort de l'vn & de l'autre, à sçauoir la mort d'Achilles dans le bassin droit & la mort d'Hector dans le plat gauche, & les preñant en main peza & balãcea leurs destinées, en sorte que le iour fatal d'Hector fit pancher & aualer son bassin, argumẽt & preuue certaine qu'Hector mourroit en ce combat, ainsi qu'il aduint.
Virgile imitant ces passages d'Homere, & discourant du faict d'armes d'Æneas & de Turnus, auquel celuy cy deuoit laisser la vie, met aussi les Balãces aux mains de Iuppiter,

Iuppiter ipse duas æquato examine Lances
Sustinet, & fata imponit diuersa duorum
Quem damnet labor, & quo vergat pondere lethum.

C'EST ainsi qu'Homere, Virgile & Theognis ont attribué les Balances à Iupiter surnommé Υψίζυγος *Altilibris*: Mais auparauant toutes ces inuentions fabuleuses, nous truouons dans Daniel le Prophete, que X.

Dieu auoit pesé la vie de Balthasar dernier Roy des Chaldeans.

Cyrus assiegeoit Babylone, les murs de laquelle estoient de cinquante pieds de hauteur, & de trente de large sur le haut, le fleuue Euphrates passoit au milieu de la ville, & la rendoit imprenable : Cyrus neantmoins trouua moyen au rapport d'Herodote, & de Xenophon de destourner & rompre le cours de ce fleuue, & de mettre dans vne nuict le canal à sec, en cette mesme nuict, comme Balthasar banquetoit auec mille Princes de sõ Empire, il veid vne main qui escriuoit dans la paroy de la sale du banquet, ce mot entre les autres TECHEL, qui signifie, Tu as esté pesé en la Balance, & as esté trouué leger : *Appensus es in staterâ, & inuentus es minùs habens*, & au mesme temps, Cyrus entra en la ville de Babylone, à trauers le canal desseché, & ses soldats mirét à mort le Roy Balthasar: Nostre vie donques est iustement pesée dans cette Balance de iustice, les iours en sont les grains, les semaines en sont les onces, les mois & les ans en sont les quarts, & lors que la somme toute sera accomplie, que le poids sera iuste, & le nombre rond, il n'y a force, destinée, ny puissance mortelle qui puisse arrester le cours, ou retenir le trebuschement de la Balance.

XI. OR comme Dieu, qui est le vray Ὑψίζυγος, s'est en toutes ses actions plus importátes seruy de la Balance, aussi il a voulu, que l'hõme qu'il auoit fait à son image, eust vne certaine espece de BALANCES pour regler, passer & moderer ses actions; c'est LA RAISON, par laquelle il se peze & mesure soy mesmes en soy mesmes,

mes, & faict pencher tous ses mouuemens au bransle de cette machine naturelle, que si les bassins, la languette, ou la lance sont rompus ou faussés, toute la vie s'en ressent, toutes les actiōs en sont ou trop legeres ou trop pezantes; ce que le Philosophe Lucrece represente fort naïfuement par la cōparaison d'vne Balance ou d'vne esquerre fausse

——si praua est regula prima
Normáque si fallax rectis regionibus exit,
Et libella, aliquâ si ex parte claudicat hilum
Omnia mendosè fieri, atque obstipa necesse est.
Sic igitur RATIO *tibi rerum praua, necesse est*
Falsáque sit, falsis quæcúmque ab sensibus orta est.

Le Philosophe Seneque en dit quasi le mesmes se seruant des termes & locutiōs ordinaires aux marchāds en pesant leurs danrées *Rationes*, dit-il, *totius vitæ, honesti ac turpis respectu temperantur, ad hæc facienda, vel non faciunda ratio dirigitur; Ratio est arbitra bonorum malorúmque*. Et pource Sainct Ambroise dit bien à propos, *Statera est ipsa Ratio, quâ iudicamus bonum & malum, vel voluntas in vtrámque partem libera*. S. Iean Chrysostome sur la seconde à Timothée, & S. Basile sur le Pseaume soixante & vniesme font de longues & belles comparaisons de la Raison auec la Balance, & apres eux Rupertus Abbas dit ces belles paroles, *Negotij summam in Librâ rationis appendit*: Et despuis ce temps, ce petit monde de l'hōme qui auoit des Balances spirituelles empreintes en son ame, commença de prendre en main des Balances materielles, pour mesnager ces petites affaires, & regler son commerce auec ses voysins.

XII. CAR celuy qui mit le premier les poids & les Balances en vsage n'a point esté vn Sidonius selon Eutrope, qui viuoit du temps que Ieroboam regnoit en Hierusalem, ce n'a point esté Mercure secōd du nom, natif de Candie, & fils de Iupiter, ou selon Pline vn Phidon Argien, ny vn Palamedes selon Laertius d'ou nous auons ces vers mensongers,

Sunt Palamedis opus mensuræ & pondera: Phidon
Creditur Argiuis gemini vetus author honoris.

ce n'estoit non plus Phædon natif d'Elide selon Strabo, ny mesmes Pythagoras entre les Grecs, selon Laerce: l'vsage des Balances n'a pas demeuré si long temps incogneu, & sans estre pratiqué: l'opinion de Iosephe au premier des Antiquitez est plus croyable, que ce fut le premier fils du premier homme à sçauoir Caïn, qui inuenta l'vsage des Balances soudain aprés que les hommes commancerent à se multiplier & par suite naturelle à se faire meschans.

Que les peuples & nations en ayent despuis frequenté l'vzage peu à peu & à la suytte des temps tant deuāt que despuis le deluge il n'en faut pas doubter; car ce sont, dit Aristote au neufiesme de la Metaphysique, les premiers establissemens que les Magistrats ont fait dans les villes & parmy les communautez, que d'introduire les dimēsions des magnitudes, les poids & les mesures necessaires à la conseruation de la societé humaine. La iustice commutatiue le requeroit ainsi pour la commodité des choses prestées, des troques, permutations, ventes & debits de toute sorte de dantées qui tombent en commerce, ores mesmes qu'elles fussent liquides, on ne s'est pas contenté de les regler à la mesure, on y a encores voulu faire seruir le poids, tant à cause que les mesures s'examinent enfin & se iustifiét par le poids, qui est la derniere resolution & analysie de toute sorte de commerce, comme aussi à cause que les choses liquides mesmes, voire de mesme espece & mesure ne laissent pas pourtant d'estre differentes en poids,

Námque nec errantes vndis labentibus amnes.
Nec mersi puteis látices, aut fonte perenni
Manantes, par pondus habent, non denique vina.
Quæ campi & colles nupérue, aut ante tulerunt.

C'est dóques cette cómodité & necessité du cómerce qui a mis à l'homme les Balances materielles en main, mais si les hommes les ont despuis attribuées pour enseignes à leurs faux Dieux c'a esté pour marque d'honneur & de felicité. Ils auoient bien pris cette coustume au commancemét, pour monstrer le bonheur & la gloire de leurs Dieux, de leur peindre vne estoille au tour de la teste, en forme de couronne ou Diademe, ce que les vieux autheurs ont appellé *Limbum, Torulum*, & quelques vns *Crocum*, à cause que ces rayons estoilez estoient ordinairemét iaunes & saffranez.

MAIS d'autant que le signe & constellation de la Balance estoit estimé le plus heureux de tous au iugement des Chaldeans & des Iuifs, qui l'appelloient, ainsi qu'a remarqué Galatin & le sçauant Eugubinus ASTRVM FOELICITATIS, ou bien ASTRVM STANTIS FORTVNÆ, d'autant que c'est le propre de la Balance & de la bonne fortune d'estre tousiours debout, *Astrum* dit l'Astrologue Latin, XIII

——— quod cuncta regit, quod rerum pondera nouit
Quod proprijs frænat pendentem nutibus orbem,
Orbis & imperium retinet.

De là donques est venu que les hommes ont attribué le Signe de la Balance, comme le plus heureux & fauorable de tous à leurs fausses diuinitez pour signifier leur puissance & le gouuernement qu'elles ont sur le monde: Tesmoing en sont les balances de Iupiter, desquelles nous auons parlé, & à cause de quoy Nonnus autheur fort elegãt l'appelle en ses Dionysiaques Χρυσοτάλαντον *Aurilibrem* aux Balãces d'or: Tesmoin encores la balance de Neptune qui est appellé par le mesme Ὑδροπλάστιγξ, comme qui diroit le Dieu aux Balances moittes, & tesmoing encores les Balances de la terre, qui sont les deux grans bras de mer l'ocean la mediterranée, que Lucilius en quelque part de l'Anthologie appelle γαίας πλάστιγγας, les deux plats, ou Balances de la terre.

XIV. NOVS laissons à part les diuinitez terrestres & infernalles, Pluton, Proserpine & les Deesses de vengence, ausquelles le Poëte Aeschylus en son Promethée a donné de grosses & lourdes balances de fer, pour punir iustement les forfaicts & balancer les crimes des humains.

Nous laissons les grandes & horribles Balances que les Cabalistes & Mahometans tiennẽt deuoir estre mises sur vn pont de roche, qui sera, disent ils, dressé au iour du iugement tout au trauers de la vallée de Iosaphat, pour peser les bonnes actions & les crimes des hommes; car ce sont des resueries Turquesques, ainsi qu'a remarqué le sçauant interprete de Chalcondyle, fondées sur les vieilles ruynes de la verité, lors qu'ils ont voulu desguiser les Balances qu'on a de tout temps donné à sainct Michel, qui doit estre comme le grand examinateur de nos œuures, ainsi qu'ont remarqué EKIUS & Molanus au liure troisiesme de l'histoire des images, & pour cela il se void tousiours depeint cõme la Iustice, l'espée en la droite, & les Balances en la gauche, comme presidant au iugement des ames, & aux peines qui leur sont eniointes pour leurs desmerites, affin que la iustice soit gardée iusques dans les Enfers, c'est pour cela que sainct Augustin descriuant le iugement du mauuais riche, vse nommément de ces belles paroles, *pensantur pro diuitijs pœnæ, pro paupertate refrigerium, pro purpurâ flamma, vt salua sit æquitas* STATERÆ, *& non mentiatur modus mensuræ.*

VENONS à deux principalles & fort proches diuinitez recogneuës en ce Palais, ausquelles on a de tout temps attribué le signe des Balances : c'est à sçauoir L'ELOQVENCE & la IVSTICE qui sont cõme deux sœurs germaines, & comme les deux plats de la Balance du Palais. Car quant à l'eloquence qui doit peser les syllabes, les mots, les nombres & periodes, XV.

Atque exporrecto trutinari verba labello

on luy a mis de toute ancienneté les Balances en main, *Fac verbis tuis iugum & stateram* dit le Sage, Ennodius Euesque de Pauie l'a remarqué fort à propos, car escriuant à l'vn de ses doctes amys, au liure second de ses Epistres, il luy parle en cet tefaçon *Sed vos, quos Libra peritiæ in eloquij Lance pensauit*, voila la

Balance de doctrine, auec les deux plats de l'eloquẽce & peu apres pour loüer amplement vn habile hõme de son temps, nommé Faustus, grand amy de sainct Ambroise, il le nomme *Trutinam loquelæ* en ces vers,

Pargis ad Faustum TRVTINAM LOQVELÆ
Ore qui vastum valet vt profundum.

Et d'autant que l'oreille a vn grand & parfaict pouuoir en l'Eloquence, & en la iustice aussi, & donne quant au bien dire vn iugement definitif, lequel Antonius dans Ciceron appelle fort à propos *Religiosum aurium iudicium*, c'est pourquoy au faict de l'eloquence & de la iustice quelques sçauans autheurs ont faict vne Balance de iugement, dont les deux plats sont les deux oreilles. Car, dit Achmetes en ses Onirocritiques, chapitre quinziesme, les plats de la Balance se rapportent aux oreilles du Iuge. *Si quis*, dit-il, *in somnis Stateram viderit loco quodam librari, de personâ Iudicis intelligat, quòd si litem habet, ac inter librandum eã viderit exæquari, ius suum obtinebit; Etenim Stateræ lances ad Iudicis* AVRES *referuntur, quæ autem in ipsis sunt lancibus species, partium aduersariarum rationes significant.* Et conformément à cette remarque d'Achmetes, ceux qui entendent les secrets de la langue Hebraique escriuent que le mot Hebrieu qui signifie *Bilancem*, vient d'vne racine qui signifie *les oreilles*, & se prononce ordinairemẽt *in duali formâ*, pource que la Balance a deux bassins à guise d'oreilles: Et voila comment en la iustice, les oreilles font office de iuges & Presidens, mais en fait d'eloquence & doctrine, les oreilles font vne parfaicte Balance,

AVRIVM LIBRAM *tenet in Camœnis*,

Illius ferrum secat omne vulnus
Quotquot internis latet in medullis
Carminis ægri.

L'ELOQVENCE des Aduocats plaidans a pour compaigne le conseil & le bon iugement des Aduocats consultans, qui fait l'autre bassin de l'eloquence parfaicte. car nous pouuons dire iustement aprés le Prince de nos Poëtes, que pour la garde du Palais & maison de iustice, XVI.

LE CONSEIL ET L'ELOQVENCE
Par vne egalle BALANCE
Tousiours veillent à l'entour
Dés affaires qui sont pleines
D'vn labyrinthe de penes
S'entresuyuans à leur tour.

Ce sont les deux bras de la iustice, *velut consilium & & auxilium, mens & manus, animus & gladius*, pour vser des termes d'Apulée, les Aduocats consultans ont vn merueilleux rapport auecques les balances, d'autant que tout ainsi que par le priuilege de leurs trauaux passez, ils sont *tanquam emeriti*, & exempts des couruées qu'il faut prendre aux plaidans, *vt miliaris aries capite non manu pugnat*, ainsi le signe de la balance est dépeint dans le ciel, comme gisant & couché, ou reposant de ses trauaux passez, & est mise entre les constellations qui s'appellent FESSA SIDERA,

Et quæ fessa sedent, pigras referentia mentes
Taurus depositis collo sopitus aratris
LIBRA *sub* EMERITO *considens orbe* LABORVM
Túque tuo Capricorne gelu contractus in Astris:

POVR laisser à part l'eloquence & venir a la iusti- XVII.

ce, c'eſt ſon ordinaire & naturelle poſture de la voir auec les Balances en main pour peſer la vie & la mort, l'honneur & les biens, le droit & le tort des parties plaidantes, auec les raiſons & probabilité des cauſes. Et combien grande eſt l'affinité des Balances, ou des liures auec la iuſtice il ſe peut voir par les mots de S. Auguſtin au traicté cinquantieſme ſur S. Iean; car expoſant le myſtere de cette liure d'ongant employé par la ſaincte Pechereſſe, il dit ces mots, *Vnguentum illud* IVSTITIA *fuit, ideo* LIBRA *fuit.*

Que ſi nous voulons voir l'eſtoffe de ces Balances, & qu'il no⁹ plaiſe ſuyure les anciẽs il faudra dire que les Balances de iuſtice ſont de pur argent maſſif & ſolide; & non pas d'or, comme celles de Iupiter, pource que les Poëtes Grecs & Latins ont ordinairement reſerué l'or pour les Dieux en leurs meubles, vtenſiles & inſtrumens, & l'argent pour les Deeſſes; Iunon à la couche d'argent Ἀργυρεοθάλαμος: Minerue à la lance d'argent Ἀργυρεολόγχη: Diane ou la Lune au viſage d'argent Ἀργυροπρόσωπος: & ſuyuant cette couſtume il faudra que nous appellions la Iuſtice Ἀργυρεοπλάστιγγα aux Balances d'argent.

Et de faict Curopalates en ſon liure des origines de Conſtantinople a obſerué que le parquet de la ville qui s'appelloit *Augustæum*, eſtoit tout parſemé de petites Balances d'argent, & vis à vis de cette grande aſſemblée eſtoient auſſi poſées de grandes Balances d'argent penduës en l'air, comme pour les faire ſouuenir de l'equité, puis qu'il n'y a rien au monde de ſi iuſte qu'vne Balance, ſuyuant le vieux prouerbe des Doriẽs cité par Euſtathius ſur le ſeptieſme de l'Iliade, qui

qui dit δικαιότερος σταχάνης plus iuste qu'vne Balance.

Et pour cette raison les vieux interpretes des songes Artemidore, Astrampsicus & Achmetes nous ont laissé cet aduertissement, que si nous voyons en songe vne Balance egalle, il faut tenir pour vray, que le Iuge du lieu est homme iuste, mais si en songe nous voyons des Balances rompues, qu'on doit croire que le Iuge est inique ou bien en danger de sa vie.

Poursuyuant cette comparaison, il faut que les Balances de iustice soyent merueilleusement iustes, & que celuy qui iuge soit semblable à celuy qui pese. Il faut qu'il ait premierement de bonnes Balances, bien adiustées & non pas fausses ny tromperesses, *Graue enim scelus esse iudicamus, libram æquissimi ponderis, iustitiam non habere*

Dieu ayme les iustes poids & les bonnes Balances; comme il se peut recognoistre par vn nombre infiny de passages és sainctes Escritures, ausquelles il recommande l'egalité des poids, & la droiture des Balances. Antonius Melissæ fait vn sermon sur ce suiet au cinquiesme tome de la Bibliotheque des Peres, qui n'est autre chose qu'vn tyssu en forme de centõ des passages plus exprés pour l'egalité des mesures: en cette sorte, *Pondus æquum Domino est acceptum, Pondus æquum & iustum erit tibi, vt diu viuas; Pondera dolosa abominanda sunt Domino, Statera parua & magna impura est in conspectu Domini, detestatur Dominus duplicem stateram & pondus dolosum; Statera dolosa oppressionibus detestata est, Non iustificabitur in Staterâ iniquâ, nec in sacculo ponderum dolosorum*; Voila quasi tout le sermon de ce sçauant homme, aussi riche en estandue de belles sentences, comme il est court en nombre de paroles,

——*sic auri pondera parui*
Exsuperant pretio numerosos æris aceruos.

XVIII. AMMIANVS Marcellinus loüe grandement *Prætextatum præfectũ vrbi, qui pondera per regiones instituit vniuersas, cùm auiditati multorum ex libidine trutinas componentium occurri nequiret.* Nos Roys ont esté pareillemẽt tres soigneux de faire pouruoir leurs peuples de bõs poids & iustes balances, Charlemaigne entre les autres, ainsi qu'il se peut veoir en ses capitulaires liure premier chapitre soixante quatorze, & au Concile d'Arles tenu soubs le mesme Empereur, chapitre quinziesme, iusques là que nos Rois ont bien daigné donner la façon & la forme que les marchands Balanciers deuoient garder pour faire de bonnes balances.

A sçauoir qu'ils ont ordonné que les Balances & les bras fussent à clou quarré, & non à fleaux allans & venans & percez prez de la languette : Ne pareillement à fleaux tombans, qui seroient quassés & rompus, disent les Ordonnances, & reduits à cloux quarrez, faisant tres estroittes deffences à tous Balanciers d'en faire d'autres qu'à clou quarré.

Et par telles ordonnances ils ont approuué seulemẽt les balances à deux bassins *Bilancem momentanam*, qui par le dixneufiesme du Leuitique estoient recommandées aux Hebrienx, la traduction commune dit *Statera iusta*, mais celle qui est faicte de l'Hebrieu mot à mot, dit *Bilanx Iustitiæ*. Et par suytte necessaire les Ordonnances ont reprouué les Balances à cro-

chet, ou à plombeau, que les anciens appelloient Campanam, qui a les bras courbez & inegaux, que nous appellons auiourd'huy Romaine d'autant que telles Balances sont fort en vsage à Rome.
En outre nos Roys ont voulu que les estallons des poids & mesures fussent gardés és maisons publiques des villes & citez à ce que fraude ny fust faicte & qu'on y peust estallonner tous autres poids, comme chez les Romains la garde des poids appartenoit au Questeur en vertu d'vn ancien Senatusconsulte, comme il a esté obserué par quelques doctes personnages, au moyen de quelques inscriptions apposées sur certains poids anciens de pierre dure, ce qui estoit particulierement obserué touchant vne contraire mesure publique nommée Amphora,

—— quam ne violare liceret
Sacrauere Ioui Tarpeio in monte Quirites.

EN second lieu il faut que celuy qui tient les Balances soit homme rond, & qui les sçache bien manier, *Qui pro suâ industriâ neque fallat, neque fallatur* dit l'Empereur Iulian. Car vn mauuais homme pour bonnes & fidelles que puissent estre les Balances, peut faire diuerses subtilitez, soupplesses, & tours de main en si peu de temps qu'il demeure à prendre les Balances en main, & à les suspendre pour oster la cognoissãce à l'achepteur de l'egalité ou inegalité des Balãces. *Mendaces filij hominum in stateris*, dit le Prophete, sur lequel passage escriuãt S. Hilaire dit ces paroles, *Quia impietatis suæ sẽsu aut fallũtur aut fallũt, & decipiũt in stateris sub iustitiæ scilicet nomine iniusta peragẽtes.* XIX.

D'ailleurs que celuy ne se mesle de peser, qui n'en sçait le mestier,

——certo compescere puncto

Nescius examen.

l'Empereur Constãtin a bien deigne luy mesme prescrire la forme de tenir & suspendre les balances au code Theodosien, en ces termes; *Aurum quod infertur æquâ lance & libramentis paribus suscipiatur, scilicet vt duobus digitis summitas lini retineatur, tres reliqui liberi ad susceptorem emineant, nec pondera deprimant, nullo examinis libramẽto seruato, nec æquis ac paribus suspenso statere momentis.*

XX. ENCORES n'est ce pas assés de bien & iustement tenir les Balãces, il faut sçauoir susprendre & cognoistre le clain, comme disent nos Balanciers; les Latins appellent cela *Examen castigare*; le vieux Interprete de Perse dit que *castigare est digito librã percutere vt agitatione cõquiescat*, autrement & si ce n'est à cette bonne fin, il se faut garder de telles supercheries, car qui auroit esté treuue, soit en iugemẽt soit en matiere de mesures & de poids, *sic examen castigans*, ou bie χρυσιμετρῶν donnant le coup de doigt à la balance, les Ordõnances portent, *ne incastigatus abscedat*: car telles façons & tromperies meritent chastiment.

S. Iean Chrysostome escriuant sur la posterieure Epistre de S. Pol à Timothée remarque cet abus coustumier & ordinaire de son temps, ce qu'il appelle παρασαλεύειν τὴν πλάστιγγα c'est à dire faire flotter la Balãce qui est d'autant plus dangereux en la Balance de iustice, que les poids & mesures sont plus importantes que celles des marchandises ordinaires; deffence tres expressé qui est faite aux Aduocats plaidãs, qu'ils ſe gardent bien de faire ainſi flotter les aduis & ſentences des Iuges par la violãce ou douceur de leur biẽ dire, & par les couleurs apparentes qu'ils donnent à leurs cauſes, ne plus ny moins que nous voyons en vn grand theatre, diſoit le Philoſophe Lucrece, que les grands voyles eſtandus donnent & prenent diuerſes couleurs

Scenai ſpeciem patrum matrúmque Deorum
Inficiunt, cogúntque ſuo fluitare colore.

Ce que les Balãceurs peuuent auec vn coup de doigt, les Aduocats le peuuent auec vn tour de langue, auec autant plus de danger, que la lãgue eſt mille fois plus dangereuſe que les doits,

LES Balances de tous les Iuges, du nombre deſquels ſont les Aduocats ne peuuent eſtre que fort bõnes, elles ſont baillées de la main du Roy, ce ſont les Ordonnãces, les couſtumes & loix ciuilles, nõmément en quelques prouinces: Car toutes loix ſont la reigle, les meſeures & les poids des actions humaines, qu'il faut faire, ou ne faire pas ſelon la doctrine de S. Thomas & de tous les Theologiens Scholaſtiques: Chryſippus les appelloit Κανόνας les regles des choſes iuſtes, au moyen deſquelles toutes les affaires du monde ſont reglées, nous pouuons dire auſſi que ce ſont les crochets & balances des mœurs & actions des hommes, XXI.

Libra etenim totum ſi nullâ in parte vacillet
Ponderis, & numeri, morúmque operúmque & aquarũ
Libra nec eſt modulus quem non hoc nomine ſignes:

Quand on dit *Vne liure ou vne Balance*, on dit vne eſpece *de Tout*, comme eſtant vne choſe qui contient soubs soy vne perfection ou amas de choses esquelles rien ne se peut desirer pour son accomplissement : les Astrologues & Mathematiciés font pour ce suiet vne belle comparaison du Soleil à vne liure entiere, des mois aux onces, & des heures aux scrupules; car ils disent que l'an est composé de douze mois, tout ainsi que la liure est composée de douze onces; & qu'il y a vingt & quatre heures au iour naturel, comme il y a vingt & quatres scrupules ou grammes dans vne once,

Grammata dicta quòd hæc viginti quattuor in se
Vncia habet, (tot enim formis vox nostra notatur)
Horis quot mundus peragit noctémque diémque
Vnciáque in librâ pars est, quod mensis in anno.

Et à ce propos S. Augustin au liure contre la mensõge faict mention d'vn pernicieux liure composé par les sectaires de Priscilliá lequel ils appelloient LIBRAM, comme vn ouurage fort parfait *eò quòd pertractatis duodecim quæstionibus quasi vncijs explicatur, tantis extulerit laudibus vt talem librum* LIBRAMQVE, *in quâ horrendæ blasphemiæ continentur, multis librarum millibus pretiosiorem testetur.*

Ce n'est pas assez que d'auoir les loix & Ordonnances comme les Balances de nos actions; le tout consiste à bien appliquer la regle, & donner le vray poids aux affaires, il n'y a que l'hõme de bien qui le puisse faire,

———malè verum examinat omnis
Corruptus iudex.

XXII. PLATON *in Phædro* discourt du cheual qui sõt nos bonnes & mauuaises passions & affections, qui font comme les grains & le surpoids de la Balance : Nostre

Poëte imitant Platon a dit,

Le cheual noir qui ma Royne conduit,

par la Royne il entẽd la raiſon,& lorsque le *cheual noir*, qui ſignifie l'appetit,la porte,c'eſt pour faire verſer la charge. Ainſi dans l'Apocalypſe, *Ecce equus niger, & qui ſedebat ſuper eum habebat* STATERAM *in manu ſuâ*,mais c'eſtoit par hypocriſie qu'il portoit la Balance & pour en abuſer: S. Auguſtin en porte cette raiſon, *Quia impij vt fallant,iuſtitiæ ſtateram manu prætendunt.*

Affin que tel excés & incommodité n'aduienne, chaſcun ſe doit examiner ſoy meſmes deuant que d'entreprẽdre de manier ou pratiquer les Balãces de iuſtice

--- Recto Trutinæ ſe examine penſet
Iudex ipſe ſui,totum ſe exploret ad vnguem.

En outre vn chaſcũ ſçait que nul n'entreprẽd de leuer vn tel fardeau,qu'il n'ait ſuffiſément apparu de ſa prudhomie,integrité & ſuffiſance;ceux qui l'examinẽt, *inueniũt in eo põdus omniũ cõſtare virtutũ*,pour vſer des paroles d'Ennodius, *Plenum ponderis æqui pectus*, dit le Poëte Nemeſianus.

Tels iuges ainſi choiſis Epictete les compare iuſtement à la iuſte Balance,qui ne peut eſtre reformée par aucune autre ny bonne ny mauuaiſe, ny eſtalonnée par aucun poids non plus qu'vne bonne reglè ne ſe peut regler ou iuſtifier par vn autre: Et le Poëte Sedulius ne recommande pas mieux les Apoſtres qui doiuent eſtre les iuſtes iuges de l'vniuers,que par la comparaiſon de leurs vertus auec vne Balance d'or,

——— quorum mens conſcia recti
Puráque ſimplicitas numero meritiſque refulgens
Aurea LIBRA *fuit.*

XXIII. QVE si le iuge n'est toute la Balance, il en est à tout le moins la languette, *Examen & lingula*: cette lãguette est assise & plantée au milieu des deux bras de la Balance, ou elle fait des angles droits & egaux,

——*angulus æquis*

Partibus vt coeat.

Le iuge doit estre ainsi iustement au milieu des deux parties, semblable au diametre qui laisse vn espace égal des deux costez, *nec in alteram partem propensus incumbit* dit Minutius *in Octauio*, ce que Philõ l'Hebrïeu defend tres particulieremẽt au iuge en son liure contre Flaccus.

Examen, dit Festus, *est æquamentum, & iudicij inuestigatio.* Le iugé examine ainsi le iugement qu'il doit faire, cherche & recherche son aduis, il balance entre les deux opinions & extremitez contraires, ainsi que les bonnes Balances s'entrebranslent trois & quatre fois deuant que de se tenir en arrest.

Iusta pari premitur veluti cùm pondere libra,
Prona, nec hac plus parte sedet, nec surgit ab illâ
Qualis in æquatam si quando onus vrget vtrinque
Instabilis natat alterno depressior orbe.

Ainsi le cerf en terme de venerie est dit *Balancer*, lors qu'il brosse tantost d'vn costé & tantost d'autre sans suytte arrestée ne sçachant qu'elle guerite suyure. Ainsi en terme d'Astrologie, les Signes qui s'appellẽt Ὀρθοσταδιστικὰ, *recta, stantia*, tels que sont les iumeaux, la vierge & la cruche, qui sont figurez tout debout, se disent balancer, *librari*,

At quæ recta suis librantur stantia membris.

en posture de deliberans auec vne attention extra-

ordinaire:

ordinaire: Ainsi les bons iuges doiuét balancer leurs aduis *& quasi oscillo suspendere*, dit Varron, ils doiuent en matiere d'importence suyure l'exemple de ce braue luitteur,

Qui iam finitimâ corpus librabat in herbâ.

TANDIS que la languette est ainsi entre les deux fers de son anse, cela s'appelle de diuers noms, car Pline l'appelle *aquamentum, æquipondium, æquilibrium*, Festus *libramentũ*, Vitruue *hostimentũ & sacoma*: Et tous ces mots se disent aussi en matiere de iugemens lors que celuy qui iuge ne sçait à quoy se resoudre, ce que Lucrece a dit *Iudicium flutat* ou bien *fluitat*. Tibulle parlant de la Balance en cette indifference l'appelle *Natat*: comme vne personne qui nageroit entre d'eux eaux, ainsi qu'vn bon Iuge doit faire entre les harágues des Aduocats & la probabilité des raisons pour se rendre en fin du bon costé & au bord de la iustice. XXIV.

En fin comme en fait de nauire il y a des Balancines, à sçauoir les deux petites cordes passantes par les deux poulies amarées aux deux costez de la poulie guinderesse tenant chacune à vn bout de la vergue du beau pré affin de soustenir, balancer & tenir droitte la dicte vergue, duquel effect elles tiennent le nõ de Balácines, Ainsi la conscience & la raison en fait de iugement sont comme les deux Balancines qui soustiennent & affermissent la sentence du iuge, lequel considerant les allegations & preuues des parties, qui se mettent és deux bassins suyuant le dire d'Achmet, & se souuenãt d'ailleurs du symbole de Pythagore qui dit *N'outrepassez pas la Balance*, il se met en son deuoir

——— *iustum geminâ suppendere lance*

Ancipitis libra,

& apres auoir examiné la cause *momento suo, non populari quadã trutinâ, sed artificis staterâ,* n'ayant point d'aduersaires, dit Philon, & desireux de vaincre seulement pour faire triompher la iustice, il met le poids de son opinion au bassin de la partie qui a le meilleur & le plus apparent droit, & panche de ce costé là, comme la languette trebusche vers le bassin qui pese le plus.

XXV. En cette Balãce de iustice l'auarice ny la cupidité de s'enrichir ny doit point entrer, car elle doit estre comme cette fameuse Balance du Philosophe Critolaus, *qui cùm in alterã lancem animi bona imponat, in alterã corporis & externa, tantùm propendere illam boni lancem putet, vt terram & maria deprimat:* car vn bon iuge & particulierement vn Aduocat doit faire plus de cas de la bonne reputation, de l'immortalité de son nom & de la iustice, que non pas de tous les biens du monde: Il ne faut pas qu'ils fassent comme celuy là qui se plaignoit iadis de ses parties: car Posthumianus, disoit il, auoit cette bonne coustume de me donner tous les ans quatre liures d'or, mais despuis quelque temps il va en descheãt, car il commença de m'en donner seulement deux, puis il vint à vne, de là il descendit à demy liure, puis à vn tiers de liure, puis à vn quart, de là à vne once, de l'õce vint au scrupule, du scrupule aux grains, des grains il faudra, qu'il vienne aux limailles, & des limures au neant; & partant, disoit il,

Quod mittat nobis decimus iam non habet annus
Quatuor ad libras Posthumiane redi.

c'est vn abus intolerable remarqué par nos autheurs, qui commença, disent ils, soubs le regne de S. Louys, que la iustice changea l'vsage de ses Balances, ne s'en seruant plus pour peser le droit des parties, mais seulement l'or & l'argent qu'elle tiroit à l'aueugle & par extorsions tyranniques.

La force & la violance ne doit aussi entrer dans les bassins des Balances de iustice, pour faire tort à l'equité & au droit des parties: Brennus Roy des Gaulois, ayant cantonné les Romains dans leur capitolle & les tenant à mercy, lors qu'il fut question de la rançon, pour auoir plus d'or que sa composition ne portoit, mit son espée, les pendans & sa ceinture dans vn plat des Balances, esquelles la rançon se pesoit, dont mal luy en prit par aprés, vn bō iuge ne s'estōne point des menaces & de la force, l'espée de Brennus n'est pas si brillante à ses yeux, ny si pesante à son aduis que celle de la iustice.

L'affection, la cōuoitise, la cholere, la douleur, la ioye, la crainte, l'esperance, ou l'erreur, ou quelque autre trouble d'esprit n'entre non plus en ces Balances de iustice, ores que bien souuent par ces motifs là, *plura iudicent homines, quàm veritate aut præscripto legum, aut iuris normâ aliquâ, aut iudicij formulâ, aut legibus.*

Il n'entre dans ces bassins que le droit des parties, sans consideration de la qualité de leurs personnes, car disoit sagement le venerable Bede: *qui aliter caussam pauperis, aliter potentis, aliter diuitis, aliter sodalis, aliter audit ignoti, staterâ vtique librat iniquâ.*

Les seules raisons y sont pesées indifferemment XXVI.
& comme parle Demosthene *ἰσῳ σταθμῷ*, Æqua lance, qui est vn mot formel, duquel les Empereurs ont vsé par sept ou huict diuerses fois dans nostre Code en

diuerses loix & matieres, & le Iurisconsulte Modestinus vne fois dans le Digeste, ailleurs il est dit; *Pari modo, æquali iure*, & Pline le ieune diroit en ses Epistres, *Pari librâ*.

Et par ainsi le bon iuge tient en cette façon contre tous & enuers tous droitte & sans meslange la Balance de iustice,

Gentibus iustam positurus æquo
pondere libram

dit le Poëte Prudentius, qui est le souhait le plus heureux & fauorable, qu'on sçauroit faire à vn bon iuge, voyre mesmes nous sçauons que iadis au front des lettres missiues au lieu que nous mettons *Salut*, les Grecs εὖ πράττειν, quelques Latins, ont mis cette formule. LIBRAM TENERE IVSTITIÆ, comme il se void dans quelques epistres de Gaufridus Abbé de Vendosme, en celles de sainct Bernard, & d'Iuo Carnutensis: lequel escriuant particulierement à Gaufridus en l'epistre cent soixăte troisiesme, met au dessus de la lettre ces mots: *Iuo Dei gratiâ Carnutensis Ecclesiæ minister, Gaufrido Vindocinensis monasterij Abbati in omnibus* LIBRAM TENERE IVSTITIÆ, souhait digne d'vn hõme de bien, & conuenable à celuy que faisoit Minutius in Octauio, parlant d'vn bon iuge, *vt ignarus partis vtriúsque concîdat*, comme s'il auoit mis les bassins de la Balance deuant les yeux à l'exemple de celuy qui recherchoit le larcin *per lancem & licium*; *lancem enim*, dit Festus, *ob oculos ponebat, propter matrum familias & virginum præsentiam*.

Mais pour autant que nous donnasmes l'année passée vn voyle ou Bandeau à la iustice, tyssu de perles pour luy couurir les yeux, il ne seroit pas à propos de les luy bander maintenant de rechef auec deux bassins d'argent & de reprendre le mesme suiet.

C'EST pourquoy nous ferons fin & dirons, que si iamais il y eut grand & notable suiet de bien esperer des bonnes loix & de l'administration de la iustice en France, & de se promettre vne longue estandue des bornes de son Empire, ce doit estre soubs le regne de nostre tres auguste Prince, puis qu'il a ce bon-heur d'estre né soubs le signe de la Balance *sub signo stantis fortunæ*, qui fait naistre non seulement les souuerains iuges & Legislateurs; mais encores les Empereurs & grands Cõquerans, & tous les plus grands Princes en armes & en loix, s'il en faut croire l'Astrologue Latin en ces beaux vers, XXVI.

Sed cùm autumnales cœperunt surgere Chelæ
Fœlix æquato genitus sub pondere Libræ
Iudex extremæ sistet vitæque necisque
Imponétque iugum terris, legésque rogabit,
Illum vrbes & regna trement, nutúque regentur
Vnius, & cœli post terras, iura manebunt.

L'Empereur Auguste l'vn des plus renommez Princes du monde en armes & en police, nasquit soubs ce signe, & Virgile l'exhorte suyuant ce qu'en disent les Astrologues, de s'aller placer aprés sa mort, au signe des Balances,

———tibi bracchia contrahit ardens,
Scorpius, & iustâ cœli plus parte recedit.

C'est là mesme que les anciens ont feint que l'ame de Iules Cæsar auoit fait sa retraicte aprés son apotheose, & de là nous auons les vers d'Asclepiades,

Et LIBRAM *quam Cæsar habet.*

Que puissent tous propices & fauorables euenemẽs correspondre aux influences de l'Astre ascendant, ou pour mieux dire de la condition bien heureuse des Balances soubs lesquelles nostre prince prit sa naissance, le Soleil estant porté au dessous: qu'il puisse en croissant egaller ou surmonter S. Louys en zele de iustice, & en proüesses le grand Henry son pere, le Cæsar des Francois, duquel les vertus & actions inuincibles contrepesent au moins celles du Cæsar des Romains ÆQVALANCE.

Greffier lisez les Ordonances.

FIN

ONZIESME REMONSTRANCE FAICTE POUR L'OUVERTURE DE LA S. MARTIN, L'AN MDCXV.

LA ROBBE OU LA POURPRE DE IUSTICE.

Non prononcée à cause de la maladie dont il mourut.

CLEOBVLVS l'vn des sept sages de la Grece raconte dans Plutarque vne fable qui ne semble point indigne de ce lieu sacré, puis qu'elle ne le fut pas de l'antretien & assemblée des plus sages du monde; à sçauoir que la Lune ayant honte de sa nudité, demenda vn iour à sa mere qu'elle luy fist vne robbe pour se couurir, mais que sa mere s'estāt mise en deuoir de luy prēdre la mesure, elle se trouua tellemēt empeschée, qu'elle fut contrainte de quitter la besongne d'autant, disoit elle à sa fille, que ie vous trouue si changeante, & va- I.

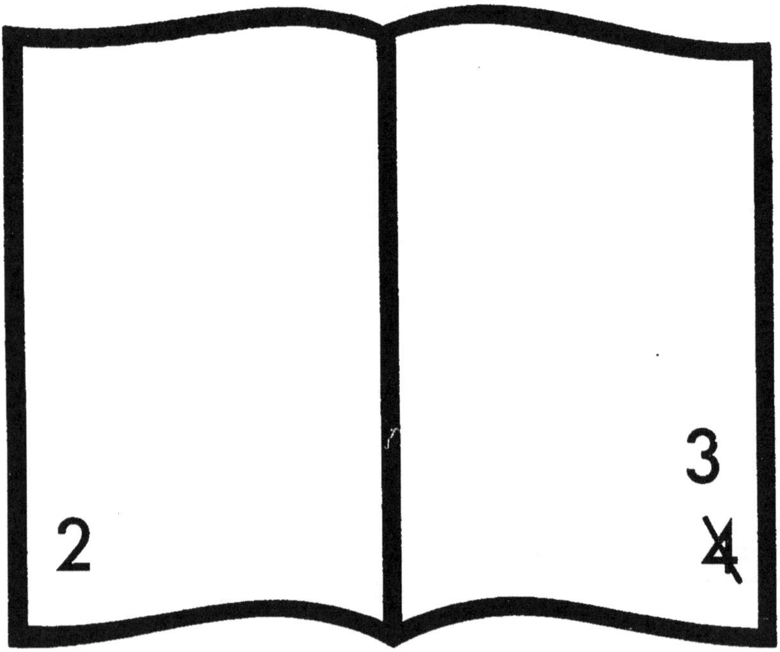
2
3
4

riable, que le drap, les mesures, & l'art y perdent leur sçauoir, car ie vous voy vn iour plene & en vostre rond, d'autrefois en demy cercle, & puis en vos defaillances & obscuritez, de maniere qu'il n'y a moyen de se fier à vostre forme, grandeur & asseurance. Nous pouuons dire qu'il nous en arriue ce iourd'huy quasi le mesme au dessein que nous auons de tailler vne robbe à la iustice digne de sa noblesse & extraction: Car bien que la iustice considerée en soy ne soit pas si suiette à changemens, & ne tienne rien de la Lune, ou de la fortune,

Quæ tantùm est constans in leuitate sua,

si est ce toutefois que les Philosophes & les peintres qui nous l'ont representée les vns par leurs discours, les autres par leurs inuētions & images, l'ont desguisée & dépeinte en si diuerses façōs, postures, & maintiens qu'il nous sera bien mal-aisé d'arrester nos desseins & prendre les mesures: Il est vray que si tous les autheurs l'auoient representée comme Zenodotus ou Cratippus à ce qu'on pense, qui la mit sur vn cube quarré pour monstrer sa constance & fermeté, nous n'aurions pas tant de peine n'y à trouuer des estoffes, ny à prēdre les mesures, ny à tailler & enrichir le vestemēt selon sa dignité, si elle se tenoit tousiours,

Concors & constans, seruans bene legibus aptum:

mais le mal-heur est que les autres l'ont desguisée en tant de façons qu'on ne sçauroit bonnement en iouïr & la faire ioindre pour luy prēdre les mesures, car les vns l'ont faicte DROITE, & toute debout. *Rectitudo iustitiæ comes;*

Sola etenim moderans animantum cuncta guberna

Consilijs cernens obseruantissima RECTIS:
d'autres l'ont mieux aymé representer assise aux pieds de Iupiter, comme Orphée qui dict,

Iustitiæ obtestor pulchræ omnituentis ocellum
At Ioui dictatori SEDET *quæ illustre tribunal.*

PVIS il ne sera peut estre pas iugé conuenable ny expedient de faire vne robbe à la iustice, puis qu'elle veut & desire que toutes choses luy soyent nues, descouuertes & exposées, sans voyle, robbe ny desguisement, car c'est elle qui est ordinairement appellée, II.

Omnituens, hominum scrutans mortalia corda,
Quæque animorum obscura videt, quam nec latitat mens.

C'est elle qui deteste les recoings, cachettes & replis, aussi est elle fille du Soleil & alliée des Astres, voyre selon quelques vns la mere de ces feux brillans & lumineux, d'où le sçauant Orphee l'a bien osé nommer ASTRIFICEM, par ce que tous les Astres, estoiles, signes & constellations reluysent comme par iustice egallement chascun selon ses merites, ou bien pource qu'ils seruent de iustes tesmoins à nos offenses, & ont esté posez par la Iustice leur mere en leurs gardes & stations pour descouurir les actions humaines

Nocte quidem, sed Luna videt, sed sidera testes
Intendunt oculos.

Voyre mesmes quelques Grecs les ont appellez ὄμματα δικαιοσύνης les yeux de iustice: La iustice donques qui ayme la nudité & veut voir toutes choses à descouuert ne prẽdra peut estre pas de plaisir en l'office que nous pensons luy faire, & croyant luy offrir vn present agreable, en luy prenant les mesures d'vne robbe nous pourrions peut estre la desobliger en cacheant les traits de sa beauté incomparable sous les plis d'vne robbe mal façonnée.

III. Si est-ce neantmoins que nous auons creu estre de nostre deuoir de faire vne Robbe à la iustice car bié quelle ayme la nudité & candeur en toutes autres choses, en soy toutefois l'honnesteté & la pudeur de son sexe (puis que les Platoniciés ont voulu que toutes les vertus fussent de nom, de terminaison & de representation feminine) la retire de cette vergoigneuse nudité, & luy enseigne de se vestir honnestement.

Nous n'ignorõs pas que quelques vns ont voulu que toutes les vertus fussent entierement nües pour marque de leur ingenuité, candeur & frugalité, & au contraire tous les vices vestus & fourrez pour marquer leur naturel couuert, fin, cauteleux & dissimulé & c'est de cette vene que sortent ces appellations, qui sont assez ordinaires en l'eschole des Platoniciens, de nommer les vices ἔσχατον χιτῶνα, la derniere robbe de nos ames, χιτῶνα τοῦ τύφου, *vestem superbiæ*, *vestem vanitatis*, *thoracem gloriæ*, comme il se peut voir dans Clement Alexandrin, dans Stobée, S. Isidore & quelques autres disciples de Platon; Toutefois il nous semble que les autres ont mieux philosophé & touché le naturel de la vertu, lors qu'ils ont depeint toutes les vertus vestues honnestement & couuertes, exceptées seulement la Foy & la Verité,

Quam spes & albo NVDA FIDES *colit*
Velata panno.

Voyla quant à la Foy: pour la Verité, elle se representoit ordinairement toute nüe,

Incorrupta FIDES NVDAQVE VERITAS.

POVR les autres vertus on ne parle point,& il ne se void iamais és vieilles images ou medailles qu'elles fussent nües & entierement descouuertes, Clement Alexãdrin en son Pedagogue remarque, que Thales le Philosophe desireux de monstrer la difference qui est entre la vertu & le vice fit dépeindre le vice habillé superbement de robbes fleurissantes, c'est à dire brochées, & fleurdelisées auec vn maintien glorieux, mais pour la vertu il l'auoit dépeinte vestue & couuerte simplement de toyle, sans fard & vermillon. La raison de ce, peut estre prise de l'opinion de leur sexe & de la honte naturelle, qui est la teinture de vertu, c'est pourquoy Philon le Iuif les faict toutes vierges, & la Iustice leur princesse, *Sunt omnes virtutes virgines, sed earum choros ducit pulcherrima* IVSTITIA *cum Pietate*, & comme la principalle vertu & recommandation des vierges, est d'estre voylées, couuertes & decemment vestues aussi la principale loüange des vertus, est d'estre honnorablement couuerte & decemment vestue, voyre mesmes si nous voulons croire les mysteres de quelques Platoniciens il n'y a rien de plus couuert & vestu, que la vertu, c'est pourquoy en leurs hieroglyphiques ordinaires ils comparoient la vertu à vne noix qui a trois ou quatre robbes l'vne sur l'autre pour la garde de son noyau; car elle a φλοιὸν, καὶ τὸ ξύλινον ἔρκος, le test & la caloffe qui sont ses deux vestemens, outre les deux petites membranes & pellicules du dedans, le fruit & le noyau est vestu & couuert de si bonnes robbes qu'il est mal-aisé à des- IV.

pouiller : & voyla disoit Philon le Iuif en la vie de Moyse, le parfaict symbole de la vertu, à cause des retranchemens, robbes, calottes & vestemens qui serrent la vertu au milieu d'vne infinité de trauaux & difficultez.

V. QV'IL soit donc resolu & asseuré que la iustice a besoing de robbe, voyre mesmes que c'est en cella que la nature s'est monstrée non seulement sage & preuoyante, mais encores iuste & equitable, en ce que fuyant la nudité en toutes choses elle a suffisamment pourueu aux vestemens & couuertures de tout ce qui est enclos dans la grande robbe du monde, & soubs le voyle du ciel ; S. Basile dit que Dieu ayant enfanté le monde par la puissance de sa parole, il l'emmaillotta dans les drapeaux de son enfance συνδεῖ ὡς ἐν σπαργάνῳ, mais que par apres en croissant, il sortit des linges & drapelets, il laissa le berceau & puis il fut besoin d'auoir recours aux robbes & vestemens & par consequent il fallut

Nunc glomerare rudes, nunc rursus soluere lanas
Nunc tenuare leui filo, nunc ducere telas,
Nunc emere, & varias in quæstum vendere VESTES
Queis sine non poterant vllæ subsistere gentes
Nec sine luxuriâ.

VI. DE là quelques Platoniciens suyuans les erres de leur maistre se sont imaginez les quatre Elemens cōme quatre Vierges ou quatre sœurs tysserādes, qui vaquent continuellemēt à nous faire des habits : l'air nous file la soye au roüet des conuersions ordinaires

Et hæc quidem contexit aëreum hoc opus
Subtile stamen, vitæ ad almum spiritum:

Le feu en fait le drap, le taille & nous en forme des habits pour entretenir la chaleur naturelle,

Et ignis hæc natura fila valida net
Tunicámque conficit fouenda ad corpora.

L'eau les nettoye & faict la lessiue pour entretenir tousiours nos corps en netteté:la terre nous est comme le maistre de nostre garderobbe; & en cette façon tous les Elemens ne vaquent continuellemét à autre chose qu'a nous vestir & nous tailler des robbes: Et ceux qui ont voulu suyure ces imaginations Platoniciennes, lors qu'ils ont desiré fauorizer quelqu'vn en l'accomplissement de ses desseins & au cours de sa vie, ne luy ont souhaitté autre chose, si non que ces Vierges tysserandes luy filassent de l'or & luy taillassent vne robbe d'escarlatte. Le flatteur de Domitian, entre les autres souhets qu'il desiroit au ieune Prince son fils, voyre deuant sa naissance, estoit

Ipsa tibi niueo trahet aurea pollice fila
Et totam Phryxi Iulia nebit ouem.

TOVTEFOIS ces flatteries n'ont pas eu bon succez & nont pas esté approuuées de tout le monde, car vne robbe d'or est aussi incommode comme elle est precieuse, & tout ce qui est contre le naturel, quoy que somptueux & magnifique, n'est iamais estimé de bon augure: L'or n'est pas bon par tout, ainsi que Tantale l'esprouua, & pour cette raison Artemidore a dit fort sagement au quatriesme de ses Oneirocritiques au chapitre *de Immobilibus vestibus*, que songer en robbes immobiles, comme d'or, d'argẽt, de fer & d'airin est vn mauuais augure, *Et quidã in Magnesiã sibi vis⁹ æreis vestib⁹ amictus esse, statim mortuus est* & en rẽd la raisõ VII.

en ces termes, *erant enim Vestes ipsum complectentes immobiles, quales statuis circundari solent, statuæ vero mortuæ sũt.* Pour cette raison les sages escriuains ont tousiours blasmé ces locutions hardies & insensées, comme Athenée qui reprend fort aigrement Demades, de ce qu'il auoit appellé les murailles de la ville, *la Robbe de la ville*, Lucian ce moque de ce qu'Homere auoit dit *Tailler à quelqu'vn vne Robbe de pierre*, pour dire le lapider; Nicephore est aussi repris de ce qu'il appelloit les sepulcres des Empereurs d'Orient, *leurs vestemẽs de pierre*, comme aussi d'autres ont esté censurez d'auoir vsé de ces termes dans Artemidore au troisiesme, ξύλινον ἱμάτιον ἡ ναῦς, c'est à dire, *Nauis est vestis lignea*; Mesmes quoy que le luxe, qui est tousiours ingenieux, dit le Philosophe Seneque, ait trouué le moyen de dompter & battre l'or en façon qu'il se puisse filer pour estre commodément employé à l'vsage des vestemens, si est-ce neantmoins que les plus sages en ont tousiours condamné l'vsage, ainsi qu'il se void par ces vers d'vn fort habile Euesque de nostre France

An non pellendo glaciali frigore brumæ
Hirta tibi meliùs vellera præbet ouis
Quàm quæ lentato per lubrica fila metallo
Alternos frangit vestis onusta gradus.

Et pour cette mesme consideration on a aussi condamné *crusteas marmorum vestes, scrupea marmoris indumenta*, tant pour la rudesse du parler, comme pour la superfluité de la chose.

VIII. IL est vray que si l'or meritoit d'estre employé en vestemens, & filé, battu, ou trait pour l'vsage des robbes, il pourroit sans doubte & sans blasme estre mis en œuure pour la iustice, puis que c'est elle qui est assise aupres du throsne de Dieu, suyuant Orphée, *in vestitu deaurato circundata varietate*, c'est elle qui merite sans reproche,

Illusásque auro vestes, ephyreïáque æra.

Elle meriteroit aussi les plus deliées & precieuses estoffes, mais pource que de tout temps on a fort blasmé cette sorte de robbe,

——— quæ tegmine raro
Explicat ignotis membra videnda oculis,

& que Varron reprenant la sumptuosité & bombance des femmes Romaines n'oublie pas d'y mettre particulierement, *Nebulas lineas, ventósque textiles*, c'est à dire, *vestes carbasinas*, les autres les appellent ἀέρια ἐσθήματα, *Aëreas vestes*, & les reprenent comme vn signe euident de trop grande mollesse, nous ne seruirons pas de ces estoffes à la iustice, qui ayme la rigueur & seuerité de mœurs, quoy qu'Orphée l'ait nommée, *venustam & dicaculam*, par ce vers,

Concors, omnibus æqua, venusta, dicacula, amica,

elle est trop frugale, & cette façon de vestir, comme disoit sagement Adhelmus, *est inuerecunda nuditas.* C'est pourquoy ces estoffes estant ou excessiuement precieuses, ou peu modestes, ou hors de nostre puissance nous tascherons de luy en fournir vn vestemét de nostre creu, & ferons comme ce bon vieillard d'Oebalie,

——— qui dapibus mensas onerabat inemptis.

Ce sera par nostre discours, qui nous seruira d'instrumés, d'estoffes & mesures, ce n'est pas vne chose nouuelle d'ouyr parler de cette maniere, & n'est pas vne comparaiſon ny vne locution ſi eſtrange, que *rem veſtire ſermone :* Et Philon le Iuif au liure des ſonges, comme s'il euſt preueu que cette maniere de parler deuoit eſtre trouuée eſtrange, deuant que de comparer l'eloquence à vne belle robbe, vſe de ces termes, *Hoc cauillatoribus & criticis reſponſum ſit, dicimus per* VESTEM *figuratè* SERMONEM *intelligi*, & ce pour trois raiſons & proprietez qui ſe treuuent fort ſemblables en ces deux choſes : *Veſtis enim aëris iniurias depellit à corpore, ſic natura homini dedit arcem munitiſſimam, ſermonem,* & voyla la premiere : ſecondement, *veſtis velat quæ natura velari vult, ſimiliter ſermo probra operit & dedecora, efficax enim eſt ad prætexenda peccata hominum:* en troiſieſme lieu, *veſtis pro ornamento eſt corporis, ſimiliter & ſermo totam vitam ornat.*

Voyla le diſcours de Philon, qui nous ſeruira de garant & excuſe ſi nous oſons prendre la hardieſſe de tailler vne Robe à la Iuſtice pour le diſcours de cette S. Martin, & s'il nous eſt loyſible d'eſperer les meſmes faueurs que noſtre Poëte Bourdelois ſe promettoit iadis de la bonté & facilité de ſes Muſes nous dirons apres luy,

> *Mollia ſubtili nebunt mihi carmina filo*
> *Pierides, tenuique aptas ſubtemine telas*
> *Percurrent, dabitur* NOSTRIS QVOQVE PVRPVRA FVSIS.

car ce ſera vne Robbe d'eſcarlate que nous luy ferõs ce iourd'huy, & ce ſera LA POVRPRE de Iuſtice qui nous ſeruira d'honorable entretien pour le reſte de ce diſcours.

X. EN la Pourpre ou eſcarlatte il y a deux choſes biẽ conſide considerables, la couleur & le prix, toutes deux dignes & cõuenables à la iustice: car pour la couleur, biẽ que quelques vns ayẽt appellé la iustice *candidã* cõme Cassiodore, ou biẽ λευκόπεπλον cõme Orphée, si est-ce que cette denominatiõ ne peut en rien preiudicier à l'escarlatte de iustice: car c'est ainsi que quelques vns mesmes ont appellé la foy blanche *albam, canam, candidam*, laquelle toutefois est depeinte toute nüe ainsi que nous l'auons monstré, ces mots donques ne designent pas les habits particulierement, mais l'aage & la vieillesse, car c'est en cette façon que Nonius expose dans Virgile, *cana fides, idest antiqua*, & dans Varron, *Veritas cana Atticæ philosophiæ alumna*, quoy que s'il falloit vestir la foy, sans doubte elle auroit des habits de couleur de neige, *Niuea velamina, non segmentati amictus fidem vestiant*, dans Symmachus,

POVR reuenir donques à la couleur des habits de Iustice si nous voulõs nous arrester ou fonder sur les mots d'Orphée, nous pourrons dire qu'elle est en verité λευκόπεπλος, vestue de blanc, mais que c'est d'vne blanche escarlatte; car il y en a de trois especes & couleurs, quoy qu'vn sçauant & habile homme de nostre temps en ses Ouuertures des Parlemẽs n'en ait recogneu que deux, à sçauoir la rouge & la violette, car de l'escarlatte blanche il en est faicte mention dans vn beau passage de Plutarque *in Alexandro*, où il est dit qu'Alexandre ayant pris la ville de Suses, il y trouua entre autres richesses πορφύρας ἑρμιονικῆς τάλαντα πεντακισχίλια, qui auoient nonobstant les siecles & l'aage, gardé la fleur de leur teinture aussi belle que le premier iour, & il adiouste τῶν ἁλουργῶν δι' ἐλαίου λευκοῦ τῶν λευκῶν, que ces pourpres hermio- XI.

nienes estoient blanches à cause qu'elles estoiét teintes auec de l'huyle blanc : Passage que la traducteur Latin a tout gasté pour n'auoir bien entendu la langue, lors qu'il a traduit, en cette maniere : *Cuius rei caussam ferunt esse quòd puniceorum infectura melle infecta sit candido oleo candidorum*, esquelles paroles il n'y a ny sens ny raison : Et le sieur de Froissard fait mention particulierement des escarlattes blanches lors qu'il dit, *Si fut ce iour le Roy de Portugal vestu de* BLANCHE ESCARLATE *à vne vermeille croix de sainct George* : & ailleurs il dit encores : *Deux sommiers chargez de fines* ESCARLATES BLANCHES, passages tres exprés pour l'escarlate hermionienne, & n'y a pas de suiet à mon aduis d'estimer que Froissard ait voulu parler de l'escarlätte violette, lors qu'il l'appelle blanche, ainsi quelques vns ont estimé, car Froissard n'estoit point si neuf qu'il ne sçeust la difference qu'il y a entre le blanc & le viollet.

Et c'est de cette blanche escarlatte que quelques autheurs fort sçauans ont voulu parler lors qu'ils ont donné cette epithete de *Pourpre* aux choses qui sont entierement blanches, comme à la neige PVRPVREA *sub* NIVE *terra latet* dit Albinouanus : & aux Cignes qui sont renommez pour leur grande blancheur,

Tempestiuius in domo
Paulli, PVRPVREIS *ales* OLORIBVS,

passage que quelques vns ont voulu changer & mettre, *marmoreis*, dont ils ont esté repris par de sçauans hommes, qui sçauent par les tesmoignages des anciens escriuains, que iadis l'escarlatte blanche ou hermionienne estoit autant ou plus en vsage que la rouge ou violette.

S'IL falloit donques vestir la Iustice de blãc, nous XII.
la vestirions de blanches escarlattes, non seulement pour marque de sa candeur & ingenuité, mais aussi pour tesmoigner la douceur & l'humanité de iustice: car il est escrit dans Plutarque en la vie d'Alexandre que les escarlattes blanches & hermioniennes gardoient la fleur de leur tein, fresche & entiere aprés plusieurs années, d'autãt que la teinture en auoit esté faicte auec du MIEL & de L'HVILE deux ingrediens les plus doux & suaues du monde, tous deux propres & conuenables à la iustice, car il n'y a rien de plus doux que rendre à chacun le sien: ou bien si nous voulons autremẽt approprier nous dirons que l'huyle est singulierement conuenable à la Iustice, d'autant que la Iustice ayme la paix, denotée par l'huyle car voyla ce qu'Orphée disoit de la Iustice

——— venusta, dicacula, amica,
Munera PACIS *amans certæ cupidissima vitæ*

& le miel, pour le bien dire du Palais, c'est la vraye & naturelle teinture de la iustice, aussi bien que des blanches Escarlattes, *melle dulcior oratio, mellitus sermo, fauus distillans*: Si la iustice s'abbreuue, & s'entretient dans la douce liqueur de ces deux ingrediens, elle gardera la frescheur & integrité de son visage plus long temps que les escarlattes hermioniennes, & s'entretiendra tousiours

Casca, experta comes, iustis innoxia semper
Et veneranda opulentifer, omnium amœna voluptas,

MAIS d'autant que la vraye & ordinaire couleur
de la pourpre ou escarlatte est la couleur rouge, voy- XIII.

la pourquoy la ROBBE DE IVSTICE, & de ses Officiers est d'escarlatte rouge: Couleur des Roys & des Princes, ainsi qu'il a esté suffisāment & doctement prouué par d'autres, laquelle ils ont communiqué conioinctement auec leur pouuoir & authorité aux Officiers de leur Iustice.

OR que cette couleur sanguinaire soit propre & conuenable à la Iustice, il ne se void que trop par les crimes qu'elle est contraincte de punir lauant ses mains dans le sang des pecheurs; ce qu'elle fait en partie à regret, & en partie auec plaisir & contentement *lætabitur iustus cùm viderit vindictam, lauabit manus suas in sanguine peccatoris*: car elle est bien aise de deliurer le mōde de la contagion & pestilence des meschans, laissant exemple aux viuans de se mieux comporter; qui est le vray & naturel sens de ce passage, dit S. Augustin sur le pseaume cinquante sept *Iustus quando videt pœnam peccatoris proficit ipse, & mors vnius valet ad vitam alterius, tu videns vindictam laua illic manus tuas, de cætero mundiùs viue* Il est vray que la Iustice se plaist bien dauantage en l'Escarlatte blanche qu'en la rouge, en l'huyle qu'au vinaigre, au miel qu'au sang, mais il est necessaire bien souuent de changer de liurée: Celuy mesmes *qui factus est nostra Iustitia* la Iustice increée, l'esquerre & le miroir de Iustice, dit Proclus Cyzicenus, le fils de Dieu, il est depeint *candidus & rubicundus*; *candidus propter clementiam, rubicundus propter iustitiam*: l'Arc en ciel vray signe de clemence, il est aussi blanc, & rouge, ce sōt ses principalles couleurs, τὸ λαμπρὸν, καὶ τὸ πορφυροῦν καὶ τὸ πράσινον, dit Plutarque, pourpre, blanc & verd, & comme dit Aristote, *necesse est cœlestem arcum tribus his coloribus, non aliis infici*, quoy que Lucrece luy donne le noir,

Tum color in nigris existit nubibus arqui,

& Virgile luy en attribue vne milliasse,

Mille trahit varios aduerso sole colores,

mais les Philosophes l'exposent fauorablement au dire d'Aristote, lors qu'ils disent que les trois principalles & maistresses couleurs sont, le pourpre, le blãc & le verd, & encores le verd *ex confinio cæterorum nascitur*, par le meslange du blanc & du rouge, de façon que l'arc en ciel, symbole de la iustice douce & debonnaire n'a proprement que deux couleurs, c'est à sçauoir l'escarlatte rouge & l'hermionienne.

Le rouge donques est la couleur de iustice entant qu'elle est vindicatiue, *non enim omnino deseruit nos iustitia, quicquid dicat Hesiodus*, dit Heliodore au premier de son histoire fabuleuse, *sed quantumuis interdum conniuere videatur in sceleribus hominum puniendis, tandem tamen in eiusmodi nefarios acrem iniicit oculum*, quoy qu'elle se couure quelquefois de son voyle blanc, si est-ce neantmoins qu'elle est enfin contraincte de prendre sa robbe rouge & se lauer de sang, & comme disoit Cassiodore parlant de la teinture de la pourpre, *crines illi lactei, carneo poculo, bis térque satiati pulcherrimâ ebrietate rubescunt*, car il n'y a rien au monde de plus beau, que la vengeance des meschans, il n'y a rien à quoy les Anges se plaisent tant qu'a prendre le glaiue de la iustice *Ad faciendam vindictam in nationibus, increpationes in populis.*

ILs se sont trouuez quelques sçauans, qui ont voulu soustenir que la vraye & naturelle couleur de la XIV.

pourpre n'estoit pas rouge, en quoy, s'esgarans de la verité, ils ont flotté en autant de diuerses opinions qu'il y a de couleurs en l'arc celeste, car les vns ont dit que la naïfue couleur de cette pourpre que les Grecs appellẽt ἀλουργίδα, est la couleur chãgeãte, & ondoyãte cõme on void és estoffes tissues de diuerses soyes, telles que sont le tabis, le taffetas changeant & camelot à ondes, & sur cette opinion, Artemidore & Achmet ont conioint ces deux mots, *Variam & purpuream vestem*, laquelle ils ont donné aux basteleurs & comediens, abusant en cette façon de la maiesté de la pourpre, mais il y peut auoir de l'abus, car cette estoffe que les Grecs appellent ποικίλην, les Latins VARIAM, n'est pas le mesmes que la pourpre, ains c'est la fourrure de nos robbes & manteaux d'escarlatte, qui s'appelle en vieux Gaulois LE MENV VAIR cõme il se void dans Monstrelet, Froissard & les autres du mesme temps, qui l'ont traduit de ces paroles Latines.

XV. A cette opiniõ s'accordẽt quelques escriuains Grecs qui ont escrit que la couleur de la pourpre est naturellement flottante & ondoyante à guise des flots de la mer, qui paroissent de diuerses couleurs, selon les postures des regardãs & le frisottis des vents qui leur oste ou leur donne couleur: En quoy il nous est aduis que la Iustice a vne conuenance merueilleuse, car πορφύρα selon quelques vns se deriue du mot grec πορφύρω, qui se prend pour consulter d'vn affaire, & pource, dit l'Autheur du grand Etymologique, qu'en consultant d'vn affaire, les aduis, volontez & iugemens sont portez tantost d'vn costé, tantost d'vn autre, suyuant le mot d'Homere Κραδίη πόρφυρε κιόντι, ainsi pour ce qu'en regardant vn habit de pourpre qui est flottant & ondoyant, les yeux sont ainsi balancez de part & d'autre, & ne sçauroit on dire de quelle couleur est vne estoffe semblable, voyla pourquoy la pourpre s'appelle πορφύρα, c'est à dire flottāte & ondoyāte: Et les cōsultatiōs sages, prudētes & aduisées, les deliberations posées ne sont ce pas les vrayes couleurs de Iustice? & s'il falloit comparer le Palais à vn ocean ne dirions nous pas auec raison & apres Homere, voyant les belles deliberations qui sont cōme les flots de nostre mer ὡς δ' ὅτε πορφύρῃ πέλαγος: ne pourrions nous pas iustement attribuer aux officiers de iustice *purpurascentes & profundas cogitationes*?

D'AVTRES ont estimé que la vraye & naïfue couleur de la pourpre estoit la rouïllure du fer, d'ou c'est qu'ils ont appellé la pourpre simplement *Ferruginem*; *ferrugine clarus Iberâ*: & dans le Comique *ferrugineum palliolum* c'est à dire *purpureum*: car disoit Seruius, *Ferrugo est obscurior purpura*; couleur qui ne conuient pas aisément à la Iustice, qui ne se doit roüiller ny ternir iamais, ains demeurer tousiours en sa vigueur: Que si par le mot de *ferrugo* ils ont voulu entendre simplement la couleur de fer, & non pas de la roüille, comme d'aucuns ont estimé que telle fust la vraye couleur de la pourpre, sans doubte que telle couleur cōuient particulieremēt à la Iustice, laquelle pour estre telle qu'elle doit, c'est à dire inflexible, & non suiette à la corruptelle, XVI.

---silicem solidúmque in pectore ferrum

Aut adamanta gerit.

Il n'y a rien de plus semblable au fer que la iustice & rien de plus cōuenable à la iustice que le fer; le Palais est en effect le lieu pour parler auec Cassiodore, *vbi rigorem ferri parturit terrena mollities: hinc defensio patriæ venit, hinc agrorum vtilitas procuratur, & in vsus humanæ vitæ multiplici vtilitate porrigitur: Auro ipsi imperat & seruire cogit locupletes, pauperibus constanter armatis*: Voyla la vraye description du Palais, où c'est que le fer de la iustice surmonte l'or de la puissance humaine, de l'auarice & des excés, où c'est que les bons iuges & Aduocats doiuent estre *Adamantij* comme Origene, la poitrine & la conscience de diament

——imprimis adamantina saxa
Primâ acie constant, ictus contemnere sueta

doiuent estre *Calchenteri* comme Didymus, la voix d'airin, l'eloquence nette & resonante pour faire tonner ce barreau

Æráque quæ claustris restantia vociferantur:

doiuent estre *ferrati* cōme Hesycastes dans Balsamon, la teste de fer pour ne ceder à trauaux, prieres, importunitez, & demandes iniustes

Vt validi silices, ac duri robora ferri.

En somme pour voir la ressemblance qui est entre le fer & la iustice, les plus sçauans escriuains de l'antiquité ont estimé que les sieges du plus iuste parquet de l'vniuers tels que sont ceux de Rhadamante, sont de fer, pour monstrer l'integrité & incorruption des Iuges & presidens, comme il se void dans Claudian,

Complentur vario FERRATA *sedilia cœtu*

La Iustice dōques pour ses propres couleurs *habet ferrū*

nihilominus

nihilominus incruentum.

D'AVTRES ont estimé, que la vraye couleur de la pourpre fust la violete, couleur nō fort esloignée de la roüillure du fer, d'ou c'est qu'elle est apellée en lãgue Greque fleur roüilleuse, & les œillets ou hyacinthes, qui semblent à des cloux de girofle auec leur teint melancholique, qui sont aussi surnommez roüilleux *ferruginei hyacinthi*. Il est vray que la violette retire à ce qu'on croid sur la premiere couleur de la pourpre, mieux que les hyacinthes & œillets, d'ou Virgille dit particulierement, XVII.

——*violæ sublucet purpura nigræ.*

Ce qui se doit entendre de la derniere espece de violettes que les Grecs appellēt ἴα πορφυρᾶ, car les deux autres qui sont *croceæ & albæ violæ*, n'ont aucune conuenance auec la pourpre; & nous croyōs que c'est en songeant qu'Artemidore, quoy que personnage fort sçauant, a mis des violettes iaunes ἴα χρύσια, veu que iamais elles ne se virent dans les iardins de l'Europe: c'est la vraye violette qui ressemble en couleur à la pourpre, & si nous voulons le confesser, telle veritablement est la couleur de iustice, *violacei & irascenti similis mari*: la violette c'est la fleur modeste, la plus hūble & courtoyse de toutes les fleurs, qui viēt par tout, qui n'est pas de si grand frais que nos tulipes, martagons, imperialles, & canes d'inde, la iustice aussi croist par tout, elle n'a point esgard aux personnes non plus que la violette aux lieux, elle ne s'achette pas comme ces bulbes & oignons d'Orient, elle se laisse indifferemment cueillir par tout le monde, dans le barreau elle est modeste entre les Aduocats & peut on dire d'elle ce que disoit vn ancien de l'Echo ou rebattement de la voix,

Virgo modesta nimis, legem bene seruo pudoris
Ore procax non sum, nec sum temeraria linguâ
Vltro nolo loqui, sed do responsa loquenti.

Elle ne fait tort à persõne de quelle qualité qu'il soit elle n'iniurie personne puis que c'est à elle à rendre le droit, elle ne parle pas sans estre interrogée, mais lors qu'on viẽt battre à la porte du Palais, c'est allors qu'elle rend ses oracles *& dat responsa loquenti.*

XVIII. DAVTRES ont ouuertement abusé de cette couleur, & l'ont attribuée à des choses qui n'ont & ne peuuent auoir de rapport auec la pourpre, & ne se sont pas contentez de dire, *cùm mare atque vnda purpurissat*, par vne ressemblance assez esloignée, mais ils ont encores dit *ventum purpureum* vn vent de pourpre comme Nonnus en ses Dionysiaques πορφυρέοιο αἴθοπος εὔρου, le vent de midy noir & pourprin, c'est à dire vn vent violent & orageux, d'autres ont dit PVRPVREVS DIES pour dire vne iournée fauorable, ainsi qu'il se void dans ce vieux monument,

---Cœligenæ patri date lucum
In quo Purpureus perpetuúsque dies.

Dans les mesmes antiquitez funerales il se void souuẽt, *Nidus purpureus* pour dire la retraicte des champs Elysiens, ce qui n'a nulle ressemblance de raison, si ce n'est qu'ils veillent par là donner à entendre qu'ils marchent dans les fleurs & sont dans ces prairies cõme dans vn nid ionché de roses & de lys, & tapissé d'escarlatte, ainsi que nous sçauons que Pindare a nommé le Printemps ἔαρ φοινικόπεζον: c'est à dire le

Printẽps qui a les pieds de pourpre : Les Architectes ont aussi voulu auoir leur part en l'abus de ce mot, tant la pourpre est desirée en tous les endroits & vacations du monde : car ils ont appellé sans propos leurs piliers, *Ædificiorũ Purpuras*, comme il se void dãs les Epistres de Seneque, & pour cela Claudian appelloit,

——PVRPVREIS *effulta columnis Atria.*

Et c'est vn terme assez vsité dans Vitruue *cuneus purpureus*: Les Grecs ont bien passé plus auant, car ils ont appellé le Palais royal des Emperieres d'Orient qui estoit à Constantinople destiné pour leurs couches ΠΟΡΦΥΡΑΝ, ou bien *Purpuram*, auquel elles se retiroient, dit Luitprandus, pour enfanter les ieunes Princes qui s'appelloient Porphyrogenites ou bien en pourpre nez. Que s'il nous estoit loisible d'vser ainsi de ce mot sacré de Pourpre, nous dirions qu'il n'y eut iamais Palais ny bastiment en l'vniuers qui meritast si iustement d'estre appellé *Purpura* ou *Porphyra*, que les Palais & Cours souueraines de la iustice, car c'est là dedans que la pourpre à son esclat & son lustre, c'est là que tous les officiers sont autant de colomnes empourprées, *ædificiorum purpuræ*, c'est là dedans, que

——*posito iam purpura fastu*
De se iudicium non indignatur haberi.

Ce qui nous sera d'autant plus loysible de faire non seulement vne robbe mais aussi vn bastiment ou vn Palais de pourpre à la iustice, que Philon le Iuif au liure de *congressu quærendæ eruditionis gratiâ*, dit que tout ce monde n'est rien qu'vn beau Palais de pourpre; ou pour le moins auquel la pourpre tient la premiere place; *Domus est intelligibilis in quâ aulæâ ex* PVRPVRA, *bysso, hyacintho, & cocco, quæ sunt quatuor elementa, Purpura aquam, byssus terram, hyacinthus aërẽ, coccus ignem ostendit.*

XIX. ET iusques icy des couleurs & differences de la pourpre, venons maintenant à l'estime & au prix que iadis on à fait de cette sacrée estoffe.

Il est vray que quelques bons & sçauans escriuains l'ont tellement desprisée & raualleé au dessoubs de sa iuste valeur, qu'il n'y a bureau ny caneuas si grossier qui ne soit plus à priser que le pourpre & escarlatte, si nous voulõs nous arrester à leurs aduis, nous laissons volontiers sainct Gregoire de Nazianze qui l'appelle πένθημον ῥάκος, vn vieux haillon de deüil, vn autre, *vestem imperij funebrem*: Clement Alexandrin *stolidam & mollem purpuram*, & ailleurs, *purpuras inflammantes libidinem*: Ie laisse toutes ces appellations qui ressentent vn air de censeur Chrestien, pour destourner de l'abus de ces estoffes en taxant la nature & l'vsage. Il est plus remarquable, que les Payens l'ont mesmes tellement mesprisée & ternie par leurs doctes escrits, qu'il ne se treuue point d'estoffe si chetiue que la pourpre, l'Astrologue Latin l'appelle SANIEM CRVORIS l'aposteme & le puz, ou la precieuse bouë d'vn petit poisson à coquille,

> *Hinc* SANIES *pretiosa fluit, florẽmque cruoris*
> *Euomit*,

Vitruue encores plus clairement l'appelle *purpuream saniem* au liure septiesme, *ea conchylia cùm sunt lecta*, dit-il, *ferramentis circa scinduntur, è quibus plagis* PVRPVREA SANIES, *vti lacryma profluens in mortarijs terẽdo cõparatur.* vn autre encherissât encores au della, l'apelle du venin,

Te nec Amiclæo decuit liuere VENENO

Nec Miletus erat vellere digna tuo.

Ce qu'il dit pour la teinture proprement qui s'appelle en latin *Venenum*, puis encores il l'appelle venin d'autant que suyuãt Clement Alexandrin, le prix & la folle opiniõ de ce drap a gasté, corrompu & enuenimé les esprits.

D'AVCVNS ont encores mieux dit, & plus sagemét exprimé le mespris de la pourpre lors qu'ils l'ont appellée *colorem blatteũ*, comme Cassiodore, Vopiscus & quelques autres, c'est à dire couleur de vermisseaux, d'autant que le petit poisson de la pourpre fait en forme de vermisseau s'appelle *Blatta* & en porte le nom dans les meilleurs autheurs aussi bien que le plus chetif ver de la terre, dans Alcimus Auitus, XX.

Serica bis coctis mutabat vellera blattis,

il appelle *bis coctas blattas*, ce que nous appellons le cramoysi διβαφὴν πορφύραν: & Dracontius,

Pallia blattarum spreto diffibulat auro

& de là le docte Apollinaris a nommé le Senat Romain BLATTIFERVM, le Senat Porteuers, & de là mesmes nous appellons Vermillon & VERMEIL, la couleur de la pourpre *à verme*, d'ou il se void que Myrepsus & Aldrouandus au cinquiesme tome de ses œuures liure quatriesme *de Testaceis* chapitre cinquiesme s'est trompé doctement, lors que philosophant sur ce mot de *Blatta* il a creu que c'estoit la coquille de la pourpre, *operculum purpuræ*, car ce n'est autre chose que le mot commun qui se préd pour toute sorte de reptiles & vermisseaux, qui font la plus grande part de nostre gloire.

XXI. Et en effet Dieu nous a voulu mõstrer l'estat qu'il en faisoit lors qu'il permit que la premiere inuentiõ & descouuerte s'en fit par le moyen d'vn chien sur le bord de la mer au rapport de Cassiodore, *cùm fame canis auida in Tyrio littore proiecta conchylia impressis mandibulis contudisset, illa naturaliter humorem sanguineum defluẽtia ora eius mirabili colore tinxerunt*. Quoy que Nicephore soit d'aduis que le premier qui descouurit & trouua la pourpre fut vn certain Philosophe, nommé Hercules lequel en fit present au Roy Phœnix, qui en fit teindre le premier ses vestemens royaux, & de son nom la pourpre fut appellée φοίνιξ: Mais saint Gregoire de Nazianze plus croyable & plus sçauant que Nicephore aprés auoir, en l'oraison troisiesme contre Iulian, prouué que les lettres furent inuentées par les Barbares, les armes par des Cyclopes, la magie par les Perses, & la nauigation par les Atheniens, enseigne que la pourpre fut inuentée & trouuée par vn chien de village, & en suytte de cette descouuerte si casuelle, appelle la pourpre *Scrutum luctuosum*.

XXII. Neantmoins il est vray que tous ces autheurs qui ont blasmé l'vsage de la pourpre n'ont obtenu de toutes les nations indifferemmẽt le mespris qu'ils pretẽdoient: car entre toutes les estoffes, draps, meubles, soyes & ornemens il est certain que la pourpre a tousiours emporté le dessus, & despuis le iour qu'elle fut trouuée sur le bord de la mer, *ab his initijs creuit ad maiestatem*: car il n'y auoit grandeur au monde qui ne fust accompaignée & reuestue de pourpre.

XXIII. Les Dieux lors qu'ils ont eu besoing de robbes &

vestemens, ils n'en ont pris ny choysi d'autres que de Pourpre ; à cette perilleuse iournée de la bataille des Geans

——cum Di quoque, magnos
Quæsiuere Deos, dubitauit Iuppiter ipse
Quod poterat non posse timens,

lors il est dit que les Dieux principaux se reuestirent de Pourpre pour effrayer par la maiesté de leur robbe diuine cette maudite engence de la terre, & toutes & quâtes fois qu'il estoit besoing de faire esclatter la maiesté & excellence de leur nature: ils se couuroient de la pourpre comme de leur plus grand & superbe ornement. La iustice tout de mesme lors qu'elle craint la violance des Geans, l'inuasion des grands, les excés, iniustice, extorsions, & meschancetez des petits

—— vastos ne terra Gigantas
In cœlum furibunda ferat.

C'est lors qu'elle faict paroistre l'esclat & la lumiere de sa pourpre sacrée pour effrayer les esprits farouche & violens, ainsi que la pourpre donne l'espouuante aux toreaux furieux & indomtez.

Les temples des Dieux estoient aussi ornez & reuestus de Tapisseries d'escarlatte aux plus grandes solennitez, comme il se void par les plus doctes escriuains de l'antiquité, ainsi celuy de Venus dans Stace,

—— hîc flexus onix & concolor alto
Vena mari rupésque nitent, quis PVRPVRA sæpe
Oebalis, & Tyrij moderator liuet aheni,

& pour plus grande magnificence, ces Tapisseries d'escarlatte estoient tendues auec des crochets d'or & d'argent contre les murailles, & de grosses perles faisoient la teste des cloux, ainsi qu'il se void dãs Claudian, lequel descriuant le mesme temple de Venus, dit que Vulcan son mary auoit sué pour faire les crochets des Tapisseries de son temple.

——— Sudata marito
Fibula purpureos gemmâ suspendit amictus.

Et le Temple de Iustice n'est-il pas pareillement tendu de Tapisseries d'escarlatte aux iours solennels des Ouuertures & clostures qui sõt les grandes festes de Iustice

Curia cùm laté Tyrio spectabilis ostro
Fulgurat?

Voyre mesmes l'escarlatte est vne estoffe si propre & singuliere aux Dieux que Pallas ayant esté blessée à la iournée des Geãs, Homere ne luy dõne point d'autre bande ny compresse que d'escarlatte pour lier sa blessure, particularité neantmoins qui ne se doit trouuer en la Iustice, qui ne doit se seruir de la pourpre pour couurir ses playes & bosses, ou les corruptions de ses officiers, affin qu'on ne luy reproche ce qu'vn ancien disoit de la pourpre des Roys, & qui fut par apres estendu à l'abus d'aucuns Senateurs du parlement de Rome

——— varijs stant ima metalla
Pestibus, & pulchro tegitur sub murice vulnus.

Que l'escarlatte ne serue point de cõpresse à la iustice, ny de voyle pour couurir les abus ou tromperies de ses officiers, affin qu'on ne luy fasse iustement le reproche que le Roy des Aethiopiens faisoit à celuy des Perses, lors qu'ayant veu sa pourpre royalle & apris des Ichtyophages la façon de la teindre, il dit cette

parole

parole memorable : *Persas non solum homines esse dolosos sed dolosas quoque habere vestes*, eu esgard aux desguisemẽs, tromperies & sophistications qui se font necessairement en la teinture de la pourpre.

COMME apres les Dieux, les Roys & Princes tiennent le premier rang au mõde aussi se sont ils de toute ancienneté seruis de l'escarlatte, pour faire parade de leur maiesté royalle : Car Euripide a esté repris par le consentement de tout le monde, de ce qu'il osa introduire les Roys *in vestibus laceris*, rompus & dechirés, qui est vn crime de leze maiesté, car bien que les Roix vescussent assés frugallemẽt au commencement des siecles, si est ce neantmoins qu'ils auoient tousiours ou vn bandeau, ou vne robbe d'escarlatte, pour se faire recognoistre de leurs suiets ; despuis les Empereus d'Orient sont descendus iusques aux souliers & pantoufflles d'escarlatte, car Balsamon met entré les ornemẽs & robbes de l'Empire & Curopalates aprés luy ὁλοπορφυρᾶ ὑποδήματα des souliers ou chaussures qui sõt toutes de pourpre, voyre quelques Princes sont venus à tel excés que d'en changer trois & quatre fois le iour sans iamais vestir vn habit pour la seconde fois, comme le surperbe Roy de Motzuma, le plus somptueux en habits qui fut iamais au monde. Sophocle pour maintenir le droit des Roys & des Princes contre Euripide les faict sortir sur sa scene vestus en demy-Dieux couuerts d'or & d'escarlatte particulierement, soit que le Roy Phœnix fust le premier qui s'en seruit : soit que deuant luy là pourpre fust desia dediée particulierement pour le vestement des Roys : de là la pourpre se nõme particulie- XXIV.

Nnn

rement *Regale ostrum, regia vestis*, dans Horace:

Regali conspectus in auro nuper & ostro

Cassiodore tesmoigne que c'estoit vn habit si ordinaire & naturel aux Roys, quelle faisoit la seule marque de leur grandeur, faisant vne tacite allusion à l'histoire du Roy Porsena: *Color nimio lepore vernans, obscuritas rubens, nigredo sanguinea regnantem discernit, dum conspicuum facit, & præstat humano generi, ne de aspectu Principis possit errari.*

Les Roynes & Princesses ont eu le mesme droit, Cleopatra, Zenobia, Didon, & les autres ne sont iamais descrittes en leur maiesté royalle, qu'en habits de pourpre,

Sidoniam picto Chlamydem circundata limbo
Aurea purpuream subnectit fibula vestem:

La iustice a ioüy de tout temps des droits & des tiltres de Princesse, car c'est elle, qui gouuerne le monde, c'est elle qui modere & regit les volontez desreglées

Sola etenim moderare animantum cuncta guberna

dit Orphée parlant à la loy fille de la iustice: quelques anciens, luy mettoient en main non seulement vne espée, & vne balance mais aussi vn Sceptre, tesmoing de sa puissance royalle, & quelques sçauans Interpretes exposans ce passage *Astitit* REGINA *à dextris tuis in vestitu deaurato*, l'entendent de la iustice: outre ce que les Roys, comme ils ont chery la iustice comme la tutrice de leurs estats ils luy ont aussi de tout temps donné le droit de la pourpre.

——*Te Regia solum*
Protulit, & patrio felix adolescis in ostro.

de la vienent ces appellatiõs ordinaires qu'on dõnoit iadis au Senat de Rome *Ordo Purpuratus* dans Cassiodore, *Muricefulgens* dans Claudian: *Purpureus*, dans Stace

Cantu purpureum trahes senatum

blattifer dans Apollinaris

Blattifer vel quam tribuit Senatus
Quam peritorum dedit ordo consors
Iudiciorum

APRE'S les Princes & les Roys, l'authorité & reuerence des Prestres & Sacrificateurs a esté de tout temps en grande & particuliere estime, dou ils ont obtenu le droit de porter escarlatte. Le sacrificateur d'Hercules fut le premier ainsi que quelques vns ont asseuré d'autant que l'inuention & descouuerte de la pourpre luy estoit attribuée: Les Prestres des Hebrieux portoient aussi robbes d'escarlatte, comme il se void en plusieurs endroits de l'escriture & lors que Caïphe eust dechiré sa robbe comme par indignation, il est blasmé par les anciens Peres de ce que *Sacerdotalem muricem violauerat.* Et plus clairement dans le decret de Constantin le grand Empereur tres-religieux, lequel se treuue au long dans les Commantaires de Theodorus Balsamon sur le tiltre huictiesme *de Parochijs*, il est ordonné, que le souuerain Pontife de Rome *ferat super humerale Imperatorium, & simul* PVRPVREAM *Chlamydem, & tunicam coccineam, & indumenta regia.* Or les officiers de iustice qui sont appellez par les Grecs ἱεροφάντας, *Sacerdotes Themidis* ils ont aussi le droit d'escarlatte en qualité de Sacrificateurs. XXV.

LES Philosophes aussi, comme ils ont esté priuilegiez de toute ancienneté & non seulemét supportez, mais aussi honorez par les edits des Princes & des XXVI.

Roys, aussi ont ils eu quelquesfois le droit de porter escarlatte, ainsi que quelques vns le veulent tirer d'vn passage de Cassiodore, qui ne semble pas neãtmoins fauoriser à cette coniecture, lors que descriuant au neufiesme de ses formules vn habile Senateur, il adiouste ses occupations ordinaires, *Stellarum cursus, maris sinus, fontium miracula rimator acutissimus inquirebat, vt rerum naturis diligentius perscrutatis, quidam* PVRPVRATVS *Philosophus esse videretur*. Il est vray que les Philosophes ont esté souuentefois taxez de la superfluité de leurs habits, de la põpe exterieure & vaine curiosité qu'ils portoient à s'habiller; car Antiphron descriuant vn homme glorieux, luy donne ces qualitez, fastidieux & poly comme vn Philosophe, auec la robbe plissée & a tuyaux, le liure en main, les yeux seueres & effroyables, ce qu'il appelle σχῆμα φιλοσοφικὸν, mais pour l'escarlatte il n'en est point faicte mention ny dans Lucian qui les escrit assez curieusement, ny dans Tertullian, ny au lieu allegué d'Antiphron: & s'il n'y a autre passage que celuy de Cassiodore nous n'oserions asseurer, que le droit de porter robbes d'escarlattes ait esté iamais concedé aux Philosophes. Or la iustice & la iurisprudence qui est la vraye Philosophie, à eu de tout temps, en cette qualité, droit d'escarlattes mieux que les Philosophes du Lycée ou de l'Academie, & chasque officier de iustice est venerable encores pour ce regard PVRPVRATVS *videtur esse Philosophus*.

XVII. EN somme les anciens ont octroyé le droit d'escarlatte à toutes les conditions qu'ils ont estimées ou sacrées, ou imbecilles pour leur seruir de marque, ou de defense, cõme aux femmes & aux enfans, d'ou c'est que la pourpre s'appelloit dans les bons autheurs, *Maiestas matronarum, maiestas pueritiæ*, & en quelques autres endroits *pueritiæ custos*,

Cùm primùm pauido custos mihi purpura cessit,

la principalle raison pour laquelle le droit de porter escarlattes fut ioint auec l'enfance, fut son infirmité, & pour rendre venerable cet aage qui n'attend autre support ny honneur que de son innocence, *Prætextâ infirmitatem pueritiæ sacram facimus ac venerabilem*: Et en cette qualité la iustice, qui est infirme de soy & n'a d'autres forces en main que la volonté des Roix, *cui rẽ cruentã dederunt animo pacato* dit Cassiodore, elle iouyt du droit de porter escarlattes pour se rẽdre venerable & sacrée comme il se void dans Orphée,

Æterna & veneranda, colens sola aurea iura,

LA pourpre estant en si grande estime, que les Dieux, les Roys, les Prestres & les personnes sacrées l'ayans prise comme pour leur liurée, il a esté assez facile que l'enuie passast à toutes autres personnes, & & que l'vsage des escarlattes se tournast en abus, c'est pourquoy, soit qu'il fust permis ou non, les persõnes riches s'en sont seruis par succession de temps, non par autre droit, que celuy qu'ils auoient par la licence du siecle, nous en auons vn grand & funeste exemple en ce riche mal-heureux, duquel nous n'auons autre bien ny mal si ce n'est qu'il faisoit tous les iours grãde chere, *& induebatur purpurâ & bysso*, mesmes parmy les Romains, quoy que plus seueres & reserués à donner ou prendre le droit d'escarlattes, car le Satyrique s'en plaint en ces termes, XXVIII

——— peregrina ignotáque nobis
Ad scelus atque nefas quodcunque est purpura ducit

Or s'il a esté loysible à personne du monde d'vsurper ce droit en tiltre de richesses, c'a esté sans doubte à la Iustice, qui a esté de toute antiquité appellée & honorée comme riche,

Sed Veneranda opulentifer omnium amœna voluptas
Fac tu nos memores aspirans nomen amicum:

Et entre les vertus où qualitez de Dieu, il y en a deux particulierement ausquelles on dõne volontiers ce tiltre de *Riche*, a sçauoir la prudence & la iustice dans Sedulius *diues sapientia*, S. Augustin en quelqu'vne de ses Epistres dit de la iustice *Diuitis Iustitiæ thesauros* & y adiouste encores *opulentiam veritatis*: car en effect pour les belles, grandes & solides richesses, c'est à sçauoir la conscience, l'integrité, l'eloquence, la seule Iustice en est en possession plus que toute autre vertu du monde.

XXIX. TEL estoit donques l'honneur & le prix de l'escarlatte, qui se peut recognoistre plus amplement d'vn autre chef, que de tout ce que nous venons de dire; à sçauoir que tous les officiers qui estoiẽt employez en façon du monde à pescher, carder, teindre, ou garanser la pourpre, iouyssoient de priuileges incroyables, & mesmes s'appelloient personnes sainctes & sacrées: *propter hanc itaque purpuram*, dit Clemẽt Alexandrin, *& Tyrus & Sidõ regio mari propinqua maxime desideratur; quin etiam earum tinctores & purpuræ infectores, & ipsa conchylia in magno pretio habentur*, iusques aux coquilles mesmes, elle estoient en estime & reuerence, ce qui ne se gardoit point ez coquilles des perles ny aux officiers des mineraux, car c'estoient personnes misera-bles & criminelles, mais en la pourpre tous ceux qui s'en mesloient & les coquilles mesmes estoiét sacrées. Tout de mesmes en la iustice, non seulement elle à cause de sa nature excellente, non seulement ses officiers qui sont les Presidens Iuges & Conseillers qui ont droit d'escarlatte sont honorez, cõme persõnes sainctes & venerables, mais aussi tous ceux qui seruét au Palais, iusques aux moindres personnes & plus bas offices, s'il y a quelque chose de bas & inespuisable en la grande famille de iustice, car les Huissiers Sergens & Geoliers qui ont cet honneur que de seruir à la iustice, ils en sont rendus venerables, & si le souhait de Cato Censorius estoit accomply en France, lors qu'il desiroit que le Palais fust paué de coquille de pourpres, huystres & limaçons, comme il se void dans Pline, liure dixneufiesme, sans doute que telles coquilles en seroient honorables, *& hæc ipsa cõchylia in magno pretio haberentur.*

OR c'a esté vne chose bié malaisée de tout tẽps de sçauoir rẽdre la raison pourquoy l'escarlatte fust si honorée tãt des Romains que toutes autres nations barbares & polissées: car si on regardoit la couleur, celle de l'or est sãs doute plus belle, qui esblouyt la veuë, qui reiouyt les sens, qui enchãte les esprits, qui charme les volontez: si c'est pour la rareté mere des miracles, les pourpres se treuuent par tout, & d'assez bõ prix, si c'est pour la peine qu'elle donne à teindre, il y a des couleurs qui sont plus bisarres & malaisées: Lucrece en a, ce nous semble, touché la vraye raison, c'est pource que la couleur de pourpre ne se XXX.

ternit iamais,& s'abbreue tellement sur la leine, que la teinture y demeure à toute eternité, ce que nous appellons teinture & garence de cramoysi, il n'y a mariage si inseparable que celuy de la pourpre auec la leine dont vne fois elle s'est accostée.

Purpureusque colos conchyli iungitur vnà
Corpore cum lanæ, dirimi quia non queat vnquam
Non si Neptuni fluctu renouare operam des,
Non mare si totum velit eluere omnibus vndis

particularité qui doit estre fort singulierement recõmendée à la iustice, que la teinture de la vertu & de l'integrité soit si parfaictement ancrée & attachée dans l'ame des officiers de iustice, que toutes les eaux des faueurs que tous les torrens des sollicitations & prieres ne la puissent ternir ou enleuer en façon du monde, *aquæ multæ aut flumina non obruent illam.*

Theano Philosophe Pythagoricienne disoit en sa premiere epistre que la vertu est semblable à la teinture de la pourpre, car les trauaux & estudes de l'enfance en sont cõme les premieres couleurs grossieres & necessaires, *προυποσυφαί τινές τελειωθησομένης ἀρετῆς,* la premiere couche, ou la premiere garãse des vertus solides & de cette belle pourpre qui doit teindre les ames en leur perfectiõ par le moyẽ de laquelle *ἀρετῆς* ΒΑΦΗΝ *οἰκειότερον φέρουσι:* les officiers de iustice doiuẽt auoir passé par ces premieres teintures de trauaux, estudes, exercices, affin de se vestir parfaictement de la vertu, lors qu'ils se reuestent de l'escarlatte de iustice.

l'Apostre Sainct Pol, qui se promet d'estre vn des Iuges du monde passa premierement par cette teinture,

ture, car d'autant, dit S. Isidore, qu'il deuoit estre ἡ τῦ θεῦ ἁλυργὴς *Dei purpura*, Dieu s'en deuoit seruir comme d'escarlatte, il fut premierement pressé, teint & foullé dans les trauaux, *vt postea Purpuræ tincturam acciperet, quemodo lana antequam imbuatur, astringitur, propter futurum vestimenti pretium*; ainsi les bons Iuges deuant que de vestir la robbe de iustice pour porter iugement, ils doiuent auoir passé par toute sorte de bõnes teintures, & n'auoir en leur ame aucune liquéur mauuaise & corrompue, qui gaste le prix & le lustre de la pourpre, car il arriue que la moindre tache gaste & se communique aisément sur la pourpre & gaste la teinture.

NOVS n'ignorons pas les estranges façons & ceremonies de diuerses nations touchant l'importance du iugement, comme les Areopagites iugeoient ἐν τῷ φρέατι, cõme les Romains en la chambre criminelle *ad puteal Libonis*, pour monstrer l'importance & l'integrité des Iuges qui doiuent porter sentence, comme s'ils estoient prests de subir la mort & la precipitation pour la verité de leurs sentences, comme les iuges de la Chine font des estranges ceremonies & laschent l'artillerie ez iugemens & sentences criminelles, pour monstrer que quand il est question de decider de la mort d'vne personne, le monde doit tonner & les iuges porter le geste & maintien de personnes estonnées : Ceux de la Guynée lors qu'ils doiuent iuger affaires de consequence, font des gestes & contours de leurs corps, apostrophant le Soleil & la Lune, & protestant qu'ils doiuent porter sentence pour l'equité & iustice; toutes ceremonies XXXI.

effroyables, mais nous qui sommes plus cultiuez, nous sommes contentez de la robbe de pourpre, robbe fatalle & qui a, cõme disoit Artemidore, quelque affinité auec la mort, *habet purpureus color consensum quendam ad mortem*. L'escarlatte n'est que sang, en tout & par tout signe & auancoureuse de la mort, argument de tristesse, de là, la mort appellée *Purpurea mors* ἔλλαβε πορφύρεος θάνατος.

XXXII. DISONS vn mot pour les Aduocats, qui ont aussi droit sur l'escarlatte en certaine façon, non seulemẽt entant que premiers iuges, mais en qualité d'Aduocats: Ils sont en trois ordres cõme la pourpre en trois especes, la rouge, la blanche & la violette. Nous attribuerons volontiers la rouge aux Aduocats cõsultans puis que πορφύρα se dit du verbe Grec πορφύρω c'est à dire βουλεύομαι, ou bien consulter & deliberer d'vne affaire, qui est le propre des Aduocats consultans: Aristote parlant des pourpres, dit qu'elles s'assemblẽt, *& vuam seu fauos faciunt more apum*, ce qui se peut commodément exposer des Aduocats consultans, qui doiuent estre conioints en iugemens, conseils & opinions cõme les grains d'vne grappe sont ioints en vn mesme raisin, & les pourpres en leurs assemblées ordinaires, & les mousches à miel en leurs essains lors qu'on les void.

——arbore summâ
Confluere, & lentis vuam demittere ramis.

Nous nous contenterons de les auoir touchez en passant, car tels personnages ont plus besoin de loüange que d'aduertissemens ou remonstrances, ils sont personnes sacrées, comme la pourpre *sacra vestis*, qu'ils soyent soigneux d'entretenir le lustre & la bõne reputation de leur ordre. Il n'y a rien que les teignes qui puissent gaster la pourpre, *tinearum genus inimicum purpuræ*, que l'auarice & la cupidité d'auoir ne ronge la bonne opinion en laquelle ils se sont entretenus, qu'ils chassent & banissent du Palais ces insectes & vermines mal-heureuses: les pourpres n'ont rien de commun auec les mousches à miel, que la ressemblance de leurs goffres, pour le reste

Ignauum fucos pecus à præsepibus arcent.

QVANT aux Aduocats plaidans, qu'oy qu'ils n'ayent iamais eu droit de porter escarlattes que nous sçachions, ils auoient neantmoins iadis des robbes plus amples & capables qu'a present, qui leur furent ostées du temps que les Orateurs commancerent à prendre le nom d'Aduocats, d'ou Tacite s'en plaignoit au dialogue *de claris oratoribus* en ces termes: *Paruum & ridiculũ fortasse videbitur quod dicturus sum, dicã tamen vel ideo vt rideatur; quantùm humilitatis putamus eloquentiæ attulisse penulas istas quibus adstricti & velut inclusi cum iudicibus fabulamur?* Il n'y a point de doubte que la maiesté & amplitude du vestement ne donne grace, force, & esprit à l'eloquẽce, qui est vn peu glorieuse de son naturel, disoit le mesme Tacite; c'est pourquoy nous leur donnerons maintenant vne belle & ample robbe d'escarlatte: En vn mot c'est l'eloquence que nous leur donnons & recommandõs, grande, belle & florissante robbe d'escarlatte s'il en fut iamais: & les exhortons, *Ne omnes nobilium sermonum* PVRPVRÆ, comme parle Sidonius, *per incuriam vulgi decolorentur*: Il nous semble que la pourpre XXXIII n'eut iamais si grand honneur, qu'au rapport & ressemblance que les bons autheurs ont faict entre l'escarlatte & l'eloquence, comparaison assez commune aux autheurs qu'on appelle *mediæ ætatis*,

Omnibus in rebus sermonum Purpura regnat,

dit Ennodius Euesque de Pauie, & ailleurs il l'appella *ostrum linguæ* l'escarlatte de la langue; & derechef *Muricem linguæ*: Et encores deuant eux le Poëte Lyrique auoit appellé les belles sentences & les fleurs qui se mettent au milieu des harangues pour seruir d'ornement, *Purpureos pannos*, des pieces de pourpre,

Inceptis grauibus plerúmque & magna professis
PVRPVREVS *latè qui splendeat, vnus & alter*
Assuitur PANNVS.

Ce que Sidonius appella par aprés à son exemple, *Purpureos locorum communium pannos*; mais ils prendront garde de n'attacher telles pieces d'escarlatte, & ces fleurs de bien dire sur vn rude & grossier caneuas: c'est à dire qu'ils soyent soigneux de faire en sorte que l'elocution & l'inuention s'entretiennét comme sœurs, que l'vne ne desméte pas l'autre, qu'ils ne mõtét trop, pour tomber tout d'vn coup, qu'ils n'esclattent trop pour rompre, qu'ils ne guindent trop auãt pour faire par apres vn n'aufrage d'autant plus perilleux & miserable, *quò lapsu grauiore ruant*.

Neron lors qu'il voulut pescher soit *in sinu Baiano*, soit ailleurs, ainsi qu'il est descrit par Suetone, Xiphilin & autres fit en sorte que cet exercice respõdist à sa maiesté imperialle, car il fit faire les rets de soye & d'or trait, & les cordes de cramoysi, *blatteis funibus piscatum tradunt Neronem* dit Eutropius, Suetone *purpureis*: c'eſtoit ſagement aduiſé, les filets eſtans de ſoye & d'or traict, les cordages ne deuoient pas eſtre de chanure ny d'eſtouppe, les Aduocats plaidans peſchent dans le Palais, ils iettent les grands filets de l'eloquence, vne faconde & vn bien dire d'or, mais qu'ils prenent garde que les cordages ſoyent de cramoyſi & reſpõdent à la maieſté du lieu, de la iuſtice, & de leur eſtime, *blatteis funibus piſcantor.*

ILS prendront auſſi garde d'aymer & entretenir la verité en leurs plaidoyez, qui eſt l'ame de l'eloquence, l'eſcarlatte du bien dire, la nourrice de la iuſtice, la verité n'oſte pas la grace de l'eloquence, comme la teinture n'oſte pas l'eſclat & naifueté de l'eſcarlatte, ains au contraire il y a vne ſi grande & eſtroitte affinité de l'eſcarlatte à la verité, que les bonnes eſcarlattes s'appellent ſimplement dans les bons autheurs Αληθινα ἱμάτια VERA VESTIMENTA, comme il ſe void dans le decret de Conſtantin rapporté par Balſamon, ou les traducteurs ont tourné VERA VESTIMENTA, non par ignorance, comme quelques vns ont eſtimé eſcriuant ſur Trebellius Pollio, mais tout exprés & de certaine ſciẽce, car parlant du ſouuerain Pontife de Rome, qui auoit eu ce priuilege de Conſtantin, de porter les bottines d'eſcarlatte & la houſſe d'eſcarlatte, ſignes & marques de l'Empire, il dit, ἀμφιέννυται βληθινὰ ὑποδήματα, καὶ καβαλλικέυει μετα βληθινὺ σελυχαλίνυ, ce qu'on expoſe, qu'il eſt permis au Pape de porter bottines VRAYES & vne VRAYE houſſe, c'eſt à dire de vraye & fine pourpre; Capitollin l'appelle par adioint *purpuram veri luminis*: de façon que la verité eſt tellement con- XXXIV

iointe auec l'escarlatte qu'elle ne s'en peut separer, ou ce n'est point escarlatte.
Ainsi disons nous de l'eloquence des Aduocats *Murex eloquij*, si cette fine escarlatte n'est coniointe anec la verité, si leurs harangues ne sont animées de l'air de verité, ce n'est plus eloquence, *est inanis verborũ strepitus*, c'est de l'escarlatte sophistiquée, bastarde, & corrompue, & nous sçauons les penes eniointes aux corrupteurs de l'escarlatte : ils encouroient la mort ne plus ne moins que les faux monoyeurs, d'ou nous auons la parodie de ce vers d'Homere appliqué à vn teinturier d'escarlatte, qui fut mis à mort pour l'auoir gastée,

Purpurea illum mors, violentáque Parca peremit.

XXXV. Les Pourpres, dit Aristote, s'assemblent à trouppes en vn mesme sein de la mer sur le commencemẽt de la prime, *vt condant, quam fauaginem nominant, quæ veluti fauus est apum, Græci μελίκηρα vocant*, Et les Aduocats plaidans s'assemblent en ce lieu sacré, en ce barreau fameux, *vt condant fauaginem*, pour vaquer à l'eloquence, qui est vn vray goffre de miel & de cire μελίκηρα; le Temple de l'eloquence iadis dans Philostrate estoit de plumes & de cire, & le bien dire de Nestor estoit conferé au miel.
Puis nous auons à ce propos donné aux Aduocats plaidãs l'escarlatte blanche ou Hermionienne, dont la teinture se faisoit auec du miel & de l'huyle, vrays symboles de l'eloquence: & en cella particulieremẽt, que ces escarlattes prenent leur nom de Mercure, ou Ἑρμῆς qui est le Dieu de l'eloquence, & partant ce n'est pas merueille si nous leur donnons l'eloquence

comme vne vraye escarlatte,&si c'est aux Aduocats, que

Arridet germen quod linguæ pingitur ostro

MAIS ils se garderont particulierement d'vne chose, en ce qu'estans comparez à la pourpre, ils ne se laissent prendre comme la pourpre, Oppian racōte en ses Halieutiques, que l'vnique moyen de prendre les pourpres, c'est par la langue, &auec de la chair pourrie, nommément de la chair de grenoüilles dōt elles sont merueilleusement auides; car elle se iettent auec vne telle auidité sur cette chair pourrie, que leur langue venant à s'enfler comme par du venin, elles ne la peuuent plus retirer dans leurs coquilles, ils se garderōt de laisser corrōpre leur eloquence par auarice ou autre infection semblable, & si ne tascheront de corrompre ou ternir la maiesté de l'escarlatte de iustice par vn babil & routine de chiquanerie représentée par la chair de grenouille, affin qu'ils ne puissent iustement s'attribuer l'eloge de cet animal, duquel il est dit, XXXVI

Cúmque canam semper, nullus mea carmina laudat,

Il vaut mieux plaider rarement auec loüauge, que souuent auec blasme, il vaut mieux estre comme le rossignol qui ne chante qu'en certaine saison, mais c'est auec loüange, & vne lōgue preparation de tout l'hyuer, que non pas comme la grenoüille qui parle tousiours, mais c'est auec importunité.

AVX Aduocats escoutans nous leur faisons present de l'escarlatte violette, cette couleur, cette teinture de cette fleur marquent la modestie, vertu qui leur est entierement necessaire, affin qu'ils ne tōbent XXXVII

point en ce blasme que Tacite dõnoit aux ieunes Aduocats apprentifs de son tẽps, *Quotusquisque Scholasticorum* (car ce mot se prend en bonne part pour vn Aduocat, voyre des plus fameux) *non hac suâ persuasione fruitur vt se ante Ciceronem numeret, tanta insita nobis ambitio est, vt nemini nostro iudicio concedamus?*
Ils doiuent faire comme les pourpres, lesquelles tout l'hyuer lors que la saison n'est pas commode *ad fauificandum πρὸς μελικηρᾶν*, se tiennent au plus creux de la mer en recoy hors du danger des tempestes, & de là la mer s'appelle *purpureum*, & le mot de *purpurare* pour dire esmouuoir le fons de la mer par vne tempeste

Horrida tempestas virides cùm purpurat vndas.

Qu'ils se tiennent au plus creux de leur silence, qu'ils se maintiennent dans leurs estudes, iusques à la saison commode, les ours, les polypes, les rossignols & les cigales en font tout de mesmes *suo sibi succo viuunt*; Il n'y a telle ayde pour l'eloquence que la preparation, & n'y a telle preparation que l'estude solide, la pourpre se nourrira là dedans, la couleur & l'esclat s'entretiendra par l'exemple, & puis par l'exercice en son temps, de façon que lors qu'en leur maturité ils viendront à plaider,

Ebria purpureo fulgebunt murice dicta

Greffier lizez les Ordonnances.

FIN.

DOVZIESME

REMONSTRANCE POVR L'ENTREE DV ROY EN SA COVR DE PARLEMENT LE XII. Decemb. MDCXV.

Non prononcée à cause de la maladie dont il mourut.

SIRE, les belles & florissantes prouin- I.
ces de la France, sur lesquelles Dieu à donné à vostre Maiesté, commendement & pouuoir absolu, sont assistées d'vn Genie beaucoup plus fauorable que n'ont pas esté maints grāds & celebres Royaumes de l'antiquité, en ce particulierement qu'elles ne sçauroient regarder le sacré visage de leur Roy qu'auec vn grand & naturel sentiment d'honneur & reuerence: faueur que les plus glorieuses nations de l'vniuers n'ont obtenu iamais pour l'accomplissement de leur felicité, d'autāt que l'estrāge & barbare grauité de leurs Roys, ou bien tout au rebours la coustume & iouyssence iournaliere qu'ils auoient de leurs Princes leur ostoit ce bon-heur, ou

pour ne les voir iamais,ou pour les voir trop souuant, cõme il est euident pour preuue de l'vne de ces extremitez en la fascheuse condition des Philosophes Indiens nommez Gymnosophistes; qui tenoient continuellemẽt les yeux fichez sur la clarté du Soleil,lequel ils recognoissoient sur la terre pour leur Roy naturel, Car outre les grandes incommoditez qui accompaignoient selon la varieté des saisons, l'estat & la vie de ces pauures idolastres, & le danger iournalier de deuenir entierement aueugles, tiré de l'ambition naturelle de ce grand Astre lumineux, lequel ialoux de sa beauté prent vn certain plaisir de se vanger sur la temerité de ceux qui le regardent trop attentifuement, I'y treuue vn inconuenient fort remarquable, en ce que le Soleil estãt le plus excellent corps de la nature, ces Philosophes luy faisoient vn grand tort de le regarder si coustumieremẽt, sans retenüe ou preparation quelconque de leurs sens;& se priuoient eux mesmes pour l'accoustumance ou familiarité qu'ils en auoient du contentemẽt incroyable qu'ils en eussent tiré, le regardãt auec plus de reuerence & rareté qu'ils ne faisoient;Car c'est vn commun sentiment& ambition naturellle des plus belles &excellentes choses,de se retirer volontiers de la presse & de la veüe des humains, & se monstrer rarement affin de rencherir par cette retirade mysterieuse sur l'opiniõ qu'on a de leur merite. Pour ce que la rareté, qui seule parmy nous engendre les merueilles, ou pour le moins leur en donne le goust, venant à se tourner en accoustumance & degenerer en familiarité,a coustume de mettre les plus grands miracles au rabais, & leur oster le prix, battant continuellement sur les yeux & sur l'aduis de ceux qui en peuuent iuger & leur presuadant que chose si commune ne sçauroit estre merueilleuse.

C'EST pourquoy la Nature souueraine de l'vniuers apres auoir comme par testament disposé de ses biens en faueur des hommes & fourny toutes les natiõs de la terre habitable de ce qu'elle iugea leur estre precisement necessaire pour l'entretien de leur vie; leur tira sagement de deuãt les yeux les choses esquelles il y a plus de maiesté que de profit, & plus de merueille que de necessité pour nostre vzage; Mais quant à celles qui nous sont & merueilleuses pour leur exellence, & entierement necessaires pour les grands biens que nous en retirons, telles que sont les Roys des hommes, & le Soleil Prince des creatures de ce monde, elle s'y est comportée selon les loix de sagesse & liberalité quelle nous doit: Car si la beauté du Soleil, & la maiesté de nos Roys merite, ou requiert de la nature quelque rencherissement, la necessité que nous en auons s'y oppose, & les biens que nous en retirons l'a contraincte de nous les rendre plus communs, & les abandonner auec toute reuerence à la veüe & à l'vzage de leurs suiets; Que s'il eust esté en sa puissance, disoit le Philosohe Platon, de faire quelque lumiere d'estoffe differente & de plus vil prix que celle du Soleil, pour n'estre forcée de profaner à tous momens, & d'estaller tous les iours dans le marché de ce monde, cette grande & luysante fontaine de toutes les lumieres; ou bien si elle eust peu commodement tenir les hommes enfermez comme Troglodytes soubs la terre, & les appeller vne fois en II.

leur vie sur le Theatre de ce monde, pour considerer à plein la clarté du Soleil, nous iugerions plus fauorablement de sa beauté que nous ne faisons pas; Car ce que nous n'estimōs maintenāt qu'vne motte dorée, vne gerbe de rayons, vne roüe ardente & enflammée, nous l'adorerions alors cōme vne diuinité materielle, nous l'admirerions comme la fontaine de toutes les merueilles, nous l'aymerions comme l'œil de ce mōde, nous le verrions comme vn grand escarboucle enchassé dans le ciel, bref nous le suyuerions de l'œil, de pensée & de vœux comme l'œconome & despensier des biens & liberalitez de la nature.

Et ie ne doubte point, que nous ne fussions allors cōme ces pauures Indiens apres le cours de leurs roües ordinaires qui sont vne espece de Iubilé parmy eux, & sur la fin de ces trois iours qu'ils appellent de neāt, comme estans hors du conte rond de leurs années en forme de bissexte: car en ce point desflors qu'ils apperçoiuent leuer le Soleil, qu'ils appellēt neuf ou ressussité, ayant au prealable porté le deüil pour sa mort pretendue, ils y portent vne telle preparation de sens & vne si grande reuerence des yeux, qu'ils l'adorent comme vne diuinité mortelle, & le reçoiuent comme vn biē necessaire, de la iouyssāce duquel ils s'esiouyssent d'autant plus qu'ils en auoient probablement desesperé pour tout iamais.

III. SIRE ce que la nature n'a peu faire commodément en la lumiere du Soleil, de peur de nous laisser cōme pauures Cymmeriens en tenebres, ou bien comme les peules de Chuzetan au rapport des anciennes histoires, nous faire miserablement trauailler à la clarté des estoilles,& vers luysans de la terre, elle l'a fait heureusement en la personne de nos Roys,& nõmément de V.M. tres chrestienne, donnant auiourd'huy la iouyssance de ce bon-heur tant esperée & si impatiemment attendue de tous vos bons & fidelles suiets, à vostre tres florissante prouince de Guyenne, à vostre belle & noble ville de Bordeaux, & particulierement à cettte graue assemblée de vostre Parlement, qui s'esiouyssent tous & iouyssent d'autant plus heureusement de vostre royalle presence, que cette felicité & iouyssance porte auec soy plus d'honneur & d'esclat, & en suytre de ce l'offrande & victime deuote que nous luy faisons de nos tres humbles seruices & & volontez:

IV. SIRE c'est maintenãt que toutes ces belles fleurs de lys, qui enuironnent ce throsne de iustice, & nous seruent tous les iours de tesmoins en nos charges desireroient par la faueur du ciel estre tournées en autãt de beaux yeux clairuoyans, & de fleurs iaunastres qu'elles sont, deuenir belles & luysãtes prunelles pour participer à la felicité de tant d'yeux, qui sont maintenant fichez auec reuerence sur vostre royal & sacré visage. Et si nous faisons cet hõneur à vn grand & excellẽt orateur de la Grece de croire ses belles & royalles cõceptions il n'y eut iamais Monarque si heureux que V. M. car discourãt des marques d'ũ grãd & parfait Roy, il n'en porte point de meilleure que celle du desir que ses suiets ont de le voir & l'honorer en le voyãt, & lors que ceux qui ne l'auoient veu iamais, y courent pour le voir cõme vn enfãt qui n'auroit veu sõ pere de lõg tẽps: car V. M. void auec quelle affluẽce & desir toute cette noble prouince de Guyẽne, court & s'auance pour iouyr de l'honneur de vostre royalle veuë: voire dit-il, il seroit expedient que toutes choses inanimées s'euertuassent alors: les animaux de la terre, & les oyseaux de l'air vinssent au deuant pour mener liesse & receuoir ses commandemens. Que si le temps n'est plus ou les animaux sans raison puissent ou doiuent faire cet hommage, comme en cette vieille saison des fables, vos tres-humbles suiets suppleeront honorablement à ce deffaut.

C'est de cette glorieuse & memorable iournée, que cette graue assemblée prendra à tout iamais les mesures de sa souuenance, & qu'ez plus remarquables actions, celle de maintenant seruira de parangon & paralele à la posterité: Et comme anciennement la victoire Actiaque, ou le iour auquel Cæsar commança d'entrer dans le Senat seruoit aux Romains d'Epacte, & nombre d'or pour conter leurs années, aussi viendra le iour, que ceux qui ont l'honneur de voir V.M. seante en ce throsne d'equité croiront boucler glorieusement le cours de leurs années, lors qu'en teste de leurs contes ils pourront nombrer & mettre cette glorieuse & auguste iournée, en somme tout ainsi que l'on dict, que ce petit aueugle nain, auquel les anciens donnerent le nom d'Amour, quita son bandeau pour vne fois affin de iouïr plus à plein de la beauté d'Helene qu'on luy auoit ventée outre mesure, c'est en cette royalle action que V.M. donnera s'il luy plaist congé à la iustice de rehausser pour vne heure le voyle qu'elle porte sur les yeux, pour iouyr selõ ses merites de la veüe de son Prince tres agreable, affin qu'y lisant pour vne bonne fois la maiesté royalle & les graces engrauées, elle en tire vne image parfaite pour la mettre deuant les yeux de ses Officiers toutes & quantefois qu'ils s'approcheront de ce lict de iustice.

Ce n'est pas vne action iournaliere de voir le plus glorieux Monarque de l'Europe seant pompeusemẽt sur son lict de iustice : & cette consideration suffit pour esleuer nos esprits à penser que nous faisons ou voyons auiourd'huy ce que nostre felicité ne nous permettra de voir ou faire à tout iamais, comme disoit Aristides le Rheteur, pour effrayer, ou remplir de maiesté les esprits des Ambassadeurs de la Grece, que ce n'estoit pas vne action de tous les iours, ny vne representation ordinaire que de se presenter deuant la Cour de Rome, & voir les grandeurs, magnificences & beautez de cette grande ville, à laquelle ils portoient parole de la part de leurs Princes, & partant qu'ils pensassent à leurs affaires, asseurez que iamais en leur vie ils ne verroient ou manieroient l'occasion de paroistre que ce iour leur faisoit naistre heureusement : Que si les actions passageres des Roys & leurs plus petits mouuemens sont autant de rayons, disoit vn Philosophe, qui sortent d'vn Soleil animé & portent cette necessité de ne tomber iamais en tenebres, nous croyons que cette action solennelle, sera si profondement imprimée dans le cœur de vos bons & fidelles suiets, que l'eternité mesmes n'aura iamais le pouuoir de l'effacer auec la dure esponge des siecles & des ans : De voir vn Roy, ce n'est pas vn spectacle si rare, mais de le voir en sa maiesté glorieux & triomphant, c'est vne grande rareté : Alexandre ne s'y mon- V.

ſtra iamais que deux fois en ſa vie: de voir vn Phœnix, quoy qu'il ſoit vn miracle de nature, ce n'eſt pas vne merueille, mais de le voir en la ville d'Heliopolis auec ce grand & magnifique arroy de tant de nobles princes & de ſacrez Pontifes eſtandu dans ſon lict de gloire & d'immortalité vne ou deux fois en l'eſpace de mille ans c'eſt vne rareté qui faiſoit courir toute l'Aſie pour en rapporter le ſeul contentement d'auoir veu vn oyſeau deſeſperé, las & faſché de viure plus long temps, ſe reduire & conſumer en cendre, & nous ſçauons que pour vn ſeul Phœnix qui s'eſtant eſgaré de l'Arabie heureuſe & pris l'eſſort vers la ville de Rome, les hiſtoires en ſont chargées comme d'vne grande & merueilleuſe iournée, tant on eſtima iadis remarquable vne choſe qui ne ſe void qu'vne fois en mille ans: de voir vne rare & excellente piece de peinture de la façon de quelque noble maiſtre, il n'y a pas dequoy s'en eſtonner, mais de la voir en ſon iour naturel poſée à l'auantage, y remarquer les traicts, les ombrages & rehauſſemens, la viuacité des couleurs, la hardieſſe de la main, c'eſt le contantement qui ſe peut eſperer de telle veuë: de voir la nature royne de l'vniuers en ſa commũne & iournaliere parure, de neiges ou de glaces en hyuer, d'eſpis iaunaſtres & dorez au plus chaud de l'eſté, de pomes & raiſins comme de perles en automne, il y a bien du contantement à qui le ſçaura prẽdre, mais de la voir en la maieſté du printemps, en ſes quarreaux & iardinages, en ſon lict delicieux tapiſſé de roſes & de lys, le plaiſir en eſt plus deſirable, le payſage plus doux, & la veuë plaiſemment differente: C'eſt la raiſon qui a eſmeu de toute antiquité les plus braues & magnifiques Roys de choisir quelques notables actions en leur vie, pour y faire reluyre particulieremẽt leur maiesté royalle & se monstrer en autre iour qu'a leur façon ordinaire deuant leurs domestiques & suiets; mais le bon-heur de la France nous a tellement fauorisé par dessus les natiõs estrangeres que la plus part de leurs Roys, ou excedãt en esclat par dessus nostre mortalité, ou se rauallant au dessoubs leur dignité royalle, n'ont iamais sceu trouuer cette mediocrité dorée & cette conuenence aggreable à la demonstration de leur grandeur & maiesté royalle: Car quelques vns pour faire trop souuant monstre de leur grãdeur se sont rendus non seulemẽt mesprisables, mais encores fascheux à leurs suiets cõme l'experience iournaliere nous apprẽd du Roy des Abyssains, lequel pour estre veu de ses vassaux, faict continuellement la reueüe de ses terres & prouinces; or qui doubte qu'en telles visites & processions le pauure peuple ne porte ordinairement la croix, foulé de semblables courueés.

Voyre bien que les histoires & Chroniques de ce fameux Hercule, diffamées par le meslange d'vne infinité de contes, nous enseignent qu'il fut Roy souuerain de tout l'Orient, lequel il rodoit continuellement en visitant ses terres pour en chasser les maux & incommoditez qu'on a trãsformé par aprés en monstres & prodiges, si est-ce neantmoins que ces reueües ne se faisoient sans incommodité de ses suiets, d'ou nous auons les pleintes en grand nombre. Les autres ne se laissent iamais voir non plus que s'ils estoient des mysteres & secrets d'Eleusyne.

Estrange & sauuage maiesté qui a dõné suiet aux plus grands personnages & seueres courtizans du temps passé d'en faire des reproches signalés à leurs Princes; car pour cette raison le docte Synesius les a bien ozé cõparer à des serpens & lezars qui ne sortent de leur trou qu'vne fois l'an pour iouyr en passant de la chaleur du Soleil printanier; & vn autre grãd & excellent Philosophe, s'est encores plus licentié en ce suiet par vne comparaison fort peu royalle, disant qu'ils sont semblables aux vermisseaux de la terre, qui ne se traisnent au iour que rarement & demeurent continuellement cachez en leurs cauernes, commé les autres en leurs Palais; ce qui fut iadis accomply entierement en la personne des Roys Sabeans, vrays prisonniers non Princes de leurs suiets, car il est dit dans le Patriarche Photius que s'ils sortoient de leur Palais, ils estoient en danger d'estre accablez de pierres & d'iniures selõ qu'vn Oracle en auoit donné licence à leurs suiets.

VI. Il y en a qui se laissẽt voir à leurs domestiques seulement, comme il est remarqué dans les voyages du Rabbi Beniamin du Roy des Malgabins, lequel ne pouuant non plus sortir de sa maison, s'aduisa d'vne estrange grandeur pour consoler l'estat de sa prison Royalle, c'est qu'il fit bastir en son Louure trois cens soixante cinq Palais autant comme il y a de iours en l'an pour changer tous les iours de demeure, si toutefois nous deuons honorer cette narration de la faueur de nostre croyance, puis que l'autheur, Iuif de nation & par consequant descrié en l'opinion des sages, ne cotte ny circonstance ny tesmoins & nous met en auant vne region incognue des Malgabins, qui ne ſe treuue ny dans les liures des vieux Coſmographes, ny dans les tables des nouueaux, ainſi que l'a remarqué le docte Genebrard traducteur de cet ouurage: On dit auſſi que telle fut l'humeur de Coſrohez Empereur des Perſes, de croire que la plus grande partie d'vne maieſté royalle conſiſtoit en ce point de ne ſe monſtrer que rarement au dehors, c'eſt pourquoy pour ſe paſſer meſmes de la veüe & influẽce des cieux, tant il eſtoit ſuperbe, il auoit auec des frais incroyables fait baſtir vn ciel d'airin, tout aſuré dans la grãd ſale de sõ Palais d'ou cõtinuellement il tomboit vne roſée de baume, d'autrefois vne pluye de liqueurs tres precieuſes, il ſortoit des eſclairs, il s'entẽdoit des tonerres, il ſe voyoit des cõſtellatiõs & des Aſtres auec vn merueilleux artifice ſi nous croyõs les hiſtoires. D'autres n'ont pas eſtẽdu tout ſi reſerués a l'ẽdroit de leurs ſuiets qu'ils ne ſe monſtraſſent vne fois l'an pour le moins, en leur habit de parade, comme il eſt recité dans les hiſtoires d'Orient, du grand Algabaſſy Roy & Caliphe de Bagdad lequel eſtoit ſelõ les loys du Royaume detenu dans vn grand & vaſte Palais, duquel les iardins & baſſecours contenoient la grandeur de dix bonnes lieues, la guerene & le parc tout autant; de la il ſortoit vne l'ã fois pour faire mõſtre à ſes ſuiects de ſon eſtrãge & ſauuage grandeur, car il eſtoit reueſtu d'vn habit qu'il auoit luy meſme filé, tiſſu, taillé & couſu de ſes propres mains, vn turban aſſez plat en teſte, couuert d'vn creſpe noir, diſant à ſes ſuiets: Mes amys & fidelles vaſſaux, apprenez de moy la grandeur de ce monde, car ainſi que vous voyes ce voyle noir couurir mon Kazelbas, tout de mesme la nuict & l'obscurité couurira tout ce que vous estimez si superbe & releué en la maiesté des grands. Il desmarchoit ayant prononcé cette periode prenant sa route tout seulet sur le bord du fleuue Tygris auec vn Heraud qui luy mesuroit par derriere les pas qu'il auoit faicts, & les vestiges qu'il auoit imprimé sur la terre, affin que de cette année là personne ne fust si temeraire que de passer par le mesme chemin; Ses courtizans & suiets l'accompaignoient des yeux & de parole iusques à ce qu'il se fust rendu dans son Palais d'ou il ne bougeoit du reste de l'année, estrange & fascheuse dignité de n'auoir autre compagnon que sa fortune, disoit vn Philosophe; Antisthenes Roy des Sibarites en faisoit quasi le mesme, lequel ne sortoit que fort rarement, mais couuert si põpeusemẽt qu'il excedoit les bornes de modestie au iugemẽt de ses propres suiets les plus dissolus peuples neantmoins qui furent onques: Car il estoit couuert d'vne grande robbe à lõgues manches, grande & ample de quinze bonnes coudées: Sur la poitrine les cieux estoient tyssus à l'aiguille, le Soleil & les Estoilles, les quatre Elemens plus bas iusques aux franges auec toutes sortes d'oyseaux, bestes & poissons tirez au naturel; Sur la mãche droitte il estoit en son seãt broché en or, & tout couuert de perles: Sur la gauche flottoit toute la Perse auec des despens si excessifs que les Kartaginois curieux d'auoir cet habit pour mettre en leur thresor, en payerent deux milliõs d'or & si en eurent bon marché disent les historiens: C'est en effect estre par trop couuert de porter le mõde sur ses espaules, & cette grandeur si excessiue ne se rend excusable que par la seule barbarie de tels Princes, & la simplicité de tels suiets.

Le bon Genie de la France, Genie de vraye gloire & maiesté chrestienne, est sans doubte plus honorable à nos Roys, & plus fauorable à leurs suiets en ce point, qu'il ne fut iamais à peuple du monde : car comme nos Roys s'auoysinent de la diuinité autant que la condition de la mortalité le peut souffrir, il a voulu qu'en leurs monstres & reueües ils imitassent Dieu, lequel, comme disoit sagement vn Philosophe Chrestien, n'est pas continuellement occupé à se faire voir aux creatures comme quelque petit Dieu de comœdie faisant la reueuë sur vn eschaffaut, n'esclattepas tousiours en miracles & prodiges, ne fait pas la ronde de ses royaumes continuellement, mais maintenant par secrettes inspirations, d'autrefois par tonnerres & esclats, ores par presens, puis par menaces nous descouure l'heure de sa venue.

Et puis comme ils sont tres-Chrestiens il n'a voulu permettre à nos Roys, aux plus celebres iours de leur maiesté, autre parade, que celle de iustice. Ils auoient le moyen de la monstrer en surperfluite d'habits aussi bien qu'Antisthenes Sybarite, ou bien le superbe Roy de Motzuma, qui change de vestemens quatre fois tous les iours, & n'en porte iamais vn pour la seconde fois. Mais ces escarlattes & hermines dont V.M. se couure és plus solennelles actions de sa gloire pour honorer le sacré lict de iustice sont de meilleurs tesmoings de grãdeur & maiesté royalle que le Brocatel d'Alexãdre, le Susiũ d'Antisthenes, la superfluité du Roy de Motzuma, le gand de Sardanapale qu'il faisoit adorer à ses Satrapes attaché à la pointe d'vne lance, le Ciel de Cosrohes n'auoit point de si benignes & fauorables influẽces, le crespe d'Algabassy ne preschoit point vne si royalle humilité, pource qu'estant la robbe de iustice, brochée de fin or, & greslée des plus belles & orientalles perles des vertus, il n'y a vertu du plus grãd Roy de l'vniuers qui n'y soit profondement imprimée à la memoire des siecles à venir : C'est vne chose singulierement remarquable, que toute l'antiquité a coniuré de tout temps, & d'vn consentement en ce poinct, de donner à toutes leurs diuinitez vn lict & siege de repos en ce monde, bien que les estimans diuinitez, ils les deussent par consequent estimer incapables de lassitude, qui ne naist que du trauail du corps. A Iupiter ils ont donné les nuées comme vn coissin de laine, ou de cotton, dou les sages Grecs comparent biẽ souuant les nuages à la laine & toyson des brebis : A Iunon l'air frez & mollet pour sa couche : A Neptune la mer & les riuieres pour sa coëte, d'ou nos François & les Latins qui l'ont prins & imité de la Grece, nomment en leur langue le lict des fleuues & riuieres pour signifier leur canal & le courant des eaux : A Chloris la Deesse du Printemps, ils ont assigné les iardinages & prairies pour sõ lict couuert & tapissé de fleurs : A l'Amour les riuages verdelets des petits & plaisans ruysseaux pour s'y esgayer & dormir à laise, A Syluanus & à Pan diuinitez chãpestres & rustiques l'herbe des coustaux & les antres tapissées de mousse, sur laquelle ils reposẽt & s'estẽdent doucemẽt (dans les autheurs des Bucoliques) vaquant à la garde de leurs trouppeaux. En somme tous les Dieux selon la diuerſité de leurs offices & pays, ont eu leur couchette à repos, bien que ce fuſt pluſtoſt par bien ſeance que par neceſſité: C'eſt pourquoy les Princes & les Roys qui ſont comme de petits Dieux ombragez & racourcis par la mortalité, ont eu de tout temps par le commun aduis des plus ſages vn ſacré lieu & vn ſiege tout exprés pour ſe monſtrer en maieſté, que nous auons appellé en terme & langage des Dieux LE LICT DE IVSTICE, pour leur donner ce noble enſeignement, que ſi le trein de leurs occupations royalles les contraint de prendre du repos, ce ne doit eſtre ailleurs que ſur le ſoin & l'amour de iuſtice, Philon l'Hebrieu diſoit que les vert⁹ deſguiſées en habit de Nymphes, deuoiét ſeruir de nourrices & de filles d'attour aux Princes & Monarques tãdis qu'ils sõt dãs le berceau pour les dreſſer à l'amour de bien faire: Que s'il eſt veritable, ainſi que ie le croy, que les autres vertus prenent à la bonne heure le ſoin de la maiſon royale, que tout ſoit en bon ordre & que la grandeur paroiſſe en leurs Palais, mais quant à la Iuſtice, ie luy donnnerois volontiers la charge de faire & dreſſer le lict du Prince de ſes propres mains, & demeurer continuellemét à ſon cheuet affin qu'il ne repoſe iamais ſans la ſouuenence du droit & iuſtice.

OR ſi cette ſacrée couche fut iamais plene d'honneur & grauité royalle, V. M. SIRE à occaſion de ſe glorifier par deſſus toutes les nations & Princes de la terre, d'eſtre ſingulierement fauoriſé de Dieu en ce qu'elle peut ſe venter iuſtement d'auoir vn lict de iuſtice de meſme parure & couleur que celuy de cette eſpouſe myſtique qui s'eſiouyt ez Cantiques d'autant VII.

que ſon lict eſt couuert & tapiſſé de fleurs. Ce ſont les meſmes fleurs qui couurent & ionchent voſtre couche, ce lict d'honneur & iuſtice qui ſouſtient le plus grand Monarque de la terre eſt parſemé de ces ſacrées fleurs, qui ont eſté louées par la bouche de Dieu, pour eſtre plus magnifiques & glorieuſes, que le plus magnifique & ſage Roy qui fut iamais; Car que pourroit on comparer à la beauté & maieſté de ce printemps perpetuel, qui reluit en cette chambre au milieu de tant de belles fleurs, leſquelles ne fanent ou flaiſtriſſent iamais: que ſi vn docte & ſage pere Grec a eu occaſion d'appeller le Sauueur du monde, *Le Printemps de Iuſtice* pource qu'à la pointe du printemps il opera le ſacré Myſtere de l'Incarnation qui eſt la boucle de toute Iuſtice, nous pouuons ſans comparaiſon nommer ce ſacré lict qui porte V.M. le printemps de iuſtice, auquel il n'y a merueille en l'vniuers qui puiſſe eſtre miſe en iuſte parallele; Car bien que Salomon pour releuer vn peu la ſimplicité ou barbarie des Princes eſtrangers & de ſes deuanciers en Orient, qui faiſoient iuſtice ou bien ſur vn chariot traiſné par des toreaux indomtez & farouches; ou bien aſſis aux portes de leurs villes ſans façon & maieſté quelcõque, dreſſa ce throſne & ce lict de iuſtice, qui eſt vanté dãs l'Eſcriture pour le plus bel ouurage qui fuſt iamais entrepris nous pouuons neantmoins ſans reproche nous tenir aux paroles de Dieu: qu'il n'y auoit en toute la gloire de ce throſne Royal choſe qui approche de la maieſté des lis, & combiẽ qu'il ſoit veritable, que le chariot des premiers Roys du monde, la porte des Princes de Paleſtine, le Siege de Salomõ, le Dragõ des Roys

Roys de la Chine, qui leur seruoient iadis de lict de iustice portassent quant & eux ie ne sçay quoy de terreur & maiesté royalle, si est-ce toutefois qu'en parangon de ce lict & de ce mãteau royal qui sõt les armes de iustice en nostre France, toutes ces grandeurs & magnificences des Princes idolastres ont esté des couleurs blaffardes & changeãtes qui se sont escoulées auec le cours des ans ; ou la couleur de vertu, quand elle s'attache vne fois à l'escarlatte, c'est vne si forte & puissante teinture qu'elle tient à iamais: Là dedans V.M. Sire pour ne mandier des exemples d'ailleurs, y verra, non pas brochées à laiguille, mais teinctes en cramoysi toutes les vertus chrestiennes qui peuuent accomplir vn heureux & magnanime Prince, le zele de Clouis, la iustice de Dagobert, la grauité de Pepin, la vaillance de Charles, la promptitude d'Hues, la deuotion de Robert, le courage de Philippe, la maiesté de Frãçois: & enfin le comble de toutes les vertus, & sur tout la clemence de Henry le grand vostre tres honoré pere. Mais pource que V. M. porte le plus heureux nom qui fut iamais à nostre France; elle y verra particulierement les marques des vertus & generosité de dix ou douze Louys puissans & iustes Roys, qui luy ont frayé le chemin à l'immortalité: La debonaireté de Louys premier, le zele du second, la candeur du troisiesme, la iustice du quatriesme, la fortune du six, la generosité du sept, la moderation & continence du huict, la sainčteté du neuf, la constance du dix, la prudence de l'onze, & la bonté du douze, & n'y mãquera lespace pour grauer en belle lettre dor, pour l'accomplissement de toutes ces vertus la felicité du tresiesme.

Ie finiray SIRE, par le royal aduis d'vn grãd & magnifique Prince: Constantin Porphyrogenite escriuãt au Prince son fils encores ieune d'ans en ce beau liure qu'il fit en sa faueur de la façon de bien regir, il l'exhorte particulierement à reuerer ses vestemens royaux. Que s'il arriue, dict-il, mon fils que les Scythes ou les Turcs ou autre natiõ barbare (selon la coustume du temps) vous prie de leur prester ce sacré gage, ie vous cõiure de ne le faire pas: Car ces coronnes, robbes & manteaux ne sont point vestemens de la façon ou industrie humaine, mais comme nous apprenons de nos liures originaux & registres, Dieu les enuoya par vn Ange à Constantin le grãd nostre Predecesseur, lequel pour plus grand honneur & reuerence les fit mettre en depost en l'Eglise de Ste. Sophie & ordõna que ses successeurs ne s'en seruiroient pas ordinairement, ains seulement vne fois l'an pour parade, & ce le iour de Pasques: & voulut qu'ils fussent gardez sur le grand autel, auec telles ou semblables execrations & anatheme; que s'il arriuoit qu'aucun de ses successeurs s'en habilloit quelque autre iour, & à autre occasion que celle là, pour dezir de paroistre braue, qu'il fust estimé comme ennemy de Dieu & excommunié de l'Eglise, comme il estoit arriué à l'Empereur Leon, lequel les ayãt pris le iour de ses nopces pour honorer la feste, ou à quelque autre suiet que ce fust; fut sur le champ frappé de la contagion sur la face, pour seruir d'exemple à la posterité

Nous auons Sire cette mesme opinion de ces veſtemens royaux, robbe, manteaux & hermines qui ont couſtume de couurir voſtre Maieſté en ſes plus ſolennelles actions, à ſçauoir que cet habit ſacré n'a point eſté tiſſu ny taillé de la main d'homme, ains que le modelle en fut porté du Ciel au premier Roy Chreſtiẽ de cette monarchie: que puiſſent ils par voſtre ſacré attouchement cõceuoir vne telle ſainćteté & amour de iuſtice qu'ils en ſoiẽt venerables à la poſterité & voſtre Maieſté chargée de benedićtions à tout iamais.

Ce ſont les vœux & les ſouhets de tout voſtre floriſſant Royaume, ce ſont les belles & grandes eſperances que le bon Genie de voſtre Maieſté, ſon royal naturel, ſon education ſoubs le plus grand & triomphant monarque qui fut iamais, les bons aduis de la plus ſage Royne qui fut onques & la maturité de ſon graue cõſeil font conceuoir à tous vos bons & fidelles ſuiets; & quant à nous vos tres obeiſſans & humbles officiers de Iuſtice, qui auons cet honneur de porter les liurées de V.M. qui sõmes les rayons de ce Soleil, les bluettes de ce feu, les gouttes de ce grãd Ocean, les ombres de ce corps, les facultez de cette ame, les eſtoiles de ce Ciel, les rubis de ce diademe, les eſchantillons de cette viſue pourpre, que nous adorons toute entiere en ſon origine; Eſperons ſi ſainćtement nous comporter és charges deſquelles V. M. nous a eſtimez dignes, que comme rayons no⁹ ne deſpẽdrõs iamais d'autre que de noſtre Soleil, entãt que bluettes nous conſeruerons auſſi ſoigneuſement ce feu ſacré que celuy des veſtales: comme gouttes nous aſſemblerons en iugemens & equité pour maintenir l'integrité de nostre ocean: Entant qu'ombres nous ne suyurons iamais que la conduite de nostre corps; comme facultez, nous obeirons aux Ordonnances & volontez de nostre ame, comme estoilles, nous n'aurons d'autres influences, clarté ny mouuement que celuy de nostre firmament, comme rubis nous ne pretendrons iamais autre gloire que d'estre conioincts & enchassez à nostre diademe; & cõme eschãtillons no⁹ esperons garder tellemēt le lustre, la teinture & l'esclat de vertu que iamais cette glorieuse pourpre dont il a pleu à V. M. nous faire participans, n'en receura deshonneur ny dommage.

ADVIS AV LECTEVR.

MONSIEVR *de Nesmond estant obligé en suyte de sa charge, de receuoir leurs Maiestez à leur arriuée dans Bordeaux, au nom du Parlement, & de toute la prouince, auoit aussi preparé des petites & tres belles harangues pour les saluer à leur entrée, qu'il ne peut dire, ainsi qu'vn chacun sçait à cause de la maladie dont il mourut, elles se sont trouuées dans ses papiers aprés la susdite* Remõstrance, *horsmis toutefois celle qu'il deuoit dire à la* Royne *à son arriuée d'Espagne, qui se sera peut estre asgarée, ou par aduanture il ne l'auoit pas encores acheuée ny polie, comme celles cy: ceux qui les ont veuës, leuës & admirées dans son estude aprés son decés auec les deux precedentes* Remonstrances *de la* POVRPRE, *& de* L'ENTREE *du* ROY, *en ayant parcouru les minutes & aprests, iugeront & loüeront la fidelité auec laquelle on s'est acquité de cette charge, n'y ayant changé ny adiousté chose quelconque.*

TREZIESME

REMONSTRANCE AV ROY.

A son arriuée dans Bordeaux le septiesme d'Octobre mil six cens quinze.

SIRE,

Comme nos desirs & nos esperances ne pouuoient auoir vn plus noble suiet, que celuy de vostre Majesté, aussi ne pouuoient elles pretendre vne plus excellente fin, que celle de vostre tant desirée presence : Et maintenant nous commançons à recognoistre, que cette resiouyssance publique ne se deuoit achepter par autre prix, que de longues attentes : car c'est celuy que Dieu a coustume de donner aux choses qu'il estime les plus precieuses, de les faire desirer long temps deuant par de grands & impatiens souhaits. Et comme il ne pouuoit icy bas donner chose plus excellente aux fidelles suiets, que la veuë & iouyssance de leur Prince, aussi n'a il voulu nous la faire achepter d'aurre monnoye, que de grands & redoublez desirs pour nous faire mieux entendre, que tel œuure n'est pas œuure d'vn iour, ny vn bien commun & ordinaire. Nous

nous y sommes preparez, SIRE, despuis deux ou trois ans,& auons creu, que quand bien les remises eussent esté encores plus longues, la ioye publique que nous receuons auiourd'huy, eust suffisemment contenté nos desirs, & payé la longueur du terme. Que s'il y a des hommes parmy quelques natiõs sauuages & farousches,comme nous apprenons des histoires,qui se creuent les yeux aprés auoir vne fois en leur vie regardé leur Prince, affin de ne voir iamais plus chose quelconque, qui puisse profaner leur veuë; ou d'autres qui s'enfuyent & enfermẽt en leurs maisons lors qu'il s'approche d'eux, estimant cette ceremonie barbare pour la plus grande ciuilité du monde, quant à nous, SIRE, vos tres humbles & fidelles suiets, nous auons de plus sainctes & ciuilles loix, & c'est à ce iour que toute vostre belle prouince de Guyenne, desireroit estre comme vn beau ciel estoillé, ou comme vn Argus parsemée d'vne infinité de beaux yeux clair voyans, ne croyant pas que deux seulement puissent suffire à vn chacun de nous, pour receüillir le contentement d'vne veüe tant desirée. Et cette foule de peuple qui sort au deuant de vous, vous tesmoigne assez par son allegresse fremissante, que iamais elle ne celebra feste auec plus de resiouyssance, que celle de ce iour; auquel vostre Majesté reçoit les vœux entiers de la Prouince, desireuse de se maintenir en son anciẽne opinion & preiugé de vous estre la plus fidelle & obeissante prouince du Royaume: car si elle le fut iadis aux seigneurs estrangers, elle le sera beaucoup plus maintenant à son Roy naturel & legitime Prince. Et cõme cette ſacrée pourpre dõt V.M. nous honore en qualité de ſes Officiers de iuſtice, fut premierement trouuée ſur le bord de la mer par vn des plus grands Princes de la terre, auſſi vient elle maintenant ſe ietter auec toutes ſortes de ſubmiſſions, aux pieds du plus puiſſant Monarque de l'vniuers, pour luy offrir noſtre fidelité, ſeruice & obeiſſance, & pour luy deſirer tout ce qui peut accompaigner l'heur & la felicité du plus grand Roy du monde.

FIN.

QVATORZIESME
REMONSTRANCE
A LA ROYNE MERE
A son arriuée dans Bordeaux le septiesme d'Octobre mil six cens quinze.

MADAME,

Les plus sages escriuains, qui nous ont laissé de beaux & excellens discours touchant la Royauté ont presque tous attaché la maiesté des Roys à cette fatale necessité de n'entreprendre action, ou pronõcer parole qui ne vize au bien de leurs suiets, & de faire en sorte neantmoins que toutes ces actions & paroles soient si royallemét esleuées par dessus le cõmun sens & capacité de tout le mõde, quelles ne se puissent entreprendre ou prononcer par d'autres que des Roys: Ordonnance & fatalité, qui a mené souuent l'esprit ambitieux de quelques grans & magnifiques Princes à l'extremité d'estranges & merueilleux desseins, desireux de paroistre souuerains aux despẽs quelque fois de choses impossibles; Dont nous auons pour tesmoins vn si grand nombre de sublimes entreprises, basties toutefois

tefois plustost sur le modelle d'vne incroyable vanité, que non pas sur les royalles idées du profit des suiets. En quoy Madame, nous auons cette gloire de pouuoir estimer V. M. entierement heureuse & accomplie de tout poinct & pretendons cet aduantage sur tous les peuples de la terre, d'auoir vne Princesse, qui fait & desseigne pour le biẽ de ses bõs & fidelles suiets, ce qu'autre personne de l'vniuers n'eust eu ny le courage d'entreprendre, ny la felicité de mettre à chef. Et si les histoires nous ont ozé venter l'ambition temeraire de ce ieune & outrecuidé Monarque, pour auoir seulement desiré de ioindre par ensemble & confondre le cours de l'vn & lautre mer faisant vn infortuné mariage de l'ocean à la mediterranée, non pour autre suiect que pour faire parler de soy à la posterité, abysmant la plus grand part de la terre par vn second deluge; Que diront elles d'vne glorieuse & puissante Princesse pour auoir si heureusemẽt desiré, sagement desseigné & puissammẽt executé l'eternelle & royalle alliance des deux plus grandes & victorieuses coronnes de la terre, dont le dessein, la conduite & l'accomplissement nous tesmoignent autant la grandeur d'vn sublime & royal entendement, comme l'infatigable soing de pouruoir au bon-heur de l'Estat; Le premier nous oblige à nous esmerueiller comme d'vne action heroïque : Le second nous engage à presenter nos vœux, nostre sang, nos moyens & nos vies, pour respondre en fidelles suiets à l'affection qui nous garde la vie.

Nous voyci, Madame, arriués aux approches de la felicité publique procurée dignement par vostre

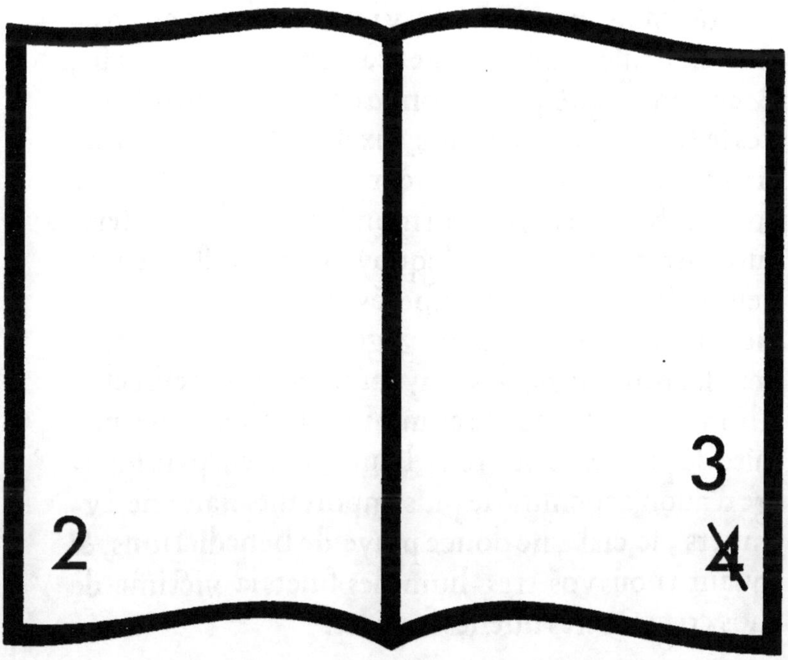
2
3
4

Majesté, nous voicy venus à la veille de la plus solennelle feste que l'Europe celebra iamais, quand nous verrons le iour que le noble & royal sang de France s'alliera sainctement à celuy de tant d'Empires & royaumes. Nos Princes tres-Chrestiens y receuront le fruict de leurs affections royalles, les deux Royaumes, le nœud d'vne paix & alliance qui ne mourra iamais, les fidelles suiets, le profit de la paix, bonne intelligẽce & le bõ succés de leurs affaires; l'Europe vn plaisir general, le ciel vn air doux plain de ris & de serenité. Mais sur tout V. M. y receura l'honneur d'auoir trauaillé singulierement à cette action royalle, & communiqué par sa bonne conduite à nos Princes le fruit de leurs amours, aux deux Royaumes l'alliance, aux suiets le bon-heur de la paix, à l'Europe suiet de feux de ioye, & au monde le plaisir de sa serenité, en recognoissance dequoy, s'il peut suffire à vous rendre la pareille, nous esperõs que nos Princes vous donnerõt en peu d'ans vn gage precieux & royal de leur sacré mariage, les Royaumes alliez le respect & l'honneur de Princesse commune, les suiets vne infinité de prieres & de vœux, l'Europe en corps la loüãge d'auoir acheminé le plus important affaire de l'vniuers, le ciel vne douce pluye de benedictions, & quant à nous vos tres-humbles suiets la victime de nos cœurs & tres fidelles seruices.

QVINZIESME

REMONSTRANCE A MADAME, PRINCESSE DES ESPAGNES.

A son arriuée dans Bordeaux le septiesme d'Octobre mil six cens quinze.

MADAME,

Si l'opiniõ de l'antiquité, que no⁹ estimõs auiourd'huy fabuleuse, estoit aussi vraye, comme elle est fauorable à la grandeur des Roys, ie croirois volontiers que le ciel amiable à la naissance de V. Alt. l'auroit partagée de plusieurs grandes & belles ames, puis que l'affection que certains peuples ont porté iadis à leurs Princes, les a fait discourir en cette maniere, que suyuant la grandeur de leur charge royalle & la multitude de leurs suiets, Dieu leur donnoit des ames & des cœurs à proportion de leurs peuples & Royaumes. Ie croy, MADAME, que suyuant cette philosophie il n'y a Royne ou Princesse soubs le ciel, partagée d'vn si grand nombre de belles ames que V. Alt. laquelle en qualité de germe bienheureux des deux plus nobles tiges de l'vniuers, a receu du ciel vne belle ame autãt royalle & excellente comme il estoit conuenable à la grandeur de la Frãce, & à la maiesté de si nobles parens : Mais comme Dieu destinoit vostre Alt. à tant de corõnes & de sceptres, & vouloit que son nom fust adoré par vne centaine de peuples tous diuers, il aura esté comme contraint de despeupler le ciel de toutes les ames Royalles qu'il auoit mesnagé & enclos dãs le cercle de laict despuis plusieurs milliers d'années.

Or s'il plaist à V. Alt. nous donner congé de croire cette proposition, nous la prierons de nous faire quãt & quant cette faueur de manier & cultiuer toutes ces belles ames, en sorte que iamais celle de la France n'y reçoiue alteration ou dommage quelconque en la douce memoire, & naturelle affection qu'elle nous doit, & nous luy promettons en eschange, que cette absence, & separation n'aura iamais tant de pouuoir sur nostre cœur, que de nous effacer ou ternir le moins du monde le sentiment d'honneur & de fidelité que le ciel graua dans l'ame des François au mesme instant qu'il vous donna la vostre.

Les Espaignes pourront combler V. Alt. de toutes sortes d'honneurs : Le Portugal du contentement incroyable qu'il sentira par cette alliance royalle : le Perou, le Mexique & la nouuelle Espagne de leurs minieres d'or & d'argent. Les Indes de leurs perles, la Sicile luy pourra faire hommage de sa fecondité, la Lombardie de son amœnité, Naples de sa noblesse, le Taio de son sablon doré, le peuple de son obeissance, mais nous la supplions de se souuenir, qu'elle a prins sa naissance royalle, & son educatiõ parmy les Lys de France, & nous nous assurons que cette souuenance l'obligera pour iamais à nous garder inuiolablement vne partie de ſa noble affection, car autrement ſi la France n'euſt creu que V. Alt. eſt plus que ſuffiſante pour ſeruir d'ornemét, & ſuiet d'affection à pluſieurs grands royaumes, elle n'euſt iamais ſi aiſément permis vn tel eſchange.

FIN.

SEIZIESME

REMONSTRANCE FAITE EN PARLEMENT

à vn Seneschal de prouince l'an---

DV DEVOIR D'VN SENESCHAL.

LEs Seneschaux des Prouinces ressemblent à cet Heros Asteropoée, lequel Homere, au vingtuniesme de sõ Iliade appelle d'vn nom qui despuis a esté fort celebre & le surnomme Περιδέξιον, pour auoir eu cette addresse, que de sçauoir s'ayder egalement des deux mains, tels que Platon, au dixiesme de ses loix, vouloit estre ses citoyens; & les Scythes leurs gens de guerre. Car on peut dire du peuple, ce que le mesme Philosophe disoit d'vn Sophiste que c'est vn animal fort variable & bien estrange, que lon ne sçauroit prendre ny arrester d'vne seule main, & qu'il y faut porter à bon escient toutes les deux. Les deux mains dõques, que vous deuez apporter pour contenir le peuple en son deuoir, & soubs l'obeyssance qu'il doibt, sont les deux authoritez, l'vne de iustice, l'autre de la force; qui vous sont commises en vertu de vostre estat & qui sont representées par les deux mains: en tant que la main gauche pandante en bas aux doigts estandus & entrouuerts qui en telle posture, est mal propre aux soupplesses, habiletez & tromperies, represente la iustice, ainsi qu'elle faisoit entre les Ægyptiens, selon Alexandre Aphrodisée: & la main droitte, naturellement plus ferme & robuste represente la force, aussi est-ce de la main droitte que nos Roys prennent & soubstienét leurs sceptre, enseigne & marque de vertu, force & puissance Royale: & de la main gauche, cette verge d'equité que nous appellons la Main de iustice. Cette main & authorité de iustice vous conuient à bon droit, ores que vous ne l'exerciez pas en personne, comme faisoient les anciens Seneschaux & que les lieutenans que vous souliez commettre pour l'exercer, à l'exemple des Presidens des prouinces entre les Romains, soient auiourd'huy commis par le Roy seul, tout ainsi que le Senat ou le peuple Romain commettoit seul les Legats & Lieutenans des Proconsuls. Ce Neantmoins vous ne laissez pas d'estre chef de iustice, & ceux qui l'administrent soubs vous sont les doigts de vostre main, ils font partie de vostre Magistrature & sont vrayment portion de vous mesme: Comme Cassiodore disoit que les Assesseurs & Conseillers des gouuerneurs des prouinces *in partem magistratûs habentur*, & l'Empereur Theodose en son Code, *eos esse vniuscuiusque Iudicis portionem*, à raison de quoy vous pouuez entrer & presider au siege tant en l'audience qu'au Conseil & assister à tous iugemens, vous y auez voix honoraire & consultatiue, toutes sentences & commissions sont rendues en vostre nom & tous actes de Iustice, voire tous contracts passez soubs seel Royal sont expediez, inscripts & intitulez soubs vostre nom, tiltres, & qualitez. Et pour auoir des Conseillers, assesseurs ou compagnons s'il les faut ainsi nommer, vostre pouuoir & authorité n'en est en rien diminuée, ainsi que la main, disoit vn sçauant Philosophe, n'est pas affoiblie pour estre diuisée en plusieurs doigts, & le Soleil n'est pas moins clair & lumineux pour estre diuisé en plusieurs rayons. Vous estes chargé de visiter vostre prouince quatre fois l'année, & plus, si besoin est, de faire tenir les assises ez lieux & temps accoustumez, d'ouyr les plaintes des subiets du Roy, & d'en conferer auec vos Lieutenans pour y pouruoir, d'auoir l'œil que la Iustice soit promptement administrée, & sans aucune acception de personnes: Ce sont de belles fonctions de Iustice & qui monstrent bien les vsages ausquels vous deuez employer vostre main gauche. La main droitte & le fait de la force vous appartient aussi, car c'est elle, dit l'Ordonnance qui sert à la conseruation des bons, & chastiment des mauuais, repos, vnion & pacification de la prouince, *probè enim definitur à Stoïcis fortitudo, cùm eam esse virtutem dicunt, quæ pugnat pro æquitate.*

Car c'est vous qui conuoquez & conduisez le ban & l'arriereban principale force & soustenement de l'Estat, par le commandement du Roy, & pour son seruice: c'est vous qui tenez la main à ce que les suiets du Roy ne soyent trauaillez & opprimez par la puissance & violãce de leurs Seigneurs, Gentils-hommes & autres, qui tenez le pays à vous comme en seurté,

&le

& le gardez de pilleries, qui reprimez & dissipez toutes assemblées illicites, ports d'armes & émotions. C'est vous qui prestez tout ayde & confort pour apprehender les delinquans, & accusez, contre lesquels y a decret & qui les recherchés, tant que vostre prouince & vostre pouuoir s'estend, & qui prestez tout secours de force militaire à la iustice, pour l'executiō des sentences, iugemens & arrests, à ce que la force en demeure au Roy: En tels cas vn bon Seneschal, *per obstātes cateruas explicuit sua victor arma*: A ces fins vo⁹ deuez residance en vostre Seneschaucée, & les nobles du ban & arrieban, ensemble les cōmunes du plat pays ont à vous obeyr, & voyla les fonctions de vostre main droicte.

Aydez vous donc égalemenr de ces deux mains, & ce sera au milieu de ces deux mains de l'equité & de la force, que la Vierge Astrée viēdra loger, comme elle fit iadis au depart de ce monde, qu'elle s'alla planter & loger dans les cieux iustement entre le signe des Balances d'vn costé, & le signe du Lyon de l'autre: Ne dites pas comme Scipion dans Ælian, qu'il faut faire plus d'estat de la main droite que de la gauche, ou entendez ces mots en leur sens, c'est qu'il faut auoir plus de confiance en son espée, qu'au bouclier, faites plustost qu'on die de vous, ce qu'on escrit d'Erictheus.

Sceptra loci regimēnque caput moderator Ericlheus
Iustitiā dubium validisne potentior armis?

Pourtant si ces fonctions sont diuerses & separées, elles ne laissent pas d'estre propres à vn mesme Magistrat, qui doit estre capable de plusieurs & diuerses charges, & lequel Aristote, sur la fin du quatriesme des Politiques, compare à raison de ce, à certains vaisseaux qu'il appelle Obeliscolychnia, qui estoient, dit Iulius Pollux, des vaisseaux militaires, en façon neãtmoins qu'ils estoient aussi bons pour la paix, aptes & commodes à plusieurs & diuers vsages.

Ces deux fonctions, bien que diuerses, s'vniront en vous proprement, comme la forme de l'homme & celle du Lion s'vnissent en la figure de Sphinx, auquel la face de l'homme, selon Dion Chrysostome, represente la Iustice, & le corsage du Lion represente la force. Vous tascherez de maintenir ces deux puissances en vous mesme & vous seruirez égalemẽt de la main droitte de la force, & de la gauche de Iustice, affin que vous soyez *ambidexter*, tel que Platon desire les bourgeois de sa Republique, & le Roy les Seneschaux de ses prouinces, pour l'vsage & exercice de vostre charge vous commancerez par la Iustice & finirez par la force, au rebours de ceux qui montent aux temples des Dieux pour sacrifier, disoit Vitruue, car ils doiuent commencer leurs desmarches par le pied droit & finir par le mesme, d'où c'est que les degrez des anciens Temples estoient tousiours de nombre impair sept ou neuf ou treze: Pour vous il conuiendra commancer les desmarches par la gauche, par la douceur & iustice, & puis vous viendrez à la force, en sorte que le Roy soit tousiours seruy, les subiets soulagez, vostre charge honorée, & la prouince contente de vostre integrité & diligence.

FIN

Des Remonstrances.

ARRESTS
PRONONCEZ EN ROBBES ROVGES.

PAR

MESS. AND. DE NESMOND SEIGNEVR DE CHEZAC.

Premier President au Parlement de Bordeaux.

AV LECTEVR.

IL est vray que Monsieur de Nesmõd auoit prononcé presidentallement des le neufiesme iour d'Auril 1591 sur le faict d'vn mariage pretendu clandestin, mais pour ce que l'Arrest m'est tombé entre les mains assez mutilé, quelques diligences que i'aye sçeu porter, pour en retirer l'original esgaré, & qu'il ne m'a esté possible d'en recouurer le Faict, & la fin du discours, i'ay pensé estre plus à propos de le mettre à la fin comm'vne piece imparfaicte, quoy qu'il soit le premier en datte, esperant qu'a la seconde edition de ce liure, nous pourrons donner l'Arrest tout entier & en sa place.

Or quant au suyuant Arrest touchant LES ESPRITS & l'Infestation des maisons, ie vous aduise, LECTEVR, que c'est vne piece de grande erudition & iugement qui a esté veüe & loüee par les plus sçauans hommes de ce temps, recherchée auec impatience, & mesme cy deuant quelques *parties & fragmens d'icelle mis en lumiere soubs le nom de l'autheur, quoy qu'à son desadueu & desplaisir luy n'y cognoissãt quasi riẽ du sien; l'origine de ce faict vient de la diligence merueilleuse de Moreau Aduocat au Parlement, homme d'vn rare esprit & d'vne memoire prodigieuse, lequel ayant ouy cet Arrest l'espace de trois ou quatre heures durant, le porta deux iours aprés à Monsieur de Nesmond, lequel creut d'abbord que c'estoit vn fantosme, ou quelque coup d'essay des* ESPRITS, *qui luy faisoient recognoistre par cette diligence qu'ils se sentoient obligeZ à son Genie, ainsi que Monsieur de Brach auoit coustume de luy dire despuis. De là ils se communiquerent plusieurs discours desmembrez, qui attendoient tout le corps, affin de s'y reioindre & paroistre en leur place à leur iour, & à leur honneur, marris que cet Orphée fust si long temps dissipé & priue de la vie qu'il meritoit à si bon tiltre.*

ARREST PREMIER

DV XXV. DE MARS L'AN

mil cinq cens quatre vingts quinze touchant la location d'vne maison infestée des Esprits.

PARDEVANT le Seneschal de Guienne ou son Lieutenant procés s'est meu, entre Loyse Boüard vefue de François Labatu quand viuoit bourgeois & marchant de Bourdeaux demandresse en executiō d'vne part. Et Pierre de la Tappy aussi bourgeois & marchant de ladite ville deffandeur & opposant, Et autrement demandeur en indemnité cōtre Henry Guyton deffandeur d'autre part.

POVR LE FAIT, au mois de Decēbre de l'an mil cinq cens quatre vingts vnze Louyse Bouard loüa vne sienne maison size en la ville de Bordeaux rue de la Roussellle à Pierre La Tapy pour le temps & espace de trois ans à raison de quatre vingts escus par an payables par demy années, Pierre de La Tappy aprés y auoir demeuré deux ans trois ou quatre mois, la reloua à Henry Guyton pour le temps qui luy restoit, lequel Guyton deux ou trois mois aprés en deslogea, & le septiesme de May mil cinq cens quatre vingts quatorze, somma par deuant Notaire & tesmoins

Pierre de La-Tappy de la reprendre alleguāt qu'elle estoit inhabitable à cause de quelques esprits, luy offre les clefs d'icelle & l'argent duquel il estoit redeuable pour le temps de sa location, à son refus consigne le tout entre les mains d'vn marchand soluable, trois iours aprés Pierre de La-Tappy signifie à Louyse Boüard proprietaire la sommation à luy faite par Henry Guyton, consent qu'elle prene & les clefs & les deniers consignez, & proteste qu'il ne sera tenu des loüages pour les six ou sept mois restans, ce nonobstant Louyse Boüard au mois de Iuin ensuyuant fit faire commandemēt audit La-Tappy de payer la somme de quarante escus pour la demye année de la location escheüe, & à faute de payement fait proceder par execution de ses biens, pour esuiter laquelle La-Tappy consigne la sōme & s'oppose à la deliurance mesmes pour le loyer d'vn moys escheu despuis la declaration & sommation faite par Guyton, & en mesme temps fait appeller iceluy Guyton pour luy porter indemnité par deuant ledit Seneschal ou toutes les parties desduisent leurs moyens. Louyse Bouard disoit que dés le mois de Ianuier de ladite année cinq cens quatre vingts quatorze, elle auroit sōmé Pierre de La-Tappy de payer vne demie année du bail à loyer ou de vuider la maison qui pour lors n'auroit allegué aucune inquietatiō d'esprits, qu'elle luy auroit offert quarante & cinquante escus pour en sortir deuant son terme escheu lesquels il auroit refusé de prendre, que les precedans locataires despuis trente ans en ça n'auroient iamais fait plainte que la maison fust vexée d'aucuns esprits &ce

& ce qui estoit le principal que tels faicts n'estoient receuables ny pertinans.
Pierre La Tappy desnyoit les faicts precedans & en posoit de cõtraires, mesmes que cette maison auroit esté tousiours inquietée despuis la contagion de la peste, qu'il en auroit souuent aduerty ladite Bouard, laquelle l'auroit prié de ne vouloir diffamer sa maison. Que les grands bruits qui s'y faisoient estoient notoires voire aux locataires precedans, que sa femme en seroit morte de crainte & de frayeur, Henry Guyton disoit le semblable, D'ou ensuit vne premiere sentence du Seneschal par laquelle la cause fut appointée au Conseil & cepédant main leuée est faite à Louyse Bouard des deniers consignez par Pierre de La-Tappy, despuis interuint autre sentẽce du douziesme Decembre audit an cinq cens nonante quatre par laquelle les parties furent appointées contraires en leurs faits, de cette sentẽce Louyse Bouard se porte pour apellãte, relleue son appel en la Cour, la cause appellée en l'audiãce les parties sont appointées à corriger, elles satisfont respectiuement.
En la cause d'appel Henry Guyton expliquoit & specifioit plus particulierement les faits de l'inquietation pretendue, à sçauoir qu'il suruenoit en cette maison vn esprit lequel trois ou quatre fois la sepmaine apparoissoit és chambres d'icelle en forme d'vn petit enfant, qui de l'entrée de la porte faisoit trembler tous les meubles & vtensilles, se proumenoit par la chambre comme reuestu de blãc, se monstroit ores plus grand, ores plus petit, ores d'vne façon & puis d'vne autre, sur le soir tiroit les

rideaux du lict, montoit par le pied & se iettoit sur l'estomac des personnes y couchées, les opprimoit leur fermoit la bouche & empeschoit la parole & le souffle, transportoit les seruiteurs & les seruantes du lict en la place: & du haut de la maison en bas, en auroit frappé & battu quelques vns, outre les bruits & les tintamarres qui s'entendoient ordinairement en ladi e maison.

Si disoit Louyse Bouard appellante, que tous les faits susdits voire le fait general, qu'vn esprit puisse par telles apparitions infester vne maison, n'estoient point receuables comme n'estans pas possibles ny pertinans, & pour le soustenement de son appel elle pouuoit dire.

I. QVE s'il falloit embrasser les opinions dequelques Philosophes, desquels parle Aristote en sa Physique, & entre iceux des Epicuriens & de quelques sectaires d'entre les Hebreux qui estoient les Saduceans, cette question seroit bien tost vuidée: car ces Philosophes soustenoiẽt que tout ce qui estoit, estoit corporel, & les Epicuriens qu'il ny auoit aucuns esprits ny demons, ains que toutes les choses du monde estoient corporelles, ou le vuide, parmy lequel elles estoient placées & faisoient leur mouuement,

Ergo præter inane & corpora tertia per se
Nulla potest rerum in numero natura relinqui
Nec quæ sub sensus cadat vllo tempore nostros
Nec ratione animi quam quisquam possit apisci.

Et les Saduceans aussi comme il est escrit aux Actes

des Apostres *putabant neque Angelum esse, neque spiritum*, & pour autant qu'ils approuuoient les cinq premiers liures de Moyse esquels il est parlé des Anges, ils respondoient, les Anges en ces passages là, n'estre autre chose que les bons mouuemens, enseignemens, & inspirations de Dieu: & à leur exemple aucuns autres Iuifs se sont persuadez qu'il ny auoit autres Anges que les vertus des arbres, herbes, pierres, mineraux & animaux destituez de raison au moyen desquelles vertus, la puissance de Dieu se rendoit notoire & cogneüe au monde, voire en ces temps nouueaux. Autres ont creu qu'il ny auoit pareillement autres esprits, que les bonnes & les mauuaises pensées, les fortes & viues affections, passions & concupiscences de l'ame, *Dii ne hunc ardorem mentibus addunt Euriale an sua cuique Deus fit dira cupido*? Mais les Theologiens & Philosophes Chrestiens ont recognu des esprits, Et par certitude de foy ont tenu & nous ont aprins cõme deuant ou quand & quand la cõstitution de ce monde il y eut des esprits crées de Dieu d'vne nature simple, pleine dintelligence & de cognoissance Lesquels esprits furent créez tous bõs, purs, & innocens; douëz de faculté & liberté de pouuoir meriter ou demeriter; Partie desquels ayant adheré au bien & suiuy le vouloir de Dieu meriterẽt les recompenses eternelles &, furent pour iamais cõfirmez en sa grace, & l'autre partie n'ayãt voulu persister au bien, *quia in veritate non steterunt, quia non seruauerunt suum principatum*, n'ayant voulu s'assubiectir à Dieu, ains par orgueil & vanité s'estant destournez volontairement de son obeissance descheurent soudainement & irreparablement de la grace & de leur premiere dignité & s'obstinerent pour iamais en leur malice : En punition duquel forfait ils furent bãnis & exilez du ciel,

Te super æthereas errare licent iùs auras
Haud pater ipse velit summi regnator Olympi.
Cede locis.

Et les vns precipitez aux Enfers, les autres confinez és prisons obscures de l'air tenebreux, d'ou ils tentent les hommes qui de leurs tẽtations doiuent faire profit, & là neantmoins ils souffrent & endurent leurs peines & sont punis,

Aëris in vacuo vinclisque latentibus hærent
Pœnali per inane morâ,

disoit nostre sçauãt Bordelois *Paulinus in septimo Natali.*

II. TOVTEFOIS iaçoit que l'on confesse qu'il y a des esprits si n'est on pas tenu de confesser qu'ils puissent apparoistre naturellement, & comme dit Cassius en Plutarque qu'ils ayẽt forme d'hommes ou de voix ou de puissance qui paruienne iusques à nous, au moyen de laquelle ils puissent vexer & inquieter les maisons & les personnes par apparitions & tintamarres, d'autant que pour ce faire il faudroit necessairement confesser de deux choses l'vne, ou que les esprits & demons fussent corporels ou qu'ils pussent prendre vn corps, estant cette maxime certaine & veritable, que riẽ ne peut tomber sous les sens pour les affecter & esmouuoir, s'il n'est corporel,

——Corporeâ constare necesse est
Naturâ, quoniam sensus impellere possunt.

Or est il qu'il faut soustenir que l'vn n'est point &

l'autre ne peut estre, & cela prouué, la consequence sera necessaire qu'ils ne peuuẽt aparoistre & que les faits posez par les intimez sont faux & imposibles, ne plus ne moins que s'ils mettoiẽt en fait qu'il y eust des Hippocentaures.

QVE les esprits soyent incorporels il en appert en ce qu'il appartenoit bien à la perfection, ornement & embellissement de l'vniuers qu'il y eust des creatures puremẽt incorporelles, simplemẽt intellectuelles cõme il y en a qui sont intellectuelles & corporelles tout ensemble, & comme parmy les choses creées, il y a des substances qui ont vegetation & non pas sentiment, ainsi que les plantes, autres qui ont sentimẽt & non pas mouuement d'vn lieu en vn autre lieu, ainsi que les huistres, moules & coquilles, *pinnæ & vrticæ, marinæ & cætera quæ zoophyta vocantur*, autres qui ont entendement sans mouuement, comme seroit l'ame infuse dans l'homme, de mesmes estoit il conuenable dit le Cardinal Caietan sur la seconde aux Ephesiens qu'il s'en trouuast qui eussent mouuement sans sentiment, *vt inueniretur secundùm locum motiuum sine sensitiuo*, qui est dit-il mettre & supposer des esprits constans d'intellect & de mouuement. Outre ces raisons d'apparẽce & assez d'autres qui sont plus subtillement desduites par S. Thomas d'Aquin au traicté de *spiritualibus creaturis*, les authoritez d'vne bõne partie des saincts Peres font pour cette opinion. S. Denis au quatriesme chap. *de diuin. nomini.* dit que les substances angeliques sont franches, quittes, & exantes de toute matiere, S. Gregoire de Nice au liure de l'oraison, que toutes creatures raisonnables sont diuisées en deux especes, l'vne de nature corporelle qui III.

ſont les Anges, & pourtant ne ſe peuuent comprendre que par le ſeul entendement, le meſme diſent ſainct Gregoire Nazianzene en l'oraiſon ſeconde de la Theologie, ſainct Chryſoſtome homilie 22. ſur la Geneſe Theodoret *lib. diuino decreto. cap. de Angelis*, & ſainct Ieã Damaſcene liure ſecõd de la foy Ortodoxe, S. Cyrille liure quatrieſme ſur ſainct Iean dit que c'eſt vne pure folie & freneſie de penſer que les Anges ſoyent autres qu'incorporels ou qu'ils ayent beſoin de nourriture & d'alliment veu qu'ils ſont eſprits & purs entendemens, & ſainct Gregoire en ce meſme ſens au quatrieſme des Dialogues, *Nemo ſapiens Angelos eſſe incorporeos negabit : Fulgentius de fide ad Petrum* les appelle, *Angelicos ſpiritus quos terrenorum corporum grauat nulla lutulenta materies, quos Deus nullum cum corporeis elementis habere fecit naturale conſortium*, & ſainct Ignace ad Trallianos appelle les Anges, creatures incorporelles: Et affin qu'on n'eſtime pas que ſes Peres ſuſdits entendent ſeulement parler des bons eſprits ou bons Anges, S. Baſile ſouſtient que Dieu n'eſt point autheur du mal, & parlãt nommeement des mauuais eſprits, dict que leur nature eſt incorporelle, Epiphanius contre l'hereſie vingtſixieſme, que les demons ſont incorporels, ſainct Gregoire de Nyce en l'oraiſon premiere, qu'il faut aymer les pauures, que les demons eſtants eſprits priuez de corps ne mangent poinct, & Sainct Hieroſme recite entre les erreurs d'Origene cette cy, *quod demones ob delicta aërijs corporibus ſint veſtiti* Cette opinion eſt communement ſuiuie par tous les docteurs Scholaſticques eſcriuans ſur le ſecond des ſentences, distinction huictiesme. Et pource il n'est besoing de coter leurs noms ny desduire leurs aduis plus au long. Aussi en plusieurs passages de l'Escriture les Anges sont appellez simplement esprits lequel nom attribué à vne nature intelligente ne sert que pour la separer & distinguer de la nature corporelle comme en ce lieu, *non esse nobis colluctationem aduersus carnem & sanguinem, sed aduersus spiritualia nequitiæ in cœlestibus*: Et *Spiritus carnem & ossa non habet*, esquels passages & autres ce nom d'esprit est directemẽt opposé à ce qui est corporel. En fin cela semble estre decidé au symbole de Nicée & au sixiesme Cõcile de Cõstantinople où il est parlé de la creation des choses visibles & inuisibles qui est à dire corporelles & spirituelles comme Fulgentius l'interprete, *de fide ad Petrum* chapitre troisiesme *omnem creaturam*, dit-il, *visibilem atque inuisibilem id est corporalem atque spiritualem de nihilo fecit* & bien plus expressemẽt par le Concile de Latran soubs Innocent III. en ces mots *Deus sua omnipotenti virtute initio temporis vtramque de nihilo condidit creaturam spiritualem & corporalem, Angelicam videlicet & mundanam.* De là il resulte que les esprits & Anges tant bons que mauuais sont incorporels & que *quos natura visibus nostris denegauit intellectu tantum mirabundi contemplamur acie mentis acriùs contemplantes* Reste à monstrer qu'ils ne peuuent prendre corps, si premierement on respond à vne obiection, qui se pourroit faire d'entrée, à sçauoir que les bons Ange aparoissent & se representent bien à nos sens & prenẽt corps à c'est effet. Ce qu'õ ne veut pas reuocquer en doute & que despuis le temps d'Abraham & nom plustost dit Theodoret, Dieu n'ait commancé à parler aux hommes par les Anges, Moyse en ayant fait la premiere mētion soubs Agar, comme il s'en pouuoit remarquer diuers exemples és sainctes lettres si besoin estoit. Et consequemment on voudroit de là inferer que les mauuais esprits ou demons ores qu'ils fussent incorporels pourroient apparoistre, on respond donques que des vns aux autres esprits il y a grande raison de difference sur le subiet de l'apparition, pour autant que les bons esprits sont ministres & messagers de Dieu à l'endroit des hommes au Psalme cent trois, *qui facit Angelos suos spiritus*, c'est à dire *qui facit spiritus nuntios suos & omnes sunt administratorij spiritus in ministerium missi propter eos qui hereditatem capiunt salutis*. Et de là dit sainct Ambroise sur ce passage, ils ont prins le nom d'Anges, *Angelus nomen est officij non naturæ; quæris huius naturæ nomen? spiritus est. Quæris officij? Angelus est, ex eo quod est, spiritus est, ex eo quod agit, Angelus est, sicut homo nomen est naturæ, miles verò officij.*

IV. OR pour dignement & commodement parfournir leur ministere, secourir & subuenir aux hommes ils ont besoin de corps, pour se faire voir & se faire ouyr à iceux, *Angelici spiritus*, dit sainct Cyprian, *licèt inuisibilis naturæ sint, in legationibus tamen suis se auditu manifestant & visu.* Et sainct Bernard, *Quonam ergo modo implent ministerium suum absque corpore præsertim apud viuentes in corpore; ita spiritus celestes propriis corporibus egent*, & apres *sine corporis adminiculo spiritualis cælestisque creatura implere ministerium pietatis nō sufficit, vt liqueat omnem creatū spiritum siue vt iuuet siue vt iuuetur simul corporeo prorsus indigere solatio.* Pourtant il est bien croyable que cette

grace

grace & prerogatiue a esté concedée de Dieu aux bons esprits, lors qu'il les a faicts ses Anges & messagers vers les hommes de se pouuoir faire ouyr, sentir, & voir aux hommes aux fins de la fonction & parfournissement de leur charge, chose qu'ils ne pouuoient faire par leur force & puissance naturelle. Ce que Tertullian a iugé estre veritable quand il dict qu'au premier temps Dieu luy mesmes reuestoit ses Anges de corps, *Deus Angelos in homines formauit aliquando, Deus potuit ex quacunque materia Angelis astruxisse carnem, si Deus veram substantiam Angelorum hominibus pollicetur, cur non & Deus veram substantiam hominum Angelis accõmodarit*. Mais Dieu ne fait pas cette grace & & n'octroye point cette vertu surnaturelle aux mauuais esprits, qu'il n'a pas accoustumé de deleguer & commettre pour executer & accomplir ses sainctes ordonnances, aux fins de secourir les hommes & leur subuenir, *desciuerunt à Dei ministerio* dit Lactance, & Plutarque disputant contre Chrysippus dit à ce propos, que les bons Princes ne confient pas l'administration & gouuernement de leurs prouinces & subiects, à des Satrapes fols, estourdis & meschans & pareillement ce seroit dit-il, calomnier Dieu de soustenir qu'il employe des mauuais esprits ou des demons au regime & gouuernement de ce monde. Donques si les bons esprits apparoissent, c'est, *virtute diuinâ quia missi sunt à Deo non potestate naturæ*, selon laquelle puissance naturelle, ny les bons ny les mauuais esprits ne sont capables de prendre & emprunter vn corps, ny de former la matiere en sorte qu'ils puissent s'en reuestir pour se representer à nos sens, & pour se monstrer, on peut vser de la mesme distinction des creatures que fait le Concile de Latran, & dire que toutes choses creées sont de trois sortes, les vnes simplement spirituelles, les autres corporelles & materielles seulement, *creatura Angelica & mundana*, dit le Concile & d'autres encores composées d'esprits & de corps, *creatura humana quasi communis ex corpore, & spiritu constituta*, les spirituelles d'vne part & les corporelles d'vne autre qui font les deux extremitez sont estrangement distantes plus que du diametre, plus que du disdiapasō & d'elles mesmes ne peuuent auoir aucun commerce ny communicatiō entre elles, ny se ioindre & allier ensemble à leur appetits, il n'appattient qu'à Dieu seul d'en faire le mariage, comme il a fait en la constitution de la nature humaine consistante d'ame & de corps vnis ensemble, tout ainsi done que la matiere qui est lourde, massiue & pesante ne se peut informer soy mesmes ny s'animer soy mesmes, ainsi l'esprit qui est vif, isnel, & leger, ne peut prendre corps de luy mesmes, ny en façon quelconque s'allier & accoster du corporel & materiel, pour ne confondre ces deux especes distinctes & separées d'vn si grand interualle, qui sont de diuers genres & n'ont entre elles aucune proportion.

V. ET premierement, vn esprit ne peut pas creer vn corps de rien, de le dire ce seroit errer auec Tertullian qui a dit quelque part, *hoc esse proprium Angelicæ potestatis ex nulla materia corpus sibi sumere*. Et que, *possunt nihil ipsum conuertere in carnem*: car creer est vne prerogatiue de vertu infinie appartenante à la diuinité priuatiuement & incommunicablement à toutes ses creatures, comme dit sainct Augustin liure neufiesme *super Genesim cap. 15. creare vllam creaturam tam nullus potest Angelus quàm seipsum. Et tertio de Trinit. cap. 8. non solùm malos sed nec bonos Angelos fas est putare creatores*, qu'ils puissent aussi trãsmuer leur nature en vn corps, ce seroit chose estrange & plus encores si Tertullian ne l'auoit dict en diuers lieux de son liure *de carne Christi, Angelos conuersos in effigiem humanam in corpulentiam humanam, qui valent facere semetipsos quod natura non sunt, qui possunt naturam demutare & seipsos conuertere in carnem.* Car c'est bien à la matiere d'estre muable, tantost d'vne sorte, tãtost d'vne autre, mais la nature intelligible comme celle des esprits, se comporte tousiours de mesme sorte & ne reçoit aucune diuersité ny difference en soy mesmes. Les habillemens d'Isis estoient bien de differentes teintures de couleurs, signifiant la matiere qui reçoit toutes les formes, & se fait de toute sorte de choses, mais les habillemens d'Osiris n'auoient aucun ombrage ny aucune varieté, ains estoient d'vne seule couleur simple à sçauoir de la couleur de la lumiere signifiant ce qui est spirituel & intelligible qui est simple sans meslange ny alteration quelconque, comme Platon le tient aussi au second de la Republique. Aussi peu doit on dire que les esprits puissent transmuer toute autre matiere separée & introduire des formes immediatement en icelle & les tirer hors de la puissance d'icelle matiere, Aristote le tient ainsi au septiesme de la Metaphysique: Cette vertu à esté suffisãmẽt communiquée aux agents corporels; en vain seroit elle donnée pareillement aux Anges qui est la raison de Durandus. Nuls effects ne peuuent estre produicts sinon par ce qui est formellement tel que l'effect, ou qui est tel par eminence, & pourtant les formes ne peuuent estre produictes en la matiere par des formes immaterielles, mais par ces formes là seulement qui se treuuent en la matiere mesme, ainsi que le monstre S. Thomas question sixiesme *de potentiâ* article trois: D'autant que les formes (& c'est dit-il ce qui en a trompé plusieurs) ne se font pas separement, à part & à diuis, mais c'est vn suppost & quelque chose composée de matiere & de forme qui se faict ensemblement, lequel suppost doit consequemmẽt estre fait par vne autre chose semblable cõposée de forme & de matiere.

VI. Si les esprits auoiẽt ce pouuoir de former, muer, & corrompre les choses corporelles, le monde dit quelcun leur seroit assuiecti contre ce qui est escript *non enim Angelis subiecit Deus orbem terræ*; & ce que dict S. Augustin, *nec putandum est istis trangressoribus angelis ad nutum seruire hanc visibilium rerum materiam.* Si on dit que mediatement les esprits puissent former la matie re & façonner vn corps, on demanderoit volontiers auec quelles mains & quels outils ils le peuuent faire, ceux qui sont incorporels, & comme dit Velleïus, *quæ molitio, quæ machinæ, qui ministri huius muneris fuerunt? quemadmodum obedire, & parere voluntati huius architecti aër, ignis, aqua, terra potuerunt*, & Lactance, *quibus manibus, quibus machinis, quibus artibus, quâ molitione hoc corpus fecerunt?* Seroit-ce d'vne matiere simple, comme d'vn seul elemẽt que les esprits formeroiẽt ces corps? il ne se peut? telle matiere simple n'est pas susceptible des accidens, comme des couleurs, figures, lineamens & autres qualitez, auec lesquelles on dit qu'ils apparoissent. On ne peut non plus empreindre des couleurs & des figures sur l'air & sur l'eau que l'on peut escrire sur les mesmes elemens,

Et vento & rapidâ scribere oportet aquâ,

Seroit ce donc d'vne matiere meslée semblable à celle

Quam satus Iapeto mixtam fluuialibus vndis,
Finxit in effigiem moderantum cuncta Deorum.

De laquelle,

——Arte benigna
Et meliore luto finxit præcordia Titan?

Mais d'ou & comment ces nouueaux Prometées auroient ils cette vertu actiue & singuliere industrie, de meslanger & pestrir, ainsi tous les elemens à la proportion requise pour former vn tel corps? Et d'adiouster,

Tres imbris torti radios, tres nubis aquosæ,
Addiderint rutili tres ignis & alitis austri?

Et puis comment si tost pourroient ils faire & former ce corps, & si tost le pourroient ils deffaire? & comment est-ce que cette matiere mixte & composée ne resteroit visible & palpable apres l'apparition & dissolution de ce corps? Et neantmoins ils disent que ces esprits ayant apparu tels corps s'esuanoüissent en vn moment,

——effugit imago
Par leuibus ventis volucrique simillima somno.

Derechef, commẽt pourroient ils mouuoir tel corps qui n'est point animé ny viuifié par eux? veu que l'ame ne peut mouuoir les membres de son corps qui par elle ne sont animez ny viuifiez ainsi que seroit vn bras mort ou vne iambe morte? Et puis toute action se faict *per contactum* par attouchement, en Aristote *lib.1. de generatione*, quant aux demons ils ne peuuent rien attoucher estant incorporels.

Tangere enim & tangi nisi corpus nulla potest res.

Et par ainsi ils ne pourront mouuoir ny attoucher vn corps, s'ils se pouuoient former vn corps, y'entrer & en sortir, le reprendre & le quitter comme il leur plairroit, ils auroient plus de priuilege que l'ame de l'homme, laquelle infuse dans le corps ne s'en peut deslier & disioindre que par la mort, & c'est vne fable ce que racontent Plutarque & Pline de certains personnages mesmes d'vn Hermotimus Clazomenius, l'ame duquel disent ils sortoit par fois de son corps, l'abandonnoit pour quelques iours, prenant l'essort en diuers quartiers du monde, & là apprenoit des nouuelles, & puis reuenoit en son corps les racõter, iusques à ce qu'aucuns de ses ennemis aduertis de cela espierent le depart de cette ame & en son absence se ruerent sur le corps qu'ils mirẽt en pieces & le bruslerent, *& remeanti animæ vaginam ademerunt*, dit Pline, & n'est pas vray ce que dit Ciceron au premier *de diuinatione, quosdam esse quorum animi spretis corporibus euolant atque excurrunt foras ardore aliquo inflammati atque excitati* & que *tales animi qui corporibus non inhærent cernunt, quæ vaticinantes prænunciant*. Il faut plustost cõiecturer toutes autres choses que celle là, *omnia magis coniectanda, quàm istam licentiam animæ sine morte fugitiuæ, nusquã anima sine carne est quãdiu in carne est*, dit Tertulian & auec luy sainct Athanase en sa question trantetroisiesme, tout ainsi donc que l'ame à laquelle naturellement il conuient estre vnie au corps : ne peut pas quand bon luy semble estre separée du corps, aussi les Anges & demons qui de leur nature sont separez de tout corps ne pourront pas à leur appetit prendre corps en se faisant apparoistre ny consequemment se representer aux autres sentimens du corps.

PVIS donc qu'il est si mal aisé à comprendre ou plustost Impossible en nature qu'vn esprit qui est incorporel, puisse de sa propre vertu se reuestir d'vn corps & agir sur iceux, ne vaut il pas mieux reiecter du tout telles apparitions pretendues, ou si par fortune il estoit vray que les locataires eussent eu quelques visions ou entendu quelques bruits non accoustumez en la maison n'est il pas plus seant d'en assigner la raison ailleurs que sur les esprits, en rechercher quelques causes naturelles vrayes ou vray-semblables, & quand il ne s'en pourroit trouuer, accuser ou excuser son ignorance plustost que recourir aux esprits pour la couurir. Ce n'est pas de cette heure que lon a attribué aux demons ce dont on ne pouuoit rendre la cause, VIII.

Ignorantia causarum conferre Deorum
Cogit ad imperium res

& qu'aux maladies desquelles on ne peu t sonder la cause on dit que, *aliquid diuinum inest aut dæmonium*, Comme parle Ciceron, Cornelius Celsus *Homero teste dicipotest morbos ad iram Deorum relatos esse*, ainsi en est il de l'epilepsie mal sacré, mal herculeã que lon raportoit iadis aux demõs & croioit on, que ceux qui en estoiẽt ſaiſis eſtoient vexez des demons & mauuais eſprits, teſmoin Hipocrates au liure *de morbo ſacro*, & toutefois les Medecins ſçauẽt mieux, & Hipocrates l'eſcrit ainſi, que cette maladie prouient d'vne grande abõdance d'humeur melancholique veneneuſe & contraire à la ſuſtance du cerueau, laquelle venant ſubitem ẽt à rẽplir & combler les ventricules & conduits du cerueau fait que par cette humeur ennemie qui l'aſſaut, le malade en ce conflit tombe par terre. Ainſi en eſt il de quelques effects de l'humeur chaude & bilieuſe, leſquels pluſieurs ont reietté ſur les mauuais eſprits, à propos des Bacchãtes, des Sybilles & autres perſonnes qu'ils croyoient eſtre pouſſées d'vne inſpiratiõ & inſtinct lynfatique & demoniaque: Mais Ariſtote en ſes problemes, rapporte les paſſions de telles perſõnes aux cauſes & raiſons naturelles de ceſte humeur peccãte, chaude & bilieuſe. Ainſi eſt il de la maladie appellée Ephialte, de laquelle ſans doubte les inthimez doiuent eſtre attaints: car il ſemble à ceux qui ſouffrent cette maladie dit Paulus Ægineta & Aëtius *tetrab. 2.* qu'ils ſont enuahis de quelques eſprits & demons, & le croyoit on anciennement ainſi, & que le fantoſme d'vn homme ou d'vne femme grands à merueilles monte ſur leur lict, leur peze ſur l'eſtomac, leur ferme la bouche de peur qu'ils ne crient (qui ſont les faicts poſez au procez) & s'imaginent & feignent encores des viſions plus eſtranges qu'ils rapportent à des demons incubes & ſuccubes, & toutefois dit notamment Aëtius, ce ne ſont point demons, mais il en faut aſſigner la raiſon à vne humeur craſſe & eſpaiſſe ou melancholique prouenant

d'vne

d'vne crudité adherante au tour de l'estomac, qui venant à s'enfler & les fumées & vapeurs d'icelle à monter à la gorge & au cerueau fait que,

--- *Nequicquam auidos extendere cursus*
Velle videmur, & in medijs conatibus ægri
Succidimus, non lingua valet non corpore notæ
Sufficiunt vires nec vox aut verba sequuntur.

Et trouble & offusque les sens des tristes visions susdites, ainsi est il de la lycantropie.

IX. PLVSIEVRS aussi qui ne sont instruits és raisõs naturelles & qui sont d'ailleurs mauuais locataires pourroient referer aux esprits plusieurs choses merueilleuses qui par raison naturelle peuuent arriuer aux maisons & pourpris d'icelles, affin de prendre pretexte de rompre les locatiõs qui leur desplaisent. S'il y a de grands arbres proches entre eux en la basse court de leur logis ou dans leurs vergers, & que de la cime d'iceux ils voyent saillir du feu, ils diront que ce sont des esprits & spectres de feu qui apparoissent, pour auoir subiect d'abandonner la maison, & neãtmoins cella est naturel, dit Thucidides, que les arbres qui sont ez forests venant à s'entrechoquer par la violence du vent iettent du feu d'eux mesmes, *teritur lignum ligno ignemque concipit attritu*, dit Pline,

Vt sæpe in magnis fit montibus (inquit) vt altis
Arboribus, vicina cacumina summa terantur
Inter se, validè facere id cogentibus austris,
Donec fulserunt flammai flore coorto,

S'ils ont en leur iardin de l'herbe nommée Asterion laquelle a cette proprieté de briller comme vne estoille, ceux qui ne la sçauent iugerõt qu'il y a des esprits qui hantent au iardin, tesmoin Apulée. *Asterion herba noctu tanquam stella in cœlo sic lucet vt qui viderit ignorans dicat se phantasma videre & metu plenus irridetur.* Si dans l'enclos de leur basse court, vergers ou iardins, ils voyent les feux que nous appellons les ardans formez en boulles rondes de feu qui roullent sur terre, qui bondissent d'vn lieu en l'autre, qui ores s'assemblent & derechef s'escartent, & enfin vont disparoir pres de l'eau, ils ne penseront pas, mais ils croiront fermement que ce sont esprits, demons & spectres de feu, toutefois ces feux procedent des exalaisons espaisses d'vne matiere goumeuse qui vient à s'euaporer, s'allumer & s'embraser, sẽblables à cette matiere, dont ard le mont gibel & autres montaignes, ou bien de quelques feux enclos és concauitez de la terre, *in terræ secretarijs*, dont elle n'est pas moins remplie & feconde que de vens & d'eau, selon qu'Aristote en rend la raison au liure du monde.

Ce seroit encore pis, si en leur enclos ils venoient à rencontrer des formes & figures empreintes dãs l'air ressemblantes à diuers animaux qui fissent contenãce de s'approcher d'eux, puis s'en reculer, puis de les r'approcher & r'attaindre & se retirer & s'enfuyr derechef & puis tout d'vn coup vinssent à les recharger & fondre sur eux. Ce seroit bien à leur aduis des esprits, neantmoins cela aduient ordinairement & naturellement autour de la grande Syrte en l'Afrique. Les estrangers s'en estonnent, mais ceux du pays s'en rient & n'en font cas, en assignent les raisons à certaines vapeurs qui exalent de ces endroicts là: Ainsi que le discourt plus au long Diodore Sicilien en sa bibliotheque. S'il y auoit vn echo pres de leurs maisõs qui rendist neuf ou dix voix pour vne, ce ne seroient pas les premiers qui auroient creu & fait croire à d'autres que c'estoient des Faunes, Satyres, Nymphes & tels autres demons, qui hantoient tels lieux, y venoient follastrer, & passer leurs temps

Hæc loca capripedes Satyros Nimphásque tenere
Finitimi fingunt & Faunos esse loquuntur.
Quorum noctiuago strepitu ludóque iocanti
Adfirmant volgo taciturna silentia rumpi
Chordarúmque sonos fieri dulcésque querelas.

MAIS pource que tels echos sont auiourd'huy familiers, & que la raison naturelle en est commune & vulgaire, la chose ne sembleroit si esmerueillable comme si en la maison il se treuuoit vne pierre semblable à celle qui estoit en la tour de Megare, laquelle soudain que lon venoit à la frapper d'vn caillou, X.

Et petere exiguo resonantia saxa lapillo,

elle sonnoit ne plus ne moins qu'vn luth, ou qu'il y eust de semblables grotes à celles, dont parle Clemẽt Alexandrin en ses tapisseries escriuant qu'en l'Angleterre, il y a vne cauerne dans vne montaigne dont sourdẽt des bruits pareils aux sons des cloches & des cymbales, & que au pays de Perse il y a trois montaignes proches les vnes des autres de l'vne desquelles sortent des voix comme de plusieurs personnes qui se donnent le combat, & de la seconde sortent encores de plus grands bruits, & de la troisiesme s'entendent des voix d'allegresse comme d'vne victoire gaignée & ces merueilles là ne prouiénent point du fait des esprits & demons, mais bien de la concauité des lieux & des vents lesquels s'entonnent au dedans. Il faut donc que les locataires & intimez raportent les visions & les bruits qu'ils mettẽt en auant à quelques causes naturelles autant ou plus estranges que les precedentes, & non pas aux esprits.

XI. Ou bien il faut qu'ils se persuadent que les sens de la veüe & de l'ouye sont trompeurs & qu'ils ne voyẽt pas ce qu'ils pensent voir, & n'oyent pas ce qu'ils pẽsent ouyr, & qu'ils doiuent plustost se rapporter à la raison qui dicte cela ne pouuoir arriuer, que à leurs yeux & à leurs oreilles. *Animus cernit, animus audit* (dit Epicharmus le Comique) *reliqua surda & cæca sunt*. Les sens sont trõpeurs. Anciennement les Academiciens les ont condamnez & selon quelques vns Heraclite, Diocles & Empedocles aussi, & Platon in Phedro, afferme dit Tertullian, *quòd neque audiamus certum, neque videamus*, les exemples que les Philosophes en ont apporté, sont bien communs, mais ils sont vieux & anciens & beaux encores, tels que celuy du col de la colombe qui reluist en plusieurs fauces & diuerses couleurs au Soleil,

> *Námque aliàs fit vtì claro sit rubra Pyropo,*
> *Interdum quodam sensu fit vtì videatur*
> *Inter cæruleum virides miscere smaragdos.*

De la rame ou auiron dans l'eau qui est entier & semble brisé, des pommes qui sont dans vn verre & semblent plus grosses, des derniers pilliers d'vne longue gallerie lesquels semblent s'entretoucher ores qu'ils soyent d'vne esgalle distance & la gallerie s'estroissir & aller en pointe, ores qu'elle soit partout egalemẽt lõgue & large *remus integer in tenui aquâ fracti speciem reddit, poma per vitrum aspicientibus multò maiora sunt, columnarum interualla porticus longiores iungunt*, de la tour quarrée qui parroist ronde de loing: du Ciel haut eleué, qu'on diroit se ioindre à la mer ou à la terre, au cercle de nostre orizõ. Tertulian *de animâ, mendacium visui obiicitur quòd turrem quadrangulatam de longinquo rotundam persuadeat, quod cœlum tantâ sublimitate suspensum mari iungat*, & tant d'autres exemples poursuiuis par Lucrece en son liure quatriesme. Les Moabites qui fesoient la guerre à Iosaphat rendroient bon tesmoignage qu'il ne faut poinct croire à ses yeux, le Soleil qui à son leuer estoit rougeastre, battoit & reuerberoit sur quelques eaux prochaines & les fesoit paroistre rouges il sẽbla au contraire aux Moabites que leurs ennemis s'estoient entrebatus & que de leur sang versé les eaux estoient rougies & sur cette fauce persuasion ils vont en desordre vers le camp de l'ennemy pour butiner, Iosaphat qui marchoit en bataille rangée les rencontre & les desconfit. Il leur prit mal d'auoir creu legerement à leurs yeux.

QVANT au sens de l'oüye nous penserons ouyr le tonerre & ce ne sera qu'vn charriot, & d'vn charriot roulant nous penserons que c'est le tonerre, *perinde auditus fallaciæ reus est vt cùm cæleste murmur putamus, & plaustrum est, vel tonitru meditante, pro certo plaustri credimus sonitum.* Les sens doncques sont trompeurs, voire estans sains & entiers, à plus forte raison s'ils sont viciez & corrompus, comme si les intimez auoient des suffusions aux yeux qui leur occupassent l'organe XII.

de la veüe ainsi qu'ils en peuuent bien auoir. Il leur sembleroit selon Aëtius *tetrabib. secundo sermone 3. cap. 51.* qu'ils verroient volleter des moucherons deuant eux des atomes bleus, verds, & iaunes, d'autres differentes couleurs, des floccons de laine, & toilles d'araignées, qu'ils prendroient pour esprits voire selon Galien liure premier *de caussis symptomatum*, ils entreuuerroient des idoles & fantosmes, que s'ils auoiét les yeux fort enfoncez, abaissez, obcursis ils verroient dedans l'air prochain l'image & la figure d'eux mesmes, ainsi qu'au raport d'Aristote il arriua à vn personnage Thazien nommé Antiphero, au deuant duquel se presentoit ordinairement le fantosme d'vn homme qui luy ressembloit lequel nul autre que luy ne pouuoit apperceuoir.

XIII. SI les seruiteurs ou seruantes de la maison pretédue disent auoir veu telles visions & oüy des bruicts, il pourroit estre que pour lors ils estoient chargez de vin. Or les gens yures à raison des vapeurs chaudes & aigues qui leur montent au cerueau sont subiects à voir des fantosmes & ouyr d'estranges bruits, *vanæ imagines ebriis, incerti visus, canes si viderint, leones arbitrantur, & fingunt murmur in auribus, tanquam maris fluctuantis fragor et resonantia fluctu littora* dict S. Ambroise, & de leur yuresse il peut estre arriué qu'ils se seroient endormis en la place & neantmoins ils disent & croient y auoir esté portez selon qu'il a esté mis en fait par les intimez.

XIV. OV bien possibe sont ils du naturel des hommes *qui patiuntur ambulationes nocturnas*, ausquels la Betoine est bonne, disoit Antonius Musa Medecin d'Auguste *quæ custodit eos à maleficiis & periculis.* Telles gens se leuent en dormant, cheminent & vont par la maison, & font les mesmes choses qu'ils feroiēt en veillant. Hipocrates en parle en son liure *de morbo sacro*, & Diogenes Laërtius en la vie de Pirron, d'vn Theon Thitoreus Stoïcien, ensemble d'vn seruiteur de Pericles qui auoient ce naturel de se pourmener en dormant & de grimper sur le haut des toits. Galiē, quelque grand Medecin qu'il fust raconte au liure secōd de *motu musculorum*, le semblable luy estre arriué, & d'auoir fait vn quart de lieue de chemin en dormant & en ameine les causes & raisons naturelles, que si de fortune telles personnes viennent à se reueiller par le chemin heurtans quelque pierre, ou au milieu d'vne chambre heurtans quelques meubles, comme ils sont ignorans de la Medecine & de la Philosophie, ils iugeront sans doute auoir esté portez là ou par leurs compaignons ou par les esprits.

Encores les intimez ou leurs seruiteurs peuuēt auoir le sens de l'oüye corrompu, aussi bien que celuy de la veuë, & à raison de ce ils seront subiets à sētir, non pas ce tintement d'oreille qui vient d'vne ebullition de sang montant au visage, dont parle Catulle, *Tenues sub artus flamma dimanat sonitu suopte tinniūt aures*, ou cet autre tintement que les anciens tiroient en presage qu'on parloit d'eux en leur absence, sur lequel a esté fait cette Epigramme par vn autheur ancien & incertain. XV.

Garrula quid totis resonas mihi noctibus auris
Nescio quem dicis nunc meminisse mei;
Non dubiè loquitur me Delia, mollior aura

Venit, & exilij murmure dulcè fremit.

Mais qui pis eſt ils s'enriroient comme des vens qui bourdonnent, des flames qui petillent, des cloches qui ſonnent, des torrens qui bruyent & en chercheroient en vain la cauſe du dehors qu'ils porteroient encloſe en leurs teſtes ſuyuant que *Paulus, Aëgineta, Aëtius & Celſus*, & autres Medecins le teſmoignent.

XVI. Les intimez ſe deuroient encores perſuader que les bruits & viſions qu'ils pretendent ſont autant de fourbes qui leur ſont faictes à plaiſir ou par des eſtrãgers ou par leurs propres ſeruiteurs domeſtiques. Lucian au dialogue de l'incredulle raconte à ce propos vne pareille fourbe faite à Democrite par des ieunes gens de la ville de Abdera. Ce Philoſophe logeoit hors les portes de la ville enfermé dans vn ſepulchre auquel il ſe tenoit nuict & iour en eſcriuant & compoſant ſes liures. Ces ieunes hommes cuidant l'eſpouuanter ſe deſguiſerent en fantoſmes & comme on dit en ames des Trepaſſez, & vindrent à l'aſſaillir autour de ſon ſepulchre. Ils euſſent eſpouuanté vn autre que Democrite. Mais luy iugeant ſainement des eſprits & des fantoſmes & que telles follies ne pouuoient eſtre faites par eux, ne s'effraya en rien, & ne les daigna pas ſeulement regarder : Ains pourſuiuant ſa compoſition, il ſe contenta de leur dire qu'ils allaſſent ailleurs faire des foux. Plaute en ſa Comedie Moſtellaria en raconte autant d'vn fin valet Tranio qui pour venir à bout de ſes deſſeins, fineſſes & tromperies fit accroire au vieillard Theuropides ſon maiſtre que ſa maiſon eſtoit frequentée d'eſprits & luy diſoit, *tu hinc emigra ſceleſtæ hæ ſunt ædes*

impia

impia est habitatio, Quæ hîc monstra fuint anno vix possim eloqui, & neantmoins ce n'estoit rien.
En Agathias Scholasticus au liure cinquiesme de l'Empire de Iustinian il est fait mention d'vn grand Mathematicien appellé Anthemius, lequel auoit vne maison proche & contigue de celle de Zenon le Rhetoricien, ils estoient tous deux en pique & en procez, Anthemius pour se venger infesta le logis & principalles chambres de Zenon d'esclairs qu'il elançoit, de tonnerres & tremblemens de terre qu'il excitoit artificiellément, se seruant à cest effect de la cõmodité de quelque paroy mestoyenne & de ses chambres qui regardoient en celles de Zenon. Et en outre de chauderons plains d'eau bouillante, de fistules de cuir, de bassins, miroirs & autres engins & artifices de Mathematique, en sorte que Zenon sortoit du logis maintefois le iour & se retiroit és places publiques, où s'enquerant du tremblement de terre il se rendoit rediculle à chacun, iusques à ce qu'ayant descouuert l'artifice d'Anthemius il s'en plaignit à l'Empereur Iustinian & au Senat. Cette histoire est plus au long discourue en ce passage d'Agathias, combien pourroit on amener de semblables contes qui ne sont pas de ce lieu.

LES locataires deuroient encores recognoistre & regarder en eux mesmes s'ils n'ont point quelques complexiõs & foiblesses naturelles qui leur puissent causer l'oppinion des faux bruicts & apparitiõs qu'ils pretendent. Comme s'ils ne sont poinct craintifs & timides: *Inania & vana ex metu nostro imaginem accipiunt* ainsi que seroient les enfans, desquels Aristote es- XVII.

crit que veillãs & regardãs, plusieurs fantosmes neãtmoins s'apparoissent, & se treuuent deuant eux qui font que saizis de frayeur ils se cachent soubs les draps, ce qui prouient & de leur crainte naturelle & de l'entretien ordinaire de leurs meres nourrices qui les menacent des fantosmes & lamies, les endorment & entretiennent auec des fictions poetiques & contes faicts à plaisir, ce dict Plutarque au liure qu'on ne peut viure ioyeusement selon la doctrine d'Epicure, & Tertulian, *aduersus Valentianos, inter somni difficultates à nutriculâ audiunt lamiæ turres & pectines Solis*, les intimez aussi qui seront peureux & craintifs & d'ailleurs battus de recits fabuleux & d'vne vaine aprehẽsiõ des esprits, se les ramenteuront d'ordinaire, & se transsiront de frayeur, *vacua mens audita simulachra & inanes sibi metus fingit.* Somme s'ils ne tiennent point du superstitieux (duquel vice ceux qui sont entachez, dit Plutarque au liure de la superstition, sont affligez de visions bien terribles & monstreuses en dormant & en veillant, qui fait que les Grecs l'ont appellée δυσιδαιμονίαν qui signifie crainte des demons de laquelle ils ne peuuent se garentir ou qu'ils voisent) ceux qui craignent le tremblement de terre s'ils viennent és Gaules en seront exempts; ou du tonnerre ceux qui iront en Egypte, mais ceux qui seront attains de superstition pour changer de pays ne se sauueront pas de la crainte & frayeur des esprits dit Lucilius in Satyris,

Terriculas lamias Fauni quas Pompiliúque
Instituere Numæ tremulas, his omnia ponit,

Si bien que lors qu'vn superstitieux voyoit vn mallade d'epileptie, dit Theophraste en son liure des characteres, ou biẽ vn maniaque & furieux, soudain il se representoit que telles personnes estoient demoniaques & d'vn serpent qu'il rencõtroit, que c'estoit vn demon & recouroit sur le chãp aux remedes superstitieux pour s'en preseruer. Ce mot de Seneque peut seruir à ce propos, *nusquam plura exempla vaticinantium inuenies quàm vbi formido mentes religione mista percussit.*

En dernier lieu les intimez deuroient notter XVIII. cette consequence : C'est qu'en leur accordant ce qu'ils tascheront d'euincer, asçauoir que les esprits peuuent façonner & mouuoir vn corps & qu'ils ont pouuoir sur les sens exterieurs, il s'ensuiuroit aussi indubitablement par là que les esprits auroient mesme pouuoir sur les sens interieurs & de representer à la fantasie toutes choses fantasques à leur plaisir, & ce en veillant. La raison s'en prendra sur celle des songes, car il est certain que les especes, *species*, les images, pourtraicts ou representations de tous les obiects qui tombent soubs les sens apres auoir touché nos sens exterieurs & representé leurs obiects, ne s'arrestent pas là, ains telles images ou especes passent aux sens interieurs par le moien & la cõduicte des esprits sensuels qui les recoiuent & les presentent aux facultez de nostre ame, & dans lesquels esprits, ces especes ou images de toutes les choses sensibles sont reseruées vn fort long temps comme dans leurs vrayes boutiques & officines, quand donc, dit Aristote au liure des songes, l'hõme est endormy le sang descẽd en quantité au principe sensitif & auec le sang descendent les esprits sensuels, & auec iceux les especes & impressions susdictes des choses sensibles lesquelles venant à s'esmouuoir & remuer auec les esprits, elles esmeuuent l'imagination & le principe sensitif; de sorte que nous conceuons alors, *somnorinas imagines* qu'appelle Varron *in Prometheo*, & se faict vne apparition audedans ne plus ne moings que si nos sens estoient esmeuz, & touchés par les choses exterieures, c'est ce qu'en dict Aristote sur le propos des apparitions qui viennent en dormant.

XIX. OR ces mesmes apparitions interieures se peuuent faire aussi en veillant par les mesmes causes & raisons, soit volontierement, comme quand nous venons à imaginer & depeindre en nous mesmes, ce que nous auons veu ou senti au parauant, *& cum vanæ absenti animo cogitationes finguntur*, soit inuolontairement, quand il se faict vne si forte cōmotion d'humeurs & d'esprits, que malgré nous telles apparitions nous suruiennent en veillant, cōme l'enseigne sainct Thomas en la premiere partie de sa Somme, question cent & vnziesme, ce qui aduient aux melancholiques qui pour cela sont appellez des Latins *Imaginosi*, & aux frenetiques & febricitans tel qu'estoit le Medecin Theophile en Gallien qui pensoit voir & ouyr pendant sa maladie des ioueurs de fluttes en sa chambre & apres sa guerison persistoit & soustenoit qu'il estoit vray: Car telles choses arriuent par l'esmotiō & remuemēt des especes reseruées és esprits sēsuels lesquelles se presētent à la fantaisie en veillant & luy representent les mesmes obiets qu'elles auoient representé autrefois aux ſens exterieurs. *Quatenus hoc ſimile eſt oculis quod mente videmus.*

SI dõc le mauuais eſprit vient à mouuoir en veillant ces meſmes eſpeces & images & les preſenter à la fantaiſie, ce qu'ils peuuent faire & non pas en introduire de nouuelles, dit ſainct Thomas, il s'enſuyura qu'en veillant nous verrons & orrons les meſmes choſes que nous faiſons en ſommeillant comme entre autres les ombres des Trepaſſez, XX.

Vſque adeò certè vt videamur cernere cum quem
Reddita vitai iam mors & terra potita eſt.

Des ſons, des voix & des bruits,

Et ſonitus audire ſeuera ſilentia noctis
Vndique cum conſtent, & reddere dicta tacences.

Que ſçauent donc les intimez ſi ce n'eſt point par imagination qu'ils voyent & entendent en veillant ce qu'ils diſent, ſoit qu'eux meſmes, ſoit que les demõs remuent les eſpeces & images conſeruées en leurs eſprits ſenſuels, voire & ſi puiſſamment que des ſens interieurs ils les facét paſſer aux ſens exterieurs choſe poſſible & faiſable par l'authorité de S. Thomas & d'autres Philoſophes, & s'il eſt ainſi les intimez ne ſeroient pas reſponſables des viſions & apparitions des appellans.

MAIS poſé ores & non accordé que les mauuais eſprits & demons puiſſent prendre corps pour ſe faire voir & ouyr, ce ne ſeroit pas pourtant pour ſe faire voir & ouyr és contrées & prouinces habitables & chreſtiennes, & beaucoup moins aux maiſons. Ce ſeroit poſſible aux deſerts où Dieu les a relleguez pour le ſalut des hommes, *Ioannes Climacus* dit que, *dæmo-* XXI.

nes à Domino in desertis atque abissis ad salutem nostram relegati sunt. Ce seroit aux vieilles ruynes comme celles de Babylon, *accidit Babylon & facta est habitatio dæmoniorum*, & en Esaïe chapitre trantequatriesme, *occurrent ibi dæmonia & pilosus clamabit alter ad alterum, ibi cubabit lamia & inuenit sibi requiem*, sur lequel passage S. Cyrille escrit que les demons establissent tres volontiers leur demeurance aux deserts, & Procopius sur le chapitre treziesme du mesme Esaïe, *gaudent desertis incultisque locis ipsi dæmones*, à ce propos ceux qui ont escrit les histoires d'Afrique tesmoignent qu'és mesmes deserts & solitudes d'Arabie, Lybie & du mont Atlas que Pline & Solin escriuent *Aëgipanum Satyrorúmque lasciuia impleri*, s'y voiét & entendent auiourd'huy les demons asses ordinairement, c'est en Lybie aussi que Philostrate disoit habiter les lamies & Plùtarque recite de quelques deserts qui sont autour de l'Angleterre semés ça & là par la mer qui s'appelloient les isles des demons duquel nom sont remarquées quelques autres isles inhabitées nouuellement descouuertes, c'est aux deserts de la haute Egypte que le demon Asmodée fut lié, c'est au desert que le bouc emissaire, *hircus emissarius* estoit renuoyé lequel dict Origene ne signifioit autre chose que le demon ou malin esprit, c'est aux deserts qu'ils s'apparossoiét aux saincts peres, contestoient & sembloient former vn arrest de querelle cõtre eux, de quoy ils les troubloiét en leur domicile comme parlãt à l'vn d'iceux, ils doiuent *solitudines quæ nostræ sunt tu cum tuis similibus habes; Illinc nostros cognatos fugauistis quid loca nostra inuadis*, dans Palladius.

CE seroit encores ez Indes Orientales, au Perou, au Bresil, en la Mexique & quelques pays septentrionnaux infidelles & idolastres, que les demons & malins esprits se representeroient, & non pas entre les Chrestiés d'ou cõme dit Eusebe in Panegyrico, le Sauueur les auroit chassez par vne inuisible & diuine puissance ne plus ne moins que le pasteur chasse le loup loin de son troupeau, surquoy S. Athanase escrit au traicté *de Incarnatione Verbi* que anciennement les demons tenoient toutes les fontaines, les fleuues & les forests assiegées, & de là apparoissoiét & enuelopoiét les peuples en maintes erreurs, mais que despuis le Sauueur est apparu au mõde, tels spectres & apparitions ont prins fin, & quand bien ils se monstreroient aux Chrestiens, se seroit donques aux forests & autres lieux escartez & non pas és maisons, mesmement s'ils estoient tous du naturel des demons solaires, cela n'arriueroit pas : car Psellus escrit qu'ils fuyent estrangement des maisons & n'osent en approcher tant ils craignent le chant du coq. XXII.

PRESVPOSANS encores dauantage & concedant aux intimez tout ce qu'ils pourroient demãder, à sçauoir que les apparitions pretendues arriuent non par quelques causes naturelles à nous secrettes & incõnuës & non par fourbes, vaine crainte, superstition ou imagination, mais veritablement & par le fait des esprits ou demons, non seulement és lieux deserts & ruyneux & pays infidelles, mais qui plus est entre les Chrestiens, ez villes bien peuplées de maisons, & iusques dans nos foyers. Est-ce à dire pourtant qu'vn homme constant s'en doiue espouuanter? XXIII.

laruis leo non terretur, ne qu'il faille rompre & quitter vne location impunément auant le terme escheu? Au contraire ils deuoient payer tous les loüages à l'exemple de celuy, *qui fundum sine iustâ ac probabili causâ deseruit l. Dominus horreorum §. finali ff locati*: car que cette crainte ne soit pas du nombre de celles qui tombent en vn personnage constant outre les raisons susdites tirées des enfans, des peureux & superstitieux ausquels les intimez deuroient auoir honte de ressembler.

XXIV. ON peut alleguer que tels lieux où hantent les esprits ont esté recherchez par mains curieux persõnages qui ont desiré d'auoir cognoissance de leurs pretendues apparitions. Arignotus Pythagoricien recercha de loger à Corinthe en la maison d'Euribatés que l'on disoit estre frequentée par quelques esprits, tesmoin Lucian au dialogue de l'incredule, Athenodorus selon Pline en ses Epistres ayant oüy raconter le semblable d'vne autre maison de la ville d'Athenes & trouuant qu'elle estoit à loüer, la loüa d'autant plus volontiers, *omnia docetur, ac nihilominus imo tantò magis conduxit*, mais nul exemple n'est si remarquable en ce subiect comme est celuy de Macarius sainct personnage lequel eut bien cette loüable curiosité d'entreprendre vn long & penible voyage pour visiter vn lieu fameux & celebre pour l'aparitiõ des esprits. Ce sainct personnage s'estoit retiré és solitudes d'Egypte, esquelles il passa soixante ans de sa vie, mesmes au desert de Scete qui estoit le plus reculé, si luy print vn iour volonté d'aller voir des iardins celebres esquels estoit construict le monument de de Iannes & Mambré Magiciens qui viuoient du temps de Pharaon, desquels mention est faicte ez sainctes lettres, & qui en leur viuāt auoiēt gaigné tel credit & authorité aupres de ce Roy qu'il leur auoit esté bien aisé de faire esleuer vng monument si admirable, Il estoit basty de grosses pierres carrées, au tour d'iceluy estoient alignés & cōplantés de beaux & plaisans iardins & vergers garnis de toutes sortes d'arbres & herbes diuerses. Ils firent fouïr vng puys deaüe viue, au milieu ils enfermerent de grands tresors en leur monument, & par l'excellence de leur art magique, ils laisserent en garde plusieurs demons autour de ces monumens, iardins & vergiers pour en deffendre l'entrée & empescher qu'aucun n'en peust approcher: Le tout soubs vne fause & vaine persuasion, de faire leur paradis en ce lieu apres leur decez. Macarius poussé d'enuie de voir ce lieu merueilleux entreprit le voyage bien qu'il fut distant de sa cellule de neuf grandes iournees & qu'il n'en sceut pas le chemin. Il se guida par les astres à tout hazard comme en pleine mer, & trauersant tous les desers arriua en fin à ce monument, d'entree plusieurs demons se presenterent à luy, le discours en seroit long, suffit qu'ils tirerent de Macarius, vne promesse volontaire qu'apres auoir entré & contemplé le monument il s'en iroit & ne feroit là son habitation, Il y entra doncques, fut tesmoin oculaire de leurs apparitions & remarqua les particularités du lieu, auquel il raconta depuis à ses amis auoir trouué entre autres choses vn seau d'airain qui pendoit à vne chaine de fer, dans le puys, quelques poumes de grenade desseichees par l'ardeur du Soleil, & qui plus est de riches presens & offrãdes des taz & montioies d'or & d'argent: apres ce il s'en departit & retourna en vingt iournées en la cellule de son hermitage. Ceste histoire est racontee plus au long *in historiâ Lausiacâ*.

On pourroit amener à la suyte le voyage celebre de Gormon Prince de Dãnemarc, vers Geruthus en Biarmie, entrepris sur pareilles considerations & curiosités, il suffira toutesfois de r'ẽuoier à Saxo Grãmaticus liure huictiesme de l'histoire de Dãnemarc: Les intimés sont bien loing d'ensuiure ces exemples d'Arignotus, Athenodorus, & Macarius veu que pour telles apparitions ils fuyent & abandonnent vne maison que ces personnages eussent recherchée.

XXV. Si ne cottẽt ils pas de grandes & notables incommoditez & qui soient suffisantes pour faire retirer vng homme constant & asseuré, ils entendent disent ils de grands bruicts. Les bruicts que font les coups de vents & les esclatz du tonnerre sont bien encores plus grands & pourtant vn homme de bien ne s'en estonne pas, *Si fractus illabatur orbis impauidum ferient ruinæ*. Ils voyent quelques ombres & quelques apparitions qui changent de formes & de figures, qui par fois se font petites & par fois grandes. Qu'ils se souuiẽnent de ce qu'õ faisoit anciennemẽt à l'exẽple des Eygptiens qui mettoient sur table vng test de mort, ou apportoient au millieu des festins vng masque de plusieurs pieces que l'on voyoit se contourner & changer en figures & formes plus estranges & diuerses que ne font les ombres qu'ils craignent. *Oscilla ea sunt: harum vertibularum varijs coagmentis simulantur species mille formarum: Elefantus bellua, aut aper bestia, aut anser volans, mirmillo in armis, subsidens venator, & latrans canis, quin & turris & cantharus, & alia huiusmodi innumerabilium figurarum, quæ alius alio scientius variegant*, dict Ausonius: Et Petronius Arbiter, *Potatibus & accuratissimè lautitias nobis mirantibus laruam argenteam attulit nobis seruus sic aptam, ut articuli eius vertebræque locatæ in omnem partem flecterentur*, Et tant s'en faut que les conuiues & assistans prinssent de là subiect de frayeur, qu'ils en prenoient du passetemps, *& postquam cathenatio mobilis aliquot figuras expresserat*, Ils prenoient argument en vrais Epcuriens de faire grand chere, et voyla le fruict qu'ils en tiroient.

breuis est hic fructus homillis
Frange toros, pete vina, rosas cape, tingere nardo
Ipse iubet mortis te meminisse Deus.

Qu'ils se souuiénent que *Picus, Faunus, Aegeria & Prothée* se deguisoient & transmuoient leurs corps & visages en diuers fantosmes, voire terribles & espouuentables à voir, & neantmoings Numa Pompilius, & le pasteur Aristée n'en prenoient point effroy & ne laissoient à les consulter des choses à venir. Harthogrepe se faisoit tantost petite tantost grande comme bon luy sembloit, & disoit de soy mesmes,

Sequor alternas diuerso schemate formas.
Arbitrio variata meo, nunc sidera ceruix
Aequat, & excelso rapitur vicina Tonantj,

Rursus in humanum ruit inclinata vigorem
Contiguumque polo caput in tellure refigit
Et neantmoins Hadingue ne laissa pas de l'espouser

XXVI. Sy pour si peu d'incommodité que donnent telles apparitions, il falloit abandõner les maisons & rompre les loüages, on n'habiteroit point en Noruege, en Dannemarc & autres pays Septentrionaux. S'il est vray & croyable ce qu'en escrit *Olaus magnus lib. 3. & Crantzius 2. Daniæ*, qu'elles y sont frequentes & ordinaires & que tels folletz & luictons y seruent de pallefreniers, & traictent la nuict les cheuaux. Qu'en Noruege & plus haut ez pays des Suyons ils se mettent en seruice & se louẽt pour s'employer à quelques vilz & menuz seruices de la maison, ce qui donneroit apparance à la fable d'Apollõ escrite par Orphée, que pendãt son exil il entra en seruice chés le Roy Admetus, & mena paistre ses trouppeaux sur les riues d'Amphrise, & encores que Neptune & luy seruirent de maçons à l'Aomedon pour bastir les murailles de Troye, & le mesme Apollon à Alcathous pour bastir les murs du Labyrinthe.

Les pasteurs aussi par les champs en gardant leurs trouppeaux, dit Olaüs, voient & entendent d'ordinaire tels folets qui chantent & dancent aux chansons & appellẽt cela la dance des Elues, ne s'en effrayent, & n'abandõnent la garde de leurs troupeaux, *Georgius Agricola de animalibus subterraneis*, raconte aussi comme és minieres qui sont és montaignes, les ouuriers lesquels y trauaillent pour tirer la mine de l'or & de l'argent & autres metaux y voyent & récontrent frequamment de petits Nains, ayās figure d'hommes & face de vieillards qui ne leur font autre mal ne facherie sinō de leur tirer par fois de petites menues pierrettes. Si pour cela les ouuriers quittoient les mines, nous serions destituez des metaux qui apportent tant de profits & de commoditez aux hommes. Aussi ne lit on point, que les ouuriers ayent iamais mis en procez les maistres des mines, ny qu'en Allemaigne, Nouerge & Dannemarc on ayt plaidé pour ces apparitions.

Et quand il y auroit quelque chose d'effroyable & infestant en bruicts & apparitions pretendues comme les intimez ont faulsement aduancé, on pourroit iustement soubstenir & leur obijcer qu'il leur faut imputer à eux mesmes, attendu que tous les loccataires precedans, lesquels ont habité depuis trente ans ou plus en cette maison n'y ont iamais rien ouy ny apperceu de semblable. Comme il resulte des attestatiōs qui sont au procez. Et peut on dire qu'auparauant ou depuis auoir prins ceste maison à louage, Les intimez doiuent s'estre rendus coupables de quelques grands crimes, pour raison desquels, *aut mens sibi conscia facti* XXVII.

Præmaturé adhibet stimulos, terrétque flagellis.

Ou bien ils sont persecutez par quelques demons vengeurs, que les anciens appelloient *alastoras & palamnæos*: C'est à dire poursuiuans la vengence & punition des crimes enormes: Et sans rememorer ce qui se peut dire sur ce vers de Virgile

Omnibus vmbra locis adero, dabis improbe pœnas.

Et d'Horace, *Nocturnus occurram furor*

Il suffira d'alleguer vne histoire racontée par Sigisbert, d'vn certain personnage d'aupres Magõce, lequel quelque part qu'il allast estoit tousiours inquieté d'vn demõ qui l'accusoit & deferoit de plusieurs crimes, & qui en haine & despit de luy, rauageoit toutes les maisons esquelles il logoit, voire les brusloit en sorte que cest homme fut contrainct en fin de loger à l'herte & au milieu des champs: ainsi est il à presumer, que les intimez sont cause des bruits & visions, si aucunes en y a, qu'ils disent suruenir en la maison, veu que iamais on n'ouit parler de tels cas, sinon depuis qu'ils y ont logé. Et consequemment ils en seroient responsables à l'appellant de tous despens dommages & interests, l. *si merces* §. *culpæ ff. locati.*

XXVIII Mais quand tout cela cesseroit & que ce qu'ils disent fust vray, encores ne doiuent ils abandonner la maison, & moins en faire perdre les louages aux proprietaires, veu qu'ils pouuoient aisement y resister, *si resistere potuit & non restitit exercitu veniente teneri Labeo ait conductorem l. item quæritur* §. *exercitu ff. locati si custodire potuit ne damnum daretur, custos tenetur l. sed de damno ff. eodem*, Car puis que les intimez maintienent vrayes telles apparitions & qu'ils les craignent, que n'vsoient ils doncques des remedes aisez & faciles, que ceux qui les croient & les craignent legerement comme eux, ont escripts & pratiquez? n'ont ils point de ces remedes des personnes superstitieuses qui s'effrayent des visions nocturnes, comme de se plonger dans la mer, & s'asseoir tout le iour contre terre, en Plutarque: de crecher en son sein, en Tibulle, *Despuit in molles & sibi quisque sinus*, d'arracher des clouz d'vn cercueil, & les attacher au seuil de la porte, en Pline, *Præfixisse in limine ex sepulchro euulsos clauos, aduersus nocturnas lymphationes valet*, prendre en bouche sept febues noires & les ietter derriere le doz.

hæc ego mitto,

His inquit redimo méque meósque fabis,

Ou bien pourquoy ne recouroient ils à l'espreuue des remedes que les mesmes autheurs escriuent se retirer des proprietez des choses naturelles, comme seroit la pierre *Mnusiris* tant recõmandée en *Psellus* contre telles apparitions, vne autre pierre en Plutarque & Stobee, toute semblable à vne febue qui se trouue en la riuiere du Nil, & sert à chasser les Demons: *Proclus de magiâ* adiouste le corál, le iaspe, le diamant: Pline l'Ambre *succinum contra lymphationes*, le bruit de l'airain *Temesæáque concrepat æra*

Et rogat vt terris exeat vmbra suis

Les armes & espees nuës tesmoing ce Lacedemonien, qui suiuoit vn fantosme les armes au poing & le fit retirer *quo fugis anima bis moritura*, disoit il, & en Virgille *vagináque eripe ferrum Tros, ait, Ænea*: Bien que lon impute à Seruius d'auoir dit que c'estoit l'espee d'Æneas qui estoit faite ainsi contre les fantosmes.

QVE n'vsoient ils des herbes *dira fugantibus herbis Numina terrificũque Iouem* en Claudiá, telle qu'estoit la racine trouuée & enseignée par Salomõ, dõt Iosephe racõte de rares experiẽces, ensẽble d'vne autre racine qui s'arrachoit en la vallée de Baaras, l'herbe apellée XXIX.

Oinomi, enseignee par Zoroastre en Plutarque le Selago des Druides, la Pœonie *quæ medetur Faunorũ in quiete ludibrijs*, en Pline, le Cnebilõ fort souuerain, contre les subites apparitions des esprits en Proclus *de magiâ* qui met aussi pour preseruatif le laurier, l'oignõ, la squille, plus des autres herbes qu'Apulée enseigne contre les incursions des esprits, *ne occursus mali timeantur, ne occursus mali molestent*, à sçauoir le verbascum qui fut dit il, ẽseigné par Mercure à Vlisses arriué qu'il fut chez Circe, le chardõ sauuage cueilly à Soleil leuant la Lune estãt au Capricorne, & l'aristolochie, de laquelle *suffumigabis infantem* dict il *& conualescet fugato dæmonio*, il y a d'autres autheurs qui adioustent le Hipericon appellé *fugadæmonum*, la rhuë, l'hellebore blanc, l'ãcens, la fleur du genest, la sauge, l'anys, la cendre des oliues, la thapsia, *quâ præsente dæmones aufugiunt dit* Amatus *Lusitanus*, & qu'ils le tienẽt ainsi par prouerbe en Portugal & de nostre temps on y adiouste cest herbe laquelle pour auoir esté experimentée contre les esprits qui se retrouuent aux minieres, & en auoir r'emporté la victoire on a appellee Victorialle, il est parlé encores en Tobie du cœur d'vn poisson, à la fumée duquel Asmodee se retira, & au liure des Roys de la musique qui chassoit le mauuais esprit de Saül.

XXX. Si tels remedes ne semblent propres aux intimez, ne sont ils pas gens de bien *Inane terriculamentum bonis hominibus cæterum noxium malis*, Ne sont ils pas bons Chrestiens, *Affirmat Hermes eos qui cognouerũt Deum ab incursionibus dæmonum tutos esse*, dit Lactance, ne sçauent ils pas prier Dieu, les demons qui sont le les chiens de la terre, se chassent auecques l'oraison, disoit le bon pere Thalassius, comme font les autres chiens auecques le baston. Que n'inuocquoiét ils le nom du Sauueur, *Torquetur Apollo nomine percussus Christi*, de la Vierge, ou des autres Saincts?

Mais il y eut vn Philosophe autrefois, lequel ayát lóguement porté vne petite escuelle de bois à tout laquelle il beuuoit, apperceut vn iour vn paisant, qui puisoit de leau & la humoit dans le creux de sa main, occasion qu'il ietta là son escuelle, & qu'en ay ie besoing dict-il puis que la nature m'en a fourny d'vne meilleure en la main? Quauons nous aussi besoing de ces remedes, veu que Dieu nous en a pourueus de si excellens & merueilleux en la main, auec laquelle formant la figure en laquelle les oiseaux vollent, les poissons nagent, les nauires vont à la voille & les hommes les bras estendus adorent, c'est le signe de la Croix, nous pouuons si aisement nous preseruer des ambusches des malings esprits? Le fouldre se destourne auec la main, en esuentant l'air tant soit peu, ce mauuais esprit que le Sauueur vit cheant du Ciel comme vn fouldre, se chasse auecques la main, en esuentant l'air tant soit peu en forme de Croix, *Sectatores domini, spiritus inquinatos signo passionis excludunt*, les exéples entre plusieurs voire & infinis y sont, de Gregoire Euesque de Langres qui pour guerir tous Demoniaques n'employoit que le signe de Croix, en Gregoire de Tours: *in vitis Patrum. cap. 7.* d'vn Iosephus, non encores Chrestien, en Epiphanius hæresi. 30. qui du seul signe de la Croix chassoit les Demons & de cest

Apostat Empereur Iulian, en Theodoret, & Gregoire Nazianzene, lequel effrayé par les mauuais esprits qu'il consultoit, fit sans y penser, & selon l'ancienne coustume des Chrestiens le signe de la Croix, & soudainement les fit disparoistre, *fugiunt Crucem tenebræ, tali dicata signo mens fluctuare nescit.*

Nos Crucis inuictæ signum & confessio munit
Armatique Deo mentem, non quærimus arma
Corporis, & quamquam membris videamur inermes,
Arma tamen gerimus, quibus vt sub pace serenâ
Contra incorporeos animis decernimus hostes.

XXXI. On dira que l'appellante plaide comme si tels bruicts & apparitions venoient seulement du fait des demons & mauuais esprits, mais quoy, si tels esprits qui viénent en la maison, sont quelques ames des trespassez? C'est vn prouerbe, *Abijt iam & reuerti debet*. Et briefuement, & pour trancher vn discours si ample l'appellante disoit que si les intimés le veulent prendre ainsi elle ne le discordera point, ains elle pretend d'auoir par là cause gaignée, & que la location se peut encores moins rompre sur le fait des ames des trepassez, que sur le fait des demons.

Car pour les ames qui sont aux enfers condempnées, *reuocare gradum hoc opus hic labor est*, il y a bien peu d'exéples de celles là, que de saincts personnages ont apperceuës, comme on les menoit au lieu de leurs supplices, mais vne fois qu'elles y ont esté enseuelies Sainct Athanase, *in libro quæst. 13. Tertullianus de Anima, Chrysostomus homilia. 29. super 8. Mathei* croiroient mal-aysement que cela aduinst& diroiént auec Iob, *Qui descenderit ad inferos non ascendet, nec reuertetur vltra in domum suam,* mais ores que cela se peust faire, le miracle seroit si grād & si extraordinaire qu'on ne le doit nullement presumer.

QVE les sainctes ames apparoissoient, voire souuent, on l'accorde. L'exemple de Moyse y est formel, en S. Mathieu 17. d'Onias, & du Prophete Hieremie qui apparurent à Iudas Machabée, 2. *Machab. capit. duodecimo tertio,* & infinies autres. Suffit entre iceux de remarquer l'exemple de Sainct Felix lequel apparut à tous les habitans de Nole assiegez par les Barbares, tesmoing Sainct Augustin, & vn autre exemple, d'vn Euesque du Puy qui fit le voyage de la Terre Saincte auec Godeffroy de Billon, lequel y estant decedé fut veu par aprez par toute l'année sur le haut de la breche de Hierusalem lors quelle fut emportée d'assaut, tesmoing l'Archeuesque de Tyr *lib.* 8. de la guerre saincte, *nam quis sanctis vincula injicit vt esse ad diem iudicij cogantur in custodiâ,* dit S. Hierosme, *aduersus Vigilantiū.*

Si c'est donc vn ame ia bien heureuse qui reuiéne en la maisō, les intimez ne la fuyerōt pas: pour celles qui sont en l'estat de l'estre bien tost, & qui cepēdāt sont detenues au Purgatoire pour satisfaire tēporellemēt à la iustice diuine, on ne doute pas aussi qu'elles ne puissent reuenir, sinon naturellement à tout le moings par la permission de Dieu, *mirabiliter,* en S. Augustin, *de curâ pro mortuis,* & n'est besoing d'en amener d'autres authoritez, n'y exemples, mais si l'esprit qui reuient est du nombre de ces ames là & qu'il vienne ou pour demander sepulture *aut tu mihi terram iniice & statue tumulum & tumulo solemnia mitte*, ou pour requerir secours & soulagement à ses peines, *Eripe me his inuicte malis*, par prieres, ieusnes, aumosnes, & celebration du Sainct Sacrifice, les intimez doiuent ils estre si cruels que de ne luy impartir les œuures de misericorde, & refuser *Ossibus & Cineribus eius refrigerium vt bene requiescat apud inferos* dict Tertulian, ceux qui sont Catholiques ne l'auseroient soustenir, tout au contraire au lieu de se reculer soit de celles qui sont ia bien-heureuses, soit de celles cy ils s'en approcheroient & les retiendroient.

Siste gradum téque aspectu ne substrahe nostro.
Quem fugis extremum fato quod te alloquor hoc est.

XXXII. Dv chef doncques des ames trepassées, il n'y auroit point lieu de quitter la maison ny du chef des apparitions des demons par les raisons susdictes, Aussi les Iurisconsultes entre les cas pour lesquels il est loysible de se despartir d'vne loccation, ou rescinder vne vendition, ne font aucune mention des esprits & demons, ny les Empereurs aussi en la loy, *ostentum ff. de verbo. signi.* il est bien parlé de *Phasma* ou *Phantasma*. Mais cela se doibt entendre, d'vn homme monstrueux & prodigieux qui naist quelquefois. *l. non sunt liberi ff. de stat. homi.* & non d'vn fantosme, que si les intimez s'en veulent rapporter à *Tiraquellus*, son aduis est tel, en diuers endroits de ses commentaires, sur vn iurisconsulte Neapolitain sur des contes semblables aux faicts posez par les intimez, *vt semel dicam de his rebus quod sentiam ego mera somnia esse puto*, & vn autre docteur recent tient que presupposé que les spectres & apparitions fussent veritables, ceste cause pourtant n'est pas suffisante pour descharger vn loccataire de son bail à loyer: vne pareille cause aussi, & semblable question s'estant presentée en la Cour de Parlement de Paris, en l'an cinq cens soixante quinze, sur vn appel interiecté de la sentence du Baillif de Toureine, la Cour ne la voulut pas decider, & l'appoincta au Conseil, *Augustinus decimo in Genesim, melius est dubitare de occultis, quàm iudicare de incertis.*

Et par ces moyens les intimez coucluoient, qu'il auoit esté mal iugé par le Seneschal de Guyenne ou son Lieutenant & mesmes, en ce que par prouision, & pendant la contrarieté, le bail àloyer n'auroit esté entretenu & demandoient despens.

MAIS de l'autre costé les intimez maintenoient qu'il auoit esté bien iugé, & que le faict general, *qu'vn esprit peut inquieter vne maison*, & autres particuliers desduicts au procez estoient receuables, comme estans possibles & tres-pertinans & lesquels s'ils estoient admis en leurs preuues se trouueroient estre veritables, & pour le soustenement de la sentence ils pouuoient dire.

QV'IL falloit rabrouher & reietter bien loing l'opinion de ces Philosophes, lesquels n'auoient anciennement receu que les choses corporelles, & tenir auec Platon *in Theæteto*, ceux là estre prophanes I.

& voirement indigés du beau nom de Philosophes qui n'aduoüent, & ne recognoissent, sinon les choses qu'ils touchent & qu'ils estreignent de leurs mains, & qui mettent les inuisibles au rang & au nombre de celles qui ne sont poinct, tels que pouuoient estre les Epicuriens, quelques Peripateticiés en Origene, *lib. 1. contra Celsum*, & les Manicheans, lesquels ont nyé destroussement qu'il y eust des demõs, *& si est aliquis Chrysippi assentator qui dæmonia inludat*, dict Tertulian, qui *nocturnos lemures portentaque thessala ridet.*

Les Saduceans, qui trempoient en ceste fausse opinion en furent suffisamment reprins & taxez, quand pour la premiere & pour la seule fois que le Sauueur parla auec eux, sur la question de la femme qui auoit eu plusieurs maris, il leur fit ceste responce, *Non nubent neque nubentur sed erunt sicut Angeli Dei*, qui estoit bien leur donner à entendre vne fois pour toutes qu'il y auoit des Anges, & des esprits. Si que laissant à part les fondemens de la Religion Chrestienne, Si on la veut verifier par les oppiniõs des autres Philosophes, & les opposer aux precedans, il ne sera pas malaisé, *sciunt dæmonas Philosophi nec nomen nouum est.*

Car ça esté vne tres-ancienne & tres-euidente Philosophie, qu'il y auoit trois natures bien differentes, d'vn costé la Diuine & immortelle, de l'autre, la nature humaine, & mortelle, & vne troisiesme nature & moyenne, comme entre les confins de Dieu, & des hommes, qui lioit, & assembloit ces deux extremités: à sçauoir la nature des demons,

Pour quoy representer, Xenocrates le Philosophe souloit apporter l'exemple des Triangles lequel y conuenoit tres-bien. Il appelloit celuy qui a ses trois costes, & ses trois angles esgaux, La nature Diuine & immortelle, Celuy qui les a toutes trois inegaux, La nature humaine & mortelle, & celuy qui en a deux esgaux, & vn seul inegal, La nature des demons.

Ces opinions touchant les demons, dict Plutarque, sont premierement venues des anciens Caldeans, & de Zoroastres, comme Proclus le tesmoigne aussi, lequel en a expozé la Theologie, & de Hostanes, *Qui primus dæmones tradidit*. Les autres disent des Ægyptiens, ou bien de la Thrace, & d'Orpheus, quoy que ce soit Thales Milesié, qui le premier en Grece disputa des choses celestes, fut le premier aussi qui disputa des demons, comme le tesmoigne *Athenagoras in legatione*, Mais Platon fut tous qui a suiuy en cela les vieux & anciens Theologiens. Homere, Heziode, & Pythagoras, en a traicté en maints passages de ses œuures bien clairement, mesmes de leur creation au Thimée ou c'est qu'il introduict le grand Dieu remonstrant aux moindres dieux, qui sont les Anges & demons, comme il estoit leur Createur, & leur pere, leur promettant (jaçoit que pour auoir esté crées ils ne puissét estre du tout immortels) que neantmoings il les affranchiroit de la mort estant sa volonté pardessus la condition des choses d'ont ils auoient esté crées, ce Philosophe, & les autres Platoniciens qui l'ont suiuy, ont encores remarqué qu'il y en auoit de diuers ordres. Le II.

premier ordre qui conuersoit en ce bas monde. Le second en l'air. Le troysiesme ordre ez cieux autour des spheres celestes.

Aristote aussi oultre qu'il a recognu des intelligences, & entendemens abstraicts, & separez de toute matiere, lesquels mouuoient les corps celestes & qu'il y en auoit autant en nombre que de mouuemens diuers, à sçauoir quarente sept (autres disent cinquante cinq) quelques vns moings, si est ce qu'il a recognu aussi des demons, quoy que die Auicenna, en son epistre de la Resurrection, & en a faict speciale mention au premier liure de *Animâ*, au cinquiesme de sa Metaphysicque, *& tertio Eudemiorum*.

MAIS ce qui est plus à admirer ils ont eu quelque notice de la cheute des Anges, laquelle Platon semble bien auoir touchée, *in Phædro*, au dire de Porphyrius, quand il parle des ames qui ayant leurs aisles rompues estoient tombées du Ciel en bas, & Homere auparauant en la cheute d'Até, selon l'aduis du Cardinal Bessarion, car il estoit contenu aux secrets mysteres des Ægyptiens, que Iupiter auoit anciennement ietté du Ciel aux enfers les moindres demons, & Pherecides ancien Philosophe Syrien, dict Origene, *sexto in Celsum*, auoit disertement touché ceste cheute enseignant que Ophioneus, ou le serpent fut le chef de ces trouppes rebelles & reuoltées contre Dieu, & Empedocles en Plutarque, au liure qu'il ne faut prester à vsure, appelle les demons, tombez du Ciel.

III. DE là possible est venu qu'ils en ont faict de bõs & de

& de mauuais, attribuans aux bons tout ce qui est de dextre, & non pair, *numero Deus impare gaudet*, & aux mauuais tout ce qui est senestre & pair, & qu'ils ont estably deux puissances aduersaires, l'vne qui nous dirigeoit & conduisoit au costé droit & par la droicte voye, l'autre qui au contraire nous en destourneroit, *dehortatorium à bono sciunt omnes Poëtæ*, Zeroastre appelloit le bon Ange Oromases, & l'autre qui estoit mauuais demon, Arimanius, l'vn ressemblant à la lumiere, l'autre aux tenebres, bref ils ont dit qu'entre les demons, il y auoit comme entre les hommes diuersité, & difference de vice, & de vertu. Si bien que ce mot de demõ s'est prins à la fin, en mauuaise part, ainsi que le mot de Tyrá, mesmes entre les Chrestiens pour vne iniure atroce au dire de Tertullian. *De testi. ani. dæmonium vocamus, & vulgus indoctum in vsum maledicti frequentat*: Toutesfois entre les Platoniciens il se prend tousiours en bonne part & le prendrõs ainsy pour ce coup. Ces Philosophes n'õt point encores ignoré les offices, charges & fonctions des demons, & Anges qui consistent en l'assistance qu'ils font, & aux ministeres qu'ils exhibent à Dieu, de l'assistance Minutius Felix en rend ce tesmoignage à Osthanes, *maiorum eloquio & negotio primus Osthanes angelos Dei eius venerationi nouit assistere*, Et Platon in Phædro, escrit que le grand gouuerneur du Ciel, conduisant son char aislé, va le premier, ornant toutes choses, & les disposant par sa prouidence, assisté & suiuy de l'exercite des Dieux & des demons, qui est ce que nous disons, *centena millia millium assistebant ei.*

IV. POVR le ministere, ils l'ont aduoüé en general & en particulier, en general ils ont tenu que les demons, ou Anges estoient gouuerneurs de ce monde, auec charge & cōmandement sur diuerses Prouinces & Villes, Platon dict in Critia, qu'anciennement le rond de la terre fut departy par regions qui furent données en gouuernement à autāt de Dieux, ou Anges, qui eurẽt soing de le faire peupler & habiter, au Politique: que durant le temps de Saturne les diuerses contrées de la terre furent sorties & partagées entre les Dieux ou les Anges, comme entre autant de Roys, ou de Princes, & au quatriesme de la Republicque, que le mesme Saturne cognoissant bien que la nature des hommes n'estoit pas capable de regir & gouuerner les choses humaines, ne voulut pas establir des hommes au regime des hommes, mais des demons, ou Anges, qui sont de nature plus excellente & diuine, qu'il establit sur les villes & cités, & tout ainsy que sur les trouppeaux de brebis, bœufs, cheuaux, & autres bestes, vn homme est ordonné pour pasteur & non pas vne brebis, vn bœuf, ou vn cheual, ainsi en fit Dieu amateur des hommes, establissant sur iceux des demons pour les regir & conduire, *Aliquos è cœlitum numero, qui nos veluti pastor vel bubsequa, vel equiso balantum, vel hinnientium, vel mugientium greges regant, & interuisant.*

C'EST la troisiesme espece de prouidēce, que met Plutarque au liure de la destinée, ce sont en Philon les Magistrats du monde, les yeux & les oreilles du grand Roy, ce sont au liure de la fortune des Romains, les grãds demõs tutelaires des Royaumes, & Empires, *quos varios genios vrbibus mens diuina distribuit, vt animæ nascentibus populis ita fatales genij diuidãtur,* dãs Symmachus, & non seulemẽt en ces autheurs profanes, mais encores parmi les saincts Peres lesquels ont recogneu des Anges presidens des Royaumes, & qui en auoient le maniement & dispensation, comme en Sainct Denis au chapitre neufiesme, *de Celesti Hierarchia,* Sainct Basile liure troisiesme *ad Eunomium,* Clement Romain *secundo Recognitionũ,* Clemẽt Alexãdrin *sexto Stromatũ,* & plusieurs autres, & en Daniel, *Princeps Persarum, & Princeps Græcorum,* suyuant quoy aucuns lisoient ainsi, au Deuteronome, trente deuxiesme, *Quando diuidebat altissimus gentes, quando separabat filios Adam, constituit terminos populorum iuxta numerum Angelorum Dei,* surquoy se peut voir vne docte epistre dans Isidorus Pelusiota, liure premier.

En particulier encores, oultre ce ministere & gouuernement general, les Platoniciens suiuis d'autres Philosophes, ont attibué à chascun des hõmes particulierement vn demon pour les gouuerner, & proteger pendant ceste vie, recours au Phedon, & au dixiesme de la Republique, lequel fut, *miseris auxiliator, fautor bonis, aduersator malis, hic prorsus custos, singularis præfectus, domesticus speculator, indiuiduus arbiter, inseparabilis testis, malorum improbator, bonorum probator, rebus incertis prospectator, dubijs præmonitor, periculosis vitator, egenis opitulator,* Et nos Theologiens nous enseignent le mesme par certitude de foy, & que cest vne occulte traditiõ & vn ancien propos qui a coulé iusques à nous, (dit Sainct Gregoire Nyssene) que Dieu n'abandonna point l'homme aprez sa cheutte, mais despuis ce temps là pour l'aide & support d'vn chascun, leur deputa particulierement vn Ange, *quanta est dignitas animarum* (dict Sainct Hierosme) *vt vnaquæque habeat ab ortu natiuitatis in custodiam sui angelum delegatum*.

VI. Et pour mieux accomplir ce ministere ils ont tenu les demons, ou Anges pour seruiteurs, postes, courriers de Dieu, interpretes, truchemens, ambassadeurs, entremetteurs de Dieu vers les hommes, & que celuy qui ostoit les demons, ostoit aussi la conference & cõmunication de Dieu auecque les hommes, ce qu'apres Pythagoras, & Empedocles, Platon atteste en l'Epinomis, & au Sympose, le sens duquel Apullée a exprimé en ses parolles, *sunt mediæ potestates quas dæmonas græci nuncupant, per quas & desideria nostra & merita ad Deos commeant, inter mortales cælicolasque vectores, hinc precum, inde donorum, qui vltrò citròque portant, hinc petitiones, inde suppetias, ceu quidam vtrimque interpretes & salutigeruli*, auec Platon ont dict le semblable, Philon, Epictecte *apud Arrianum*, Plutarque, Iamblique & assez d'autres. Et c'est nostre eschelle de Iacob, & ce qui est escrit, *millia millium ministrabant ei*, cela s'entend en prenant le nom de demon en bonne part, car à le prendre en mauuaise part, il en faudroit parler autrement, & comme fait S. Augustin au liure huictiesme de la cité de Dieu, chapitre vingt deuziesme.

VII. Or tant s'en faut disoient les intimez que l'argument lequel l'appellãt a le premier tiré du ministere des bons Anges, oste le pouuoir de l'apparition aux mauuais, qui meshuy s'appelleront demons selon Mercure Trimegiste, qui les prend tousiours en mauuaise part, que tout au contraire l'argument conclud qu'ils ont le pouuoir d'apparoistre aussi bien que les bons Anges, la raison est que le nom d'Anges appartient à tous les esprits indifferammẽt des leur creation, & auparauant le peché des vns, & la confirmarion en grace des autres, comme ces passages monstrent clairement, *in Angelis suis reperit prauitatem*, *Angelis peccãtibus non pepercit*, *Angeli qui non seruauerunt suum principatum*, esquels ils sont appellez Anges auparauant & lors de leur peché, pource qu'ils estoient tous destinez pour seruir & administrer aux hommes, & à ces fins tous indistinctemẽt furent naturellemẽt pourueus de Dieu, des vertus, des dons, & des puissances naturelles requises au parfournissement de leur ministere, entre lesquelles puis que la vertu d'apparoir aux hommes est nõbrée entre les principalles & necessaire par les tesmoignages de Sainct Bernard, & Sainct Cyprian amenez par l'appellante, certainement il faut dire, telle puissance leur auoit esté naturellement octroyée, & consequemment estre restée entiere à iceux mauuais Anges, apres le peché, & telle comme elle leur auoit esté conferée au temps de leur creation, car c'est vne maxime entre les Theologiens tirée de Sainct Denis & qui n'a besoing d'autre preuue: que les Anges, & les hommes en offenssant furent bien priuez des bonnes graces de Dieu, esquelles leur iustice & innocence premiere les maintenoit, mais non pas de leurs puissances naturelles.

AVSSI est il vray qu'aprez leur cheute ces mauuais esprits ne laisserent pas d'estre appellez Anges, mais auec vn epithete, *eos dicimus angelos malitiæ*, dict Tertullian, ou *angelos idololatriæ*, n'y d'estre ministres de Dieu, non pas de ses misericordes, mais de sa iustice & vengence, *hostes & vltores*, Dieu vsant de la mechanceté de ces Anges, dict elegament Theodoret, comme on vse des viperes en la theriaque, & pour guerir les maladies, & pour seruir de cõtre-poison, de sorte, que pour chastier l'impieté des hommes, dict Mercurius, *in Asclepio*, il leur permet d'amener dessus nous les famines, les pestilences, les guerres.

---Vnanimes armare in prælia fratres
Atque odijs versare domos & verbera tectis.
Funereasque inferre faces, & autres sẽblables pauuretez que Dauid appelle, *immissiones per Angelos malos*.

VIII. Donques puis que les sainctes lettres nous fournissent tant d'exemples de l'apparitiõ des bons Anges, il faut conclure, que les mauuais peuuent apparoir aussi, le pouuoir des vns en cela est aussi grand que le pouuoir des autres, & au faict de ces apparitions, la grace ou l'heureux estat n'y faict rien, *sunt opera naturæ non gratiæ*, & cet argument est vn des plus fermes & solides, qui se puissent amener en ceste matiere, Sainct Thomas. *pr. par. quæst* 109.

IX. ON peut encores aisement soubstenir que les Anges, bons & mauuais indistinctement peuuent apparoistre, si on veut discorder qu'ils soient incorporels, ce qu'on peut faire catholiquement, & maintenir qu'ils sont corporels, *sui tamen generis*, sans encourir erreur & moins aucune heresie, enquoy les opinions des Philosophes sont bien accordantes, auec les authoritez de plusieurs peres anciens, & premierement ceux des saincts Peres qui ont introduit vne seconde cheutte, aduenue auparauant le deluge d'aucuns Anges qui auroient offencé *cum filiabus hominum*, ont bien creu certainement qu'ils estoient corporels, en ceste opinion ont esté Tertullian au liure *de habitu mulierum*, & au liure *de Virginibus velandis. Angelos legimus*, dict il, *à Deo & cœlo excidisse ob concupiscentiam fœminarum*, & Sainct Cyprian imitant Tertullian au liure *de singularitate Clericorum, & de disciplinâ & habitu Virginum, nouimus & angelos cum fœminis excidisse.* Lactance liure second chapitre 14. de ses Institutions, Iustin Martyr en l'Apologie premiere, Methodius au sermon de la Resurrectiõ, Philon Iuif, Eusebe, Clement Alexandrin, Athenagoras, & assez d'autres, qui se fondoient principallement sur le sixiesme du Geneze, auquel passage selon plusieurs exemplaires grecs & latins de la version des Septante, ils lisoient *videntes angeli Dei filias hominum*, au lieu que nous lisons vulgairement suiuant la verité Hebraïcque, *videntes filii Dei*, ainsi appelloit on les enfans de Seth, comme le declare Sainct Augustin question 8. sur la Geneze, & 15. de la cité de Dieu chap. 22. & 23.

MAIS assez d'autres saincts Peres, qui n'ont faict aucun fondement sur ce passage, n'ont pas laissé pourtant de les maintenir corporels, entre lesquels est Origene, lequel au liure premier des principes chapitre 6. dict qu'il ne peut aucunement entrer en ſon entendement comme apres Dieu, autres ſubſtances puiſſent viure, agir & ſubſiſter ſans corps, & au liure 2. chapitre 2. il dict, la matiere de ce monde eſtre telle, qu'eſtant attirée & rauallée aux choſes inferieures, elle ſe forme en vn corps eſpais & ſolide, & diſtingue les diuerſes & viſibles eſpeces du monde, mais lors que ceſte matiere eſt eſleuée & employée à choſes plus hautes, plus heureuſes & plus parfaictes, elle brille d'vne part & reſplandit aux corps celeſtes, & d'autre part elle embellit les Anges, & les ſaincts reſſuſcitez, de veſtemens, de corps ſpirituels & incorruptibles, à Origene s'accorde Sainct Bazile chapitre 16. *de Spiritu ſancto*, & dit que la ſubſtance de leurs corps eſt d'vn eſprit aërien, ou de feu immateriel & induiſent tous deux ce paſſage du pſalmiſte pour le prouuer, *qui facit angelos ſuos ſpiritus & miniſtros ſuos ignem vrentem*, comme auſſi Gregoire de Nazianze en trois de ſes oraiſons.

Sainct Auguſtin lequel eſt de ſi grande authorité les faict corporels auſſi, meſmes ſur le pſeaume 85. & 145. il dict le ſemblable, qu'Origene, que les corps des Anges ſont tels comme ſeront les corps des bien-heureux apres la reſurrection, & en l'epiſtre 115. *ad Nebridium*, il dict auec S. Gregoire Nazianzene, & Sainct Bazile, *angelos*, *eſſe animantia aërea ſeu æthera acerrimi ſenſus*, & au liure 3. chapitre 1. ſur la Geneze, il dit les demons, eſtre *aërea animalia, quoniam corporum aereorum naturâ vigent*. Gennadius en dict autant, & Caſſianus coll. 7. *nullas naturas incorporeas æſtimandas eſſe*, induiſant ce paſſage pour monſtre monstrer qu'il y a deux sortes de corps, *seminatur corpus spiritale*, Sainct Bernard *de consideratione lib. 2. &* *Rupertus abbas* en diuers lieux les font aussi corporels.

Mais ce qui a plus de poix en ces affaires c'est qu'au Concile second de Nicée, qui est le septiesme general lecture fut faite d'vn liure de Iean Euesque de Thessalonique qui portoit ces mots, *de Angelis & Archangelis ipsa catholica hæc sentit Ecclesia esse quidem intelligibiles sed non omnino corporis expertes, tenui corpore præditos aëreo siue igneo*, mettant de son costé sainct Athanaze, & Methodius, & pourtant disoit que *in loco existunt & circumferentiam habent*, & concluoit par là que les Anges pouuoiét estre depeincts, & comme ces propos furent leus, le Patriarche Tharasius dit, *ostendit pater quòd Angelos pingere oporteat quando circumscribi possunt*, à quoy s'accorda toute l'assemblée.

En ceste opinion ne s'esloignent pas fort quelques Scholastiques comme Sainct Bonauenture, Richardus & Aureolus *apud Capreolum*, escriuans sur le second des sentences distinction 3. soustienent que les Anges quoy qu'on les die incorporels, *constant materiâ & formâ alterius tamen rationis à materiâ rerum corporearum*. X.

Qvant aux Philosophes ils faisoient les demõs corporels, les Caldeans en Diogenes Laertius disoient que leurs corps se presentoient à nos yeux, comme feroient des vapeurs qui s'esleuét de la terre. Platon qui fait les animaux de trois especes, met le feu pour la cõpositiõ des Estoilles, l'eau & la terre pour celle des corps d'icy bas, & l'air pour la cõposition des demons, comme il se peut voir en l'Epinomis & en Apulée *de dogmate Platonis*, & au Sympoze, & le mesme Apulée descript ainsi leurs corps suiuant l'aduis de Platon, *non sunt ex hac fæculentâ nubeculâ, tumidâ caligine conglobata sicuti nubium tenue est, sed ex illo purissimo aëris liquido & sereno elemento coalita.* Plutarque dict aussi que Pytagoras, Xenocrates & Crysippus, suiuant en cela l'opinion des vieux Theologiens, tenoient les demons estre vn suppost cõposé de nature corporelle & spirituelle, Plotin, Psellus Philosophe Chrestiẽ, & Proclus ont tenu pareillement les demons corporels, & quant à Aristote on ne peut nier qu'il ne les ait tenus corporels, mesmes au cinquiesme de la Metaphysique, où il dit, que Substance, ce sont les corps simples, comme la terre, l'eau & le feu, & les animaux composez d'iceux, & les demons adiouste-til.

XI. DONQVES la dispute est grande s'ils sont corporels ou incorporels, *& magno se iudice quisque tuetur*, à tout le moins seroit ce vne opinion indiferente par l'aduis mesmes de Sainct Augustin au liure 21. de la cite de Dieu, chapitre 10. & chapitre 59. *Enchiridij*, & encores de Sainct Bernard liure 5. de Considerat. qui met cela *inter opinabilia*, & nonobstant les Cõcilles l'intention desquels n'a pas esté de definir formellement ceste question.

OR si les Anges bons & mauuais sont corporels ils peuuent aisement apparoistre, ne fust ce qu'en resserrant & espaississant leur corps, il s'etend, si bon leur semble, car cela despend de leur volonté plustost que de nostre pouuoir, ny de la nature de leurs corps, *Quod habent ſpiritale non vt ſubdantur ſed quod ſubditum gerant*, dict Sainct Auguſtin, de faict Sainct Ambroiſe chapitre 1. *in Lucam* eſcript, que *in noſtra poteſtate non eſt Angelum videre, ſed in poteſtate illius apparere*, & Sainct Baſile en ce paſſage du chapitre ſeziesme, *de Spiritu Sancto*, dict qu'ils ſe rendent viſibles en l'eſpece de leur propre corps à ceux qui en ſont dignes, & le ſemblable Iean Eueſque de Theſſalonique en ce liure qui fut leu au ſecond Concile de Nicée, *In proprio corpore viſi ſunt ſed ab eis quibus Dominus oculos aperuit*, auſquels ---*Omnem quæ nunc obducta tuenti*

Mortales hebetat viſus atque humida circum,
Caligat nubem, eripuit.

ET quant aux demons ils ſeroient encores pluſtoſt viſibles en leur corps que les bons Anges, s'il eſt vray que *ſimplicitatem ſubſtantiæ ſuæ onuſti & immerſi vitijs perdiderunt*, comme veut *Minutius in Octauio*, & ſi comme dict *Iſidorus 8. Etymologiarum, ante tranſgreſſionem quidem cœleſtia corpora gerebant, lapſi verò in aëream qualitatem conuerſi ſunt*, Aduis qui n'eſt gueres eſloigné de l'opinion d'Origenes, & de Sainct Iean Damaſcene qui ont voulu que les demons en offenſant & tombant du Ciel ſoient deuenus animaux, *Tatianus in oratione cõtra Græcos*, tient qu'ils ne peuuent eſtre veuz naturellement, ſinon de ceux qui *ſpiritu Dei muniuntur, non item à cæteris hominum quos anima regit*, mais que par fois ils peuuent eſtre veuz, *etiam ab iſtis qui animâ reguntur non ſpiritu cum ipſi ſponte conſpectui ſe offerant.*

LES Philoſophes qui les ont tenus corporels ont eſtimé que leurs corps n'eſtoient pas tous d'vne ſor- XII.

te & que à raison de ce ils estoient plus ou moins visibles, car Platon en l'Epinomis en fait de trois sortes, les vns ætheriens de substãce plus pure, les autres aëriens de substance vn peu plus crasse & ceux la sont les plus mal aisez à voir, les troisiesmes, il les faict aquatiques, qui par fois se laissent voir, & par fois non. Iamblicus, Proclus & Plotinus les diuisent en terrestres, aquatiques, aëriens & ætheriẽs & Psellus au liure des demons en raconte deux autres especes oultre ces quatre, asçauoir des subterranées qui habitent soubs terre, & encores des fuyards de lumiere qui sont du tout tenebreux, Porphyre suit la mesme diuision & dit neantmoins que de quelque espece qu'ils soient, ils sont de leur nature inuisibles, *inuida præclusit speciem natura videndi*, si bien qu'on peut appeller leurs corps, corps aueugles, *corpora cæca*, comme Virgile apelle *specula cæca vada cæca*, tels que sont les corps des vents, *sunt etenim venti nimirum corpora cæca.*

CE neantmoins dict le mesme Porphyre ils se rendent visibles quand & à qui bon leur semble. Ce qu'Apulée exprime en ces termes parlant mesmes des corps des demons ætheriens qui sont plus subtils, *eorum corpora nemini hominum fuere visibilia, nisi diuinitus speciem sui offerant, quòd nulla in illis terrena soliditas locum luminis occupauerit, quæ nostris oculis possit obsistere, qua soliditate nostra offensa acies immoretur, sed fila corporũ possident rara & splendida & tenuia, vsque adeo, vt radios nostri tuoris & raritate transmittant & splendore reuerberent, & subtilitate frustrentur.*

L'EXCEPTION qu'a aporté Tatianus, & Apulée en

ces mots, *nisi diuinitus speciem sui offerant*, Homere la represante en la personne de Minerue laquelle estât parmy les Grecs n'estoit veüe que d'Achilles tout seul, duquel elle moderoit le courroux, autrefois changée en Mentor n'estoit veüe que du seul Thelemaque, autrefois du seul Vlisse, & non des autres Ithaquois, & Virgile escrit de Iuturna qui meslée parmy l'ost des latins leur estoit inuisible, *miscetque viris nec cernitur vlli*, & seulement estoit aperceüe, & recognuë de son frere Turnus auquel elle donnoit secours.

O soror, at dudum agnoui cum prima per artem
Fœdera turbasti téque hæc in bella dedisti.

Et nunc nequicquam fallis Dea, & en Ouide, Venus assistant au milieu du Senat n'est aperceüe d'aucun,

----Mediáque in parte senatus.

Constitit alma Venus nulli cernenda, pareils exemples des demons aperceus des vns, & non des autres, se retreuuent ez dialogues de Sainct Gregoire, *& apud Sulpitium Seuerum in vita Martini*, comme aussi au quatriesme des Roys chapitre sixiesme des bons Anges, veus par le Prophete Elizée en la montaigne en especes de cheuaux & chariots de feu, que son seruiteur ne voyoit pas iusques à ce qu'Elizée eust prié pour luy & que les yeux luy furent ouuerts.

MAIS qui voudra sçauoir comme les corps des demons sont souples & flexibles, & aptes naturellement à representer toutes especes de formes & trãsfigurations, comme ils peuuent alonger & accourcir leurs corps, ainsi que font les vers de terre, & les colorer diuersement par les mouuemens de leur XIII.

fantasie ainsi que de crainte nous pallissons, & de vergoigne nous rougissõs, il ne faut que lire ce que Psellus Philosophe Platonicien & Chrestien, en escrit en son liure des demons, lequel vn grand Poëte de nostre siecle a imité entierement en ses hymnes, & sur le mesme propos on peut ramenteuoir ce que dict le Cardinal Caietan, que tout ainsi que les corps celestes sont aptes de leur nature à se mouuoir circulairement auec ceste mesme vistesse de laquelle leur ame, ou intelligence est meüe, de mesme les corps des demons, à estre meuz localement par leur ame en toutes sortes de differẽtes assiettes, sans aucune contradiction & repugnãce de la part du corps, *quod natum est moueri localiter ab animâ ad omnes differentias positionis absque repugnantiâ aliquâ ex parte corporis*, à quoy bon ce qu'escrit Sainct Augustin liure troisiesme de la Trinité de deux choses l'vne, dit il, & laquelle des deux c'est il ne le sçait pas, ou bien les esprits ou demons qu'il tient corporels, transchangent leurs corps en telles formes & metamorphoses que bon leur semble, *ipsa propria corpora sua transformant in quod voluerint accõmodata ad id quod agunt*, ou bien ils suruestent vn nouueau corps, prins des elemens de ce monde & s'en accommodẽt comme d'vn accoustrement, & le varient & transmuent en toutes sortes d'especes corporelles, & icelles especes veritables, *Assumunt ex inferioribus elementis corpulentioribus, quod sibi coaptatum, quasi aliquam vestem mutent, vertant in quaslibet species corporales, etiam ipsas veras*, selon qu'il sera touché cy aprez.

XIV. CAR pour passer plus oultre & deferer le plus

qu'on pourra : à l'authorité du Concile de Latran, ores qu'il n'ait determiné la questiõ en propres termes, & encores pour deferer à la plus commune opinion des Scholastiques, il sera bon de traicter d'abondant ceste difficulté des apparitions comme s'il estoit veritable que les Anges & les demons fussent incorporels. Comment est ce donc que lon dira qu'ils peuuent prendre corps? Ce ne sera pas par voye de creation, l'opinion de Platon en cela n'est pas à suyure, qui en son Timée introduit le grand Dieu, permettant aux moindres & ieunes dieux qui sont les anges, de faire & creer des corps mortels, ny celle de Proclus qui la suiuy.

FAVDRA il aussi conceder que les esprits ne puissent transformer les choses materielles ia crées? qu'ils ne puissent immediatement introduire des formes en la matiere? Veu qu'ils sont superieurs en vertu & efficace aux choses materielles qui peuuent en produire d'autres? certainement l'opinion des Platoniciens estoit bien autre, que rien n'estoit produict par les causes materielles, mais que chasque chose estoit produicte ou formée par vne certaine impresion & voye de ressemblance, par vne assimilation & participation de son idée vniuerselle & immaterielle cõme plusieurs seaux seroient imprimez par vn cachet & suiuãt l'ordre de ces formes separées, ils mettoient ausi vn autre ordre des intelligences que nous disons esprits ou anges, ç'a bien esté encores l'opinion d'Auicenne, que les choses corporelles n'estoient produittes, sinon immediatement par les spirituelles, & de Boëtius alleguez par Sainct Thomas 1. quest. 65. art. 4. toutesfois il faut quitter ceste opinion Platonique qui ressent l'herésie de ceux qui confessoient bien Dieu estre Createur, neantmoins soustenoient ceste matiere creée auoir esté informée par le mauuais ange & distribuée & distinguée en diuerses especes.

XV. Tovtesfois on la quittera auec deux distinctiõs, la premiere est que les formes immaterielles, ou les esprits ne peuuent informer la matiere pour en tirer des effects imparfaicts & moins principaux. Cõme par exemple, les souriz & les raynettes parfaictes en leurs especes sont produictes par autres souriz & raynettes semblables & ne peuuent estre formées par vne cause vniuerselle ou par les anges. Mais les souris & raynettes imparfaictes en leur espece, & qui naissent de putrefaction le peuuent estre, car quand la matiere est suffisamment preparée & disposée la vertu des actes & intelligences presidantes au Ciel, au Soleil & aux estoilles peuuent tirer immediatement ceste matiere des animaux imparfaicts, comme par exemple des raynettes & des souriz, ainsi que par la vertu du Soleil il s'en engendre en certaines saisons au territoire de Thebes dict Diodore liure 1.

Intempestiuos cum putror cœpit ob imbres.

Et nous les voyons ordinairement dans vn fumier ou dans les ordures d'vn nauire, or que tels animaux sortis de putrefaction soient imparfaicts, il en appert, en ce que lon dispute qu'ils ne sont pas de mesme espece aueques les autres, selon l'opinion d'Auerrois sur le huictiesme de la Physique, à tout le moins le moins de quelque espece qu'ils soyent, il est bien certain ou que tels animaux qui sortent de putrefaction n'engendrent point comme Aristote le semble dire au *1. de animâ*, ou bie s'il est vray qu'ils engendrêt, comme Aristote le maintient plus clairement au liure 1. *de generat.* c'est vn espece & gẽre diuers qui n'est masle ny femelle dont il ne s'engẽdre plus rien, de sorte que s'il estoit vray ce que disoit Platon *in menexeno*, que les hommes apres le deluge fussent nez de la matiere putrefiée, le monde ne fust pas multiplié, & la race de ceux qui nasquirent des pierres de Deucalion fust à tout le moins faillie à la premiere generation.

Ces formes donques immaterielles & vniuerselles peuuent produire immediatement en la matiere des effects imparfaits par ces raisons là, & par l'autorité de S. Thomas q.16 *de malo* art. 9. de là vn grand personage de nostre siecle maintient en ses exercitations, que les Esprits peuuent immediatement former vn corps imparfaict comme est ce corps duquel ils se reuestent & tire son argument & ratiocine ainsi : Si l'intelligence du Soleil forme le corps d'vne souris dans vn fumier & ne le forme pas seulement, mais qui plus est luy donne l'ame dans le fumier, à plus forte raison deuons nous croire que l'Ange & le Demon peuuent auec plus de celerité & facilité se façonner vn corps. Car ce corps n'est pas tant difficile à former que le corps d'vne souris, le corps d'vne souris a besoin de plusieurs matieres mutations & preparations d'icelle, beaucoup de choses y sont necessaires pour exer- XVI.

cer les fonctions naturelles, os, muscles, nerfs, arteres, cœur, foye, poulmon, sang, & autres parties, dequoy ce corps qui seroit formé par les anges & demons n'auroit besoing pour la plus part, & pource aussi l'ange n'a besoin d'vn lõg traict de temps pour le former & s'en reuestir, d'ailleurs l'ange ou le demon est plus noble & excellent, que n'est l'intelligence du Soleil, car il est des superieures hyerarchies, d'où il s'ensuyt que son pouuoir naturel est plus grand & consequemmẽt il conclud que l'Ange ou le demon peuuent plus aisement former vn tel corps imparfait, que ne fait l'intelligence du Soleil le corps & l'ame d'vne souris en la matiere putrefiée de sorte que par l'aduis de ce personnage, l'Ange & le demon peuuent immediatement & comme par influence en la matiere produire les corps dont ils se reuestent en leurs apparitions.

XVII. L'AVTRE distinction & la commune & resolüe opinion est, que les Anges & les demons peuuent former la matiere sinon immediatement, à tout le moins mediatement, par le moyen & interuention des choses naturelles, ce que les Scholastiques disent, *Applicando actiua passiuis & mediantibus agentibus naturalibus formas producere.* Car dit notablement S. Augustin chap. 8. & 9. du 3. liure de la Trinité, *Omnium quæ corporaliter & visibiliter nascuntur, occulta quædam semina in istis corporeis huius mundi elemẽtis latent.* Or en premier lieu les Anges & demons ont vne parfaicte cognoissance de ces semences, vertus & puissances de toutes choses, voire incognues aux hommes & des lieux ou elles se retreuuẽt. En secõd lieu ils peuuent les assēbler, approcher & appliquer les vnes aux autres, par mouuemēt local d'vne merueilleuse & incroyable celerité. Troisiesmemēt ils sçauēt encor subtilemēt & certainement obseruer les cōstellations propres aux effets qu'ils desseignēt que l'on sçait estre de grands poids par l'experience de la medecine & de l'agriculture, ils se seruēt donc & preualēt de ces choses là ne plus ne moins que les Medecins font des herbes, ius, drogues, &, racines. De sorte que par telles applications & temperamés artificiels, les Anges & les demons qui sont maistres tres experts tres entendus & tres merueilleux font plusieurs choses estranges & admirables, qui hors leur industrie ne pourroient estre faites par le seul cours & puissāce de la nature, ny de mesme substance, ny auec telle celerité ny en telle maniere, cōme l'enseigne S. Thomas quest. 6. *de potentiâ articul.* 3. & premiere partie de la Sōme quest. 110. en la responce au troisiesme argument, si bien que pour ces considerations on les peut appeller elegamment, *principes materiæ & formarū eius*, selō que les appelle Athenagoras *in legatione*, mais dit S. Augustin, *nec boni nisi quantū Deus iubet, nec mali iniustè faciunt nisi quantùm hoc ipsis permittit.*

On demāde de quelle matiere ce corps sera formé, & dit on que ce ne peut estre d'vn seul element, pour autant qu'aucun elemēt simple n'est coloré. Toutesfois la terre pour le moins est colorée entēd qu'elle n'est pas trāsparante, & que tout corps non transparant est coloré. Mais on respond que chacū elemēt se peut espaissir & condēser, cela fait il pré- XVIII.

dra couleur. Aussi est il vray que quatre principales couleurs se remarquent en quatre elemens qui leur seruent de subiect, le blanc se remarque en la terre comme il appert és cendres, pierres & sablons bruslez, par le feu ou par le Soleil. Le verd en l'eau qui verdit en s'espaissisant, le bleu en l'air comme il se void manifestement: & le roux au feu, car au feu espaissi se void la rousseur, & la condensation fait voir la couleur actuellement, qui en la puissance de ses principes n'estoit apte pour estre veüe, d'ailleurs on se doit ramenteuoir que l'vn element se change en l'autre par proportion de dix à vn si bien que les Philosophes qui ne mettoient qu'vn element pour principe comme Thales l'eau, Anaximenes l'air, Heraclite & Hypparcus le feu, enseignoient neantmoins cōme c'est que de cet element les autres s'engendroient & se transmuoient mutuellement l'vn en l'autre, de là aduient que l'eau & l'air mesme que nous humons & respirons ne sont pas elemens purs. Mais les demons ne prendront point vn element simple, ils ne prendront point aussi vne matiere parfaictement meslée & composée leurs corps veritablement n'en seroient pas formez si facillement ny si facillement resolus, ains (ce que les appellans semblent auoir industrieusement obmis) la matiere dōt leurs corps sera formé sera vne matiere citissime & scitissime, sera vne matiere meslée imparfaictement & le principal ingredient sera l'air y iointes quelques portions de terre ou d'eau comme veut Durandus 2.dist.8.q.1. Ou biē ce seront des exalaisons ou vapeurs ou des nuees comme Richard, Bonauenture, & Gabriel disent en cette mesme distinction q.1.2.3 ce que Durandus & S. Thomas ne nyent point: Telles choses meslees auec l'air seruent grandement à se condenser, figurer & colorer, soit d'vne couleur vraye soit d'vne couleur apparente par la reception de la lumiere en tels corps, selon que les diuerses couleurs apparoissent aux nuées & en l'arc en ciel, *quæ prestigias nostris inferunt oculis quia speciem tantum spectaculi pariunt de mundo spectantia lumina fallunt*. Et de cette diuerse mixtion & condensation de l'air auec les vapeurs & exalaisons prouient l'effigie & l'image des hommes ou des bestes que les demons representẽt, & les membres particuliers d'iceux & de la plus grãde mixtion des parties de terre auecques les parties de l'air & condensation plus resserree d'icelles, il aduiendra que tel corps qui n'a ny os ny chair semblera neantmoins ferme & solide à l'atouchement, le demon d'vn costé employant sa force pour mouuoir ce corps roidement & empeschant d'ailleurs le mouuement d'vn autre corps affin qu'il ne le puisse aisemẽt penetrer & cest ce que les Scholastiques en enseignent. Que tel corps se forme des nuées, Virgile semble l'auoir aussi bien entendu que les Scholastiques mesmes quand il monstre au dixiesme de l'Æneide la matiere de laquelle Iunon se forma vn corps lequel elle composa d'vne nuée,

Tum Dea nube cauá tenuem sine viribus vmbram
In faciem Æneæ (visu mirabile monstrum)
Dardanijs ornat telis clypeúmque iubásque
Diuini assimulat capitis.

Et aprés

Gressusque effingit euntis
Morte obitâ quales fama est volitare figuras
Aut quæ sopitos deludunt somnia sensus,

Et Prudentius aussi quand il dit. *Vmbra repentinam traxit de nube figuram* & c'est ainsi qu'en la capnomantie des vapeurs & fumees qui sortoient du feu, se venoient à former soudainemét les Idoles & images des demons par leurs propres artifices dequoy Iamblicus a traicté en son liure *de mysterijs Ægyptiorum*.

XIX. MAIS on demandera auec quelles mains & auec quels outils ils pourront amasser & rechercher ces matieres & former & figurer vn corps, puis qu'il sōt incorporels? on peut respondre que c'est auec les mesmes outils que les anges, selon Tertulian, figurent nostre corps au ventre de la mere *omnem hominis in vtero struendi fingendi paraturam aliqua vtique potestas diuinæ voluntatis ministra modulatur, & hæc officia diuina angelos credimus*, ou pour mieux dire auec les mesmes mains que nostre ame sensuelle & vegetatiue (qui fait place quand l'intellectuelle est infuse) forme & organise ce mesme corps, selō la doctrine d'Aristote & de S. Thomas suiuis de l'opinion cōmune, ou bien auec les mesmes outils que les intelligences meuuent & tournent les corps du Soleil & des astres, pourquoy faire ny l'ame ny l'intelligence n'ont besoin d'aucuns instrumens, occasion que l'on faisoit comparaisō de l'aspic au Soleil (dit Plutarque) pource que l'aspic se remue sans instrument apparent de mouuement auec grande facilité vistesse & soupplesse.

XX. ET pour dire quelque chose dauātage sur ce poinct

qui semble estre le nœud de la dificulté & qui faict mescroire plusieurs il faut pozer vn fondemét tres certain d'Aristote au douziesme de la Methaphysique qui est que l'intelligence tourne & remue son ciel ou son astre par la seule intellection, de soymesmes, s'entendant soymesmes *solâ sui ipsius intellectione.* Car entendant comme elle est creée de Dieu pour se faire & y prestant consentement, cette intellection & le consentemét qu'elle y preste est soudainement suiuy de l'effaict si qu'en mesme temps & moment le ciel ou l'astre se va tornant en rond laquelle chose, dit vn grand Phylosophe preallegué, seroit la plus difficile à comprendre de toutes les difficilles sinon que nous tenons pour tres assuré que par le seul vouloir & commandement de Dieu toutes choses furent faictes, si qu'il n'est point estrãge de dire que par vn eschantillon de cette grande puissance que Dieu leur doit auoir départie le Ciel & les astres se tournent, comme par le commandement de l'intelligence, *quasi iussu intelligentiæ vertiginem cieri illam.*

SAINCT Thomas porte cette comparaison des intelligences motrices des cieux & la comparaison encores de l'ame pour esclaircir les operations des Anges & demons, & dit que tout ainsi que l'ame tourne & remue son corps & l'intelligence son ciel par son seul entendement, & par sa seule volonté. De mesmes & à plus forte raison les demons qui sont vne substance intellectuelle de plus haulte condition, ny que l'ame, ny que l'intelligéce peu- XXI.

uent ils mouuoir toutes choses corporelles par le seul empire & commandement de leur volonté, ce que Iamblicus auoit discouru auparauant luy, en mesme sens en son liure *de mysterijs Ægyptiorum, &* *Porphirius*, ne s'en esloigne pas quand il veut que les demons sans instrumens quelconques, par les seuls mouuemens de leurs imaginations & fantasies, facent & representent exterieurement choses merueilleuses. Toutesfois autres Theologiens comme Durandus sur le premier des sentences, *distinctio. 38. quest. 7. & Scotus dist. 37. Capreolus, Ægidius, Thomas Argentina 2. sententia dist. 2. Cajet. 1. q. 52. art. 1. Ferrariensis 2. contra gentes cap. 16.* Ne raportent pas cette force & puissance des demons à leur seul entendement & volonté, ains ils escriuent qu'en l'Ange & au demõ, voire en toutes creatures outre l'entendement & volonté, il se retreuue vne puissance de mouuemẽt *vis motiua cum inclusione imperij voluntatis*, vne puissance d'execution, *datur potentia executiua quæ est principiũ proximum ad opus*: par laquelle puissance qui leur est naturelle, & au moyen de laquelle, iceux Anges & demons peuuẽt mouuoir immediatement tous les corps aussi bien qu'ils se meuuent eux mesmes, & de là ils concluent & tous vnanimement le confessent, que quand au mouuement local & au transport d'vn lieu en l'autre quelque esloigné qu'il soit, toutes les choses de ce monde obeissent aux Anges & aux demons *ad nutum*, vray est que cette puissance n'est pas egale en tous : car la sphere du pouuoir des vns, *sphæra actiuitatis*, qu'ils appellent est de plus grande estendue & continence

que

que la sphere du pouuoir des autres, mais quelle & combien diuersemét est grande cette puissance en eux, cela est incogneu aux hommes, suffit qu'ils ont cette puisśáce qui leur sert de maints outils & instrumens & que, *sui ipsius intellectione*, selon Aristote, ou *potestate intellectûs & voluntatis*, selon Sainct Thomas, & Iáblicus, ou *potestate imaginationis*, seló Porphirius, ou pour dire vray que, *vi motiuâ & potentiâ executiuâ innatâ*, selon les autres Scholastiques, *vel denique impetu spiritus sui*, selon Daniel, ils operent ces merueilles. Ce que si l'ó tiét pour vn certain fondemét, il n'y aura plus difficulté de cóprendre comme c'est qu'ils peuuent apparoistre car ils trouueront assez de matieres pour façonner leurs corps, il ne leur sera ia besoing d'aller aux Indes aux deux tonneaux des Brachmanes, l'vn de pluies, l'autre de vents, veu qu'il se treuue par tout assez de nuées, de pluies, & de vapeurs, en l'air ils seront amasse-nuées, epithete qu'Homere donne a Iupiter, *Habebunt de incolatu aëris* & de *viciniâ siderum*, & de *commercio nubium hasce paraturas*, s'ils ne s'entendent si bien à les mesler que les Cyclopes de Virgile, il les sçauront au moins proportionner comme les Dieux ou Anges de Platon la matiere du monde, ils scauront aussi bien figurer les matieres, *& cuiusquemodi formarum vertere in ora*, que les vents figurent les nues en les chassant & poussant diuersement, --- *Sic sæpe gigantum.*

Ora volare videntur & vmbram ducere latè
Interdum magni montes auolsaque saxa,
Montibus anteire & Solem succedere propter
Inde alios trahere atque inducere bellua nimbos:

Aussi bien & mieux que ne se forment en l'air les cometes, les torches, flambeaux & cheurons de feu & pareilles choses que Seneque appelle, *ostenta cœli*, Apulée, *nubium præstigias*, & Aristote, *phantasmata*.

XXII. Si l'on demande auec qu'elle celerité les demõs pourront chercher, amasser, apporter, mixtionner ces matieres, figurer & diuersifier les corps qu'ils façonneront, que l'on sçache que *omnis spiritus ales est hoc Angeli & dæmones momento vbique sunt*, que l'on se propose la vistesse incroyable des mouuemens celestes & que l'intelligence du Soleil (pour laisser les autres à part) faict faire à ce grand corps en chasque demy quart d'heure soixante vnze mil lieües, deux cens cinquante quatre lieües & sept huictiesmes, & à chasque minute, neuf mil cinq cens lieuës & plus, que lon se souuienne comme le Prophete Abacuch fut trans-porté en corps de Iudée en Babilonne & tout soudain raporté en Iudée. Sainct Philippes de Gaza, en Azot, le Prophete Helie rauy dans vn char de feu, & cõme en Philostrate le magicien Apollonius fut transporté en peu d'heure par les demõs de l'Ethiopie & pres les sources du Nil en hors, iusques à Rome, qui sont deux mil cinq cens lieues de chemin, vne autrefois de Rome en Corinthe, vne autrefois de Smyrne en Epheze. Ce qui bat sur le transport en corps des sorciers & des sorcieres lequel les Theologiens ne doubtent point qu'il ne puisse aduenir reellement & en corps aussi bien que par extaze & imaginatiõ, quoy que die le Canon *Episcopi*, lequel pour en passant y fournir de responſe pertinante, ne decide pas cette queſtion en ſa diſpoſitiue, non plus que les Conciles ſus alleguez la corporalité ou incorporalité des Anges, mais il decide ſeulement qu'il n'y a autre createur que Dieu ſeul, n'y autre que Dieu qui puiſſe transformer & methamorphoſer vn vray corps, & ce qui eſt du tranſport imaginatif des ſorciers en la deduction & narratiue, de ce Canō ne ſe doit pas entendre vniuerſellement, mais *ut plurimùm*.

Qu'il ne ſoit vray & que le Canon & Concile d'Ancire ne decide point le trãſport corporel eſtre faux & impoſſible aux demons, il eſt à noter que S. Auguſtin n'a point ignoré ce Concile & qu'il la trãſcript de mot à mot en ſon liure de *Spiritu & anima*, chapitre vingt-huictieſme, & toutes-fois Sainct Auguſtin en pluſieurs autres paſſages de ſes œuures n'a pas laiſſé de maintenir tels trãſports eſtre poſſibles & veritables, ce qu'il n'euſt faict ſi le Concile euſt decidé le contraire: Meſmes il a eſté d'aduis auec la maieure part des ſaints Peres, que le Sauueur auoit eſté tranſporté corporellement par le mauuais eſprit ſur le pinacle du Temple & de là ſur la montaigne, & les parolles des Euangeliſtes le ſonnent aſſez clairement, *aſſumpſit eum diabolus*, & ce qui c'eſt faict en luy, dit Sainct Thomas ſe peut faire en tous.

C'eſt ainſi que les demōs peuuēt aſſēbler & meſler ces matieres & en former & varier les corps auſquels ils apparoiſſēt ſoudainemēt en vn clein d'œil, en vn moment ainſi que dict Virgile, de Iuturna *Alitis in paruæ ſubito collecta figuram. Et ita efficiuntur hæ rerum* XXIII.

formæ & figuræ, quas vos effici sine follibus, manibus & incudibus non putatis, respond Cotta à Velleius. Au reste si lon demãde, comment les demons vnissent à eux les corps qu'ils forment, ce n'est point personnellemẽt *hypostaticè*, cela est propre au Verbe Diuin, ce n'est point formellement comme l'ame est vnie au corps, ny par vne certaine espece de ioction par laquelle Ammonius precepteur de Plotin disoit que les choses spirituelles se pouuoient sans alteration quelconque ioindre aux corporelles, *apud Nemesium cap. de animâ* : mais ils se ioignent & s'vnissent à ces corps *tanquam motor mobili*, ainsi que nous ioignons la main à la pierre & au bois pour les mouuoir selon S. Thomas 1. *parte quæstione*. 51. & la commune voix des Scholastiques & selon Iamblique mesmes au liure sus allegué de *mysterijs Ægyptiorum*.

XXIV. Cela presupposé il est aisé de respondre aux obiections de l'appellant & dire que les demons meuuent les corps, *per contactum non quidem corporalem sed virtualem*, qui requiert seulement vne conuenance de proportion, *mouentis ad mobile*, & ores qu'ils ne viuifient point ce corps là ils le meuuent neantmoins & font en cela certainement plus que l'ame qui ne peut mouuoir vn membre mort localemẽt, pource qu'ils sont superieurs a l'ame en l'ordre des creatures spirituelles qui sont les responses de Sainct Thomas, *q.16.de dæmo.art*. 11. & de là vient aussi qu'ils peuuent quand bon leur semble prẽdre & laisser vn corps, c'est à dire y estre definitiuemẽt ou n'y estre point, comme nous prenons vn luth en main & le quittons quand il nous plaist, ce que l'ame ne peut faire de son corps sans mourir, attendu qu'elle est la forme de son corps, & pour ce que la matiere des corps que les demons forment & reuestent est d'vn meslange imparfaict, de là vient que tout s'esuanouïst de soy mesmes apres l'aparition & s'euapore comme fumée, brume, flamme, *puncto temporis cernis diffugere vt fumum & nebulas flammasque.*

De ceste position & fondement des Theologiens, que les demons peuuẽt mouuoir par leur vertu propre les choses corporelles de lieu en l'autre *ad nutum*, il s'ensuit que les seruiteurs des appellans ont peu aisément estre trãsportés de leur lict en la place sans songer ny se leuer en dormant par les exemples qui viennent d'estre allegués ausquels se peuuẽt adiouster ceux qui sont amenés par Sainct Augustin liure dix-huictiesme de la cité de Dieu, ou il parle de Prestãtius, & quelques autres qui sembloiẽt estre metamorphosez en cheuaux de voiture, ce que le canon *Episcopi*, decide bien ne pouuoir estre faict, & porter de pesans fardeaux, *hæc onera*, dit-il, *si vera erant corpora, portabantur à dæmonibus*, & adiouste les demons auoir semblablement apporté autrefois & supposé vne biche pour & au lieu d'Iphigenie, *supposita mutasse Mycenida cerua*, laquelle tout d'vne main ils transporterent en la Chersonesse Taurique, & supposé des oiseaux au lieu des compaignons de Diomedes qu'ils enleuerent & firent disparoistre soudainement, *non mutatis sed substractis hominibus*, c'est comme, *Tostatus & Liranus*, pensent les magiciens de Pharaon auoir faict miracles, les demons ayant fait esuanoüir leurs verges, & supposé des serpens ap- XXV.

portez d'ailleurs, *Neque enim dæmonibus iudicio dei permissis huiusmodi præstigiæ difficiles esse potuerunt*, dict Saint Augustin: & Tertulian *nec magnum illis exteriores oculos circumscribere cui interiorem mentis aciem excæcare perfacile est.* Ils ont peu doncques transporter les seruiteurs des appellans ne plus ne moins que Pallas retira & transporta Perses hors du combat, *apud Valerium Flaccum*, en ces vers.

Ille super socias clementi turbine gentes
Erigitur paulúmque leui raptatus in æthra
Iam tandem extremas pugnæ defertur in oras
Forte vbi serus Iber, Essedoniæque phalanges
Marte carent solisque iuuant clamoribus agmen.

XXVI. Il s'ensuit aussi qu'vn demon peut aisement former des vois & des paroles, *dat inania verba, dat sine mente sonos* dit Virgile parlant d'vn fantosme. Boëtius par artifice des mechaniques faisoit bien mugir, siffler, chanter & sonner de la trompette, des hommes, oiseaux & animaux formez d'airain, & Albert le grand artificiellement faisoit parler vne teste d'airain, il sera bien plus aisé aux demons meilleurs & plus experimétés artisans, tesmoin le fleuue de Caussus qui parla à Pythagoras & le salüa par son nó, l'Ormeau qui salüa aussi Apollonius en Æthiopie par commandement de Thespesion, le Chaine de Dodonne, le Taureau de Iupiter à Rhodes qui parloient en langage humain, & le cheual d'Achilles qui luy predit sa mort. Dás l'histoire de Boheme fort remarquable, nous auons en l'an, 1171. pour les prodiges qui arriuerent ez Allemaignes, ces propres termes couchez en latin du temps *Equus locutus est ius-*

sori suo dicens, bibe diabole; Inuitum poteris me ad aquam minare, sed inuitum non poteris adaquare, exemples que S. Cyrille ameine au liure. 3. contre Iulian, sur le propos du pourparler du serpent auec Eue, outre tant d'oracles qui ont eu cours d'autrefois.

Et là ce mesme Docteur Sainct Cyrille escript, que des le commencement du monde le mauuais esprit commença à vser de ces apparitions & que ce n'estoit pas vn vray serpent par lequel il parla à Eue & la tenta, mais la semblance, le spectre, & le simulachre d'vn serpent qu'il auoit formé, ce qui rend bon tesmoignage que ce grand Docteur Sainct Cyrille ne doubtoit nullement que les demons ne peussent former vn corps, apparoistre & parler en iceluy & la plus grand part des Theologiens aussi ne doubtent point que le mauuais esprit n'aparust & ne parlast au Sauueur en forme d'homme lors qu'il le tenta au desert & cõformement à ce, Sainct Iean Chrysostome veut que ce ne fut pas vn homme, ains vn demon qui annonça à Iob la ruine de sa maison & la mort des siens, car si c'estoit vn homme, dict-il, cõment sçauroit il que le vent fust venu du desert? S'il estoit en la maison comment n'auoit il esté accablé comme les autres?

COMME les demons peuuent former des vois ils peuuent encore former des bruicts & sons estranges. XXVII

Armorum strepitus toto Germania cœlo
Audijt dans Virgile

Arma ferunt inter nigras crepitantia nubes
Terribilesque tubas auditaque cornua cœlo en Ouide.

Et des tonnerres mieux que Salmoneus ny que le Mathematicien Antemius allegué par l'appellant faisant que, *tonet ignaro cœlum Ioue*, & des tempestes, *l. multis C. de maiefi. & mathemati.* selon que l'Eglise l'approuue ez coniurations des tempestes.

Par ainsi il ne doit plus sembler estrange & incroyable puis que les demons peuuẽt apparoir remuer & mouuoir toutes choses, former des vois & des bruicts, s'ils inquietent par ces moyens la & infectẽt les maisons des Chrestiens visiblement & sensiblement, puis que la puissance ne leur manque point & encores moins le vouloir, il ne leur reste que d'en auoir la permission de Dieu laquelle sans doubte ils obtiennent par fois bien que rarement. Dieu amplie voirement leur pouuoir au fait de telles illusiõs ez lieux inhabitables & parmy les infidelles & mescreans, on l'accorde, & que despuis que la foy a esté plantée aux Indes les infestations & illusions de leurs zemes & pagots ont fort cessé & de mesmes entre les Pilapiens, mais qu'en la chrestiẽté les personnes & maisons des chrestiens ayent sauuegarde & exemption generale de la part de Dieu de telles apparitions & infestations visibles, on le desnie formellement. Les exemples ne manquent point d'infinies personnes demoniaques que l'on a veu mesmes de nostre temps, l'histoire tant veritable & recommandable de la demoniaque de Laon, & de Veruin & de trois ou quatre autres euulguées par tout en diuerses langues en font pleine foy, mais ce n'est pas le subiect present, vray est qu'il s'en tire vn argument tres valable que si Dieu despuis l'aduenement du ment du Sauueur a permis que les hommes voire Chrestiens, voire Catholiques ayent esté saisis & vexes visiblement des mauuais esprits, il ne faut pas treuuer estrange que les maisons en soiët infectées, & pour les maisons, Prouinces & regions infectées, les exemples y sont aussi. l'Histoire est vulgaire en Strabo & Pauzanias du genie ou demon Temescan qui infestoit toute cette prouince, & du spectre nômé Gello, celle des Lesbiens du spectre d'Acteon, les Orchomeniens vn autre d'vn certain endroit de l'isle appellée Lypara en Aristote *in admirandis*, le demon Neptune en l'isle Egée, en sorte qu'on ny pouuoit dormir, d'vn autre demon en la place ancienne du Capitole.

Religio pauidos terrebat Agrestes
---Dira loci & apres.
Quis Deus incertum est habitat Deus, Arcades ipsum
Credunt se vidisse Iouem cum sæpe nigrantem
Ægyda concuteret dextrâ, nimbosque cieret.

Des demons qui infestoient la contree de Gerazeniene en Sainct Marc cinquiesme chapitre, autres le territoire de Magonce en l'an huict cens cinquante huict recours à Sigebert, autres le territoire de Langres anciennement, comme tesmoigne l'inscriptiõ du sepulchre des trois enfans qui furent mis en la fournaise qui se voit en l'Eglise S. Mamerc dudit lieu

Quant aux maisons il est parlé ez sainctes lettres de la maison infestée par la mort des sept maris de Sarra, des maisons de Iob, subuerties de fons en cõble, de la mort des premiers nez des Ægyptiës aduenuë en leurs maisons sur la minuit, *cum Ange-* XXVIII.

lus percutiens ingressus est domos, oultre ce Lucian faict mention de celles d'Eucrates & d'Antiochus medecins dans lesquelles il y auoit des statues de pierre & de bronze, d'Hyppocrates & de Pelichus qui faisoiét la rōde toute la nuict au tour de la maison & batoiét par fois les persōnes, ce n'estoit autre chose que des demons qui promenoient ainsi ces images, il parle aussi de la maison d'Eubalide à Corinthe où vn fantosme noir & hydeux se monstroit la nuict en forme de chien, de lyon, & de taureau, & la rendoit inhabitable. Suetonne escrit de la maison où mourut Caligula qu'on n'y pouuoit passer aucune nuit sans grandes frayeurs, *hortorum lamianorum custodes Vmbris inquietatos & in eâ domo in quâ occubuerit nullam noctē sine aliquo terrore transactam, donec ipsa domus incendio consumpta sit*, Plutarque en la vie de Cimon parle d'vne maison & baings de la ville d'Athenes infestés d'hideuses & espouuentables apparitions, Pline le ieune au huictiesme de ses Epistres en escript vne tresremarquable sur ce subiet, d'vn spectre formidable qui apparoissoit en vne autre maison de la mesme ville d'Athenes, *per silentium noctis sonus & fieri strepitus vinculorum, senex macie & squallore confectus, promissâ barbâ, horrenti capillo, cruribus compedes, manibus cathenas gerebat quatiebâtque. Inde habitantibus tristes diræque noctes per metum vigilabantur, vigiliam morbus & crescente formidine mors sequebatur.*

Gregoire de Nysse, *in vitâ Neocæsarij*, escript aussi de quelques baings & estuues vexées de tāt de spectres & apparitions que nul de ceux lesquels y entroient le ſoir n'en retournoit viuant le matin, Sainct Auguſtin *de Ciuitate Dei*, liure vingt-deuxieſme, d'vne ferme&maiſon d'Heſperius *quæ ſpirituum malignorum vim noxiam perpetiebatur, cum afflictione animalium & ſeruorum ſuorum*, Gregorius Magnus en ſes dialogues, d'vne maiſon de Corinthe trauaillée d'vn eſprit qui contrefaiſoit le rugiſſement des lyons, le muglement des taureaux, le ſifflement des ſerpens, & la voix de pluſieurs autres beſtes, pour raiſon dequoy la maiſon eſtoit inhabitée, Methaphraſtes d'vne autre maiſon en laquelle les eſprits iettoient des pierres ſur la table à l'heure du repas, briſoient les meubles, faiſoient apparoir tant de rats & de ſerpens que de frayeur aucun n'y ozoit habiter: Mais Theodorus Lector eſcrit vne hiſtoire bien memorable d'vn chaſteau ſitué ſut les cõfins des Perſans & des Indiens qu'il appelle Tzundadero, auquel le bruit eſtoit, eſtre gardés des grãds treſors & richeſſes, ce qu'entendu par Coades Roy de Perſe, il voulut en ſçauoir la verité, & pour ce il ſe mit en deuoir d'y entrer, mais il y auoit des demons qui gardoient la place leſquels firent telle & ſi grande reſiſtance qu'il luy fut impoſſible de la forcer, & auſſi peu de les chaſſer par les charmes des magiciens de Perſe & de Iudée leſquels y furent employez, *Guillelmus Pariſienſis* raconte d'vn eſprit qui eſtoit en vne maiſon de la parroiſſe Sainct Paul de Poictiers, en l'an mil quatre cens quarante ſept, qui rompoit les verrieres, & ruoit des pierres aux paſſans, Pierre Marmor d'vne maiſon de Confolent en l'an mil quatre cens 58. *Bernardus Crucius*, en la vie de l'Empereur Loys second d'vne maison de Magonce, Felix Malleolus d'vne autre maison de Boloigne rendue inhabitable par des esprits, le semblable escriuent d'aucunes maisons de leurs temps *Alexander ab Alexandro* en diuers passages, & Cardanus *de varietate rerum*, & sans aller plus loing, vne s'en retreuue en ceste ville de Bordeaux, size en la ruë du chasteau neuf bastie de tres-bonnes estoffes qui pour semblables infestations est restée deserte & en solitude puis trente ou quarante ans en ça.

XXIX. CES histoires ne seruent pas seulement d'exemples mais aussi d'authoritez de Sainct Augustin, S. Gregoire de Nice, Sainct Gregoire le grand, Metaphraste, Theodorus & autres qui ne les eussent iamais alleguées, s'ils n'eussent creu les apparitions, & infestations des mauuais esprits estre veritables : & leur creance est fortifiée par celle des Apostres, qui maintes fois penserent voir des phantosmes, & si ne furent iamais reprins de telle opinion par le Sauueur, *quia phantasma est*, disoient ils du Sauueur marchand sur les eaux, *& præ timore clamauerunt*, & quand il entra les portes fermées, *conturbati & conterriti existimabant se spiritum videre* : s'ils eussent esté en erreur, il les eust admonestez, à ce propos semble faire la responce qu'ils firent à la seruante Rhodé, qui leur annonçoit d'auoir veu Sainct Pierre, *Illi autem dicebant Angelus eius est*. Mais sur tout ces histoires amenées par les Peres susdits sont corroborées par la tradition de l'Eglise, de laquelle il appert suffisammēt en ce qu'elle a fourny les remedes aux Catholiques non seulement contre les tentations spirituelles, &

vexatiõs des demoniaques, mais encores cõtre telles apparitions Ombres & fantosmes qui trauaillent les maisons, consacrant & benissant l'eau, l'huile, le sel, l'encens, les cires, les rameaux, les herbes, voyre les cloches, à ces fins là entre les autres.

Les Apostres instituerent la benediction de l'eau & luy donnerent force de chasser les demons en S. Clement au huictiesme liure des constitutions des Apostres. Despuis Alexandre premier du nom Pape cinquiesme, ordonna *aquam aspersionis cum sale benedici in habitaculis hominum*, pour repousser des maisons l'infestation des mauuais esprits, *vt à phantasmatum versutijs homines deffendat*, comme le sang de l'aigneau estoit mis sur le sueil des portes pour en destourner l'âge meurtrier *apud Vualafridum Strabonem, & Micrologum.* de fait l'oraison de la benedictiõ de l'eau porte ces mots, *omnis infestatio terrorque inimici abigatur & fugiat quidquid incolumitati habitantium inuidet aut quieti, omnis incursus & omne phantasma inimici eradicetur*: Celle de la benediction du sel *discedat, à loco in quo aspersum fueris, omnis phãtasia*. Les cires estoiẽt benistes le Samedy S. auec l'huile & distribuées au peuple l'octaue de pasques pour en parfumer & ensencer les maisons par l'institution du Pape Zozimus, en Micrologus, & Amalarius : cet encensement estoit contre les phantosmes car en la formule de la benediction des cires ces mots y sont, *omnes portantes nullam formident umbram*, & de l'huile, *omnis violenta incursio, omne confusum & cæcum phantasma eradicetur*, en la benediction de la cloche, *vbicumque sonuerit eius tinnitus procul recedat vmbra phantasmatum* autant en pourroit XXX.

on dire de l'ecés & des rameaux benits & des herbes, attendu qu'en la benedictiõ d'icelles on vsurpe ces mots, *Inimic⁹ nõ præsumat ampli⁹ inquietare creaturas tuas, vel pauores immittere*, la priere ordõnée pour le sort sert à mesmes fins, *procul recedant somnia & noctium phantasmata*. Mais qui plus est l'Eglise n'a elle pas introduit des exorcismes non seulemẽt pour chasser les esprits hors les demoniaques, *verbis, tanquam flagris*, dict Lactance, *spiritualibus flagris, & verborum tormentis*, en S. Cyprian, *meritis verborum, & orationis incendijs*, en Minutius Felix, *verbere linguæ, fulmine verbi*, en Prudence: Mais encores specialement contre les demons qui infestent les maisons, *contra domos à dæmonio vexatas*, pour les chasser d'icelles, & remedier à leurs frayeurs, *vt non habeant facere timorem in domo*, ausquelles fins la maison est encensée & aspergée d'eau benite? Les exorcismes se treuuent en S. Ambroise, & aux liures rituels.

XXXI. QVI sera donc le catholique auiourd'huy qui fera scrupule ou difficulté de croire ces apparitions & infestations puis que l'Eglise les tient pour veritables qui ne peut estre arguée d'erreur ou superstitiõ? Et pour ce qu'on ne reiette point ce qui aduient en la maison pretẽduë sur quelques causes naturelles difficilles à cõprendre: les vapeurs, vents & exhalations ne causent rien de sẽblable ny au pais Bourdellois, ny en la ville. Qu'õ n'allegue point les epileptiques, maniaques, ephialtiques, & lycãtropes, ores que telles maladies soient naturelles, si est ce que le maling esprit se mesle bien par fois en telles malignes humeurs & obserue le cours de la Lune, & des astres, en ses malefices pour diffamer les creatures de Dieu, comme dit Sainct Thomas 1.p. q.115. art. 5. aprez S. Chrysostome, homili.54. *in Mathæum*, ou bien pour s'attribuer faussement les causes de toutes nos maladies & se rendre formidables ils molestent les hommes au propre temps que l'excez d'icelles maladies les surprend, comme remarque *Tatianus Assyrius, in oratione ad græcos*, & ores que l'Ephialte soit vne maladie, on ne doit pourtant reuoquer en doubte qu'il n'y ait des demons incubes, & succubes, tesmoin les Carhecanes des Candiots, *apud Pausaniam in Phocicis* & l'histoire de Menippus Licius, & d'vne Lamie, & cela est discouru bien au long en Sainct Augustin liure quinziesme de la cité de Dieu chapitre vingt-troisiesme, où il dit que c'est vne extreme impudēce de le desnier, ainsi le Pape Innocent huictiesme, & Iules second ont decerné autrefois des excommunications contre ceux qui abusent des demons incubes, & succubes, à quoy faire s'il ny en a point? il se treuue des peuples qui raportēt leur origine à ces demons incubes comme font les Huns par le tesmoignage de Iornādes, nō pas que cela puisse autremēt aduenir (affin de l'esclaircir en passant) que par vne voie naturelle, *semine ex hominibus deciso, ex diuo Tho. 1.p. q. 51.* tels enfans sont appellez chāpis en *Guillelmus Parisiensis*, mais quand besoin sera les intimez feront apparoir que ny eux ny leurs tesmoings ne sont atteincts d'aucune des susdictes maladies.

XXXII. Qv'on n'allegue pas aussi que les sens soient trompeurs, il faut estre Epicurien en cela, *omnes sensus veri nuncios esse dixit Epicurus*, il les faut tenir veritables, *quid nobis certius ipsis sensibus esse potest quo vera ac falsa notemus*? Et pour les exemples alleguez la dessus la cause s'en doit raporter, non à l'abuz de nos sens qui raportét au vray ce qu'ils voyent, mais aux raisons de l'optique qui sont discouruës en Tertulian au liure, *de Animâ*, fort elegamment, & en Alexandre Aphrodisée, liure premier probleme trente six, *& apud Vitellionem*, en son optique, qu'il n'est besoin de toucher icy.

Qu'on ne mette poinct aussi en auant les ophtalmies, l'yuresse, les fourbes, la crainte naturelle, ny la superstition, ny la force de l'imagination, car oultre que telles apparitions sont aduenues ordinairement & presque tous les iours & qu'õ peust dire auec Quintilian parlant d'vn phantosme, *ecce iterum, ecce iam quotidie venit quid habeo quod interpreter verum est vtique quod semper est*, & auec Sainct Thomas, question cinquãte vniesme respondãt à telles difficultez, que telles apparitions aduenoient autremẽt qu'en verité tant de personnes d'vne maison ne les verroient pas indifferãment, les intimez d'abõdant affermẽt que despuis qu'ils sont sortis de la maisõ pretẽduë ils ne voyẽt plus riẽ, *ista si cogitationibus & inani persuasione vidissẽt adhuc viderẽt*, ce qui sert de respõce a ce que l'appellãt a voulu dire que telles apparitiõs pouuoient estre suruenues aux intimez par l'aprehẽsiõ de leurs crimes, lesquels d'ailleurs sõt gẽs de biẽ tels tenus & reputés & puis les gẽs de biẽ & de sainte vie ne laissẽt pas d'estre subiects à telles vexations & inquietudes, cõme la experimenté Sainct. Antoine vn bon nombre de Saincts personnages, & en fin les intimez

feront

feront apparoistre par leurs enquestes s'ils sont receus à les faire, que ce n'est rien moins que tout cela, & par l'argument *ab enumeratione partium*, ce seront les demons.

CEVX là dit Plutarque ont deliuré les Philosophes d'vne grande peine qui ont accordé qu'il y auoit des demons, sans cela les Philosophes ne sçauoient à quoy rapporter beaucoup d'effects estranges & admirables & pour les vouloir opiniastrement desnier, les Epicurieus sont tombez en lourdes resueries introduisant des images sourdes, aueugles & sans ame, issues & découlées des corps & morts & viuans qui apparoissoient par infinies années & se pourmenoient par tout, & des voix & sons attachez en l'air, comme on peut voir en Plutarque au liure du deffaillement des oracles, & en Lucrece & tout cela pour sauuer les spectres & apparitions & de tels spectres Ciceron s'en mocque au quinziesme des Epistres familieres parlant *de spectris cattionis*, & aux liures *de naturâ deorum*. Si l'appellant eust voulu accorder de bonne heure les apparitions des demons, il se seroit deliuré de grand peine & n'auroit empesché la cour là dessus, enfin toutesfois il semble s'estre rendu à la verité & auoir recognu que mesmes despuis l'auenement du Sauueur les demons auoient apparu aux deserts, qu'ils apparoissent aux Indes d'Orient & d'Occident, en Dannemarc & Noruege & aux Minieres : car de quel frót le pourroit il desnier ? ou desmentir tant d'histoires Ecclesiastiques qui reçoiuent telles apparitions, tant de graues historiens Grecz & Romains qui ont affer- XXXIII mé les spectres apparus à Marius, à Cæsar passant le Rubicon, à Brutus, à Cassius, à Dion, à Drusus, voulant passer la riuiere d'Albis, à Curtus Ruffus, estant en Afrique, à Traian, lors du tremblement de terre d'Antioche, à Pertinax, à Tacitus, à Iulianus Empereur, & à mil autres, chose laquelle estoit anciennement si commune & si frequente que Apulee escrit, *Pytagoreos mirari oppido solitos si quis se denegaret vnquam vidisse dæmonem.*

XXVIII. MAIS ils ont voulu soustenir que telles apparitions & tels bruits suruenans aux maisons n'estoiẽt pas vn subiect suffisant de crainte raisonnable & telle qui doiue tomber en vn personnage constant. Si est-ce que tous spectres ont esté espouuantables & malencontreux aux susnommez, & pour vser des paroles & du tesmoignage du chapitre 18. de la Sapience, *personæ tristes illis apparentes pauorem illis præstabant*, si est-ce que les demons ont prins leur nom de la frayeur, & quoy que Lactãce les appelle δαήμονας, *id est, peritos ac rerum scios* Eusebe, neãtmoins fait deriuer leur nom du mot grec δαιμαίνειν, qui signifie effrayer, & Eugubinus sur le huictiesme du Leuitique dit que les demõs sont appellez Pilosi, pource qu'ils font *horripilare* herisser & dresser les cheueux en teste à ceux qui les rencontrent, *cum spiritus me presente trãsiret inhorruerunt pili carnis meæ* Iob quatriesme chapitre & en Virgile sur le rencontre d'vn fantosme, il est dit, *Arrectæque horrore comæ,*

Obstupui steterũtque comæ & vox faucibus hæsit

Et leurs apparitions sont appellées *terricula*, *Terriculamenta & terrificationes imaginum & bestiarum apud*

Noniū, in verbo lemures mots qui sōt tirez de la terreur & frayeur qu'ils font, voire sont appellez monstres en Pline, *damnata solitudine domus tota huic monstro relicta est*, & en Plaute, *ait videri terrifica monstra in ædibus*, qui pour raison de tels spectres a intitulé vne siéne comedie *Mostellaria*, les anciens grammairiens ayāt nōmé les fantosmes *mostella* diminutif *à verbo monstrum*, tellement que Seneque pour signifier vne extraordinaire & effroyable punition a dict en prouerbe *Laruis dedi*. Qui n'auroit peur

Cùm variæ illudunt species atque ora ferarum
Fiet enim subito sus horridus atráque tigris,
Squammos úsque draco & fuluâ ceruice leçna:
Aut acrem flammæ sonitum dabit,

qui n'auroit peur,

Cum omnia transformat sese in miracula rerum
Ignémque horribilem que feram fluuiúmque liquentē

comme souloient se transformer anciennement Lempuse, Protheus Tethis, Pereclimenus fils de Neleus, Mæstra fille d'Erisicton, Picus & Faunus, & auiourd'huy sur les riuages de Bretaigne le demon qu'ils surnomment Teuz. Comment pourroit resister & tenir ferme vne simple personne contre vn spectre, & l'apparition d'vn fantosme, veu que les armées entieres en sont allées à vau de route. Deux histoires suffiront, à la bataille de Marathon vn spectre apparut à la teste de l'armée des Grecs qui aueugla le valeureux Polizele, mais il donna telle espouuante à l'armée des Perses qu'ils se mirent en route & furent desconfits, les Huns qui estoient grands magiciens, combatans vne fois contre Sigebert Roy de France luy mirent au deuãt des fantosmes, dont ses gens effrayez furent surmõtez & vaincus, raporte Gregoire de Tours liure quatriesme chapitre 28. Qui ne sçait que l'antiquité croyoit que ceux qui auoient veu en face les Nymphes issantes de l'eau deuenoiẽt furieux & lymphatiques: car comme dit Seneque, en ses questions naturelles, *nemo sine aliqua iactura sanitatis expauit, similisque furenti quisquis timet.* Et si Dieu permetoit dit sainct Chrysostome que les malins esprits qui rodent par l'air montrassent leur face hideuse & horrible, lequel de nous ne sortiroit hors de sens ou ne trepasseroit sur la place? *Pluribus enim notum est*, dit Tertullian, *dæmoniorum opera & immaturas & atroces effici mortes quas incursibus deputant.* Pource il y a bien lieu de prier d'estre deliurez, *à sagittâ volante in die, à negotio perambulante in tenebris, ab incursu & dæmonio meridiano.* Qui n'a encores ouy parler des terreurs Paniques, prouenantes le plus souuent des voix, sons, bruits & tintamarres estranges excitez par Faunus ou Pan? C'est pour dire que les seuls bruits qui se font par les demons en la maison pretendue, quand autre chose il ny auroit, seroit vn subiect suffisant de frayeur: car de soy les sons & les bruits, voire naturels troublent l'ame autant que toute autre chose, à cause de l'air qui tout esmeu & tremblant va esmouuoir les esprits qui sont autour du cœur, & ceux là esmeuuent les autres, comme vne corde de luth touchée fait trembler la prochaine corde? Que doit ce estre quand ils sont surnaturels, excitez par les demons? Certainement les plus saincts personnages s'en espouuantent & sortent hors du sens de mesmes que les tygres forcenent au son des tabourins. Sainct Hierosme raconte que sainct Hilarion assailly des mauuais esprits entendoit par fois, *variarum portenta vocum*, vn bruit & vne voix confuse & pesle meslée de plusieurs bruits & de plusieurs voix qui se peut elegamment exprimer par ces vers de Lucain,

Latratus habet illa canum, gemitúsque ferarum
Quod trepidus bubo, quod strix nocturna queruntur,
Quod strident vlulantque feræ, quod sibilat anguis,
Exprimit, & planctus illisæ cautibus vndæ,
Siluarúmque sonum, fractæque tonitrua nubis.
Tot rerum vox vna fuit.

Cela effrayoit si fort ce sainct personnage Hilarion que *ante sonitu quàm aspectu territus cadebat*, & sõ exemple seruira aux inthimez s'ils ne peuuent imiter l'assurance de Macarius & ne veulent ensuiure la curiosité d'Athenodorus & Arignotus Philosophes, de peur qu'il ne leur aduiẽne comme à ceux qui par la seule curiosité alloient és plaines de Marathon, pour y voir & ouïr les fantosmes lesquels y apparoissoiẽt d'ordinaire. Pauzanias escrit que telles gẽs y estoient mal menez & rudement traictez. Il leur vaut mieux imiter la prudence d'Vlisses en l'onziesme de l'Odissée lequel fit de bonne heure sa retraicte de peur de voir les Gorgones.

On ne veut pas nier pour respondre à ces esprits & demons seruans en Dannemarc & Noruege & autres pays Septentrionaux qu'il n'y ait difference entre les demons, comme entre les meschans hommes *sunt dæmonum sicut hominum differentiæ non mutatâ* XXXV.

essentiâ verum mente diuersâ, dit Palladius, & Cassianus, *tot sunt in immundis spiritibus, quot in hominibus studia*, aucuns sont tres meschans, & cruels en leurs apparitions, autres sont des folets & des luthins seulemét, qui ne font qu'ennuyer, sans mesfaire, *seductores & ioculatores de risu tantummodo & illusione contenti qui fatigare potius studeant quàm nocere & quosdam in nocuis cubationibus hominum pernoctare*, ce que sainct Anthoine aduouë aussi, *apud Athanasium*, parlant de ceux qui font des bruits, qui prenent les Religieux par les mains puis sifflét & s'esclattét en risées. Il y en a aussi qui ne se meslent sinon de faire des bruits aux maisons lors & au temps qu'ils preuoyent à plus prés la mort du maistre de la maison ou des parens & domestiques, & qui representent les conuois des funerailles. Ce ne sont les ames de ceux qui sont decedez auec le seul peché originel, & quelques autres fautes legeres, ny cette espece nouuelle d'hommes que Paracelse, & ceux qui l'ont suiuy, ont dit estre mitoyens entre les bestes brutes & les hommes, & telles apparitions venir de leur part, & moins les esprits des petits enfans morts sás baptesme que lon n'a iamais recognu s'estre entremeslez de nos affaires. Ce sont volontiers les demons des ordres inferieurs qui exploictent tout cela, & vray semblablement c'est celuy mauuais demon qui s'employe à téter & combatre chacun homme en particulier: non pas qu'a l'exemple de nostre bon Ange il soit commis & deputé pour ce faire, qui estoit l'opinion erronee d'Origene hom. 35. *in Lucam* & de Cassianus Collatione 7. cap. 17. mais il s'y offre & presente de luy mesmes, & de cestuy là aucuns pensent que S. Ambroise a voulu parler en son hymne disant, *hostem que nostrum comprime ne polluantur corpora*. Autres ont dit que les demons qui font les choses susdites estoient ces demons domestiques que les Romains appelloient *Lares Lar sum familiaris ex familiâ quâ me exeuntem aspexistis*, ou *genios loci*.

COMMENT qu'il en soit quand il n'y auroit autre chose sinon qu'vn mauuais esprit hante la maison sensiblement, qu'il apparoist & qu'il se fait ouïr & rend preuue de sa presence. Iaçoit que la puissãce de pis faire luy fust tollue de Dieu, si est il neantmoins & doit estre auec nous incompatible, qu'ils facent cõme ils voudront és pays Septentrionaux, cette antipathie qui est entre nous & les demõs nos mortels ennemis repugne à leur conuersation, la religion Chrestienne nous le deffend, *nolo vos fieri socios dæmoniorum*, le salut de nostre ame y resiste, *omnis operatio eorum est hominis euersio* dit Tertullian & S. Anthoine *apud Athanasium*, nous enseigne que nous deuons tenir toutes leurs actions pour suspectes, voire leurs risées & applaudissemens qui sont autant d'embusches, & ne tendent sinon, *vt in puncto peccati Christianum pectus introeant*, ausquelles fins, *Orci galeam induunt*, pource il s'en faut retirer, XXXVI.

Improuisum aspris veluti qui sentibus anguem
Pressit humi nitens, trepidúsque repente refugit.

EN fin on dit qu'il estoit aisé d'y remedier & a XXXVII
l'apellãt cotté plusieurs remedes, pour ceux qui sõt tirez des herbes, des pierreries & choses corporelles

è surculis, lapillis & huiusmodi friuolis, ils n'ont puissance sur les esprits qui n'ont point de sens naturel dit sainct Thomas 1.p.q. 115.art.6. Ils sont allechez par là nō *vt animalia cibis sed vt spiritus signis*, dit sainct Augustin Tatianus vse d'vne elegante comparaisō, comme les lettres de l'alphabet, dit-il, n'ont pouuoir d'elles mesmes d'enoncer nos cōceptions sinō entant qu'elles sont par nous ordonnées & disposées à quelque sens, ainsi toutes ces pierres & arbres sont l'alphabet des demons & n'ont aucune force sur eux naturellement sinon entant qu'ils prescriuent comme il leur plaist à quoy elles serōt bonnes, & à quoy ils les feront valoir, dire autrement seroit ensuiure les Medecins Andreas & Pamphilus refutez par Gallien liure 6 *de simplici medicam. facultat* & l'erreur de Trismegiste, Pythagoras, Democritus & Iamblique, Porphire & Albert le grand qui par vn certain rapport des choses celestes aux terrestres ont voulu marier le monde superieur auec l'inferieur disant qu'on pouuoit attirer par herbes & autrement les moindres Dieux ou Anges, & le grand Dieu par iceux : ou l'erreur de quelques Scholastiques qui disoient que le malefice se pouuoit chasser par superstition, ce qui est condamné par la determination de Sorbōne de l'an mil trois cens dixhuit, article vingtiesme: car comme dit Lucain,

Quis labor hic superis cantus herbásque sequendi
Spernendique timor? cuius commercia pacti
Obstrictos habuere Deos? parere necesse est?
An iuuat? ignotâ tantum pietate merentur
An tacitis valuere minis? hoc iuris in omnes

Est illis

Est illis superos? an habent hæc pharmaca certum
Imperiosa Deum qui mundum cogere quidquid
Cogitur ipse, potest.

Et quant à la fumée du poisson de Tobie, ce n'estoit pas cela qui chassa Asmodée, mais Raphael le chassa lors & au tẽps que la fumée montoit, & la musique ne chassoit point le mauuais esprit de Saul, sinon entant qu'elle soulageoit sa maladie melancholique par le plaisir qu'il y prenoit, comme Clinias Pythagoricien guerissoit sa cholere & ses ennuis au son du luth, & Terpendre, Ismenias & Arion guerissoient par la musique les personnes oultrées de griefues & violentes passions, ainsi l'enseigne Galien liure premier *de sanitate tuendâ*, & le mal sainct Vitus en Allemaigne, qui est vne sorte de manie demoniaque, est guery par le son du luth, qui sont les principales responses de Tostatus sur le premier des Roys chapitre 16.

QVANT aux remedes tirez des choses sainctes, on ne veut pas desnier leur vertu qui est tres grande & recognoist on que les esprits qui venoient es maisons dõt les exemples ont esté amenés, cy dessus furent chassez par l'oblation du sainct sacrifice, ou par le signe de la croix, ou par prieres & aspersiõ d'eau beniste, ou par la presence & reprimande des personnages recommandables en saincteté, ou par la terre sainćte appendue en la maison, comme il se lit és autheurs des passages alleguez, voire que le chasteau de Tzôdadero, qui n'auoit peu estre emporté par Cohades Roy de Perse, ny par force, ny par magie fust quitté & abandõné par les demons aprés XXXVIII. I.

que l'Euesque des Chrestiens eut celebré le diuin seruice & employé les armes de la croix. Toutefois on y peut faire deux responces, l'vne que ces remedes quoy que tres grands & tres valables ne sont pas tousiours infallibles, & que les inthimez en ont bien vsé de quelques vns en particulier, & pour cela l'esprit n'a pas laissé de reuenir, voire mesmes les exorcismes qui sont les plus forts remedes n'opperent pas necessairement pour ce que *non operantur, ex opere operato*, comme font les Sacremens ausquels Dieu a promis l'interuention de sa grace. Les exorcistes aussi n'ont pas souuent les qualitez & preparations requises, ainsi qu'il appert au chapitre neufuiesme de sainct Marc, la confession, la priere, le ieusne, l'humilité, l'amour de Dieu, & l'esperance en luy. Cette grace est donnée aux vns plus qu'aux autres, & puis le peché, le peu de foy & d'esperance des personnes vexées ou à qui les maisons appartiennent empeschét par fois le fait des exorcismes. C'est pourquoy Minutius Fœlix dit elegamment, *exiliunt statim vel euanescunt gradatim, prout fides patientis adiuuat aut gratia curantis aspirat.* Aussi par fois les demons aiment mieux endurer & souffrir les peines bruslantes des exorcismes, que de sortir, dit Origene homilie 24. sur Iosué qui à raison de ce, les compare aux Amorreans qui auoiét tousiours demeuré parmy le peuple de Dieu, & puis quand tout cela cesseroit il y peut auoir des raisons secrettes pour lesquelles Dieu permet cette puissance & resistance aux malins esprits, & c'est à ce secret & inscrutable iugement de Dieu qu'il faut aussi raporter la cause pourquoy certaines maisons en sont plustost vexées que les autres, & employer la raison que sainct Augustin allegue à ceux qui s'enqueroient pourquoy les miracles aduenoient en vn lieu & non pas en l'autre, *veruntamen ad ista quæ hominibus visibiliter nota sunt quis potest eius consilium perscrutari? quare in alijs locis hæc miracula fiant, in alijs non fiant?*

La seconde responce est que s'il falloit employer l'office & le remede de l'Eglise qui auroit en cela le plus d'efficace, les inthimez soustiennent que ce seroit au proprietaire & non point à eux d'en faire les diligences, par cette reigle de droict, *locator præstare debet conductori vti frui, l. ex conducto ff. locati. teneris ex conducto vt frui liceat quamuis per te non stet quo minus id prestes l. si fundus ff. locati.*

MAIS quoy si ces apparitions viennent de la part des ames, l'appellant pense de ce chef là auoir cause gaignée, & les inthimez au contraire en prenent grand aduantage: car puis que l'appellant comme vray Catholique recognoist l'apparition des ames, les inthimez tirent de là vn dernier argument inuincible, que les esprits peuuent donc former vn corps & apparoistre: car l'ame separée du corps est incorporelle, soit bonne, soit mauuaise, & faut reietter entre les Chrestiens l'opinion de Platon qui tenoit les mauuaises ames aprés la mort, estre encores amoureuses des corps & adherantes à iceluy & comme fantosmes ombrageux apparoistre autour de leurs XXXIX.

ſepulchres & de ceux qui diſoient le ſemblable des ames des perſonnes, qui ne ſeroient enſeuelies, ou qui auroient eſté meurtries par violence, *quos per vim & iniuriam ſæuus & immaturus finis extorſit.* Il ne faut pas dire auſſi, qu'outre les ames il y ait des vmbres, images, ou idoles d'icelles, *ſimulachra modis pallentia miris, vt poetæ fabulantur,* qui diſent

> *Bis duo ſunt hominis manes, caro, ſpiritus, vmbra,*
> *Quatuor iſta locis bis duo ſuſcipiunt*
> *Terra tegit carnem, tumulum circumuolat vmbra,*
> *Orcus habet manes, ſpiritus aſtra petit.*

Ainſi que tenoit Homere, qui en l'onzieſme de l'Odyſſée mettoit l'ame d'Hercules dans les cieux & sõ idole aux enfers. Car les bons & les mauuais n'ont qu'vne ſeule ame intellectuelle & inuiſible & les puiſſances ſenſitiues s'aboliſſent aprés la mort. Si donc cet ame incorporelle pouuoit prendre corps & apparoir par ſa puiſſance & vertu naturelle, à plus forte raiſon les demons qui ſont ſuperieurs en l'ordre des creatures intellectuelles. Mais ſans s'amuſer à ce que Marſilius Ficinus eſcrit liure ſixieſme, chapitre dix, & liure troiſieſme, quatrieſme chapitre, *de immortalitate animæ,* d'vne puiſſance ſurnaturelle, qu'il attribue à l'ame par l'aduis de quelques Philoſophes: & pour en parler au vray & ſelon la commune opinion des Theologiens Scholaſtiques: l'ame voire ſeparée ne peut par ſa vertu condenſer les elemés, ny en former vn corps à ſon vſage, ny mouuoir localement les choſes corporelles: elle eſt determinée à mouuoir ſeulement le corps qu'elle informe. Et quand les ames apparoiſſent, c'est par le ministere des bõs ou des mauuais anges que leurs corps sont formez, excepté des bien heureux au ciel, qui par le priuilege de leur gloire forment leurs corps miraculeusement. Hors celles là, les bons Anges forment les corps des bonnes ames & les mauuais anges des mauuaises ames. Aucuns veulent bien dire que les ames neantmoins meuuent ces corps formez par les Anges. Mais communement on tient que les Anges meuuent ces corps qu'ils ont formez, dans lesquels l'ame est meüe par accident, comme vn malade porté dans son lict. Et les ames sont aucunefois en personne dans ces corps, autrefois non. Et les Anges seuls les y representent à leur desceu, tout ainsi que quand par le ministere des Anges, les viuans en leur absence apparoissent aux viuans, ce que sainct Augustin tesmoigne aduenir au liure dixhuictiesme de la Cité de Dieu chapitre dixhuict Sainct Gregoire, second de ses dialogues chapitre septiesme, & sainct Thomas premiere partie, question quatre vingts neuf, article huictiesme. Si donc les Anges forment des corps pour les ames, ils en pourront former pour eux mesmes, *quantò magis de suo arbitrio & pro suo negotio.*

Et reuenant au propos des ames & à leurs conditions diuerses, si c'estoient des ames ia bien-heureuses, il ny auroit lieu de partir du logis, on le confesse: mais les faicts posez au procés sont fort esloignez des actions des ames heureuses. Quant aux ames iugées & condamnées, il est vray qu'elles peuuent reuenir ores que tres rarement & XL.

miraculeusement soit pour faire foy des peines eternelles ou pour autre raison, & n'y a point d'inconuenient ny d'erreur encores de dire que pour vn temps elles peuuent souffrir leurs peines ailleurs qu'aux enfers, comme font les demons en l'air, & non moindre pourtant qu'aux enfers, voire és maisons & lieux ou elles ont delinqué pour quelque circonstance de la iustice diuine à nous incogneuë, *apud Gregorium quarto dialogorum capite quinquagesimo primo*, & de là les maisons pourroient bien estre inquiettées par accident, & y auroit lieu de les abandonner, veu que telles ames perdues sont tousiorus accompagnées de mauuais esprits.

XLI. IL y auroit plus d'apparence de dire que les ames qui miraculeusement & par la seule dispensation diuine reuiennent aux maisons fussent celles qui se purgent & nettoyent en vn tiers lieu, soit pour les considerations deduites par l'appellant, pour receuoir les suffrages de leurs parans & amis domestiques & catholiques, *quia sciunt vbi lachrymas, vbi possint inuenire singultus*, soit pour la consideration desia touchée de satisfaire au lieu auquel elles ont contracté leurs peines, auquel cas les inthimez qui sont Catholiques (*haud tales decet inclementia vultus*) recognoissent qu'ils ne deuroient abandonner la maison, ains secourir telle personne defuncte,

---misero dare dextram
Sedibus vt tandem placidis in morte quiescat,

la voir & reuoir.

Nec vidisse semel satis est, iuuat vsque morari
Et conferre gradum & veniendi discere causas

Cela s'entend pourueu qu'ils fussent bien certains de la condition de l'esprit.

Mais les Theologiens attestent, que les demons contrefont & representent souuent les ames trepassees, comme dit Eusebe, *ex sententiâ Porphyrij ad Anebonem de præparatione euangelicâ lib. 4.* & S. Chrysostome homelie vingt neufiesme sur le huictiesme de Sainct Matthieu & l'article douziesme de la determination de Sorbonne de l'an mil trois cens dixhuict le tient aussi, *operantur dæmones sub obtentu Animarum, vt iudicij & resurrectionis fidem turbent*, en Tertullian : & apparoissent semblablement auprez des sepulchres pour nous faire accroire ceste absurde opinion que les Payens ont creuë, condãnée pour heresie *in sexta synodo*, à sçauoir que les ames se changeoient en demons, *lares, laruas & lemures*, ainsi que tesmoigne Sainct Chrysostome, homilie susdicte, *Victor Antiochenus & Æneas Gazæus in Theophrasto*, ce qui a dõné subiet à Tertullian de dire *omnem incorporalem corporum exhibitionem præstigias esse*, & de mescroire l'apparition de Samuel.

OR les intimez n'ont pas le don que Sainct Paul appelle *discretio* ou *diiudicatio spirituum*, cõme auoient Sainct Antoine, Sainct Martin, & Sainct Germain, & non pas tant apprins en Gerson, *de probat. spirit.* & en Iacobus de Clusio, & autres qu'ils sçachent discerner les ames d'entre les Anges, ny l'apparition des bons, d'entre l'apparition des mauuais anges *cum* XLII.

se transfigurent in Angelum lucis nedum in hominem lucis, dit Tertulian, en vn doubte si grád ils sont excusables, ils s'en vont & abandonnent la maison.

Neantmoins s'il estoit permis de faire iugement, il est aisé à voir que ces tintamarres, apparitions, transports, oppressions & battemens ne prouiennent que du fait des mauuais esprits, lesquels *quidquid vmbrarum est vsquam, quidquid lemurum, quidquid manium, quidquid laruarum oculis nostris oggerunt, omnia noctium occursamenta, omnia bustorum formidamina, omnia sepulchrorum terriculamenta.*

Si les Iurisconsultes anciens n'ont parlé de rescinder là dessus les venditions ou locations, c'est qu'ils n'ont pas cognu les demons pour malins esprits. Ainsi qu'ils ont mescogneu les exorcismes *in l. 1. de variis & extraordi. cognit. Dæmonas soli nouerunt Christiani.* Au contraire eux & les autres Payens leur dedioient les maisons *tanquam prestitibus & hostilus. Omnes ostiatim domos occupant, ac sibi geniorum nomen assumunt*, voire à chasque coin de la maison ils y commettoient vn demon: comme il se void dans Prudẽtius contra Symm.

Quamquam cur Genium Romæ mihi fingitis vnum
Cum portis domibus, thermis, stabulis soleatis
Assignare suos genios, perque omnia membra
Vrbis, perque locos, geniorum millia multa
Fingere, ne propriâ vacet angulus vllus ab vmbrâ?

XLIII. Ils n'auoient donc garde de rescinder les locations & venditions de ce costé là: mais les Iurisconsultes & Docteurs modernes ont resolu sur semblables difficultez que lon pouuoit quitter vne maison louée loüée auant le terme escheu pour cause des infestations des esprits à sçauoir Chrisophorus Porcus, ou plustost Iason en ses additions sur le paragraffe final, *Instituti. locati*, Ferronus sur la coustume de Bordeaus, tiltre des loüages paragraffe trois, *Gomes variarum resolutionum tit. de locato cap 3.* Couarruuias bien au long, *Variarum resolutionum lib. 4. cap. 6.* lequel dit notamment auoir esté ainsi souuent jugé, *semel & iterum in prætorio regio & Granatensi. Eguinarius Baro. libro 1. de nobilitate*, vn Iurisconsulte de ce temps en ses annotations sur le cours de la loy *habitatores*, *ff. locati* suit la resolutiõ de Couarruuias, & l'vn des premiers Iurisconsultes de nostre aage a tenu cest aduis en ses Lectures sur le quatriesme du Code.

Les vns se fondent sur la raison de ceste loy *habitatores, si quis timoris causâ emigrarit, si causa fuerit cur periculum timeret, quamuis periculum verè non fuisset, tamen non debere mercedem*, les autres l'induisent, & le concluent bien à propos par deux autres loix, *l. si prædium C. de ædilitio edicto*, où il est dict, *redhibitioni locum esse si fundus distractus sit pestibulas, vel pestibiles herbas habens: & l. si addes paragraffo 1. ff. locati. Seruio Labeoni & Sabino placuit pensionem non peti, si ab ignorante saltus pascuus locatus sit in quo herba mala nascebatur*, telles herbes que seroient l'aconit, pardalianches, qui de son odeur empeste, & faict tomber par terre, & le nappel par son seul attouchement, & le iusquiame, dont la pasture est mortelle aux pourceaux, & la cigue, & telephonum à d'autres animaus. Le mesmes auroit lieu si dedans le champ ou la maison loüée ou venduë croissoient des serpens, aspics, coleuures, que le Iuriſconſulte peut auoir entendu par le mot de *peſtibulas*, que Columella appelle, *natricum ſerpentiumque peſtes*, qui de leur ſeule pernicieuſe odeur rendent vn lieu peſtilent: Car nous liſons de l'iſle Ophiades ſize au ſein Arabic & d'vne fertile region d'Ethiopie, qu'elles ſont abandõnees à cauſe des ſerpens, & d'autres regions à cauſe des ſcorpions & ſcolopandres. Et le meſme encor auroit lieu ſans controuerſe en la contagion de la peſte, *authore Ripâ in tractatu de peſte*, & cent autres qui l'ont eſcrit de- & apres luy.

OR quels ſerpens ſont plus dangereux que cet Ophioneus de Pherecides ce ſerpent & dragon ancien ? qu'on nous deſcrit *attollẽntem iras & cærula colla tumentem*, & quelles herbes peſtilentes ſont plus dangereuſes que les demons, vrayes peſtes des ames & des corps? pour l'infeſtation deſquels vne maiſon eſt appellée peſtilente, *domus infamis & peſtilens*, demons qui amenent ſouuent la peſte, les exemples y ſont en Philoſtrate, *in vita Apollonij, & apud Sigisbertum*, parlant d'vne peſtilence aduenuë à Conſtantinople, en l'an cinq cens cinquante quatre, *& apud Iuonem in cronicis*, d'vne peſtilence qui prit à Rome, & à Pauie, en l'an cinq cens quatre-vintgs deux, durant leſquelles ſe virent ordinairement en ces villes de Conſtantinople, de Rome & de Paris, pluſieurs demons & mauuais eſprits qui heurtoient d'vn eſpieu les portes des maiſons & autant de coups qu'ils frappoient, autant de perſonnes ſe treuuoient frappées de peſte & mouroient ſans remede, & encores en Procopius liure ſecond de la guerre perſique: De plusieurs spectres & demons qui apparoissoient en temps de contagion & toutes les personnes qui à la mal'heure les voyoient & rencontroient, restoient attainctes mortellement de la peste, *Di talem auertite pestem.*

AINSY & par l'argument des loix susdictes, les intimez maintenoient à l'occasion de la frayeur & infestation des spectres *locum esse exonerationi mercedis.* XLIV.

ET C'ESTOIENT les raisons principales qui de part & d'autre pouuoient estre alleguées en ceste instance d'appel, lesquelles meurement & iustement poysées, & considerées par la Cour, selon que l'importance de la matiere le requeroit, & la nouueauté de la question non encores decidée que lon sçache, par Arrest des Cours souueraines. Ladicte Cour a iugé le faict pozé par les intimez, que la maison de l'appellante estoit vexée & inquiettée par des esprits ou demõs. Estre receuables pertinans & admissibles cõformement à l'vsance & tradition de l'Eglise, à l'authorité des Saincts Peres, à la resolution des Scholastiques, à l'opinion des Philosophes, & decisions des Iurisconsultes recens, & à l'experience inueterée despuis tant de siecles: Mais que pendant le procez, le bail à loyer deuoit tenir. Attant elle a donné son Arrest par lequel elle vous dict.

QVELLE, a mis & met, l'appellation & ce dont a esté appellé au neant, & appoincté les parties con- XLV.

traires en leurs faicts, lesquels elles articulerõt dans quinzaine, & sur iceux feront preuues & enquestes au mois ensuiuant pardeuant le Commissaire, qui par la Cour sera deputé, pour, lesdictes preuues & enquestes faictes & par deuers ladicte Cour rapportées, en estre ordonné ainsi qu'il appartiendra. Et cependant ladite Cour par prouision a condamné & condamne ledit la Tappy, de payer à ladite Bouhard, la somme de quarante escus pour la derniere demy année escheüe de la location dont est question au procez, en baillant par ladite Bouhard bonnes & suffisantes cautions de rendre ladite somme s'il est dict en fin de cause. A ordonné & ordonne qu'à la publication des enquestes sera faict droit des conclusions prizes par ledit la Tappy cõtre ledit Guyton ainsi qu'il appartiendra, sans despés de la cause d'appel, les despens du principal reserués en fin de cause.

Fin de l'Arrest des demons.

Les vers suyuans latins & François, ayans estez trouuez dans les papiers de l'Autheur, ont esté mis en suitte de l'Arrest pour ne priuer leurs autheurs & la posterité.

ANDREÆ NESMONDO CHESSACO
Doctissimo eloquentissimoq; Præsidi
Septimatria.

MAgnum opus Herculeũque, ingenti adstante Senatu,
Tot que viris, populoque, silentibus omnibus, vnum
Audirique loquique, & grandia verba tonantem
Attonitas linguæ percellere fulmine mentes.
Gloria sed nostrûm hæc vlli si contigit vnquam,
Hanc si quis rerum & verborum maximus auctor
Iure suo propriam potis est agnoscere, nulli,
Aut tibi debetur: quantis distincta micabat
Dictio luminibus? quantis librata ruebat
Ponderibus? non nix, non densior aëre grando
Præcipitat, nec se vasto magis impete terris
Immittit rapido collectus turbine torrens.
Tu legum mundi interpres, tu fata Deorum
Arcana & rerum solus miracula pandis.
Hæc demersa olim, temere nec cognita priscis,
Et caliganti nostrorum lumine VISA
Vnus inoffenso vidisti lumine mentis.
Exuperas sylvas Academi, ipsumque Platonem
Vincis, Visorum dum peruigil abdita lustras:
Ast ea dum euoluis, numerosis vocibus imples
Fandi opifex, Tyria radiantem in veste Senatum.
Cedite Romani oratores, cedite Graij,
CHESSACVS *eloquij vobis decus abstulit omne:*
Haud equidem huic operi certauerit vlla Minerua,
Quod mage quam Phydiæ in Musarum est arce locandum.

A MONSIEVR DE NESMOND, Seigneur de Chezac, second President en la Cour de Parlement de Bordeaus.

QV'ay ie veu, qu'ay ie ouy d'où est ce que ie sors?
Suis ie entre les viuãts ou bien entre les morts,
Suis ie remply de vraye ou de fausse merueille
Est il vray que ie dors, est il vray que ie veille?
Ce n'est pas sans raison d'incertain me trouuer
Si ie veille, ou ie dors, & dormant de resuer:
Car Morphée peut bien ouurant les portes closes
Des songes deceuants figurer maintes choses,
Faire sembler aux sens leurs facultez auoir
Pour toucher, pour parler, pour entẽdre & pour voir
Peignant ce qui n'est point ny peut estre en nature
Dans nos esprits dormants, tableaux de sa peinture:
Mais de voir ou d'ouïr sur naturellement
Quelque chose au dela de nostre iugement
Sans songer, sans resuer, & d'y donner creance
C'est contre les decrets de l'humaine science.
C'est pourquoy mon esprit douteux ie sens errer
Sans se pouuoir en soy de soy mesme assurer
Si ce qui l'a rauy sous ta voix admirable
Est vn songe trompeur, ou si c'est vne fable,
Or songe n'est ce pas, car le somme ocieux
Pour les songes ouurir, ne fermoit point mes yeux:

Et fable n'est ce point, en la maison sacrée
De la fille à Themis les fables n'ont d'entrée:
C'estoit en son Palais ou comme second Dieu
Des Dieux & des Heros tu tenois le milieu.
Grand NESMOND te voyant en ce graue exercice
Dessus ton throsne assis, vray throsne de iustice,
Ie pensois voir Iupin, allors que dans les cieux
En la salle celeste il consulte les Dieux,
Dieux qui font sous leurs pieds, quand leur troupe s'assemble
Que la voute des cieux soubs son fondemẽt trẽble
Qui font & haut & bas assis de tous costez
Resplandir la clarté de leurs diuinitez
Et demeurent aprés attachez à la langue
Et aux graues discours du Dieu qui les harangue.
Ainsi lors que l'huissier heraud du Parlement
Eust ouuert le parquet, & huché hautement
Au son retentissant de la voix recogneue,
La troupe foule à foule en torrent est venue
Desbonder dans l'entrée, entrecherchant d'auoir
Quelque place commode à t'ouir & te voir:
A grand peine on attend que ta voix on entende
Que plustost le silence à chacun ne commande,
Tous béent aprés toy & tiennent curieux
Leur parole en la bouche & dessus toy leurs yeux.
*D*ieux de quelle façon doucement temperée
A ton docte discours donnas tu son entrée!
Surhaussant peu à peu ton langage coulant
Comme si ta parole eust prins force en allant,
Et montrant vn vieux sens sous vn ieune visage,
(Car tousiours sãs vieillir les Dieux sõt ieune d'age)

Tu ouuris le torrent de ton ſçauoir fecond
Que Python emmielloit d'vn langage facond,
Tellement que tu mis ainſi qu'à la balance,
Le miel de ton bien dire, au poids de ta ſcience
Et l'vn & l'autre egaux, tellement tu auois
Qu'on n'euſt ſçeu pour le gain à qui donner ſa voix.
Ainſi voit on ſouuent à la balance eſgale,
Què le poids, ça ne là ne monte ne deuale,
Ains iuſtement en l'air demeure ſuſpendu
Sans pancher du coſté qu'on auoit attendu.
Combien durant le temps de quatre heures entieres
T'ouiſt on profonder de diuerſes matieres
Combien de grands autheurs par toy furent citez
Combien de rares lieux, combien d'authoritez!
Comme vne cheſne d'or en tortis de couleure
Preſche par ſa façon le ſçauoir de l'orfeure
Et cheſnon ſur cheſnon s'enlaſſant proprement
Deſcouure ſes replis ſans nul embrouillement,
Ainſi tout vniment ſans neud ny ſans pliſſure
Se montroient tes diſcours en leur riche tiſſure
Poliment aſſemblez, & ſans ſe deſmentir
Per à per tous eſgaux on les voyoit ſortir:
Or ta matiere eſtoit grauement ſurhauſſée
Tantoſt en douce pente elle eſtoit abaiſſée
Et s'abaiſſant touſiours elle tenoit le haut
Non comme pluſieurs font qui ſautent d'vn tel ſaut
Du plus haut au plus bas, qu eux meſmes ſe fouruoyent
Et font perdre leur route à ceux là qui les oyent:
Nos eſprits relaſchez, par toy trop haut montez

Dedans

Dedans vn beau iardin se trouuoient transportez
Ou la souefue odeur de maintes fleurs exquises
Les plantes descouuroient d'où tu les auois prises.
  Ie sçauoy que durant, & hors de la saison
Le iardin enfleuré de ta belle maison
En ses compartimens enbaumoit ses parterres,
Les esmaillant de fleurs des plùs lointaines terres,
Fleurs qui m'ont par souhait souuent fait conuertir
En yeux pour mieux les voir, en nez pour mieux sentir.
Mais de tes beaux discours tant de fleurs nõpareilles
Me faisoient desirer d'estre tout plein d'oreilles
Pour de leurs facultez de tous costez iouïr
Et pouuoir gourmander le plaisir de t'ouïr.
Quelqu'vn iadis touché d'vne pareille enuie,
Desiroit, (mais espoint par vne sale vie)
De voir son col, en col de gruë s'alonger
Pour alonger le goust du boire & du manger.
  Fondée auec raison fust cette loy publique
Qui vouloit qu'on bannist loing de la republique
Les publics harangueurs, qui causeurs affetés
De leurs fleurs d'oratoire estans enbouquetez
Bien souuent pipent l'homme, & font qu'en la Iustice
Il prend le faux pour vray, pour la vertu le vice:
C'estoit bien aduisé, car ie vy sans mentir
Si bien par tes raisons ma raison paruertir
Que comme de deux vents contrairement poussée
Or d'vn costé, or d'autre elle estoit balancée
Et i'eusse au premier chef celuyla condamné
En la faueur duquel ton Arrest fust donné

Si tu n'eusses prenant la contraire deffence
A tous faict voir son droict, à moy mon ignorance.
Ce point non decidé du pouuoir des Esprits
Bien que maint Parlement desia l'eust entrepris
Sembloit estre en reserue, & gardé pour ta gloire
Affin qu'vn grand esprit emportast la victoire
D'vn million d'esprits, & qu'il vuidast ce point
S'ils venoiét parmy nous, ou s'ils n'y venoient point.
NESMOND, toy seul deuois nous donner cognoissance
Si les esprits estoient, quelle estoit leur essence,
Si bons ou si mauuais, quel pouuoir ils auoient
Si en corps, ou sans corps, parmy nous ils erroient,
Quels noms ils vont portant, quels effets ils suscitét,
Si le cieux, l'air, la terre, ou sous terre ils habitent.
On ne voit aucun lieu des esprits frequenté
Qui tout plein de frayeur ne soit inhabité.
Il n'est homme y entrant qui n'entre tout en trance,
Esprit, qui n'ait horreur quand aux esprits il pense:
Ce iour la toutefois le Palais refouloit
D'hommes de tous costez, plus plein qu'il ne souloit
Bien qu'ō sceut qu'au Palais les esprits deuoiét estre,
Le tien chassoit la peur de tous esprits le maistre
Tu es docte NESMOND, à ces Esprits tenu,
Car par eux ton esprit s'est rendu plus cognu,
Bien qu'il fust ia cognu de suffisance extreme,
Mais ce iour sans mantir tu te vainquis toy-mesme,
Les esprits se voyants par le tien soustenus
Estoient à son secours pour leur secours venus
Et à l'entour de toy volants à grands cohortes.
Releuoient tes raisons & les rendoient plus fortes:

Autant de tes raisons, c'estoient autant d'esprits,
Esprits quintessencez de mille & mille escrits
Que le tien conduisoit, leur donnant telle place
Qu'étiers ils conseruoiét & leur force & leur grace.
Que si pareil au tien quelque esprit paroissoit
Dedans cette maison dont lors il s'agissoit
Que lon verroit bien tost mainte cause intentée,
Non pour en la quitant la rendre inhabitée
Et rompre le loüage, ains affin de pouuoir
Rencherir sur l'enchere & tacher de l'auoir.
Ie saluë, NESMOND, ton esprit admirable
Luy soit toute action tout autant fauorable,
Que luy fut cette cy, que i'ouis en sortant
Tout le monde admirer d'vn iugement contant:
Et puisses tu souuent ainsi te faire entendre
Et moy souuent t'ouir, & t'ouir pour apprendre.

DE BRACH.

FIN.

SECOND ARREST du vj. Auril l'an 1599.

TOVCHANT.

L'AMBRE GRIS, TROVVE' SVR LA COSTE DE MARENZIN.

ET DV DROIT DE NAVFRAGE.

PROCEZ s'est meu en la Cour. Entre Bernard d'Arbo, Escuyer Sieur de Tingõ, Baron de saincte Croix demandeur, & requerant l'entherinemẽt d'vne requeste du 10. May 1597. d'vne part. Et Guiharnon de la Fargue dit de Gironde, & Amanieu de la Fargue fils de Matthieu, deffandeurs à ladite requeste d'autre part.

POVR le fait en l'an 1581. le Sieur de Tingon achapta les terres & Seigneuries de Meillã & de Marenzin dependantes du Duché d'Albret pour le pris & somme de huict mil escus, à pacte & faculté de rachapt de cent ans, & luy fut venduë la terre de Marenzin auec tous droicts de Iustice, *haute, moyene & basse*, & notamment *auec droit de naufrage, le long de la grand coste Oceane, despuis le Boucaut du Plech iusques au*

Boucaut de Contis.

AVPARAVANT le rachapt qui despuis a esté faict & en l'an 1596. le 3. ou 4. Nouembre, les deffendeurs trouuerent à la coste de Marenzin, vne piece d'Ambre gris, que lon pretend auoir esté du poids d'vnze à douze liures: dequoy aduerty le Sieur de Tingon, & qu'ils l'auoient venduë à Bayonne à son desceu, il presenta requeste le 16. Nouembre audict an, aux fins qu'ils fussent condamnez luy bailler & deliurer, en qualité de Seigneur Baron & haut iusticier de la terre de Marenzin, la troiziesme partie de ceste piece d'Ambre gris pour ses droicts, ou la iuste valeur & estimation d'icelle. & en oultre qu'ils fussent condamnez ez amendes pour l'auoir recelée, sur la quelle requeste fut deputé commissaire pour oüir les parties.

Despuis, & le dixiesme May. 1597. changeant de conclusions, il presenta autre requeste, de l'entherinement de laquelle est question, aux fins que la totale piece d'Ambre gris luy fut adiugée: sur laquelle est appoincté qu'il fera sa requeste en iugement. La cause plaidée, le 19. Iuin audit an, la Cour ordonna que les parties bailleroient par escript, mettroient & produiroient par deuers elle tout ce que bon leur sembleroit dedans trois iours & au Conseil.

Pour ses raisons le Demandeur en requeste disoit.

QVE ceste cause estoit bien importante pour tous les Seigneurs qui ont des tiltres maritimes, I.

n'estant pas seulement question d'vne piece d'Ambre gris, ains par suitte consequence & raison, de tous les droicts & profits de fief qui se peuuent perceuoir au riuage, sur tous les fruicts quelconques d'vne grande & vaste mer : plus feconde en la varieté de ses richesses, que tous les autres elemens, voire qui comprend en la diuersité des formes de poissons, les figures des corps celestes, les oiseaux de l'air, brief les animaux & fruicts de la terre, *vt vera fiat vulgi opinio quicquid nascatur in parte naturæ vllá & in mari esse, præterque multa quæ nusquam alibi.*

Aristote, Pline, Dioscoride, Oppian, Ælian, & des recens Gesnerus, Belon, & Rondelet, aux traittez qu'ils ont faict des poissons en font foy quand ils nous ont descrits des Soleils, des Lunes, & des estoilles de Mer, des aigles, faulcons, milans, perdris & arondelles marines, des Elephans, lyons, loups, leopards, beliers, chiens, cheuaux, veaux, hommes & Tritõs marins : Nous ont depeint diuers fruicts de la terre, chastaignes, nois, melons, pommes & raisins de mer : Des plantes aux branches de pierre rougissantes au Soleil, diuerses herbes, diuerses fleurs, & mesmes des roses & des œillets de mer : & iusques aux outils des artisans, desquels le patron & inuention est deüe à la mer iusques aux iougs pour les laboureurs, la scie pour les charpẽtiers, l'aiguille pour les tailleurs, le marteau pour les forgerons, le pinceau pour les peintres. & iusques à l'ancre, plume & caniuet pour les escriuains: *verùm non solum animalium simul icbra & in mari esse licet intelligere intuentibus vuam, gladium, serras, cucumin, veris & odore & colore similem,* iusques aux couleurs, en la pourpre: & aux odeurs, non seulement en quelques poissons mais singulierement en l'Ambre gris, *qui piscem olet aut florem*, de sorte qu'à voir & considerer telles merueilles on pourroit dire assez elegamment, que tout l'vniuers est comme plõgé dans la mer, *aduerte ô homo quantò plura in mari quàm in terris sunt*, dict Sainct Ambroise en son hexameron.

Et de là pourroit on donner quelque couleur & apparence à l'erreur de ces Philosophes; qui ont voulu qu'il n'y auoit qu'vn seul element, celuy des eaux ou de la mer, duquel les autres trois fussent extraits & engendrez, que son hypostase ou crasse consistence s'estoit changée en terre, la partie subtile en air, & la plus legere claire & deliée en feu: en S. Gregoire de Nysse, liure des elemẽs chapitre quatriesme. Toutes ces richesses qui sont naturelles à la mer, & autres qu'elle a enuahies par desbordemẽs, & englouties par tẽpestes, ce grãd element qui en veut estre liberal les expose souuent à son bord, & les estalle sur les ouuroirs & boutiques de ses riuages, du droit desquels il estoit auiourd'huy question. II.

Si recognoissoit le demãdeur que par les definitions des Iuriscõsultes ils auoient esté bornés & limitez, à cet endroit de la terre ou le flot fait sa plus grãde escource, *Iurisconsulti*, dict Quintilianus, au liure cinquiesme sur la fin, *quorum summus circa proprietatem verbòrum labor*, LITTVS *esse audent dicere quà fluctus alludit*, qui estoit l'anciẽne definitiõ de Gallus Aquilius au tesmoinage de Ciceron en ses Topiques, *Gallũ Aquiliũ cũ de littoribus ageretur ita definire quà fluctus eluderet* III.

occasiō qu'Accurse *ex Rogerio*, a voulu deriuer le mot *Littus ab eludendo vel alludendo*, d'autant que le flot se ioüe & s'escrime contre le riuage, & que la terre en cet endroit esquiue & pare au flot, aussi peu heureusemēt toutesfois que Donatus *à litando*, ayant esgard à la coustume de ceux qui s'embarquoient sur mer, ou qui se desembarquoient, qui estoit de sacrifier sur le riuage.

Taurum Neptuno, Taurum tibi pulcher Apollo.

Iulius Scaliger, Duarenus & Cuiacius l'ōt deriué plus proprement du mot λίθος, *à soli tenuitate*, ayant obserué d'ailleurs que LITVS estoit ordinairement escrit auec vn simple T, aux pandectes de Florence. A ceste definitiō de Gallus Aquilius *quà fluctus eluderet* s'accordoit celle de Celsus *quousq; maximus fluctus à mari peruenit, idque Marcū Tulliū cū arbiter esset, primùm constituisse* & de Iabolenus, *quà maxime fluctus exæstuant* es deux loix *littus, de verbor. significat.* & celle de Iustiniā *quatenus hibernus fluctus maxim⁹ excurrit*, où c'est que Iustinian a adiousté ce mot de *hibernus* en bon Philosophe n'ignorant pas que *æstus dorbus æquinoctijs maximè tumentes, & autumnali amplius quàm verno*, & que la mer cōmence à se troubler & clorre *circa virgiliarum occasum* en Vegéce liure 4. pour autant que le Soeil en s'esloignant de nous affoiblit la force & renforce celle des vents, selon Aristote.

IV. Mais ces definitions ou descriptions des riuages, & ce que les Iurisconsultes ont dit qu'ils estoient cōmuns, ou qu'ils n'estoient à personne, le Demandeur soustenoit, quelles se deuoient entendre des riuages de la mer Mediterranée, & non de ceste mer Oceane

Oceane & Occidentale ainsi que Balduinus, & Minsingerus ont remarqué sur le paragrap. *est autem littus*, aux Institutes *de rer. diuision.* Il n'y auoit pas grand danger d'entendre & appliquer ces definitions aux riuages de la mer mediterranée, elle n'a point accoustumé de couurir & inonder les terres & possessions qui luy sont adiacentes, elle a bien vn doux flux & reflux, vn croissant & decroissant particulier, qui se fait de mois en mois, que la mer semble enfler & croistre despuis le renouuellement de la Lune iusques au plein, & descroistre & desenfler despuis le plein, iusques au dernier quartier, mais elle n'a point ce violent flux & reflux ordinaire & iournalier, qui se voit en la mer Oceane, où si on l'y recognoist c'est bien peu : en la mer de Pont, il n'est point du tout, *æstus semper è Ponto profluens nunquam reciprocatur*, ny és mers de Constantinople, ou de l'Archipelago,

An memorem mare quod supra, quódque alluit infra?

En la mer inferieure Lygustique ou de Genes, de Barcelone, ou de Prouence, il n'en apparoist point : en la mer superieure Adriatique, ou de Venise, il se recognoist quelque peu : Le semblable est biẽ aussi en quelque costes de la mer Oceane, au Septentrion, en la mer Balthique, ou de Lubec, au couchant despuis le golfe de Parias en montant à la terre appellée de Labrador, au midy en la mer Australe ez costes qui regardent le Nord : En ces endroits là, non plus qu'en la mer Mediterranée, les bouillõs iournaliers de la mer ne croissent & n'enflent que peu ou point, & n'endommagent iamais.

les particuliers en leurs terres & possessions proches & contigues de la mer.

V. MAIS ez autres endroits de la mer Oceane, *omnes æstus maiora integunt spatia inundántque quàm in cætero mari, siue quia totum in vniuersitate animosius est, quàm in parte, siue quia magnitudo aperta, syderis vim laxè grassantis efficaciús sentit, eandem angustijs arcentibus.* Car és costes de cette mer australe qui regardent le Su, comme à Veragua, ensemble en la mer du Nord, despuis le golfe de Parias en auallant, iusques au destroit de Magellan, la mer couure & inonde largement les terres & riuages: Son flux est de trois lieues d'estendue en Panama, de deux lieues, en Parias, le semblable est en la mer Indique, principalement prés les embouccheures du Gange & de l'Inde, & vers la coste de Perse, où il se trouue que le lieu appellé Diuebandel ou Port-sainct, chasque iour est vn isle, & chasque iour, est partie du continent: le mesmes est en la mer rouge, d'où vient, ainsi qu'a doctement remarqué Iulius Scaliger, que quelques impies, prosfanes, & mescreans ont bien osé auancer cette imposture que les Hebrieux l'auoient gayée & traictée de basse mer & non par miracle, mensonge impossible, car outre la foy des sainctes lettres, l'experience nous apprend, que la mer qui monte iusques au Sues, & qui clost là le sein Arabique, ne perd iamais tant en arriere qu'elle laisse à descouuert les endroits par ou Moyse feit miraculeusement son passage,

---& illum
Curuata in montis faciem circumstetit vnda.

Seneque dit plus, au troisiesme de ses Questions naturelles, que *per centena millia quibusdam locis æstus excurrit*: Et Pline aprés luy *apud Cauchos* (c'est la Frise Oriẽtale) *bis dierum noctiumque singularum interuallis effusus in immensum agitur Oceanus, æternam operiens rerum naturæ controuersiam, dubiúmque terræ pars sit, an maris, fiunt nauigantibus similes cum integunt aquæ, naufragis verò cum recesserint*, ces flots & reflots sont grands encores ez costes d'Angleterre & de France, au tesmoignage du mesme Pline, les grands guez & passages que la mer ouure & ferme chaque iour, en Bretaigne & Normandie en font foy: Grands encores en ces costes de l'Aquitaine, de Bayonne, Buch, & Marenzin, les sables volants & les terres blanches le tesmoignent assez. Ainsi à l'occasion du flux & reflux s'eslargissẽt & s'estroicissent alternatiuemẽt les riuages, dit Philon au liure de l'opifice du monde.

Flvx & reflux *venilia & salacia, maladina & lidema* qui ont tant trauaillé les esprits des Philosophes, *plura pro ingenijs scribẽtium quàm pro veritatis fide expressa*, duquel il suffira ramẽteuoir cette nouueauté, qu'vn docte personnage de ce temps a nagueres laissée par escrit. A sçauoir que le seul endroit du monde ou lon peut voir à l'œil & toucher au doigt la vraye cause du flux & du reflux, c'est au destroit de Magellã, qui contiẽt de longueur cẽt lieues ou enuiron, là les deux mers de Nord & de Sud s'entresaluent, la mer de Nord entrant par vne emboucheure du destroit, s'aduance au deuant & fait soixante dix lieues de chemin pour sa part: la mer de Sud entrant par l'autre emboucheure opposite du destroit, fait trẽ- VI.

te lieues de son coste: Si qu'elles viennent à s'entre-heurter & s'entrechoquer en certain endroit & en mesme temps. Et cela monstre, que le flux & reflux, n'est pas vn pur mouuement local de la mer, qui se face alternatiuement d'vne partie en l'autre, que c'est vne alteration, ebullition, ou ferueur, selō laquelle toutes les ōdes de l'Oceā se sousleuēt, remōtēt & redeualēt en mesme tēps, & tout à la fois en to⁹ les endroits du mōde: Ainsi qu'il aduient à l'eau qui bouil dans vn pot ou chauderon, quand elle s'enfle, & se rassied esgalement & de tous les costez, *Oceanus* (dict Pomponius Mela) *non alternis vicibus nūc in hos, nunc in illos impetu vertitur, sed vbi in omnia littora quamuis diuersa terrarum, insularumque è medio pariter effusus est, rursus ab illis colligitur in medium & in semetipsum redit*: mais il ne s'en pouuoit faire experience qu'au d'estroit de Magellan: les autres d'estroits si aucūs il y en a vers le Nort, nous estās auiourd'huy incognus. Que si cette experiēce oculaire ne suffist, Lucain dit,

Quærite quos agitat mundi labor, at mihi semper
Tu quæcunque moues tam crebros causa meatus
Vt Superi voluere, lates.

VII. REVENANT au propos & regaignant le riuage, il n'y auroit pas d'apparēce de dire, que cet espace & estendue de terre, que la mer Oceane couure & enueloppe par la violence de son flux ou montant, & mesmes en hyuer *cùm effusis longiùs vndis, Littora cesserunt*, fust retranchée de la proprieté des particuliers, à qui appartienēt les terres contigues à la mer, & censées pour riuage, ny consequemment d'inferer par là que L'AMBRE GRIS trouué en cés endroits, fust trouué en lieu commun & par consequent qu'il appartient pour le tout à l'inuenteur & premier occupant: ce seroit par trop interesser les proprietaires de vouloir, que

Latus omne soli procul in dispendia cedat
Littoris,

Au contraire, il y auroit lieu de dire que la mer rendroit à son descendant ce quelle auroit couuert au montant, & d'y appliquer les responses de la loy *ergo* §. 3. *de acq. rer. domin. l cùm vsufruct. & l si ager. ff. quem. vsuf. amit. iure quodam postliminij*, & qu'il seroit en doute si tels endroits seroient terre ou mer, qui sont ores mer, & ores terre,

Primam mundo natura figuram
Cùm daret, in medio terræ pelagique reliquit,

dit Lucrece, & Lucain,

Sicque iacet litus dubium quod terra fretúmque
Vindicat alternis vicibus cum funditur ingens
Oceanus, refluis vel se cùm fluctibus aufert.

En second lieu Iean Faure sur ce §. *est autem littus*, & §. *& quidem*, suiuy d'Angelus sur le parag. *flumina*, enseigne notablement, qu'à tout le moins les terres que la mer Oceane ne baigne, qu'en deux saisons de l'année seulement, à sçauoir aux grands mareages de Mars & de Septembre, aux equinoxes (car le Soleil cause ce gros d'eau) & aux pleines Lune des equinoxes (car les grãdes croissances se font par tout aux pleines Lunes, fors és riuages & emboucheures du fleuue Indus, chose estrãge & merueilleuse) la terre donc que la mer occupe de plus aux pleines Lunes des equinoxes,

. -Cum medias fecit sibi litora terras:

Non credo, dit Faber, *quod sit litus & ideo dicẽdum est quod non sit commune*: ce qu'il dit estre remarquable par la decision de plusieurs questions, *quia quandoque contingit*, dit-il, *quod quis habeat ius in his quæ in mari capiuntur, sicut fortè etiam decimam, in his quæ in terra nihil*, & au contraire.

VIII. Or estoit il non seulemẽt vray semblable, mais veritable que la piece d'Ambre gris contentieuse, ores qu'elle n'eust esté trouuée que le quatriesme Nouembre auoit neantmoins esté ietée bien auant en terre, & loin au de là les bords accoustumez, dix ou douze iours auparauant, à sçauoir durant la pleine Lune du mois de Septembre precedent, qui ne se rencontra en cette année 1596 que bien auant dedãs le mois d'Octobre, lors que la mer estoit la plus haute qu'elle estoit orageuse, qu'elle estoit grande, *mari magno*, ainsi s'interprete *mare magnum*, *mari magno turbantibus æquora ventis*, consequemment ayant esté iettée en lieu, qui selon l'opinion de Faber, n'est pas commun, elle ne doit pas apartenir à l'inuẽteur, au moins pour le tout, ainçois pour le tout ou en partie aux proprietaires des terres: A l'exẽple des pierreries qui viennent par alluuion en nostre champ, qui ne sont point à l'inuenteur, ains ou proprietaire *Bart. 1. parte tract. Tiberiadis, in verbo Caius & Bald in l. 1. de rer diuis.* ou à l'exemple des pierreries qui se trouueroient en quelque montaigne du domaine d'autruy, ou elles seroient naturellement engendrées, qui seroient non à l'inuenteur, ains pour le tout ou pour la moitié au proprietaire selõ la decision singuliere *de Ripa* sur la loy 1. *Et rem quę nobis ff. de acquir. possess.* Mais à qui sont ces terres ioignãtes au riuage, qu'au Seigneur de Marenzin? nuls tenanciers n'en pretendent la proprieté, ce sont sables, landes & terres blanches, ce sont terres hernies, vaines & vagues, qui ne sont pas au public, ainsi qu'anciennemẽt à Rome, & en cette qualité la dixme des fruits s'en payoit au public lors qu'elles estoient ouuertes & reduites en culture, & ne sont point à l'occupãt, Socinus & autres interpretes sur la *l. 1. de acq. posses.* Mais au Seigneur du fief & territoire, dans les fins & limites duquel elles se treuuent comprises : du Moulin pour tous sur les coustumes de Paris 1. *parte* §.46. elles sont au Seigneur de Marenzin, & ne sont pas si steriles qu'elles ne produisent quelque herbe menue propre pour engraisser le bestail, sur lequel le Seigneur prend droit de pascage.

En troisiesme, lieu cessant le droit de proprieté, le Demandeur alleguoit qu'il auoit toute iustice és lieux & endroits où l'Ambre gris auoit esté trouué és costes & riuages de la mer : car la iurisdiction ne se borne point à la terre, elle s'estend encores sur les eaues. C'est ce que disent les Docteurs, que si le territoire attouche à vn fleuue, les Seigneurs de l'vne & l'autre riue estendent chacun leur iurisdiction iusques au milieu du fleuue : Qui a droit en la riue a droit au milieu de l'eau dit Masuer *tit. de iudicibus*, Bartole *tract. Tiberiadis parte 1* Balde sur le *c. ex literis de probatio. Capola tract. de seruit. rusti. titulo de fluminibus Marcus questione 333, 2. volu.* Que si le territoire consi- IX.

ne à la mer; cette mer adiacente y ressortira, & le delinquant en mer y sera puny, la glosse *in c. vbi periculum §. porro de electi. in 6.* le chapitre *licet* & la glosse, *de ferijs*, Bartole bien exprés sur la loy premiere *c. de classic.* Cæpola au traicté susdit *tit. de mari.* & aussi bien que nul autre Hippol. de Marsil en sa repetition de la l. *si ff. de iurisd. omni. iudic.* La iurisdiction passera encores iusques aux prochaines isles, qu'Apulée dit estre en la mer *tanquam næuulos*, ainsi que des poreaux ou verrues *quas veluti monilia plerunque pretexit mare.* Ambr. hexam. 3. 5. & lesquelles entrent au denombrement des terres & non de la mer, en Aristote au liure du monde, par ainsi elles subiront la iurisdiction des terres voisines. *l. insulæ ff. de iudic.* Cæpola en ce tiltre *de mari. & Bart. tract. de insulâ Fortius inquit, in insulis vsque ad centum milliaria.*

X. OR a raisõ de cette iurisdictiõ, & mesmemẽt de la haute, les Seigneurs des terres ont de grands droicts, grãdes preeminences, priuileges, & prerogatiues; & sõt apelez cõmunemẽt Seigneurs, *Domini*, ores qu'ils n'ayent en vne terre que cette seule iurisdiction, Faber sur le §. *preiudiciales de action.* Chassanée par diuerses allegatiõs, titre des iustices §. 4. sur les coustumes de Bourgoigne. Il n'est ia besoin d'insister icy sur plusieurs droits qui leur appartiennent à raison de leurs iustices, comme sur le vin vendu, enchaïé, entrant ou sortant de leurs terres, les droits de celerage, chantellage, forage, aflorage, liage, roüage, vientrage; Les droicts qu'ils prennent à raison du bestail de boucherie, herbage vif & mort, mõtenage, vignage, sur les denrées vẽdues, de coustume,

ſtume, de leuage, de toulieu; ſur les eſtallons, poids, aunes & meſures de menage, meſurage, ſtellage: ſur les paſſages; de peage, pontenage, rodage, trauers: Et n'eſt beſoin de parler des droicts, de moulins, fours, preſſouers & taureaux à ban; ou des droicts d'eſſoigne & aubenage, à raiſon des mortuaires & enterremens, d'aucune ſorte de perſonne, ou des droicts de iurée pour la iuriſdiction, & de maints autres droicts qui competent aux Seigneurs des terres, non point à cauſe de leur fondalité ou directité, mais à cauſe de leurs iuſtices, & principalemét de la haulte: Et deſquels il eſt fait mention en pluſieurs & diuerſes couſtumes de ce royaume: Et encores comme d'vn droit general, au couſtumier de France liure quatrieſme, tiltre cinquieſme, & en la ſomme rurale tiltre des droicts au Baron au Ber, & des droicts au Vauaſſeur. Il ſuffira pour la neceſſité de la cauſe, de toucher & ramenteuoir briefuement certains droicts qui leur competent & appartiennent ſur les biens, qui ſont approchans de la conditiõ & qualité de l'Ambre gris trouué ſur le riuage, à ſçauoir ſur les biens vaquans & ſans maiſtre, eſquels ils ont plus de droit que les occupans & inuéteurs, d'autant que de ce raport & conference depend en bonne partie le iugement de ce procés.

En ce rang ſe mettent les terres vaines & vagues d'eſquelles il a eſté parlé, qui ne ſont point à l'occupant, & ores que du Moulin au paſſage allegué ſemble les adiuger au Seigneur vtile, en concurrence du Seigneur iuſticier; ſi eſt eſt il veritable que regulierement l'occupation d'icelles, eſt droit de haute XI iustice, comme le tient le commentateur de la coustume d'Aniou *libr.3.§.1.c.42.*& c'est l'aduis aussi de Paul de Castre, sur cette loy *1. de acq. posses.* que Iason sur le mesme passage dit estre suiuie en practique. De ce droict est fort approchant le droict de Saintre, qui appartient au haut iusticier, pour le pascage de son bestail, és terres laissées en chaume, & en friche en bruherez & en buissons & pour en dechasser le bestail d'autruy, & le droict de prendre les terres ioignantes à ses forests bannales qui sont en haute iustice quand elles ont demeuré incultes l'espace de vingt ou trente ans, le bois acquiert le plain, ou le droit d'accreuës de bois qui appartiennent au hault iusticier comme biens vacans, desquels droits il est fait mention en plusieurs coustumes de ce royaume. Mais en ce rang entrent proprement les autres biens vaquans *quorum possessio est quasi caduca & vacans*, dit Ciceron, *vacans cadensque patrimonium l. fin. C. Theo, de bonis vacant. hæreditas Domino nuda*, en Symmachus liure 10. Epistre 55. *Excadentes & moritia* és Constitutions de Naples & de Sicile, esquels biens les Seigneurs des terres reclament droict par faulte de tenant, par ligne faillie, par mortemain ou decheance, ainsi par le coustumier de Frãce tiltre 13. & 23. Iean Faure en deux endroits sur le §. 1. *quib. mod. ius pat. potest sol.* & le §. 1 *de heredit. quæ ab intest.* Masuer tiltre des successions: Bened. *verbo Vxorem* nombre 386. Guido Papa quest. 361, & succedẽt les Seigneurs des terres non comme heritiers, mais irregulierement & comme successeurs de droict, tout ainsi que le pere au fils de famille, le maistre au seruiteur, l'Abbé au Religieux *iure quodam peculij*, c'est pourquoy ils ne sont tenus aux debtes passiues que iusques à la concurrence des biens.

XII. En ce rang estoient encores anciennement les Aubeines & successions des estrangers qui appartenoient aux haults iusticiers. Le commentateur recent de la coustume de Paris en cite quelques anciens arrests conformes à plusieurs coustumes, & du Moulin estoit de cet aduis en ses apostilles sur la coustume de sainct Aignen. Mais en ce rang entrent encores auiourd'huy, les estraieres, ou attraieres & biens vacans par attraiere, à sçauoir les successions des bastards mourans ab intestat & sans enfans legitimes en la concurrence des trois cas, quand ils sont nez & decedez, & qu'ils estoient residans és terres des hauts iusticiers: le Coustumier de France liure premier tiltre des droicts royaux, Bouteillier liure 2. tiltre des droicts au Baron, & des droicts au Vauasseur, Benedicti *verbo Vxorem*, nõbre 131. Boier sur les coustumes de Berry, tiltre des coustumes des dernieres volontez §. 7.

XIII. A la suite & parmy ces sortes de biens on messe aussi coustumierement les confiscations pource que regulieremẽt en France qui confisque le corps, confisque les biens, s'il n'y a exemption & priuilege, ainsi qu'en Guyenne par concession du Roy Iean de l'an 1355. & telles confiscations hors le crime de leze Maiesté, appartiennẽt au fisque du haut iusticier, le coustumier de France liure second tiltre des Seigneuries, la somme rurale, tiltre du droict des confiscations, Petrus Iacobi en sa pratique, rubr. 109.

Oldrade qui fait mention de cette coustume de France, conseil.17. Masuer *de pœnis*, en payant neantmoins les debtes passiues au pro rata & iusques à la concurrence des biens, iaçoit que par quelques anciens arrests les confiscations ne fussent subiectes aux debtes. En ce rang peut on mettre encores quelques droicts prohibitifs de chasse appartenans aux haults iusticiers, comme que nul ne puisse prẽdre oyseaux de chasse, faulcons, aultours, laniers, ny heres d'iceux en leur terres & haultes iustices sinon par leur cõcession & cõgé, ny les nõ nobles, phaisans & perdris, à engins ou filets sans leur permission, ainsi qu'il est porté par quelques articles de reglement inserez aux Ordonnances extraicts du coustumier, & de la somme rurale, qu'aucuns attribuent à Charles quatriesme, & toutefois par le droict, tous oyseaux ne sont naturellement à personne, chacun y peut tendre dans son fonds, & la chasse aux engins est la premiere, & la plus naturelle de toutes,

Nam foueâ atque igni prius est venarier ortum
Quàm sæpire plagis saltum canibúsque ciere,

dit Lucrece.

XIV. DESPVIS, ce droict s'est estendu plus auant, & plusieurs tiennent qu'ils ont droit de prohiber la chasse en leur territoire & mesmement aux roturiers: Frãcisc⁹ Marcus premier volume decis.303. & en la decision cinq cens vingt & neuf du mesme volume, il escrit auoir ainsi esté iugé pour le Seigneur de Clermont, lequel auoit prohibé la chasse des lieures & des perdris en ses terres: De là vient que le Roy és forests qui ne sont pas de son domaine, mais esquelles il a droit de gruerie ou de iurisdiction, en consequence d'icelle, y deffend la chasse aux proprietaires, en l'Ordonnance de l'an mil cinq cens cinquante deux, & que les Seigneurs lesquels ont ce mesme droict de gruerie és forests de leurs vassaux, y ont par consequent tous droicts de chasse, paisson & pasnage, és coustumes de Séli. Montargis & Orleans.

Pline escrit *viuaria primùm togati generis inuenisse Fuluiũ quendam qui in Tarquiniensi feras pascere instuuit.* Mais le Roy octroyant la iurisdiction & iustice aux Seigneurs de son Royaume, semble leur auoir construit en leurs terres autant de parcs, *viuaria & paradisos,* enclos non de murailles, mais du destroit de leurs iustices. De là vient aussi comme escrit Franciscus Marcus en sa decision 532 volume 2. & Chassanee tiltre des forests §.7.f.1478 que si vne beste noire ou rousse leuée & poursuiuie, vient à estre prise & abbatue en la haute iustice d'vn Seigneur, que de droict & de coustume, dit Franciscus Marcus, le chasseur en doit la hure au Seigneur iusticier, si c'est vn sanglier, ou bien l'espaule & le pied, si c'est vn cerf, & tel est le droict de Treu accoustumé appartenant aux hauts iusticiers, des lieux où la beste est prise, dont est fait mention en aucunes coustumes de ce Royaume.

Mais en ce rang & en faueur des Seigneurs iusticiers entreront fort à propos les thresors *veteres tellure reposti Thesauri,* desquels le laps de temps & XV.

l'oubliance ont esteint la proprieté, *qui iam dominum non habent l. nunquam ff. de acquir. rer domi. depositiuæ pecuniæ quæ longá tempestate competentes dominos amiserunt* en Cassiodore. *Condita ab ignotis dominis tempore vetustiore monilia* ou *mobilia l. vn. C. de Thesaur.* C'estoit aux iugemens donnez sur les thresors que le Demandeur disoit qu'il falloit au moins regler & conformer le iugement de l'Ambre gris entre l'inuenteur & le Seigneur iusticier.

Or est il que les inuenteurs n'auoient pas tousiours esté priuilegiez ne fauorisez en l'inuétion des thresors : Platon sur le commancement du douziesme liure des loix se monstre fort esloigné des souhaits de ceux là, qui disent dans Horace,

O! si vrnam argenti sors qua mihi monstret!

Et dedans Perse

O si! sub rastris crepet argenti mihi seria!

Car il proteste qu'il ne voudroit iamais trouuer de thresors & moins les enleuer apres les auoir rencontrez, alleguant vne vieille & ancienne creance qu'ils auoient de son temps en la Grece, que cela empeschoit d'auoir lignée : Et soustenant qu'il falloit obseruer vne bonne & saincte loy (Laertius l'attribue à Solon) qui deffendoit d'enleuer de sa place ce qu'on n'y auoit pas deposé. *N'oste pas ce que tu n'as pas mis.* En cette occurrence donques son aduis estoit qu'il couuenoit aduertir le Magistrat, qui ne manqueroit pas suyuant le deuoir de sa charge, d'enuoyer en Delphes vers l'oracle d'Apollon pour sçauoir ce qu'on deuoit faire du thresor.

S'IL estoit euident & clair que les inuẽteurs deusſent estre preferez aux thresors, Phraates Roy des Indiens n'eust pas esté si empesché ny suspendu en doute, de ce qu'il auoit à prononcer, au fait d'vn thresor contentieux entre l'achepteur & le vẽdeur d'vn fonds: car dit Philostrate liure second chap. 11. il n'estimoit pas que ce fust le fait d'vn habile Prince & bon iusticier de partager & diuiser le thresor entre eux. Appollonius Tyaneus, qui le tira de cette difficulté, ne l'eust pas encores adiugé à celuy des deux qui estoit en estime & reputation du plus homme de bien: suyuant cette opinion, *si cui homini Dij benefactum voluĩt, aliquo illud pacto contingit optatũ pijs.* Duaren, sur le §. *Neratius* de la loy *3. de acq. possess.* estime qu'au parauant le rescrit d'Adrian & du temps de Manlius & Brutus on n'estoit pas bien d'accord que le thresor appartint à l'inuenteur, puis que ces anciens Iurisconsultes disoient que *poterat vsucapi.* Car que seruoit l'vsucapion, si le thresor estoit à l'inuenteur? Combien que le § s'entende *de Thesauro cuius extat memoria* duquel parle la *l. peregrè* au mesme tiltre, & la loy *Thesaurus ff ad exhibend. qui potest vsucapi ab ignorante propter bonam fidem modo loco motus sit.* XVI.

Comment qu'il en soit du temps de ces Iurisconsultes, il est bien certain au moins que du temps des Empereurs, il n'estoit pas loysible de rechercher des thresors, voire en sõ propre fõds, ny de les retenir sãs le cõgé de l'Empereur, de sorte que sous l'Empereur Nerua vn certain personnage nommé

Atticus ayant trouué vn grand thresor, craignant dit Zonaras qu'il ne luy en mesaduint, rescriuit par deux fois à l'Empereur, que c'est qu'il luy plaisoit estre fait de ce thresor: Et les Empereurs Leon & Zenon ordonnent, que *super Thesauro inquirendo in suo, vel inuento facultas imperetur*: autrement qu'il soit confisqué. Ce congé s'impetroit, à fin de conseruer au fisque les droicts qu'il prenoit sur les thresors, car nonobstant le decret d'Adrian, Constantin le grãd ordonna, que l'inuenteur n'auroit que la moitié du thresor, ores qu'il l'eust trouué dedans son propre fonds, & à la charge qu'il vint à le denoncer *l. 1. C. de Thesau.*. & despuis les Empereurs subsequens frustrerent entierement les inuenteurs de leur part, comme il se comprend de Cedrenus en Nicephore, & encores mieux de la Nouelle 51. de Leõ le Philosophe.

Les autres Rois & Princes n'en ont pas moins faict, les exemples y sont de Theodoric, d'Edoüard premier, Roy d'Angleterre, des Rois de l'Apoüille & de Sicile: encores des Rois d'Espaigne, qui s'appliquent les thresors, reserué le quint pour l'inuenteur, liure sixiesme de leurs Ordonnances, tiltre douziesme, voire tous Rois & Princes generalement en font ainsi, selon qu'escriuent Paludanus *in 4. sentent. distinct. 15. quæst. 3. art. 5.* & sainct Antonin en sa Somme, seconde partie tiltre premier chapitre quinziesme & renuoyent les inuenteurs par ce vers de Publius Syrus,

Non est tuum, fortuna quod fecit tuum.

Et

ET pour le regard de la France si le thresor est vrayemẽt thresor, c'est à dire s'il consiste en or, il appartient au Roy, auquel propos on allegue vne ordonnance du Roy Sainct Louys qui ne se trouue point, mais l'Arrest de Paris de l'an 1259. y est formel en ces mots, *si tamen esset aurum, Dominus Rex id solus haberet, quia ad ipsum solum pertinet*, Bouteillier en dit autant liure premier tiltre du thresor trouué, & liure second tiltre 25. que si le thresor consiste en argent ou autre monnoye, s'il est trouué caché en terre de haut Iusticier, iceluy trhesor est au haut iusticier, ce sõt les mots du Coustumier de Frãce liure 4. tiltre de haute Iustice: & l'opinion de Bouteillier en sa Sõme liure second, tiltre du droit au Baron, & du droit au vauasseur. Brief les anciẽs Arrests de la Cour de Parlement de Paris le decidoiẽt ainsi 1259. 1261. & appert en Conan qu'il se iugeoit ainsi de son temps. XVII.

Et bien que par le dernier arrest de l'an 1570. la France departe aucunement de cette ancienne pratique, meslant les coustumes auec le droict Romain, si est ce que la condition des inuenteurs n'a pas esté renduë meilleure que celle des hauts iusticiers. Car contre l'opinion du Roy Phraates le thresor a esté diuisé vn tiers au proprietaire, l'autre à l'inuenteur & l'autre tiers au haut iusticier, qui luy appartiendra ores que le thresor soit trouué en lieu sainct & sacré, pourueu que le lieu soit en sa iurisdictiõ, du Moulin en ses Apostilles sur la coustume de Bourbonnois, & au paragraffe 46. num. 25. sur la coustume de Paris: que si le proprietaire ne fait cõcurrence, le thresor sera party par la moitié. Chassanée sur la coustume de Bourgoigne til. des iustices argumēte des espaues au thresor: Conan. *lib. 3. c. 4 tit de thesauris*, tient que par l'argument des espaues on a fait l'argumēt du thresor, aussi dit on espaue de thresor, espaue d'argēt trouué soubs terre; occasiō qu'aprés l'argumēt tiré du thresor, il sera à propos d'argumēter des espaues à l'ambre gris, & toucher vn mot du droit du Seigneur sur les espaues, sur les choses gaiues, adirées, esgarées, trouuailles, qui ne sont aduoués d'aucun maistre.

XVIII. Or en telles choses les inuenteurs y sont aussi peu fauorisez & priuilegiez qu'aux thresors, car soit que le maistre recherche la chose perduë, *omnia conuisens oculis loca, si queat vsquam conspicere amissam rem*, comme feroit le pasteur son bestail esgaré, *pecus solitarium & vagum*, en Apulée, regardant *si qua forte ferant oculis sese obuia, Errabunda bouis vestigia*: soit que le maistre la tiēne pour delaissée *vt Græcus Aristippus qui seruos proijcere aurum in mediâ iussit Libyâ, quia tardius irent propter onus sequēs* dans Saluste, soit en l'vn ou en l'autre cas, l'inuenteur ne la doit prendre ny ramasser, au moins s'il faut s'en rapporter à Platon en l'onziesme des loix qui tient que telle chose est consacrée à la Deesse gardienne & protectrice des chemins, soit la Lune, soit Diane, selon l'explication de Marsilius Ficinus, & qu'il faut obseruer & practiquer en cela cette bonne & ancienne loy qui dit, *n'oste pas ce que tu n'as pas mis*, laquelle estoit obseruée estroittemēt entre les Stagirites & les Bibliens, Ælian liure troisiesme chapitre 46. de son Histoire diuerse, & li. 4. c. 1. *apud Aphitenses ex Heraclide in Politicis*, entre les Æthyopiens, en Stobée discours 52. entre les habitans de Cephala, *apud*

Barriũ,&qui s'obserue encores auiourd'huy en la ville de Torne en Bothnie, car on peut obiecter à l'inuẽteur, ce que Demosthene reprochoit à vn larrõ, ores que tu ne sçaches pas s'il est miẽ, tu sçais biẽ qu'il n'est pas tien, qui est la raison des Empereurs en la loy finale *C. unde vi & l. f* §. *Nemo C. Commu. de legat.* Que si l'inuẽteur enfraignãt cette bonne loy, ramasse ou saisit la chose trouuée, elle ne sera pas siẽne pourtant: Aucuns veulẽt qu'elle appartiẽdra au Roy, ainsi qu'il se pratique en Espaigne & à Naples, *argumẽto vagi mãcipis C. Th. si vagum petatur mancipium*, autres à la communauté ou republique du lieu pour l'employer à vsages publics. Autres tiennent, & c'est l'opinion la plus commune qu'il la faut appliquer aux pauures, selon l'intention interpretatiue & presumptiue du maistre que lon presume auoir voulu qu'elle fust appliquée au salut de son ame, S. Thomas 2. 2. q. 66. art. 5. Nauarre en son manuel c. 17. nombre 171. S. Antonin 2. partie. tit. 1. c. 15. Siluester, *verbo Inuentũ* Couarruuias *reg. peccatum 3. parte relectio* §. 1. Mais en France lon a tant fauorisé les droits des hauts Iusticiers & moyẽs qu'õ leur a adiugé le treuf de la chose espaue, le Coustumier de Frãce lib. 2. tit. des Seigneurs; Bouteillier liu. 2. tit. du droit au Baron, tiltre de retenir la chose espaue, Faber §. *apium &* §. *fi. de rer. diuis.* Masuer, *tit. de iudicijs* §. *bona vacantia*, Chassanée, & Benedicti aux passages alleguez, & aprez eux Connan, Duaren, Baro. & a le seul Baron priuilege de l'espaue du faucõ & du destrier: quelque autheur plus recent qui a traicté des droicts de iustice allegue quelques anciens Arrests, l'vn de l'an 1269. pour l'espaue d'vn mouton, autre de l'an 1295. pour vne piece d'or trouuée, *non tanquam thesaurus*, dict l'Arrest *sed tanquam res inuenta*, mais par l'Arrest de l'an 1580. il fut dit, ores qu'il n'y eust coustume expresse que les espaues appartiendroient aux seuls hauts iusticiers.

Cela s'entend aprez quelques proclamatiõs, bans, ou bannies solemnellement faictes, non de la part du maistre qui a perdu la chose espaue; ainsi qu'en Apulée & en l'Amour fugitif de Moschus proposant quelque pris pour l'indication, *propter indicinam*: ains de la part de celuy qui l'a trouuée ou rencontrée cõformemét à la loy de Moyse au Deuteronome, & en Iosephe liu. 4 des antiq. c. 8. dont est fort approchant ce qui est dit en la *l. falsus §. proinde ff. de furt. solent plerique etiam hoc facere vt libellum proponant continentem inuenisse se & reddituros ei qui desiderauerit.*

XIX. PVIS donc que les Seigneurs, & non les occupans ou inuenteurs sont fondez de droit en ce Royaume en toutes sortes de biens vaquans, qu'il sont fondez au thresor en partie, & pour le tout aux espaues de la terre, il n'est point raisonnable de les frustrer de l'Ambre gris, ny des espaues des eauës, ils doiuent part en consequence de la iurisdiction, veu les grands droicts mesmement qu'ils ont d'ailleurs sur les eauës.

Car les petites riuieres, dict Bouteillier, qui ne portent point de nauires sont aux Seigneurs, parmy la terre & Seigneurie desquels elles passét: elles sont à eux de part & d'autre & pour vser d'vn vers de Statius.

Litus vtrumque domi non is mitissimus amnis
Diuidit.

Riuieres bannales, riuieres de cense qui sont à eux en proprieté, esquelles on ne peut pescher sans leur permission, Baro *ad ius gallicum sub tit. de rerum diuis.* les Coustnmes de Troye, Chalons, Vitry, duché de Borgoigne, Niuernois & de Hainaud en parlent. Plusieurs tienent que le semblable se pourroit dire des fleuues & riuieres publiques par l'argument de la Iustice & iurisdiction, & par l'exemple d'aucunes riuieres d'Italie & de Lombardie qui appartiennent aux villes, par le territoire desquelles elles passent: quoy que ces villes recognoissent l'Empereur. Angel. *in l. flumin. de dam. infect.* Bartol. *in l. quo minus ff. de flumin. Iacobinus de Sancto Georgio*, en son inuestiture, *verbo fluminum*, quelques coustumes de France y sont expresses pour les Isles, qu'elles adiugent aux hauts iusticiers, voire les alluuions & atterrissemens, & non aux proprietaires, mesmes les coustumes de Sens & de Bourbonnois.

Au moins ne peut on nier qu'ils n'y ayent de grãds droicts, le Roy Iean premier ne permettoit pas que ses officiers des eauës, eussent cognoissance des cas & delits cõmis és eauës & iustice des Seigneurs particuliers Charles sixiesme leur appliquoit le tiers des amandes prouenantes des contrauentions aux reglemens faicts sur les eauës, ils ont les autres droicts cy dessus specifiez, ils y ont encores des pescheries & deffens, *& ita videtur obtinere hodie de consuetudine regni Galliæ vbi sunt piscariæ & deffensæ in multis locis fluminũ*, Faber *in paragraffo flumina*, & qui s'en voudroit raporter à Iaques de Rauenne, il ne seroit pas loisible de pescher és dictes riuieres cõtre la prohibition des

Seigneurs: Alexãdre & Ioãnes Imola le citẽt sur le §. *virus ac l. 3. ff. de cesq. posses*, à raison de la mesme iurisdiction on peut inferer aussi que les espaues d'eau leur appartiennent, comme quand les fleuues se desbordent & qu'ils entrainent meubles & bestail, *cum stabulis armenta trahunt, quisque suum populatus iter*, dit Virgile, tels biens apres quelque perquisition, & proclamation, sont censez n'estre à aucun; Gabriel *in 4. sent. dist. 15. q 3. dubio. 3.* Nauarre en son manuel c. *17.* nombre *160.* pourquoy donc n'y auront ils les mesmes droicts qu'aux espaues de terre?

XX. Et quant au droit de la mer le demandeur disoit qu'il y estoit biẽ fondé & que la Nouuelle *56.* de Leon le Philosophe de *oris maritimis*, faisoit pour luy, sur icelle estoit corrigée la loy *iniuriarum* §. *fi. de iniuri. & quod vsurpatum erat tametsi nullo iure*, dit Vlpian, *vt quis prohiberi posset ante ædes meas, vel prætorium meum piscari*: ceste Nouelle veut que *iure vsurpetur*, & condamne d'iniquité & absurdité la responce d'Vlpian voulant que le Seigneur proprietaire du lieu puisse prohiber tout autre non seulement de pescher, mais encores de perceuoir aucuns profits & esmolumens du riuage prochain & ioignant à sa maison, & ce pour deux raisõs principales, l'vne est que tels profits doiuent appartenir à ceux qui sont les plus prochains du bord de la mer & non aux plus esloignez: l'autre est, que ceux qui ont des biens & maisons pres du riuage, payent à raison d'iceux, tributs & redeuances annuelles à l'Empereur, & par consequent est il raisonnable qu'ils iouissent en cet endroit des profits & esmolumens de la mer, priuatiuement à tous autres, qui n'y possedent rien. Lesquelles raisons faisoient grandement pour le demandeur lequel outre qu'il estoit Seigneur direct & iusticier, estoit encores proprietaire des terres adiacentes aux riuages de Marézin, & chargé des deuoirs de fief accoustumez. A luy dõques appartenoient les profits de la mer comme droits de fief *potest enim ius maris ad aliquem pertinere l. sane ff. de iniur. l. venditor ff. comm. præd.*

Entre iceux estoit le droit de bris & de naufrage, qui suruenoit entre le boucaut du Plech & de Contis, & apparoissoit par actes de l'an 1567. produicts au procez que ses autheurs en auoient prins cour, iurisdiction & cognoissance, & leurs droicts sur les naufrages, lesquels iaçoit que plusieurs les condamnét, se peuuent prendre & leuer licitement, soit quand les pirates ont faict le naufrage, ou les infideles, ou les ennemis du Prince *auth. nauigia. C. de furt.* soit par fois quand on faict iect en la mer pour alleger le vaisseau ou autrement *plerumque enim credendum est derelinquentis animo iactum factum esse, cùm quis sciat periturum. lege. falsus. paragraffo primo ff. de furt.* Accurse & les Docteurs l'examplifient aux liures ouuerts, & aux hardes desampaquetées iettées en la mer: on le pourroit encores exemplifier en ce Philosophe lequel plus sage qu'Arion conta son argent sur le tillac en presence des mariniers & le ietta en mer, *sparsit medijs in Syrtibus aurum*, disãt qu'il aimoit mieux perdre son argent que si son argent le perdoit. Il y a aussi vn cas en Espaigne auquel on n'est pas receu à faire poursuitte de son naufrage, sçauoir est quand on va sur mer en temps de guerre par plaisir & passetemps, tel pour parler auec Ouide.

Naufragio lachrymas eripit ipse suo

Et ce par vne loy d'Alphonse neufiesme.

Mais cessant ces particulieres considerations & à generalement parler aduenant naufrages.

Naufragijs multis magnísque coortis,

Lors que,

Disiectare solet magnum mare transtra, guberna,
Antemnas, proram, malos, tonsásque natantes,
Per terrarum omnes oras, fluitantia aplustra
Vt videantur & indicium mortalibus edant
Infidi maris insidias virésque dolúmque
Vt vitare velint, nec in vllo tempore credant
Subdola cum ridet placidi pellacia ponti.

Donques à generalement parler aduenant des naufrages, si le maistre reclame son bien dedás l'an, il en est quitte pour les frais du sauuement. En quelques lieux il y a droit de saluage. Emilius Ferretus, *lib.* 8 *de re nauali*, faict mention de quelques Princes d'Italie, qui deputent sur les riuages quelques gens experimentez pour auoir l'œil à la conseruation des naufrages & pactisent certaine part sur iceux. Mais si le maistre ne reclame pendant ledit temps, les biens du naufrage sont censez n'estre à personne, *esse in derelicto non in deperdito*, & mesmes aprez les proclamatiõs qui font qu'on les tient pour abandonnés, Bartole sur la loy *rem quæ nobis. ff. de acq. posses.* Iason sur la loy *traditionibus C. de pact.* & c'est la doctrine de l'Ange, *in l. vacantia C. de bonis vacant.* Vsant dõc aux espaues de mer du droit qui s'vse aux espaues de la terre, les Seigneurs iusticiers, y seront preferez aux inuenteurs, aussi ce aussi ce droit de naufrage n'est point auiourd'huy si extraordinaire qu'il ne se pratique non seulement en France, mais encores en Angleterre, Espaigne, Sicile, Italie: Lucas de Penna, & Ioannes de Platea, *in l. 1. C. de naufrag. & Andr. de Isern. hic Afflictus cõstit. neap. 59. lib. 1. Bened. verbo vxore num. 373.* A l'exemple desquels naufrages & à plus forte raison on peut dire, que les Seigneurs iusticiers auront droit sur toutes autres choses qui serõt iettées de la mer à terre par les cõsiderations de cette Nouuelle *56.* de Leon le Philosophe, car ce sont profits & esmolumens du riuage & par la raison des espaues. De telles choses il y en a qui s'appellent Varech en Normandie, que tout Seigneur par la raison de sa droicture ou de son fief a & prend entrierement, dit Louys Hutin en la Chartre aux Normands, & la coustume l'explique tant que le fief s'estant sur le riuage de la mer: comme pareillement il prend toutes autres choses gaiues c'est ainsi que la coustume argumente & fait consequence des espaues de terre aux espaues de mer.

Mais encores seroit il plus raisonnable que le Seigneur eust part à l'Ambre gris qu'ez autres menues choses qui se prennent au riuage, car comme la chasse n'est censée reuenu sinon *quando fructus fundi ex venatione constat. lege venationem ff. de vsur.* aussi n'estoient telles menues choses censées reuenu, mais bien l'Ambre gris, quand le reuenu de la terre y consiste en bonne partie tant à cause de son haut prix, que de la quantité que la mer en iette à bord.

La piece coutencieuse est du poids d'vnze liures & demie, & de trois mille escus de valeur, à raison seulement de vintg escus l'once qui est pris fort mediocre, & le reuenu de Marenzin ne vaut pas N. escus, la mer en a ietté puis nagueres en la coste voisine de Buch vne piece du poids de trẽte cinq liures, de valeur de dix à douze mil escus. Quarente ans y a qu'entre Bayonne & Cabpreton il en fut treuué vne du poids de cent liures de la valeur de vingt cinq à trentre mille escus. Que seroit ce si l'Ambre gris valoit en France aussi cher qu'en la Chine ou chasque cate pesãt vingt onces ou vne liure & vn quart, couste quinze & seze cent escus ou plus, quatre fois autant qu'il vaut icy? Que seroit ce si la mer en iettoit au bord de Marenzin d'aussi mõstrueuses qu'ailleurs de la grosseur & grandeur d'vn homme, ou comme celle qui l'an 1555. fut trouuée aux Indes pres le Cap de Lomori, *trium fere millium pondo*? Ou de 4. vingts dix pans de lõgueur & dix huit de largeur, selon qu'aucũs ont escript? Seroit ce pas faire grãd tort aux Seigneurs que de les priuer d'vn tel emolumẽt qui surpasseroit nõ seulemẽt le reuenu, mais la valeur de la terre. Les frais & charges qu'ils supportent à raison de la iurisdiction meritent qu'ils retirent tels profits en leurs terres, ils payent l'amende du mal iugé pour les iuges qu'ils ont commis, ils doiuent purger & nettoyer leurs terres de tous malfaicteurs & gens maluiuans, ils en doiuẽt faire les recherches, poursuittes & executions necessaires voire à leurs despens. Anciennement le Seigneur iusticier estoit tenu de respondre des excez & larcins qui se commettoient en ses terres le long des chemins publics, on en cite des Arrests de l'an 1269. 1273. 1287. 1297.

Aristote faict mētion d'vn vieux & semblable droit au liure des auditions admirables, & lit on dans Nicetas Choniates, que l'Empereur Andronicus Commenus ordonna, que non seulement les Magistrats du lieu, mais encores ceux qui possedroient des terres proches & voisines de la mer respōdroient en leur propre & priué nom des pillages & larcins qui se commettroient aux greues de la mer. Adrian auoit auparauant ordonné le semblable *in l. 7. ff. de incen. rui. & naufr.* aussi le procureur d'office de Marenzin auoit l'œil & dōnoit bon ordre à ce que naufrage aduenant rien ne fut volé & pillé, ains que le tout fut mis par bon inuentaire, & conserué aux proprietaires, & neantmoins on voudroit priuer le Seigneur des droits & profits du riuage? Dailleurs ne sçait on pas le peril que courēt les terres maritimes à raisō des deluges & debordemens de la mer, *vidi ego quod fuerat quōdā placidissima tellus, esse mare*, on en pourroit coter diuers exēples, vn ou deux suffirōt, qui n'a leu au Timée de Platon cōme l'isle Atlātide fut submergée? Qui ne sçait que le destroit de Gibaltar & le canal de la mer, Mediterranée estoit anciennement terre ferme premier que *Rūperet aduena Calpen, Ocean⁹? hac dispulit æquor Amphitryoniades, armenti vector Iberi?* Que la Sicile a esté separée du continent d'Italie? *Medium spatium aut per humilitatē obrutum est aquis, aut per angustias scissum mare tellurē subitis aut obruit vndis aut scidit.* Cipre a esté ainsi retranché de Sirie, Negrepōt de Bococe, Angleterre de la terre ferme, selon Seruius & tant d'autres ausquels *Pōtus & æstus mutauere situm, rupit confinia Nereus.* Pline en raconte d'autres exemples liu. 2. c. 88. & suiuant Seneque liure six *natur. quæst. c. 29.* en Zelande en moins de quarante ou cinquante ans, cent mille iournaux de terre se trouuerõt engloutis par la mer : Autheur Lemnius en sa Zelande. Où est l'isle d'Antros en la riuiere de Garonne dont Mela a faict mention, *quam pendere & attolli aquis increscentibus accolæ existimant?* Quelle ville estoit ce dont se voyent encores auiourd'huy les vestiges au fonds d'vn lac de Medoc, mais en ces costes plates & basses la mer n'y est pas seulement à craindre, ains encores les sables mouuans que la mer y doit auoir anciennement apportez lesquels y font des tempestes non moindres qu'en Libye, où le vent.

Æoliam rabiem totis exercet arenis.

En vne nuict, auec vne bouffée & tourbillon de vẽt les maisons & les terres s'y voyent assablées & couuertes. *Regna videt pauper Nasamon errantia vento*
Disiectásque domos.

Cependant le Seigneur de ces terres proches des sables & coste de la mer supportera toutes charges & incõmoditez, & n'en ressẽtira aucun profit, c'est cõtre la regle *secundũ naturã*, & ce que dit la loy 1. § *fi. de aqua & aqu. fluu. arcend, ad quem aquæ incõmodum defluit ad eũ pinguedo terræ decurrat.* Et certainemẽt il sẽble que pour ces considerations la mer iettant l'Ambre gris à la coste vueille aucunement vser de iustice & de recompense à l'endroit des Seigneurs. Quand le Bouclier & armes d'Achilles iniustement adiugées à Vlissez furent iettées en mer par tempeste & par naufrage, Pausanias escrit que Neptune les fit aborder au riuage Rhetean ou de Sigée selon aucuns où Aiax estoit enterré : ce n'estoit pas pour les donner au premier occupant, mais pour faire iustice à Aiax aprez sa mort, & restituer ce bouclier à ses cendres: c'estoit assez clairement l'adiuger à Aiax, que le pousser au riuage auquel il gisoit enseuely, Alciat en a faict vn ingenieux epigramme, aussi la mer ne sçauroit pas mieux adiuger l'Ambre gris aux Seigneurs, que de le bouter aux bords & riuages de leurs terres; où ils ont toute iurisdiction, commendemẽt & authorité ce n'est poinct pour le premier venu, pour quelque subiect ou tenancier *cui littus arandum Cuique loci leges dedimus*, ce n'est point pour quelques vagans & fureteurs des riuages, *fures maritimi, Conchitæ, hamiotæ, famelica hominum natio*, ains plustost pour recognoistre & gratifier celuy qui expose aux guerres la vie pour son Prince ; à qui la iurisdiction est patrimoniale, qui en paye au Roy les profits & droicts feodaux accoustumez, qui en supporte toutes les charges, qui court les risques & fortunes des deluges & desbordemens de la mer, brief pour gratifier celuy qui est de la part du Roy en sa terre, *iustitiæ iustique dator*.

Conformement à ce, le demandeur soustenoit & auoit mis en faict sur le point du iugement que luy ou ses autheurs estoient en possession de temps immemorial, de prendre droit sur les naufrages, & sur la treuue de l'Ambre gris en la terre de Marenzin, despuis le Boucaut appellé de Contis iusques au Boucaut du Plech; que Marenzin auoit esté donné à Madame auec tels droicts & appartenances: que tels droicts en la mer se pouuoient acquerir par possession immemoriale. *l. sane ff. de incur. l. si quisquam ff. de diuers. & temp. prescript* & la loy *fi. de vsucap.* qui semble contraire, s'entend de celuy qui n'est plus en possession de pescher selon l'opinion de Ioannes suiuie de Zazius & Cuias.

Le droit des gens & naturel n'est point en cela varié n'y changé, mais l'obiect est changé, par vne circonstance qui le tire hors du nombre des choses comprises au premier droit naturel. Par ainsi qu'il n'estoit besoin d'entrer en preuues pour ce regard, & que le seul exercice de la iurisdiction es costes & riuages de la mer sembloient auoir assez estably ses autheurs en la perception & possession de tels droicts, veu qu'il les establissoit suffisamment en la possessiō des riuages mesmes : *eorum littorum possessores fecerat*, comme parle Seneque 4. de Benef. Bartole. *tract. Tiberia. rubrica de alueo*, & Balde, *l. si plures C. de condit. insertis*, qui disoient que celuy qui exerce iurisdiction sur vn fleuue, *præsumitur possidere*, que tels lieux sōt au domaine & Seigneurie de celuy lequel y exerce iurisdiction. Iacobinus de sancto Georgio, *in verbo Fluminum* tient cette doctrine notable & dit qu'elle faisoit pour les Veronnois contre les Bressans. Le lac de Gadde estoit contentieux entre eux, & les Veronois prouuoient qu'ils y auoient exercé toute iurisdiction & concluoient de là qu'ils estoient en possession du lac, & obtindrent gaing de cause par iugement du Conseil & Senat de Venize: or *idem iuris est in mari & in lacu l. litus 112. de verb. signif.*

En dernier lieu le demandeur employoit les lettres patētes du Roy enregistrées en la Cour cōtenāt vne declaration, que les droits de naufrage & treuue d'Ambre gris appartenoit à Madame sa sœur ez costes de Marenzin, & autres terres maritimes à elle escheuës en partage: & que d'abondant sa Maiesté luy en faisoit don & à ceux qui auoient cause d'elle.

Il y auroit bien des Roys & Princes qui ne feroiẽt pas difficulté de s'éparer de tout ce qui est tenu pour commun, & qui n'appartient à personne, soubs ce pretexte & couleur *vt parent innoxias nullo pauperiore diuitias*, dit Pacatus en vn panegyrique, *quia non est cupiditas eripere quod nullius se dominus ingemiscat amisisse, quia honesta sunt lucra per quæ nemo læditur, & bene aquiritur quod à nullis adhuc dominis abrogatur: quia sine damno inuenta perdet, quia sine damno inuenta perdit, qui propria non amittit*, disoit Theodoric en Cassiodore. Mais telles raisons & tels profits le Roy les remet du costé des hauts iusticiers, aussi ne seroient ces raisons valables pour le Roy en l'Ambre gris, puis qu'elles ne le sont pas ez thresors. Encores les Roys & Princes s'appliquent volontiers, *quicquid conspicuum pulchrumque est*, soit par terre, soit par mer, de sorte que venant à subiuguer les peuples & nations ils se reseruent ordinairemẽt pour tribut ce qui est de plus rare & singulier en leurs prouinces. Exquis est l'encens d'Arabie, les Roys de Perse ayãt subiugué les Arabes, en retindrẽt pour tribut le poids de mille talents, exquis l'Ebene d'æthiopie, les mesmes Roys ayant debellé les Æthiopiens en prindrent pour tribut de trois en trois ans, *centum phalangas, in tributorum enim authoritate tertia res fuit ebenus*: exquis l'iuoire, aussi en payoient les Æthiopiẽs certain poids *tanta ebori authoritas erat*. Exquis le Bausme en Iudée, *Balsam⁹ arbor tributa pẽdit cũ suâ gẽte*: exquis la graine descarlatte en Espaigne, *coccus pensionem alterã tributi pauperibus Hispaniæ donat*, Pline escrit que le Roy des Sybarites se reseruoit tout le Cinnãme qui entroit en sõ Royaume, & la meilleure partie de la myrrhe encores. Les Empereurs Romains s'appliquerent en fin le Baume de Iudée *Balsama nunc servit fiscus*, dit Pline, Baume tant estimé qu'en la guerre Iudaique, *dimicatum etiam pro frutice est*, arbrisseau que Pompée autrefois a bien daigné mener en triõphe, *clarum dictu à Pompeio magno in triumpho arbores quoque duximus*, comme aussi auoit il mené l'arbre de l'Ebene en triomphe, *triũpho Mithridatico*, Solin parlãt de l'arbrisseau port-encens s'estonne de quoy il estoit à des particuliers *virgulta hæc, inquit, non sunt publica, sed quid inter barbaros nouum, in ius posterorum per successiones transeunt familiarum*, la couleur de pourpre, si riche & si esclatante, & qui est deuë au chien d'Hercules, est reseruée au seul Empereur, *aquarum est, quod in regibus adoratur, aquarũ est species illa quæ fulget. Ambro. hexã. 5. c. 2.*

En l'isle Ophiade croissoient les Topazes, elles estoient pour le Roy d'Egypte lequel y mettoit gardes à cet effect. En la prouince de Balascie viennent les pierres precieuses qu'on appelle Balais, elles sont toutes au Roy: en vne mõtaigne de Tartarie se treuuent les Turquoises, qui sont à l'Empereur des Tartares *apud Paulum Venetum lib. 1. & 2.* au Royaume de Bisnaga, les roches de Diamãs: mais les plus grãds & les plus beaux & qui excedẽt trẽte mãgelis de poids, ou 150. grains ils sont pour le Roy. Les perles estoiẽt anciẽnemẽt pour les seuls Roys, & la mer qui les portoit pour

pour les Rois, *& quod erat Regum pelagus*, dit Manilius 5. *Astronimicωn*, & ce mesme Empereur des Tartares se reserue toutes les perles qui croissent en vn lac de son Royaume appellé le lac des Margerites, en Paulus Venetus liure second. Le grand Seigneur prend seul toute la terre sigillée ou lemnienne qui se tire au mont Vulcan le sixiesme iour d'Aoust, & le grand Duc de Moschouie les Marthes Zibellines les plus precieuses.

Les nois de Cocos de Naldiua de la seconde espece qui sont tant estimées (nul n'a encores veu l'arbre qui les porte dit Acosta) & dont la piece vaut bien cinquante escus, & qui sont iettées vne à vne ou deux à deux au riuage de la mer, elles sont au Roy de la prouince. L'ambre iaune ou blanc *succinum, electrum, blessum*, autrefois si precieux qui est poussé par le flot en vn seul endroit du monde que l'on sçache à sçauoir és costes de la mer Sarmatique en Prusse, en Sudane, à Gedan, & Montreal, villes de Prusse, quand le vent de Nord souffle, il cede tout au profit du Duc de Prusse ou Borussie, qui est le Roy de Pologne & les Sudanites qui le peschent auec des rets n'en retirent autre commodité sinon autant de mesures de sel, qu'ils ont pesché & recueilly de mesures d'Ambre iaune Les Ducs de Normandie s'estoient aussi reseruez anciennement tout le plus beau & le meilleur des choses que la mer boutoit à son bord du Varech en quelque part qu'il fust trouué, à sçauoir or & argent excedant vingt liures frācs, chiens & oyseaux, yuoire, coral, pierres precieuses, graine d'escarlate ou cochenilles, verd de gris, & les peaux zibellines non encores appropriées à vsage d'homme, & outre les poissós royaux, la pesche desquels le Duc de Bretaigne se reseruoit aussi, & est croyable que le Roy de la Chine s'empare de l'Ambre gris, veu qu'il entre en son espargne, outre le reuenu des perles, des pierreries (qui est de pl⁹ de quatre millions) vn million trente cinq mil escus, de musc, & d'Ambre gris. Ainsi le Roy par royale prerogatiue se pourroit bien appliquer l'Ambre gris ietté aux costes des mers de son royaume, qui est plus rare, plus medicinal, plus exquis & singulier que toutes les choses rares cy dessus touchées: duquel on peut bié dire ce que disēt du Bezoar les Indiens du Perou, parmy lesquels il se retrouue, que ores que la nature ait creé toutes choses pour les hommes, si faut il reseruer le Bezoar pour l'vsage des Rois & des Princes: car pour l'vsage du peuple il suffist que la nature ait produit au lieu, la racine de Moringa. Autant en pourroit on dire de l'Ambre gris chef d'œuure de la mer, pour ses rares & insignes facultez qu'on supersedera de recirer. Mais nos Roys ne prestent point l'oreille à vn tas de Palphurius & Armiblatus qui disoient en Iuuenal,

Quicquid conspicuum pulchrúmque est æquore toto
Res fisci est, vbicúmque natat.

Absint ab Ærarij puritate ista compendia, fiscus bonorum principum hostium spolijs augendus est. Et puis ils ne veulent pas oster aux Seigneurs des terres les droits qui leur appartiennent ausquels en concedant la iustice ils semblent auoir concedé toutes telles preeminences & prerogatiues, si aucunes ils en auoiēt, qui ne sont point des fleurons inseparables de leur couronne, &d'abondant en tant que besoin seroit le Roy faict don par ses lettres de cette treuue d'Ambre gris, sinon *tanquam dominus*, au moins *tãquam legitimus dispensator*, ainsi qu'il fait des naufrages, ainsi que le Roy d'Espaigne a donné priuilege au Duc de Medine pour la pesche des thons, *apud Philippum Ditiũ consilio* 271. car de telles choses publiques & communes, la dispensation en appartient au Prince *C. super quibusdam § præterea de verbo sig l.2.§. si quis à principe ff. ne quid in loco publ. l 1.§ idque à principe ff. de aqua quotid. & æsti. l. seruitutes § 1. ff. de seruitut.* Mais il n'en estoit pas besoin & le Varech n'est point vn droict royal. La glosse ancienne, sur la Coustume de Normandie dit notablement, que ce que le Duc de Normandie prenoit sur le Varech appartenoit aux Seigneurs iusticiers du lieu, d'autant que c'est vn droict de haute iustice & non royal ny ducal, ainsi que raporte Terrien en ses commentaires sur la Coustume de Normandie. A tant concluoit le Demandeur que la piece d'Ambre gris luy fust adiugée non seulement en partie, par l'exemple des thresors, mais pour le tout, par l'exemple des espaues, du Varech & des naufrages en quelques cas, ioint que les Deffendeurs auoiẽt recelé & vendu à cachetes la piece d'Ambre gris, & ne l'auoient denoncée auquel cas l'inuenteur du thresor, ne perd pas seulement ses droicts mais encores est amandable d'autant enuers le fisque *l.3.§ fi. ff de Iur. fisci. l.1. C. de Thesau. l.2. & C. Th.* & par la Nouelle 51 de Leon le Philosophe, & c'estoient à peu prés les raisons du Demandeur en requeste.

Mais de la part des Deffandeurs il se pouuoit dire.

I. QV'ILS s'estoient tousiours bien doutez que cette piece d'Ambre gris leur seroit rendue contẽtieuse, pour auoir esté recueillie en temps orageux & de tempeste selõ ce mot de Plaute à propos d'vn naufrage, *Credebam ædepol turbulentam prædam euenturam mihi, quia illa turbulentã mihi tempestate euenerat.* Mais que toutes les raisons du Demãdeur n'estoiẽt pas suffisantes pour subuertir, effacer & couurir les traces & vestiges qui nous restẽt du droict humain naturel, du premier droict des gens, selon lequel toutes choses meubles & immeubles qui n'auoient encores passé sous la seigneurie & puissance d'autruy furent faites propres du premier occupant: car toute la terre au commancement n'estoit qu'vn champ commun non borné ny limité,

Nulla sub imperio terra colentis erat.

La nature n'en saisissoit aucun à sa naissance,

Nam propriæ telluris herum natura nec illum
Nec me, nec quemquam genuit:

& Apulée dit *in Asclepio Hæc nobiscum nata non sunt, sed postea à nobis possideri cœperunt.* Ce fut l'occupation qui par le commun consentement des hommes donna aux vns & aux autres la possession des terres vacantes, *& per hãc dominum, discrimẽ enim inter possessionem & proprietatem fecit non stulta hominum auaritia sed summa Iurisperitorum prudentia*, dit Seneque en ses Epistres. C'est ce que dit Ciceron à ce propos au premier des

Offices, *sũt priuata natura nulla, sed aut veteri occupatione vt qui quondam in vacua venerunt, aut victoria, aut lege, aut pactione, conditione, sorte.* Et Festus Pompeius parlant des possessions *vsu, inquit, agri tenebantur, est enim possessio vsus quidam, & vt quisque occupauerat ita possidebat.* Ainsi qu'il aduient en vn Theatre dit le mesme Ciceron au troisiesme *de Finibus*, *quod etsi commune sit, rectè tamen dici potest eius esse eum locum quem quisque occupauit.*

En signe & symbole de cette occupation & possession quelques doctes personnages veulent qu'õ eust anciennement acoustumé de mettre des sieges sur la place occupée, pource qu'il est dit que *possessio dicta est à sedibus, quasi positio*, & ailleurs il est dit que, *non magis eadem possessio apud duos esse potest, quàm vt stare videaris in eo loco in quo ego sto, vel in quo sedeo, tu sedere videaris.* II.

Mais ceux qui en l'an mil quatre cens cinquante quatre renouuellerent ce vieux & ancien droict d'occupation, & qui se persuaderét à tort ou à droit qu'il leur estoit loisible & licite d'occuper les terres par eux nouuellement descouuertes en leurs perilleuses & lointaines nauigations, comme si elles eussent esté vuides & vacantes, vsurperét d'autres marques & symboles de leur occupation & possession. Car és isles & endroits de terre ferme par eux descouuerts ils se contenterent du commencement d'y planter ou arborer des croix, ou bien encores imitans les pasteurs, qui engrauent leurs passions sur les arbres, *Cortici summæ notaui nomen ardoris mei, crescit arbor, gliscit ardor, crescent illi tres-*

cetis amores, d'entailler & imprimer sur l'escorce des arbres leurs noms propres, & d'y marquer le temps de leur descente, ensemble d'y engrauer le nom de leur Prince, qui pour lors estoit Dom Henry de Portugal, auec le mot de sa deuise françoise, qui estoit TALENT DE BIEN FAIRE, estimant que tels symboles estoient suffisans pour attester aux suruenans de leur occupation & possession. Despuis, & au temps de Iean second Roy de Portugal & par sõ ordonnance, ils changerent de marques & symboles de possession, & commancerẽt desflors, d'esleuer des perrons & colõnes de pierre, és lieux qu'ils occupoient de nouueau, auec des inscriptions qui cõtenoient & le nom de ces nouueaux Typhis & Argonautes, & le tẽps de leurs descentes & descouuertes. Si qu'ẽ l'espace de deux milliers de mille, & cinquante mille de coste, que Can & Diaz deux grands pilotes de leur temps descouurirent, despuis le cap de Sainct Catherine au de là l'equateur iusques au cap de Bonne Esperance, furent mis & dressez six perrons notables, le premier au fleuue Zaïre appellé le Perron Sainct George, le second appelle Sainct Augustin, au lieu qui porte mesme nom, le troisiesme prés la manche des areines, au lieu appellé le Cap du Perron, le quatriesme à la montaigne bleüe dit le Perron Sainct Iaques. le cinquiesme dit le Perron de la Croix, en vne isle de mesme nom, & le sixiesme au Cap de Bonne Esperance appellé le Perron Sainct Philippes.

Ceux qui doublerent ce promontoire planterent aussi d'autres perrons, celuy de Sainct Raphael au fleuue des bons ſignes, vn ſecõd nommé de Sainct George, à Mozambique, celuy du Sainct Eſprit à Melinde, celuy de Saincte Marie, aux iſles de Meſine; proche de la terre ferme des Indes, & celuy de Sainct Gabriel en Calecut. Et furent plantez tous ces perrons non point *ad conteſtandos itineris ſui terminos*, comme dit Solin, *ad Parda oppidum Sogdiomorũ locus eſt in quo primùm à Libero patre, poſt ab Hercule, deinde à Semiramide, poſtremùm etiam à Cyro* ARÆ *ſunt cõſtitutæ, quòd proximum gloriæ ducerent illô vſque promouiſſe itineris ſui terminos* ou comme ces perrons d'Alexandre, où il entẽdit cette voix VSQVEQVO ALEXANDER, mais comme eſcrit Barrius au liure ſecond chapitre deuxieſme & troiſieſme, & liure troiſieſme chapitre quatrieſme, & liure quatrieſme chapitre vnzieſme de la premiere decade de l'Aſie, c'eſtoit à fin de faire apparoiſtre de leur occupation & poſſeſion par telles marques, ſignes & ſymboles; pour faire foy de leurs deſcouuertes, & que toute la terre qu'ils auoient laiſſée arriere les perrons en eſtoit, à fin que d'autres ne vinſſent deſcouurir aprés eux, ou peupler en meſmes endroits.

Ceux qui en l'an mil quatre cens nonante neuf furent deſcouurir l'Occidẽt & vers le Cap de Sainct Auguſtin, pratiquerent à ce que Gomare eſcrit, les meſmes ſymboles de poſſeſiõ, d'arborer ou eſleuer des croix, d'eſcrire ſur l'eſcorce des arbres, voire ſur les dures roches,

Sub rupe patenti
Inſcribam, grandéſque notas ferrugine ducam,
Præteriens quas nauta mari percurrat ab alto,

appellerent vn fleuue du nom de fleuue de LA POSSESSION: esleuerent & assemblerent de grands monceaux ou montioyes de pierres, au lieu de perrons & colõnes, & de ce symbole là de possesion vsa Valura quãd le vingtcinquiesme Septembre mil cinq cens treze, & sur l'heure du midy qu'il affecta estãt sur le haut d'vne montagne, il print possession non d'vne nouuelle terre, mais d'vne vaste, incogneuë & nouuelle mer, qu'il descouurit allors le premier, à sçauoir de la mer de midy, de la mer de Su, de la mer Australe, comme s'il eust bien sceu ce que disent les Iurisconsultes, *non esse corpore & tactu necesse apprehendere possessionem, sed etiam oculiis & affectu*: comme s'il estoit veritable que l'œil fust au lieu du pied en la prise de possession des choses vacãtes, ce que nos interpretes desnient assez semblable, toutesfois en cette prise de possessiõ à Deucalion lequel du haut d'vn rocher en hors entra en possession de toute la terre,

Humani generis cum primùm constitit hæres,
Deucalion scopulóque orbem possedit in vno.

dit le Poëte Manilius.

III. CE droict d'occupation n'a pas seulement eu lieu sur les immeubles, lors qu'vn chacun,

Libera per vacuum posuit vestigia princeps:

mais bien mieux & plus anciennement encores sur les choses meubles qui estoient sans maistre. C'a esté vne sorte d'acquisation naturelle en Aristote liure premier chapitre cinquiesme des Politiques laquelle a prins commancement auec les hommes Auparauant que lon eust commancé d'occuper & borner

borner les champs *ſignare & partiri limite campum*, premier que les bornes criaſſent ſelon Ouide,

Clamarent meus eſt hic ager, ille tuus,

Ce droict naturel s'eſtoit deſia manifeſté en l'occupation des choſes meubles qui eſtoiét ſans maiſtre, ſur les beſtes des champs, les oyſeaux de l'air, les fruicts, les manufactures, & choſes ſemblables,

Quod cuique obtulerat prædę fortuna ferebat
Sponte ſua ſibi quiſque valere & viuere doctus.

C'eſt l'opiniõ de Soto *lib. 4. de Iuſt. & iure quæſt 3. art. 11.* le diſcours de Paul de Caſtre en la loy *ex hoc iure*, & la commune opinion des autres Docteurs *apud Vaſquium controuerſiarum ſecundo, c. 54. & 57.* bien que Virgile y ſemble contredire en ces mots, *in medium quærebant*, & Lucrece en ces autres vers,

Et pecudes & agros diuiſere atque dedere,
Pro facie cuiuſcunque & viribus ingenióque
Nam facies multum valuit viréſque vigebant:

Mais le dire de ces Poëtes ſe doit entendre poetiquement ſelon Lactance 5. *Diuinar. Inſtit. c. 5. non vt existimemus nihil omnino tũ fuiſſe priuati, ſed vt intelligamus tam liberales fuiſſe homines, vt natas ſibi fruges non includerent, nec ſoli abſconditis incubarent, ſed pauperiores ad communionem proprij laboris admitterent.* C'eſt ce que diſent nos interpretes que *dominium in mobilibus eſt à iure naturali primæuò: in mobilibus à iure gentium ſecundariò.* En confirmation de ce aucuns alleguent le precepte naturel, *non furtum facies*, qui obligeoit de tout tẽps & ne pouuoit auoir lieu, qu'és choſes meubles appartenantes à autruy en proprieté.

IV. Ce droict voirement eſt ſi naturel, que *Bruta a-*

nimalia etiam huius iuris perita censentur. Car Ælian escrit liure 7. de l'histoire des animaux chapitre 26. *de Cancellis & turbinibus*, que venāt à rencontrer sur le riuage des coquilles vuides, propres & commodes pour s'y loger, elles s'y mussent & fourrent librement, prenant l'inuestiture du domicile acquis par le droict de nature, qui veut qu'vn bien sans maistre appartienne à celuy, qui l'occupe premier, Oppian au second liure de la pescherie adiouste, que ces poissons se battent sur l'arene à qui premier occupera ces coquilles vacātes, Pline attribue cette dexterité au Pinnothere que Chrysippus vātoit tāt, *hinc solertia, inquit, inanium ostrearum testis se condere & cum acreuerit migrare in capaciores.* Le mesme est aussi remarqué d'vn petit chancre, auquel la nature ayāt donné vne queüe fort fresle & delicate sans ossemens & garniture quelconque, elle l'a quant & quant enseigné de chercher sur le sablon des coquilles vuides pour se cacher dedans comme dans vne maison de loüage, d'ou il s'appelle BERNARD L'ERMITE, Scaliger en ses Exercitations aime mieux l'appeller *inquilinum inanium testarum.* Le pied donques n'auoit pas encores donné la possession des immeubles: car s'en fut le premier instrument, *omnis locus quem calcauerit pes vester, vester erit*, au Deuteronome: *Et non minùs possidere cœpi, quàm si pedem finibus intulissem*, dit Celsus quelque part; que la main nous auoit desia saisis & nantis de la proprieté des choses meubles, par droit de saisine & main mise. *Si quis in manu ponat*, dit Paulus,

Iniciam dominas in mea iura manus,

Hæc, dixi, mea sunt injiciamque manus,
de là vient que non seulement les esclaues, mais encores toutes choses meubles estoient ancienement appellees MANCIPIA, *mancipium*, dit Varro, *quod manu capi subdique potest.* De là vienent aussi tant de phrases & locutions prises & deduictes de la main (lesquelles s'obmettent) pour signifier qu'vne chose est en nostre puissance & seigneurie, ou quelle en est hors. Les Docteurs en parlent sur la loy *manumissiones de Iust. & Iure.*

VOIRE mesmes la main a eu cet aduantage sur le pied, que d'auoir droict de preuétion quand elle a peu enuoyer où le pied n'a peu si tost accourir. Les Erithreans Pariens & Samiens esleus arbitres par les Andriens & Chalcidiens en donnerent vn celebre iugement, la ville d'Acanthus auoit esté quitée par les Barbares, ceux d'Andros & de Chalcis qui tenoient la campaigne accoururent pour l'occuper comme vacante, vn des Chalcidiens qui auoit le pied meilleur que tous, & qui les deuançoit estoit sur le point d'y entrer le premier quand vn des Andriens s'aduisa de le preuenir, lançant & dardant son iauelot contre la porte & les murailles de la ville d'Acanthus: si qu'il y toucha de son dard, auant que le Chalcidien y eust mis le pied. De là nasquist grande contention entre eux, & leurs villes qui prindrent la cause pour eux, à qui c'estoit que la ville d'Acanthus appartenoit par droict d'occupation, ou à celuy lequel y auoit mis le pied deuant tous, ou bien à l'autre qui le premier l'auoit touchée de sa lance: Les arbitres prononcerent à la V.

pluralité des voix en faueur de celuy d'Andros qui auoit lancé son iauelot contre la ville d'Acanthus, comme estant premier occupant.

C'est donc ce droict humain naturel, *naturalis ratio* cet ancien droict des gens, *quod cum ipso genere humano natura prodidit*, qui assiste en cette cause aux inuenteurs de l'Ambre gris, duquel droict encores auiourd'huy *vestigium remanet in his, quæ terra, mari, cœlóue capiuntur: Nam hæc protinus eorum fiunt, qui primi possessionem eorum apprehenderint*, Quintilian en dit autant en sa declamation treziesme, *hæc inquit, cùm libera sint, transeunt in ius occupantium, quod enim omnibus nascitur industriæ præmium est.*

Ce droict est encores appuyé d'vne grace & faueur speciale qui se raporte non pas *amico Herculi, dextro Herculi*, ny à Iupiter surnommé l'Inuenteur, duquel parle Dionysius Halicarnasseus liure premier: Ains à la fortune qui semble mener & conduire les personnes par la main à l'inuention de l'Ambre gris, comme elle les conduit à l'inuention du thresor ou l'on va *ducente fortuna. l. 3. C. Theo.* C'est pourquoy le thresor s'appelle *Fortune d'or, Fortune d'argent*, en la Somme Rurale, *rencontre de fortune*, en Plutarque liure de la fatale destinée, & en Nemesius liure des facultez de l'ame chapitre 39. *& donum fortunæ creditur l. si is qui §. 1. de acq. rer. domi.* tout ainsi que les successions qui en quelques coustumes sont appellées, Escheances de fortune, Escheances d'auanture, Eschoites, *quasi sorte obtingant*: car comme aux Grecs κλῆρος, aussi aux Latins *sors hereditas est apud Cuiac. obseru. 10. c. 5.* & vn Antiochus, vn Athenée, faiſant largeſſe au peuple, crioit prenne celuy à qui fortune le donnera.

L'AMBRE donc ſera don de fortune comme le threſor, vne treuue dauanture, ainſi que l'eſpaue, & d'autant plus ſera il don de fortune qu'il vient de la mer, en laquelle la fortune domine qui a ſon flux & reflux comme la mer, laquelle *ex æſtuantis more fertur Euripi*, dit le Philoſophe Boëce, qui fait maint naufrage en maintes affaires, diſoit Clitomachus en Stobée, a grande puiſſance & ſouueraineté: Horace l'appelle *Dominam æquoris*. Et à raiſon de ce on la repreſentoit anciennement, nauigeant ſur vn grand poiſſon en mer, tenant d'vne main le bout d'vne voile enflée, ayant l'autre bout ſous les pieds, ou bien, dit Plutarque au liure de la fortune des Romains, & Lactance liure troiſieſme des diuines institutions chapitre vingt huictieſme, on la peignoit ayant en l'vne main vn double timon, & en l'autre vne corne d'abondance pleine non de fruits & de fleurs, mais de toutes choſes exquiſes & precieuſes qui ſont en la terre & en la mer. VI.

A bon droict donques l'Ambre gris ſera vn don de fortune, eſtant vn don de la mer, en la meſme ſorte qu'Herodote appelle l'Ægypte, le don du fleuue δῶρον ποταμοῦ entendant parler du Nil, lequel rendoit cette prouince fertile, par le charroy de ſon limõ noiraſtre & Lucain appelle auſſi quelques terres d'alluuion en Italie, *le don du Pau*:

His rura colonis,
Accedunt DONANTE PADO,
Et viridem Ægyptum nigrâ fecundat arenâ.

dans Virgile au quatriesme de l'agriculture. l'Ambre donc sera vn don de fortune venant de la mer, ainsi que l'aneau de Policrates ietté en mer qui luy fut rendu & presenté par la fortune, *fortunæ insidiantis manu*, ainsi que les bris & naufrages que les habitans de la prouince Eli en Tartarie, appellent *dons de fortune presens de fortune*, dans Paulus Venetus liure 2. chap. 33.

Que si le mot de fortune sonne mal, qu'on l'appelle don de Dieu, ainsi que le thresor *Dei beneficiũ: in l vn. C. de Thes.* DEVM MVNVS, comme l'or qui se treuue en quelques montaignes de Galice, *quod tanquam Deûm munus vnicuique colligere permittitur*. En Iustin liure 44: don de Dieu, comme sont les minieres: thresor voirement & don de Dieu, puis qu'il se rencontre *suadente numine l. 2. C. de Thes.* ou bien *Quod cœlo gaudente venit*, dans Manilius: Mais c'est mesme chose, & toutes choses dit Plutarque aprés Hesiode, qui viennent par accident & fortune s'appellent don de Dieu: C'est au liure comment il faut lire les Poetes, *fortunæ enim dux Deus est*, En ce sens le Poete Allemand a nommé la fortune sœur de l'egalité & fille de la prouidence, & Seneque elegamment parlant de Dieu, *siue hunc naturam vocas seu fatum aut fortunam; omnia eiusdem Dei nomina sunt, variè vtentis suâ potestate: Num intelligis cum hæc dicis, te mutare nomen Deo?*

VII. PAR ainsi le Demandeur ne leur deuroit enuier ce don de Dieu, ce don de fortune, *neque illud insidiosâ calumniâ persequi*: car s'il n'estoit à l'occupant *fortunæ regna minora forent*. Dieu pourroit retirer sa grace, si les Seigneurs prenoient part sur l'Ambre comme il aduint quand Lysimachus mit vn tribut sur le sel, qui croissoit en Troade, & estoit commun à tous. Le sel tarit; & le tribut leué le sel reuint tout ainsi que deuant, en Athenée liure 3. qui amene d'autres semblables exemples des febues Ægyptiennes, qui vindrent à croistre dans vn marais d'Epire; où chascun en prenoit: Alexādre fils de Pyrrhus y mit des gardes, les febues n'y vindrent plus.

On ne doit pas leur arracher des poings ce don là comme font certains Indiens qui ostent le camfre à ceux qui l'ont amassé & recueilly les premiers, chose commune & licite à tous: le plus fort l'oste au plus foible, soubs ombre & couleur qu'il luy est escheu par la beneficence & liberalité de fortune, ainsi que Dionysius rauissoit des temples les tables d'or dediées à la bonne fortune, on ne doit pas accuser ainsi son bien fait, *nullum est enim crimen in casu*, ains doit on acquiescer à son iugement, *iudicio fortunę quasi in sorte, aut in micando, victus alteri cedat alter*, on ne doit non plus estre receu appellant du iugement de fortune, qui est la mere, que l'on n'est pas receu appellant du iugement du sort qui est fils de fortune: *Si res sorte diiudicata sit non poterit appellari*, dit Balde notablement, & assez d'autres aprés luy, *in l. fi. C. comm. de legat.*

> *Quod fortuna ratum fecit quis dicere falsum*
> *Audeat, & tantę suffragia vincere sortis?*

Ce seroit autant que reuoquer en doute le iugement de Dieu, qui gouuerne en telles choses fortuites, & qui dependent du sort: *In huiusmodi ambagibus meliùs iudicat Deus, quàm homines*, dit sainct Augustin en l'Epistre seconde à Honoratus. Dauantage, la qualité de la chose treuuée, la qualité disie de l'Ambre gris, monstre apparemment que c'est vn don de Dieu: car tant plus le present est incogneu, & plus doit on presumer qu'il vient de la main de Dieu: ainsi qu'estoit la manne de laquelle les Hebrieux disoient aussi par admiration, *quid hoc est*? Car qu'est-ce que l'Ambre? qui le sçait? *Quid hoc est*? il sera à propos d'en reciter quelques opinions & plus aisé que d'en trouuer vne veritable: Les anciens n'en ont rien escrit, Aëtius, Actuarius, Nicolaus Alexandrinus, Mirepsus autheurs Grecs en ont fait mention en aucunes de leurs compositions, mais non pas qu'ils ayent descrit que c'estoit, & l'Arabe Mesué in Antidotis dit, *Ambara Arabum est, Ambar recentiorum Græcorum*.

VIII. DONQVES la premiere opiniõ, selon que Serapiõ recite sera celle de ceux qui disẽt que l'Ambre gris se tire d'vn poisson nommé Azel, qui le poursuit, qui l'attaint en mer, & le deuore, & puis en meurt: Ce n'est pas expliquer que c'est: la seconde opiniõ dit que c'est vn fruit odorant, venant de certains arbres croissans le long de la mer, & qui meurist en Auril & May, puis tombe dans la mer où les Balenes le deuorent, comme si tel fruict mangé ne se deburoit pas conuertir en aliment, mais quels arbres portent ce fruict & ou

croissent

croissent ils? La troisiesme est celle de Iean Leon, de Paulus Venetus, & de quel ques habitans de la coste d'Afrique, qui tiennent que l'Ambre gris est extraict de la substance de la Baleine, *semen ceti*, opinion que Iulius Scaliger ne tient pas veritable, & l'experience la confond, d'autant qu'il ne se trouue rien de semblable, en toutes les costes de mer ou les Balenes repairēt en grand nombre, ny dans les balenes mesmes que lon chasse ordinairement à la Floride, en terre neufue, Bayonne & ailleurs. Puis il est aueré par les habitans de ces costes, qu'il n'y a rien de plus puant que le sperme ou semence de la balene, & nous sçauons qu'il n'y a rien de plus odorant que l'Ambre gris, La quatriesme est celle d'Auerroes, qui dit que c'est vne espece de Camfre, qui croist en mer, puis nage & flotte sur les ondes, & toutefois le Camfre est froid en sa qualité, & l'Ambre est chaud, *Ambra est vna ex speciebus camphoræ, quæ oritur in fontibus maris & natat super aquā maris & melior omniū est illa quæ in Arabico dicitur. Ascap, calida est & sicca in secūdo gradu*, dit Auerroes. La cinquiesme est l'opinio de ceux qui disent generallement que l'Ambre gris est vn suc, vne gōme, vne liqueur qui distille de certains arbres, ainsi que fait la poix, la resine, la terebinthe, & le sang de dragō, mais que c'est vne liqueur fort odorātė, telle que sont les liqueurs des resines odorātes de la neufue Espaigne, du Copal, de Lanime, & telle que la liqueur du Baume, soit de l'ācien de Iudée, soit des recens de Tolu & de l'Espaigne neufue, ou les liqueurs du Bdellium, Benioin, Camfre, mastich, storax, ou de celle dont Simphosius a faict cet enigme.

De lachrimis & pro lachrimis mea cæpit origo
Ex oculis fluxi sed nunc ex arbore nascor
Lætus honos frondis, tristis sed imago doloris.

C'est la Mirrhe, & autres telles liqueurs, gommes, sucs & larmes precieuses & odorantes, que les arbres par fois, suent, pleurent, distillent deux mesmes ou qu'ils enfantent par l'escorce entamée & incisée, *cùm in cortice artifici plagâ vulnerantur*, liqueurs qui tomberoient des arbres en la mer, comme font les l'armes de l'oliue *quæ in Arabiâ lacrimis dotatur*, dict Pline, *quæ lacrymæ in maritimis æstu fluctibusque operiuntur*, Theophraste dit le semblable *de oleis Indicis*.

Cette opinion est bien veritable pour le Liquidãbar qui distille en Mexique de certains arbres, & porte odeur de storax: mais il est à craindre qu'elle soit fausse en l'Ambre gris, comme en l'Ambre iaune, que non seulement Orphee en ces Argonautes & les autres Poëtes ont creu distiller des peupliers larmeux *lacrymosum electrum, diues corallio fragili. & lachrymoso electro*, dans Virgile. Mais encores Pline & tous les Philosophes qu'il cite au liure 37. c. 1. *arboris succum esse crediderunt ob id succinum appellantes*. Aristote mesme la creu 4. *de metteoris, & in admirandis*, Cornelius Tacitus *in German.* & S. Basile hom. 3. sur la Genese, & toutefois on tient pour asseuré que l'Ambre iaune, n'est ny suc ny gomme ny liqueur, ny l'Ambre gris aussi qu'Hermolaüs Barbarus appelle *succinum orientale*. Mais encores quel est le nõ de ces arbres qui distillent l'Ambre gris & en quelle coste de mer croissẽt ils? La 6. opiniõ est que l'Ambre gris naist au fõds de la mer, ou contre les arbres & rochers d'icelle comme feroit vn champignon en terre & que les vagues l'arrachét en téps de tormente:& de la le reiettent à bord, & de cet aduis est Serapiõ *lib. de simp. & plantis c. 196.* & Scaliger encores exercitation 104. num. 10.& pour la difficulté de l'odeur met en auant les mousserons de Rouërgue & des Pirenées qui sont odorans. Mais qui en a iamais trouué attaché au fonds de la mer, aux arbres, ou aux rochers? La septiesme sera celle de Garcias qui dit qu'il est vray semblable que ce soit vne espece de terre grisastre, & que ces grandes & monstrueuses pieces d'Ambre gris, desquelles il a esté parlé, le font croire: voire mesmes il escrit, que lon a veu vne isle de pur Ambre gris nageant sur mer, qui se perdit parmy les vagues ainsi qu'on alloit apres pour l'occuper, mais nul n'est encores abordé à pareilles terres. Vne huictiesme opinion est celle d'Edoüard Barbosse liuré des Indes, & du cosmographe Theuet, & des habitans des isles Palandures en la mer Indiq; qui tiennent que l'Ambre gris est l'esmeutissemét de quelques gráds oyseaux qui vont se percher & anuiter sur des rochers proches de la mer: lequel esmeutissement ou excrement s'affine à l'air & au Soleil & que la mer le rascle & l'eleue en tempeste & le reiette aux riuages, & qu'il n'est pas plus malaisé à croire qu'vn oyseau esmeutisse l'Ambre, qu'vn animal réde le musc & la ciuette. S'il est ainsi qu'elle differéce d'esmeutissemés doyseaux en l'Ambre gris, qui restaure & maintient la vie, & celuy de loyselet Dicæron, qui prins en la grosseur d'vn grain de millet donne vne douce & prompte mort, poison si precieux, que nul autre que le Roy & la Royne n'en pouuoient auoir anciennement en Perse, que les Roys des Indiens tenoient aussi fort cher: duquel on peut faire comparaison auec l'Ambre gris aussi à propos, qu'Ælian l'a faicte auec le medicament Ægyptien liu. 4. de l'hist. des animaux. c. 40. mais qui a sçeu par experience que c'estoit de tel esmeutissement, auant que la mer l'enleuast & qui l'à confronté auec l'Ambre gris? La derniere opinion que l'on raconte est l'aduis de ceux qui disent que l'Ambre gris est vne espece de bitume qui decoule en mer, car il y a plusieurs fontaines, lacs & riuieres bitumineuses, desquelles aprez Pline fait mention Vitruue liure huictiesme chap. troisiesme, & y en a de couleurs differentes, de blanc, de gris, de noir, de roux, de bleüastre, de couleur de cire, de miel & de vin, *apud Georgium Agricolam lib. 1. de naturâ eorum quæ effluunt ex terrâ,* il y a du bitume aussi qui a l'odeur bonne, à cause de la qualité de la terre dont il sort, le blanc a l'odeur plaisante, le noir l'a forte, l'odeur des autres retire presque sur la Mirrhe; autheur Agricola au mesme liure, Pausanias escrit d'vn qui estoit à Methone au Peloponnese, les eaux duquel meslées de bitume auoient l'odeur de l'onguent de Czique. Vitruue d'vne fontaine bitumineuse pres de Carthage qui auoit l'odeur de citron, aucunes fontaines bitumineuses sont proches de la mer, & y desgorgent leur bitume qui va flottant au gré des ondes & des vents, telles sont deux fontaines en l'Isle appellée Cuba, & vne autre qui sort à vn traict d'arc de la pointe saincte Helene.

Donques semblables fontaines y doit il auoir qui decoulent en mer quelque sorte de bitume griſaſtre & odorant duquel vienne l'Ambre gris, ſoit que telles fontaines ſoiēt proches de la mer, ſoit dans la mer meſmes : le principal autheur de cette opinion eſt Simeon Sethi, medecin d'Antioche qui viuoit ſoubs Michael Ducas Empereur de Conſtantinople, lequel au liure qu'il a fait de la faculté des viãdes, eſcrit qu'il y a des ſources & fontaines d'Ambre gris comme de bitume & de ſouffre : il loüe le rouge & le gras, qui ſe prend en Silache ou Zeilan de l'Indie. Le gris ou blanchaſtre qui naiſt en vne ville maritime d'Arabie nommée Sycheon, & dict que le noir eſt le pire, qui vient des poiſſons leſquels aurõt gouſté des ſources & fontaines de l'Ambre, c'eſt tout ce qu'il en dit pour l'hiſtoire &, cette opinion eſt ſuiuie de Fallopius, Monardes, Agricola, Gorræus & autres. Auicenne ne s'en retire pas quand il dit que, *eſt manatio fontis in mari lib. 2 c. 63.* ny Auerroes quand il dit que c'eſt vne eſpece de camphre, car le camphre, à l'endroit d'Auerroes eſt vne eſpece de bitume.

QVANT à la dureté & ſolidité de l'Ambre gris, la mer la peut apporter entant qu'elle eſt ſalée & aſtringente par la violence des ondes qui le battent, ou biē il ſe peut endurcir à l'air ne plus ne moins que le coral duquel on dict, *in mari herba, ſi in aërem transferatur, in lapidis firmitatem ſolidatur*, dans Sainct Ambroiſe cinquieſme de l'Hexameron, ainſi qu'vn certain fumier gluant qui ſe tire prez d'Aticquo en Libye qui durciſt au Soleil, & vient ſolide comme marbre, dit Ariſtote au liure des Auditions admirables, ainſi que le bitume Aſphaltite lequel ietté à bord, *vapore terræ, & vi Solis, mareſcit ita vt ſecuribus diffindatur,* IX.

ainsique le pissaphalte en Dioscoride, qui nage sur les riuieres & poussé à bord se durcist, ne plus ne moins que l'Ambre iaune, que lon tient certainement estre vn espece de bitume roux, Fallopius le tient, Vicomercatus sur les Meteores, Georgius Agricola, Ruellius, Dalechamp, Cardanus, Philander sur Vitruue qui tient que tous les anciens s'estoient trõpez, cuydans que ce fust le suc d'vn arbre, Erasmus Stella en sa Borussie, qui dict que lon sçait par experience, qu'il coule du limon de certaines montaignes eschauffées par l'ardeur du Soleil, & que tõbãt sur des herbages qui sont au pied des montaignes, il se durcist, puis la mer l'enleue quand elle croist & le iette aus prochains riuages, il dit en auoir veu tiré sur le lieu qui estoit mol comme cire, lequel trempé qu'il estoit en la mer durcissoit. Toutesfois ce qui le met en soupçon & incertitude c'est qu'õ ne nõme pas par leur nom ces montaignes. Aussi ne se trouue il personne, qui nõme par leur nõ ces fontaines d'Ambre gris ne qui les ait veües, c'est pourquoy cette opinion est doubteuse comme les autres, on sçait bien qu'il s'en trouue quantité es costes de l'Arabie heureuse, es costes d'Æthiopie, de Mœsambique, Melinde & Sofala, es isles de Zeilan, de Maldiue, & en la Chine Qu'il s'en retrouue es costes d'Afrique pres Messa, & en la Floride despuis Canaueral iusques au Promontoire S. Helene qu'il s'en trouue en Timor & en Bresil, encores en la France, es costes de Bayõne, Bulch & Marézin: mais pourtãt ny là ny icy on ne sçait pas biẽ encores que c'est qu'Ambre gris, *quid hoc est*, voila cõmẽt à la qualité du don on cognoist mieux encor que c'est vn dō de Dieu, vn biē fait de fortune qui est mesme chose auec Dieu, aquis par vne anciene voye d'aquisition naturelle qui a cōmencé auec les hommes.

Or ce droit naturel ne peut estre aneanty par les considerations de la iurisdition & iustice, qui peut subsister sans territoire qui n'a rien de cōmun auec le fief, ny auec le fonds, *Masuer. de feud. § item non sequitur.* Molin. *tit.* 1. *glos.* 1 *nū* 44. Balde & quelques autres l'ont cōparée à vn nuage suspēdu sur vn marais mais à ce conte se seroit plustost vn Soleil, qui attire, succe & consume les douces vapeurs & humiditez de la terre, comme ils veulēt que la iurisdiction attire a soy tous les profits & esmolumens des biens vacans, qui se retreuuēt dans vn territoire, mais il n'en va pas ainsi, autrement les Baillifs & Seneschaux & autres iuges superieurs en ressort, & le Roy mesmes source & fontaine de toutes iurisdictions en prendroient la meilleure part. Et pour monstrer que la iurisdiction n'aquiert pas les biens vacans & communs on presupposera qu'ils sont en triple difference : les vns ont eu maistre puis n'agueres, les autres l'ont perdu de memoire perduë, les autres n'en eurent onques. Au premier ordre se peuuēt mettre les successiōs par desherences, mais tel bien par le droit *& legibus Iulijs deferuntur ad fiscum. l. quidam § 1. l. filius familias §. qui intestato. ff. de leg.* 1. *l. p. C. de præpos. sacri Cubic l.* 1. *&* 4. *C. de bon. vacant. l. fin. C. T. eo.* de fait Strabo qui escriuoit du tēps d'Auguste & Tibere fait mention au liure dixseptiesme de celuy qui estoit commis en Ægypte pour l'Empereur pour la recherche des biens vacans & sans maistre, lequel il appelle ἴδιον λόγον. X.

qui deuoit estre, *procurator Cæsaris vel rationalis*, & lon escrit de l'Empereur Titus qu'il recuillit plusieurs desherences à la conflagration du mont Vesuue, & qu'il en fit don aux citez endõmagées par tel embrasement. Il y en a d'autres exemples au 5. & 6. de Cassiodore *& in legibus Baioariorum*. Or telles desherences ne sont point fruicts ny emolumens prouenans de la Iurisdiction, comme le tient Ægidius Bossius traictant *de Regalijs tit. de bon. vacantibus*: les raisons d'Albericus y sont sur la loy premiere *C. de vsufructu*. Elles appartiénent au fisque du Roy, aussi bien qu'en Portugal, par leurs Ordonnances liure second tit. 15. & qu'en Castille par leurs Ordõnances liure 5. tit. 8. Que si les Seigneurs iusticiers en iouissent en France, ce doit estre par priuilege comme ceux de la ville de Nysse l'auoient de l'Empereur Auguste, ou plustost par vne possession qui a pris pied & commencement de l'vsurpation aduenuë par la tolerance, negligence, & conniuence des officiers du Roy & de là auroit passé en coustume en quelques prouinces, mais ce n'est point en consequence de la Iurisdiction.

Ceste mesme vsurpation auroit gaigné anciennement quelque droit sur les aubeines, mais le Roy qui seul peut naturalizer les emporte auiourd'huy sans difficulté despuis l'Arrest general de Paris de l'á 1585.

C'est encore l'vsurpation qui auroit gaigné sur les bastardises, qui appartenoient au Roy par anciens Arrests de l'an 1260. & Ordonnances & declarations de nos Roys de l'an 1319. & 1386. ceste derniere estoit de Charles sixiesme, qui declaroit qu'elles luy apparte-noient en Champaigne priuatiuement à tous Sei-

gneurs

gneurs iusticiers, qui ne l'auroient par priuilege sinõ en vn cas, à sçauoir que le bastard fust nay de féme de serue cõditiõ, du Seigneur iusticier, & qu'il fust nay & resseant en sa haute iustice que ce fust droit royal: le Coustumier le tient aussi aux tiltres des Seigneuries, & des droicts Royaux, mais il adiouste qu'aucuns Seigneurs en ont iouy. C'est donc cette iouissance & possession vsurpée par la conniuence & intelligence des Iuges Royaux & non la iurisdiction qui leur a donné droit aux bastardises en certains lieux, non partout, & particulierement non dans le ressort de Bordeaus, estédant la limitatiõ de Charles VI. à tous bastards, qui nestoit que pour les bastards traicts de serue condition, nais & resseans es hautes iustices. Il n'y a que les confiscations qui soient fruicts de la iurisdiction *Bart. in l. fi. ff. solut matr.* mais elles aprochét plus des mulctes & amendes que des biens vacans.

Et quant aux espaues & autres biens incertains qui ont aussi escarté leur maistre Faber sur le §. *fi. de rer. diuis. & Bened. verb. vxorem* nombre 370. taxent manifestement d'iniustice & violence les hauts iusticiers qui les vsurpent & par grosses amendes contraignent les inuenteurs d'en vuider leurs mains à leur profit C'est donc par cõminations & terreurs, *territorij & comitatus (comitatus à cominando* veut Otho Frisingésis) qu'ils ont vsurpé les espaues sur les infortunés inuéteurs ausquelles de droit elles appartiénent, non pas qu'ils ne doiuent faire des affiches & proclamations pour s'enquerir du proprietaire & se mettre en bonne foy: mais telles diligences premises, les inuenteurs ne sõt tenus par rigueur de Iustice & de conscience de les appliquer aux pauures, cela a lieu aux biés mal-aquis & nō aux espaues & trouuailles : il n'y a droit diuin, naturel ny humain, s'il n'y a coustume expresse qui les y astraigne & ne se trouue point pour ce regard de bulles de composition. C'est l'opinion de Soto. *lib. 5. de iust. & iure q. 3.* de Medina *lib. 1. c. 14.* de P. Nauarra qui le discourt au lōg *lib. 4. de ablator. restit. c. 2.* par maintes authoritez qu'il allegue, ensemble Arragon sur cette quest. *66. 2. 2.* Mais s'il les faut applicquer aux pauures, que font les hauts iusticiers qu'ils ne les y appliquent, il ne faut pas qu'ils se confient sur les proclamations & laps de temps non plus que les inuenteurs, car si le maistre, icelles passées se represente, il leur conuient rendre son bien & luy dire.

Hucades ô Meliba e caper tibi saluus & hadi.

Il n'en a perdu que la possession & non la proprieté suiuāt ce §. *Nerua* de la loy 3. *de acq. possess.* & le Seigneur ou l'inuenteur n'en ont pas la proprieté, ains le seul vsage Sotus & P. Nauarra aux liures alleguez qui en deduisent maintes raisons & Couarruuias aussi & en ce §. *1. reg. peccatū 3. parte.* Cette façō d'acquerir par proclamatiōs n'est point aussi approuuée par *Imol. Ludoui. Rom.* & Cipa escriuans sur la loy, *rem quæ no'is de acqui. poss.* pource entre autres raisons qu'elles ne doiuent pas accourcir ni retrancher le temps limité, par le droit pour la prescription ou vsucapion des choses meubles, aussi n'auroient elles lieu contre absens & mineurs, & sur cette necessité de restitution des choses susdictes est à propos l'epistre canonique *Gregorij Thaumaturgi*, commentée par Balsamon au 3. tome de la Biblioteque des Saints peres. Que si nonobstant ce on a adiugé les espaues aux iusticiers par Arrest de la Cour de Parlemét de Paris, ce doit estre à raison des Coustumes dốt le ressort est plein qui ont pris pied sur ceste iniuste & violente possession des Seigneurs, reprouuez par Iean Faure, & Benedicti & qu'ils ont voulu se conformer aux coustumes voisines plustost qu'au droit.

Mores perduxerunt leges in potestatem suam,
Hæ miseræ iacent affixæ ad parietem clauis ferreis,
Vbi malos mores affigi multò fuerat æquius.

Et la respốse est en vn mot, *quod cốtra iuris rationẽ receptũ est non est producendũ ad consequentias*, principalemét en pays de droit escrit & en la Seneschausée d'Acs & de Marézin ou il n'y a nulles coustumes pour les espaues.

QVANT aux autres biens qui ont perdu leur maistre de memoire perduë ce peuuent estre les thresors, qui appartiennent a l'inuenteur, *ratione naturali, æquitate naturali*, selon Adrian, Iustinian, Gratian, Valẽtinian & Theodose, voire par cette equité naturelle en quelque part qu'ils soiét trouués: car la distinctiố du chãp propre & du chãp d'autruy est vne limitatiố du droit ciuil qui en dốne la moitié au proprietaire & par fois le quart seulement en la l. 2. C. T. *de thes. ad pacẽ seruãdam statuerunt iura ciuilia*, cốme aussi le droit ciuil a limité mais iustemét & saintemét & prohibé qu'ils ne fussét recherchez par magie, consultant les esprits, cốme fit Hercules Nereus, pour sçauoir où estoit les thresors des Hesperides, *propter atlantæum littus*, & Polichrates l'oracle de Delphes sur le thresor de Mardonius quãd il y fut respondu qu'il remuast toute pierre: & le Duc Robert Guichard en la Pouille consultãt vn magiciẽ XI.

sur cette inscription d'vne statuë descouuerte au Soleil leuant, *i'auray le chef doré*, & descouurant par la vn grand thresor. Tels enchanteurs y a en la ville de Fez, qui font profession d'enseigner les thresors, qu'ils disent auoir esté enchantez par les Romains à leur depart d'Afrique abusants ce peuple leger & credule, qui le croit d'autant plus follement, qu'il sçait cõme chose vulgaire & cõmune que sur le haut de la tour de Maroc il y a trois pommes d'or enchantées de la valeur de cent cinquante ou deux cent mille escus, que nul Prince de Maroc n'a atteté d'enleuer qu'à son mal'heur & dommage, hors ces limitations du droit ciuil qui voudroit enleuer & tollir le tresor aux inuẽteurs, ce ne seroit pas seulement leur mettre des charbons au lieu, suiuant le prouerbe, mais encores vn licol suiuant l'epigramme grec traduict par Ausone. Que si le fisque les a trauersez, les bons Empereurs ont apellé cela, *inuidiosam calumniam, fiscalem calumniam*, vn gain iniuste & inique Nouuell. Leo. 51. si quelques Empereurs y ont pris part, d'autres ne l'ont pas fait. Nerua esloigné d'auarice, ne la pas faict, rescriuant en Zonare à l'inuẽteur du thresor qu'il en vsast, & qu'il en abusast à son plaisir, ny l'Empereur Alexandre en Lampride, *qui thesauros repertos inuentoribus donauit*, ny vn Tamerlam qui laissa le thresor à celuy qui l'auoit trouué en labourant, *qui mercenarius agrum illum ipsum mercatus arabat diues amico Hercule* on list aussi de quelque thresor trouué en vne maison de la ville de Loches auquel le Roy ne voulut prendre part. Les ordonnances que les Princes en ont faictes pour les oster aux inuenteurs, Soto les reprouue 5. de Iust.

& iure q. 3. & Siluestre, *verbo inuentum*. §. 6. & declarent que ce nonobstant les inuenteurs peuuent retenir en consciēce le tresor entier, mais neantmoins posé & confesse qu'vn Prince souuerain peut establir cette loy ce seroit pour vn biē public & à la descharge du peuple, considerations qui ne tombent pas en vn haut iusticier, ce seroit encores par vne ordonnance expresse que nos Roys n'ont pas encores faite pour eux mesmes & moins pour les hauts iusticiers. Le Seigneur direct ou l'emphiteote y auroient plustost part que le haut iusticier entant qu'ils ont droit au fonds comme les proprietaires selon la glose du §. Thesauros, Faber, Angel. Aret. & autres interpretes sur cette loy. 1. C. *Th.* du Moulin, *tit.* 1. §. 17. *num.* 48. *Bened. ver. cætera bona* nombre 34. Couarruuias, *reg. peccati* §. 2. ce qui monstre bien que le haut iusticier n'y a rien par le droit, veu que la iurisdiction ne regarde point le fonds, la qualité de iusticier y est aussi peu considerable que la qualité du plus homme de bien sur laquelle se fonda Apollonius Thianeus, iugemēt qui est condamné par Eusebe de Cesarée *in libell. cont. Hierocl.* ou celle du plus sage sur laquelle se fonda l'oracle de Delphes au iugement du Trepied, car l'adiudication de la proprieté des choses ne depend point des habitudes & qualitez de l'ame. La plus grāde raison que les iusticiers ont pour fonder leurs pretentiōs sur thresors c'est l'vsurpation selon l'aduis de *Benedicti in ver. vxorem num.* 373. lequel dict qu'ils les ont vsurpez cōme les espaues, que si la Cour de Parlement de Paris nonobstant ce leur a donné droit sur les thresors, ç'a esté en consequence des coustumes que ceste vsurpation a introduictes. auec le temps en plusieurs prouinces du ressort de Paris par exemple à Sens, Auxerre, Bourbonnois, Autun, le Maine, Bar, & Cambray, de rechef, *mores perduxerunt leges in potestatem suam, vitium prius fuit obseruatio, nunc mos est*, dict Publius Syrus, la response sera semblable à la precedente que tels Arrests, *non debent trahi in argumentum, per sequelas quasdam necessarias*, dict Agellius, mesmes en pays de droit escrit, en ce ressort auquel il n'y a nulle coustume pour les thresors, ny pour les espaues que celle de Bordeaus, ainsi cet argument ne ne doit seruir pour l'Ambre gris ioint les differences qui seront cy aprez cotées.

XII. QVANT aux biens qui ne passerent onques en main d'homme & dont la qualité seruira de confirmation pour l'Ambre gris, & de difference notable de l'Ambre gris aux espaues & thresors; il est par trop resolu qu'ils sont au premier occupant, le fisque n'y est priuilegié, le fisque a bien droict de clorre l'ordre des successions, *principis persona post omnes est*, mais non pas de cõmencer l'ordre des aquisitions, le Roy & le subiet sont esgaux en ceste espece d'aquisitiõ naturelle, *iura sua seruat natura nec vlli fortunæ cedit*, disoit le Philosophe Taurus, or la nature n'a pas espuisé ses thresors des biens cõmuns elle en a tousiours en espargne & en reserue pour en faire largesse à tous indifferemment, *omnium rerum quæ cælo terra marive capiuntur, vt omnis rerum naturæ pars tributum aliquod nobis conferat, est enim iustissimus reditus*, dict Pline, *quem terra, mare, aër profert*. Qu'il ne soit vray l'air est commun à tous.

Nec Solem proprium natura nec aëra nouit,
Omnia si teneat non possidet aëra Minos.

Cunctis vndamque auramque patentem, dit Virgile, sinon que les hauts iusticiers pretendent qu'ils ont droit de vendre le vent. C'est le mot dont ils vsent: c'est que nul ne peut bastir moulins à vent en leurs hautes iustices sans leur congé & permission, il faut achepter le vent d'eux, ainsi prenoit on anciennement tribut sur l'ombre, tribut sur l'air, *de quo obseruat.* 10.c.7.

Ce neantmoins l'air est commun à tous, & les presens de l'air, par exéple les rozées de l'air, *saliua syderum*, qui se treuue en miel, en manne, en sucre, le laict les poissons, les chairs, les laines, les bleds, qui par fois tombent de l'air, les pierres de pris defficace & vertu, qui tombent de l'air, *Charchedonius qui nascitur apud nasamonas in montibus imbre diuino, ombria quam alij notiam vocant, quæ sicut Ceraunia & Brontiæ cadere cum imbribus & fulminibus dicitur, boele quæ nimbo inueniuntur Glossopetra quæ deficientibus lunis cœlo cadit.* Telles & semblables choses qui nont point de maistre en l'air, n'en ont point aussi en terre que l'occupateur & l'inuenteur, non plus que les oyseaux, ores qu'il soit loisible, d'empescher l'entrée de son fonds à tous & leur dire *quid facitis in meo non mei.*

ET quant aux terres coles qui sont neuues, sont bien pour le vray à l'occupât Harmenopulus en parle liu. 2. tit. *1.* que si les vaines vagues sont au Seigneur du fief, ou du territoire cest en consideration de la premiere distinction des terres, de la limitation du fief, toutesfois Ripa encores sur la l. *rẽ quæ nobis* veut par maintes auctorités qu'elles soiét à l'occupât, d'au XIII.

tant quelles peuuent auoir esté delaissees depuis que la iurisdiction n'a rien de commun auec la proprieté ioinct la faueur de l'agriculture, en consideration de laquelle Pertinax l'Empereur declara, que generalement toutes les terres incultes & desertes de l'Empire, mesmes celles qui estoiét soubs les Roys recognoissans l'Empire estoient au premier occupant pour les cultiuer & meliorer *apud Herodia. lib.* 2. Vespasian aussi en consideration des bastimens, *vacantes areas occupare & ædificare vnicuique permisit*, & en la coustume de Langres les terres de commune delaissees à labourer par trois ans sont au premier occupant du lieu ou elles sont assises, à quoy faict la loy *qui agros* 8. *C. de omni agro deserto.*

Passant outre & venans aux presens des terres, & à leurs thresors naturels qui sont les veines d'or & d'argét & les metaux enclos en leurs entrailles (*scelerũ causas operit Deus*) ils different des autres thresors notablement en ce point, que ceux cy ont esté possedez, ceux là n'étrerent iamais en main d'homme, & pour cette consideration & difference plusieurs Scholastiques tiennent que les minieres sont au premier occupant. Soto liure 5. q. 3. Nauarr. liure 4. c. 2. Arragon 22. q 66. Ce qui seroit sans difficulté, quand les minieres seroient trouuées dans le fonds propre dautant que tels biens peuuent estre possedez par les particuliers *l.* 2 3. 4. *ff. de reb. cor. l.* 7. § *si vir in fundo. solut. matr. l.* 13. § *inde quæsitum ff de vsuf* & lors telles minieres seroient non au Seigneur direct *secũdũ Ioan. Fab.* ou au feudataire cõme veulét d'autres, non au fisque par le tiltre, *quæ sint regalia*, que la pluspart entendent

entendent *de Canone metallorum*. Ains au proprietaire du fonds Iacobi par maintes allegatiõs *in verbo Argenti fodinis And. de Isern. & Afflictus*, sur ce tiltre *quæ sint regal.* & bien au long en la decision Neapolitaine 331. *Mathei de Afflict. & apud Anton. Peregri. lib. 4 de iure fisci. tit. 2. num. 11.* Aussi ny auroit il difficulté si la mine se retreuuoit en lieu non occupé comme aujourd'huy aux terres neuues elles sont à l'inuêteur reserué le quint pour leur Roy, *ex conuentione*, encores se retrouuant icy il seroit croyable que le lieu seroit abandonné. Car c'est vne superficie seche, sterile, sauuage, infertile qui ne produit pas seulement de l'herbe ou des espines. C'est la pire partie de la terre dit Eusebe 8. *de præp. Euang. c. 5. habitãt desertis montibus aurum*. En Manilius, *montes aridi sterilésque, in quibus nihil aliud gignitur, qui huic bono coguntur fertiles esse*, en Pline, bien est vray qu'en certains endroits du Perou il y a des montaignes qui en recompense de cette sterilité sont plaisantes & agreables à voir à cause que la terre y est de diuerses couleurs, rouge, iaune, bleüe, verte, blanche, noire, cõme si elle estoit tendue & tapissée de draps de couleurs diuerses, & ce sont signes qu'il y a des minieres au dessous, *hæc signa latentium diuitiarum in summâ terrâ natura disposuit*, au demeurant tres infertiles.

Possible ny auroit il aussi pas grande difficulté quand on trouueroit au fonds d'autruy quelques masses ou grains d'or & d'argent sur la raze superficie, sans entamer le fonds comme on fait aprés que le feu s'est espris aux bois & forests qu'il a bruslé la terre & liquefié le mineraux, ainsi fut troué iadis l'or & l'argent.

---aurúmque repertum est
Ignis vbi ingentes siluas ardore cremarat,
Montibus in magnis, seu cœli fulmine misso,

Et suit aprés,

--Quæ cum concreta viderent,
Posterius, claro in terris splendere colore
Tollebant lepido capti læuóque lepore.

Strabo & Diodore escriuent comme cela aduint autrefois aux Pyrenées, & Aristote *in admirandis*, qui adiouste que l'or & l'argent se descouurent encores par tremblemens de terre, quelquefois par lauasse de pluye, quelquefois par coups de foudre és creuaces & ouuertures qu'il fait. Trogus l'escrit de quelques montaignes de Galice, *vbi fulgure terra proscissa quæ in his terris assidua res est detectum aurum veluti Deûm munus colligitur.*

Telles masses, tels grains d'or & d'argent qui se retrouuent ainsi à descouuert au fonds d'autruy, *in summâ tellure rarâ fœlicitate*, pourquoy ne seroient ils à l'occupant, puis qu'ils ne furent iamais à personne, & qu'ils ne sont partie du fonds? Et le semblable des pierreries trouuées en la montaigne d'autruy, sans descouurir terre: car ce que dit Ripa & Bartole se peut entendre quand telles pierreries sont vnies & incorporées au fonds, *quando vnitatem cum terrâ faciunt, quando coaluerunt*, d'autant que les bois & meubles, separés de la terre, que l'eau charrie en nostre fonds, & l'or & l'argent qui ne seroit pas coherét à la terre, il n'en seroit pas ainsi, Bald. sur la l. 1. *de rer. diuis.* Il ny auroit non plus de difficulté quand on iroit rechercher les mines soubs le fonds d'autruy, par conduits & grottes soubsterraines sans approcher de la superficie & sans l'endommager comme il aduient quand on profonde soubs vne montaigne : C'est l'aduis notable de Paul de Castre *l. diuortio §, si vir in fundo ff. sol. matr.* & de Duaren, le mesme Paul de Castre en a fait deux conseils, 3. & 4. du *1.* vol. *Imol. le* 87. & 124. Cæpola *tit. de montibus*, & disent qu'elles sont à l'occupant pource qu'elles n'estoient à personne, en *Anton. Pereg. lib. 4. tit. 2. in fi.* Mais si les veines minerales se retrouuent en la superficie du champ d'autruy ou par hazard, comme il aduient souuét, ou par addresse, par la verge deuineresse, la baguette fourchue, *virgulâ diuinâ*, la difficulté seroit à l'opinió des Scholastiques, s'il seroit permis à l'inuenteur d'entamer la superficie & rechercher par là les minieres, d'autant que l'argument du thresor y obste: Ce neátmoins la glose *in l. cuncti & l. quosdã C. de metall. & met.* dit qu'il se peut faire, *inuito domino fundi propter publicam vtilitatẽ. Aurum in sua naturâ quærere iustitia est.* Ce qui est conforme aux Ordonnáces de Portugal *li. 1. 2. tit. 5*, & à celles de Castille *lib. 6. tit. 12* & qui plus est aux Ordonnances de nos Rois Charles 7 8. & 9. & encores Louys 12 qui n'ont pas esté si scrupuleux pour la France, que les Romains pour l'Italie qu'ils ne vouloient estre fouïllée ny minée: *Interdictum id erat vetere S. Cto. patrum, Italiæ parci iubentium*, au contraire le Roy permet à tous indifferemment de querir, ouurir, chercher & profonder des mines, & en tous lieux,

Quærere sub terris aurum furtóque latentem,

Naturam eruere omnem orbémque inuertere prædæ
Imperat & glebas inter deprehendere gazam.

Satisfaisant & contentant celuy à qui les lieux sont au dire de deux experts ou prud'hommes, & payant franchement & quittement au Roy le droict de dixiesme que sa Majesté declare luy appartenir par droict de souueraineté sur toutes les mines & substāce terrestres de son royaume, que l'Ordonnance specifie, or, argent, cuiure, estaing, plomb, argēt vif, acier, alun, vitriol, coperose, salpestre, sel gemmé, sel nitré, charbon & autres substances des mines On pourroit adiouster les mines, des pierreries, d'asur, antimoine, arsenic, vermillon, verd de terre & autres qui ne se retrouuent pas en France: qui pour n'estre iamais entrées és droicts d'aucun sont aux charges susdites au fortuné inuenteur, aussi sont les mines & caues ordinairement baptisées du nom de l'inuenteur, & entre les mineurs s'appelle don de Dieu, & quelques droicts comme d'estre chef de mine droicts diuins.

XIV. ET quant aux animaux qui sont sur la terre, *& feras bestias quæ nullius sunt*, nul ne doute qu'ils ne soiēt à l'occupant par voye d'acquisition naturelle en Aristote liure 1. des Politic. chap. 5. soit pour sustenter la vie, soit pour s'enrichir, *asper victu vænatus alebat, siue feras interficere & ducscere prædâ.* Voire mesme qu'anciennement en France contre la disposition du droict ciuil, les proprietaires ne pouuoient empescher que l'on ne chassast par tout & en cite l'on vn arrest de l'an 1339 qui excepte voirement les garennes, mais aussi pour accroistre à tous cette liberté de la chasse, estoit il deffendu d'accroistre les anciennes garennes, ny d'en faire de nouuelles par l'ordonnance du Roy Iean de l'an 1355. Et si n'estoit permis d'auoir garennes qu'elles ne fussent enregistrées en la chambre des comptes. Qui monstre bien que la chasse estoit fort libre puis qu'elle ne se pouuoit empescher que par priuilege, que si les Seigneurs l'ont depuis acquise par possessiõ sur les terres d'autruy, il est croyable que ce n'est du libre cõsentement des tenanciers & proprietaires, mais par quelque ruze & cautele dont font mention Iacob. de S. Georg. & Chassance tit. des forests, qui est d'auoir faict des proclamatiõs & prohibitons de chasser en leur terre & iustice à grosses peines, auxquelles les proprietaires au lieu de prendre le remede, qui estoit de s'opposer ou d'appeller auroient deferé & acquiescé par crainte & terreur des Seigneurs iusticiers & peines indictes: & par ce moyen se seroient les Seigneurs establis en cette pretendue possession de pouuoir chasser seuls en leurs terres & iustices. Quoy faisant on ne peut nier qu'ils n'ayent commis force & violence selon Hostiense, Iean André, *& Card. flor. in c. si non extra de decimis.* Car il n'appartient qu'aux Princes souuerains de faire telles prohibitions, & reglemens pour la chasse par Ordonnance & encores pour bonnes causes, ainsi que nos Rois aux rustiques & mechaniques pour les tenir plus assidus à leur besoigne & labeur, par l'Ordonnance de l'an 1552. qui permettoit aux bourgeois proprietaires de chasser en leurs terres. Que si despuis & auparauant par les Ordonnances de l'an 1533, & 1578

1581, les Gentils-hommes ont eu quelque liberté de chasse par dessus les non nobles. C'a esté par Ordonnance expresse du Roy en faueur de la Noblesse pour les duire & styler à la guerre dont la chasse est la ressemblance & le portraict en Aristote, Xenophon, & Ciceron, *ut vita omnis in venationibus & studijs rei militaris consistat, ut nunc hominum, nunc bella gerant violenta ferarum*, mais ce n'a pas esté en consequence de iurisdictions & iustices.

D'ailleurs pour auoir droict de chasse, ils n'ont pas droict sur le gibier qui est dans leurs terres, bois & forests, tels animaux sont libres neantmoins, *feræ quæ sunt in saltibus & pisces in stagno l 3 § item si feras ff de acq poss* & celuy qui le prend en lieu prohibé & deffendu le fait sien suiuant la glose de la loy *diuus* qui est suiuie & non vne glose contraire, voire comment & par qui, que les deffences soyent faites, *etiam si à iudice*, comme le dispute doctement *aduersus Ioānem fabri*, Couarruuias *reg peccato parte* 2. §. 8. Medina auparauant luy *in Codice de rebus restituendis*. q. 12. & entre les recens Molina *de Iust. & iur. disp*. 51. l'acte est prohibé, non l'acquisition, quitte pour en payer l'amende & le dommage, s'il y eschoit. Voila comment nul n'est Seigneur de tels animaux libres & sauuages que par occcupation. *Dominus his ne frustra sies nisi ego nemo natus est hæc qui cœpi in venatu meo*, en Plaute.

XV. Le semblable se peut dire des poissons & de la pesche qui est permise à tous en ce §. *flumina*, & ne la peuuent les Seigneurs prohiber par l'exemple des villes d'Italie qui ont vsurpé tous droicts de souuerainceté, *& hoc seruat curia franciæ*, dit Faber en ce §. & *Guido Papa* decis. 154. & s'ils ne l'ont par priuilege du Prince, & qu'ils la fondent sur possession, & coustume, leur fondement n'a pas esté mieux assis, que l'vsurpatiõ de la chasse, encores auec moindre couleur d'autant que la pesche ne duit & ne façonneà la guerre, on n'y fait point espreuue de sa vaillance.

An quia vænatus ob tant a pericula vitas,
Vænandi caperis studio,

Si ce n'estoit au combat de la Balene, *Orca etiam oppugnata est à Claudio principe, cum prætorianis cohortibus.* Il n'y a point aussi de gentilesse ainsi que aux chiẽs & à l'oyseau, sinon que l'on peschast auec le corbeau marin comme en la Chine, ou auec les faulcons blancs comme en Finlandie, ou tels oyseaux calent & plongent aux fonds des lacs & riuieres, & d'vn pied garny d'ongles & serres, fortes & acerées prenent le poisson, & de l'autre pied qui est different & qui est plat, rament & nagent à fleur d'eau &portent la proye à leur maistre ou sinon que l'on peschast auec guaiacan, ainsi qu'en l'isle de Cuba, & en l'Espaigne neuue. C'est vn poisson qui s'appriuoise (car il y en a qui s'apriuoisent dit Platon au politique) & s'apriuoise dans vn vase de verre plein d'eau, *ollis vitreis*, esquelles on enfermoit anciennement *mulos pisces vt obseruaretur morientium color*, *& cernerent nihil esse mulo expirante formosius*, & dressé & appriuoisé qu'il est, on le sort, on luy attache vn long cordeau, ainsi qu'vne lesse, on l'accourage de paroles, on le lasche aprés le poissõ, ſur lequel il ſe darde & s'eſlance viſte comme vn trait,& auec vne peau qui luy pend ſur la nucque faite en forme de bourſe,il pred & empoche maint poiſſon,& ſi aucun eſt grand,il ſe lie,s'attache & ſe cole ſi ferme à ſon ventre que le peſcheur qui le cognoiſt & le ſent retirant ſon cordeau, les amene tous deux au riuage;ou le guaiacan, ſe deprend & & laſche priſe par les ſeules careſſes amadouemẽts & mignardiſes, mais telles chaſſes ou peſches ne ſe pratiquent point icy,& generalement Platon les trouue toutes mal honneſtes, ſans honneur & reputation,ainſi que le teſmoigne Plutarque au liure, quels animaux ſont les plus aduiſez de la terre. Si ne faut il oublier,qu'encore que le droict de peſche ſoit ſeparé de la iuriſdiction *Decius conſ.* 271. Si eſt ce qu'en ce fait cy la iuriſdiction ne ſeruiroit pas aux Seigneurs,au moins par nos Ordonnances, d'autant que toute iuriſdiction ſur les eaues,bords, riuages & chantiers des riuieres,& des iſles, de delits & maluerſations commis en icelles eſt attribuée en premiere inſtance aux officiers des eaues & foreſts,& a declaré ſa Maieſté par Ordonnance de l'ã 1572 que toutes iſles,iaueaux, & atterriſſemens luy appartenoient,duquel aduis eſt Balde *in tit quæ sũt Regal.* Ainſi ils ſeroient mal fondez en tels droicts ſoubs ombre d'vne pretendue iuriſdiction, & le Roy à qui ſont les riuieres & la iuſtice enſemble ſe contente de regler la peſche & ne la prohibe pas en general; Et plus mal fondez és choſes libres qui ſont ſoubs les eaues,tels que ſont les poiſſons, par les raiſons deduites au fait de la chaſſe, tel qu'eſt le

ſablon

sablon d'or qui iaunit, en cent & cent fleuues, & de
la France & des pays estrangers, qui ne doit pas e-
stre different de l'autre arene des riuieres, qui com-
me l'eau est commune & à l'occupant qui l'empor-
te auec soy: mal fondez encores aux espaues des
eaues s'ils ne s'appuyent que sur la iurisdictiõ, qu'ils
n'ont point sur les eaux.

Et quant aux droicts de la mer la iurisdiction XVI.
ne leur assiste non plus aumoins par nos Ordon-
nances tant anciennes, que de l'an 1584. Car elle ap-
partient aux iuges de l'admirauté; de toutes choses
suruenantes en mer, & és greues d'icelle, des naufra-
ges, bris, & choses iettées en mer ou en grauage de
la mer, de tout ce qui est tiré sauue, ou eschoué, le
long de la coste mesmes des pescheries priuatiue-
ment à tous autres iuges, & prohibent les Ordon-
nances aux Seigneurs iusticiers, de se dire admiraux
en leurs terres, aussi disent nos interpretes que *litto-
ra sunt populi Romani, nimirum regum & principum quoad
iurisdictionem & prætentionem*. Ne fait aussi pour le
Demandeur la Nouelle de Leon 56. qui deffend
la pesche qu'au deuant la maison bastie sur le bord
de la mer, les bords de la mer mediterranée à cause
de la tranquillité, sont bastis, & Belon remarque
que le grand Seigneur conuie vn chascun d'y ba-
stir. Or cõmunemẽt au Bosphore de Thrace qui est
estroit plusieurs auoiẽt quelques parcs, ou pesche-
ries ἐποχὰς τράχας, au deuant leur logis, ioignãt
leurs portes, *in vestibulo, in prothyris ædiũ, ante ædeis, ante
prætorium vt docet Cuia. obseruat. 14. c. 1.* C'est là, & com-
me au deuant le porche, & paruis de la maison que

le maistre peut prohiber la pesche, & qu'il doit iouïr des esmolumens du riuage, mais cette raison & cõsideratiõ ne se peut estendre aux riuages de la mer Oceane qui ne sont bastis, & d'ailleurs il n'y peut auoir comparaison, du front d'vn logis, du front de l'auantporte, porche, ou paruis, reserué pour le maistre au front d'vne longue greue, & coste de mer, au front d'vne longue terre, & iurisdiction, pour inferer prohibition de l'vn à l'autre. Ne fait aussi l'argument des charges & frais de iustice, puis que la iustice à esté octroyée & prinse à ces charges, les autres droicts pretendus par les Seigneurs leur doiuẽt suffire sans aspirer à droicts nouueaux & inusitez, ny l'argumẽt tiré des inondations & desbordemẽs: car la mer se put aussi tost retirer que s'aduancer, aussi tost donner en se retirant,

vidi factas ex æquore terras,

que tollir en s'aduançant, *terris immittit & aufert æque seditio pelagi, flumina censitorum vice funguntur l. ergo §. alluuio ff. de acq. posses. quandoque spatia tollunt quandoque rura concedunt*, en Cassiodore: il en va ainsi de la mer, *veluti paria secum faciente natura*, dit Pline qui en amene des exẽples liure 2. c 85. D'ailleurs tout ainsi qu'au departiment des terres, *cum assignantur agri, ascribitur aliquid flumini, vt in tempestate sine alicuius iniuria defluat, apud Frontinũ.* Aussi Dieu departant les terres en ces contrées, il a par sa prouidence laissé pour les droicts de la mer prés des costes, des sables, lettes & terres blanches d'vne lieue & plus de largeur à fin qu'elle peut inonder sans faire tort aux bonnes terres, si qu'aucun ne se peut plaindre d'en auoir reçeu dommage, *proauitaque toto rura obijsse mari.* Et ne sert aussi l'argument des naufrages, l'acquisition iuste & naturelle de l'Ambre gris ne se doit conformer à l'acquisition odieuse du naufrage contraire à la disposition de droict, aux loix de Constantin, ou plustost d'Antonin & de Federic, tant detestées par l'Empereur Andronicus Commenus en sa harangue faite au Senat, *apud Nicetam Choniatem* subiecte aux excommunications des Pontifes, *in cœnâ Domini*, vn droict de quelques Cyclopes ou Lestrigõs inhospitaus à Vlisse sauué à bord, ayant au flanc vn linge pour escorte, vn droict de quelques Nasamoniens viuans de naufrage,

æquoreus Nasamon, inuadere fluctu
Audax nauigia prædasque auellere ponto.

Apud Silium,

Qui proxima ponto,
Nudus rura tenet quem mundi barbara damnis
Sirtis alit nam littoreis populator arenis
Imminet & portus nulla tangente carina.
Nouit opes. *Apud Lucanum.*

Qu'il faille perir en terre aprés auoir eschappé de la mer, au rebours du lieure qui s'estãt sauué en terre des chiens & leuriers, fut pris & deuoré en mer par vn chien de mer!

In me omnis terræ pelagique ruina est,

Luy fait dire Ausone en ses Epigrammes,

Forsitan & cœli, si canis astra tenet!

Qu'il soit loisible à ceux qui *naufragium ex terra intuentur desæuire vltra naufragium* de s'attacher aux tables du naufrage, cõme les poissõs nõmez hippuri.

Que cela ſoit toleré en iugement, *o maria mitiora iudicijs*, diſoit quelqu'vn aux declamations de Seneque. *Quænam hunc tam barbara morem, permittit patria* demande Gabriel ſur le 4. des ſentences *diſt. 15. q. 3. dubio 6.* Nauarre *c.27.* nõbre 118. de ſon manuel. Caietã en ſa Sõme *verbo excõmunicatio, Benedicti verbo vxorẽ* nõb. 373 Rebuffe eſt allegué en l'autre partie de l'Ordonnance gloſſe 5. nombre 74. *Couarr. regula peccatum parte 3. §. 1. F. Marcus quæſtione 894 2. vol. Medina tract. 2. de Iuſt. & iure diſputat. 56.* qui diſẽt tous que nonobſtant toutes couſtumes & proclamatiõs on eſt tenu en conſcience de faire reſtitution des naufrages autant & plus que des autres eſpaues: d'autant qu'on n'eſt pas cenſé auoir ietté ſon bien volontairement en la mer, Ariſtote en parlant des choſes inuoluntaires en donne cet exemple liure 3. des morales, & que telles choſes ne ſont point tenues pour delaiſſées nonobſtant la diſtinctiõ d'Vlpian, les textes y ſont vulgaires, *l. ſi quis merces ff. pro derelicto l. fi. de incend. rur. & nauf.* & ſi le maiſtre ne le recherche, ce n'eſt pas tant par negligence que par difficulté, ignorance ou impoſſibilité.

XVII. DONQVES ce droict extraordinaire & odieux que les Seigneurs pretendent ne doit s'eſtendre ſur la treuue de l'Ambre gris droict naturel & fauorable, on fait plus d'iniuſtice à l'inuenteur de luy oſter l'Ambre gris, que de luy oſter les tables du naufrage. Auſſi tels droicts ont ils eſté diſtinguez & ſeparez par arreſt de reglement de cette Cour du 7. Septẽbre 1574 Et ceux de Mainmiſſan qui auoient droict ſur les naufrages, & autres choſes qui ſeroiẽt iettées par la mer à son bord, par priuilege du Roy, Edoüard d'Angleterre confirmé par nos Rois priuatiuement à tous autres en certaines costes de la mer, comme ils voulurent estendre ce priuilege sur l'Ambre gris, tant pour cause du naufrage que des autres termes generaux portez par leurs lettres. Il fut dit que leur priuilege n'auroit lieu sur les autres choses, qui se peschent & treuuét au bord de la mer autremét que par naufrage, ce qui est tres notable. Mais qui est plus nos Rois ont temperé par leurs Ordonnances la rigueur de ce droict, ou leurs Procureurs generaux n'aquiesceroient pas au Seigneur des terres s'ils pretendoient ce droict de naufrage, autremét que par priuilege: Car les Rois & Princes souuerains, maintiennét que tous droicts de la mer leur appartiennent priuatiuement à leurs subiects, que seuls ils peuuent imposer, charger, & subsider en la mer *Bald. in l. 1. de rer. diuis. & l. cum proponas* C. de *naut. fœn. vsque ad centum milliaria*, selon Bartole & Cæpola cy dessus alleguez, si Prince plus prochain ne les empesche, que seuls ils peuuent bailler breuets de conduite, & de guidage desquels parlét Hostiensis, Panorme & Butrigarius *in c. super quibusdam § præterea de verb. sign.* Et seuls ont droicts de bris & de naufrage, *de grassali iure* 20. Argentré sur la Coustume de Bretaigne, tiltre des droicts du Prince nombre 43. & l'autheur de la republique liure 1. chap. 11 qui en cite des exemples de ce temps, & les Ordonnances de l'admirauté y sont formelles. Or de priuilege pour le naufrage, le Demandeur n'en auoit point, ny ses autheurs qui au moins peussent valoir en cette cause: car celuy qui est produit est obtenu par Madame, dixsept mois aprés le procez intenté, ainsi non considerable en cette cause Nouell. 113 *in medio litis non fieri sacras formas, sunt ambitiosa rescripta.* Et de possession immemoriale pour le naufrage, il n'en appert, ains seulement de trois ou quatre actes de iustice faits en la terre de Marenzin en l'an 1567. Et de possession pour l'Ambre gris il n'en appert du tout point & seroit malaisé à cause que cest despuis peu d'années que la mer en iette à la coste de Marenzin, voire Theuet escrit en sa Cosmographie qu'il ne s'en trouuoit point à la coste de Bayonne.

Le Roy mesmes ne pouuoit pas en consequéce des Ordõnances de l'admirauté prẽdre droit sur l'Ambre gris: car il est notable & remarquable que les Ordonnances ne parlent que de deux sortes de biens, ou de ceux qui sont allez au fonds de la mer & qui s'en retirent par engin ou par force, *veluti per columbarios orciscopularios*, par les vrinateurs & plongeons qui plongent en mer,

> *Exportantque maris prædas & rapta profundo*
> *Nauigia, atque imis auidi scrutantur arenis.*

Ou des choses qui flottent au dessus de la mer sparices, veresques. barbaries & autres choses du flo, qui sont peschées à flo, tirées à terre, & sauuées auec peril à raison duquel peril Harmenopulus liure 2. tiltre 11. sur la fin, & Nauarre en son manuel cha. 17. nombre 98. opinent que ceux qui les sauuent les gaignent, toutefois nos Ordonnances & arrests de modification sur icelles ne leur en baillent que le tiers, mais c'est indifferemment, & en tout cas, de ces biens là qui sont allez au fonds de la mer, cõme par droict de saluage, soit que le maistre les reclame ou non, & le tiers aussi des biens sauuez du flo au cas qu'ils ne soyent reclamez par le maistre, & pour les autres deux tiers, l'vn est appliqué à l'Admiral & l'autre au Roy ou bien aux Seigneurs à qui il en fait don en leurs terres. Mais pour le regard des choses qui ne sont ny tirées du fonds de la mer, ny sauuées du flo, & que la mer aura bouté à terre ou ietté au bord, ou qui arriuent si pres de terre, qu'vn homme à cheual y puisse toucher auec sa lance, il en va autrement comme a bien remarqué Terrien sur la Coustume de Normandie, l'Ordonnance n'a rien definy en ce cas, ny des droicts du Roy, ny de l'Admiral (ores qu'il en ait pretendu autrefois) ny des droicts de celuy qui les trouue & recueille au bord de la mer, cela est laissé au droict commun.

Dauantage il est à remarquer que l'Ordonnance ne parle des biens & marchandises qui ont maistre qui sont perdues en mer & peuuent estre reclamées par le maistre : mais non des choses franches & libres qui ne furent iamais à aucun, & que la mer à boutées à terre, tel que l'Ambre & sẽblables choses qui sont fruits naturels de la mer: l'Ordonnãce n'en parle point, ce qui seroit besoin, autrement *à separatis nil infertur*, & faut interpreter l'Ordonnance estroitement, *vt minus lædatur ius commune.* XVII.

& distraire du commun telles choses communes, & les appliquer & approprier au Roy : ainsi qu'il y a Ordonnance pour les naufrages, Ordonnance pour le dixiesme des mines, Ordonnance pour les isles, iaueaux & atterrissemens, Ordonnãce de Blois pour les thresors, & en faudroit encore vne particuliere pour l'Ambre gris, qui est bien digne d'vne note speciale, autrement & iusques à ce il se faut regler par le droict commun qui les donne à l'occupant. Et cette qualité de la franchise & liberté de la chose est si considerable pour la distinguer quant aux droicts du Seigneur, des thresors, des espaues & des autres biens vacans, qu'il est certain que les Seigneurs des terres ne peuuẽt prendre aucũ droict de fief, sur les choses vrayemẽt abandonnées & tenues pour delaissées & qui rẽtrent par là en leur naturelle liberté, ni sur les animaux priuez ainsi qu'ils sõt sur les espaues, & n'y faut estẽdre les coustumes des espaues, comme dit Baro, vne autre difference qui est encores bien considerable en ce fait, c'est la qualité du lieu où l'Ambre gris se retreuue, qui n'est lieu propre à aucun, ains qui est franc & libre : Iaçoit que cette qualité du lieu ne soit necessaire, quand la chose de soy est frãche, & n'est à personne comme il appert ès choses delaissées qui où qu'elles se retreuuent sont indistinctement à l'occupant. Le lieu donc est franc & libre & commun ou l'Ambre gris se retreuue à sçauoir *in littoris acta, littora iure gentium omnibus vacant & sunt eiusdem conditionis atque pisces feræ l. quod in littore ff. de acq. rer dom. occupantis est possessio littoris* dit Seruius sur ce vers de Virgile, *hospitio prohibemur*

bemur arenæ, si que chascun y peut bastir, [illegible] *mœnia prima loco*, & ce faisant aucuns ont pensé que lors estoit exempt de la iurisdiction de tous Princes souuerains, *de quâ re contentio fuit inter Alciatum & Inæum.*

Cette franchise & qualité du lieu est neantmoins si considetable; que le thresor trouué non pas *in loco publico*, ce lieu n'est pas franc & commun, non pas *in loco religioso*, les rescripts des Empereurs y ont esté discordans, mais en lieu confessé & recognu n'estre à personne cõme s'il est trouué sur le riuage de la mer, *totus erit occupantis & inuentoris*. Bart. sur le §. *item lapilli*. Balde qui allegue aussi l'authorité de Cinus, *in l. item lapilli ff. de rer. diuis.* Chassanée sur le mot espaues, *Petrus Iacobi*, en sa pratique tit. de act. real. Argentré tiltre du droit du Prince, à plus forte raison l'Ambre gris qui ne fut jamais à aucun.

Et ne sert de vouloir retrancher a la mer Oceane XX.
l'estenduë de ses riuages, le flot les borne aussi bien en l'Ocean, qu'en la Mediterranée, qui n'est qu'vne parcelle de l'Ocean, & à le bien prendre la definition de Iauolenus y est formele qui s'entẽd des mers, qui ont flux & reflux, *qua maxime fluctus exæstuant*, *exæstuant* ce mot le mõstre: ces flots, & reflots sont des accez aussi naturels à la mer qu'aux febricitans, la mer manie ainsi par nature des rades à la terre, & de la terre aux rades, il n'y a rien d'extraordinaire: cependant si elle abandonne son lict deux fois le iour, ce lict & riuage, *semper est eiusdem conditionis cuius & mare & quæ subiacet mari terra, vel arena*, la mer en se leuant ou retirant retient la possession de son lict, cõme certaines fontaines & fleuues retiennent la possession de leur

canal ores qu'il desseche & tarisse naturellement pour certain temps comme font certains fleuues ou torrents du Perou qui courent de iour & non de nuict, vne fontaine en Epyre qui ne court iamais à midy le fleuue du Sabat en Iudée qui se repose & chaume le Samedy, vne fontaine en Syrie qui ne coule que de sept iours l'an & tels autres qui retiennent la possession de leur canal aussi bien que nous faisons, *Possessionem saltuum æstiuorum & hibernorum*, ores que nous les abandonnions pour vne saison entiere.

Pecúsque calabris ante sidus feruidum
Lucana mutet pascua.

Donques *vt ripa est quà flumen cum plenissimũ, ita littus quâ mare cum maxime fex æstuat alludit.* Et pour trancher cette difficulté nos ordonnances y sont formelles, & les modifications des Cours souueraines sur ce données, car definissant les greues & riuages, non point des mers de Leuant, mais generalement des mers du Royaume, elles portent que les greues sont tant que le flot de la mer s'estend: & ailleurs tout ce que la mer couure & descouure tant que le grand flo de mars se peut estendre, ce qui est par trop suffisant pour renuerser l'opinion de Balduin, Minsinger, Angelus, & Faber qui n'auroit lieu qu'aduenãt vn desbordemẽt extraordinaire qui couurist les prez & terres labourables, quãd lõ voit. *Iniectũ terris subito mare nullaq; iuxta*
Littora & infuso stagnantes æquore campos.

l'Ambre donc ietté aux bords de la mer, aux grands mareages de Mars & de Septembre, n'est point aux proprietaires des terres qui confinent à la mer, il est trouué en lieu commun & sera entierement à l'inuenteur & occupant ensemble tous les autres fruicts naturels de la mer que le flot iette sur les riuages, par exemple les poissons, que la mer hurte, froisse & delaisse à son bord:

Nam maris immensi prolem & genus omne natantum
Littore in extremo seu naufraga corpora fluctus Pro'uit.

Et Pline escrit que du temps de Tibere, *contra Lugdunensis prouinciæ littus trecentas amplius belluas reciprocans destituit Oceanus, nec pauciores in Santonum littore.* Cela aduient ordinairement à la coste d'Afrique prez Messa, quand la balene en aproche, *quum vento motúue suo telluris ad oras Pellitur*, elle y meurt soudainement cõme par miracle, & le peuple a ceste vaine & fausse creance, que le Prophete Ionas fut iette à ceste coste hors du ventre de la balene qui meurt en punitiõ de de l'auoir englouti.

Aussi y a il des poissons comme sont les Daulphins, *qui solent in terram irrumpere incerta de causa & statim tellure tacta moriuntur, vnda simul miseros vitáque destituit. Ita Siculo bello ambulãte in littore Augusto piscis ad pedes eius exilijt*, ce qui luy presagea l'Empire de la mer. Autres y a lesquels y sont surprins au riuage comme ils viennent ou pour sommeiller, ou pour chercher leur viande, poissons amphiuies aucuns desquels Oppianus I. Ælianus appelle elegammẽt des Adonis, pource qu'ils ont la mer & la terre pour amies, ainsi qu'Adonis auoit deux Deesses l'vne de la terre l'autre de la mer. Autres encores y sont attirés par artifice & dexterité, les Sargons auec les peaux de cheures, les Pagures au son du chalumeau, les cancres squinades au son des trompettes & clairons: & maints autres ainsi, & tous sont à l'occupant: la mer est commune disoit Phœnicides mais les poissons sont à ceux qui les prennent, & la bague qu'ils auront aualée, cõme il aduint à la bague de Policrates, ou bien l'argent au 17. de Sainct Matthieu sont pareillement à l'occupant, toutes autres choses quelconques que la mer iette au riuage non seulement pour se purger, ce qui luy est ordinaire selon Pline & Seneque, *quia Neptunus fastidiosus ædilis est si quæ improbæ sunt merces iactat omnes.*

Mais encores pour nous bien faire & enrichir. Varro en auoit faict vn liure *de littoralibus* que nous n'auons pas, mais laissant à part quelque denombrement qui s'en pourroit faire il suffira de finir & conclure, par l'argument des pierreries, qui se trouuent soit aux riuieres qui en font aprez tribus à la mer, soit en la mer mesmes.

XX. MAIS en quels fleuues & mers en quelles riues & riuages se trouuent elles en quel endroit est ce que l'Ocean.

Oceanus vicino littore gemmas expuit?

En quelles riuieres est ce que

Detegit admixtos non concolor vnda lapillos?

On en cotera briefuement quelques vns. Les fleuues d'Indie en sont fort riches. *Gemmiferi sunt Acesines & Ganges.* l'Hidaspes aussi,

Diues Hidaspæis augescat purpura gemmis,

En Claudian. En tels fleuues & autres de l'Indie selon que Festus Auienus escrit.

Scrutantur ripis alij torrentibus indi
Berilli gemmas glauci, nitidumque adamanta

Atque aura viridi legitur quæ splendet iaspis
Coralijque decus liquidi gratique Topazi
Purpureóque Amethistus inest suffusa colore.

l'Agathe se treuue en Sicile, au fleuue Achates portant mesme nom. Et en Choaspes aussi.

--- Cuius ad vndam
Incola flauentem studio sectatur achatem.

Pirrhus en portoit vn anneau empraint naturellemẽt d'vn Apollon & du chœur des neuf Muses: l'Asbestus au fleuue Ladon d'Arcadie; le cristal, au fleuue Thermodon & encores l'Iaspis blanc, le Choaspites, *Chrisoberilli genus viridis fulgoris aurei*, au fleuue de mesme nom: les emeraudes grãdes, *viridi cum luce smaragdi*, au fleuue Maragnon, le Galactites si dangereux à la memoire. *Post nilum achelous dat, tertium nemo*, Le Gagates qui s'allume en l'eau, & s'esteint en l'huile, vient en la riuiere Gagas de Cilicie, l'Heliotropios, *ertit radios qui solis in vndâ.*

Si quis eum fusa labris immergat aënis.

Le lac Tritonien le porte: le Nilion se trouue au riuage du Nil en l'Æthiopie, *& in sineo atticæ flumine*: la Pausilipe au fleuue Strimon, la pierre thracienne, au fleuue Pontus, le Smilaces en l'Euphrate, & l'Euphrate donne encor la pierre Sagda, *quæ ingenita spiritus efficacia supermeantes naues à profundo petit, hanc adhærescentem nauibus Chaldæi inueniunt*: *Zoromiscios magnum gemma*, vient au fleuue Indus.

QVANT à la mer elle a aussi ses pierreries, soit que les fleuues, qui les ont charroyées en passant & trauersant les terres les y deschargent, soit que naturelement elles y foisonnent. XXI.

Semper in Oceanum mittit me quærere Gemmas

Dit Properce, & la mer en pare ses riuages.

Leniter effundit gemmantia littora pontus.

l'Atiter, *quam Zoroastres præfert omnibus*, se void aux bords de l'Ocean Persique, l'Asterios *in littoribus Pallenes*.

Nascitur hic scopulis Pallenes, gemma refulgens
Asteriam perhibent stellis certare putatur
Et flammæ similis splendenti lumine lichnis.

Le Sirtites, *facie adeò iucundâ vt languentes intrinsecus stellas, & sub nubilo renitentes croceo colore perfundat in littore sirtium inuenitur.* Le coral aussi precieux aux Indiens qu'à nous les perles, se voit encores en la mer Ligustique, & de Marseille, *hic rubra coralia nudat æstus*, dit Ausone le riuage de Portugal, *pollet gemma ceraunio, ei color est epyropo*, celuy des isles Lucaies, en rubis estincelans, la mer Caspie donne encores le cristal *egregio cristalli pondere gemmam, Atque malos lemures quæ pellit munus Iaspin.*

Le riuage de la mer rouge, & Arabique donne l'androdamas *qui animorum calentium mollit impetus, Iridem quæ cœlestis arcus iacit speciem, Molochitem contra infantium pericula ingenitâ vi resistentem, Pæderotem in quâ cõgruit quicquid eximium est quadam decoris prærogatiuâ*, & le Sardoine que Policrates portoit en son anneau, la voit on encores, *purpureis late ridentia littora conchis*, on y trouue les perles, *rubri maris grana, pustulam conchæ, duram & rotundam verrucam*, car les coquilles qui engendrent ces perles, *nocturno tempore littora appetunt.*

Concharumque genus parili ratione videmus,

Pingere telluris gremium, quæ mollibus vndis
Littoris incurui bibulam lauit æquor arenam.
apud Lucret.

Les natiuitez de ces pierreries sont extraictes, de Pline, Solin, Mela, Isidore, Priscianus, *in periegesi*, Festus, Auienus, Dionisius Afer, Theophraste & quelques autres. Or telles pierres precieuses trouuées sur les riuages, sont en tout & par tout semblables à l'Ambre gris, en leur nature & qualité, *statim inuentoris fiunt*: & les seigneurs iusticiers ny ont part quelconque, dit le commentaire de la Coustume d'Aniou article soixãte & vn, lequel adapte à ce propos l'authorité de Bouteillier bien quelle n'y soit pas expresse mais Baro. qu'il n'allegue pas, l'a ainsi decidé formellement & en propres termes *in iure gallico ad tit. de rer. diuis.* nonobstant les Coustumes concernant les espaues, lesquelles ne s'estendent aux pierres precieuses pour raison desquelles, nonobstant les droicts des Seigneurs demeurent en leur force, le paragraffe lapilli, la loy *item lapilli de rer. diuis.* & la loy 1. § *bello capta. ff. de acq. possess.*

Auquel paragraffe le Iurisconsulte faict mesme iugement des conquestes de la guerre, & des rencontres de fortune: en celles là *vtendum est iudice bello*, dict Lucain, & en celles cy, *vtendum est iudice fortunâ: neque enim natura illis sed fortuna dominum dedit*, dict Quintilian, declamation 13.

Comme donc Themistocles aprez la bataille de Salamine, se promenãt sur la greue le long de la marine regardãt les corps des Barbares que la mer auoit iettés au riuage, & en voyant aucuns qui auoient encores des chaisnes & des bracelets d'or, passa outre, mais les mõstrãt à vn siẽ familier qui le suiuoit, prens cela pour toy, dit il, car tu n'es pas Themistocles. Ainsin feroient bien honestement les Seigneurs des terres quant ils se proumenent sur les riuages de la mer par esbat comme Lentulus & Scipion, & qu'ils voyent quelque chose de pris & de valeur que la mer aura itté à bord, & les pauures & necessiteux qui la costoyent pour chercher leur vie, & soulager leur pauureté, de passer outre, & tenir mesme langage que Themistocle, amassez vous n'estes pas Themistocles, amassez vous n'estes pas Gentils hõmes hauts iusticiers ny grands Seigneurs.

XXII. ET c'estoient les raisons à peu prez qui se pouuoient desduire de part & d'autre, lesquelles ayant esté pesecz & balancées meurement par la Cour elle a iugé, que le demandeur ne pouuoit prendre droit aucun sur l'Ambre gris trouué à la coste & riuage de Marenzin en qualité de Seigneur Baron haut Iusticier de Marenzin, toutesfois que le faict de possession immemoriale estoit recepuable, selon qu'il auoit autre fois esté receu en pareil cas, és autres Cours souueraines. A tant elle a donné son Arrest par lequel elle vous dict,

Quauparauant faire droit sur la requeste, fins & conclusions des parties. Elle a ordonné que le demandeur fera apparoir du fait par luy mis en auant, à sçauoir que uoir que luy & ses autheurs sieurs de Marenzin sont en possessiõ immemoriale de iouyr du tiers de l'Ambre gris qui se trouue le long de la coste de Marenzin, mesme despuis le lieu & boucaut de Contis iusques au lieu & boucaut du Plech, & que de memoire perduë ils ont droit & sont en possession de prohiber & empescher toutes personnes de venir costoyer pour l'Ambre gris en ladicte coste & destroit susdict, si n'est en baillant au Seigneur le tiers dudict Ambre qui se treuue le long de ladicte coste & destroit: & les deffendeurs au contraire si bon leur semble, & ce dedans deux mois prochainement venans, par deuers le Commissaire qui sera à cet effet par ladicte Cour deputé, pour lesdictes preuues faictes, & deuant la Cour rapportées estre procedé ainsi qu'il appartiendra par raison despen reseruée en fin de cause.

FIN.

ARREST TROISIESME touchant l'eualuation des Monnoyes.

PRONONCE' AV MOIS DE Ianuier 1603.

PROCEZ s'est meu pardeuant les Presidiaux de Guyenne entre N. Asseré demandeur d'vne part, & N. la Basse deffendeur d'autre part.

POVR LE FAIT. En l'an mil six cens deux, le vingt-sixiesme d'Aoust, le defendeur emprunta du demãdeur la sõme de cent escus d'or & de poids, dont il luy bailla sa scedule & des bagues & ioyaux en gage pour plus grande asseurance, qu'il promit acquitter dans trois mois, pandant lequel terme & au mois en suyuant.

Le pris & valeur extrinseque des monnoyes fut rehaussé par Edict portant que l'escu d'or sol, qui auparauant ne valoit que soixante sols seroit du prix de soixãte cinq, & celuy d'argent de soixante quatre. Le demãdeur ayant esté sommé par son debiteur de luy deliurer ses gages moyennant le payement de trois cens liures qu'il luy offrit, d'autant que l'Edit enioint de nombrer à l'aduenir par liures & non plus par escus, il ne les voulut pas receuoir, au contraire il actionna la Basse pardeuant lesdicts Presidiaux, qui sans auoir esgard à ses offres, le condamnerent au payement des cent escus en especes, par sentence du vingt quatriesme Ianuier mil six cens trois, de laquelle s'estant rendu appellant en la Cour.

Il pouuoit dire pour ses raisons.

QVE deux choses entre les Perses estoient tenuës pour sales & deshonnestes, au rapport d'Herodote, la premiere estoit de mentir, & la seconde, que Plutarque a mise pour la premiere: c'estoit d'emprunter & deuoir de l'argent, & ce pour plusieurs considerations & celle cy entre les autres, que l'emprũter & le mentir c'estoient deux vices fort proches & que les debiteurs deuenoient ordinairement menteurs. Ce qui ne se trouuoit pas seulement veritable en ceste cause, en laquelle le Deffẽdeur desmẽtoit sa foy & sa promesse & plaidoit selõ le prouerbe François contre sa scedule, mais aussi par tout ailleurs les creanciers experimentoient iournellement que les Perses, au iugement desquels Appian faict consentir les Grecs & les Romains, auoient grande raison de condamner & detester la menterie & perfidie des debiteurs, qui sont cause que les creanciers n'ont que perte, peine, & ennuy au recouurement de leurs debtes. I.

II. TANTOST les debiteurs desnient tout à plat ce qu'ils doiuent, *nostra ætas parum fidei gerit, tabulæ notantur, adsunt testes duodecim, tempus locumque scribit actuarius, & tamen inuenitur rhetor qui factum neget*: ores s'ils sont contraints d'aduoüer la debte, ils temporisent le terme escheu, *& ad diem non respondent*, & ne font pas comme les Gnosiens, qui faisoient contenance de rauir ce qu'ils empruntoient: mais c'estoit pour se contraindre eux mesmes à rendre promptement ce qu'ils auoient receu de crainte d'estre accusez comme voleurs, & traictez criminellement en iustice, & non ciuilement comme d'argent presté, eux au contraire endurent plusieurs sommations, *opus est malis correctore, bonis admonitore*, puis cherchent des eschapatoires, & subterfuges, vsent d'exception, & mauuais pretextes, pratiquent des sophistiqueries & chicaneries ainsi que leur reproche Demosthene, *aduersus Lacritum*, ils resemblent à ce Lucius Cotta, duquel Lucilius disoit, *magna fuit trico nummaria soluere lentus*: car ils se mettent à sauueté dans vn Palais parmy des procez: comme ils faisoient anciennement dedans le temple de Diane Ephesienne, où ils trouuoient franchise & sauuegarde contre les creanciers. Ainsi *quando accipiunt, gaudent, quando reddunt plorant* dict Sainct Augustin, *vt accipiant precantur, ne reddant calumniantur*, & si changent de mœurs comme les Chameleons de couleurs ausquels, Phalaris les compare en ses Epistres, *quod sibi volunt dum impetrant boni sunt, sed vbi iam penes se habent, ex bonis pessimi & fraudulentissimi fiunt*.

Que si en fin ils sont reduicts à ce poinct, qu'il

leur faille payer, ils interpretent ce qu'ils payent pour vne liberalité, dict Demosthene au mesme lieu, & croyent qu'on leur en doit de retour, *ut nunc sunt mores, eò res rediit; si quis quid reddit magna habenda est gratia*: voire ils sçauent si peu de gré à ceux qui liberalement payent pour eux, que l'Empereur Auguste, ayant aquité de grosses sommes vn Senateur sien amy n'en eust autre action de graces que ces trois mots de lettre, *mihi nihil Auguste*, appellant rien de deuenir quiette, cõme faisoit Iules Cæsar dictateur, quand il disoit qu'il luy falloit auoir six millions soixante tant de mille escus affin d'auoir rien. Apres tout il faut faire estat le plus souuent ou de perdre sa debte, ou d'auoir sõ debiteur pour ennemy. *Si quis mutuum quid dederit fit pro proprio perditum,*
Cum iam repetas, inimicum beneficio inuenis tuo,
Si mage exigere cupias, duarum rerum exoritur optio,
Vel illud quod credideris produci, vel illum amicum amiseris.

CE qui rend excusable la coustume de certains peuples de l'Indie, desquels parle Æliã en sa diuerse histoire, qui se gardoient soigneusemẽt & de prester & d'emprunter & ne s'obligeoient iamais soubs leur seing: & de quelques autres dont fait mention Stobée, qui ne mettoient point en iustice ceux qui les auoient fraudez ou d'vn prest ou d'vn depost, ains s'en prenoiẽt à eux mesmes & s'accusoient publiquemẽt de leur folle credulité, & de la faute qu'ils auoiẽt faicte d'auoir donné à garder, ou d'auoir donné leur argent. III.
Si reddat veterem cum totá ærugine follem
Prodigiosa fides & Thuscis digna tabellis.

VI. OR pour monstrer que le deffendeur n'a pas rendu ce qu'il deuoit, il faut tenir pour fondement certain & maxime fort resoluë, que pour rendre loyalement ce que lon emprunte, il faut rendre chose qui soit de mesme genre & de mesme bonté, *cum quid mutuum datum est, id agi intelligitur, vt eiusdem generis & eâdem bonitate soluatur quâ datum est*, dict la loy troisiesme, *cum quid ff. de reb. credit.* ayant donc le demandeur presté cent escus en or, il conuient que le deffandeur les rende d'or en or, & non pas en monnoye blanche, autrement *neque eiusdem generis nec eadem bonitate soluitur quâ datum est.*

Car soit que lon veille dire qu'il n'y ait qu'vne seule forme & qu'vne seule espece de tous metaux, & qu'ils ne soient point differens entr'eux de formes substancieles, mais seulement de couleur, saueur, poids, rareté, densité, fixité, ou liquidite, qui estoit l'opinion de Callisthenes, Galien & autres: ou que lon veille dire, que ce soit du metal comme de l'espece du lys & de la roze; qui comprend toutes les rozes & lys qui sont de differentes sortes & couleurs: que ce soit comme du chile au ventricule, qui deuient vn & autre par diuerses actions, mutations & changemés, ou cóme qui diroit, selon quelques anciens Philosophes, qu'il n'y eust qu'vn seul element, duquel toutes choses fussent engédrees, & que les quatre que nous appellons ne fussent distinguez que par leur rarité ou densite. Prenant les metaux en ce sens, il est certain selon les autheurs de la mesme opinion, que le Soleil ou la nature procedans par diuers degrez à les digerer, meurir, & commuer, leur dernier progrez &operation se termine en l'or: si que ne pouuãt elabourer le principe formatif du metal que iusques à certaine graduation, il se fait, par exemple, ou du plomp ou de l'estain, ou du cuiure, ou de l'argent: mais s'il leur aduient d'elabourer le metal iusques à sa derniere perfection, alors il se faict de l'or qui est la finale & parfaicte bonté du metal. Ou bien si lon veut dire plus veritablemẽt qu'il y ait six especes differentes, fer, plomb, estain, cuiure, argent, & or, il est tout certain aussi, selon le commun consentement de tous que l'or excelle autant en bonté par dessus tous les autres cinq metaux, que faict le Soleil par dessus les autres planetes, le vin entre les vegetaux, le lion entre les bestes, l'homme entre tous les animaux & le cœur sur les membres de l'homme; de tous lesquels noms les Chimistes ont appellé l'or, en faisant comparaison de l'or à toutes ces choses, comme l'or estant l'idee, le Roy & le seul parfaict metal de tous les metaux. Dont il appert que deux insignes marques de perfections ou affections se retrouuent en l'or, la premiere est vne grande, & constante fixité, duration, & resistence contre la violence du feu, qui ne peut consommer ou diminuer la quãtite de sa substance, laquelle demeure vne & ferme en son poids, en sa valour, consistance, & dilatation: Au lieu que les autres metaux se consument au feu, en tout ou en partie se diminuent & s'euaporent en fumee, en escume & ordure de metal *rerum vni nihil igne deperit tuto etiam in incendiis rogisque durante materiã*, Pline, Aristote & l'experience le tesmoignent. Budée dit que les orfeures ne l'en ont sçeu resoudre, mais Baptiste Porta escrit en auoir fait l'experience, ayant posé de l'or à vn feu continuel & tres-violent, l'espace de trois mois, au bout desquels cet or fondu ne souffrit aucune diminition en son poids & se retrouua plus vif en couleur & plus parfait en bonté. *Quô sæpius arsit proficit ad bonitatem*, & comme il resiste a l'action & a l'examen du feu, il resiste aussi à la dent & au cours du temps, & la rouïlle de l'air, ny de l'eau, ny toutes les sallatures comprises au ventre de la terre ne le peuuent endômager ny corrompre, *non rubigo vlla, non ærugo, non aliud ex ipso quod consumat bonitatem minuat ve pondus*: & ceux qui ont voulu arguër, qu'il s'abaissoit quelque peu de bôté & de poids par succession d'années, & qui disent l'auoir espreuue ez plus fines medailles, que Vespasian l'Empereur fit iadis coigner & monnoyer, n'ont sçeu trouuer à leur dire qu'il se fust abaissé, ou decalé en si long temps que d'vne sept cent soixante neufiesme partie de son poids & bonté.

V. La seconde marque de la bonté & perfection de l'or consiste en son poids naturel.

--- Pondus rebus natura locauit

Corporeis, elementa suum regit omnia pondus.

Les metaux *non par pondus habent*: l'or est le plus pesant de tous les metaux, à cause de son abondance, & densité mercuriale, qui ne reçoit rien d'aërien, il est plus pesant que le plomb, contre l'opinion de Pline & plus pesant que le vif argent: l'or surpasse le plomb de pesanteur de la mesme proportion ou vn peu plus que trois surpassent deux ou 1551.998. l'or surpasse l'argent vif comme trois surpassent deux

ou comou comme 1551 surpassent 1158: l'or surpasse l'argent fixe d'vn peu moins que neuf ne surpasse cinq, ou 1581. 929: l'or surpasse l'airain du double, ainsi que deux surpassét vn & vn peu plus côme 1551.729: surpasse le fer comme 1551 surpassent six cens trente quatre, 634 surpasse l'estaing trois fois ou peu s'en faut, & comme 1551 surpassent six cens, ou dixhuict sept, ainsi que l'on tient le docte Seigneur de Candale auoir espreuué. Et la mesme proportion y a il du volume de l'or au volume des autres metaux, d'autant qu'il les surpasse en poids, d'autant son volume est il moindre que le volume des autres metaux quand on les met en poids esgal auec l'or, si qu'estant mis certain poids d'or dedans vn vaisseau, plein d'eau il en fera sortir & verser moins d'eau, que ne fera autant pesant d'vn autre metal, qui sera de plus grand volume, & ce fut le fondement & la consideration d'Archimede, pour descouurir le larcin de l'orfeure de Siracuzes lequel auoit meslé de l'argent parmy l'or de la couronne que le Roy Hiero de Sicile auoit voüée à ses Dieux,

--hic mente sagaci
Quis modus argenti fuluo latitaret in auro
Repperit, illæso, quod Diis erat ante dicatum,

Ex eo enim quod plus defluxerat aquæ in coronâ, quam in massâ aureâ ratiocinatus, deprehendit argenti in auro mixtionem, & manifestum furtum redemptoris, dit Vitruue. On peut adiouster quelques autres marques & argumens du pris & bonté de l'or, *bonitatis enim argumentum quàm difficillimè accendi, quàm minimum vsu deteri, quod non aliud laxius dilatatur aut numerosius diuiditur.*

& ſur tout ſon apparente couleur citrine treſex-cellente, qui neantmoins cache & couure au deſſoubs le rouge agreable du rubis, de ſorte que *pulcherrimum omnium rerum aurum eſt*, outre ce, *plurimis modis pollet in remediis*.

VI. A raiſon de cete excellence de l'or & prerogatiues par deſſus tous les autres metaux, il n'eſtoit pas loiſible qu'aux Senateurs & Cheualiers Romains de porter anneau d'or. *Auro dignitatem per annu'os fecere: neque ſeruus neque libertinus gerebat in puplico*, dit Iſidore, *vtebantur libertini argenteo, ſerui ferreo* meſmes ceux du menu peuple ne portoient qu'anneaux d'argent. Encores dans les armes, dit Appian; il n'eſtoit loiſible de porter anneaux d'or, ſinon aux Tribuns, ceux qui eſtoient moindres en charge n'ẽ portoiẽt que de fer; les Ambaſſadeurs Romains auſſi pouuoient bien vzer d'anneaux d'or, mais en public ſeulement, *intra domos verè, ferreis*. Et le priuilege qu'auoient les ieunes enfans de porter au col vne enſeigne d'or, n'appartenoit q'aux enfans de ceux qui *equo meruiſſent, cæteri lorum habebant ſignum de paupere loro*

A raiſon de ceſte meſme excellence & dignité de l'or, il n'eſt pas loiſible auſſi qu'aux ſeuls Princes ſouuerains de batre monnoye d'or, & pourtant Procopius voulant monſtrer que les François eſtoient ſouuerains es Gaules & au Royaume d'Arles, le conclud par cete marque de ſouuerainété qu'ils batoient monnoye d'or de celuy qui eſtoit naturel es païs des Gaules, ce qu'autres Princes eſtrangers, dit il, n'euſſent ozé faire; non pas meſmes le Roy des Perses qui n'auoit droict de batre monnoye d'or à son coing, ains d'argent seulement. Sur cette querelle en l'an 1464. le Roy Loüys onziesme declara la guerre au duc de Bretagne, d'autant qu'il auoit fait batre de la mõnoye d'or, ce qui ne luy auoit pas esté accordé par le traité d'Angers. Il y faut vn special priuilege & concessiõ du souuerain, Cõstantin l'Empereur l'accorda à sa mere, Eusebe 3. *de vitâ Constãt*. comme Iean Duc de Berry l'obtint du Roy son frere en l'an 1371, & par sa permission fit battre cette monnoye de fin or, qu'on appella moutons d'or. Charles quatriesme Empereur fit la mesme concession au Roy de Boheme, par sa bulle d'or, & le Roy de Poloigne à l'Archeuesque de Guesne, & à l'Euesque de Posnanie en l'an 1224, ainsi que Cromerus l'escrit.

Il faut donc rendre monnoye d'or pour monnoye d'or, *vt eiusdem generis & eadem bonitate soluatur, quà datum est*. Encores n'est-ce pas assez, il faut que les monnoyes d'or soyent entre elles non seulemẽt de mesme poids, mais encore de mesme bonté, *bono melius inueniri potest l. vbi autem ff. de verb. obl.* Car il y a de l'or different en bonté l'vn de l'autre, le plus excellenr est l'or vierge qu'Aristote & Athenée appellent ἄπυρον, qui n'a point encores senty le feu, tel est celuy duquel parle Pline, *aurum arrugia quæsitum non coquitur sed statim suum est*: tel est celuy qui se trouue dedans les fleuues & riuieres, lesquels passans par les minieres de la terre raclẽt & entrainent l'or auec eux. *Inuenitur fluminũ ramentis*, dit Pline, *vt in Tago Hispaniæ, Pado Italiæ, Hebro Thraciæ, Gange Indiæ, nec vllũ absolutius aurũ est arsu ipso tritúq; perpolitur*. VII.

Es indes d'Occident pres Carthagene il s'en pesche ainsi dedans le fleuue appellé Zeneus, les habitans tendent des rets en temps de pluye & enuelopent souuẽt de grosses mottes ou grains d'or que la roideur impetueuse de ce fleuue charrie, & quelques vns ont esté rencontrez qui estoient de la grosseur d'vn œuf de poule. Il s'en trouue encores en pepin, pailles, ou pailletes, & en gros grains sur l'escorce & superficie de la terre, *inuenitur aliquando in sũmâ Tellure rarâ felicitate*, ainsi qu'il s'en retrouue en Pœonie, aprés quelques grandes lauasses de pluye dit Aristote, si que l'on en voit la terre toute surdorée. Ce que l'experience cõfirme aux terres neuues, ou c'est qu'il a esté trouué des grains d'or du poids de neuf onces, autres du poids de vingt cinq onces: autres masses d'or estimées à cinq cens escus & du poids de cinq & de sept liures: autres de la valeur de trois mille cinq cens, & de quatre mil escus, aucuns desquels grains ont autrefois esté enuoyez en Espaigne pour en faire foy. Mais le plus grãd, & qui se garde aux cabinets des Rois d'Espaigne, fut celuy qui fut trouué en l'an mil cinq cens & deux, lequel pesoit trẽte deux liures de nostre poids qui font prés de cinq mil escus. Ce qui est d'autant moins esmerueillable, que dans certains puis de Boheme à ce qu'escrit Ortelius, on a rencontré & foüi des masses d'or du poids de dix liures, & Pline auoit escrit auparauant qu'il s'en trouuoit aussi en Espaigne en certains puits de ce mesme poids de dix liures, *quas Hispani palacras, alij palacranas vocãt. Hoc statim aurum est consummatamque materiam protinus habet cum ita inuenitur. Hæc enim inuentio eius naturalis est.* Et de cette exquise bonté de l'or vierge appellé *ἄπυρον* approche l'or espuré que Seneque appelle *aurum ad obrussam*, que nous appellons *obrizum quasi ophiritium*, si nous croyons à sainct Hierosme sur Hieremie, pource que le meilleur or venoit d'Ophir, vray est que l'Empereur en la loy 1. & 2. C. *de metallariis* l'estime plus d'vne septiesme que l'or vierge qui est en poudre ou en pepin *in Balucis*, Budée 144 & 151, si donc vn creancier exigeoit par exẽple des ducats de fin or qu'il auroit prestez, on ne pourroit pas le taxer, de ce que lon blasmoit Nerõ. *Exegit*, dit Suetone, *ingenti fastidio & acerbitate aurum ad obrussam:* car il faut rendre l'or monnoyé, non seulement en or, mais en or de mesme bonté, *vt eiusdem generis & eadem bonitate soluatur quã datum est.*

CETTE question est encores decidée par cette loy vulgaire, mais fort notable, *Paulus respondi*, autrement la loy *creditorem* (ainsi lisent le Grecs contre la leçon des Pãdectes de Florence qui lisent *debitorem*) *ff. de solutio.* laquelle dit *creditorem non esse cogendum in aliam formam nummos accipere, si ex eâ re damnum aliquod passurus sit*, ces mots *in aliam formam* icy sont formels, *in aliam formam*, c'est à dire d'vn autre coing. Il faut donc par le droict payer sa debte en mesmes especes qu'elle à esté cõtractée. en especes qui soyent *eiusdem iconij. eiusdem typi, characteris, monetæ, Moneta* signifie le coing *apud Harmenop* qui soyent de mesmes marques, *eiusdẽ formæ, numo forma publica est* dit Quintilian, *numi argentei, forma publica duntaxat nomen accipiunt* dit Mœtianus *formâ publicâ signare pecuniã in l. 6. ad* VIII.

legem Iuliam peculat. C'est la marque & le coing qui distingue la mõnoye des diuers peuples, Roix Princes & Seigneuries. Chaque prouince & republique ancienement auoit vne marque particuliere, qu'elle apposoit à sa monoye. La monoye d'Asie estoit marquee d'vn Cestophore de filles portant paniers sur la teste, où y auoit choses apartenãtes aux sacrifices: Celle des Ætoliens d'vn Hercules brisãt les cornes du taureau Acheloüs: Celle des Argiens d'vn loup: Celle des Atheniens d'vn bœuf & encor d'vne cheueche: Celle des Aspendiens de deux luicteurs: Celle d'Alexandre d'vn Bucephale & d'vne victoire aislee, celle d'Auguste du signe du Capricorne auquel il naquit. Les Bæotiens marquoient leur monnoye d'vne mousche volante & d'vn cerf ou d'vn hanap de Bachus auec vn raisin: les Byzantins d'vn d'auphin alentour d'vn trident, Brutus de son effigie d'vn costé & d'vn bonnet & deux poignars de l'autre, ceux de Cephalenie d'vn cheual, ceux de Chalcide d'vne museliere de fer, ceux de Chio d'vn Homere, aucunefois d'vne harpye, ceux de Cizique d'vn lion, ceux de Corynthe d'vn Pegaze & d'vn Neptune assis sur vn trident, ceux de Corcire d'vne galere voguante, ceux de Crotone d'vn trepied delphique.

La monnoye des Dardaniens auoit pour marque deux cocqs combatans, celle de Demetrius vn Neptune ramant, celle des Dimeans vne cheure portant vne grenoille, celle des Erytreans vne Diane, celle des Germains & Allemands vne scie: celle des Bergethiens vne Sybille, celle de Hadrian l'Empereur vne Iustice seante, celle des habitans d'Histiée vn Neptune assis sur vne balene. Les Leucadiés empraignoiét en leur monnoye vn nauire, les Liciens vn lion assis, & vne cheure, Liuie Imperatrice, vne Cerés porte-loix, les vns des Locriens vne estoille, autres vne cigalle, autres vn luicteur: Les Macedoniés vn Hercules auec sa massue & des cornes de bouc. Ceux de Metapont vne Cerés auec vn espy, ceux de Meselin vne Sapphon. Ceux de Naxe vn Bacchus barbu & vn Satyre auec vne coupe. Les Perses marquoient leur monnoye d'vn Archer à cheual, les Peloponesiens d'vne tortue, les Phocenses d'vn aigle & d'vn trepied, le Roy Philippes de Macedone d'vn charriot à deux roües, le Roy Pyrrhus d'vne Pallas auec sa lance seante dedans vn throsne. Ceux de Rhege d'vn lieure auec vn char, les Tarentins y empraignoient Taras leur fondateur assis sur vn daulphin, les Tenediens vne hache & deux testes tournées d'vn homme & d'vne femme, les Thasiens vn Bacchus coronné & vn Hercules gardien. Les Thessaliens vn cheual aussi bien que ceux de Cephalenie, les Trachiniens vn Hercules assis, les Troezeniens vn trident auec la face de Minerue, & ceux de Troye vne truye, & ainsi des autres, ce denombrement est pris de Pollux liure *9. Onomast.* de Strabon & quelques autres aussi, & seroit trop long d'en faire vn des mõnoyes de nostre temps, sinon que Constantin le grand y marqua le premier la croix, & en a monstré l'exemple aux Princes Chrestiens.

IX. Estát dõques la forme & la marque des mõnoyes estrangeres toute diuerse, vn creancier ne seroit pas tenu en point de droict de se payer desdites monnoyes ores qu'elles fussent d'or & nõ descriées, *Paulus enim respondit creditorem non esse cogendum in aliam formam nummos accipere*, comme de prendre des pistolets d'Espaigne pour des escus de France. *Quid tam simile quam solidus solido? etiam hic distantia quæritur in auro, vultus, ætas, color, nobilitas,* ou *soliditas, literatura, patria, grauitas, ad scrupulos quæritur in auro plusquam in homine.* Il y a plus, car cõme en vne mesme principauté ou republique il y eust d'ordinaire des monnoyes de diuers prix, & de diuers metaux, les marques aussi en estoient differentes, par exemple, le diobole d'Athenes estoit marqué d'vn Iupiter d'vn costé & d'vne cheueche de l'autre : le tetrotrobole aussi de la mesme marque de Iupiter, mais il auoit deux chouettes pour vne : le Didrachme auoit le bœuf pour marque, & au reuers vn Thesée ; mais le Tetradrachme auoit vne Pallas d'vne part & de l'autre vne choüette. A Rome l'As qui estoit monnoye de cuiure auoit *ex alterâ parte Ianum geminum, ex alterâ rostrum nauis*, selon Pline,

naualis in ęre

Altera signata est, altera forma biceps,

Autres disent *pecudem*, vn bœuf, vn pourceau, vne brebis, *inde pecunia* : mais le *Triens* & le *Quadrans* estoient marqués d'vn radeau ou petite nacelle, *in triente & quadrante rates inde quadrantes rateti Lucilio.*

X. QVANT à la monnoye d'argent, le denier qui en estoit vne espece, estoit marqué de charriots à deux

cheuaux

cheuaux & à quatre cheuaux, *inde bigati quadrigatiq; dicti à figurâ cçlaturæ.* Quãt au demy denier il estoit appellé victoriat pource qu'il estoit marqué de la deesse Victoire, qu'aucuns pensent estre celle là qui estoit au Cirque: Et le Sesterce estoit marqué des figures de Castor & Pollux à cheual & de deux estoilles & encores auoit il iusques à sept ou huict autres marques differantes. Pour la monoye d'or, le denier d'or qu'on appelloit, se frappoit bien à la marque du denier d'argẽt, du tẽps mesmes des Cõsuls, & iusques au tẽps des Empereurs: & auoit en sa partie ãterieure quelque image des Dieux des Rom. ou quelque image de leurs Roix, d'vn Ianus à deux visages, ou bien la teste de Rome armée, & au reuers il auoit quelques chariots biges, ou quadriges comme auoit le denier d'argent ou bien vne proüe de nauire ou quelque autre telle chose (& volontiers s'y retrouuoit il tousiours quelques differences) Mais soubs les Empereurs telles monnoyes en leur partie anterieure estoiẽt marquées du visage d'iceux Empereurs, despuis le temps que le Senat defera cet honneur à Iules Cæsar le premier d'estre effigié en la monnoye: car deuant les Empereurs il y en a qui tiennent que nul Consul Romain ne fist iamais apposer en la monnoye la figure de son visage. Il estoit seulement permis à celuy qui en qualité de Triumvir des mõnnoyes auoit eu charge de la faire battre & forger, de faire empraindre son nom en icelle monnoye,

Vt ausoniæ scriptum crepet ære monetæ,

auec le nom de la dignité, & magistrature en la

quelle il estoit constitué: donques, *vultus æternales metallis vsualibus imprimebantur* dit Cassiodore & ce en leur partie anterieure, & quant aux reuers de ces monnoyes imperiales, il remarquoit quelque chose de la vie, faits, gestes, mœurs & conditions des Empereurs, leurs victoires, leurs conquestes, peuplades, quelques dits ou deuises aussi & autres choses en grandes differences. Ainsi donques les monnoyes de differét metal, voire de mesme metal & de pris diuers, estant differemmét marquées en mesme republique ou principauté, on peut dire que le creancier n'est pas contraint de prendre vne sorte de monnoye pour l'autre, de la blanche ou noire pour de la monnoye d'or, *Paulus enim respondit creditorem non esse cogendum in aliam formam nummos accipere*, ains qu'il faut *soluere ad denarium*. C'est à dire en mesmes especes d'or & d'argent, selon qu'aucuns interpretét ces paroles de Ciceron *pro Quintio*, sinõ possible que la monnoye d'or ou d'argent d'vne mesme republique ou principauté ne fust differente que de la seule marque, non de poids, d'aloy, ny de valeur, allors il y pourtoit estre contraint *l. 1. C. de vet. numis. potest. Nouell. Leo. 52* & vn temps fust que cela se rencontroit d'ordinaire en la monnoye Romaine, d'où vient que le Roy de la Taprobane auiourd'huy Sumatra, *mirum in modum Iustitiam Romanorum suspexit quod pares pondere denarij essent in captiuâ pecuniâ cum diuersæ imagines indicarent à pluribus factas.*

XI. MAIS pour peu de difference qu'il y ayt en la matiere, poids & valeur il n'y pourroit estre contraint, tant par la raison de cette loy *creditorem*, que par la premiere raison tiree de la loy *cum quid ut eiusdem generis & eadem bonitate soluatur quá datū est*: car *eiusdem generis* est autát à dire que *eiusdem materiæ* tesmoin ces mots de la loy *oleo C. de usur. additamenta usurarum eiusdem materiæ*, c'est à dire *generis*, *eiusdem generis*, c'est à dire aussi *eiusdem naturæ*, *eiusdem substantiæ & qualitatis*, *genus* se prend ainsi *eiusdem generis & qualitatis* en la loy *rei. ff. de Iur. dot. in mutuo non eædem res sed aliæ eiusdem naturæ & qualitatis redduntur* dit le §. 1. *quib. mod. re contr. & oblig.* où ces mots, *eiusdem naturæ*, veulét dire, *eiusdem substantiæ & materiæ*: car ce que la loy 9. §. *fi. ff. de contr. empt* appelle au commencement *substantiam*, disant, *si in substantiâ sit error veluti si æs pro auro, plumbum pro argento veneat*, ce mesme §. sur la fin l'appelle *materiam*, & la loy 14. *eodem materiam & qualitatē* comme aussi la loy *si sterilis* §. *quamuis de act. empt.* & les Stoïciens soubs le nom de substance & de nature entendoient les matieres, *ut testatur Diogenes Laërtius in Zenone* & nos Iurisconsultes estoient Stoïciés, *inde substantia fabricandi pro materiâ in l. 3. & 4 C. T. de sepul. viol.*

Donques rendre monnoye d'argent ou de cuiure pour monnoye d'or n'est pas rendre *eiusdem generis*, puis que l'or & l'argent & le cuiure & autres metaux sont differents en substance, en matiere, en nature & en qualité, c'est à dire *non eiusdem generis*, *non eiusdem spectationis*, comme dit Donatus que *soluitur tribus modis*, *pensione*, *spectatione*, *numero*, *spectatione*, aucuns l'interpretent, *naturâ vel substantiâ*.

Et de cette opinion qu'en point de droict il faille rendre monnoye d'or pour monnoye de mesme aloy *eiusdem ligæ*, en mesmes especes, ont esté entre nos Docteurs Bart. Balde, Angel. & Imola & nombre d'autres en cette l. *Paulus*, & en la loy 2. §. 1 *& in l. lecta ff. de reb. credit.* Albert Brun en son traicté *de augm. & dim. monetæ, secund. presupposi. num. 3. Ioannes Aquila de potesta. & vtilit. monetarum, Theorem. 8. Mart. Garratus Laudensis tract. de monet. qu. 5. Francisc. Cartius tracta. de Monet quest. 9 Menochius Cons.* 158, *Socinus senior Consil. 6. lib.* 1. & autres Et qui est biẽ dauantage ils tiennent qu'on ne peut payer en monnoye d'or le prest qui est fait en monnoye blãche, ny en fine monnoye d'argent, le prest qui est fait en monnoye mire, ou en monnoye de billon, bien que l'or soit meilleur que l'argent fin, que le billõ, ny le cuiure, Bart. en la loy 1. § *fi. de Aur. & arg. leg. Angel. & Imol.* en la loy, Paulus *Anchar. in clem. si beneficiorum q. vlt. de decimis & Salicetus* en la loy, *si quis argẽtum est C de donat.* pource que mesmes en fait de monnoyes, *alius pro alio inuito creditore solui non potest.* Qui est encores plus on ne pourroit bailler vn pistolet pour vn escu, posé ores que le pistolet valust autant ou plus que l'escu, par exemple, si le marchant ne peut exposer le pistolet pour le prix de l'escu la part où il va trafiquer qui est l'exemple que Cuias tres grand Iurisconsulte a apposé sur le propos, *videlicet quoniam ex eâ re creditor damnum aliquod passurus est.* Laquelle exception peut tousiours accompaigner le changemẽt des monnoyes, & le creancier semble y estre tousiours biẽ fondé pour alleguer qu'il souffre interest

& perte notable s'il est contraint *in aliam formam nũmos accipere*, & peut aisement coter son interest 1. *vel ratione qualitatis nummorum.* 2. *vel ratione ponderis.* 3. *vel ratione deportationis.* 4. *vel ratione vilis distractionis.* 5. *vel ratione periculi bonitatis.* 6. *vel ratione commoditatis.* 7. *vel ratione inexpendibilitatis*, termes qui sont plus au long expliquez par Siluestre en sa Somme, *in verbo vsura* 4. §. 3. Ioint comme dit sainct Thomas, 2. *de regim. princip. c.* 14. que la monnoye se considere doublement, & entant que pris, *vt pretium*, & entant que marchandise, *vt merx, numismatum enim & vsufructus legari potest*, & le Victriat, *antequam lege Clodia percussus esset peregrinus num. loco mercis vt nunc tetrachmus & dragma habebatur imo etiam ex Illyrico aduectus mercis loco habebatur* dit Pline. Or la monnoye entant que marchandise & entant que metal d'or ou d'argent se peut vendre voire par dessus le pris taxé par l'Ordõnance *Couarr. ff. vet. nu. potest. Them.* 7. 2. *conclus. Soto.* 7. *de Iust. & Iu. q.* 2. & Siluestre au passage ia cité, qui est vn interest notable, que le creancier peut aussi alleguer pour receuoir sa debte en mesmes especes, principalement quand elles sont d'or, autrement *ex ea re damnum aliquod passurus est.*

A ce propos tombe la questiõ ancienne & fort vexée aduenant vn dechet aux monnoyes, qui le doit porter du debiteur ou du creancier? ce dechet peut arriuer en deux sortes, ou par l'affoiblissemẽt des monnoyes, ou par le rauallement ou surhaussement de leur valeur, par l'affoiblissement aussi en deux sortes. La premiere est si le poids de l'escu est abaissé de quelques grains, comme il aduint soubs XII.

Charles le Bel. L'escu demeurant en sa premiere valeur, auquel cas ce n'est pas rendre chose de mesme bonté que rendre en escus moins d'or que l'on n'a receu: car le poids est vne partie de la bonté de la monnoye *l.1.C.de veter.numis pot:est.* Ce seroit imiter ce mauuais Empereur Nicephorus Phocas duquel Zonoras & Cedrenus escriuent qu'il fit battre de nouueaux escus plus legers que les anciens, mais cependant il ne prenoit en payement & ne faisoit recepte que des vieux escus qui estoient de l'ancien poids. Et ne faisoit despence que des nouueaux escus qui estoient plus legers de poids que les vieux. Pareille faute, mais de façon differente fut commise par vn Conte de Bretaigne, *qui monetam suam quæ erat de põdere nouem solidorum numerauit & posuit ad pondus duodecim solidorum*, à raison dequoy il fut condamné en l'amande par arrest de la Cour de Parlement de Paris en l'an 1274. En second lieu la monnoye est affoiblie quand de nouueau on mesle le cuiure ou l'argent auec l'or: ou le cuiure auec l'argent, quand la monnoye nouuelle n'est pas de si bõ aloy que l'ancienne. Pour empescher tels affoiblissemens ou empirences d'aloy plusieurs sages Politiques ont creu qu'il seroit expediẽt & fort vtile de ne forger monnoyes que de fin or ou de fin argent, la republique s'en porteroit mieux, les tailles, imposts, emprunts & subsides en vaudroient beaucoup dauantage, elle se fortifieroit de bõnes monnoye qui fait les nerfs des affaires, elle auroit plus de moyens pour s'agrandir & d'entreprendre guerre en pays estranges:car Sparte auec sa mauuaise mõnoye de fer ne sçeust garder ny la principauté sur les Grecs,ny se conseruer soy mesme. En outre le commerce auroit grand cours en la prouince, la bonté des monnoyes l'apelle,l'empirance les chasse,les fruits & denrées du creu du pays se vendroiét cherement, chacun seroit certain de ce qu'il a vaillant, veu que l'or & l'argent valent presque egalement par tout, mais la monnoye meslée & alloïee vaut beaucoup en vn endroit & peu en l'autre: Nul ne craindroit le descri des monnoyes: car il seroit besoin aussi que l'or & l'argent valussent autant en marc qu'en monnoye & non plus en mõnoye qu'é marc & que à ces fins les frais de la confection des monnoyes se fissent aux despens du public qui est l'opinion de la glosse en la loy 1.*ff.de contr emp.*suiuie de Bart. Balde. Decius,Curtius &autres,par Afflict⁹ *decis.90.viuium comm. opinio. 189. Franc. Marcus quæst. 152. num.2. Belluga in specul. principum tit.de mutat.monet. & Bud.5.de asse.* Le Roy Henry second l'auoit autresfois ordonné ainsi, & que le salaire des monnoyeurs leur seroit payé par le Receueur ordinaire des lieux où les mõnoyes sõt establies Autrefois en Normandie, & auiourd'huy en Poloigne a esté mis vn impost particulier sur le peuple pour satisfaire à ces frais là, ce qui vaudroit mieux que non pas d'en alterer & corrompre le pied des monnoyes pour en tirer les frais.

Et pour reuenir aux inconueniens de l'alliage & mixtion de l'or,de l'argent & du cuiure,la porte ne seroit pas ouuerte aux falsificateurs de la monnoye si elle n'estoit batue, que de fin or & de fin argent: estant malaisé & presque impossible d'exposer vn metal pour l'autre à cause de la difference des metaux entre eux en substance, corps, poids, couleur, & mesmes au son,

Veri speciem dignoscere calles

Ne qua subærato mendosum tinniat auro.

Pour ces considerations les Rois d'Espaigne & la Roine d'Angleterre ont chassé tout billon de leurs royaumes: Et par vne Ordonnãce Imperialle faite à la Diete tenue à Ausbourg en l'an mil cinq cens, il fut ordonné que deslors en auant ne seroit batue monnoye que de fin argent & de fin or conformement à vne ancienne constitution de l'Empereur Tacitus, lequel *teste Vopisco, cauit vt si quis argento publicè priuatimve æs miscuisset, si quis auro argentum: si quis æri plumbum, capitale esset cum bonorum proscriptione.* A raison de telles empirences des monnoyes Liuius Drusus a esté noté, *quod in tribunatu plebis octauam partem æris argento miscuit*: Marc Antoine aussi, *miscuit denario Triumuir Antonius, ferrum miscuit æri falsæ monetæ.* Caracalla diffamé de ce qu'au lieu de bon or & de bon argent il ne donnoit que du plomb argenté, & de l'or doré. Et le Pape Boniface & Dantes Aliger ont autrefois donné des atteintes au Roy Philipes le Bel: de ce qu'il a esté le premier en Frãce qui ait alteré & empiré la mõnoye en sa matiere, la faisant battre le tiers de cuiure & les deux tiers d'argent, ou bien les deux tiers cuiure, le tiers argent, ou selon la plus commune opinion moitié

cuiure

cuiure & moitié argent ioint que de telles empirances & changemens de monnoyes s'ensuyuent des seditions & mutineries du peuple, comme il aduint soubs Philippe le Bel, Charles 4. Philippes de Valois, & Iean, comme il aduint en Boheme, quād Iean Roy de Boheme fit battre des bonnes monnoyes anciennes, vne mauuaise monnoye de cuiure recouuerte d'vn peu d'argent en l'an 1340. & en Dannemarc en l'an 1425. quād le Roy Erric descria toutes les anciennes monnoyes, & en fit forger qui n'estoit que de pur cuiure. Or arriuant telles empirances de monnoyes soit par foiblage des poids ou escharseté d'aloy, il est certain que la tare & le dechet ne tombe pas sur le creācier ains sur le debiteur lequel doit payer la debte en forte & ancienne monnoye, ou s'il ne s'en retrouue, il doit payer la valeur de l'ancienne monnoye en monnoye courante, *c. olim causam & c. cum Canonicis de censib. glossa. in c. conquerente de off. ordin.* & là tous les Docteurs Canonistes. Cette oppiniō est si commune & si certaine par les raisons precedentes, qu'il n'est besoin d'en amener nombre d'authoritez, les autheurs sont citez au long en Brunus traicté susdict conclusion derniere, en Couarruuias, *in collatio. veterum numismatum c.7. §. vnico num.3.* & en Tiraqueau, *de vtroque retr. §.1. glos.18. nū.26. & Ioan. Reginaldus Auenionensis tract. de monet.* du Moulin l'aduoüe *quæst.* 100. vne des principales raisons est que la bonté substancielle de la monnoye, qui consiste en la matiere a esté considerée lors du prest & deduite en l'obligation, & que la monnoye d'or & d'argent ne vaut pas seulement à raison de la valeur imposée, mais aussi à raiſon de ſa matiere qui ne laiſſe pas d'auoir ſon prix, ores que la marque publique fut effacée, & n'eſt pas de l'or & de l'argent monnoyé comme du fer, monnoye de Lacedemone, qui ne pouuoit iamais ſeruir à autres vſages que de monnoye, pource que quand le fer que lon vouloit monnoyer eſtoit tout rouge de feu, on iettoit du vinaigre deſſus, qui venoit à eſteindre ſa force & ſa roideur, noſtre or & argent monnoyé ſe peut conuertir en autres vſages. Et ſur cette reſolution commune eſtoit fondée l'ordonnance du Marquis de Mõtferrat de laquelle eſt faicte mention en vn Conſeil de l'vniuerſité de Pauie de l'an 1511. lequel Marquis ordonna que ceux qui d'ancienne loy deuoient trois florins de rente ou reuenu en payeroient quatre & demy de monoye courãte qui eſtoit plus foible que l'ancienne, ont eſté auſſi fondez plusieurs Arreſts interlocutoires par leſquels à eſté ordõné en ſemblable queſtion qu'eualuation ſeroit faicte de la valeur de l'eſcu ancien ou de la monnoye ancienne ſur la valeur de la nouuelle monnoye.

XIII. Av ſecond cas, aſſauoir quand le poids & l'alloy de la monnoye ne varie point mais la valeur exterieure ou bonté extrinſeque qui rauale ſeulement, il y peut auſſi eſcheoir queſtion, ſur qui la tare ou le dechet doit tõber, du creãcier ou du debiteur, mais ſi en cas de rehauſſement du prix des monnoyes auquel nous ſommes il appert, auquel des deux le profit reuient, il apparoiſtra au contraire ſur qui deuroit tomber la tare, au cas que les monnoyes euſſent raualé de pris, *quia contrariorum eadem eſt poteſtas*, ſelon Ariſtote, en ce cas donc le demãdeur ſouſtenoit que le profit du rehaussement de l'escu luy deuoit reuenir. Premierement par les raisons ia alleguées qu'il couiét payer en mesmes especes & mesmement par ces mots, *si creditor ex eâ re damnum aliquod passurus sit*, sur lesquels Cuiacius en cette loy *creditorem*, amene cet exemple *vt si hodie aurei pluris sint*, dit il & sur la loy seconde *de reb. credi. vt si aucta sit aureorum potestas*, le profit donc du rehaussement appartient au creancier, autrement il receuroit grand dommage car au lieu de cent escus d'or & de poids il n'é receuroit que quatre vingts vnze ou douze en nombre, ce seroit pour interest de son argent, *nemo autem vsuram pro pecuniâ suâ pendet*, dit Seneque 7. *de benef.* & le debiteur pratiqueroit l'iniustice d'vn tiran nommé Leuron, lequel fit proclamer qu'vn chascun eust à apporter son or, & son argent deuers luy pour ce qu'il vouloit apposer vne nouuelle marque à la monnoye, ce qu'ayant esté faict il y fit voirement empraindre vne nouuelle marque, mais il doubla le pris de la monnoye, & ce moyennant, il reserua à soy la moytié de l'or & de l'argent qu'on luy auoit apporté, & n'en rendit qu'vne moytié en monnoye, disant qu'on n'y perdoit rien & que la moytié valoit autant que le tout. qui est vne fourbe raportée par Polienus en ses Stratagemes. A bon droit estoit la Deesse Mõnoye peincte par les anciés tout ainsi que l'Equité, auec vne corne d'abondance en vne main & des baláces en l'autre, cette peinture se voit en quelques mõnoyes de Cõstans & Diocletiã au reuers desquelles est escrit *sacra Moneta Augustor. & Cæsarũ nostrorũ*. Car il est equitable de rendre les mõnoyes en mesme poids & les peser aux balances qu'on les a receuës.

Autre dommage receuroit encores le creâcier s'il ne recouuroit les especes, *adiuuari nos non decipi beneficio oportet l. in commodato §. sicut ff. commodati.* C'est qu'il les auroit encores auiourd'huy s'il ne les eust si tost prestées & perceuroit le profit du rehaussemēt de l'escu: si c'estoit vn vieux debte il pourroit dire qu'il les eust employés en achapt de biens, & qu'il y eust gaigné dauantage, entant que les biens mōtent tous les iours de valeur, laquelle raison seroit fort euidente en rachapts de terres engagées, ou rentes constituées, en especes des pieces, quarante ou cinquāte ans pour cōclure qu'il les faudroit rachepter en mesmes especes, ores biē qu'elles eussent doublé de pris, pour ce qu'vne autre terre purement acheptée eust doublé de valeur, à cause qu'il y a beaucoup plus d'argēt auiourd'huy, qu'il n'y auoit il y a cinquante ans, & c'est l'abōdance de l'or & de l'argēt qui accroist le pris des terres. Pline & Plutarque tesmoignēt qu'aprés la prise du Roy Perses, & que la Macedoine eust esté subiuguée par Paul Æmile, il fut apporté à Rome tant d'or & d'argēt, que le prix des terres de la Romaigne accreut des deux tiers: Dion & Suetone racōtent aussi que l'Empereur Auguste à son retour d'Ægypte apporta tant de richesses *inuecta regia gaza tantam copiam nummariæ rei effecit, vt plurimum agrorum pretijs accesserit.*

Il est notoire que Charles le Sage n'achepta autrefois le Conté d'Auxerre que trente & vn mille francs d'or, & le Roy Philippes premier du nom, la Duché de Bourges de Herpin, que soixante mille sols d'or, ou escus d'or de ce temps là, si qu'auiourd'huy elles valent plus de reuenu quelles n'ont esté acheptées pour vne fois,autãt en pourroit on dire de la ville de Luques qui ne fust venduë aux habitans que douze mil escus par l'Empereur Rodolphe,& celle de Florence que six mille escus.

De faict par diuers articles des Coustumes de diuers pays de la France, il appert que les grains, viures & denrées,& fruicts de la terre n'estoient pas taxées, il y a soyxãte ou quatre vingts ans, à la dixiesme partie de ce quelles sont taxées, & qu'elles coustent auiourd'huy, cest pourquoy despuis ce temps là le pris des terres est iustement augmẽté des dix parts, & par consequent il est bien raisonnable que le profit de l'escu quand il monte reuiẽne au creancier, puis que l'augmentation de la valeur des terres ou dẽrées qu'il eut acheptées de ses deniers, s'il ne les eut prestés, eust tourné à son profit.

Bref que le profit ou le dommage du haussement ou abaissement de l'escu appartienne seulement au creãcier la loy y est formelle *l. 2. C. de veter. numis. potest.* qui dict, *pro imminutione quæ in æstimatione solidi forte tractatur, omnium quoque pretia specierum decrescere oportet.* Qui veut dire par exemple, que si quelque chose a esté venduë pour vingt escus, & que l'escu vienne à diminuër de prix deuant le terme du payement: l'achepteur est quitte en payant vingt escus, car la chose acheptée est censée auoir diminué de prix à proportion de l'escu. *A contrario*, si l'escu hausse de pris deuant le terme du payement, le pris de la chose acheptée aura surhaulsé, & faudra payer vingt escus. C'est ainsi que l'interprete Cuias sur le Code qui l'estime vnique à ce propos. Or ce qui est veritable &

iuste *in venditione*, se doit aussi rapporter *ad contractum mutui*, selon l'authorité du mesme Cuias & de faict si l'escu eust rabaissé de pris, le debiteur n'estoit il pas quitte & ne satisfaisoit il à sa promesse en rendant cent escus, au contraire doncques s'il a rehausé, il ne peut estre censé quitte qu'en rendant cent escus en especes, qui est l'opinion du mesme personnage sur la loy 59. *de verb. oblig.* & 2. *de reb. credit.* laquelle raison auoit esté auparauant considerée *per Boërium decis. 327. num 9. & Baldum cons.* 130.

Et de ce mesme aduis de Cuias, que la perte ou le profit de l'augment & diminution de l'escu regarde seulement le creancier, est Alciat sur cette loy *cum quid* aprez Bart, Bald. Alexandre, Castrés. Socin & Couarruuias, *vidi de coll. vet. num. c. 7. §. vn. num. 3. Brun. conclus. vlt. Gellius lib. 2. practi. obser. c 73. n. 9. Tiraq. § glos. 15. num. 27.* Ce qui est encores confirmé par l'argumẽt des vins, grains & denrées que l'on a prestées *certo pondere, numero & mensurâ*, & que l'õ doit rendre à certain iour, car si le vin ou bled a creu de prix lors du terme escheu, comme il aduient ordinairement dit Pline, *omnibus penè annis mutari prout nauigationes constiterint aut vt quisque mercatus sit aut aliquis prævalens manceps annonam flagellet*; le debiteur ne laira pas de payer autant de boisseaux de bled ou de muids de vin qu'il en a emprunté, quoy que lors du terme escheant il vaille plus que lors du contract, sinon que le debiteur, *petat vt sibi pro frumento, quanti frumentum esset, dare liceat*, comme parle Ciceron il doit estre condamné payer ce que vaut le vin ou le bled lors du terme à payer escheu & non au temps du contract *l. vinum ff. de reb. cred. l.*

quotidie de verbo oblig. quanti fuisset eo die quo dari debuit l. fin. ff de condict. tritic. l. . §. in hac ff. commo. Il faut dõc par necessaire consequence & identité de raison, ou rendre autãt d'especes, ou le prix des especes tel qu'il est lors du terme à payer escheu, qui est à raison de 65. sols l'escu, & non à raison de soixãte sols que l'escu valoit lors de la scedule *idẽ enim de cæteris rebus iuris est*, Veritablement si la tare & empirance de la monnoye estoit arriuée en sa bõté intrinseque, en son alloy, ou en son poids il faudroit recourir au temps precedent cette empirance, qui est mesme chose que qui diroit le tẽps du contract, qui est l'opinion commune d'Ostience, Iean d'André, Innocent, Panorme, & autres Canonistes, sur le *c. quanto. extra de iuret.* sur les chapitres, *olim. & cum canonicè*, ia allegués & Ioannes Regnaldus Aueniõ *in tractatu moneta*, Molineus l'admet pour commune & generalle opinion au commencement de la quest. 100. car on ne peut auoir esgard au temps du payement, pour ce que l'ancienne mõnoye a esté changée & ne se trouue plus: mais si le poisds ny l'alloy n'ont changé depuis le cõtract ains la valeur seulemt, en ce cas il faut payer en especes ou dõner autãt de mõnoye qu'il en faut pour en recouurer autãt d'especes, & c'est la raisõ que no⁹ disõs qu'il faut cõsiderer *mutatione valoris extrinseci*, ou que sans auoir esgard à l'augment ou diminution il faut payer en especes, c'est à dire que le profit & le dommage regardent le creancier qui est l'opinion des Docteurs alleguez & de Marti. Laudens. *in tract. monet. num. 17.* & de Iacob. de Puteo *in disp. de mut. monet.* de Boyer decis. 32. & du Moulin tient cette opiniõ pour la plus cõmune q. 97.

Ainsi a il esté iugé par arrests des Cours souueraines qu'en rachapt de rentes il falloit rendre les escus en especes ou leur valeur, eu esgard au temps du contract, Arrests de Paris du premier iour d'Aoust 1560. sixiesme Septembre, 1567. Dixseptiesme Iauier, 1568. seziesme Iuin 1571. dixhuictiesme Aoust, 1576. vingt-sixiesme Ianuier, 1594. Et le semblable du payement du cens, par Arrest de Tholose du 22. Decembre, 1571.

Et à ce propos peut on alleguer l'Ordonnance du Roy Henry second faicte à Angers 1551. qui veut que les anciennes obligations de payer en escus soient acquitées en payant pour vn chascun escu 46. sols, qui estoit le pris de l'escu de ce temps là, beaucoup plus haut qu'il n'estoit lors des contrats passez dix & vingt ans auparauant. Que si les Arrests ont lieu en rachapt de rentes & payement de cens, à plus forte raison auroient ils lieu *in mutuo*, qui est plus fauorable que le cens, selon Cartius cons. 24. num. *6. & Menoch. cons. 49. num. 16.* n'y que la constitution de rente, qui apporte profit: car le prest est introduit en la seule faueur du debiteur, en la personne duquel, *propriè consistit mutuum ea me deperit, ego autem cum illâ volo facere mutuum*, en Plaute, & Cicerō, *quid existimas esse in amicitia mutuū? Hoc arbitror cùm par voluntas accipitur & redditur*, qui desfauorizera les creanciers *statim inopia rei nummariæ incipiet, commodo simul omnium ære alieno.*

Encores en ce faict si estoit il tres-equitable de payer l'escu à raison de soixante & cinq sols, pour ce que le debiteur l'auoit exposé au temps du prest à pareil pris, auquel cas du Moulin mesme soustient que le debile debiteur doit payer le surhaussemēt de l'escu q.97. c.28.& Balde y est formel en la loy, *acceptam. q. 17.* Les Ordonnances ia alleguées du Roy Charles IX. & Henry III portent qu'en contractant en escus, le debiteur sera quitte, en payant la valeur des escus en autres especes d'or & d'argent au pris qu'elles auront cours par l'ordōnāce, ce que les Arrests ont interpreté de la valeur au tēps du payement, car autrement il seroit frustratoire de contracter en escus. Que le debiteur l'ait exposé à ce pris là, il est notoire, & que l'escu s'exposoit pour autant en ce temps l'à vulgairement, entre marchands, & l'exposition de la monnoye se doit considerer selon qu'elle a cours entre les marchands, *monetæ pretium*, dict Budée, *mercuriali arbitratu approbatur, id est opinione mercatorum,* aussi est il escrit en Genese qu'Abraham paya à Ephrem quatre cent sicles *probatæ monetæ publicæ* ce qu'aucuns tournent & interpretent, *argenti transeuntis per mercatores, vel argenti quod recipiebatur pro mercimonijs inter mercatores in vnaquáque prouinciâ,* monnoye courante entre marchands, pource que les paroles & la monnoye ont cours suiuant l'vsage:

si volet vsus
Quem penes arbitrium est & ius & forma loquendi
Vtendum est sermone vt numo, vt publica forma est

Dict Quintilian. Ce qui a lieu principalement quand au sceu & au veu du Prince & des Magistrats & pour leur tolerance & conniuence, les statuts, ordōnances & proclamations concernant le pris des monnoyes ne sont pas obseruez par le peuple, ainsi à respondu notablement Aretinus. *cons. xi cons. pap. n. 13.*

Baldus sur la loy, *si quis argentum C. de donat.* dit auoir consulté ainsi Elbert. Leon le soustient aussi *cons. 56. & Angel. in l. æris. C. de coll. æris.*

XV. Ces resolutions sont certaines quand les escus ont esté simplement & reallement payez en especes, ores mesmes qu'il n'y eust autre conuention expresse de les rendre en especes : mais il falloit considerer en ce profit qu'outre la numeration reale des especes, il y a expresse & particuliere conuention de rendre les especes en mesme nombre, *conuenit de certo corpore, & certá specie nummorum*, comme dit la loy *plane 34. §. Diuus. de legat. 2. de certá qualitate nũmorum l. 21. §. 1. ff. qui test. fac. poss.* & en certain nombre, laquelle conuention il faut garder, *contractus enim legem ex conuentione accipiunt. l. 1. §. 6. de poss. agro. ex syngraphá.*

Car c'est sagement faict aux parties contractantes de pouruoir aux changemens des monnoyes qui en France arriue par trop souuent. Il est des monnoyes cõme de ce *triens* ou quadrin d'or sacré & miraculeux qui appartenoit à la famille des Seruilians, *quã pascebat auro & argento consumentem vtrumque*, c'estoit là le premier miracle ; l'autre estoit cestuicy, *quem ferunt aliàs creuisse aut decreuisse videri, & ex eo honorem aut diminutionẽ familiæ significari*, les mõnoyes croissent, & decroissent ainsi & ce faisant rongent les facultez, l'or & l'argent des vns & des autres, & tel changement n'augure riẽ de bon au public.

XVI. C'est sagement faict au Prince, d'auoir ce soin & preuoyance pour ses successeurs, & pour le bien de son peuple comme eut Philippes le Bel, lequel pour s'en estre maltrouué se souuint en ses derniers iours d'enioindre par testament à son fils Louys Hutin, de se garder bien d'affoiblir les monnoyes, c'est sagement faict au Prince d'en oster toute craincte & tout ombrage à ses subiects, comme font les Roys d'Aragon qui venans à la couronne protestent de ne changer iamais le cours & le pied des monnoyes approuuées, & tel serment fut encores tres-specialement presté par Pierre & Iacques Roys d'Aragõ en l'an 1245. & 1336. & sur ce pretexte Pierre 4. Roy d'Aragon confisqua l'estat du Roy de Maiorque, & Minorque qu'il pretendoit estre son vassal, pour ce qu'il auoit affoibly les monnoyes, semblable serment auoit esté presté par les Roys de Sicile, Afflictus l'escrit sur la constitution 16. de Naples, Chopin. *de domanio.* 239. & le feu Roy de bonne memoire promit en foy & parole de Roy par l'Ordõnance de l'an 1577. d'entretenir & cõseruer pour tousiours l'escu en son poids & bonté interieure, sans qu'il peust à iamais estre alteré en son poids & aloy.

XVII. CE n'est que sagement faict aussi aux subiects, de pourueoir à tels changemens de monnoyes & s'en asseurer à l'endroit de leurs Princes: pource nos ancestres ont de toute ancienneté trouué bon, que les officiers de la Cour des monnoyes prestassent serment solemnel à leur reception, de ne donner iamais aduis au Conseil du Roy d'affoiblir les monnoyes, lequel serment ils doiuent renouueller tous les ans.

Et le Concile de Reims en l'an 813. ne iugea point indigne de son soin, d'ordonner que l'Empereur Charlemaigne seroit supplié, *vt secundum statutam bonæ me-*

moriæ Domini Pepini misericordiam faciat ne solidi qui in lege habentur per quadraginta denarios discurrant. De là vienent les priuileges que ceux de S. Quentin obtindrent en l'an, 1195, de Philippes Dieudonné, qu'il ne pourroit changer leur mõnoye, l'afoiblir, n'y l'accroistre sans le consentement des Maire & Iurats de S. Quentin. Car il est à sçauoir que plusieurs des principaux Seigneurs de ce Royaume, & plusieurs bonnes villes auoient anciennement des mõnoyes particulieres & les appelloit on monnoyes, aux Prelats, Barons, & Bourgeois, ils les faisoient battre par octroy & concession du Roy, de certaine loy, poids & pris qui leur estoit prescript & ordonné, d'où sont descendus tant de diuers noms de liures & sols comme liures Parisiẽnes, Mãçoises, Tournoises, Angeuines, Chartraines, francs & sols Bourdelois: auec telle confusion que le Roy Philippe cinquiesme s'il n'eust esté preuenu de mort, prenoit resolution de faire qu'il ny eust qu'vne sorte de monnoye en France: mais peu à peu & des l'an 1314 tous ces droits de monnoye furent reuoquez ou remis par les grands du Royaume ez mains du Roy Louys Hutin, Philippe de Valois, & leurs successeurs Roys, & en fin le Roy François II. par Edict general a cassé tous priuileges de faire mõnoye. Ainsi donc ceux de S. Quẽtin qui auoiẽt droit de monnoye, obtenoiẽt priuilege qu'elles ne seroiẽt changées par le Roy. Ceux de Dauphiné aussi en l'an 1349. conuindrent auec le Dauphin, que desormais la monnoye seroit certaine & durable, & que luy & ses successeurs ne pourroient prendre pour la fabrication des monnoyes, sinon vn gros tournois d'argent pour chasque marc d'argent fin : Ceux de Normandie donnoient aussi à leur Duc vne ayde de deniers, de trois en trois ans, qui s'appelloit droit de monneage afin qu'il ne fist changer la monnoye qui auoit cours en Normandie, au preiudice des subiects & des Marchãds estrangers, dont est faicte mẽtion en la Charte aux Normãs qui est du Roy Louys Hutin de l'an 1314. car il leur promit qu'il ne feroit fabriquer & ne donneroit cours à autre monnoye qu'a celle qui estoit receuë au pays de Normãdie. Semblablement le peuple d'Aragon en l'an *1265.* promit de payer a sõ Roy vn marauedy par feu, en recompense de ce qu'il iura aux Estats, de ne changer iamais la mõnoye, d'autant que volontiers les nouueaux Princes faisoient le dõmage des subiets par change & mutation de monnoye, comme appert par des lettres patentes du Roy d'Angleterre qui sont trãscriptes par l'autheur de la vieille Cronique de Flandres, chap. *76. numi noui solent esse nequiores* dict Plaute.

Si donques les paches & conuentions qui se font entre les Princes & les subiects, pour arrester le chãgement des monnoyes sont bonnes & loyales, celles qui se font entre les particuliers doiuent estre conseruées, comme nous lisons que du temps de Charles VIII. apres l'expulsion des Anglois, les habitans du Royaume, sur la fresche memoire de l'incertitude de la valeur des monnoyes d'or & d'argent, & des Edicts faits sur le raual du pris d'icelles qui auoient esté haussées en valeur par les Anglois, *iactabatur enim temporibus illis numus sic, vt nemo posset scire quid haberet,* cõme parle Ciceron d'vn pareil temps. Ils stipuloient XVIII.

plusieurs contracts de ceste forme, qu'on l'eur donneroit tant descus, à raison de tant d'escus au marc & de la valeur de tant de sols pour chascun escu, & faisoit on mention aux contracts de forte monnoye, ou de monnoye courante.

Et les Anglois traictans pour la rançon du Roy Iean demandoient quatre millions d'escus d'or, de la monnoye du Roy Philippe en l'an 832. & aprez leur fust dõné trois milliõs d'or, dõt les deux vaudroient vn noble d'Angleterre, dict du Haillan. Et telles conuentions sur la valeur intrinseque & extrinseque des monnoyes estre bonnes & valables Bartol. & plusieurs autres l'enseignent sur cette loy, *Paulus, Andræas de Isernia in vsib. feud. tit. quæ sint rega. col. 8 vers. & sic videtur*, disant que c'est vne coustume fort vsitée entre marchands, sur le doubte qu'ils font de l'accroissement ou diminuation des monnoyes, de conuenir *de æstimatione pecuniæ soluendæ*, Martinus Laudens. en dit autant, *num.* 13. *& Albertus Brunus partic.* 18. *limit.* 8. dit nommement que *in pecuniâ declaratâ vel æstimatâ ex conuentione vsque à principio attenditur declaratio & æstimatio à partibus facta : idem* Couarruu. *c.* 7. *§. vn. conclus.* 7. C'est comme vne espece de transaction faicte sur l'incertitude des monnoyes. Mol. q. 93. 500. n. 4. & 13. & formellement en la q. 94. num. 19. où il dit, que le pacte apposé au contract de bailler mille escus & non plus ny moins, quelque changement du pris des mõnoyes qui arriue, est bon & valable & faict cesser tout doubte & toute distinction, & ne peut aucune coustume locale forcer le creancier d'en vser autrement, dit le mesme autheur sur la coustume de Paris §. 1.

gloss. 4. num. 11. Puis que les ordõnances prealeguées ont permis de contracter en escus, & que les parties contractantes en sont d'accord, *quid interest quanti sint res, cùm de pretio inter ementem & venditorem conuenerit.* La Basse a recogneu par sa scedule auoir receu cent escus d'or & de pois, qu'il a promis & s'est obligé de rendre dans trois mois, s'il a esté condamné par les Presidiaux de payer ce qui luy a esté si iustement presté, en mesmes especes que celles qui sont portees par la recongnoissãce qu'il a escrite & signee de sa main, il n'a point souffert de grief. Au contraire s'il y a du mal iugé, il touche le dict inthimé qui deuoit obtenir deffinitiuement & non point par prouision, tant en principal & interests, qu'aux despens de l'instance. Et concluoit à ce qu'il pleust à la Cour de l'ordonner ainsi.

Mais de l'autre costé le Deffandeur disoit.

1. QVE ce n'estoit pas la pauureté & necessité des debiteurs qu'il falloit tirer en enuie, mais plustost la dureté & l'auarice des creanciers que Plutarque, contre l'opinion des Perses maintient estre les plus grands menteurs du monde & qui vzent le plus de male foy: mesmes en ce qu'ils couchent en leurs liures de raisons maintes fausses parties, & qu'ils escriuent en leurs papiers iournaux, tousiours plus qu'ils n'ont baillé, qu'ils font payer deux & trois fois vne debte, iurent & pariurent n'en auoir esté payez en tout ny en partie: & si la cause mouuante de leur menterie dit Plutarque n'est pas l'indigence ou pauureté, ains vne pure auarice.

A peine garderont ils leur parole & leur foy, quād ils n'ont iamais tenu conte de garder les bonnes loix, qui ont voulu regler leurs vsures & mettre bornes à leur desordonnée auarice, *primò Duodecim Tabulis sanctum*, escrit Tacitus, *ne quis vnciario fœnore amplius exerceret, cum antea ex libidine locupletum agitaretur: dein rogatio ne tribunitiā ad semuncias redacta, postremò vetita versura:* mais tout en vain, *multis Plebiscitis obuiam itum fraudibus quæ toties repressæ, miras per artes rursus oriebantur.*

De sorte qu'il a fallu passer plus oultre & sur ce que plusieurs aymoient mieux par enuie & malice receller

receller leur argẽt, que d'en faire plaisir, on fut cõtraint d'interdire la libre possession de l'argent cõtant, si qu'il fut deffendu par les anciennes loix Romaines, restablies par Iules Cæsar, de n'auoir en or ou argẽt plus de soixante sesterces : & Sylla fit inhiber aux Senateurs de n'auoir en debtes ou à l'interest plus hault de deux cens escus.

AVTREFOIS on fut contraint d'ordonner que chacun employeroit en fonds les deux tiers de son argent, puis le tiers, soubs l'Empereur Traian, mais en vain, car toutes ces loix furẽt violées par auarice, *quia priuato vsui bonum publicum postponitur*. Que si aucuns ont presté à leurs amis sans interests, ils ont pour la pluspart esté semblables à P. Crassus lequel estoit si aspre & rigoureux à repeter au iour prefix le prest gratuit qu'il auoit fait, qu'il eust beaucoup mieux valu à ses debiteurs d'auoir emprũté ailleurs à grosse vsure. Ils sont si importuns & difficiles, qu'il ne s'en trouue gueres auiourd'huy qui traitẽt si humainement leurs debiteurs, qu'il cõuiene leur en rendre graces publiques par ordonnance du Senat, comme il fut fait à Rome à Q. Considius, pourautant qu'il eut patience auec ses debiteurs tout le temps de la coniuratiõ Catilinaire, sans leur demander ny principal ny interest, ores qu'il luy fust deu *centies atque quinquagies*, & moins s'en trouuẽt il encores qui prestent à si lõgs termes que faisoient les anciens Gaulois, *quos memoriâ proditum est pecunias mutuas, quæ his apud inferos redderentur dare solitos*. Ils sont si importuns & difficiles, non que delicats, dit le mesme Plutarque, que si leur debiteur ne II.

les paye ils le molestent, s'il leur offre payement ils ne le receuront pas s'il ne leur plaist : S'il vend ils veulent auoir son bien à non prix : s'il ne vend ils l'y contraignent : s'il va chez eux ils luy ferment la porte, s'il n'y va pas ils vont frapper à la sienne, & ne bougent de chez luy : luy ramentoiuét ordinairement les calendes & les nouuelles lunes & auiourd'huy les bonnes festes, & les plus saints & sacrez iours de l'année, les rendent les plus hais & les plus maudits à cause de leurs vsures.

III. ON ne demande pas seulement aux debiteurs le feu & l'eau, comme faisoit le barbare Roy de Perse aux Grecs, on touche à leur corps & à leur liberté, les Sergens auec contrats & lettres obligatoires ressemblent à Dathis & Arthaphernes Lieutenans du Roy Darius, lesquels il enuoya contre la ville d'Athenes auec des chaines & des cordes dõt ils deuoiét lier les prisonniers: Ainsi les Sergẽs sont ils enuoyez pour reserrer les debiteurs en prison & du palais leur faire vn enfer. Bref ils sõt si trauaillez, qu'il est bien croyable ce que dit sainct Basile, que les nuicts n'apportent point de repos aux debiteurs, le iour ne leur est pas agreable ny le Soleil plaisant: Ils haïssent les iours pource qu'ils auancent leur terme, ils craignent les mois pource qu'ils sont peres des vsures qui courent plus viste qu'Heraclite, *velox vsura trucidat* : S'ils veillent ils ne font que penser à leurs debtes, & s'ils cuident sommeiller, leur creancier se presente à eux en songe, & les inquiete. Pour ce l'Empereur Auguste employa tres mal son argent, d'auoir fort cherement acheté le coutil de lict d'vn Cheualier Romain qui mourut fort endebté disant que le coutil deuoit auoir quelque proprieté & secrette vertu pour faire dormir veu que le deffunct qui estoit noyé de debtes y auoit peu dormir de bon sommeil: car il n'est point croyable, qu'vn homme qui doit son ame dorme à repos, *stat acerbus super caput creditor qui nullam diem gratis occidere patitur.*

Et le mot du droit des gens *redde quod debes* bien qu'il soit iuste de soy, qu'elle dure sentence pour vn debiteur persecuté par son creancier. vn de nos Rois disoit (& quelqu'vn le raporte à sainct Louys) ce que Plutarque auoit dit douant luy qu'il n'y a rien plus hôteux ny plus fascheux à faire que d'oüir ces mots là d'vn rude creancier, paye moy, rends moy mon argent, *redde quod debes.* On en diroit dauantage si la replique n'estoit à craindre, *pessimi est debitoris creditori facere conuicium.* Pour monstrer donques qu'a tort l'enuie de gaigner croissoit au demandeur à mesure que l'escu croissoit de prix & que en luy.

Crescit amor nummi quantùm ipsa pecunia crescit.

Le Deffandeur representoit que la premiere & principale question de ce procés estoit de sçauoir, si la bonté essentielle de la monnoye, *nummi*, consistoit en sa matiere, ou si principalement elle consistoit en sa valeur imposée par l'accord du peuple & l'ordonnance du Prince: car au prest de toutes autres choses on accordoit librement que *id agi intelligitur vt eiusdem generis & eadem bonitate soluatur quã datum est*, bled pour bled, vin pour vin, mais en prest de deniers & d'or & dargent mõnoyé, il suffisoit de rendre mesme valeur sans considerer les especes *ut eadem bonitate soluatur quâ datum est*, d'autant que la monnoye *numus* comme dit fort elegãment le Iurisconsulte Paulus, *usum dominiúmque non tam ex substantiâ præbet quam ex quantitate.*

IV. ANCIENNEMENT *& apud maiores nostros* dit Seruius *omne mercimonium permutatione constabat*, & Solin[9], *more vetusto mutationibus necessaria potius quã pretiosa parabant*: En ce vieux temps là donques que lon ne viuoit que par eschanges des choses les moins vtiles auec les plus vtiles comme lon fait encores auiourd'huy parmy quelques Tartares, Arabes & Sauuages & en maints endroits du monde vieux & nouueau on auoit respectiuement esgard à la substance des choses compermutées, & à leur bonté interieure & substancielle, pourautant que c'estoit la seule indigence & le seul desir de fournir à ce qui nous defailloit, selon le cours de nature, qui donnoit lieu à la permutation. Mais à trait de temps comme l'indigence ne se retrouuoit pas ordinairement de part & d'autre, ou ne se retrouuoit pas esgale par tout, & comme les hommes eurent besoin de s'entre secourir de lointains pays, les vns pour recouurir ce qui leur defailloit, les autres pour enuoyer hors ce dont ils auoient trop, l'vsage de la monnoye fut mis en auant d'vn commun accord: comme ayant semblé vn instrument commode & portatif pour s'entresecourir de bien loin: & succeda cette monnoye au lieu de l'indigẽce à l'endroit de celuy qui vẽdoit & entra pleige & garẽd enuers luy, que pour le pris qu'il receuoit il pourroit recouurir en temps & lieu chose dont il auroit besoin esgale en bonté à celle qu'il auoit vendu: despuis ce temps là donc que l'expedient de la monnoye fut suiuy il ne fut plus question d'auoir esgard sinon à la substance de la chose qu'on vouloit acheter, & non point à la substance de la monnoye, que la fable de Mydas tesmoigne assez estre inutile à la sustẽtation de la vie humaine, ains seulement fallut il auoir esgard à son eualuation & pris imposé par la loy: car la monnoye n'est point de nature elle est par la loy ἀπὸ τοῦ Νόμου νόμισμα,

non fœdere certo

Naturæ sed lege valent hominumque repertis,

& pource dit vn docte personnage que *permutatio ex ipsa substantiá vsum præbet, nummus ex quantitate:* Car si la matiere de la monnoye eust esté fort considerable, comment est ce que tant de peuples & nations se seroient rẽcontrez si discordans au chois de la matiere ou substance de la monnoye? comment vseroient ils si diuersemẽt de diuerses choses pour matiere des mõnoyes & pour faire baster vne chose pour toutes, *quæ vsum numeratæ pecuniæ præstat.* Aucũs ont choisi le fer cõme les Lacedemoniẽs & les Bizantins, autres le cuiure comme les Romains qui s'en sont seruis iusques en l'an 585 de la fondation de Rome, les Syracuziens en ont battu d'estain sous Denis le tyran, si font bien auiourd'huy ceux de Pedir en la prouince de Sumatra: Encores les Romains en ont eu de plomb. *Centum merebor plumbeos tota die* dit Martial, *nunquam nummum credam plumbeũ* dit Plaute: & lift on que Numa distribua au peuple Romain de la monnoye de cuir, Cassiodore en attribue l'inuention aux Gaulois, *pecunia*, dit il, *à pecoris tergo nominata Gallis authoribus, de corio enim pecudum nummi incidebantur & signabantur Isid. 19. et y* que les Carthaginois aussi en vsassent lors que Didon fonda Carthage, Donatus l'escrit sur ce vers de Virgile,

Taurino quantùm possent circundare tergo.

La monnoye de sel faicte de pierre & pieces de sel est en vsage és terres de l'Abissin & des Mores & Payens qui l'auoisinent & en quelques endroits de la Tartarie Orientale : en l'Empire de Cathay celle d'escorce de meuriers blancs qui se forge en Cambalu, & quand elle est vsée en la rapportant on en baille de toute neufue : Ioseph Barbare raporte qu'il y a des Persans & des Indiens qui en font de papier: Aucuns Tartares habitans de Thebets vsent de corail pour monnoye, autres Tartares habitans de Caraiam de petits caillous blancs & dorés qui se treuuent en la mer.

Certains habitans de l'Affrique prez Tombut se seruent de petites conques ou coquilles apportées de Perse : les Numides Alanagues, de quelques porceletes blanches semblables à celle qu'on apporte de Leuant à Venise, encores qu'ils ayent de l'or lequel ils debitent, aucuns peuples des terres neuues d'autres coquilles blanches comme neige au raport de Cartier. Il y a d'autres Affricains qui employent pour monnoye certaines petites bandes de drap comme font les Polonnois & Sarmatiques qui employent des pieces de lin.

Mais ceux de la nouuelle Espaigne & de Themistitan ores qu'ils eussent beaucoup d'or, si est-ce qu'auparauant auoir esté conquestez par Cortez, ils n'vsoient d'autre monnoye que de certains petits noyaux de fruicts (appellez cacath) ressemblans à ceux des dates, & ce qui n'est pas moins estrange il n'y a pas cent cinquante ans que les Moscouites n'vsoient aussi d'autres monnoyes que des oreilles & petits museaux de l'aspicoli & autres animaux des peaux desquels nous nous seruons pour forrure.

Qui monstre bien ce que dit Aristote estre veritable, que la monnoye semble quelquefois estre vne folie, & qu'elle consiste seulement par la loy & consentement du peuple, veu que la volonté changée des personnes qui en vsent, la monnoye ne vaut rien & ne sert à aucun vsage de la vie, & que beaucoup de peuples practiquent le conseil de Platon sans l'auoir iamais leu, lequel au cinquiesme des loix est d'opinion que la monnoye ne doit estre estimée que de ceux parmy lesquels elle a cours, & mesprisée de tous les autres, par ainsi *vsum dominiũque prębet non tam ex substantiâ quàm ex quantitate* De-quoy il appert encores plus clairement, en ce que despuis que l'vsage de la monnoye d'or & d'argent à esté introduict, ceux qui en vsoient n'ont pas laissé de se seruir en cas de necessité de monnoye de choses viles & de nul prix, & qui ont eu cours, *non tam ex substantiâ quam ex quantitate:* Ainsi Timothée faisant la guerre contre les Olinthiens en defaut d'or & d'argent fit valoir la V.

monnoye de cuiure, & vn autrefois l'empraințe de son cachet & les Clazomeniens pressez de leurs debtes firent valoir pour vn temps de la monnoye de fer pour monnoye d'argent fin. Ainsi l'Empereur Federic en l'an 1240 tenant Faenze assiegée fit faire de la monnoye de cuir, du prix & valeur d'vn augustan d'or, qui eut cours pendant la guerre, & Dominique Michaelis Venetien faisant la guerre contre Saladin auec le Conte Baudouin estant au siege de Tyr, pressé de necessité, fit faire aussi de la monnoye de cuir, en memoire dequoy sa posterité porte en ses armes six deniers d'or. Ottoman en la guerre contre les Perses fit battre monnoye de matiere d'artilerie: Les François assiegez dans Nauarre firent courir monnoye de cuiure, & les habitans de Leiden pendant le siege de l'an 1574 monnoye de papier ou carton, les habitans de Noueze aussi pendant le siege de l'an 1586 monnoye d'estain pour monnoye d'argent. Et iaçoit que la necessité passée, ceux qui en ont vsé ainsi ayent acquité leur foy en monnoye commune & courante, ainsi qu'il se doit faire disét *And. de Iser. & Afflictus* sur le §. *monetę Tit. quæ sint regal.* si est ce qu'il ne laisse pas d'aparoir par tels exemples, que c'est le seul consentement du peuple & la volonté du Prince qui donne cours à la monnoye, *non tam ex substantiâ quam ex quantitate.* Et pour venir à l'or ny Scaliger ny Aubertus, Lenitus, Erastus, Moriginus n'aduoüerõt point que l'or soit vn metal plus parfait que les autres cinq, & s'il est plus estimé, ils diront que ce n'est pas par nature ains par opinion, *nescimus æstimare res de quibus non cũ famâ*

famâ sed cum rerum naturâ deliberandum est. Encores n'est ce pas l'opiniõ de tous, *proscissum est conuitijs ab optimis quibusque & ad perniciem vitæ repertum.* Pline & Solin escriuent que les habitans d'vne ville de Perse appellée Babitace l'auoient en extreme horreur, *odio auri coemunt genus hoc metalli & in terrarum profunda abiiciũt, ne polluti vsu eius auaritia corrumpant æquitatem.* Ceux à qui Dieu en auoit donné le plus, pource qu'ils en vsoient bien, comme estoient ceux du Perou & de la nouuelle Espaigne en faisoient moins de conte que nous ne faisons des poteries & vaisselles de verre. En la prouince de Topita, de Colar, de Cusco, les maisons estoient couuertes d'or pur au lieu de chaume, de tuile, & d'ardoise, voire y auoit il nõbre de maisons toutes basties d'or pur, si nous en voulons croire les autheurs, *apud Rhanin. tom.3.* lon en a ferré les cheuaux à fers d'or & clous d'argent: on a fait fonte d'artilerie d'argent, & Surius escrit qu'en l'an 1524 ceux de Mexique enuoyerẽt vne longue couleurine d'argent à l'Empereur Charles le Quint valant quarante neuf mil escus, le fer y estoit plus cher que l'or: Antonius Pigafetta escrit qu'en l'Isle de Zebul on donna pour quatorze liures de fer deux cẽs cinquante liures d'or. Entre ceux qui en ont fait grand estat, estoit l'Empereur Tybere, encores iugeoit il que le verre seroit plus à priser, s'il estoit ductile & flexible, pource il fit mourir vn personnage *qui excogitauerat vitri temperamentum vt flexibile & ductile esset, quòd diceret si eius vitri species orbi innotuisset, futurũ vt aurum pro luto haberetur ac metallorum omnium pretia detraherentur.* Les Romains mesmes faisoient plus d'eſtat de l'argent que de l'or *miror, inquit Plinius po. Rom. victis gentibus in tributo ſemper argentum imperaſſe non aurum, nec poteſt videri pænuriâ mundi id eueniſſe nam Midas & Crœſus in infinitum poſſederant*, ils auoient bien en leurs Faſtes *dies æſculanus & argentinus*, mais d'*Aurinus*, ils n'en auoient point, *miror* dit ſainct Auguſtin, *quod argentinus non genuit Aurinum.*

VI. MAIS quelque prerogatiue & excellence que lon puiſſe attribuer à l'or, touſiours faut il recognoiſtre que naturellement il ne tient pas lieu de monnoye, & qu'il a eſté choiſy par l'opinion & inclination des hommes, & que ceux qui l'ont les premiers monnoyé ne luy ont pas donné prix proportionné à la dignité pretendue de ſa nature & ſubſtance: ainſi, *vſum dominiumque præbuit non tam ex ſubſtantiâ quam ex quantitate*, car quelle ſi grande cognoiſſance pouuoient ils auoir du commancemét de la bonté de l'or? Car laiſſant à part que le iugement & l'eſpreuue des veines & minieres d'or par le feu & autres ingrediens conuenables, & que l'eſpreuue des ſables d'or par l'argét vif, ne leur eſtoiét pas ſi familiers au premier temps qu'on a tenu conte de l'or. Aprés qu'eſtant tiré de ſes veines il a eſté reduit en metal, ou aprés qu'on la trouué tout fait dedans les mines ou dans les ſables, auſſi toſt on a eu cognoiſſance des artifices requis pour le ſçauoir ſegreger & ſeparer de la matiere impure & eſtrange, de l'argent, du Mercure & autres ſubſtances & metaux auec leſquels il eſtoit meſlé? on a ſçeu le departir & affiner pour iuger des degrez de ſa bonté? Autant en peut on dire de l'argent?

Si bien on auoit les fourneaux & le feu pour purger ces metaux,

Omnia purgat edax ignis vitiúmque metalli
Excoquit.

Si bien on auoit la pierre de touche *coticulam* qui ne se trouuoit anciennement qu'au fleuue Tmolus selon Theophraste, *nunc verò passim & quem alij heraclium alij lidyum vocant*, possible n'auoit on pas les aiguilles d'espreuue si bien & diuersement temperées d'or & d'argent & de cuiure que nous les auons aujourd'huy. Au moins n'auoient ils point l'inuentiõ de ce ciment fait de tuiles broyées auec argille, qui eschauffé du feu fait suer à l'or, & chasser hors la matiere estrange qu'il a meslée, & l'argent & le cuiure meslé: ny cet eaue tant admirable que nous appellons eaue fort, eaue de depart qui separe l'or d'auec l'argent, l'inuention de laquelle, bien qu'elle soit vn peu plus ancienne que Budée ne pense, si est-ce que par la negligence des orféures à espurer & separer l'or la recepte & l'vsage en estoient perdus iusques à ce qu'vn nommé le Cointe Parisien la remit en son premier estat.

A raison de laquelle eaue tant merueilleuse, sinon le Cointe au moins le premier inuenteur d'icelle, si on en sçauoit le nom il meriteroit autant ou plus d'honneur que Marc Gratidianus, *qui artem fecit denarios probandi*, ce qui le rendoit si agreable au peuple dit Pline, *vt Marco Gratidiano vicatim totas statuas dicauerit*, & Ciceron dit plus, *omnibus vicis statuæ factæ sunt, ad eas thus & cerei.*

Somme ils n'auoient point tant de secrets de l'art probatoire, des mines, metaux, & monnoyes qu'ils appellent payemens, ny tant de receptes *sceuastæ & docimastæ*, que nous enseignent Agricola, Fuschius, Lidauius & autres.

VII. Il estoit dõc biẽ malaisé voire impossible à ceux qui les premiers ont monnoyé l'or & l'argent aussi, de recognoistre du premier coup tous les degrez de bonté de l'or & de l'argent que nous cognoissons auiourd'huy en l'argent iusques au degré de douze deniers, & en l'or iusques à vingt & quatre carats, mot descendu des grains de la Silique, que nous appellons de mesme nom que le fruict, ceratium en Colum. liure 3. Couar. 597. Car iaçoit que plusieurs ayent pensé que l'or ne se pouuoit purifier ny esleuer à plus haut degré de bõté que de 23. car. 18. grains (& tel doit il estre par les Ordonnances de France & d'Espaigne) & quelquefois iusques à 23 c. 22. grains & demy, & l'argẽt iusques à 11. c 18 grains, si est ce que plusieurs attestent le contraire, pour en auoir fait l'experience en l'or qu'ils ont purifié iusques au cõble de 24. cat. & de l'argent chacun peut sçauoir que bien que nous n'vsions que d'argent le roy qui est d'vnze deniers douze grains de fin & sur le pied duquel on trauaille deduits toutefois les grains de remede ou d'argent de court, qui estoit à dix deniers de fin (car au dessoubs dix deniers la matiere ne s'appelle plus argent ains billon) si est-ce que nous auons non seulement l'argent de Cendrée ou de Paris qui est vulgairemẽt d'vnze den. 18 grains mais encores l'argent vrayment fin ou de coupelle *pusu-*

latum,postulatũ,pustulatũ à pusulâ, pustulâ,postulâ,qui est tout vn,en Tibulle,*Læderet aut teneras postula rupta manus* ainsi dit *quod soleat argentum mirum in coquendo in pusulas aut pustulas adsurgere*,& c'est l'argent fin de douze deniers sur lequel on trauaille en quelques pays. Ayant donc les premiers inuenteurs de la mõnoye d'or soit les Lidyens,soit autres vraysemblablemét, si peu de cognoissance de la vraye bonté & pureté de l'or,ils ne peuuent en ce temps là luy auoir donné prix proportionné à sa pretendue excellence ou dignité,& consequemment cette premiere mõnoye d'or,*vsum dominiúmque præbuit non tam ex substantiâ quam ex quantitate.*

En apres la proportion & analogie de l'or à l'argent & cuiure combien a elle esté differente & variable,non de sa nature,mais par la commune opinion des hommes,diuersité des temps & des lieux, *qui modus est in his rebus cupiditatis,idem est æstimationis*(*ait Tullius*) laquelle toutefois est necessaire pour dõner prix à la monnoye d'or par dessus les autres monnoyes.Pline en quelque endroit à tenu que la proportion de l'or à l'argét estoit comme d'vn à quinze,qu'vne once d'or en valoit quinze d'argent en la loy *vn. C.de argent.pretio quòd thesaur. infertur*, elle est definie d'vn à quatorze & deux cinquiesmes, Herodote *in Thalia* faisant denombremẽt des tributs que les peuples & nations payoient à Darius Roy des Perses, taxe treze talents d'argent pour vn talent d'or. A Rome du temps de Sergius Galba la proportion estoit comme d'vn à douze & demy,ainsi que Agricola a supposé, interpretant quelques passa- VIII.

ges de Suetone & de Tacitus, Platon *in Hypparcho*, la fait d'vn à douze, & Pline en vn autre endroit la fait semblable, selon l'interpretation du mesme Agricola: par les Ordonnances de l'Empire: le marc d'or fin s'eualue à vnze d'argent & vn quart. Tite-Liue toutefois parlant des conditions de paix que feirent les Romains auec les Ætoliens, en fait la proportion décuple d'vn à dix. *pro argento si aurum dare mallent, dare spreuerunt dum pro decem argenteis aureus vnus valeret*, & Pollux par l'authorité de Menander la fait decuple aussi, Suetone en la vie de Iules Cæsar raconte qu'il auoit pillé tant de temples des Dieux en Gaule & tant rauagé de villes, *sæpius ob pecuniam quam ob delictum: vnde factum est vt auro abundaret ternisque millibus numûm promercante in Italia prouincijsque diuideret*: C'est à dire qu'il le met à la proportion d'vn pour huict ou sept & demy à peu prés, mais quelques doctes personnages croyent que cet or ne deuoit pas estre pur, ains meslé comme nous dirions de dixhuict carats.

IX. En ce Royaume par les vieux registres des monnoyes nous apprenons bien que l'or quelquefois à esté si vil que la liure d'or n'en valoit que huict d'argent, comme l'or de Cæsar: & quelquefois si rare qu'il en a valu seze, mais auiourd'huy & despuis plusieurs années en France la proportion de l'or & de l'argent à esté comme d'vn à douze ou enuiron & quelque peu moins.

La proportion de l'argent au cuiure & à l'or par consequent, s'il la falloit rechercher, a bien aussi esté fort diuerse; car quoy que par la loy, vnique C.

de collatione æris, elle soit centuple, vne liure d'argent pour vne liure d'airain, toutefois du temps de la guerre punique la liure d'argent valoit huict cens quarante liures de cuiure pur, puis fut reduite au quart à raison de deux cens 24 de cuiure pour vne liure d'argent, qui est à peu prés l'estimation du cuiure en ce Royaume, ou les cent liures, à seze onces la liure, ne valent que dixhuict francs, ailleurs à meilleur conte en d'autres prouinces plus cher selõ qu'il s'en trouue ou plus ou moins. Estant donc la proportion & analogie des metaux si diuerse & variable & mesmes au commancement que lon feit battre de la monnoye d'or, lors le prix qui fut dõné à icelle monnoye d'or fut plustost arbitraire que legitime & proportionné à la bonté de sa matiere, par ainsi, *vsum dominiumque præbuit non tam ex substantiâ quàm ex quantitate.*

Mais les Princes & Rois d'auiourd'huy, qui ont tres bonne cognoissance de diuers tiltres, aloy & proportion des metaux, n'est il pas notoire qu'ils donnent prix & cours à leurs monnoyes par dessus la vraye estimatiõ de la bonté de leur matiere? Aussi le peuuent ils faire, ne fust ce que pour recouurir les frais de la fabrication qui peuuent estre legitimement deduits, comme le tiennent Panor. & Innoc. & autres Cano. sur le chapitre *quanto* Gabriel Biel. *4. sentent. dist. 15. quæst. 9.* Albert. Bru Couol. Derm. & disent que c'est vne coustume generalement receuë entre tous les Princes. Couarr. en parle au long chapitre 7. §. *vn. numero quinto & Francis. Mar. quæstione 263. 2. partitione* fait mention d'vn tribut de dix sols pour marc d'or,& deux deniers pour marc d'argent qui se leuoit en Daulphiné. En Frãce l'Ordonnance du Roy Henry second fut reuoquée par le Roy Charles IX. sur la remonstrance de la chãbre des Comptes de Paris, si que tousiours despuis & long temps auparauant on a reietté les frais sur l'ouurage, lesquels frais sont limitez à la vingtquatriesme partie de la valeur de la matiere hors œuure. Ce qui est assez donné à entendre par le tiltre d'or à.23 & d'argent le roy à.11. car. douze grains sur lequel on trauaille aux monnoyes, le vingtquatre carac & le demy denier de fin võt pour les frais: & est dit ce qui se leue pour ladite fabricatiõ traicte ou rendage qui se partist en seigneuriage & baissage, le premier appartenant au Roy, l'autre au maistre de la monnoye, reuenant l'vn & l'autre à quatre liures quinze sols pour marc d'or, & quatorze sols quatre deniers pour marc d'argent. Il appert dõc que la valeur de la mõnoye estãt d'ordinaire par dessus le prix de la matiere: *vsum dominiũq; præbet non tam ex substantiâ quam ex quantitate, Ex quãtitate* (pour esclaircir ce mot) c'est à dire *æstimatione leg. 1. ff. de auro & arg. leg. l.3. de in lit. iur. vel ex pretio l. 9. l. 35. ff. de auro & arg. vel potestate l.3. ff. quod cert. loc. & rubr. de veter. numis potest: vel facultate apud Ciceronem 12. ad attic. dignitate* ἀξία l'appelle Aristote aux Ethiques & 1. des Rhetoriques, pource nous disons *rem dignam nummis l. si dignum ad l. fal. l. si cui fundus de legatis 2.* Ce mot *Quantitas* signifie cela en la loy *cum ab vno ff. de legat. 2. l. empti fide s. C. de contr. empt. & l. à Diuo Pio §. si pignora ff. de re iudic. vt explicat Duarenus lib. 1. disput. c. 6.*

Et cette

Et ceste quantité estoit marquée & notée sur les mõnoyes Romaines & ces notes là estoient les indices de leur valeur, l'as assis & toutes ses parties assauoir les douze onces auoient chascune leur marque, aussi auoit la demi-once, le tiers de l'once, le quart de l'once, & les scriptules dont les 24. faisoient l'once comme chascun peut veoir, *apud Volus. Mætia. de asse & part. eius.* le denier d'argent auoit aussi sa note ou sa marque d'vn X. pour signifier qu'il valoit dix asses, & le victoriat ou quinaire le sien qui estoit vn V. pour signifier qu'il en valoit cinq. Et le Sesterce la sienne, pour signifier qu'il en valoit deux & demy.

Ainsi par quelques Ordonnances de l'Empire, les monnoyes que l'on forge doiuent auoir la marque de leur quantité & valeur en chiffre, ce qui s'obserue aussi en quelques villes de Flandres, comme qui marqueroit auiourd'huy soixante cinq sur l'escu & seize sur le quart descu, qui est ce que veut dire Aristote au premier des polit. que le charactere ou forme publique est l'indice de la valeur de la monnoye ἐπὶ τοῦ πόσου σημεῖον, & de la vient le mot de monnoye, non pas de nõmoye par transposition de lettre cõme quelqu'vn a dit, & par allusiõ au mot grec νόμος, mais du mot moneta pource qu'elle nous admoneste de sõ pris & de sa valeur. Si donques il est vray que la mõnoye *vsum dominiumque præbet non tam ex substantiâ quam ex quantitate*, & que la bonté principale consiste non pas en sa matiere, mais en sa valeur on n'est point tenu soubs pretexte que l'or est meilleur que l'argét, l'argent que le cuiure, de payer vn debte en mesmes especes d'or & d'argent qu'il a esté contracté : il suffit de payer l'eualuatiō soubs laquelle on est censé auoir promis les especes, *sic eadem bonitate soluitur quâ datū est*, la loy y est expresse, *quæ extrinsecus ff. de verbo. oblig.* en ces mots, *stipulanti denarios*, qui estoient monnoye d'argent, *eiusdem quantitatis aureos spondendo obligaberis*, qui monstre bien que non les especes, ains la seule valeur des especes entre en l'obligation, car cōme dit Seneque, *omnis solutio non idem reddit sed tantumdem nam & pecuniam dicimus reddidisse quamuis numerauimus pro argenteis aureos*, qui a il de plus priuilegé que le fisque, & toutesfois les tributs qui sont deubs en or, se peuuent payer en argent, *l. vnicâ C. de arg. pret. quod thes. inf.* & ceux qui sont deubs en cuiure, en argent. *l. vn. C. de collat. æris, & cum certum auri pondus legatum est non materia sed pretium debetur*, dict la loy, *cum certum ff. de auro & arg. leg. magis quantitas legata videtur l. cum aurum §. 1. cod. tit. l. si quis argentum. C. de donatio.*

X. CELVY qui demande des escus en especes, & ne se contente pas de leur valeur, *in pecunia corpora cogitat non quantitatem*, dict Papinian, *l. si is cui nummos ff. de solut.* ce qui ne se doit pas faire, l'or & l'argent non monnoyé est bien corps: *sed appellatione auri & argenti nummi non veniunt*, quoy que die Ciceron aux topiques, *l. cum aurum & l. Quintus 2. ff. de aur. & arg. legat.* pour ce que l'or & l'argent mōnoyé n'est pas censé estre corps, ains seulement vne valeur & quantité quoy qu'elle soit assise sur vn corps: & pource nos Iurisconsultes opposent diametralement la monnoye, *nummos*, aux choses corporelles, comme n'estant qu'vne valeur & quantité, & chose incorporelle, *l. qui heredis 46. ff. de cond. indeb. l. quisquis mihi de lega. 3. l. quod dicitur. 5. ff. de im-*

penſ. in reb. dota. fact. Ce que Hotoman prouue bien elegamment, *argumento teſſeræ frumentariæ*, qui eſtoit vn morceau de Bois carré ou rond & ſpherique, ſur lequel eſtoit eſcrite & emprainte la meſure du bled que chaſque citoyen romain alloit prendre tous les mois aux greniers publics, par la liberalité du Prince ou de la republique: Xiphilin en parle en diuers lieux & Suetone en la vie d'Auguſte, chap. 40. & 41. comme auſſi *de teſſeris nummarijs*, & autres ſur leſquelles on marquoit les ſommes, ou autres benefices que deuoient prendre ceux qui les raportoient, tels ſont les mereaux qui ſe donnent aux Chanoines par les Egliſes. Ces billetes ou mereaux reſſemblent aucunement aux monnoyes, auſſi dit le Iuriſconſulte que *teſſeræ fideicommiſſum magis in quantitate quam in corpore conſiſtit l. Titia Seio. 87. ff. de leg. 2.* le ſemblable ſe pourroit dire *de Chirographo l. qui Chirographum. 59. de leg. 3. l. ſeruum filij §. eum qui ff. de leg. 1.* Conſequemment celuy qui promet des eſcus, *non corpora cogitat ſed quantitatem*, & celuy qui le demande ne doit ſonger qu'a l'eſtimation, & non aux eſpeces auſquelles on ne peut porter affection *l. nummis ff. de iutei.*

On ne doubte point que celuy qui promet rendre cent eſcus à ſoixante ſols piece, ou cent eſcus reuenans à trois cens liures, que celuy là ne ſoit quitte & liberé en baillant l'eſtimation ſans qu'il ſoit tenu de rendre les eſpeces qui ont eſté apretiées en contractant. En ce cas diſent ils les eſpeces ne ſont pas *in obligatione* elles ſont *in facultate ſoluendi.* l'apretiation le faict. *l. 7. de vſuf. ear. rer. l. 1. ff. de æſtim. l. 22. ff.*

rer. amor. Boerius decis. 327. *num.* 10. aprez Balde en son cõseil 339. *lib.* 2. *& hoc cõs.* 229. *lib.* 2. qui se seruẽt de la loy penultiesme §. *si mancipio ff. sol. matri.* & du Luc liure, x. tit. 6. Arrest. 5. en raconte vn Arrest formel de l'an 1552.

XI. MAIS qu'est il besoing que les parties appretient les especes par le contract? n'est ce pas assez qu'elles soyent eualüées par les ordonnances du Roy? cette eualüation ne doit elle pas estre censée pour soubs-entenduë voire pour exprimée en tous cõtracts, promesses & obligations qui ne font mention que d'especes? dõques les especes ne sont iamais deües precisement, ains leur valeur qui est exprimée par l'ordõnance. C'est pourquoy on tient que par coustume generale & vsance notoire receuë entre tous les peuples, vne monnoye reçoit fonction pour l'autre, elles ont ceste fraternité de courir l'vne pour l'autre, iusques à la concurrence de leur valeur imposée par la loy, sans que la monnoye d'or ait aucun priuilege de ne pouuoir estre acquitée en monnoye d'argent ou de cuiure. Et de cette coustume generale font mention tous nos Docteurs qui ont suiuy Bartole sur la loy premiere *de auro & arg. legat.* Menochius en allegue cent & cent authoritez en son Conseil, 49. *num.* 19. *moneta parua est permutabilis in omnem maiorem,* dit Bartol. & suiuant ce, à esté autrefois iugé par Arrest de Paris, de l'ã 1534. cité par Rebuffe, que celuy qui estoit obligé de certaines sommes, se pouuoit liberer en doubles & en liards, parce qu'autant vaut vne monnoye que l'autre.

La loy *creditorem ou Paulus respondi,* n'est pas au contraire, ains elle fait pour ceste opinion *cogendus est enim creditor in aliam formam numos accipere, nisi ex eâ re damnum aliquod creditor passurus est*, mais ceste exception nos Ordonnances ne l'ont point goustée, non plus que les ampliations de la Siluestrine, ains l'ont reiectée du tout: & n'ont trouué aucun interest considerable au creancier pour refuzer iustement vne mõnoye pour l'autre: les affections, le caprice, les delicatesses, les feintises, & simulations d'vn creancier, qui seroient cause de mille procez ont despleu à nos Princes. A ces fins par les ordonnãces de nos Roys François premier, & Henry second qui font mention d'vne plus ancienne ordonnance que nous n'auons pas, il auoit esté deffendu de contracter en especes ains à liures: auquel cas on n'a iamais doubté qu'il ne fust loisible de parfaire & accomplir les liures en toutes sortes de monnoye: & ces Ordonnances ont esté remises sus à mesmes fins par l'Edict du Roy qui regne heureusement auiourd'huy.

Qui plus est & pour respondre en vn mot à la conuention particuliere portée par la promesse, ores que le feu Roy de bonne memoire, eust ordonné en l'an 1577. pour beaucoup de bonnes cõsideratiõs que lon ne contracteroit plus qu'en escus: si est ce que par la mesme Ordonnance il est declaré que l'escu pourra estre payé soit en especes descus ou en toutes autres, tant d'or que d'argent selon le pris & valeur de chascune desdictes especes, sans qu'aucun puisse estre cõtraint payer precisement en especes d'escus encores qu'il fust ainsi stipulé & porté par les contracts, & de payer d'or en or, & d'vne toute pareille & semblable

Ordonnance des Roys de Portugal fait mention, Pinellus *in rubr. C. de resc. vend. 1. parte c. 3.*

XII. A CE propos veritablement tombe cette question ancienne & fort vexée aduenant changement aux monnoyes, ou par foiblage de poids ou par eschar-ceté d'aloy, c'est à dire en leur bonté intrinseque qui en doit porter la tare, du creancier ou du debiteur?

Tels changemens n'aduenoient pas souuent à Rome, & en l'Empire Romain: c'est pourquoy nous n'auons point, ou peu de loix qui en parlent. Ceux que nous remarquons en la mõnoye d'or s'il faut s'en rapporter à Budée, Agricola, Augustinus, en ses Emendatiõs, Alciat, Cuias, Hotomã, & autres qui en ont escrit diuersemét, & diuersemét interpreté le passage de Pline du liure 33. c. 3. c'est selon aucuns, que du commencement on ne batoit que trente-six sols d'or a la liure, *solidos vel aureos*, trois à l'once, apres quarante deux, apres quarante huict à la liure d'or, en quoy tous presque s'accordent, & ce sont volontiers ceux là desquels il est faict mention en nos pandectes.

Mais si Pline se plaint que *paulatim principes imminuere pondus*, despuis l'aage de Pline il se pourroit encores dire auec plus de raison, car au temps de Constantin, le poids de la monnoye d'or, *aureorum vel solidorum*, affoiblist si fort qu'il s'en battoit sept à l'once, quatre-vingts-quatre à la liure *l. 1. C. Th. de ponderat.* Valentinian les renforça despuis & les fit de six à l'once de 72. à la liure, *l. quotiens C. de susceptor.* Et de ceux là se doiuent entendre les passages du Code qui parlent *de aureis vel solidis*, qui a donné occasion à Budée, Alciat &

autres de poser deux sortes d'escus anciens & nouueaux, plus pesans & plus legers.

Pour le regard du tiltre de l'or, il est ordinairemēt faict mention aux Constitutions des Empereurs *solidorum vel aureorū obrisatorum*, d'or trespur, & non point d'autre. Toutesfois en la Nouuelle de Maiorianus, *de curialibus excipitur, solidus Gallicus, cuius aurum minori æstimatione taxatur*, ce qui toutesfois est prohibé pour l'or qui auoit cours en Ægypte, *Edicto Iustiniani* xi. ores qu'il fut de basse loy. Quand au denier d'argent dont les vingt & cinq faisoient la valeur de la piece d'or, son poids estoit moindre d'vne moitié, & trouuons que d'ordinaire il s'en battoit quatre vingts & quatre à la liure, *iustum est* 84. *è libris signari*, dict Pline. Neantmoins plusieurs Doctes personnages tiennent que sur le declin de l'Empire on en batoit nonante six, mais nous trouuons aussi que parfois on n'en a batu que soixante, *l. 5. C. Th. de impens. lud.* si que le pied de cette monnoye à esté fort incertain & variable du temps des derniers Empereurs, cestuy cy a 72. cest le real poids. Quant à l'aloy il fut voirement alteré d'vn huictiesme soubs le tribunat de Liuius Drusus, & n'estoit que de dix deniers & demy de fin: & puis soubs le Triumuirat de Marc Antoine, sans qu'on sache en quelle proportion.

Quant à la monnoye d'airain qui est la seule qui a eu cours à Rome iusques en l'an, cinq cens huictante & cinq de sa fondation, au commencemēt *asses erant librarij*, l'as pesoit vne liure de douze onces, despuis on l'affoiblit des dix parts selon Pline & Festus, & les fit on de deux onces, *bello punico primo cum impensis resp. non satisfaceret, constitutum est vt asses sextātario pondere ferirentur*, aprez, selō Pline, on l'affoiblist d'vne moitié, quoy que die Festus au contraire, qui n'est pas si croyable que Pline; si que l'as ne pesoit qu'vne once, *Annibale vrgente asses vnciales facti*, aprez d'vne autre moitié à sçauoir de demy once, *lege papiriā semunciales asses facti*, par ainsi il fut affoibly des vingt & trois parts en moins de années.

XIII. Av regard de la France, il est malaisé d'en parler de loin, car on tient qu'il n'y a point de chartes concernant le faict des monnoyes plus anciennes que de quatre cents ans, les mōnoyes s'appelloient deniers, d'vn nom general, encores disons nous les deniers du Roy, il y auoit le denier d'or, qui selon ses diuerses marques auoit diuers noms. Mouton d'or s'appelloit le denier d'or marqué d'vn Aigneau: florin d'or celuy qui estoit semé de fleurs de Lys: escu d'or, celuy qui estoit marqué d'vn escu auec des fleurs des Lys au dedans, saluts d'or ceux qui estoiēt marqués d'vne salutation Angelique. Ce denier d'or là, cōme plusieurs pensent, estoit au commancement du pois de deux gros ou de six deniers du poix du noble à la roze, ou Edoüard d'Angleterre: & c'estoit le poids de la piece d'or romaine *aurei solidi* Bezans d'or auquel Sainct Louys paya sa rençon en huict mille, chacun bezan d'or valant quatre cent mille sols tournois, bezan estimé cinquante liures de nostre monnoye. chap. 178. à ce que dict Budée, qui en a pesé des vns & des autres, mesmes des anciens Philippus d'or de Frāce qui pesoient, dit il, le double des escus de son tēps: & aprez il les compare au mesme poids du noble à la

roze, ou

rose ou Edoüard, il pesoit donques six deniers ou enuiron. Depuis il affoiblit iusques à quatre deniers qui est le poids de l'āgelot, auquel poids quelqu'vn a voulu reduire le solidus romain & puis à trois deniers qui est le poids du vieux escu, à 2. deniers 20. gros, qui est le poids de france à pied & à cheual que le Roy Iean fit battre, & le poids des royaux d'or, & ainsi grain à grain iusques à deux deniers quinze grains, qui est le poids de l'escu d'auiourd'huy qui n'est pas la moitié du noble à la rose.

Quant au titre du denier d'or, Budee atteste que celuy du Philippus ancien, des moutons d'or & du frāc à pied & à cheual, estoient de 23. carats 18. grains & ne se trouue point, qu'on sache, que monnoye d'or ayt esté battue en france de plus haute loy, l'escu viel empira de six grains & n'estoit que de 23 carats & demy : sous le Roy Francois il estoit empiré de 12 grains & n'estoit que de 23 carats, auiourd'huy il est à mesme titre Quant au poids de la monnoye blanche, le Roy S. Louys en l'an 1227. fut le premier qui fit battre le denier d'argent ou les sols que nous appellons & ce d'argent pur ou d'argent le roy. Il y en auoit de simples qu'on appelloit mailles, oboles ou demy blancs qui auoient cours pour cinq deniers & pesoient vn gros d'once ou trois deniers: Autres estoient doubles appellez gros ou grands blancs valans dix deniers tournois & qui pesoient six deniers ou deux gros & pource on les appella gros & s'en battoit 64 au marc: Les doubles pesoient le Real d'Espaigne de cinq sols & seze grains de plus. Tel poids est beaucoup affoibly, car les dousains d'auiourd'huy ne pesent que deux deniers.

Et pour l'alloy il a esté dit que le Roy Sainct Louys le fit battre d'argent pur, ou argent le Roy, Philippes le Bel les empira de moitié, en l'an mil trois cens y meslant du cuiure par moitié, aprez on n'y en mesla qu'vn tiers, & en l'an 1320. Charles le Bel les remit en leur premier titre & bonté, mais six mois aprés il les empira de rechef de moitié. Aprez, Charles cinquiesme 1453. les fit de cinq deniers de loy seulement, soubs Louys vnziesme ils n'estoient que de quatre deniers & demy : soubs François premier, & Henry second de trois deniers & demy, soubs Charles 9. de trois deniers, auiourd'huy de deux deniers vingt & vn grain & le semblable a esté faict du teston qui estoit de pur argent à proportion de l'escu & du sol.

XIV. ARRIVANT donc tel changement intrinseque par foiblage de poids ou escharceté d'alloy pour iuger sainement sur qui doit tomber la tare : il se faut representer ce que dict Aristote, que la monnoye ne consistant que par la loy, peut estre changée, descriée & renduë inutile par la loy & Ordonnance du Prince : mais les bons Princes, comme le nostre, ne la changent sans grande raison, ils le peuuent faire principalement en deux cas.

Le premier est en grande & vrgente necessité publique, faute & disette de finances selon Innoc. & Panor. sur le c. *quanto* & Couarr. c. 7. num. 5. Les Romains le firẽt ainsi *cũ impensis resp. non sufficeret bello punico primo*, & derechef, *vrgente Annibale* : & ce doit estre la raison pour laquelle Philippes le Bel empira la monnoye d'alloy à cause des incursions des Anglois, & soubs l'euenemẽt des Flamés, & sur le point qu'il dressa vne armée pour aller en Flandres chastier les Flamens de leur rebellion, & pour laquelle aussi Charles quatriesme, dit le Bel, l'affoiblit de poids pour subuenir aux frais de la guerre qu'il fit en Guyenne y enuoyant Charles de Valois son oncle pour auoir raison de l'outrage à luy faict par vn lieutenant du Roy d'Angleterre: pour mesme raison en quelque assemblée d'Estats tenus à Paris 1358. du temps du Roy Iean il fut arresté de faire battre quelques especes de mõnoyes d'or de moindre valeur que les ancienes, & que le profit qui en aduiendroit seroit employé aux frais de la guerre.

L'autre cas est vne autre espece de necessité & vtilité publique pour empescher le transport de l'or, & de l'argent Innoc. & Guido Papæ sur le chapitre quanto col. trois : les Princes y sont contraincts, dict le Roy François premier, en vne sienne Ordonnance par le cours vniuersel des monnoyes estrangeres és autres royaumes & pays, & principalement des pays des Princes voisins : d'autant que quelques deffences qui ayent esté faictes de toute ancienneté en ce Royaume, de transporter l'or & l'argent, si tost que lon recognoit nos mõnoyes de France estre plus fortes de poids ou de loy que celles des Princes voisins, on ne manque iamais de les recueillir & transporter, pour les difformer, conuertir & transformer en monnoyes du coin desdicts Princes. Ainsi tirons nous les reaux d'Espaigne pour les conuertir en nos monnoyes & y gaigner six & demy pour cent, & pour empescher que la France ne soit espuisée d'or & d'argent, il faut regler nos monnoyes par les estrangeres,

& nous accõmoder à leurs abus, mais quãd tels changemens se font en France, c'est par l'aduis de tous les ordres (bien que le Roy ny soit pas subiect) & par cõmune deliberatiõ par l'aduis du Parlement ce qui se peut veoir par les Ordonnances de nos anciens Rois mesmes de François premier, Henry second, & troisiesme qui en ont vzé ainsi, & par les textes de l'Edict dernier il se voit aussi que le Roy n'a pas oublié d'ensuiure cette forme & de prendre les aduis des plus apparens des prouinces de son Royaume, & des mieux entendus en ce faict, & d'ailleurs comme le Senat Romain interposoit son authorité en la fabrication & cours des monnoyes dont il appert par le mot *de Senatus consulto*, grauoit deux lettres singulieres ez monnoyes romaines: Ainsi en France se faict verification des Edicts concernans les monnoyes en la Cour des monnoyes seule instituee au royaume pour la direction d'icelles: ce qui sert pour oster tout scrupule à ceux qui soustiennent que la monnoye ne se peut changer sans la consentement du peuple.

XV. PVIS donc que telle alteration de monnoyes se fait par vn Prince iuste & legitime, par l'aduis & consentement des principaux du Royaume, pour cause que lon trouue vtile & raisonnable &, que l Edict est verifié par vne Cour souueraine, c'est faire tort à l'authorité du Prince & à la loy que d'aller rechercher plus auant la bonté intrinseque de la monnoye du temps passé, pour condãner la monnoye courante, ce n'est que fonder des procez sur la reduction des cens, rẽtes, droicts & deuoirs Seigneuriaux, sur la reduction des debtes cy deuant cõtractées pour vuider lesquels differēts les Palais ne sçauroiēt suffire, il faut croire que la monnoye ne cōsiste que par la loy, non plus auiourd'uy qu'au premier temps qu'elle fut batuë: & qu'il doit suffire d'estre payé en monnoye de pareille valeur, quoy qu'elle ait esté alterée en son poids ou alloy pource que la mōnoye, *vsum dominiū que præstat non tam ex substantiâ quā ex quantitate.* Et quoy que la commune opinion soit au cōtraire, toutesfois l'aduis qui tient qu'il ne faut auoir esgard qu'a la bōté extrinseque, pris, valeur ou estimation de la monnoye, n'est pas destitué de grands autheurs Azon le tient en ses brocards, Antonius, Butrius, & Abbas, *in c. quāto, Afflictus decis.* 194. *Baldus in l. singularia ff. de reb. credit. Curtius senior in l. cum quid. Faber.* §. 1. *insti. quib. mod. tol. oblig. & in authent. hoc nisi C. de solution. Geminianus cons.* 137. *& singulari* 519. Iacobus de Bellouisu, & Godoffroy le tiennent *vt refert Cinus in l. in minoriū col.* 4. *C. in quibus caus. in int. rest. & an est necessa.* Hieronimus Butige la *in l. cum quid.* Hotoman, *quæst. illustr.* 15. Menochius en son conseil 49. num. 38. Oldradus *cons.* 168. Panor. *c. olim.* Pinel. *ad rubr. de resc. vendi.* 1. *par. n.* 24 Ripa sur la loy *quod te. de reb. credit.* Romanus *cons.* 123. Speculator, *de actio. & oblig.* § *nunc aliqua* & Ioannes Andræas en ses additions, & du Moulin sur tous en ses questions 90. 91 92. & 100 Qui tous soustiennent que le creancier doit porter le dechet de l'alteration de la monnoye en sa bōté qui se doit imputer au Prince & non au debiteur. Et pource qu'Estienne Barbete en vsa autrement soubs Philippes le Bel, & qu'il fut autheur de faire payer aux pauures gens les loüages des maisons & leurs debtes en forte monnoye & à raison de la precedente bonté intrinseque, il fut cause de la sedition qui s'esmeust a Paris & y laissa la vie.

Et puis le creancier n'y pert rien, il exposera l'escu nouueau affoibly de poids & d'alloy au mesme pris qu'il exposoit l'escu vieux, au contraire & par vne demonstration fort euidente il y gaigneroit par trop, il auroit autant de bõne matiere & si auroit plus de valeur, s'il veut donc auoir autant de matiere en bonté intrinseque, qu'il defalque la surualeur, dict du Moulin. S'il y a de l'acquest en telles alteratiõs il vaut mieux le donner aux plus pauures qui sont les debiteurs & qu'il soit employé à la descharge de leurs debtes, de laquelle descharge & soulagemēt les bons Princes ont souuent esté curieux & les republiques aussi.

XVI. CEST en quoy plusieurs Princes ont monstré leur magnificence & benignité non seulement en tenant grosses sommes de deniers à prester aux indigens sans interest comme faisoient Auguste, Tibere, & Alexandre Seuere Empereurs, mais aussi en remettant liberalement ce qui leur estoit deu, ainsi que faisoient les Roys de Sparte à leur aduenement à la Royauté, ils liberoient tous ceux qui deuoient au Roy & au public, Alexandre le grand fit plus, il paya toutes les debtes de ses soldats. Zonare escrit de Sophie Imperatrice femme de Iustin qu'elle aquita autant de debtes qu'elle peut & rendit aux debiteurs leurs gages & leurs obligations cancellées, il en est escrit autāt de l'Empereur Romanus Lacapenus, & qu'il mit au feu qu'il fit allumer en plein marché, toutes les obligations qu'il auoit acquitées, feu sans cõparison plus

Beau que le feu qu'Agesilaus trouuoit si beau à Sparte, quand on y fit brusler toutes cedules & obligations sans rien payer, car en ce feu de Sparte les creanciers voyoient brusler leur bien & non en l'autre.

Les Romains encores furent bien magnifiques & pitoyables cette fois la que, *solutionem æris alieni in publicam curam verterunt*, lors qu'ils creerent des banquiers *Quinqueuiros, mensarios vocatos*, lesquels dresserent des changes en la place publique & payerent en deniers comptans les debtes des pauures citoyens.

Mais quand ils ont diminué le poids des *Asses* ou qu'ils ont empiré l'argent de cuiure, il est veritable qu'ils ont voulu pouruoir au soulagement des debiteurs : & qu'ils ont trouué bon que le foiblage de poids & l'escharseté de l'alloy tournast à leur profit, pour leur donner moyen de payer leurs debtes à meilleur marché.

Car Pline dit parlant des *Asses*, lors que *facti sunt sextantarij : ita quinque partes factæ lucri, dissolutumque æs alienum*, & lors que *semunciales facti sunt : ita respub. dimidium lucrata est*, & Festus dict que *populus ære alieno liberabatur & priuati quibus debitum publicè solui oportebat non magno detrimento afficiebantur.* Ce qui est encores confirmé par ce beau passage de Saluste, où Caius Manlius dict *sæpe maiores vestri miserti plebis Romanæ decretis suis inopiæ eius opitulati sunt ac nouissimè memoriâ nostrâ propter magnitudinem æris alieni, volentibus omnibus bonis argentum ære solutum est.*

Ces exemples ne sont pas seulement exemples, mais iugemens de cette grande republique Romaine reiettez par trois fois & approuués sans contredit par tout le peuple Romain, qui ne disputa point de la valeur intrinseque de la monnoye de cuiure ou d'argẽt, mais acquiessa à l'Ordonnance publique & reçeut la monnoye courante en payement des debtes anciennes quelque foiblage de poids, & escharceté d'aloy qu'il y eust. Et cette police Romaine a esté suiuie, & par les anciens, & par les derniers Arrests du Parlement de Paris, on ne nie pas qu'il ny en ait eu de cõtraires suiuant la plus commune oppinion, que du Moulin appelle cõmune erreur & conforme à quelques chapitres alleguez, ausquels on pourroit bien apporter des solutions. Mais Ioan. Gallus faict mention d'vn Arrest de Paris de l'an mil trois cẽs nonante deux, par lequel il auroit esté ordonné que les tenanciers de l'Abbaye de Cluny ne seroient tenus payer leurs rentes & debuoirs en forte & ancienne monnoye cõme ils souloient ny eu esgard à sa bonté intrinseque, mais en monnoye courante & selon qu'elle estoit eualuée par les Ordonnances du Roy, il en cotte vn autre assés semblable de l'an 1390.

Et ces Arrests ont despuis esté confirmez & renouuellez au faict d'vn rachapt d'vne rente constituée cent ans y auoit, & auquel temps la monnoye estoit meilleure en bonté intrinseque & fut dit, que sans y auoir esgard, elle pourroit estre rachaptée & les arrerages payez en mõnoye courãte, par Arrest prononcé le premier Aoust 1586. Ces Arrests sont en faueur des debiteurs, mais à leur desaduãtage, ce qu'Oldrade escrit au cons. 50. que Philippes le Bel ordonna aprez qu'il eust fait reuenir la mõnoye de foible à fort ce fort(ce qu'aucuns escriuent estre aduenu de son regne en l'an 1308) à sçauoir que lon payeroit en bõne & forte monnoye les debtes contractées au temps que la monnoye estoit foible, l'vn & l'autre toutefois feroit pour l'authorité du Roy & de l'Ordõnance en cas de changement de monnoye. Ce nóobstant & que *contrariorum eadem sit potestas* Faber escrit *quæ curia franciæ consueuit statuere & tenere quod quãdo Rex monetam debilitat recipitur pro forti, sed quando fortificat habet respectum ad tempus contractûs.* Ce qui seroit encores plus fauorable au debiteur.

CETTE question vuidée & la precedente aussi, qu'on n'est point tenu de payer en especes fait plãche au iugement de l'autre: qui est, s'il aduient chãgement en la bonté extrinseque au prix & en la valeur de la monnoye, qui en doit porter le dechet? On ne reuoque pas en doute, que quand il est question de payer il ne faille receuoir la mõnoye courante *quæ est in facultate soluendi*, selon qu'elle vaut lors du payement & non comme elle valoit lors du contract sans s'amuser à des allegations non necessaires, il en fut faite vne declaration speciale par le feu Roy, du treziesme Ianuier mil cinq cens septãte huict, mais il est question de sçauoir au cas que les especes *quæ sunt in obligatione* ayent changé de valeur, si on les aprecicra à ce qu'elles valoient lors du cõtract, ou à ce qu'elles valent lors du payemẽt à fin que l'on sçache quel prix est en l'obligation. Tel changement de valeur des monnoyes, sans affoiblissement de poids ny de loy est rarement aduenu à Rome, & vne fois seulement que l'on sçache XVII.

au temps que *asses vnciales facti sunt: placuit enim denarium sexdecim assibus permutari, quinarium octonis, sestertium quaternis*. En France fort souuent & mesmes en la monnoye d'or, & pour ne reprendre que le temps escoulé despuis sainct Louys & dés l'an 1227. Il est croyable qu'en ce temps là le denier d'or s'il estoit de six deniers de poids valoit douze grans blancs d'argent, chacun pezant deux gros ou six deniers, ou vingtquatre petits blancs du poids de trois deniers chacun selon la proportion plus cõmune de l'or à l'argent qui est d'vn à douze. Et il est croyable qu'il a demeuré long temps en mesme estat sans monter par Ordonnance, veu que nous lisons qu'en l'an 1354 l'escu coronne, qui par le desordre du temps auoit fort haussé, reuint à douze sols six deniers. Aucuns veulent toutefois que sous Philipes de Valois, & dés l'an 1328 l'escu couronne à fleurs de lis sans nombre valut vingt sols, soubs le Roy Iean qui luy succeda en l'an 1350 le franc d'or ne valoit aussi que vingt sols cent & trẽte ans aprés & en l'an 1474 soubs Louys vnziesme fut fait reglement sur les monnoyes, & l'escu fut mis à trẽte sols trois deniers, neantmoins il est vraisemblable qu'il monta peu à peu à ce prix là, en l'an mil cinq cens cinq, & trente ans aprés il valut trente & cinq sols: en l'an cinq cents & treze, il valoit quarante sols. En l'an cinq cens trente deux le Roy François le haussa à quarante cinq sols, de là en l'an 1549 il haussa à 46 & quarante huict sols, & en l'an cinq cens soixante & vn à cinquante sols, puis soubs Charles 9. en l'an 1571 il monta par tolerance à 54 sols, rauala à cinquante deux & à cinquāte au bout d'vn an, remonta encores à 54 sols en l'an 572, & dura iusques en l'an 1574 que par arrest de la Cour des monnoyes il monta à 56 sols, puis par Edict du Roy Henry & par tolerance iusques à 58 sols, mais au mois de Mars en l'an 1577 il fust haussé par prouisiō & tolerance à soixante cinq, & soixante six sols, & au mois de Ianuier 1578 son prix fut estably à soixante sols. Pour le sol en l'an 1474 par vn reglement qui fut fait sur les monnoyes, il monta à vnze deniers, despuis à douze, & le semblable pourroit on dire du teston s'il n'estoit ennuyeux. Si donques on demande auiourd'huy que l'escu a haussé de prix qui en doit remporter le profit, ou en quel temps il faut auoir esgard à la valeur de l'escu promis en especes; les autheurs de la precedente opinion soustiennent que le changemēt de sa valeur doit estre indifferent pour le creancier qu'il ne luy doit apporter ny profit ny dommage, & respondent que la loy 2. *C. de vet. num. potest.* a ce sens icy: à sçauoir que lors que l'escu rabaisse de prix, les autres especes de monnoyes doiuent rabaisser aussi affin de garder proportiō, & restreignent le mot de *specierum, omnium pretia specierum*, aux seules especes de mōnoyes, ou bien ils expliquent ces mots, *omnium pretia specierum*, & les estendent selon le sens & les mots de l'Ordonnance de l'an 577 à sçauoir que le prix de toutes especes de marchandises & generalement de toutes choses de commerce en argent doit rauallet à l'equipolant de l'escu. Ils soustiennēt donques que le profit ou le dommage du changement de la valeur extrinseque des monnoyes regarde le seul debiteur, ou qui vaut autant, qu'il faut auoir esgard à la valeur que la monnoye tenoit au temps du contract, ce faisant que le debiteur doit suppleer le prix des especes, au cas qu'elles raualent, & au cas qu'elles montent qu'il la doit deduire & defalquer.

XVIII. CAR si la monnoye qu'on auoit presté est descriée *respondet Scæuola creditoris detrimentum non esse l. creditor ff de solut.* C'est à la perte du debiteur *quia reproba pecunia non liberat soluentem*, & faut en ce cas regler la valeur de cette monnoye descriée au temps du cõtract, les Docteurs en sont d'accord, *Curia franciæ tenet quod debeatur in valore temporis contractûs*, dit Faber §. 1. *quib. mod. toll. obl.* Et Minsinger en rapporte vn arrest de la chambre Imperiale de l'an 1552. consequemment si la monnoye est descriée, non pour le tout, mais en partie par raualement & diminution de sa valeur: ce sera au debiteur de supporter cette perte & suppleer le defaut du prix: donques inferent Panorme & autres sur le chapitre *quanto*, le profit de l'augment de l'escu sera deduit par le debiteur *quia contrariorum eadem est potestas*. Auparauant l'Edit, auparauant que l'escu haussast, le debiteur se pouuoit liberer à raison de soixante sols l'escu, donques inferent *Socin. cons. 6. lib. 5. & Curt. Iunior. cons 24.* cette faculté qui luy a vne fois competé ne luy sera plus ostée, quoy que l'escu rehausse par Edict. Il faut rendre en tant que lon peut la valeur de la monnoye certaine & non subiecte à changement, *certa est enim nummorũ æstimatio dicta l. nummis pecuniarũ vide-*

tur una eademque potestas ubique esse l.ideo ff quod certo loco.pecuniæ publica & perpetua est æstimatio.l.1 de contr emp. pource qu'anciennement la monnoye s'alteroit fort rarement:& puis par comparaison & rapport fait aux vins,bleds & autres denrées & marchandises qui changēt de prix d'an en an,de mois en mois, de iour en iour.C'est pourquoy l'argumēt des bleds & des vins ne doit pas militer en la monnoye,la bōté de laquelle ne consiste pas en la matiere, ains en la valeur qui luy est naturelle & consubstantielle: changer sa valeur c'est changer sa nature: mais la bonté des fruicts est en leur substance, non en leur prix,qui n'est qu'accidentel:pour changer de prix, il ne change pas de nature:outre que leur prix despend de la volonté des personnes priuées: mais celuy de la monnoye despend du seul Prince, *pecuniæ publica & perpetua est æstimatio.* Or le moyen de rendre l'estimation de la monnoye certaine, au moins entre les contractans,c'est de l'arrester au temps du contract, par l'obligation qui est quant & quant rēdue certaine,*& pecunia mutuata nec minuetur nec veterascet can.eijciens* 88 *dist.*le creancier *certam pecuniam numeratam petet .l.1.ff.de condit.trit.certi erunt aurei.* Au lieu que reglant le prix des especes selon le temps à venir & incertain du payement, l'obligation seroit tousiours incertaine & pourroit croistre & diminuer auec les especes, ce qui n'a pas esté de l'intention des contractans ny de celle du Prince. Le Roy n'a pas entendu à croistre ny diminuer l'obligation des parties dit Oldrude *cons.* 250. mais declare seulement en quelle monnoye & à qui il conuenoit faire les payemens, le creancier n'a iamais songé qu'au bout de vingtcinq ans l'escu deût croistre de prix, moins le debiteur, qui n'empruntoit de l'or mais des escus: escus pour les employer & despendre sur le champ, selon la coustume de ceux qui empruntent & non pour les garder & pour les despendre non en especes d'escus, ains en change de moindre monnoye, donques pour les despendre au prix qu'ils valoient lors du contract qui estoit de soixante sols piece. Car le fait mis en auant par le creancier que le debiteur auoit mis les escus à plus haut prix que de l'Ordonnance n'est pas receuable non plus que si le debiteur alleguoit que le creancier luy eust donné & presté les especes à plus haut prix il ne seroit pas receuable: recours à la declaration du Roy Henry troisiesme du dernier Auril 1578. Car il n'appartient qu'au seul Prince de dōner prix, à ses monnoyes: le contraire est prohibé & deffendu soubs grosses peines. Ceux qui en vsent autrement, & qui suiuent le cours volontaire que le peuple donne aux monnoyes sont cause de tous les desordres que nous voyons aux monnoyes. Pource a il esté deffendu aux marchans & à tous autres qui vendent, par vne Ordonnance de l'an 1540. de s'enquerir en quelles especes d'or & d'argent & à quel prix on leur voudra faire payement, d'autant que toutes monnoyes doiuent estre indifferentes, & qu'elles ont leur prix par les Ordonnances, *quas vltra citraque nequit consistere rectum*.

XIX. Il ne faut dōc pas regarder au prix des marchās, ains au prix que vaut l'escu par l'Ordonnance au temps du contract, *tempore contractûs*: car nous disõs que *præsens tempus semper intelligitur si aliud comprehensũ non sit l. si ita 7. ff. de aur. & arg. leg.* nous disons que *legato auro auri pretium præsentis temporis debetur dictâ l. cum certum ff. eo. tit. præsentis temporis*, c'est à dire *quod erat cũ à testatore relinqueretur l. uxorẽ 41 §. testamẽto ff. de leg. 3.* En condemnation d'amandes on regarde aussi le tẽps de la sentence, si la monnoye change & non le tẽps de l'execution d'icelle, Oldrade en son cõseil 13 Brunus *parte decimâ*. En cas de vendition de mesmes on a esgard au temps du contract; *non ob eam rem quod lacus postea creuit latiùs eum possidere debet quam emit. l. Rutilia Polla de contr. empt.* En cas d'euiction aussi *bonitatis æstimatio facienda quæ fuit venditionis tempore l. bonitatis ff. de euict. l. si voluntate C. de resc. vend.* Et ne sert de dire que le creancier en prenant le temps du contract n'auroit que quatre vingts douze escus au lieu de cent. La responce est prompte que les escus aussi valent plus non au prix des marchans, en ce cas il seroit iniuste, ains au prix de l'Ordonnance, *reddendum est quantum accepi*, aussi rends ie autant en valeur *numero numerus non semper æquandus est aliquando vna res pro duobus valet*, dit Seneque. Si le creancier veut pareil nombre d'escus, on dira derechef auec du Moulin qu'il rende donc la surualeur qu'il n'a pas desboursée, & de laquelle le debiteur n'a fait sõ profit. D'ailleurs le creancier ny perdra iamais rien à l'aduenir, l'escu ne vaudra iamais moins, il y auoit vne espece de monnoye en Grece qui s'appelloit ὄβελλις augmentante. Toutes nos monnoyes se doiuẽt apeller ainsi, elles haussent bien de prix par Edicts, mais elles ne raualét point, par ainsi il ne faut point enuier ce rehaussement aux debiteurs, *euentum meliorem tibi non ipsi prodesse iniustè petis. l.1. C. de sol. Ita debitoribus prouidendum vt non debitores grauentur. Authen. de fideiuss.* Cette question en outre, qu'il faut suiure le temps du contract & que l'augmentation de la valeur de la monnoye tourne au profit du debiteur, a esté vuidée en propres termes par Solon & la republique d'Athenes : car Solon ayant augmenté de prix la mine d'argent, qui estoit vne espece de mõnoye, & ordonné que de soixante & treze dracmes qu'elle valoit auparauant, elle en vaudroit cent. Ce fut au soulagement & à la descharge des debiteurs, de maniere, dit Plutarque, que ceux qui venoient à payer donnoient en valeur autant comme ils deuoient, mais non pas en autant de nombre de pieces. Ainsi les debiteurs, dit-il, y gaignent beaucoup & les creanciers n'y perdent rien. Il est croyable que les Romains le iugerét ainsi, quand ils mõterent le prix du denier d'argent à dix asses, & que celuy qui deuoit seze asses fut quitte pour vn denier d'argent & que celuy qui deuoit huict deniers s'aquita pour cinq, & qu'ils appliquerent la surualeur du denier au profit des debiteurs, comme ils y appliquerent le foiblage des asses. Et de cet aduis là, pour nos Docteurs ont esté la plus part de ceux qui ont ia esté citez contre la valeur intrinseque, ausquels on peut adiouster Zabarella *in Clem. 2. de dec. Franc. Carsius, de monet. num. 10. Brun. parte 5.* & ceux qu'ils alleguent : encores Corasius 3. *miscela. c. 13. Præses Brisso. lib. 1. de sol. fol. 230.*

Pour

POVR cette opinion aussi sont deux Ordonnan-nances du Royaume de Castille, l'vne du Roy Iean premier de l'an 1387, l'autre du Roy Henry second de l'an 1411 Est formelle aussi vne Ordonnance du Roy Philipes le Bel faite à Montargis l'an 1311. *volumus*, dit-il, *quòd nullus teneatur soluere nec quis creditor præsumat exigere vel recipere in eo modo pecuniæ traditæ per eum vel alios, debitum in maiore valore quàm in valore pecuniæ traditæ quantùm videlicet valebat & currebat communiter iuxta ordinationes nostras tempore contractûs, & quo pecunia tradita fuit etsi forsan contrarium sit conuentum, talis conuentio ipso sit facto nulla.* Cette opinion encores a des arrests pour soy qui sont raportez par du Moulin en la question 90. & 91. entre autres vn arrest de l'an 1538, par lequel il fut ordonné qu'vne rente cõstituée en espece d'escus seroit voirement rachetée en especes, mais que deduction seroit faite de l'augment de l'escu suruenu despuis le contract, & par autre arrest donné contre le Chapitre & Chanoines sainct Manbœuf d'Angers, il fut dit qu'vne rente constituée en escus pourroit estre rachetée en mõnoye, & ce à raison que valoit chaque escu lors de la creation de la rente. Ces resolutions qui semblent fort veritables sont encores moins douteuses despuis l'Ordonnance de l'an 1577, par laquelle iaçoit que le conte à liures fust deffendu, toutefois elle donnoit faculté de payer soixante sols pour escu, c'est donc à soixante sols que l'escu estoit aprecié auquel cas on n'est pas seulement dispensé de payer en escus, comme il a desia esté prouué, mais aussi on XX

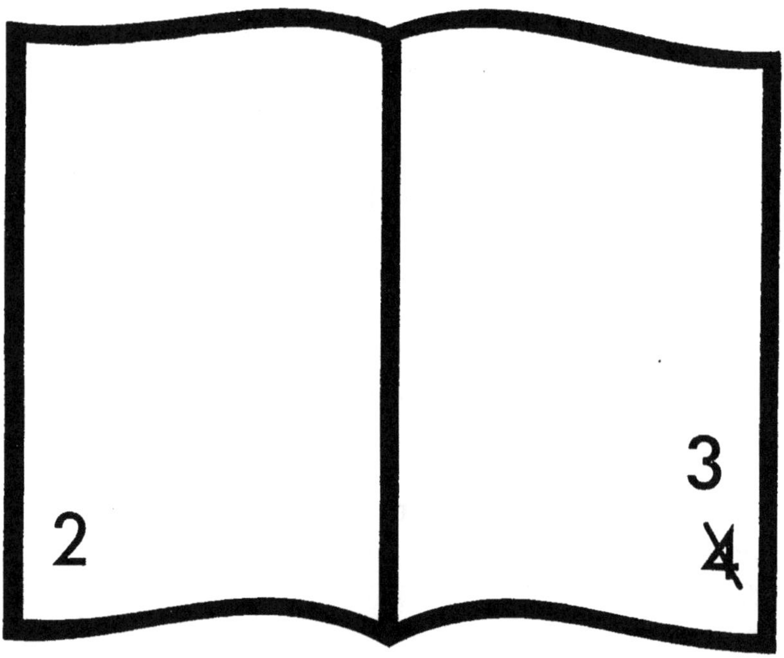
2
3
4

n'est pas tenu de bailler ny plus ny moins de sols que valoit l'escu lors du contract par les authoritez ia allegućes,&l'arrest cité par du Lac qui dõne repetitiõ *condictione indebiti*, quand on auroit payé dauantage, à quoy on peut adiouster Ancharã sur la *clem. de dec.* Bartole sur la loy *Paulus respondi* Couar §. *vnico, nu. 5.* Gabriel. *de solut. & liber. lib* 3. *conclus.* 2. Petrũ de Ferrar. *de actione hipothec. ex quo enim consuetudo permittit aliud pro alio soluere, reducitur ad terminos eius qui est debitor in genere* dit Brunus, *parte* 5.379.

XXI. POVR la fin on representera encores cette raisõ. C'est que si on payoit à soixante cinq sols l'escu qui a esté presté à soixante, il y auroit de l'vsure pour la surualeur: car la monnoye est vne mesure & vne fort grande mesure qui mesure toutes choses dit Aristote, & les reduit à equalité *æqualitate quantitatis*: & rien n'a le pouuoir de l'apretier ou mesurer, *quia non vt æstimatio rerum quæ mercis numero habentur, in pecuniã numeratã fieri potest, ita pecunia quoque merce æstimanda est, ait Modestinus*, la monnoye est dõc vne mesure, pource Vitruue dit fort à propos que les citez de la Grece auoient conuoqué & fait passer les proportions des mesures, des lõgueurs aux valeurs & quantitez des monnoyes, car comme ils metoiẽt six pans à la coudée, dit-il, aussi faisoiẽt ils six oboles en la drachme. Et comme ils faisoiẽt la couldée de vingt & quatre doigts, aussi composoient ils la drachme de vingt & quatre pieces, *quæ alij dichalca alij trichalca dicunt*. Et aprés auoir philosophé sur les perfections du nombre de dix, & du nombre de six, Vitruue adiouste que comme les Grecs auoiẽt diuisé & compris toutes les mesures soubs le nombre parfait de dix, *quam græci τέλειον dicunt* : aussi les Romains, *sic nostri, inquit, primo decem fecerunt antiquum numerum, & in denario denos æreos asses constituerunt & ea re compositio nummi ad hodiernũ diem inquit denarij nomen retinet.*

Et adiouste encores que les Romains haussérent le denier à seize *asses* ayant esgard aux perfections de ces deux nombres de dix & de six : *& vtrosque in vnum conijecerunt & effecerunt perfectissimum decussis sexis, huiusque rei authorem inuenerunt pedem*, à fin que comme le pied, dit-il, est composé de seize doigts, aussi fust le denier de seize, *ita efficitur vt habeat per sexdecim digitos & totidem asses æreos, denarius.* Ainsi Columelle en la dimension des terres a vsurpé les noms de toutes les parties de l'as Romain, voire ceux qui seruent aux valeurs des moindres monnoyes qui sont au dessoubs de l'once. Mais Rhemnius Palæmo, Isidore, & Theodoric en Cassiodore ont vsé d'vn autre rapport, qui tombe neantmoins au mesme poinct & comparaison des mesures aux monnoyes.

Car comme le Soleil mesure tout comme pere du temps, des ans, des mois, des iours & des heures, qui mesuroient tout,

A dextrâ læuâque dies & mensis & annus
Sæculáque & positæ spatijs æqualibus horæ.

Ils disent que la liure est composée de douze onces, comme l'an est composé de douze mois, & comme il y a vingt & quatre heures au iour qu'il y a pareillement vingt & quatres scriptules en l'once.

Grammata dicta, quòd hæc viginti quattuor in se
Vncia habet (tot enim formis vox nostra notatur)
Horis quod mundus peragit noctémque diémque
Vnciáque in librá pars est quæ mensis in anno.

Que si la couleur du Soleil est dorée & sa forme rõde, le Solidus aussi estoit d'or, qui est le metal sacré au Soleil & arrondy comme le Soleil, & adiouste Cassiodore chose assez difficile à croire que le solid⁹ ou aureus de son tẽps estoit de six mil deniers, pour representer que le monde deuoit durer six mil ans, *scilicet vt radiantis metalli formata rotonditas ætatem mũdi, quasi sol aureus includeret.* S'il nous estoit loisible de feindre comme cela nous pourrions dire que pour les considerations susdites, on auroit marqué l'escu de France d'vn Soleil despuis soixante dix ou quatre vingts ans en ça, & que *non à solido, sed à sole* il faudroit dire non pas en escu sol, mais escu au soleil, *aureus solstitialis*, qu'il soit loisible, l'apeller ainsi comme Ciceron & Tite-Liue *solstitialem orbem dicunt pro solarem.* Donques reuenant au propos, la monnoye est vne mesure, ou disons ainsi l'escu sol est vne mesure. Mais pource que la mesure selon Aristote commance par les moindres choses ou mesmes l'escu sol est mesuré pour le sol, *omnis numus argenteus ex numero æris potestatẽ habet*, dit Mœcianus,

Auro magnus honos, auri pretium tamen est æs.

Tout ainsi donques qu'aprés auoir emprunté vn boiceau de bled de soixante mesures, si le vaisseau venoit à hausser de cinq mesures, & valoir soixante cinq mesures, ce seroit vsure & iniustice que de faire payer soixáte cinq mesures pour vn boiceau qui au temps du prest n'en valoit que soixante. Aussi seroit ce iniustice & vsure de faire payer soixante cinq sols pour vn escu, lequel au temps du prest ne tenoit que soixante.

A tant concluoit le Deffandeur & appellant àce qu'il fust dit auoir esté mal iugé & qu'il n'estoit tenu de payer en especes, ny la valeur des especes promises, sinon au pris qu'elles valoient lors du cõtract. Et neantmoins qu'il la falloit receuoir en payement au prix qu'elles valoient auiourd'huy à ce que l'ancienne monnoye fist place à la nouuelle,

Concedátque vetus victa moneta nouæ.

ET c'estoient les principales raisons qui de la part de l'vn & de l'autre pouuoient estre amenées sur lesquelles la Cour ayant ordonné que les parties metroient & produiroient leurs pieces par deuers elle pour leur estre fait droit sur le registre, & y ayant esté satisfait, elle a donné son arrest, par lequel elle vous dit. QV'ELLE a mis & met les appellatiõs, & ce dont a esté appellé au neant, a condãné & condãne la Basse de payer audit Asseré dans huictaine la somme de huict cens liures à raison de soixante sols pour escu, comme ils valoient au temps de la promesse, auec les interests de ladite somme suyuant l'Ordonnance, dés & puis l'adueu de la scedule, iusques à plain payement, en rendant par ledit Asseré les bagues & ioyaux à luy baillez en gage, &. sans despens.

ARREST QVATRIESME DV DROICT DE QVESTALITÉ ou Seruitude.

PRONONCE' LE MARDY septiesme Auril mil six cens dix.

PROCEZ s'est meu pardeuant le Seneschal de Guiêne, ou son Lieutenant, Entre Ieâne de l'Islet femme de Iean Hazera appellante de deux appointemēs dés 11. May 1607. & 13. Aoust 1608, & Deffendresse en requeste, d'vne part: Et Messire François d'Agés, Baron de S. Manne inthimé esdites appellations, & Demandeur en requeste d'autre part.

POVR LE FAIT. Il conuient presupposer, qu'auparauant le mois d'Octobre 1291, les habitans de S. Manne, estoient questaux de corps & de biens des Seigneurs de sainct Manne, mais audit an mil deux cens quatre vingts vnze, ils furent affranchis par Messire Bertrand de Podenzac, Cheualier Seigneur de S. Manne, & par la charte d'affranchissement, les terres qu'ils possedoient au temps de leur questalité & seruitude, leur furent données à fief nouueau, ô la charge de quelque deuoir d'esporle à muance de Seigneur, de certain cēs annuel en grains, deniers & de la dixme de tous les fruicts, & de la taille aux quatre cas: à la charge que les habitans & leur hoirs tiendroient feu vif & feroient leur habitation ordinaire aux estages ou maisons qu'ils auoient en sainct Manne en tout temps & continullement. Fut dit aussi que si aucuns des descendans desdits habitans venoient à bastir nouuel estage ou maisõ, que chacun, pour chacun feu, payeroit les mesmes droits & deuoirs ausquels lesdits habitans s'estoiẽt sousmis, & que si aucun des habitãs mouroit sans hoirs, sa succession appartiendroit au Seigneur de S. Manne, reserué si quelque proche parẽt vouloit venir seruir l'estage: & moyẽnãt ces droicts & deuoirs lesdits habitans furent affranchis eux & leurs terres pour tousiours de toute questalité & seruitude. Despuis & en l'an mil cinq cẽs dix, 200. ans aprés, à la requeste des habitãs qui lors estoiẽt, les mesmes conuentions furẽt ratifiées & approuées par Messire Pierre d'Agés Seigneur de sainct Manne. Encores en l'an mil cinq cẽs quatre vingts dix, à l'instance des habitans qui lors estoient, entre lesquels estoit Bernard l'Islet pere de l'appellãte, les mesmes cõuentions furẽt ratifiées par Messire René d'Agés, Cheualier Baron de S. Manne. Ce presupposé. Au commancement de l'an mil cinq cens cinq, Ieanne l'Islet se maria auec Iean de Hazera, & par le contract de mariage, Mathieu de Hazera pere, & Bourde Solée mere s'obligerent auec leur fils d'aller resider à S. Manne, & de fait y residerent vn an & demy auec leur bru ou nore, iusques à la sainct Michel de l'an mil six cens six qu'ils transfererent leur domicile à Villagreine, d'où despuis ils ne sont partis. Ce qui dõna subiet vn nommé & dict Canon beaufrere de ladicte Lislet, & qui craignoit que les terres ne tombassent en cõmise & que sa femme à l'aduenir ne fust frustrée de la succession de sa sœur, de mouuoir procez pardeuant le Seneschal au commencement de l'an 1607. contre Matthieu de Hazera pere & sa femme, aux fins que suiuant le contract de mariage ils vinssent tenir feu vif à Sainct Manne. En cest instance interuint le Seigneur de Sainct Manne, par Requeste du quatorsiesme Mars mil six cens sept, tendant à mesmes fins & conclusions. Matthieu Hazera & sa femme se deffendent, prennent lettres Royaux pour faire casser cette clause du contract de mariage, par laquelle ils s'estoient obligez d'aller tenir feu vif à Sainct Manne, FONDEES SVR LA LIBERTE PVBLIQVE. La cause plaidée, appointement s'ensuit sur le champ par lequel ayant esgard aux lettres, & sans auoir esgard à la sommission & obligation portée par le cõtract de mariage, il est permis audict Matthieu & sadicte femme d'aller demeurer où ils voudroient & faisant droit de l'interuentiõ du Seigneur de Sainct Manne, Ieanne de Lislet seule est condamnée d'aller tenir feu vif, & faire son habitation ordinaire, & principal domicile en ses maisons de Sainct Manne à peine d'inficiation & de cõmise sans despens. En execution de cet appointement du treziesme May mil six cens sept, quelques poursuittes se font par le Seigneur de Sainct Manne, contre Ieanne de Lislet seulement: en fin autre appoinctement, ou sentence ensuit le tresiesme Aoust mil six cens huict, par lequel il fut ordonné que le premier appointemét sortiroit son effet, & ce faisant, que dedans six mois, Ieanne de Lislet iroit tenir feu vif audit lieu de Sainct Manne, autrement à faute de ce faire, & le temps passé des à present comme deslors, & deslors comme des à present, les terres sont declarées commises, au profit du Sieur de Sainct Manne. De ces deux appoinctements appel par Ieanne Lislet, releué en la Cour, ou la cause ayant esté plaidée les parties furent appoinctées à mettre leurs pieces pour leur estre fait droit sur le registre, à quoy ayant esté respectiuement satisfaict.

Il se pouuoit dire de la part de l'appellant.

I. QVE les deux puissans Dieux de l'impossibilité & de la pauureté, que les Andriés opposoiét aux fortes Deités de l'Amour, & de la Force, que Themistocles leur proposoit, sembloiét assister à l'appellante en cette cause, d'autant qu'on la vouloit reduire à choisir l'vne des deux extremitez : ou d'abandonner la demeurance & compagnie de son mary, chose à elle du tout impossible, ou de guerpir ce peu de bien duquel depédoit la sustentation de sa vie, à quoy s'opposoit la pauureté, & luy pourroit on dire ce que Zenon le Stoicien disoit à l'vn de ses amis familiers, si tu ne perds ton champ, il te perdra, car voulant conseruer son champ, elle perdoit l'vsage de sa liberté, plus chere que sa vie, comme aussi voulant garentir sa liberté elle couroit fortune de perdre son champ. Ainsi de part ou d'autre.

Nec spes libertatis erat nec cura peculi.

C'EST cette liberté qui formoit en ce procez vne plus forte opposition, pource que natutellemẽt tous les animaux ont pleine liberté de pouuoir habiter en cet element auquel ils ont esté procrées, dict Aristote au second liure de la generation des animaux, les vns d'iceux prenent leur origine en terre, autres dans les eaux, autres dedans l'air, autres aussi dedans le ciel ou Æther, selon l'opinion de ceux qui tiennent qu'il y a vn cinquiesme element du feu habité d'animaux qui luy sont conuenables, estimant estre chose absurde, *in eâ parte quæ sit ad gignẽda animalia aptissima, animal gigni nullum putare.* Qui est l'opinion d'vn Poëte en ces vers. II.

Neu regio foret vlla suis animantibus orba
Astra tenent cœleste solum formæque Deorum
Cesserunt nitidis habitandæ piscibus vndæ
Terra feras cœpit, volucres agitabilis aër.

Cela donc estant ainsi, chascun des animaux est fondé de droit naturel, de pouuoir habiter librement en l'element de sa naissance. Toute espece d'animaux voirement n'habite pas par toutes les parties de son element: aucuns animaux & oiseaux sont pour l'Europe, autres pour l'Afrique & pour l'Asie: autres pour l'Amerique, & le semblable est il des poissons, *habent suas regiones & habitacula distributa, manent in his inoffenso vicinorum limite, nec vago transitu mutationes quærunt locorum, sed tanquam patrium solum diligunt & in his immorari dulce arbitrantur.* Ce neantmoins les domicile qui leur sont marquez par la nature, sont des regions si amples & si vastes & tant suffisantes pour leur entretenement, qu'ils nont loy de se plaindre de ce retrãchement, ny d'estre resserrez tant soit peu, *usus naturæ impressus patriæ finibus vnumquéque sese tenere & vltra incolas facit esse suspectum*, sinon qu'on les voulust restraindre en moindres espaces, qui seroit leur faire tort, *etiam fera animalia si clausa teneas virtutis obliuiscuntur.*

Et quant aux hommes, nous auons subiect de croire, en ces siecles icy plus que iamais, que toutes terres sont dõnées & destinées pour leur habitation. Les nauigations frequentes des François, Portugais, & Espaignols & autres peuples nous ont appris, que les Zones lesquelles les anciens Geographes, Historiens, Philosophes, & pilotes auoient iugées inhabitables, à raison du froid ou du chaud excessif, estoiẽt peuplées d'hommes,

Pone me pigris vbi nulla campis
Arbor æstiuâ recreatur aurâ
Quod latus mundi nebulæ malúsque,
Iuppiter vrget.

Là & iusques au soixante quinziesme degré de latitude, vers le pole arctique auons nous descouuert que la terre estoit habitée iusques au pole, les nauigations de Pierre Guerin, Christofle Florauert, Iean Michaëlis, les escrits d'Olaüs Magnus, & Ortelius en font foy.

Pone sub curru nimium propinqui
Solis, in terrâ domibus negatâ.

Qui est la zone torride; zone qui s'estend au long & au large, plus que nul autre, & qui auec les deux zones froides comprend les deux parts du mõde, les trois faisant le tout, selon Lucrece.

Inde duas porrò partes propè feruidus ardor
Assiduusque geli casus mortalibus aufert.

Là sçauons nous par experience que les pays sont pleins d'hommes, les habitations cõmodes, frequentes & heureuses, soit que cette beneficence soit deüe à la nature & à la vertu des hõmes valeureux & nouueaux adelantades, *quomodo lucem noctemque omnibus hominibus ita omnes terras fortibus viris natura aperuit*, dict Tacite au neufiesme de ses histoires: ou plustost qu'il la faille rapporter à la grace de l'aduenemẽt du Sauueur, & predication Euangelique: Despuis lequel temps & non plustost, aucuns graues personnages ont soustenu par grandes & suffisantes preuues, que le ciel, l'air & la terre de ces contrées inhabitables, auoient changé de qualitez, auoient esté renouuellées en meilleur estat, & miraculeusement doüées de bonne & commode temperature, conformement à la prophetie d'Ezaie, *lætabitur deserta & inuia & exultabit solitudo & florebit quasi lilium, germinans germinabit & exultabit lætabunda & laudans: Gloria Libani data est ei, decor Carmeli & Saron*, & conformement aux oracles des Sybilles en Lactance, liure septiesme.

Mais particulierement voyons nous que la terre est par tout habitée, par les plaintes qu'en faisoit le docte Tertullian, au liure de la nature de l'ame.

ou parlant des colonies & peuplades anciennes, il les appelle *Fœnerationes gentilitatis*, & adiouſte en ſuitte, *omnia iã peruia, omnia nota, omnia negotioſa, ſolitudines famoſas retrò fundi amœniſsimi obliterauerunt, ſiluas arua domuerunt, arenæ ſeruntur, ſaxa panguntur, paludes eliquantur, tantæ vrbes nunc, quantæ non caſæ olim: vbique domus, vbique populus: ſummum teſtimonium frequentiæ humanæ, oneroſi ſumus mundo, vix nobis elementa ſufficiunt.* De façon que ſouuent la nature eſt contrainćte d'vzer de decimation, comme on faiſoit iadis ez armées & legions entierement coulpables, il faut qu'elle enuoye neceſſairement des contagions, guerres & mortailitez, diſoit ce ſçauant Afriquain, pour empeſcher la ſurcroiſſance des hommes & mettre ordre à la trop grãde fecondité, ce qu'il appelloit *Tonſuras inſoleſcentis humani generis.*

III. POVR ces conſiderations du peuplement vniuerſel de la terre, & qu'elle eſt l'habitatiõ cõmune des mortels qui naiſſent & qui marchent au deſſus, aucuns des anciens ont eu honte de ſe dire citoyens d'vne ſeule ville; Hercule ne s'aduoüoit point eſtre Argien ny Thebain, ains diſoit, que toutes les citez de la Grece eſtoient ſa patrie, autres ont paſſé plus oultre, & ont dićt auec Ariſton, que par nature il n'y auoit point de pays diſtingué non plus que de maiſon, & d'heritage, & que chaſcune de ces choſes là eſtoient propres à ceux qui y habitoient ou qui s'en ſeruoient & pource ils ſe ſont appellez citoyens du monde, Coſmopolites, du nombre deſquels ont eſté Democrite, Socrate, Diogene, & aſſez d'autres, *qui omnem orbem terrarum vnam vrbem eſſe dixerunt.*

Mais au lieu, dit Plutarque, que la nature laisse ainsi aller les hommes par le monde libres & desliez, les iuges dit il, auiourd'huy les lient, les emprisonnent, & emmurent, ainsi les iuges dont a esté appellé, ont voulu astraindre les appellans en vne bien petite & fort estroite place: d'habitans du monde les forcer de deuenir habitans d'vn petit hameau de S. Manne.

En quoy faisant on ne peut pas nier qu'ils n'ayent voulu ramener, & introduire de nouueau en vsage la seruitude, qui est bien naturelle & iuste, quand l'hõme commande aux animaux, & que les animaux seruent à l'homme, selon qu'il est dict au Geneze, *habeat potestatem piscium maris, volatilium cœli & omnium pecorum quæ sunt super terram*, mais que l'homme raisonnable deuienne serf d'vn autre homme, c'est contre nature, *rationalem hominẽ noluit Deus nisi irrationabili dominari, non hominem homini, sed hominem pecori*, dict Sainct Augustin, *inde primi iusti: pastores pecorum, magis quàm reges hominum constituti sunt.* Et Seneque *cogitare enim debes, istum quem seruum tuum vocas, ex eisdem seminibus ortum, eodem frui cœlo, æquè spirare, æquè viuere, æquè mori.*

CESTE condition toutesfois de liberté & naturelle equalité se perdit despuis, dont les Philosophes & Iurisconsultes ont attribué la cause qui à vne chose, qui à l'autre: Mais les seuls Theologiens instruits des Sainctes lettres ont frappé au but, disans, que la seruitude prit sa source du peché commis par Cham, lors qu'il vit la nudité de son pere. IV.

Cur aliquid vidi? cur noxia lumina feci?

Ces regards des honnestes furent la porte par laquelle la douce aymable liberté eschapa loing de l'homme, & en son lieu entra l'esclauage *nomen istud meruit culpa non natura.* Cela mesmes veut dire Sainct Ambroise quand il attribue ceste coulpe au vin, *manebat ante vini inuentionem omnibus inconcussa libertas, nemo sciebat à consorte naturæ suæ obsequia seruitutis exigere: Non esset hodie seruitus si ebrietas non fuisset*, voulant inferer que sans l'ebrieté du pere, quoy qu'innocente de ce Patriarche, le peché de Chã ne fust ensuiui, ny cõsequemment la vengeance du peché, qui en condamna son fils au seruage auec sa posterité.

Sainct Chrysostome parle clairement en l'homelie 16. sur le Genese enseignant, que ce peché de Cham rendit serf le frere qui estoit issu de mesme pere & sorti de mesme ventre que son frere & que le peché l'ayãt despouillé de sa liberté, il luy imposa le ioug d'vne vile subiection & que de là la seruitude prit son origine, car auparauant adiouste il, on n'auoit point accoustumé de viure si mollement & delicieusement, que les vns eussẽt besoin du ministere ou seruice des autres, chascun se seruoit soy mesme, tous estoient egaux en honneur, toute disparité d'honneur estoit tolluë: tost aprez que le peché fut entré & suruenu il ruina la liberté, corrompit & gasta la dignité de l'homme donnée par la nature, introduisit la seruitude & mit ceste differẽce si grãde qui se veoit entre les hommes, les vns qui commandent superbement, les autres qui seruent indignement.

De ceste malediction & sentence de condamnation, donnée par le pere contre le fils, sont descẽduës auec la seruitude, les peines & suplices, seuices, barbaries, &

baries, & cruautez pratiquées contre les esclaues, qui ont esté telles, que les maistres en fin vsurperent pleine puissance de la vie & de la mort sur leurs esclaues, l'authorité de les faire combattre contre les bestes sauuages, & contre les escrimeurs à outrance, puissance de les vendre & engager, d'où sont descendues tant de peines ignominieuses, de les tenir pour gens de neát en causes ciuiles, de les mettre aux fers & à la cadene, de les faire porter la fourche, leur razer le poil à demy, les marquer & stigmatizer au corps & au visage, *vt essent fronte literati, capillum semirasi & pedes annulati*, pour vser des mots d'Apulée, peines suffisantes pour leur faire perdre l'vsage de la raison, c'est pourquoy les Poëtes ont dit que Iupiter auoit osté aux esclaues la moitié de leur bon sens.

APREZ cela ce qui a plus prouigné la seruitude, ç'a esté l'auarice de posseder de grands fonds de terre, du temps que le Romain n'en possedoit que deux iournaux (c'estoit soubs Romulus) mesmes du temps qu'il fut permis d'en posseder iusques à sept iournaux, *hæc mensura plebi post exactos Reges assignata est*, que Manlius Curius disoit au peuple, *perniciosum intelligi ciuem cui septem iugera non essent satis*: du temps que les recompenses des vaillans capitaines n'estoient autres que d'autant de terre qu'ils en pouuoient labourer tout à l'entour en vn iour. V.

De ce temps là les hommes libres à Rome labouroient leurs terres eux mesmes, ce leur estoit honneur de les bien labourer, & ne pouuoit on plus haut loüer vn homme de bien que de l'appeller, *bonum agricolam bonumque colonum: amplissimè laudari existimabatur*,

Mmmmm

qui ita laudabatur, au contraire ce leur estoit des-honneur de mal labourer leur champ, *agrum malè colere censorium probrum existimabatur*, les capitaines generaux des armées n'auoient pas honte de prendre la charruë en main *eádem curâ semina tractabant quâ bella eádem diligentiâ arua disponebant quâ castra*, vn Caius Fabricius, vn Curius Dentatus, l'vn ayant chassé Pyrrhus de l'Italie, l'autre ayant dompté les Saliens eurent pour leur part sept iournaux d'heritage en distribution, *ea non minore industriâ coluerunt, quàm fortiter armis quæsierant.* Vn Scipiō Africain l'horreur de Carthage, à qui Rome estoit redeuable de n'auoir esté prise qu'vne fois, *in agello se exercebat opere, terrámque vt mos fuit priscis subigebat*, aussi la terre faisoit lors de grands & fructueux rapports s'esiouissant d'estre cultiuée d'vn soc courōné de lauriers & de la main d'vn capitaine qui eust triomphé des ennemis.

Peu à peu l'auarice creut à merueilles, de posseder beaucoup plus de terres qu'ō n'en pouuoit labourer soy mesmes, de sorte que par la loy de Licinius Stolo il fut prohibé de n'en posseder plus de cinq cés iournaux, *luxuriantis iam reip. fuit ista mensura*, l'auarice se multipliant elle passa bien plus auant, car enfin le vol des oiseaux à peine pouuoit il mesurer la contenance des possessions d'aucuns.

Diues arat Curibus quantum non miluus oberrat.

dict vn Poëte & vn autre,

Cui tot, montes tot pascua seruas
Appula tot miluos intra tua pascua lassos.

si qu'il n'est pas estrange à ce conte là, ce que disoit vn riche homme dans Plutarque, qu'il labouroit des terres de la longueur de douze iournées de chemin. Seneque sur tous fait foy de cecy en l'vne de ses epistres en ces belles parolles, *quousque fines possessionum propagabitis? ager vni domino, qui populum cepit angustus est: quousque nationes vestras porrigetis? ne prouinciarum quidem satione contenti circumscribere prædiorum modum? illustrium fluminum per priuatum decursus & amnes magni magnarúmque gentium termini, vsque ad ostium à fonte vestri sunt. Hoc quoque parum est nisi latifundijs vestris maria cinxistis: nisi trans-Adriaticum & Ionium Ægæumque vester villicus regnet: nisi insulæ ducum, domicilia magnorum inter vilissima rerum numerentur, quàm vultis latè possidere, sit fundus quod aliquando imperium vocabatur, facite vestrum quodcumque potestis dum plus sit alieni.* Ces parolles là font trouuer veritable, ce que Pline escriuoit de son tẽps, que six persõnes possedoient la moitié de l'Afrique, *sex dominos semissem Africæ possedisse sub Nerone, quos ille interfecerit* Aussi falloit il bien auoir des terres, pour en donner autant qu'en prometoit Lucius Domitius assiegé dedás Corfou, qui pour dõner courage à 12. mil soldats qui soustenoiẽt le siege auec luy, leur promettoit quatre iournaux pour teste, & aux Capitaines beaucoup pl⁹, pour entretenir vne armée Romaine des fruits de son reuenu, ce que Crassus deuoit faire, pour estre estimé riche: plus de biẽs falloit il posseder encores pour en faire autãt que Pythius, qui receut le Roy Xerxes allant conquerir la Grece, suiuy de 780000. hommes, les festoya pour vn iour, offrit de soudoyer son ost pour 5. mois à 2. milliõs d'or par mois, & le fournir de bled en luy baillãt respit d'aller à la guerre auec sõ fils: c'est ce Pythius mesme qui dõna à Darius Roy de Perse vn plane d'or

& cette vigne d'or dont il est encores si grand bruit & si grand murmure, laquelle seruoit à couurir le lict du Roy en façon de treille enrichie de raisins pēdans en icelle assemblez de pierres tres precieuses.

A laquelle vigne rien ne se peut comparer, sinon cet arbre de Pin, qui est planté dedans le Palais Royal du grand Cham, auquel il ny a si grand ny si petit rameau duquel ne pendent de grosses pommes de pin, entassees & composées de toutes sortes de belles & riches pierres precieuses, s'il en faut croire Odericus qui escrit l'auoir veu.

VI. OR despuis que les hommes riches & puissans cōmencerent par auarice à posseder si grandes quantitez de terres, deslors la culture des terres sortit des mains des personnes de libre & ingenne condition & passa aux mains des esclaues.

Tunc longos iungere fines
Agrorum: & quondam duro sulcata Camilli
Vomere, & antiquos Curoirum passa ligones,
Longa sub ignotis extendere rura colonis.

Dict Lucain, & le mesme, *vincto fossore coluntur Hesperiæ segetes*, Pline s'en plaint, *nunc eadem illa rura vincti pedes, damnatæ manus, inscripti vultus exercent*, & Seneque, *ô miserum si quem delectat patrimonij liber magnus & spatia terrarum colenda per vinctos.*

Pour cet effect ils assembloient nombre d'esclaues distinguez par nations, couleurs & liurées, on leur mettoit les fers aux pieds, & aux mains, *genus ferratile*, les appelle Plaute, & les logeoit on la nuict dedans des prisons de village, dedans des basses fosses champaistres qu'ils appelloient *ergāstula inscripta carcer rusti-*

aus descrite par Columelle lib. 1. chap. 1. afin qu'ils ne peussent eschapper la nuict ny le iour, & là ils patissoient mille contrainctes.

Cette immense possession des terres, qui prouigna la seruitude & la forme de les labourer par esclaues, fut enfin la ruine de l'Italie *verum confitentibus latifundia perdidêre Italiam.* Plutarque en rend bien au lõg la cause, & dit que despuis que les riches, secretemẽt pour frauder les loix, & despuis ouuertement eurent transferé en leurs personnes & les arrentemens publiqs & les grands territoires, deslors les pauures s'en voyant deboutez n'alloient plus de bon courage à la guerre, ny ne se soucioient plus de nourrir & d'esleuer des enfans, tellement qu'en peu de temps l'Italie se trouua despeuplée d'hommes de libre cõdition, & remplie de barbares & d'esclaues, par lesquels les riches faisoient labourer leur terres dont ils auoient chasśé les citoyens Romains. Appian discourt le semblable & comme les riches ayant chasśé les pauures par diuers moyens des terres cultes & incultes & ne possedant plus des champs, mais de larges campaignes, commencerent à achepter des esclaues pour estre laboureurs & pasteurs, en rend cette particuliere raison, de craincte dit il, que s'ils prenoiẽt des personnes de condition ingenuë pour labourer, on ne vint à les rappeller de l'agriculture pour aller à la guerre, où les esclaues n'alloient point, de là vint que les cãpaignes furent pleines d'esclaues & de peu de gens riches qui les possedoient, & de là vint la source des seditions de Gracchus & des guerres ciuiles qui amenerent la ruine de l'Italie, *Ad cultum agri frequentia er-*

gastula cathenatique custodes materiam bello præbuere.

Pourtant ne laisserent pas ces prisons de village tant preiudicables & dommageables au public de continuer iusques au temps de l'Empereur Adrian lequel, dit Spartian, *ergastula seruorum & libertatem tulit.*

VII. CETTE debonnaireté de l'Empereur Adrian eut bien pouuoir de clorre & interdire ces prisons priuées & cachots champestres, & de tirer les fers des pieds & des mains des esclaues, mais non pas de les desasseruir du pesant ioug du labourage, au contraire par vne peruerse vsance qui prit force & vigueur soubs Cõstantin le grand, & autres diuers Empereurs, ils deuindrent esclaues des terres & leur furent tellement liez & clouez aux fins de les labourer & cultiuer, qu'il passa en loy & coustume qu'ils n'en pourroient estre distraits ny separez pour quelque raison & consideratiõ que ce fust. Nos Iuriscõsultes auoient bien faict quelque mention auparauant de tels esclaues, comme Marcian en la loy *si quis inquilinus de leg. 1.* Modestin en la loy *longæ ff. de diuer. & temp præscr.* Vlpian *l. firma §. si quis ff. de cẽsib.* Mais cette seruitude & destinatiõ immuable au labourage des terres fut ferme establie soubs les derniers Empereurs l'vn desquels a dit, *colonos æternitatis iure detineri*, & conuenoit il enrooller, & enregistrer, donner par denombrement aux papiers terriens, papiers censifs, roolles, & cadastres, des tailles non seulement les terres & possessions que chascun tenoit, mais aussi les serfs & esclaues qui les labouroient & qui estoient destinez pour les labourer, cõme faisant part & portion de la terre, reputez du pied & partie de la terre, comme estans nõbres du fonds & corps de la terre: de là viẽt qu'ils furẽt appellez *censiti & ascriptitij ex publici census adscriptione*, pour obmettre quelque differẽce, tels estoient vray semblablement les habitans de Sainct Manne lors qu'ils estoient questaux ou de condition questale & seruile, soit qu'ils ayent prins ce nom là du mot Quester qui veut dire rechercher comme on dit quester vn cerf, quand auec vn limier on va questant ses foyes, son reduit & buisson par anceintes, à cause que telles personnes serues s'en estans fuyes, retirées & desrobées de la terre de leur Seigneur, sans son congé, ils sont poursuiuables, questables, & le Seigneur a droit sur eux de suitte & de poursuitte, de les reclamer, ainsi parlent les Coustumes, & les ayant trouuez les peuuent cõtraindre de resider sur leurs heritages & y faire feu vif, ce que la coustume de Soule appelle Suitte de gẽs.

Soit que Questaux soit deriué d'vne autre significatiõ du mot de queste qui est vne espece de taille, quãd le Seigneur demande quelque aide à ses serfs en deniers ou autres denrées, d'où vient le mot de Queste courãt, que le Seigneur impose par chascun an sur ses subiets taillables à la difference de la queste abonée & estoiẽt mis les serfs & imposez au roolle de la taille serue ou à la volonté & plaisir du Seigneur ou selõ leurs facultez par ses officiers, de là vient le nom de serfs questables qui veut dire poursuiuables, & le mot de Quester ses gens se trouue es coustumes de la Marche, Niuer. & Bourbon. affin qu'on ne croye pas que ce mot soit particulier à la coustume de Bourd. de la sont appellées les lettres de queste en Chãcellerie *diplomata rogẽdæ stipis*, en Budée, & pource en la coustume d'Acqs, Queste est appellée vne rête generale.

Tels donc estoient les subiects de Sainct Manne autheurs de l'appellante, en l'an mil deux cens nonãte & auparauãt, à sçauoir esclaues ou questaux de leurs Seigneurs qui pouuoient estre bien fondés en ce tẽps là de pretendre dessus eux vne subiection de residence ez terres qu'ils possedoient en Sainct Manne, mais en cette année mil deux cens nonante, ils furent afrãchis par le Seigneur de Potenzac, ce temps là de l'an 1241. est bien considerable, car quoy les vrayes seruitudes ayent bien duré iusques au temps de Frederic second, recours aux Constitutions de Naples, & au droit Pontifical composé & obserué en ce temps là, qui traittent des mariages des esclaues, & Frederic fut deposé l'an mil 245. si n'ont elles duré guieres dauantage, & quelques bons autheurs ont remarqué que l'Europe fut affranchie d'esclaues enuiron l'an 1250. tirant aux trois cens: de faict que Bartole qui viuoit l'an mil trois cens a laisé par escrit que de son temps il n'y auoit plus d'esclaues & que par les loix Chrestiẽnes les hommes ne se vendoient plus.

Ce qui doit seulement auoir lieu quant aux esclaues Chrestiẽs, à quoy il n'y deuoit eschoir difficulté, car si Mahomet lors de la publication de sa loy, affranchit tous ceux de sa religion, si le Iuif ne peut auoir vn Iuif pour esclaue, à plus forte raisõ vn Chrestien ne doit il estre esclaue entre les Chrestiens, & ne peut estre faict esclaue quoy que la guerre soit iuste, ains seulement mis à rançon, suyuans l'oppinion de Bartol. & d'Alciat *in l. hostes ff. de verb signif.* & Couarru. le discourt *reg. peccatum part. 2. §. xi. num. 6.*

Mais aussi

mais aussi se deuoit il pratiquer entre les Chrestiés à l'endroit des esclaues, quoy que d'autre religion où infideles, imitans en cela quelques nations qui d'ancienneté ont reiecté toute seruitude comme certains Indiens en Strabon, les Esseás entre les Iuifs selon Philon, & les Phocenses & Locriens, & de nostre temps Charles le Quint en donna vn exemple signalé ayant declaré francs & libres tous les Indiés de l'Occident quoy qu'infideles & idolatres par vn Edict general de l'an 1540.

Et sur toutes les nations du monde cette pieté & protection de liberté a esté de tout téps conuenable aux François amateurs & protecteurs de l'iberté, *auctores libertatis*, dit Tacite, le nom de franc & de franchise le monstre assez, & la cheuelure longue que les François, à l'imitation de leurs Princes, auoient accoustumé de porter, en signification de liberté. Telle la portoient les Lacedemoniens, dit Aristote, en signe aussi de liberté & ingenuité, estimans que celuy qui portoit longs cheueux, ne se pouuoit addonner ou soubsmettre à aucun acte seruile, sale & vilain. Au contraire porter les cheueux courts & tondus estoit marque d'estre tombé en captiuité selon Herodote in Erato. Lucain, *& tu tonse ligur* Claudian, *Militet vt nostris detonsa Sicambria: id est victa*, VIII.

Sic tonso occipiti senex Sicamber,
Postquam victus es elicis retrorsum
Ceruicem ad veterem nouos capillos.

Que si les François despuis peu de temps portent la cheuelure courte, on tient que c'a esté à l'imitation du Roy Fráçois I. qui à raison d'vne blessure receuë en la teste, & pour la conseruation de sa santé se fit coupper les cheueux, en quoy il fut imité par tous ceux de sa Cour, & par tout le peuple de son Royaume, & le semblable auoit esté fait par les Bourguignons en l'an 1460, en faueur & consideration de Philippes le bon Duc de Bourgoigne, Delphius l'escrit liure 4. *de reb. Burgundicis.* C'est dōc bien auec grāde raison que les esclaues qui mettent les pieds non seulement à Bourges ou à Tholose dit Boer. mais biē en France doiuent recouurir liberté, c'est raison que la terre de Frāce restitue la liberté comme cette ville de Lybie appellée Δυλόπολις ou les esclaues qui pouuoient porter vne pierre à bastir deuenoient libres. Que la France soit le mesme aux esclaues que leur estoit le temple de Diane en Ephese, ou l'Azile de Thebes basty par Cadmus, le sepulchre de Thesee en Athenes, le temple d'Hercules Conobique, le temple d'Hebe chez les Phliasiens, ou le temple des Deesses Paliques : Et que de la France on dit le vers de Statius (sur mesmes subiet)

Hic miris posuit clementia sedem,
Et miseri fecere sacram.

Ce fut dōc en cette année mil deux cēs quatre vingts & dix, en ce demy centenaire d'années, fatal pour le retour de la liberté en l'Europe, que les autheurs de l'appellante furent affranchis par lettres autentiques de toute questalité & seruitude dominicale : S'il est ainsi comment par mesmes lettres peuuent ils auoir esté asseruis soubs pretexte de tenir feu vif? Commēt peuuent compatir ensemble la franchise & la seruitude? donner liberté & retenir seruitude? qui sont les affranchis qui s'imposent seruitude ? *seruitutem sibi manumiſſus imponit?* dit Quintilian, *huic debeo manus, operas, teſtamentũ*, & nõ pas ſeruitude. Ce ſeroit vne retruſion en ſeruitude bien ſoudaine qui eſt réprouuée par le droict, ores qu'vn ſerf euſt eſté affranchy indeuëmẽt *ex conſtitutione Adriani, vtique enim non eſt dicendum reuocari libertates quæ ſemel competierunt l.4.§3.ff.de fideco.libert.* Ce qui eſt encores confirmé par le Concile d'Auranges premier & d'Orleans cinquieſme, qui prohibent & deffendent que ceux leſquels, *à ſeruitio ſemel fuerunt abſoluti pro libito ad ſeruitutem non reuocentur.* Et n'obſte de dire qu'ils ont eſté affranchis à cette condition: car il faut croire que par ces mots de tenir feu vif, les vns ny les autres, n'ont point entendu, excuſer à faire reſidence perpetuelle ſur les lieux, & quand ainſi ſeroit, il n'eſt pas beſoin de venir guerpiſſemẽt, car telle condition ſe doit reietter & relaſcher. *modu ille remitti debet.*

Car par cette charge & condition appoſée à vn legat, *vt in illâ ciuitate domicilium habeat ius libertatis infringitur*, dit Papinian, *in l. Titio centum §. Titio centum ff. de condit. & demo.* pource que dit elegamment la loy 2. *ff. de liber. hom. exhib. nihil enim multum à ſpecie ſeruientium differunt quibus facultas non datur recedendi*, & pource, *poteſt dici non eſſe locum cautioni per quam ius libertatis infringitur.*

Comment ne ſeroit ce vne eſpece de ſeruitude de ſe venir aſtraindre de reſider & labourer la terre en certain lieu, que c'eſt vne eſpece de peine & punition tres-griefue, & aux eſclaues & aux hommes francs? Pour les eſclaues, Vlpian le dit *l.35.ff.de hered. inſtit. ſi ſeruus miſſus fuerit in villam, interim illic futurus quia dominum offenderat quaſi ad tempus relegatus*, Sainct Ambroise, *plerique diuitum amandare consueuerunt mancipia sua, & in agellos relegare, atque hæc pœna grauior existimatur.* D'autant que la seruitude des champs estoit plus dure que celle de la ville. Il y auroit plus de trauail & moins de prouision pour viure, Seneque 3. *de ira si rusticum laborem recusat aut non fortiter obit à seruitute vrbana & feriata translatus ad durum opus.*

Quid faciam talem sortitus Pontice seruum?
Nempe in Lucanos & Thusca ergastula mittas.
ocius hinc te
Ni rapis, accedes opera agro nona Sabino.

Et quant aux personnes franches elles se releguoiẽt aussi aux champs par punition, Tertullian fort elegamment parlant du premier homme pere de tous *Adam in ergastulum terræ laborandæ relegatus.* C'estoit la peine que les Peres donnoient à leurs enfans, quand ils les auoient offencez que de les confiner en quelque mestairie pour la cultiuer, l'exemple y est du fils de Manlius Torquatus, *quem pater ab hominibus relegauit & ruri habitare iussit*, en Ciceron, *quem pater in opus seruile dedit*, en Tite-Liue, *vt rus relegatus agresti operâ fatigaretur*, dit Valerius Maximus, l'exẽple y est aussi de Roscius Amerinus, *quẽ pater rus supplicij causâ relegauit.* Dion raconte que Liuia femme d'Auguste, entre les peines seueres dont elle donnoit aduis à son mary, de chastier les fautes des citoyens Romains, n'oublioit pas celle du bannissement aux champs κατάκλισιν ἐν ἀγρῷ. Et de cette mesme façon Tacite escrit, que quand les affranchis venoient à offencer leurs patrons ils ne leur donnoient autre supplice, *quàm vt vicesimum vltra lapidem in oram Campaniæ libertũ relegaret.* IX.

La peine estoit bien dure quãd vn maistre vẽdoit sõ esclaue, de stipuler nommément cette conditiõ, qu'il sortiroit & seroit trãsporté hors de cette ville, hors de cette prouince pour n'y entrer iamais, vẽdre auec cette loy & cõdition, les Grecs l'apelloiẽt ἐπ' ἐξαγώνη comme il appert en l'Oraison de Demosth. *in Timocratem*, Ælian en ses Epistres, Dion 54 Et de cette punitiõ vsoiẽt les Tartares à l'endroit de leurs esclaues qu'ils affranchissoient, de sept ans en sept ans, mais à cette charge qu'ils vuideroiẽt & sortiroiẽt de leurs pays, dont vsa l'Abé Sugger Regẽt du Royaume en l'ã 1141, qui affrãchit certains hõmes de mainmorte pourueu qu'ils changeassent de pays. Mais trop plus grande est la peine & la charge qu'on impose à quelques vns de faire perpetuellement leur domicile en certain lieu: car dit Plutarque, quand vn seul lieu est donné pour habiter, on ne peut practiquer ny hanter en autre lieu quelconque, mais quand il n'y a qu'vn seul lieu deffendu l'exclusiõ d'vne seule ville ou pays est l'ouuerture de tous les autres; & pource Diogene respondoit pertinemment à celuy qui luy reprochoit que les Sinopiens l'auoient banny par punition du pays de Pont, & moy, dit-il, ie les ay confinez dans le pays de Pont, à la charge qu'ils ne partiront iamais des riuages & falaizes de la mer maiour du pont Euxin.

Cette espece de relegation d'estre interdit de sortir d'vne ville, de quelque region & prouince, ou de ne sortir de sa maison, dont il est parlé en la loy *relegatorum & l.fi.de inter.* & les exemples s'en lisent en Suetone *in Claudio* chapitre 23, & Tacite liure 13. Le Iurisconsulte Marcian l'appelle *latam fugam l.5.eo.tit.* & fort elegammant, *insulæ vinculum*, quand on est confiné & attaché à quelque isle pour n'en partir; pene tres-griefue, *magis ignoscitur ei qui vulnus inimici quam insulam concupiscit.* Et pareillement celuy qui est destiné pour resider & labourer la terre en certain lieu pour tousiours, *vinculis censualibus tenetur.l.4.§ ante ff.de censib.* ce luy est comme vn exil, *quod terribile est his quibus quasi circumconscriptus est habitandi locus.* Pource à bon droit dit Papin. que par cette charge & cõditiõ *vt in illâ ciuitate domicilium habeat ius libertatis infringitur. Inuenio qui dicunt*, dit Seneque, *inesse naturalem quandã animis irritationem commutandi sedes & transferendi domicila mobilis enim & inquieta mens homini data est*, ce qu'il rapporte à l'origine que l'ame a tiré du ciel, *cœlestium autem natura semper in motu est* Et descendant des choses celestes aux humaines, il adiouste, *videtis gentes populósque mutasse sedem. Quid sibi volunt in medijs barbarorũ regionibus græcæ vrbes? Quid inter Indos Persásque Macedonicus sermo?* Puis il discourt des citez de l'Achaye plantées sur les riuages du pont de Milet qui a versé vn peuple de soixante quinze villes en diuerses contrées de la coste de l'Italie, *quæ infero mari alluitur*, ou d'autre fois fust la grande Grece, des Toscans qui vindrent d'Asie, des Tyriens qui habitoient l'Afrique, les Carthaginois l'Espagne, comme les Grecs entrerent és Gaules les Gaulois en Grece, les Allemands passerent les Pyrenées. *Per inuia per incognita versauit se humana leuitas, assiduus humani generis discursus est, vix inuenies vllam terram quam etiam nunc indigenæ colant. Permixta omnia & insititia sunt: Alius alij successit: hic concupiuit quod alij fastidio fuit. Ille vnde expulerat eiectus est &c. Omnes istæ populorum transportationes, quid aliud quam publica exilia sunt? Emetiamur quascunque terras nullum inuenturi solum intra mundum quod alienum homini sit.* Adiouste qui voudra les passages & peuplades des Portugais en l'Orient, des François & des Espagnols au nouueau monde, & tout ce que Lazius & quelque plus recent ont escrit *de migrationibus gentium.*

C'est pourquoy les transmigrations & changement, de domiciles estát naturels aux peuples & aux hommes particuliers, on n'a peu ny deu en affranchissant les personnes les charger de se domicilier en certain lieu. Au contraire c'estoit vne formule ordinaire aux affranchissemés, de permettre aux affrãchis d'aller resider ou ils voudroient, vne ancienne formule porte ces mots entre les autres. *Ille ciuis Romanus esto: Eam denique pergat partem quamcunque elegerit: vt deinceps nec nobis, nec successoribus nostris vllum debeat noxiæ conditionis seruitium,* Plaute, *mea quidem hercle causa liber esto atque abito quo lubet. Et in Sticho, in hanc diem nil te moror abi quo lubet.* vn affranchy dedans Arrian, liure quatriesme des propos d'Epictete chapitre premier, se vante à raison de ce qu'il ira desormais ou bon luy semble, reuiendra quand il vouldra, & où il voudra, la loy d'ailleurs y est formelle, *qui manumittũtur liberum vbi voluerint commorandi arbitrium habent l. 12. C. de oper. liberto.* Et pource, le Seigneur de Roche Blanche en Gascoigne ayant pretendu con- X tre ses subiects qu'il auoit droict de les pouuoir ramener auec vn cheuestre s'ils sortoient de sa terre sans son congé, ce poinct là luy fust retranché par arrest de Tholose, de l'an 1558, comme estant preiudiciable à la droicte liberté, *nihil enim multum à specie seruientium differunt quibus facultas non datur recedendi*, voire mesmes, *ut recte ait Cælius, libertatis cuiusdã species est fugisse. l. quid sit fugitiuus §. idem recte ait ff. de edilit. edict.* Ce qui doit auoir lieu d'autant plustost que par la Nouelle de Iustinian toutes differences ont esté tollues entre la libertinité & l'ingenuité, duquel biẽfait cet Empereur se vante par dessus Antoninus Pius qui donna droict de bourgeoisie Romaine, *&* *ius Quiritium*, à tous les subiects de l'Empire Romain,

Qui fecit patriam diuersis gentibus vnam

Atque vrbem fecit quod prius orbis erat.

Et par dessus Theodose le ieune qui octroya à tous les citoyens Romains le priuilege qu'ils appelloiẽt *ius liberorum*. A cet exemple on pourroit bien haut loüer les Rois & Princes qui ont essayé d'abolir les mainmortes qui sont autãt de taches & macules de la vraye liberté: autãt de marques, ombrages, restes & reliques de la seruitude. Ainsi lit on que la Roine Blanche, mere de S. Louys abolit le droict de seruage ou mainmorte en plusieurs endroits de la Frãce, moyennant autres droicts seigneuriaux, que les Seigneurs prendroient sur eux. Louys Hutin Roy de France & de Nauarre affranchit pareillement l'an mil trois cens treze, par tout le Royaume tous les serfs de mainmorte à l'occasion des guerres contre les Flamans, moyennant quelque finãce moderée.

Charles

Charles septiesme venant à la courõne 1430. Le Roy Henry 2. 1549, aussi à l'endroit de ceux de Bourbonnois. Humbert Dauphin de Vienne en fit autant des esclaues de Dauphiné, le Duc de Sauoye en tous ses pays 1570. Le Sieur de Chasteauroux tous ses hostes & serfs dudit pays 1217. Le Cõte Palatin de Brie & de Champaigne les suiuit 1231. Thibaut Conte de Blois affrãchit sa ville & conté de Blois 1245. Charles de Valois, ceux du conté de Perche & d'Alençon 1299. Le Sire de Couci en Vermandois les mortaillables de son territoire 1368 Suyuant ces exemples ledit Seigneur de Podenzac auroit affranchy, en l'an 1290, les autheurs de l'appellante de toute questalité & condition seruile, & les auroit remis en leur vraye & naturelle liberté, & n'est pas censé soubs pretexte de ces mots de feu vif, & par le feu vif auoir bruslé & mis en cendres la charte precedente d'affranchissement & de les auoir asseruis à tenir perpetuel domicile à S Manne par là, *ius libertatis infringitur, nihil enim multum &c.* Ioint qu'a faute d'y tenir feu vif la clause de commis n'a pas esté apposée, & n'est point dit que les affranchis y tiendront feu vif en personne, qui monstre que les appellans y peuuent tenir feu vif, par l'entremise d'vn mestayer ou d'autre personne residente, comme les appellans ont tousiours fait & offrent faire conformement à la coustume d'Acqs, toute formelle en mesme fait article 8. 9. 10. Selon laquelle en cas de doute il se faudroit resoudre. Font aussi les Coustumes de Bourgoigne & de Niuernois à ce propos, qui veulent que l'homme ou la femme qui vont demeurer hors le lieu de leur seruitude ne perdent point leur heritage, s'ils ne demeurẽt absens par l'espace de trente ans en Niuernois, & dix ans en Bourgoigne.

XI. Mais quand bien il faudroit tenir feu vif en personne, si faudroit il en excuser la femme mariée qui est tenuë de suyure son mary, la nature enseigne aux onagres femelles de suiure toutes l'onagre masle quelque part qu'il voise dit Ælian 5. *de animal.* La femme est ainsi tenuë suiure le domicile de son mary, ce que Seruius dit sur le vers de Virgile,

Et patrio Andromachen iterum cessisse marito,

Secundùm ius loquitur, dit-il, *uxor enim domicilum viri sequitur, uxor in officio mariti esse debet l. sicut patronus ff. de oper. libert. can. vnaquæq;* 11. *qu.* 2. Si dõc le mary ne veut choisir le domicile de sa femme, & veut que la femme suiue le sien, elle ne doit pas pourtant perdre sõ heritage à faute d'y resider. Deux raisons: *ne in potestate alienâ sit, conditionem meam nil delinquentis deteriorem facere l.* 2. *quod vi aut clam*, l'autre est de Q Mutius *in l.* 4. §. 1. *de vsu & habit. ne ei matrimonio carẽdum sit cùm vti vult domo.* Suiuant ce, combien que les mainmortes ne succedent ordinairement les vns aux autres, sinon entant qu'ils demeurent en commun, ce qui entre autres se pratique aux taillables de Sauoye qui sont mainmortables, toutefois il a esté souuent iugé en Sauoye, que si vne sœur mariée sort d'auec son frere & va demeurer auec sõ mary elle ne perdra pourtant la succession de son frere decedãt par aprés: car elle s'est separée de luy pour cause honneste & necessaire. Semblablement aux Maiorats d'Espagne, si la condition a esté apposée d'habiter au chasteau&

manoir principal, à peine de commiſe & perte du Maiorat, & qu'vne femme y ſuccede, & aprés viẽne à ſe marier à vn eſtrãger, & qu'elle ſuyue ſon domicile, elle ſera excuſée de reſidence & de la perte du Maiorat. Si cela auoit lieu ce ſeroit obliger les femmes de S. Mãne de ne ſe marier hors le lieu de ſainct Manne, ny à d'autres qu'aux habitans de S. Manne, *& ita minùs libera eſſent matrimonia contra l. Iul.* qui defend ne *quod impedimentum nuptijs inferatur:* Telle femme y auroit il *quæ ſatis cõmodè nubere non poſſet*, à ſainct Manne, *nuptias non facile poſſet inuenire, idcirco interpretandum, ipſo iure reſcindi quod fraudandæ legis gratiâ eſſet aſcriptum & legem vtilem reipub. ſobolis procreandæ causâ latam, adiuuandam interpretatione*: C'eſt pourquoy nous liſõs que les affranchiſſemens que fit la Royne Blanche, dont a eſté parlé nagueres, ce fut dit l'hiſtoire par pitié de pluſieurs belles filles à marier qu'on laiſſoit à prendre pour telles ſeruitudes. Ce ſeroit encores obliger les femmes de S. Manne aux peines du formariage, *gentiles*, dit Tertulian, *ſeruis ſuis foras nubere interdicebant ne officia deſererent aut domeſtica promerent extraneis* A quoy les habitans de S. Manne ne furent iamais ſubiects, & ſeroit cette perte d'autant plus griefue, qu'elle emporteroit la perte de tout le bien ſiz à S. Manne, au lieu que la peine de formariage, n'eſt que de la moitié ou tierce partie des biens ou autre portion couſtumiere, & ce, de crainte qu'elles auroient qu'il ne leur conuint ſuiure bon gré mal gré le domicile d'vn mary eſtranger, *eique matrimonio carendum ſit cùm vti vult domo.*

XII. Que l'inthimé donques se cõtente des autres droits qui ne tombẽt point auiourd'huy en dispute: quoy qu'ils soyẽt grands & diuers, mesmes de la taille aux quatre cas. Si quelquefois il vient à marier sa fille aisnée *ferietur aliquo munere: munus aliquod eis corradetur* les appellans y contribueront, comme faisoient iadis les libertes à Rome aux nopces des filles de leurs patrons, ou plustost comme les subiets du domaine du Roy, se rendent taillables pour le dot de Madame l'aisnée, voire des puisnées. Quand les ancestres de l'appellant ont autrefois esté faits Cheualiers, aux ceremonies anciennes de leur razer tout le poil, les baigner au bain, les coucher dãs vn lict de paremẽt, les vestir de pourpoint de couleur cramoisie, les chausser de chausses de brunete, les ceindre de baudrier & d espée, on les leur pendoit en escharpe, de l'espaule droicte descendãt sur le costé gauche, leur chausser les esperons dorez, les faire veiller en vne Chapelle, leur donner l'accolée ou les frapper de leur estoc nud sur l'espaule: les appellans y ont cõtribué pour les fraiz & y cõtribueront encores, le cas y escheant: comme aussi au payement de sa rançon quand il sera fait prisonnier pour le seruice de son Roy. Quand ses ancestres sont allez par deuotion autrefois à la terre saincte pour y visiter le S. Sepulchre qu'ils ont affecté & choisi de s'y trouuer la veille de Pasques pour y prendre la lumiere diuine qui lors y apparoissoit dit Pierre Abbé de Cluny, & que d'Oriẽt & d'Occident les hõmes y venoient à grands trouppes pour y voir ce miracle, qui de ce temps là s'y faisoit & ne s'y fait plus, les autheurs des appellãs ont contribué au voyage, & y contribueront les appellans à l'aduenir. Vn iour viendra que le Dauphin François marchant sur les brisées de Louys le Ieune 7. de Philippes Auguste, & de S. Louys Royx de France, de Robert, & Louys Cõte de Poictou l'vn frere, l'autre fils de Louys 7. de Philippes & Pierre Conte d'Alençon, & Iean Conte de Neuers fils de S. Louys, & d'vn Thibaut encor Roy de Nauarre, vn iour viendra que le Dauphin honneur du ciel, des mers & de la terre entreprẽdra vne onziesme expedition ou croisade generale pour conquerir la terre saincte, & se couronner de palmes Idumées:

Tua sunt hæc munia Delphin
Stringere, constantis fidei pro legibus ensem
Insculptáque cruce infidos Mahometis alumnos
Pellere
Vult Deus hoc fieri bellum, iubet arma mouere
Vult Deus.

Qui fut l'acclamation du Concile de Clermont: en ce temps là, comme le Seigneur des appellans ne manquera pas d'accompagner son Prince: ny les appellans aussi ne refuseront point de contribuer au voyage. Que l'inthimé donques se contente de ces droicts là, mais que les appellans soyent astrains à tenir feu vif en personne & domicile perpetuel à S. Manne pour y labourer la terre, il leur est insupportable. Ce seroit autant que de les conuertir & metamorphoser en ces petits aigneaux de la hauteur de deux pieds ou plus, appellez *Bonareti*, qui chez les Scithes naissent d'vne graine menüe & de plantes se paissent. Zoophytes ou plant'animaux dont parle le

Seigneur de Herbestain en sa Moscouie qui broutẽt bien les herbes qui les enuironnent, mais ne peuuẽt bouger du lieu auquel ils sont naiz & attachez par la racine qu'ils ont au nombril.

A tant concluoit l'appellãte à ce qu'il fust dit par la Cour qu'il auroit esté mal iugé par ledit Seneschal, qu'en emendant lesdits appointemens & sentence dont est appel, en faueur de la liberté publique en ce Royaume de frãchise, où ces anciennes acclamatiõs *eripite nos à seruitute*, ont tousiours esté oüies d'oreilles propices, il seroit permis de demeurer où bon luy sembleroit. Offrant de faire cultiuer & entretenir le lieu de S. Manne par personnes capables, & de payer les autres droicts & deuoirs deubs au Seigneur de Podenzac pour raison d'iceluy.

Mais de l'autre costé ledit Sieur Baron de S. Manne inthimé esdites appellations & Demandeur en requeste, pouuoit dire.

1 QV'A bon droict dedans Theodecte, Hecube se cõplaignoit dequoy on l'appelloit esclaue, elle qui estoit extraicte des Dieux, tãt du costé paternel que maternel: mais quãd biẽ l'appellãte & ceux qui sõt de sa sorte & qualité seroient auiourd'huy tenus pour esclaues, ils n'auroient pas subiect de se plaindre de leur condition, ce seroit se plaindre de la nature, ce qui n'est

pas ſagement fait,

Nunquam aliud natura, aliud ſapientia dicit,

Car ſelon Ariſtote en ſes Politiques, les vns d'entre les hommes ſont nez à ſeruitude, & les autres à liberté: ceux auſquels, pour le peu d'eſprit & de ſens qu'ils ont, en les comparant à d'autres, il ſe retrouue la meſme difference qui eſt entre l'ame & le corps, l'apetit & l'intellect, l'homme & la beſte brute: qui ont leur œuure en l'vſage du corps, qui ne peuuent s'aider que du corps és vſages neceſſaires: ceux là ſont ſerfs & eſclaues par nature: & ceux qui par le diſcours de l'entendement ſçauent pourueoir aux choſes neceſſaires qui participẽt de l'eſprit beaucoup plus que du corps, ceux là commandent & ſeigneurient par nature Nõ qu'il y ait quelque differẽce naturellemẽt entre les ames raiſonnables & intellectuelles ſelon la meilleure philoſophie, elles ſont toutes eſgalles en ſubſtance & perfection intrinſeque: non pas que cette difference de mœurs & d'eſprits depende de la reuolution du ciel & de l'influence des Eſtoilles, comme s'il falloit que ceux là fuſſent paſteurs qui naiſſent ſoubs la conſtellation des cheureaux, qui ſelon les Aſtrologues,

cultus pecorum naſcentibus addunt:

Paſtorémque ſuum generant,

Ou que ceux là fuſſent laboureurs qui naiſſent ſous le ſigne du Lion ou ſoubs la couppe de Bacchus,

Inde trahit quicùmque genus moréſque ſequetur,

Irriguos ruris campos,

Terræ ſpem credet in annua vota.

Mais c'eſt le meſlãge de nos quatre differẽtes humeurs

ſelon les Phyſiciens, & les diuers temperamens de nos corps qui ſeruent d'organe & d'inſtrumens à l'ame, qui apportent accidentellemẽt ces diuerſitez, ce ſont auſſi les dons naturels & accidentaires, ce ſont les graces naturelles & ſurnaturelles deſquelles dependent en bonne partie les perfections des ames qui cauſent ces differences.

II. Ce que Platon aprés Heſiode ſemble n'auoir pas ignoré, quand il a dit au troiſieſme liure de ſa republique, que par la grace de Dieu l'or auoit eſté meſlé à l'entendemẽt de quelques vns des incontinent leur naiſſance, aux autres l'argent, puis l'airain, & le fer à ceux qui doiuẽt eſtre artiſans & laboureurs. La prouidence diuine diſtribuant ainſi ſes dons & graces à perſonnes differentes, pour le bien commun de l'vniuers, & pour l'entretenement de la ſocieté humaine, qui ne peut ſubſiſter ſans que les vns commandent & les autres obeiſſent, Theodoret le traitte au diſcours ſeptieſme de la prouidence. La nature ſçauoit bien que nous auions beſoin en tout temps d'vn entreſecours mutuel & ayde reciproque, & ne faut pas croire ce que les Poetes de l'ãciene comedie, Cratinus, Metagenes, Philocrates & autres ont dit, & qui ſe trouue eſcrit dedãs Athenée, à ſçauoir que du tẽps de Saturne, & lors que les ſeruiteurs, & les eſclaues n'eſtoient point en vſage, la nature ſe plaiſoit de ſeruir les hommes d'elle meſme, donnant ordre que la terre vint à produire les fruicts ſans labeur & ſans culture, que les pluyes & les roſées degouttaſſent, que les riuieres & les ruiſſeaux decoulaſſent de miel, de laict, de vin & d'autres liqueurs & viandes

tres-

tres precieuses qui s'enfloient & soubsleuoient delles mesmes, & se presentoient à la bouche, donnant ordre qu'au moindre clain d'œil, signe & parole de l'homme, les tables d'elles mesmes se trouuassent dressées & couuertes de mets exquis, & les vaisseaux, meubles & vtensiles preparez & dispozés ez plats & endroicts conuenables.

Ce sont des fables & contes faicts à plaisir, tels que ceux de la table du Soleil, & ce, pour enrichir ce temps là, auquel il n'y auoit ny seruiteurs ny esclaues car s'il estoit ainsi, dit le mesme Aristote, que les instrumens peussent faire leur œuure au commandement d'autruy, ou par quelque sentiment precedent, comme lon dit des statues de Dedale & des trepieds de Vulcan qu'Homere afferme en son Iliade estre venus d'eux mesmes au cōbat diuin : si les nauettes tissoient d'elles mesmes, & les archets sonnoient, les Architectes voirement n'auroient besoin de ministres, ny les Seigneurs d'esclaues.

Mais ces discours estans fabuleux, & la nature sçachant bien le secours mutuel dont nous aurions besoin, & que l'instrument du serf estoit autant necessaire chez les riches, que l'instrument du bœuf ches les pauures elle a destrépé tellement nos quatre differentes humeurs, gratifié si differemment les hommes à leur naissance de ses dons & graces, qu'il s'est rencontré que les vns naissent à liberté, & les autres à seruitude, ausquels elle semble dire.

Seruiat vtiliter, sine durus pascat aretque,
Annonæ prosit, portet frumenta penumque.

Et ne voit on pas seulement des personnes, mais

encores des nations toutes entieres plus seruiles par nature les vnes que les autres, Hyppocrates au liure *de Aëre & loc.* atteste, que les peuples de l'Asie sont tels en comparaison de ceux de l'Europe. Ciceron les dict, *omnes ad seruitutem natos esse*, Agesilaüs qui les auoit practiquez, & Callicratidas aussi disoiét, n'auoir iamais veu de pires maistres, ny de meilleurs esclaues, parolle qui despuis fut vsurpée par l'Orateur Passienus, quand il disoit de l'Empereur Caligula, *nec seruum meliorem nec deteriorem dominum fuisse* Tels estoiét au iugement des Grecs ceux qu'ils appelloient barbares, qu'ils estimoient estre par nature le mesme que les serfs, comme s'ils fussent nez sans raison ny discours, & pource Alexãdre le grand allant conquerir la Perse, Aristote luy donna cette instruction, qu'il se monstrat conducteur des Grecs & Seigneur des barbares, honorant les vns comme amis, & se gouuernant enuers les barbares comme à l'endroit des bestes & des plantes.

III. TELS estoient cent ans y a les Indiens de l'Occident & s'ẽ retrouue encores auiourd'huy qui sont serfs de nature, sẽblables aux bestes, viuãs sans letres, sans loix, sans conseil, sans Magistrats, sans arts, sans outils, sans meubles. que si entre les peuples de l'Europe, il en faut rechercher de tels, on les trouuera parmy les paysãs & laboureurs, à l'entẽdement desquels le fer a esté meslé, qui traictent & manient la terre & doiuent ressembler aux terres nez, que Platon au troisiesme des loix & en son Polytique, nous descrit pour gẽs rudes, grossiers & sauuages, desquels Hesiode est le Poëte qui fut surnommé le Poëte des esclaues, pour ce qu'il auoit appris aux laboureurs qui pour lors estoient serfs, les preceptes de l'agriculture, & de cette condition de laboureurs est issuë l'appellãte, qui se plaint auiourd'huy de la seruitude cõme faict Hercule dans Theodecte.

Que si elle ne veut recognoistre cette seruitude par nature, aduoüée par Aristote, au moins estãt extraicte de serfs & de Questaux, encor ne peut elle mescognoistre la seruitude du droict des gens suffisamment introduicte & authorizée par le droit des gens, qui fait que *licet humana sors reddat æquales, seruitutis tamen conditio reddit inferiores*, droit qui a soubsmis ses predecesseurs & autheurs & elle encores, à la residence & labourage perpetuel des terres de Sainct Manne.

Car comme ainsi soit, que ç'a esté vne conuention generale entre les peuples qui s'ẽtrefaisoient la guerre & vne loy perdurable dit Cirus en Xenophon, que les biens & les personnes des vaincus tomberoient au pouuoir des vainqueurs pour en vser à leur plaisir & volonté, *Conuenit*, dict Plaute en Lamphytrion *vtri victi sint eo prælio vrbem, agrum, aras, focos, seque dederent.*

Arma tenenti
Omnia dat qui iusta negat.

En cela le dire de Pindare est veritable que c'est vn Empire iuste que le plus foible obeysse au plus fort. Cela n'apartenoit qu'a certains Romains des plus riches qui trainoiẽt à leur suitte des legiõs de serfs & en auoient, qui dix mille, qui vingt mille pour cet effet, il valoit mieux imiter la modestie de Scipiõ l'Africain, lequel allant par cõmission du peuple Romain compozer les differés des Roys de la terre ne menoit auec luy que cinq esclaues & non plus; Caton le censeur allant en Espaigne en qualité de Consul, & Iules Cæsar passant en Angleterre, auec mille vaisseaux, pour la conquerir n'en menoient que trois, les eust on faict apprendre diuers mestiers, pour en retirer tel profit que faisoient Nicias & Crassus? tous n'y estoiét pas preparez, & partant c'estoit l'ordinaire d'appliquer les serfs au labourage, côme furent les autheurs de l'appellante. Ainsi l'Empereur Auguste ayant fait captifs quatre cent mille Allemans, les dispersa par les Gaules pour y cultiuer les terres, *per Gallica rura dispersit*, escrit Eutropius en sa vie, & l'Empereur Probus mõstroit bien à quoy il se falloit employer, quãd il escriuoit au Senat Romain, *omnes iam barbari vobis arant, vobis iam serunt.*

Ce qui peut seruir de response à ceux qui demanderoient, pourquoy c'est que les maistres ne labouroient eux mesmes les terres, car qu'eussent ils fait de leurs esclaues? oultre que c'est l'opinion d'Aristote, que les citoyés ne se deuoient pas rendre laboureurs, pource que le repos est requis pour acquerir la vertu, & pour manier les charges ciuiles, auquel aduis s'estoient conformez les Thespienses, qui tenoient à deshonneur de s'employer au labourage, & le mesme philosophe l'escrit quelque part, que si ces souhaits auoient lieu, tous les laboureurs seroiét esclaues: non pas d'vne mesme natiõ, ny trop courageux, afin qu'ils fussent plus vtiles au trauail, & moins suspects à faire nouuelletés. Mais la response du Lacedemonien sur pareille demande pourquoy c'est qu'à Sparte ils ne labouroient la terre de leurs mains, & non par esclaues, n'est pas impertinente, pource dit il, que quand nous auons acquis des esclaues nous n'auons songé à leur aize, soulagement, & commodité, mais seulement à la nostre, & de faict la plus part des peuples anciens en sont venus là, & mesmement les Romains aprez auoir agrandi & estendu leur Empire, que de faire labourer les terres par mains tierces, & par esclaues, la despense estoit plus grande d'vzer de libres hõmmes mercenaires, & ne sembloit pas honorable de faire adiuger les debiteurs aux creanciers, pour les appliquer à cet vsage. *Obæratos vocitarunt*, dit Varron, *vt etiam nunc sunt in Asiâ atque in Ægypto & in Illyrico complures.*

VI. CETTE prattique d'employer les serfs à la culture des chãps fut premierement mise en vsage en Grece, par les Lacedemoniens lesquels ayant assiegé & prins par force la ville d'Helos, mirent en esclauage tous les habitans de la ville & de la contrée, & les forcerent de labourer personnellement & perpetuellement les terres conquises & de leur en faire tribut & pension annuelle bien grande, cõtraignirent encores les Messeniens par eux vaincus en guerre, de labourer à moitié de fruits, & dura cet helotage despuis le Roy Agis, iusques au temps que les Romains se firent maistres de la Grece. A l'exemple des Lacedemoniẽs les Thessaliens aussi rendirent les Magnesiens, & les Perrhebeans leurs esclaues & laboureurs appellez Pænestes, les Bizantins, les Bithyniens, les Arcades, ceux qu'ils appelloient Prospalates, qui tous estoient semblables de condition aux Helotes que Tite Liue appelle *castellanos & agreste hominum genus*.

Voila comment il s'est rencontré des peuples qui ont trouué meilleur d'auoir des laboureurs ordinaires & perpetuels en la culture de leurs terres, sans les changer ny remuer, & d'en faire comme vn ordre & vn corps certain & immuable les premiers desquels ont esté les Ægyptiens en Diodore Sicilien lib. 1. c. 8. & se sont aussi trouuez des legislateurs Hippodamus & autres, qui en ordonnant la forme de leurs republiques, ont estably vn estat à part des laboureurs & à cette imitatiõ, les persõnes priuées ont eu des familles de serfs dediées aux choses rurales seulement, *colonos ruris priuati, hercitas* aucuns les ont ils appellez.

Pourtant ny les vns, ny les autres n'auoient pas abdiqué le pouuoir de retirer les serfs du labourage pour les vendre & engager à leur plaisir, ce traict de police n'a esté propre qu'aux Romains, qui ont eu des serfs fonciers *ascriptices* incorporez aux domaines de leurs terres. Et en auoient de deux sortes, les vns qui n'auoient rien de propre aux terres qu'ils cultiuoient, & le pecule desquels appartenoit à leurs maistres, qui n'estoient presque point differens des autres esclaues *non ascriptices*, sinon qu'ils ne pouuoient estre vẽdus separement d'auec les terres, ce que pouuoient bien estre les Helotes: Autres y en auoit qui tenoiẽt quelque chose de propre, tenoiẽt des possessiõs en leur propre & priué nom cõme s'ils les eussent acquises, ce neantmoins la proprieté en appartenoit à leurs maistres. Mais en oultre il y auoit vne sorte d'hõmes libres qui estoiẽt francs laboureurs, & lesquels s'ils auoient cultiué des territoires par l'espace de 30. ans deuenoient acquis à eux, la terre les auoit prescripts pour son seruice, ores qu'ils fussent libres & proprietaires d'autres biens, & aprez ce laps de temps ne se pouuoient à iamais detraper de la culture de ces terres, eux ny leur posterité, vray est qu'ils faisoient aux Seigneurs des terres, & pour raison d'icelles certaines redeuances & prestatiōs annuelles ce que l'Empereur Anastaze dit estre plus vtile & aux maistres & aux frācs laboureurs, tels estoient les colons & laboureurs de Palestine, de Thrace, & de l'Illirie, ou Esclauonie Occidentale. De tels ascriptices esclaues des terres & des francs laboureurs ont prins leur origine les gens mainmortables de mainmorte, de mortemain, les mortaillables, les gēs de suitte de corps ou de biens tant des Gaules que de la Frāce, & autres Prouinces. Et qui sont deuenus tels ou par l'effort des armes, *lege victoriæ*, ou par la loy de leurs propres conuentions. Car il est bien certain qu'entre les vieux François & Allemans il y auoit de tels colons & laboureurs, especes de mainmortes, qui appartenoiēt au Roy & à l'Eglise, la seruitude desquels auoit prins origine des guerres, le plus memorable exemple qu'on en sçauroit representer, est celuy de la bataille fameuse de Tolbiac, fatale pour le Christianisme des Frāçois, qui fut dōnée entre le grād Clouis & les Allemans, & Bauariens enuiron l'an cinq cens.

Les armes estoient aux mains desia, la victoire panchoit du costé des Allemans Clouis estoit sur le point de perdre la Bataille quand il fit par necessité ce que la Royne Clotilde n'auoit sçeu gaigner sur luy de volonté leuant les yeux au ciel auec larmes & componction de cœur, dit Gregoire de Tours lib. 3. il inuoqua le Sauueur du mõde que Clotilde preschoit, qui sçauoit donner les victoires à ceux qui le confessoiẽt & mettoient leur esperance en luy, fit vœu de se rendre Chrestien & de se faire baptizer en son nom s'il luy plaisoit tant seulement le preseruer & deliurer du peril imminent de ses ennemis, n'ozant pas demãder vne pleine victoire, disant cela, le Dieu des armées l'exauça, fit tourner la chance des armes & le dos aux Allemans qui se mirent honteusement en fuitte. C'este desfaicte fut tres-grãde, & d'icelle escriuãt Theodoric Valamer Roy d'Italie à son beau frere Clouis met en sa lettre ces motts entre les autres, *memorabilis triũphus est Alemmannum acerrimũ sic expauisse, vt tibi eum cogas de vitæ munere supplicare. Sufficiat illum regem cum gentis suæ superbiá cecidisse, sufficiat innumerabilem nationem partim ferro partim seruitio subiugatam*. Il est donc bien vray que les Allemans furent subiuguez par Clouis en cette bataille & qu'ils furent reduicts en seruage, mais quelle condition de seruage ce fut, on le pourroit demander, Stumfius escrit que la condition de seruitude qui leur fut imposée est celle qu'on appelle vulgairement & de toute ancienneté d'vn mot Allemand composé qui traduit mot à mot en Frãçois signifie, *corps faict propre*, nos Coustumes les nõment gés de corps, hõmes de corps, laquelle seruitude prit cours aprés cette bataille, & de là cõme d'vne fõtaine deriua par les Allemaignes, où c'est qu'elle est en vsage encores auiourd'huy. Tels serfs furẽt aussi appellez *Fiscalins*, comme ayant confisqué leurs corps & leurs biens au fisque du Prince, les Princes de la lignée de Clouis &

Clouis,& mesmes les Royx d'Austrasie authoriserẽt telles seruitudes & s'en preualurent,& quand ils faisoient des feudataires, ils ne dõnoient pas seulemẽt en fief les terres & les possessions, mais encores les corps & personnes de tels serfs, qui habitoient dedans les terres. Et ceux que les Rois donnoient à l'Eglise s'appelloient serfs Ecclesiastiques. Si telle condition de seruitude fut pour lors nouuelle aux Allemands, elle ne l'estoit pas aux Gaulois: car lõg temps auparauant Clouis, & au Concile d'Orange premier, tenu en l'an 442, enuiron soixante ans deuant la bataille de Tolbiac, il est fait mention, *colonariæ conditionis*, & dans Saluian Prestre de Marseille qui viuoit au mesme temps il est parlé de *iugo inquilinæ obiectionis*,& possible que la faction & sedition des Bagaudes qui sur le mesme temps s'esleuerent dans les Gaules soubs la conduite de Batton selon Sigebert, ou du Medecin Eudoxus, selon Auentin, estoit composée de telles gens. Car c'estoient certains serfs dit Saluian *qui ius ciuitatis Romanæ amiserant*, ou certains paisans selon Auentin qui s'esleuerent contre les Nobles & les Ecclesiastiques qui d'ordinaire possedoient ces colons & gens de corps. Il est vray sẽblable que les Romains les pouuoiẽt auoir introduit és Gaules, si nous ne voulons en faire autheurs les anciens Gaulois sur le passage de Cæsar, *plerique apud Gallos iniuriâ potentiorum oppressi in seruitutem se dicant nobilibus: in hos eadem sunt iura quæ dominis in seruos.*

QVE despuis le Christianisme de Clouis telles seruitudes n'ayent continué en Frãce, il n'y a nul doute, les Conciles d'Orleans de l'an 545 & 550 parlent *de* VI.

seruilibus colonariisque conditionibus. Childebert fils de Clouis donnant certains villages à l'Eglise S.Germain des prez qu'il auoit fondée soubs le nom de S. Vincent à son retour d'Espaigne: dit en sa charte qu'il les donne, *cum fiscis, prædiis & mancipiis.* Les loix des Allemands soubs Clotaire ont des tiltres *de colonis Ecclesiæ, & de seruis Ecclesiasticis tit.* 23. Gregoire de Tours en plusieurs passages fait mention des Fiscalins, qu'il appelle, *familias de domibus fiscalibus, Marculphus,* les nomme *seruientes in villá fiscali.* Et les loix frãciques ou capitulaires, parlant des mesmes fiscalins, prouuent suffisamment la continuation d'iceux en la seconde lignée de nos Roys. Iuo qui viuoit soubs Philippes Auguste en son epistre 172, discourt aussi *de non admittendis conditionatis & fiscalinis,* qui ne pouuoient estre promeus aux dignitez Ecclesiastiques suiuant les Conciles & capitulaires. Et pour ne s'amuser point à citer diuers passages pour monstrer vne chose claire, que telles seruitudes ont aussi passé en la troisiesme lignée, il suffit de ramenteuoir les Coustumes d'Auuergne, d'Acqs, Bar, Bordeaux, Bourbonnois, Conté de Bourgoigne, Champaigne, La Marche, Niuernois, S. Seuer, Vitri & autres, esquelles il est fait mẽtion expresse des gens de corps, de suite, de poursuite, & de ceux qui doiuẽt tenir feu vif, Coustumes anciennes qui ont esté redigées par escrit par l'authorité de nos Rois & emologuées par les Cours souueraines, qui tesmoignent que comme les vrayes seruitudes ont tousiours bien compati auec le Christianisme, recours à l'ancien premier Cõcile de Gangre, aussi compatissent bien auec la frãchise de ce Royaume, telles demies seruitudes, tels demy serfs qui pour vser des mots de Tacitus, *neque totam seruitutem, neque totam libertatem pati possunt*.

Ce n'est pas seulement la France qui a receu telles conditions de seruitude, mais aussi plusieurs autres prouinces, il a esté parlé des peuples d'Allemaigne qui les souffrent encores auiourd'huy, Minsinger en parle, Centaure. 2. *obseru*. 23. *de hominibus proprijs*. Autres alleguét qu'ils en ont en Dannemarc, Suede & Noruege, ils en ont en Pologne, ce sont les gens de village appellez Iobaions, composez de diuerses nations de Bulgariés, Russiens, Seruiens, Valaches, & autres, tant de l'Eglise Latine que Grecque, ausquels en l'an 1556. soubs Maximilian second *in Dietâ Posnoniensi*, on rendit la liberté de pouuoir faire transmigration de lieu en autre au dedans du Royaume, & non dehors, en payant leurs debtes au prealable, & les arrerages deubs aux Seigneurs des terres. Mais en l'an 1572. cette liberté leur fut ostée, à cause qu'ils s'estoiét reuoltez contre la Noblesse sous la códuite de Georges Zechel, & deuindrét de rechef hómes de corps & de residence cóme auparauant, dequoy il appert par les Coustumes de Pologne cópilées & faites Latines par Sambucus, *part* 3 *tit*. 25. Et les Seigneurs recueilloient leurs successions, comme ils font en France celles des mainmortes. Et en Allemaigne aussi, Minsinger en l'obseruation sus alleguée. Qu'il y en eust de reste en Italie les loix Fráciques en font foy liure quatre, chapitre cent deuxiesme, qui disent que *Aldones vel Aldianæ eâ lege viuebant in Italiâ in seruitutem dominorum suorum quâ fisca vel lidi viuunt in Franciâ*, VIII.

& les loix d'Astolphe Roy des Lombars, *tit. 8. de manumissionibus*: nomment quelques especes & conditiōs, de serfs pertinentes, *pertinentes scilicet ad cespitem vel glebam cui erant addicti*, desquels auoit desia parlé le Pape sainct Gregoire *c. 2. de Iudæis*. Il n'est point croyable, cōme le veut aussi du Moulin, que tous ces peuples ayent esté reduits à cette condition de seruitude, par l'effort des armes, & la loy de la victoire, cōme furent les allarmés à la bataille de Tolbiac. Le passage de Cæsar & Saluian sus alleguez monstrent que plusieurs és Gaules se rendoient esclaues volontaires, ainsi qu'entre les Romains pour participer au pris de leur liberté, Sainct Augustin aprés nos Iurisconsultes en fait mention *in Sermonibus*. Les Iuifs ne pouuoiét auoir de serfs qui ne fussent volōtaires, en tesmoin de ce on leur perçoit publiquement l'oreille auec solennité, & comme aussi anciennement en ce royaume, les Iuifs estoient serfs de volonté des Seigneurs de fief & leurs iusticiables. Et S. Basile *de Spiritu Sancto*, chapitre 20. parlant des diuerses sortes de se mettre en seruitude n'oublie pas celle cy, quād par indigence & pauureté il aduient qu'aucuns se mettent en seruage, comme firent les Ægyptiens qui s'esclauerent à Pharaon, dit-il, & quand par faute de sens & par incapacité de se sçauoir regir & gouuerner, on le met en esclauage chez autruy à la charge d'estre alimété, ce qui poussa les Mariendiés gens de peu de ceruelle de s'esclauer aux Heracleotes pour tousiours ô conuention expresse que les Heracleotes leur fourniroient les choses necessaires à la vie.

A moindre subiet les Allemands se rendoient ils bien esclaues, car aprés auoir ioué tout leur bien au diernier coup de dé ils couchient de leurs corps, & de leur liberté & le vaincu, *volantariam adiérat seruitutẽ*, & quoy qu'il fust le plus ieune & le plus fort il enduroit d'estre lié & garroté, *ea est in re prauâ peruicacia, ipsi fidem vocant*: & tardoit aux vainqueurs qu'ils ne se fussent desfaits de tels serfs gaignez au ieu, *vt se quoque pudore victoriæ absoluerent*. Si donc les Gaulois & les Germains par caprice & gayeté de cœur se rendoient ainsi vrais esclaues, à plus forte raison se pouuoient ils bien rendre demy serfs, & se soubsmettre au labourage des terres en qualité d'ascriptices, gens de corps & de mainmorte, & ce par indigence & pauureté, comme firent aucuns des Bœotiens qui passans par la cõtrée d'Aruca, la trouuerẽt si plaisãte & agreable qu'ils oublierent le chemin de la Boeoce, se mirent en seruitude chez les Thessaliens, se chargerent de faire leurs terres & de leur en payer certaine pensiõ, & à raison qu'ils demeurerẽt & s'attacherent là, furent appellez *Menestæ*, manans, *permanentes coloni*, en Isidore, & despuis par changement d'vne lettre ayant esgard qu'ils estoient gens de trauail furent appellez Penestæ.

QVE les Questaux en Guyenne ayent esté faicts Questaux volontairement & par conuentions particulieres, plustost que par l'effort de la guerre *ex lege victoriæ*, la Coustume de Bourdeaux le donne à croire, disant que les Seigneurs feodaux iouïront sur leurs Questaux de tels droicts, qu'ils ont accoustumé de iouïr, & comme il est contenu par leurs instru- VIII.

mens de Questalité contenant les conuentions volontaires des parties. Ces Questaux pouuoient estre ou pauures gens nez & originaires de ces pays de Lannes, qui ne sont pas pays des plus fertiles, ou bien des vagabons & auolés venans de plus loing *coloni aduenæ, aliunde venientes*, où *coloni*, ce mot seul signifie estrangers dit Seruius sur le vers de Virgile, *Tyrij tenuere coloni*, tels que les Iobaions de Poloigne composés & ramassés de plusieurs nations, ou tels que ces miserables François sortis de Normandie & de Picardie que du Moulin rencontra en la Franche Conté en l'an 1556 au nombre de neuf ou dix mille qui se rendirent là de condition de mainmorte, & prindrent des forests à desfricher & cultiuer. Tels pouuoient estre ces Questaux de Guienne qui possible alloient questant leur vie, & de là prindrent le nom de Questaux, & par pauureté & misere s'esclauerent à des personnes moyénées, en passerét contract & se rendirent hommes de corps pour sustenter leur vie,

Sic qui pauperiem veritus potiore metallis
Libertate caret, dominum vehet improbus, atque
Seruiet æternùm quia paruo nesciat vti.

Et sur tout s'adonnerent à la culture des terres, *alienum agrum locatum tenentes qui debent conditionem genitali solo propter agriculturam sub dominio possessoris, pro eo quòd his locatus est fundus*. Ces conuentions furent d'autant plus aisées à passer que les Anglois pourrroient bié auoir esté les autheurs de telles conditions de seruitude, aussi tost que les Romains, ou les Gaulois, ou Clouis, & cependant l'espace de trois cens ans qu'ils ont possedé la Guienne, sçauoir despuis l'an 1152 que Eleonor se remaria auec le Duc de Normandie Hé-ry, despuis Roy d'Angleterre, iusques en l'an 1453 qu'ils furent iustement chassez de la Guienne; encores despuis l'an 1152 iusques au iour de l'affranchissement de l'an 1291 y auroit il cent trente huict ans: car en Angleterre, dit Froissard, liure 2.c.74. il y a grand foison de telles gens de seruage, les gentils-hommes & prelats les possedent, & leur font labourer leurs terres par droict de seruage, & par exprés en la Conté de Hent, de Cestre & Soubscestre, & Betfort y en a plus qu'en tout le demeurãt du mõde.

Or ne met on point en doubte que du temps que les habitans de S. Manne estoient Questaux, ils ne deussent tenir residence & feu vif à S. Manne, mais dit l'appellante, ils furent affranchis en l'an 1291, & cette condition ne pouuoit estre apposée à leur affranchissement: car par icelle *ius libertatis infringitur.* On respond en premier lieu qu'il s'en falloit donc plaindre & alleguer chose au contraire, dãs les deux mois de la Coustume. Ce que n'ayant esté fait l'appellãte est non receuable en ses lettres. Passant outre on respond au fonds que le dire de Papinian a lieu, *in ingenuo* & non pas *in liberto*, luy mesme le dit, *in defũcti libertus alio iure vtimur*, qui est l'opiniõ aussi de nos interpretes & de Bartole disans que par cette condition de residence ou de tenir domicile en certain lieu, *ius libertatis infringi nõ potest in ingenuo, in liberto potest. Et multò magis in seruo.* IX.

Par exemple voyla vng testateur qui leguera liberté à ses serfs à cette charge, *vel sub hoc modo,*

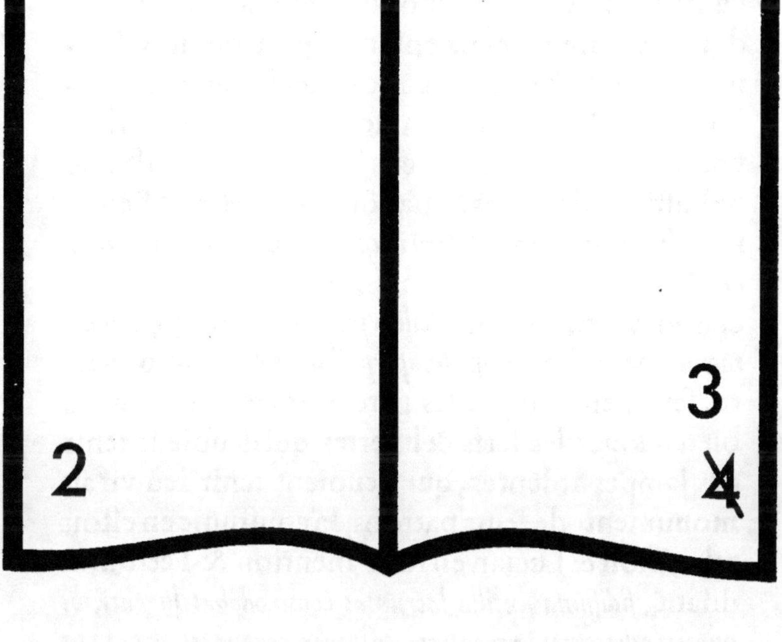
2
3
4

vt à monumento meo non recedant, qui est vn des exemples de Papinian, ou bien ainsi, *vbi corpus meum positũ fuerit ibi eos morari iubeo*, qui est l'exemple de la loy 18 *libertis ff. de alim. legat.* ou bien ainsi, *vt in monumento meo alternis mensibus lucernam accendant, & solemnia mortis peragant*, c'est l'exemple de la loy 44 *de manum. testam.* conditiõs desquelles Lucian se moque plaisamment *in Nigrino*. Voila vne iniõction de domicile bien triste, quoy que Democrite prit plaisir à frequenter les sepulchres, *apud Laertium, & Lucianũ in Philopseudem.* & que Iulius Sabinus vaincu par Vespasian ait vescu neuf ans dans vn monument auec sa femme de laquelle il eust deux enfans, quoy que les Chrestiens pour fuïr les persecutions des Empereurs se refugiassent d'ordinaire aux lieux des monumẽs. Il est vray que sur ces monumens là on auoit acoustumé de bastir des logettes & maisõnettes *casulas*, en Petronius, *secundùm illam casulam in quâ recens cadauer matrona deflebat*, il en appert par l'inscription d'vn marbre ancien en ces mots. *N. Acilius fecit sibi, libertis, posterisque monumentum cum ædificio superposito*, & ces maisonnettes seruoient à loger les gardes des monumens ou bien à loger les serfs & libertes qui deuoient tenir des lampes ardentes, qui deuoient tenir feu vif au monument de leurs patrons, la coustume en estoit telle, Dion & Lucian en font mention & Petronius disant, *fidissima ancilla lacrumas commodabat lugenti, vt quotiens defecerat in monumento lumen renouaret* : Et cette coustume estoit venuë des Ægyptiens, Herodote liure 2. parlant des funerailles de la fille du Roy Micerinus dit, que tous les iours on portoit en son monument

ment toutes ſortes d'odeurs, & tous les iours on y allumoit des lampes, ce qui confirme le dire de Modeſtinus en cette loy 44. Quoy donc les affranchis ſeront ils contrains de faire reſidence & tenir feu vif dans ce monument? Modeſtin reſpond, *officio iudicis compellendos libertos teſtatricis iuſsioni parere.* Le ſemblable eſt porté en la loy *ſeruos & l. libertis* 9. 1. & 2. & *Decius ff. de alim. legat. l. annua §. Attia. ff. de annuis legat.* Ce qui n'auroit pas lieu és perſonnes d'ingenue condition: à plus forte raiſon l'appellante doit eſtre cõtrainte de faire reſidence ſur des heritages beaux & bons qui n'ont pas eſté delaiſſez en peine par le Seigneur de Podenzac. Luy! *tot prædia tam pulchra tam fructuoſa relegationis aut ſupplicij cauſâ tradiderit! colenda ac tuenda tradiderit!* Tant s'en faut que par ces affrãchiſſemens conditionnez ou modifiez, *ius libertatis infringatur,* qu'au contraire *ius ſeruitutis infringitur.* Les maiſtres ayant recogneu que la poſſeſſion des ſerfs eſtoit dangereuſe & malaiſée, Platon le tient ainſi *lib. de legib.* Que le ſerf n'eſtoit pas ſi bien retenu par les fers & les ceps, que par bon traitemẽt & biẽ faits. *Quem tu aſſeruare recte ne aufugiat velis, cibo ac potione vinciri debet.* Que par le conſeil d'Ariſtote il eſtoit bõ de propoſer aux laboureurs la liberté pour loyer, pour eſtre mieux ſeruis: ou bien la donner ainſi que faiſoit Auguſte qui affranchiſſoit les eſclaues auparauant les mettre en galere, à fin qu'ils tiraſſent à la rame de meilleur courage que les ſerfs, autrement eſtoient ſubiects à reuoltes, & nouuelletés, dont il ſe pourroit alleguer cent exemples. Les maiſtres donc s'aduiſerent de relaſcher à leurs ſerfs les liens de ſeruitude peu à peu pour les estraindre plus fermes à leur deuoir. Voila que les Questaux n'auoient aucuns biẽ ny heritages qui ne fussent de condition Questale & serue. les biens estoient aux Seigneurs, & non pas à eux sinon quant à la seule administration, & les pouuoit le Seigneur prendre ensemble tout le bien des Questaux quand il luy plaisoit, & maintenant par le moyen de l'affranchissement ils deuiennẽt Seigneurs de biens à la charge seulement de quelques prestatiõs annuelles: Les Questaux ne pouuoient disposer ny cõtracter des biens qu'ils possederoient, ny par testament ny par contracts entre vifs en aucune maniere. Cela leur est permis par l'affranchissemẽt reserué que les Seigneurs leur succedoient par droict de mainmorte quand ils viendroient à mourir sans hoirs. Les Questaux estoient serfs de leur corps & personnes, & subiets à toutes seruitudes personnelles, mesmes à celle de residence & de feu vif, ne pouuant quitter les terres sans le congé de leur Seigneur. Cette condition reseruée, les autres droicts personnels leur sont relaschez. Donques quand ils furẽt affranchis, les droits de liberté ne furent enfraints, car ils n'estoient pas libres: mais les droicts de seruitude furent diminuez & relaschez: car ils estoient Questaux.

X. C'EST de tout temps que les patrons se sont reseruez de grands droicts sur leurs affranchis, lesquels affranchis Chrysippus disoit deuoir encores estre cẽsés pour esclaues, & en Germanie, dit Tacitus, *liberti non multũ supra seruos sũt*. Les Libertes qui deuenoient citoyens Romains, encores deuoient ils à leurs patrons de grands droicts, *manus, operas, testamentum*, & quelques droicts de succession *ab intestat*. Ceux que les maistres iugerent indignes de la cité Romaine, *quos iugo latinæ libertatis addicunt*. Ils mouroient comme serfs, ne pouuoient disposer de leur bien, & leur succession estoit reseruée à leurs patrons, *quasi iure peculij, negato his vltimæ voluntatis arbitrio, quæ superstites habent donare non possunt* dit Saluian. Ceux que les patrons rendoient semblables à ces peuples estrangers, qui ayant guerroyé les Romains se rendoiẽt enfin à leur mercy & discretion qu'on appelloit *deditij* estoient fort peu differens des serfs, n'auoient ny commerce ny faction de testament. Les patrons perdoient fort peu de leurs droicts.

Aucuns serfs estoient anciennement affranchis en France & en Lombardie, mais ô reseruation qu'ils seruiroient leurs maistres pendant leur viuant, & ne seroient libres qu'apres la mort des maistres. Autres chez les Lombards & Ripuaires auoient besoing de deux affranchissemens, autrement n'auoient puissance de disposer de leurs biens: Ainsi les Libertes Latins, entre autres sortes, *fiebant ciues Romani iteratione*, par vn affranchissement reiteré. Autres affranchis y auoit il que les Ripuaires & Frisõs appeloiẽt *Litos vel Lidos*: mais les patrõs se reseruoient vn tribut sur ces affrãchis, ils se les rendoient tributaires, semble qu'ils s'appelloiẽt *Adalingi, in legibus Anglorum & Thuringiorum*, & dans les loix de Rotharis Roy des Lõbards *Aldij*: car ils auoient des patrons, & tels pouuoient estre ceux que l'Empereur Conrad donna à l'Eglise de Mutine en l'an 1039 qu'il appelle Erimannos & Erimannas, il les donna, *cum villis, manois, seruis & Erimannis*. XI.

Quand les Ecclesiastiques affranchissoient leurs serfs, ils ne deuenoient pas pleinemẽt libres, il leur estoit deffendu de se faire promouueoir aux ordres de l'Eglise, aussi bien qu'aux fiscalins & autres serfs conditionnez, & si ne se pouuoient marier aux Romains ny au Gots. Mais en outre l'Eglise se reseruoit sur eux, qu'eux & leur posterité demeureroient pour iamais en l'obedience, famille & seruice de l'Eglise qui les auoit affranchis, qu'ils ne pourroient desemparer ny vendre leurs biens à d'autres qu'à ceux de la mesme Eglise, & s'il leur aduenoit de desemparer leur seruice & obedience, *per inobedientiæ contemptum, ingrati actione tenebantur*, & pouuoient estre reuoqués en seruitude *ex formulâ, abi & esto seruus quoniam liber esse nesciuisti*. Que si les mainmortes de France ne sont point especes primitiues de seruitude, ains des restats & ombrages & des reserues de la vraye seruitude payenne, ce qu'aucuns t ont dit, on peut voir combien de droicts les patrons se sont reseruez sur leur serfs, quand de serfs, ils les ont rendu mainmortes, mainmortables, mortaillables, frãcs laboureurs, *& ex ascriptitijs seruis colonos effecerunt*, qu'ils se sont reseruez des tailles & autres droicts de semblable nature, qui sont d'autant differentes sortes qu'il y a de prouinces, voire que de maistres qui ont fait les affranchissemens, & neantmoins ces droicts là se doiuent acquiter loyalemẽt & sont iustes & equitables suiuant l'opinion notable de Bart. *in l. hostes ff. de capt. & post l. reu. Panormit. in c. sicut de incer. extra, Abbas in c. 1. de conuers. in. fid. & c. in multorum 2. de Iudæ*. Mais l'appellante ne se plaint pas des autres droicts reseruez, sinon de celuy de la residence ou feu vif. Quoy donc sera il loisible à ceux qui entrent en seruitude de conuenir qu'on ne les pourra chasser de certain lieu, & qu'ils y ferõt tousiours residence, & les maistres les mettant en liberté ne pourront faire mesmes conuentions. Les Prestres de la Bœoce s'esclauerent aux Thessaliens, mais auec tel si & condition qu'ils ne les pourroient faire sortir de la vallée d'Arera qu'ils auoiẽt trouuée agreable & plaisante & entrepris de la cultiuer. Les Helotes conuindrent auec les Lacedemoniens qu'ils ne seroient vendus ny transportez hors les confins de leur pays, & les Mariandins que les Heracleotes ne les pourroient transporter hors le territoire d'Heraclée: & les maistres ne pourront affranchir les esclaues à condition de faire residence & tenir feu vif en certain lieu? ainsi que font les Turcs, dit Cuspinian qui n'affranchissent d'ordinaire qu'à la charge que les affranchis ne sortiront hors du pays.

CEs conditions de tenir feu vif sont fort vtiles tãt pour peupler vne cõtrée herme & deserte que pour bonifier & meliorer les terres. Tenir feu vif, c'est tenir domicile, le feu c'est la marque de la famille & domicile, qui fait qu'en quelque prouince de ce Royaume, c'est vne vulgaire vsance que quãd quelqu'vn veut chãger de domicile, il esteint son feu en presence de personnes publiques, au lieu qu'il delaisse & le va allumer en sõ nouueau domicile: tenir feu & lieu, c'est estre domicilié, ceux qui estoiẽt ainsi assemblez en mesme famille & domicile, Charondas les appelloit ὁμοσιπύυς viuant de mesme prouision, mais XII.

plus à nostre propos : Epimenide le Candiot ὁμοκαπνοὺς vsant de mesme feu ou fouïer, & non pas cōme quelques vns lisent ὁμοκηπους vsant de mesme iardin & mesme clos.

Ce premier feu, cette premiere maison & domicile Ciceron l'appelle, *principium vrbis & quasi seminarium reip.* aprés, *sequuntur fratrum coniunctiones, post consobrinorum sobrinorumque qui cum vnâ domo iam capi nō possint in alias domos & colonias exeunt*, & de là se fait la rue & le bourg de ceux que lō appelle ὁμογαλάκτους nourris de mesme laict de leur enfans & nepueux & autres descendans,

Et nati natorum & qui nascantur ab illis,

Et pource que tels voisins & de mesmes frairies vsoient de mesme puits, telles voisinances furent appellées *fratriæ*. C'est ainsi que les terres longuement deshabitées ont commencé à se repeupler; comme le declare Platon *l 3. de leg.*

Voila donc comme d'vn seul feu plusieurs feux s'allument, & d'vne famille viennent les hameaux, villages, bourgs & villes, ne plus ne moins que d'vne flage du figuier Indique qui se recourbe & plante contre terre naist vne autre flage, & de celle là vn autre, & de l'autre vn autre, tant qu'il s'edifie vn grād arbre, d'escrit par Theophr. Strabō, & Pline ayant vn large & ample tour, & de plus de soixante pas, composé de plusieurs sales, chābres & cabinets au dedans desquelles les hommes se peuuent reserrer & retirer, voire *sub vna ficu turmæ equitum condi*, arbre qui a donné subiect à quelques vns qui entendoient mal ce passage du Genese, *abscondit se in medio ligni paradisi*, de soustenir que le Paradis terrestre ait esté planté en Indie vers la riuiere du Gange, pource que cette espece d'arbre, au dedans duquel on se peut cacher, ne se retrouue en aucun autre endroit de la terre.

XIII. QVE si la benediction de Dieu estoit donnée à telles familles, en moins de cent ans ils auroiét peuplé vn tres grand pays, il est vray ce qu'vn Mathematicien de nostre temps escrit auoir bien supputé, à sçauoir que des trois enfans de Noé & de leurs femmes peuuent estre sortis en cent deux ans vn peuple de quinze cens cinquante mille hommes & plus. Et que d'vn seul homme de l'aage de vingt cinq ans, auec sa femme qui par la benediction de Dieu porteroit des enfans tous les ans pourroit sortir en deux cens dix ans vn peuple de dix millions de personnes & plus, il en met la demonstration au second liure des demonstrations chronologiques. Or ces peuplades ne se font pas volontairement quand les estrangers viennent suiure les terres & qu'ils s'en vont & viennent à volonté, sans estre adstraints à personnelle residence.

En second lieu c'est le moyen de bonifier les terres que d'y tenir feu vif & y resider en personne, *priscâ consuetudine dominorum qui non solum coluerunt sed habitauerunt rura praesentis domini profectus est agri*, en Palladius, & Pline *fertilissimum in agro oculum domini maiores esse dixerunt*. Les champs en raportent mieux *numquam non ex agro plus suâ cuique curâ reddidit quàm coloni*.

D'ailleurs il eſt bon que les familles des laboureurs ne ſoyent point changées, ains perpetuées en tenant feu vif. Lucius Voluſius diſoit, *patrisfamilias fœliciſſimum eſſe fundum qui colonos indigenas haberet & tãquam in paternâ poſſeſſione natos iam inde à cunabulis longâ familiaritate retineret*, vn autre diſoit *malam rem eſſe frequentem locationem fundi, peiorem tamen vrbanum colonum* (tel que l'appellãte) *quæ per familiam mauult agrum quã per ſe colere. Saſerna dicebat ab huiuſmodi homine pro mercede ferè litem reddi*, ainſi qu'il eſt aduenu en ce procez.

XIV. CAR l'agriculture eſt vne ſcience qui ne s'apprẽt qu'auec vn long temps, & de pere en fils, l'opinion d'Iſcomachus a eſté reiectée *qui negabat quemquam ruſticari neſcire*, l'agriculture eſt vn art non ſeulement neceſſaire mais grand, c'eſt vne ſcience dit Varron qui apprend *quæ ſint in quoque agro ſerenda & facienda quæque terra maximos perpetuo reddat fructus.* A ces fins il faut eſtre fort entendu ez choſes naturelles, cognoiſtre la varieté, le grain, la nature, l'habitude des terroirs, le temps d'arroſer & ſemer, de recueillir & garder les fruits, le coucher & leuer des eſtoilles, *cœli & anni præſentis mores intueri*, entẽdre ce qui concerne les vignes, les fruictiers, les herbes, les fleurs, les prez, les bois, les diuerſes nourritures des champs & tant d'autres choſes, que Columelle ramentoit au proëme de ſon premier liure, qui fait que pluſieurs, *tam variæ tamque vaſtæ ſcientiæ deſperatione conterriti nolũt, experiri quod aſſequi poſſe diffidũt*, c'eſt ce qui mit en deſeſpoir vn ieune homme amoureux que ſon pere auoit relegué aux champs pour guerir de ce mal là, en apprenant de bien cultiuer la terre, Phauorin le Philoſophe

Philosophe dit dedans Stobée, que ce ieune homme se donna la mort auec vng licol aprés auoir escrit sur vne tablette que l'agriculture estoit vne chose infinie, qui ne s'acheuoit iamais, & que par vn tour perpetuel il falloit semer pour recueillir, & recueillir pour semer.

Et pource il est expedient que les laboureurs sachent l'agriculture, non seulement par leur propre vsage & particuliere experiẽce mais aussi pour l'auoir apprise de leurs peres & ancestres, & par leur anciẽne obseruation, ce qu'entendant bien les Ægyptiẽs, & les Indiens aussi, ils ne permettoient point aux laboureurs ny à leur posterité de changer de vacation, aussi auoient ils les meilleurs laboureurs du monde, dit Diodorus Sicul. lib. 1. c. 3. & lib. 2. c. 10. Que la residence & le tenir feu vif en personne ne soit du tout necessaire, il n'en faut pas doubter & que ces cõsiderations n'ayent esté deuant les yeux de ces grãds politiques Romains qui ont introduit, ou estably les serfs ascriptices, & les francs laboureurs, aduantageãt le bien & profit du labourage au preiudice mesme de la liberté. *Quia sine agriculturâ nec consistere mortales nec ali posse manifestum est.* Autrement & auec le temps les terres demeureroient hermes & desertes, & seroit on en peine de chercher au loin des laboureurs, comme fit le Roy Henry de Nauarre grand pere maternel du Roy, qui fit venir des laboureurs de Xaintonge & de Bretaigne pour remettre en culture le pays de Bearn, les terres seroient de nulle valeur, *penuriâ colonorum vt reditus agrorum, sic etiam pretium retrò abit*, & faudroit alors dit Symmachus, *vt ager qui antea alere solebat, nunc alatur.*

Ces mesmes peuples qui obligeoient les laboureurs perpetuellement à l'agriculture, quoy que les laboureurs fussent personnes libres, attacheoient aussi les autres ordres ou estats de leur republique, à la charge & vacation qui leur auoit esté commise, les Prestres & leur posterité au Diuin seruice, les gens de guerre & leur descendans au faict des armes, qu'ils s'enseignoient de main en main, & de pere en fils: & les artizans à leurs mestiers: Et par les loix fondamentales de leur estat ordonnoient que les enfans succedroient aux fonctions de leurs peres & non point à d'autres fonctiōs: Sesostres l'ordōna ainsi en Ægypte, quelque autre en Lindie, Minos en Crete, Licurgue à Lacedemone, encores auiourd'huy telles loix se gardent au Caire & en Fez, dict Ican Leon, & en plusieurs grandes villes de l'Asie & de l'Afrique.

Ainsi entre les gens de mestier estoient anciennement attachez les monnoyeurs, eux & leur posterité à la fabrique de la mōnoye, en signe dequoy ils auoiēt vn tableau attaché au portique du lieu ou se battoit la monnoye qui estoit *in æde Iunonis*, auquel tableau estoit figurée vne ruche d'Abeilles.

Conuenit vt vespis quorum domus æde monetæ.

pource que les abeilles, laissant à part quelque autres raisons de Plutarque, fōt vne ordinaire & perpetuelle residence toutes ensemble au domicile de leur ruche: *solæ in omni genere animantium vnam incolunt mansionem: vnius patriæ claudunter limine*, dit Sainct Ambroise & Virgile auparauant luy.

Et pariam solæ & certos nouere penates.

XV. OR qui est celuy qui a iamais blasmé cette institution, de continuer les vacations & mestiers en vne famille, & par successiõ de pere en fils? Et quel subiect a l'appellante de se plaindre de la condition de ses deuanciers qui se sont obligez à la plus belle charge & vacation du monde, qui est l'agriculture, *quæ sine dubitatione proxima est & quasi consanguinea sapientiæ? diuina enim natura dedit agros, ars humana ædificauit vrbes*, & pour mieux practiquer l'agriculture, ils se sõt obligez à tenir feu vif à Sainct Manne, non pas pour captiuer leur liberté, mais pour se redimer de questalité; & par quelles personnes tierces pourroit on desdõmager le Seigneur de S. Mãne, de ce que toutes ses terres ne seroiẽt pas si bien peuplées & ses deuoirs augmẽtés à mesure que les feux & droit de foüage croistront? & de ce que les mesmes terres ne seront pas si profitablement faictes & que les maisons inhabitées iront en ruine.

Car pour le regard des instrumẽs qui concernẽt la Questalité & les affranchissemens, nous sommes en pays de coustume qui veut qu'ils soient gardez & obseruez en faueur des Seigneurs, d'ailleurs on pourroit dire que le droict ciuil, lors de l'affranchissement n'estoit gueres veu ny entendu parmy les Anglois & les peuples de Guyẽne, l'Vniuersité d'Orleans qui est des plus anciennes, ne fut instituée que 20. ans aprez l'affranchissement, & en l'an 1313. par Philippes le Bel, qui donna permission à ses subiects, d'vzer du droit escrit, & celle de Bourdeaux ne fut instituée par rescript du Pape Eugene, qu'en l'an mil quatre cens quarente & vn, en may. Il faut donc se regler par la coustume & le droit obserué trois cens ans y a & non par celuy de Iustinian & faut se regler par la Coustume de Bourdelois, & non pas celle d'Acqs qui n'est considerable hors son destroit, ou bien prédre celle de la Marche.

Et ne sert de dire aussi que l'appellante estant femme, doit estre exempte de se tenir sur les lieux, pour ce qu'elle doit suiure le domicile de sō mary. Car le droit qui a porté des ascriptices & des frācs laboureurs qui doiuent resider sur les terres ausquelles ils sont incorporez, s'entend tant des hommes que des femmes *sine vllo sexûs discrimine, qui quaue ad antiquos penates vbi cōsueti, educati, natique sunt, redire compellantur. Originaria quæ liberi hominis sequuta consortium est vnà cum sobole reuocatur. leg. 6. l. 16. 23. 24. C. de agris.*

XVI. ENCORES si l'appellante delaissoit de sa lignée sur les lieux elle pourroit pretendre auec quelque apparence qu'il luy seroit loisible de changer de domicile impunement : suiuant ce qui s'obseruoit à Rome, il n'estoit pas permis aux habitans des Colonies & Municipes qui estoient, *latini iuris,* de translater leur domicile à Rome à volonté, autrefois en furent faictes de grandes plainctes au Senat par les communautez latines *ciues suos Romæ Censor, plerosque Romam commigrasse, quod si permittatur paucis lustris futurum vt deserta oppida, deserti agri nullum militem dare possint.* De sorte que le Senat donna charge à Quintus Terētius Curso, d'en faire perquisition & recherche, *sic ex hac conquisitione decem millia Latinorum domum redierunt.*

Toutesfois il y auoit vne exemption dont parle Tite Liue lib. 41. c'est que ceux la des Latins pouuoient librement translater leur domicile à Rome *qui ex sese domi stirpem relinquerent.*

A quoy eſt aſſez conforme la couſtume de la Marche, qui veut que pourueu que l'vn d'entre plusieurs consorts & cõmuns en l'heritage ſubiect à feu vif tiẽne reſidence ſur les lieux il ſuffit: vn ſeul peut tenir feu vif & payer les droits de ſeruitude pour tous. Autrement & à faute de reſidence le Seigneur ſe peut emparer de l'heritage & le faire declarer à luy acquis.

C'eſt ce que le Seigneur de S. Manne pretend auiourd'huy, l'appellante ne aucun des ſiens ne tient de feu vif ſur les lieux elle a trãſlaté ailleurs ſon domicile & ne veut obeyr aux comminations ny aux ſentẽces de cõmiſſe données contre elle, que les terres donques qu'elle poſſede à S. Mãne ſoient declarées acquiſes au Seigneur. Car c'eſt vn bail à rente faict auec les anceſtres de l'appellante à condition de tenir feu vif, le Sieur de Podenzac, *legem rei ſuæ dixit. Legem traditioni dixit, diuiſi & aſſignati agri legem accipiunt,* dit Higinac e *& propriam obſeruationem lex data præſtat,* Il faut dõc garder ces loix *quæ prædio dictæ ſunt, neque conditio quæ ſemel eis inhæſit immutari poteſt.* C'eſt voiremẽt vn ſeruice perſonnel, que tenir feu vif mais il a ſa ſource d'vne conceſſion d'heritage, la conuention en fut faicte auec la tradition du fonds, le ſeruice eſt deu pour raiſon du fonds *huiuſmodi ſeruitutem non ſeruio,* à cauſe dequoy les femmes y ſont obligées à l'eſgal des hommes, puis qu'elles ſont capables de tenir feu vif, *huiuſmodi ſeruitutem non homo debet ſed res l. & ſi forte §. faber. ff. ſi ſeruit. vendic.* C'eſt voirement vn ſeruice perſonnel que tenir feu vif, mais il a ſa ſource d'vne cõmiſſion d'heritage: la conuention en fut faicte auec la tradition du fonds, le ſeruice eſt deub pour raiſon du fõds

& pource il est censé vne charge fonciere, & les femmes y sont obligées à lesgal des hommes, puis quelles sont capables de faire residence à S. Manne & à faute d'exhiber le seruice deub, le fief ou la terre tōbe en commise, *vt si quis alicui dederit beneficiū conditionale vt pote quæ dantur propter habitationem, desertâ habitatione beneficium amittitur & etiam cum certo constituuntur seruitio, non dato seruitio nō poterit retineri beneficiū 4. feudo. tit. 76* Et ne peut la femme s'excuser sur ce qu'elle doit suiure le domicile de son mary, car outre que le mary s'est obligé de resider à S. Manne par le cōtract de son mariage, paction qui est licite & obligatoire à peine de tous despens dommages & interests, il est certain que si le mary veut enfraindre sa promesse sans cause raisonnable, la femme n'est point tenuë de suiure le domicile de son mary.

Comme donques les heritages de condition seruile ou morttaillables & mainmortables ne peuuent estre possedées par des personnes franches & libres, qu'eux & leur posterité ne s'assubiectissent tant qu'ils les possedēt à toutes les charges seruiles ausquelles les heritages sōt obligez: les personnes libres en ce cas là sont censées serues à cause des biens qu'ils possedent, & ne peuuent deuenir francs qu'en quittant & renōçant au Seigneur, tels heritages de condition seruile. Ainsi quoy que l'appellāte soit libre, & ses terres encores affranchies de toute Questalité, si faut il garder les loix apposées au bail à rente cōtenu par l'affrāchissement, & la condition donnée à l'affranchissement, *nihil æquius est, quàm voluntate domini rem suam certâ lege alienantis ratam haberi, & cum alienator non alia lege ius suū transtulerit, quomodo ferendum est aliquam captionem ex variâ eum pati interpretatione l. fin. C. de pact. inter empto.*

Et partant ceux qui se sentiront greuez de telles conuentions peuuent guerpir, *imitati Castora qui se Eunuchum ipse fecit cupiens euadere*, sinon on peut faire ordõner par Iustice, que les terres seront commises & acquises au Seigneur : si mieux les tenanciers n'ayment aller tenir feu vif sur les lieux dans le temps à eux prefix & là se rendre du nombre des autres habitans.

Quos sua libertas immotis pascit in aruis.

Et c'estoient les raisons qui en partie se pouuoiét dire de la part de l'intimé, lesquelles auec celle de l'appellant ayant esté meuremẽt pezées & cõsiderées par la Cour, elle à dõné son ARREST, par lequel elle vous dit. QV'ELLE a mis, & met l'appellation au neant, Ordõne que ce dont a esté appellé sortira son plein & entier effect, & neantmoins que le delay de six moys porté par la sentence, ne courra que du iour de la prononciation du present Arrest. Et sans despens.

FIN.

Acheué d'Imprimer le second iour d'Octobre. mil six cens dix-sept.